U0926603

中国现代物流体系规划与建设政策文献汇编（第八辑）

北京物资学院　北京现代物流研究基地　资助出版

我国节点城市物流体系“十二五”发展规划与建设

孙前进　　主编

中国财富出版社

图书在版编目（CIP）数据

我国节点城市物流体系“十二五”发展规划与建设 / 孙前进主编 . —北京：中国财富出版社，2015.4

（中国现代物流体系规划与建设政策文献汇编）

ISBN 978 - 7 - 5047 - 5541 - 4

Ⅰ.①我… Ⅱ.①孙… Ⅲ.①城市—物流—系统规划—中国—2011～2015 Ⅳ.①F259.22

中国版本图书馆 CIP 数据核字（2015）第 016635 号

策划编辑 葛晓雯　　**责任印制** 何崇杭

责任编辑 葛晓雯　　**责任校对** 梁　凡

出版发行 中国财富出版社（原中国物资出版社）

社　　址 北京市丰台区南四环西路 188 号 5 区 20 楼　　**邮政编码** 100070

电　　话 010 - 52227568（发行部）　　010 - 52227588 转 307（总编室）

010 - 68589540（读者服务部）　　010 - 52227588 转 305（质检部）

网　　址 http://www.cfpress.com.cn

经　　销 新华书店

印　　刷 北京京都六环印刷厂

书　　号 ISBN 978 - 7 - 5047 - 5541 - 4/F·2306

开　　本 710mm×1000mm　1/16　　**版　　次** 2015 年 4 月第 1 版

印　　张 38.25　　**印　　次** 2015 年 4 月第 1 次印刷

字　　数 793 千字　　**定　　价** 120.00 元

前　言

为了系统而全面地了解与掌握我国物流业发展现状与物流体系建设过程，更好地推进我国物流业的健康发展，忠实地记录其历史发展足迹与大事要事，我们策划编撰了这套《中国现代物流体系规划与建设政策文献汇编》系列丛书。丛书主要收录国务院及相关部委、地方政府所制定与公开发布的物流业及其相关的政策法规、措施意见、专项规划等重要文献。旨在为从事物流政策制定、物流学术研究、物流专业教学的官员、专家、学者、教师以及从事企业管理与实践的广大相关人士提供一部具有参考与收藏价值的历史文献。丛书的编撰将紧紧追随我国物流业发展的历史步伐与时代脉搏，成熟一部出版一部。

《我国节点城市物流体系“十二五”发展规划与建设》是《中国现代物流体系规划与建设政策文献汇编》的第八辑，主要收录了《物流业调整与振兴规划》中所规划的全国性以及区域性节点物流城市“十二五”期间物流发展规划、调整与振兴实施方案、加快物流业发展意见等文献资料。

1978 年，我国从日本引进物流这一概念与理念，瞬间物流在中国的发展已经走过近四十余的路程，经历了中国经济体制改革的全过程，见证了中国经济的发展与腾飞。期间物流业本身也得到了发育、成长与壮大，现代物流业已成为我国社会经济发展的重要支撑产业与加速器。

2009 年 3 月 10 日，国务院印发了《物流业调整和振兴规划》（国发〔2009〕8 号）。其中规划到：物流节点城市分为全国性物流节点城市、区域性物流节点城市和地区性物流节点城市。全国性和区域性物流节点城市由国家确定，地区性物流节点城市由地方确定。全国性物流节点城市包括：北京、天津、沈阳、大连、青岛、济南、上海、南京、宁波、杭州、厦门、广州、深圳、郑州、武汉、重庆、成都、南宁、西安、兰州、乌鲁木齐共 21 个城市。区域性物流节点城市包括：哈尔滨、长春、包头、呼和浩特、石家庄、唐山、太原、合肥、福州、南昌、长沙、昆明、贵阳、海口、西宁、银川、拉萨共 17 个城市。物流节点城市要根据本地的产业特点、发展水平、设施状况、市场需求、功能定位等，完善城市物流设施，加强物流园区规划布局，有针对性地建设货运服务型、生产服务型、商业服务型、国际贸易服务型和综合服务型的物流园区，优化城市交通、生态环境，促进产业集聚，努力提高城市的物流服务水平，带动周边所辐射区域物流业的发展，形成全国性、区域性和地区性物流中心和三级物流节点城市网络，促进大中小城市物流业的协调发展。

2014年9月12日，国务院印发了《物流业发展中长期规划（2014—2020年)》(国发〔2014〕42号)。其中规划到：落实国家区域发展整体战略和产业布局调整优化的要求，继续发挥全国性物流节点城市和区域性物流节点城市的辐射带动作用，推动区域物流协调发展。按照建设丝绸之路经济带、海上丝绸之路、长江经济带等重大战略规划要求，加快推进重点物流区域和联通国际国内的物流通道建设，重点打造面向中亚、南亚、西亚的战略物流枢纽及面向东盟的陆海联运、江海联运节点和重要航空港，建立省际和跨国合作机制，促进物流基础设施互联互通和信息资源共享。东部地区要适应居民消费加快升级、制造业转型、内外贸一体化的趋势，进一步提升商贸物流、制造业物流和国际物流的服务能力，探索国际国内物流一体化运作模式。按照推动京津冀协同发展、环渤海区域合作和发展等要求，加快商贸物流业一体化进程。中部地区要发挥承东启西、贯通南北的区位优势，加强与沿海、沿边地区合作，加快陆港、航空口岸建设，构建服务于产业转移、资源输送和南北区域合作的物流通道和枢纽。西部地区要结合推进丝绸之路经济带建设，打造物流通道，改善区域物流条件，积极发展具有特色优势的农产品、矿产品等大宗商品物流产业。东北地区要加快构建东北亚沿边物流带，形成面向俄罗斯、连接东北亚及欧洲的物流大通道，重点推进制造业物流和粮食等大宗资源型商品物流发展。物流节点城市是区域物流发展的重要枢纽，要根据产业特点、发展水平、设施状况、市场需求、功能定位等，加强物流基础设施的规划布局，改善产业发展环境。

本书所使用资料来自于文献原件、政府公报、正式报刊、政府网站等公开的正式发行物与媒体。尽管在资料的收集、整理、编排过程中，我们对所用资料进行了认真、反复的查阅与校对，但因各种原因，可能会出现疏漏与差错，全部文责由编者自负。对于一部分文献中的附件，比如表格之类，为了节省篇幅我们做了删略处理，一般用“（略)”表示；对于篇幅过长的文献，我们做了节选录用，敬请读者理解。本丛书主要供使用者作为研究参考资料使用，若用于处理正式公务或资料引用时，请以发文单位的原件为准。

北京物资学院商学院孙静老师自始至终参与了本书编写的全过程，为本书的资料查找、文字整理、校对付出了辛勤的劳动；中国财富出版社供应链与物流技术编辑室的相关编辑给予了许多中肯的建议与大力支持，在此一并向他们表示深深的感谢。

由于编者学术功力有限，自知存在许多不足与遗憾，请使用者谅解，欢迎提出补充与完善的建议。

孙前进

二〇一五年一月

目　录

一　全国性物流节点城市

二　区域性物流节点城市

二　区域性物流节点城市

001

国务院关于印发物流业发展中长期规划（2014—2020年）的通知

国发〔2014〕42号

各省、自治区、直辖市人民政府，国务院各部委、各直属机构：

现将《物流业发展中长期规划（2014—2020年）》印发给你们，请认真贯彻执行。

国务院

二〇一四年九月十二日

物流业发展中长期规划（2014—2020年）

国务院

2014年9月12日

物流业是融合运输、仓储、货代、信息等产业的复合型服务业，是支撑国民经济发展的基础性、战略性产业。加快发展现代物流业，对于促进产业结构调整、转变发展方式、提高国民经济竞争力和建设生态文明具有重要意义。为促进物流业健康发展，根据党的十八大、十八届三中全会精神和《中华人民共和国国民经济和社会发展第十二个五年规划纲要》、《服务业发展“十二五”规划》等，制定本规划。规划期为2014—2020年。

一、发展现状与面临的形势

（一）发展现状

“十一五”特别是国务院印发《物流业调整和振兴规划》以来，我国物流业保持较快增长，服务能力显著提升，基础设施条件和政策环境明显改善，现代产业体系初步形成，物流业已成为国民经济的重要组成部分。

产业规模快速增长。全国社会物流总额2013年达到197.8万亿元，比2005年增长3.1倍，按可比价格计算，年均增长11.5%。物流业增加值2013年达到3.9万亿元，比2005年增长2.2倍，年均增长11.1%，物流业增加值占国内生产总值的比重由2005年的6.6%提高到2013年的6.8%，占服务业增加值的比重达到14.8%。物流业吸纳就业人数快速增加，从业人员从2005年的1780万人增长到2013年的2890万人，年均增长6.2%。

服务能力显著提升。物流企业资产重组和资源整合步伐进一步加快，形成了一批所有制多元化、服务网络化和管理现代化的物流企业。传统运输业、仓储业加速向现代物流业转型，制造业物流、商贸物流、电子商务物流和国际物流等领域专业化、社会化服务能力显著增强，服务水平不断提升，现代物流服务体系初步建立。

技术装备条件明显改善。信息技术广泛应用，大多数物流企业建立了管理信息系统，物流信息平台建设快速推进。物联网、云计算等现代信息技术开始应用，装卸搬运、分拣包装、加工配送等专用物流装备和智能标签、跟踪追溯、路径优化等技术迅速推广。

基础设施网络日趋完善。截至2013年底，全国铁路营业里程10.3万公里，其中高速铁路1.1万公里；全国公路总里程达到435.6万公里，其中高速公路10.45万公里；内河航道通航里程12.59万公里，其中三级及以上高等级航道1.02万公里；全国港口拥有万吨级及以上泊位2001个，其中沿海港口1607个、内河港口394个；全国民用运输机场193个。2012年全国营业性库房面积约13亿平方米，各种类型的物流园区754个。

发展环境不断优化。"十二五"规划纲要明确提出"大力发展现代物流业"。国务院印发《物流业调整和振兴规划》，并制定出台了促进物流业健康发展的政策措施。有关部门和地方政府出台了一系列专项规划和配套措施。社会物流统计制度日趋完善，标准化工作有序推进，人才培养工作进一步加强，物流科技、学术理论研究及产学研合作不断深入。

总体上看，我国物流业已步入转型升级的新阶段。但是，物流业发展总体水平还不高，发展方式比较粗放。主要表现为：一是物流成本高、效率低。2013年全社会物流总费用与国内生产总值的比率高达18%，高于发达国家水平1倍左右，也显著高于巴西、印度等发展中国家的水平。二是条块分割严重，阻碍物流业发展的体制机制障碍仍未打破。企业自营物流比重高，物流企业规模小，先进技术难以推广，物流标准难以统一，迂回运输、资源浪费的问题突出。三是基础设施相对滞后，不能满足现代物流发展的要求。现代化仓储、多式联运转运等设施仍显不足，布局合理、功能完善的物流园区体系尚未建立，高效、顺畅、便捷的综合交通运输网络尚不健全，物流基础设施之间不衔接、不配套问题比较突出。四是政策法规体系还不够完善，市场秩序不够规范。已经出台的一些政策措施有待进一步落实，一些地方针对物流企业的乱收费、乱罚款问题突出。信用体系建设滞后，物流业从业人员整体素质有待进一步提升。

（二）面临的形势

当前，经济全球化趋势深入发展，网络信息技术革命带动新技术、新业态不断涌现，物流业发展面临的机遇与挑战并存。伴随全面深化改革，工业化、信息化、新型城镇化和农业现代化进程持续推进，产业结构调整和居民消费升级步伐不断加快，我国物流业发展空间越来越广阔。

物流需求快速增长。农业现代化对大宗农产品物流和鲜活农产品冷链物流的需求不断增长。新型工业化要求加快建立规模化、现代化的制造业物流服务体系。居民消费升级以及新型城镇化步伐加快，迫切需要建立更加完善、便捷、高效、安全的消费品物流配送体系。此外，电子商务、网络消费等新兴业态快速发展，快递物流等需求也将继续快速增长。

新技术、新管理不断出现。信息技术和供应链管理不断发展并在物流业得到广泛运用，为广大生产流通企业提供了越来越低成本、高效率、多样化、精益化的物流服务，推动制造业专注核心业务和商贸业优化内部分工，以新技术、新管理为核心的现代物流体系日益形成。随着城乡居民消费能力的增强和消费方式的逐步转变，全社会物流服务能力和效率持续提升，物流成本进一步降低、流通效率明显提高，物流业市场竞争加剧。

资源环境约束日益加强。随着社会物流规模的快速扩大、能源消耗和环境污染形势的加重、城市交通压力的加大，传统的物流运作模式已难以为继。按照建设生态文明的要求，必须加快运用先进运营管理理念，不断提高信息化、标准化和自动化水平，促进一体化运作和网络化经营，大力发展绿色物流，推动节能减排，切实降低能耗、减少排放、缓解交通压力。

国际竞争日趋激烈。随着国际产业转移步伐不断加快和服务贸易快速发展，全球采购、全球生产和全球销售的物流发展模式正在日益形成，迫切要求我国形成一批深入参与国际分工、具有国际竞争力的跨国物流企业，畅通与主要贸易伙伴、周边国家便捷高效的国际物流大通道，形成具有全球影响力的国际物流中心，以应对日益激烈的全球物流企业竞争。

二、总体要求

（一）指导思想

以邓小平理论、“三个代表”重要思想、科学发展观为指导，深入贯彻党的十八大和十八届二中、三中全会精神，全面落实党中央、国务院各项决策部署，按照加快转变发展方式、建设生态文明的要求，适应信息技术发展的新趋势，以提高物流效率、降低物流成本、减轻资源和环境压力为重点，以市场为导向，以改革开放为动力，以先进技术为支撑，积极营造有利于现代物流业发展的政策环境，着力建立和完善现代物流服务体系，加快提升物流业发展水平，促进产业结构调整和经济提质增效升级，增强国民经济竞争力，为全面建成小康社会提供物流服务保障。

（二）主要原则

市场运作，政府引导。使市场在资源配置中起决定性作用和更好发挥政府作用，强化企业的市场主体地位，积极发挥政府在战略、规划、政策、标准等方面的引导作用。

优化结构，提升水平。加快传统物流业转型升级，建立和完善社会化、专业化的物流服务体系，大力发展第三方物流。形成一批具有较强竞争力的现代物流企业，扭转“小、散、弱”的发展格局，提升产业规模和发展水平。

创新驱动，协同发展。加快关键技术装备的研发应用，提升物流业信息化和智能化水平，创新运作管理模式，提高供应链管理和物流服务水平，形成物流业与制造业、商贸业、金融业协同发展的新优势。

节能减排，绿色环保。鼓励采用节能环保的技术、装备，提高物流运作的组织化、网络化水平，降低物流业的总体能耗和污染物排放水平。

完善标准，提高效率。推动物流业技术标准体系建设，加强一体化运作，实现物流作业各环节、各种物流设施设备以及物流信息的衔接配套，促进物流服务体系高效运转。

深化改革，整合资源。深化物流业管理体制改革，进一步简政放权，打破行业、部门和地区分割，反对垄断和不正当竞争，统筹城市和乡村、国际和国内物流体系建设，建立有利于资源整合和优化配置的体制机制。

（三）发展目标

到2020年，基本建立布局合理、技术先进、便捷高效、绿色环保、安全有序的现代物流服务体系。

物流的社会化、专业化水平进一步提升。物流业增加值年均增长8%左右，物流业增加值占国内生产总值的比重达到7.5%左右。第三方物流比重明显提高。新的物流装备、技术广泛应用。

物流企业竞争力显著增强。一体化运作、网络化经营能力进一步提高，信息化和供应链管理水平明显提升，形成一批具有国际竞争力的大型综合物流企业集团和物流服务品牌。

物流基础设施及运作方式衔接更加顺畅。物流园区网络体系布局更加合理，多式联运、甩挂运输、共同配送等现代物流运作方式保持较快发展，物流集聚发展的效益进一步显现。

物流整体运行效率显著提高。全社会物流总费用与国内生产总值的比率由2013年的18%下降到16%左右，物流业对国民经济的支撑和保障能力进一步增强。

三、发展重点

（一）着力降低物流成本

打破条块分割和地区封锁，减少行政干预，清理和废除妨碍全国统一市场和公平竞争的各种规定和做法，建立统一开放、竞争有序的全国物流服务市场。进一步优化通行环境，加强和规范收费公路管理，保障车辆便捷高效通行，积极采取有力措施，切实加大对公路乱收费、乱罚款的清理整顿力度，减少不必要的收费点，全面推进全国主要高速公路不停车收费系统建设。加快推进联通国内、国际主要经济区域的物流通道建设，大力发展多式联运，努力形成京沪、京广、欧亚大陆桥、中欧铁路大通道、长江黄金水道等若干条货畅其流、经济便捷的跨区域物流大通道。

（二）着力提升物流企业规模化、集约化水平

鼓励物流企业通过参股控股、兼并重组、协作联盟等方式做大做强，形成一批技术水平先进、主营业务突出、核心竞争力强的大型现代物流企业集团，通过规模化经营提高物流服务的一体化、网络化水平，形成大小物流企业共同发展的良好态势。鼓励运输、仓储等传统物流企业向上下游延伸服务，推进物流业与其他产业互动融合，协同发展。鼓励物流企业与制造企业深化战略合作，建立与新型工业化发展相适应的制造业物流服务体系，形成一批具有全球采购、全球配送能力的供应链服务商。鼓励商贸物流企业提高配送的规模化和协同化水平，加快电子商务物流发展，建立快速便捷的城乡配送物流体系。支持快递业整合资源，与民航、铁路、公路等运输行业联动发展，加快形成一批具有国际竞争力的大型快递企业，构建覆盖城乡的快递物流服务体系。支持航空货运企业兼并重组、做强做大，提高物流综合服务能力。充分发挥邮政的网络、信息和服务优势，深入推动邮政与电子商务企业的战略合作，发展电商小包等新型邮政业务。进一步完善邮政基础设施网络，鼓励各地邮政企业因地制宜地发展农村邮政物流服务，推动农资下乡和农产品进城。

（三）着力加强物流基础设施网络建设

推进综合交通运输体系建设，合理规划布局物流基础设施，完善综合运输通道和交通枢纽节点布局，构建便捷、高效的物流基础设施网络，促进多种运输方式顺畅衔接和高效中转，提升物流体系综合能力。优化航空货运网络布局，加快国内航空货运转运中心、连接国际重要航空货运中心的大型货运枢纽建设。推进“港站一体化”，实现铁路货运站与港口码头无缝衔接。完善物流转运设施，提高货物换装的便捷性和兼容性。加快煤炭外运、“北粮南运”、粮食仓储等重要基础设施建设，解决突出的运输“卡脖子”问题。加强物流园区规划布局，进一步明确功能定位，整合和规范现有园区，节约、集约用地，提高资源利用效率和管理水平。在大中城市和制造业基地周边加强现代化配送中心规划，在城市社区和村镇布局建设共同配送末端网点，优化城市商业区和大型社区物流基础设施的布局建设，形成层级合理、规模适当、需求匹配的物流仓储配送网络。进一步完善应急物流基础设施，积极有效应对突发自然灾害、公共卫生事件以及重大安全事故。

四、主要任务

（一）大力提升物流社会化、专业化水平

鼓励制造企业分离外包物流业务，促进企业内部物流需求社会化。优化制造业、商贸业集聚区物流资源配置，构建中小微企业公共物流服务平台，提供社会化物流服务。着力发展第三方物流，引导传统仓储、运输、国际货代、快递等企业采用现代物流管理理念和技术装备，提高服务能力；支持从制造企业内部剥离出来的物流企业发挥专业化、精益化服务优势，积极为社会提供公共物流服务。鼓励物流企业功能整合和业务创新，不断提升专业化服务水平，积极发展定制化物流服务，满足日益增长的个性化物流需求。进一步优化物流组织模式，积极发展共同配送、统一配送，提高多式联运比重。

（二）进一步加强物流信息化建设

加强北斗导航、物联网、云计算、大数据、移动互联等先进信息技术在物流领域的应用。加快企业物流信息系统建设，发挥核心物流企业整合能力，打通物流信息链，实现物流信息全程可追踪。加快物流公共信息平台建设，积极推进全社会物流信息资源的开发利用，支持运输配载、跟踪追溯、库存监控等有实际需求、具备可持续发展前景的物流信息平台发展，鼓励各类平台创新运营服务模式。进一步推进交通运输物流公共信息平台发展，整合铁路、公路、水路、民航、邮政、海关、检验检疫等信息资源，促进物流信息与公共服务信息有效对接，鼓励区域间和行业内的物流平台信息共享，实现互联互通。

（三）推进物流技术装备现代化

加强物流核心技术和装备研发，推动关键技术装备产业化，鼓励物流企业采用先进适用技术和装备。加快食品冷链、医药、烟草、机械、汽车、干散货、危险化学品等专业物流装备的研发，提升物流装备的专业化水平。积极发展标准化、厢式化、专业化的公路货运车辆，逐步淘汰栏板式货车。推广铁路重载运输技术装备，积极发展铁路特种、专用货车以及高铁快件等运输技术装备，加强物流安全检测技术与装备的研发和推广应用。吸收引进国际先进物流技术，提高物流技术自主创新能力。

（四）加强物流标准化建设

加紧编制并组织实施物流标准中长期规划，完善物流标准体系。按照重点突出、结构合理、层次分明、科学适用、基本满足发展需要的要求，完善国家物流标准体系框架，加强通用基础类、公共类、服务类及专业类物流标准的制定工作，形成一批对全国物流业发展和服务水平提升有重大促进作用的物流标准。注重物流标准与其他产业标准以及国际物流标准的衔接，科学划分推荐性和强制性物流标准，加大物流标准的实施力度，努力提升物流服务、物流枢纽、物流设施设备的标准化运作水平。调动企业在标准制（修）订工作中的积极性，推进重点物流企业参与专业领域物流技术标准和管理标准的制定和标准化试点工作。加强物流标准的培训宣传和推广应用。

（五）推进区域物流协调发展

落实国家区域发展整体战略和产业布局调整优化的要求，继续发挥全国性物流节点城市和区域性物流节点城市的辐射带动作用，推动区域物流协调发展。按照建设丝绸之路经济带、海上丝绸之路、长江经济带等重大战略规划要求，加快推进重点物流区域和联通国际国内的物流通道建设，重点打造面向中亚、南亚、西亚的战略物流枢纽及面向东盟的陆海联运、江海联运节点和重要航空港，建立省际和跨国合作机制，促进物流基础设施互联互通和信息资源共享。东部地区要适应居民消费加快升级、制造业转型、内外贸一体化的趋势，进一步提升商贸物流、制造业物流和国际物流的服务能力，探索国际国内物流一体化运作模式。按照推动京津冀协同发展、环渤海区域合作和发展等要求，加快商贸物流业一体化进程。中部地区要发挥承东启西、贯通南北的区位优势，加强与沿海、沿边地区合作，加快陆港、航空口岸建设，构建服务于产业转移、资源输送和南北区域合作的物流通道和枢纽。西部地区要结合推进丝绸之路经济带建设，打造物流通道，改善区域物流条件，积极发展具有特色优势的农产品、矿产品等大宗商品物流产业。东北地区要加快构建东北亚沿边物流带，形成面向俄罗斯、连接东北亚及欧洲的物流大通道，重点推进制造业物流和粮食等大宗资源型商品物流发展。物流节点城市是区域物流发展的重要枢纽，要根据产业特点、发展水平、设施状况、市场需求、功能定位等，加强物流基础设施的规划布局，改善产业发展环境。

（六）积极推动国际物流发展

加强枢纽港口、机场、铁路、公路等各类口岸物流基础设施建设。以重点开发开放试验区为先导，结合发展边境贸易，加强与周边国家和地区的跨境物流体系和走廊建设，加快物流基础设施互联互通，形成一批国际货运枢纽，增强进出口货物集散能力。加强境内外口岸、内陆与沿海、沿边口岸的战略合作，推动海关特殊监管区域、国际陆港、口岸等协调发展，提高国际物流便利化水平。建立口岸物流联检联动机制，进一步提高通关效率。积极构建服务于全球贸易和营销网络、跨境电子商务的物流支撑体系，为国内企业“走出去”和开展全球业务提供物流服务保障。支持优势物流企业加强联合，构建国际物流服务网络，打造具有国际竞争力的跨国物流企业。

（七）大力发展绿色物流

优化运输结构，合理配置各类运输方式，提高铁路和水路运输比重，促进节能减排。大力发展甩挂运输、共同配送、统一配送等先进的物流组织模式，提高储运工具的信息化水平，减少返空、迂回运输。鼓励采用低能耗、低排放运输工具和节能型绿色仓储设施，推广集装单元化技术。借鉴国际先进经验，完善能耗和排放监测、检测认证制度，加快建立绿色物流评估标准和认证体系。加强危险品水运管理，最大限度减少环境事故。鼓励包装重复使用和回收再利用，提高托盘等标准化器具和包装物的循环利用水平，构建低环境负荷的循环物流系统。大力发展回收物流，鼓励生产者、再生资源回收利用企业联合开展废旧产品回收。推广应用铁路散堆装货物运输抑尘技术。

五、重点工程

（一）多式联运工程

加快多式联运设施建设，构建能力匹配的集疏运通道，配备现代化的中转设施，建立多式联运信息平台。完善港口的铁路、公路集疏运设施，提升临港铁路场站和港站后方通道能力。推进铁路专用线建设，发挥铁路集装箱中心站作用，推进内陆城市和港口的集装箱场站建设。构建与铁路、机场和公路货运站能力匹配的公路集疏运网络系统。发展海铁联运、铁水联运、公铁联运、陆空联运，加快推进大宗散货水铁联运、集装箱多式联运，积极发展干支直达和江海直达等船舶运输组织方式，探索构建以半挂车为标准荷载单元的铁路驮背运输、水路滚装运输等多式联运体系。

（二）物流园区工程

在严格符合土地利用总体规划、城市总体规划的前提下，按照节约、集约用地的原则，在重要的物流节点城市加快整合与合理布局物流园区，推进物流园区水、电、路、通讯设施和多式联运设施建设，加快现代化立体仓库和信息平台建设，完善周边公路、铁路配套，推广使用甩挂运输等先进运输方式和智能化管理技术，完善物流园区管理体制，提升管理和服务水平。结合区位特点和物流需求，发展货运枢纽型、生产服务型、商贸服务型、口岸服务型和综合服务型物流园区，以及农产品、农资、钢铁、煤炭、汽车、医药、出版物、冷链、危险货物运输、快递等专业类物流园区，发挥物流园区的示范带动作用。

（三）农产品物流工程

加大粮食仓储设施建设和维修改造力度，满足粮食收储需要。引进先进粮食仓储设备和技术，切实改善粮食仓储条件。积极推进粮食现代物流设施建设，发展粮食储、运、装、卸“四散化”和多式联运，开通从东北入关的铁路散粮列车和散粮集装箱班列，加强粮食产区的收纳和发放设施、南方销区的铁路和港口散粮接卸设施建设，解决“北粮南运”运输“卡脖子”问题。推进棉花运输装卸机械化、仓储现代化、管理信息化，加强主要产销区的物流节点及铁路专用线建设，支持企业开展纺织配棉配送服务。加强“南糖北运”及产地的运输、仓储等物流设施建设。加强鲜活农产品冷链物流设施建设，支持“南菜北运”和大宗鲜活农产品产地预冷、初加工、冷藏保鲜、冷链运输等设施设备建设，形成重点品种农产品物流集散中心，提升批发市场等重要节点的冷链设施水平，完善冷链物流网络。

（四）制造业物流与供应链管理工程

支持建设与制造业企业紧密配套、有效衔接的仓储配送设施和物流信息平台，鼓励各类产业聚集区域和功能区配套建设公共外仓，引进第三方物流企业。鼓励传统运输、仓储企业向供应链上下游延伸服务，建设第三方供应链管理平台，为制造业企业提供供应链计划、采购物流、入厂物流、交付物流、回收物流、供应链金融以及信息追溯等集成服务。加快发展具有供应链设计、咨询管理能力的专业物流企业，着力提升面向制造业企业的供应链管理服务水平。

（五）资源型产品物流工程

依托煤炭、石油、铁矿石等重要产品的生产基地和市场，加快资源型产品物流集散中心和物流通道建设。推进晋陕蒙（西）宁甘、内蒙古东部、新疆等煤炭外运重点通道建设，重点建设环渤海等大型煤炭储配基地和重点煤炭物流节点。统筹油气进口运输通道和国内储运体系建设，加快跨区域、与周边国家和地区紧密连接的油气运输通道建设，加强油气码头建设，鼓励发展油船、液化天然气船，加强铁矿石等重要矿产品港口（口岸）物流设施建设。

（六）城乡物流配送工程

加快完善城乡配送网络体系，统筹规划、合理布局物流园区、配送中心、末端配送网点等三级配送节点，搭建城市配送公共服务平台，积极推进县、乡、村消费品和农资配送网络体系建设。进一步发挥邮政及供销合作社的网络和服务优势，加强农村邮政网点、村邮站、“三农”服务站等邮政终端设施建设，促进农村地区商品的双向流通。推进城市绿色货运配送体系建设，完善城市配送车辆标准和通行管控措施，鼓励节能环保车辆在城市配送中的推广应用。加快现代物流示范城市的配送体系发展，建设服务连锁经营企业和网络销售企业的跨区域配送中心。发展智能物流基础设施，支持农村、社区、学校的物流快递公共取送点建设。鼓励交通、邮政、商贸、供销、出版物销售等开展联盟合作，整合利用现有物流资源，进一步完善存储、转运、停靠、卸货等基础设施，加强服务网络建设，提高共同配送能力。

（七）电子商务物流工程

适应电子商务快速发展需求，编制全国电子商务物流发展规划，结合国家电子商务示范城市、示范基地、物流园区、商业设施等建设，整合配送资源，构建电子商务物流服务平台和配送网络。建成一批区域性仓储配送基地，吸引制造商、电商、快递和零担物流公司、第三方服务公司入驻，提高物流配送效率和专业化服务水平。探索利用高铁资源，发展高铁快件运输。结合推进跨境贸易电子商务试点，完善一批快递转运中心。

（八）物流标准化工程

重点推进物流技术、信息、服务、运输、货代、仓储、粮食等农产品及加工食品、医药、汽车、家电、电子商务、邮政（含快递）、冷链、应急等物流标准的制（修）订工作，积极着手开展钢铁、机械、煤炭、铁矿石、石油石化、建材、棉花等大宗产品物流标准的研究制订工作。支持仓储和转运设施、运输工具、停靠和卸货站点的标准化建设和改造，制定公路货运标准化电子货单，推广托盘、集装箱、集装袋等标准化设施设备，建立全国托盘共用体系，推进管理软件接口标准化，全面推广甩挂运输试点经验。开展物流服务认证试点工作，推进物流领域检验检测体系建设，支持物流企业开展质量、环境和职业健康安全管理体系认证。

（九）物流信息平台工程

整合现有物流信息服务平台资源，形成跨行业和区域的智能物流信息公共服务平台。加强综合运输信息、物流资源交易、电子口岸和大宗商品交易等平台建设，促进各类平台之间的互联互通和信息共享。鼓励龙头物流企业搭建面向中小物流企业的物流信息服务平台，促进货源、车源和物流服务等信息的高效匹配，有效降低货车空驶率。以统一物品编码体系为依托，建设衔接企业、消费者与政府部门的第三方公共服务平台，提供物流信息标准查询、对接服务。建设智能物流信息平台，形成集物流信息发布、在线交易、数据交换、跟踪追溯、智能分析等功能为一体的物流信息服务中心。加快推进国家交通运输物流公共信息平台建设，依托东北亚物流信息服务网络等已有平台，开展物流信息化国际合作。

（十）物流新技术开发应用工程

支持货物跟踪定位、无线射频识别、可视化技术、移动信息服务、智能交通和位置服务等关键技术攻关，研发推广高性能货物搬运设备和快速分拣技术，加强沿海和内河船型、商用车运输等重要运输技术的研发应用。完善物品编码体系，推动条码和智能标签等标识技术、自动识别技术以及电子数据交换技术的广泛应用。推广物流信息编码、物流信息采集、物流载体跟踪、自动化控制、管理决策支持、信息交换与共享等领域的物流信息技术。鼓励新一代移动通信、道路交通信息通讯系统、自动导引车辆、不停车收费系统以及托盘等集装单元化技术普及。推动北斗导航、物联网、云计算、大数据、移动互联等技术在产品可追溯、在线调度管理、全自动物流配送、智能配货等领域的应用。

（十一）再生资源回收物流工程

加快建立再生资源回收物流体系，重点推动包装物、废旧电器电子产品等生活废弃物和报废工程机械、农作物秸秆、消费品加工中产生的边角废料等有使用价值废弃物的回收物流发展。加大废弃物回收物流处理设施的投资力度，加快建设一批回收物流中心，提高回收物品的收集、分拣、加工、搬运、仓储、包装、维修等管理水平，实现废弃物的妥善处置、循环利用、无害环保。

（十二）应急物流工程

建立统一协调、反应迅捷、运行有序、高效可靠的应急物流体系，建设集满足多种应急需要为一体的物流中心，形成一批具有较强应急物流运作能力的骨干物流企业。加强应急仓储、中转、配送设施建设，提升应急物流设施设备的标准化和现代化水平，提高应急物流效率和应急保障能力。建立和完善应急物流信息系统，规范协调调度程序，优化信息流程、业务流程和管理流程，推进应急生产、流通、储备、运输环节的信息化建设和应急信息交换、数据共享。

六、保障措施

（一）深化改革开放

加快推进物流管理体制改革，完善各层级的物流政策综合协调机制，进一步发挥全国现代物流工作部际联席会议作用。按照简政放权、深化行政审批制度改革的要求，建立公平透明的市场准入标准，进一步放宽对物流企业资质的行政许可和审批条件，改进审批管理方式。落实物流企业设立非法人分支机构的相关政策，鼓励物流企业开展跨区域网络化经营。引导企业改革“大而全”、“小而全”的物流运作模式，制定支持企业分离外包物流业务和加快发展第三方物流的措施，充分整合利用社会物流资源，提高规模化水平。加强与主要贸易对象国及台港澳等地区的政策协调和物流合作，推动国内物流企业与国际先进物流企业合作交流，支持物流企业“走出去”。做好物流业外资并购安全审查工作，扩大商贸物流、电子商务领域的对外开放。

（二）完善法规制度

尽快从国民经济行业分类、产业统计、工商注册及税目设立等方面明确物流业类别，进一步明确物流业的产业地位。健全物流业法律法规体系，抓紧研究制（修）订物流业安全监管、交通运输管理和仓储管理等相关法律法规或部门规章，开展综合性法律的立法准备工作，在此基础上择机研究制订物流业促进方面的法律法规。

（三）规范市场秩序

加强对物流市场的监督管理，完善物流企业和从业人员信用记录，纳入国家统一的信用信息平台。增强企业诚信意识，建立跨地区、跨行业的联合惩戒机制，加大对失信行为的惩戒力度。加强物流信息安全管理，禁止泄露转卖客户信息。加强物流服务质量满意度监测，开展安全、诚信、优质服务创建活动。鼓励企业整合资源、加强协作，提高物流市场集中度和集约化运作水平，减少低水平无序竞争。加强对物流业市场竞争行为的监督检查，依法查处不正当竞争和垄断行为。

（四）加强安全监管

加强对物流企业的安全管理，督促物流企业切实履行安全主体责任，严格执行国家强制标准，保证运输装备产品的一致性。加强对物流车辆和设施设备的检验检测，确保车辆安全性符合国家规定、设施设备处于良好状态。禁止超载运输，规范超限运输。危险货物运输要强化企业经理人员安全管理职责和车辆动态监控。加大安全生产经费投入，及时排查整改安全隐患。加大物流业贯彻落实国家信息安全等级保护制度力度，按照国家信息安全等级保护管理规范和技术标准要求同步实施物流信息平台安全建设，提高网络安全保障能力。建立健全物流安全监管信息共享机制，物流信息平台及物流企业信息系统要按照统一技术标准建设共享信息的技术接口。道路、铁路、民航、航运、邮政部门要进一步规范货物收运、收寄流程，进一步落实货物安全检查责任，采取严格的货物安全检查措施并增加开箱检查频次，加大对瞒报货物品名行为的查处力度，严防普通货物中夹带违禁品和危险品。推广使用技术手段对集装箱和货运物品进行探测查验，提高对违禁品和危险品的发现能力。加大宣传教育力度，曝光违法违规托运和夹带违禁品、危险品的典型案件和查处结果，增强公众守法意识。

（五）完善扶持政策

加大土地等政策支持力度，着力降低物流成本。落实和完善支持物流业发展的用地政策，依法供应物流用地，积极支持利用工业企业旧厂房、仓库和存量土地资源建设物流设施或者提供物流服务，涉及原划拨土地使用权转让或者租赁的，应按规定办理土地有偿使用手续。认真落实物流业相关税收优惠政策。研究完善支持物流企业做强做大的扶持政策，培育一批网络化、规模化发展的大型物流企业。严格执行鲜活农产品运输“绿色通道”政策。研究配送车辆进入城区作业的相关政策，完善城市配送车辆通行管控措施。完善物流标准化工作体系，建立相关部门、行业组织和标准技术归口单位的协调沟通机制。

（六）拓宽投资融资渠道

多渠道增加对物流业的投入，鼓励民间资本进入物流领域。引导银行业金融机构加大对物流企业的信贷支持，针对物流企业特点推动金融产品创新，推动发展新型融资方式，为物流业发展提供更便利的融资服务。支持符合条件的物流企业通过发行公司债券、非金融企业债务融资工具、企业债券和上市等多种方式拓宽融资渠道。继续通过政府投资对物流业重点领域和薄弱环节予以支持。

（七）加强统计工作

提高物流业统计工作水平，明确物流业统计的基本概念，强化物流统计理论和方法研究，科学划分物流业统计的行业类别，完善物流业统计制度和评价指标体系，促进物流统计台账和会计核算科目建设，做好社会物流总额和社会物流成本等指标的调查统计工作，及时准确反映物流业的发展规模和运行效率；构建组织体系完善、调查方法科学、技术手段先进、队伍素质优良的现代物流统计体系，推动各省（区、市）全面开展物流统计工作，进一步提高物流统计数据质量和工作水平，为政府宏观管理和企业经营决策提供参考依据。

（八）强化理论研究和人才培养

加强物流领域理论研究，完善我国现代物流业理论体系，积极推进产学研用结合。着力完善物流学科体系和专业人才培养体系，以提高实践能力为重点，按照现代职业教育体系建设要求，探索形成高等学校、中等职业学校与有关部门、科研院所、行业协会和企业联合培养人才的新模式。完善在职人员培训体系，鼓励培养物流业高层次经营管理人才，积极开展职业培训，提高物流业从业人员业务素质。

（九）发挥行业协会作用

要更好地发挥行业协会的桥梁和纽带作用，做好调查研究、技术推广、标准制订和宣传推广、信息统计、咨询服务、人才培养、理论研究、国际合作等方面的工作。鼓励行业协会健全和完善各项行业基础性工作，积极推动行业规范自律和诚信体系建设，推动行业健康发展。

七、组织实施

各地区、各部门要充分认识促进物流业健康发展的重大意义，采取有力措施，确保各项政策落到实处、见到实效。地方各级人民政府要加强组织领导，完善协调机制，结合本地实际抓紧制定具体落实方案，及时将实施过程中出现的新情况、新问题报送发展改革委和交通运输部、商务部等有关部门。国务院各有关部门要加强沟通，密切配合，根据职责分工完善各项配套政策措施。发展改革委要加强统筹协调，会同有关部门研究制定促进物流业发展三年行动计划，明确工作安排及时间进度，并做好督促检查和跟踪分析，重大问题及时报告。

002

国务院关于依托黄金水道推动长江经济带发展的指导意见

国发〔2014〕39号

各省、自治区、直辖市人民政府，国务院各部委、各直属机构：

长江是货运量位居全球内河第一的黄金水道，长江通道是我国国土空间开发最重要的东西轴线，在区域发展总体格局中具有重要战略地位。依托黄金水道推动长江经济带发展，打造中国经济新支撑带，是党中央、国务院审时度势，谋划中国经济新棋局作出的既利当前又惠长远的重大战略决策。为进一步开发长江黄金水道，加快推动长江经济带发展，现提出以下意见。

一、重大意义和总体要求

长江经济带覆盖上海、江苏、浙江、安徽、江西、湖北、湖南、重庆、四川、云南、贵州等11省市，面积约205万平方公里，人口和生产总值均超过全国的40%。长江经济带横跨我国东中西三大区域，具有独特优势和巨大发展潜力。改革开放以来，长江经济带已发展成为我国综合实力最强、战略支撑作用最大的区域之一。在国际环境发生深刻变化、国内发展面临诸多矛盾的背景下，依托黄金水道推动长江经济带发展，有利于挖掘中上游广阔腹地蕴涵的巨大内需潜力，促进经济增长空间从沿海向沿江内陆拓展；有利于优化沿江产业结构和城镇化布局，推动我国经济提质增效升级；有利于形成上中下游优势互补、协作互动格局，缩小东中西部地区发展差距；有利于建设陆海双向对外开放新走廊，培育国际经济合作竞争新优势；有利于保护长江生态环境，引领全国生态文明建设，对于全面建成小康社会，实现中华民族伟大复兴的中国梦具有重要现实意义和深远战略意义。

（一）指导思想

以邓小平理论、“三个代表”重要思想、科学发展观为指导，深入贯彻党的十八大和十八届二中、三中全会精神，认真落实党中央和国务院的决策部署，充分发挥市场配置资源的决定性作用，更好发挥政府规划和政策的引导作用，以改革激发活力、以创新增强动力、以开放提升竞争力，依托长江黄金水道，高起点高水平建设综合交通运输体系，推动上中下游地区协调发展、沿海沿江沿边全面开放，构建横贯东西、辐射南北、通江达海、经济高效、生态良好的长江经济带。

（二）基本原则

改革引领、创新驱动。坚持制度创新、科技创新，推动重点领域改革先行先试。健全技术创新市场导向机制，增强市场主体创新能力，促进创新资源综合集成，建设统一开放、竞争有序的现代市场体系。

通道支撑、融合发展。以沿江综合运输大通道为支撑，促进上中下游要素合理流动、产业分工协作。着力推进信息化和工业化深度融合，积极引导沿江城镇布局与产业发展有机融合，持续增强区域现代农业、特色农业优势。

海陆统筹、双向开放。深化向东开放，加快向西开放，统筹沿海内陆开放，扩大沿边开放。更好推动“引进来”和“走出去”相结合，更好利用国际国内两个市场、两种资源，构建开放型经济新体制，形成全方位开放新格局。

江湖和谐、生态文明。建立健全最严格的生态环境保护和水资源管理制度，加强长江全流域生态环境监管和综合治理，尊重自然规律及河流演变规律，协调好江河湖泊、上中下游、干流支流关系，保护和改善流域生态服务功能，推动流域绿色循环低碳发展。

（三）战略定位

具有全球影响力的内河经济带。发挥长江黄金水道的独特作用，构建现代化综合交通运输体系，推动沿江产业结构优化升级，打造世界级产业集群，培育具有国际竞争力的城市群，使长江经济带成为充分体现国家综合经济实力、积极参与国际竞争与合作的内河经济带。

东中西互动合作的协调发展带。立足长江上中下游地区的比较优势，统筹人口分布、经济布局与资源环境承载能力，发挥长江三角洲地区的辐射引领作用，促进中上游地区有序承接产业转移，提高要素配置效率，激发内生发展活力，使长江经济带成为推动我国区域协调发展的示范带。

沿海沿江沿边全面推进的对内对外开放带。用好海陆双向开放的区位资源，创新开放模式，促进优势互补，培育内陆开放高地，加快同周边国家和地区基础设施互联互通，加强与丝绸之路经济带、海上丝绸之路的衔接互动，使长江经济带成为横贯东中西、连接南北方的开放合作走廊。

生态文明建设的先行示范带。统筹江河湖泊丰富多样的生态要素，推进长江经济带生态文明建设，构建以长江干支流为经脉、以山水林田湖为有机整体，江湖关系和谐、流域水质优良、生态流量充足、水土保持有效、生物种类多样的生态安全格局，使长江经济带成为水清地绿天蓝的生态廊道。

二、提升长江黄金水道功能

充分发挥长江运能大、成本低、能耗少等优势，加快推进长江干线航道系统治理，整治浚深下游航道，有效缓解中上游瓶颈，改善支流通航条件，优化港口功能布局，加强集疏运体系建设，发展江海联运和干支直达运输，打造畅通、高效、平安、绿色的黄金水道。

（四）增强干线航运能力

加快实施重大航道整治工程，下游重点实施12.5米深水航道延伸至南京工程；中游重点实施荆江河段航道整治工程，加强航道工程模型试验研究；上游重点研究实施重庆至宜宾段航道整治工程。加快推进内河船型标准化，研究推广三峡船型和江海直达船型，鼓励发展节能环保船舶。

（五）改善支流通航条件

积极推进航道整治和梯级渠化，提高支流航道等级，形成与长江干线有机衔接的支线网络。加快信江、赣江、江汉运河、汉江、沅水、湘江、乌江、岷江等高等级航道建设，研究论证合裕线、嘉陵江高等级航道建设和金沙江攀枝花至水富段航运资源开发。抓紧实施京杭运河航道建设和船闸扩能工程，系统建设长江三角洲地区高等级航道网络，统筹推进其他支流航道建设。

（六）优化港口功能布局

促进港口合理布局，加强分工合作，推进专业化、规模化和现代化建设，大力发展现代航运服务业。加快上海国际航运中心、武汉长江中游航运中心、重庆长江上游航运中心和南京区域性航运物流中心建设。提升上海港、宁波—舟山港、江苏沿江港口功能，加快芜湖、马鞍山、安庆、九江、黄石、荆州、宜昌、岳阳、泸州、宜宾等港口建设，完善集装箱、大宗散货、汽车滚装及江海中转运输系统。

（七）加强集疏运体系建设

以航运中心和主要港口为重点，加快铁路、高等级公路与重要港区的连接线建设，强化集疏运服务功能，提升货物中转能力和效率，有效解决“最后一公里”问题。推进港口与沿江开发区、物流园区的通道建设，拓展港口运输服务的辐射范围。

（八）扩大三峡枢纽通过能力

挖掘三峡及葛洲坝既有船闸潜力，完善公路翻坝转运系统，推进铁路联运系统建设，建设三峡枢纽货运分流的油气管道，积极实施货源地分流。加快三峡枢纽水运新通道和葛洲坝枢纽水运配套工程前期研究工作。

（九）健全智能服务和安全保障系统

完善长江航运等智能化信息系统，推进多种运输方式综合服务信息平台建设，实现运输信息系统互联互通。加强多部门信息共享，建设长江干线全方位覆盖、全天候运行、具备快速反应能力的水上安全监管和应急救助体系。

（十）合理布局过江通道

统筹规划建设过江通道，加强隧道桥梁方案比选论证工作，充分利用江上和水下空间，推进铁路、公路、城市交通合并过江；优化整合渡口渡线，加强渡运安全管理，促进过江通道与长江航运、防洪安全和生态环境的协调发展。

三、建设综合立体交通走廊

依托长江黄金水道，统筹铁路、公路、航空、管道建设，加强各种运输方式的衔接和综合交通枢纽建设，加快多式联运发展，建成安全便捷、绿色低碳的综合立体交通走廊，增强对长江经济带发展的战略支撑力。

（十一）形成快速大能力铁路通道

建设上海经南京、合肥、武汉、重庆至成都的沿江高速铁路和上海经杭州、南昌、长沙、贵阳至昆明的沪昆高速铁路，连通南北高速铁路和快速铁路，形成覆盖50万人口以上城市的快速铁路网。改扩建沿江大能力普通铁路，规划建设衢州至丽江铁路，提升沪昆铁路既有运能，形成覆盖20万人口以上城市客货共线的普通铁路网。

（十二）建设高等级广覆盖公路网

以上海至成都、上海至重庆、上海至昆明、杭州至瑞丽等国家高速公路为重点，建成连通重点区域、中心城市、主要港口和重要边境口岸的高速公路网络。提高国省干线公路技术等级和安全服务水平，普通国道二级及以上公路比重达到80%以上。加快县乡连通路、资源开发路、旅游景区路、山区扶贫路建设，实现具备条件的乡镇、建制村通沥青（水泥）路。

（十三）推进航空网络建设

加快上海国际航空枢纽建设，强化重庆、成都、昆明、贵阳、长沙、武汉、南京、杭州等机场的区域枢纽功能，发挥南昌、合肥、宁波、无锡等干线机场作用，推进支线机场建设，形成长江上、中、下游机场群。完善航线网络，提高主要城市间航班密度，增加国际运输航线。深化空域管理改革，大力发展通用航空。依托空港资源，发展临空经济。

（十四）完善油气管道布局

统筹油气运输通道和储备系统建设，合理布局沿江管网设施。加强长江三角洲向内陆地区、沿江地区向腹地辐射的原油和成品油输送管道建设，完善区域性油气管网，加快互联互通，形成以沿江干线管道为主轴，连接沿江城市群的油气供应保障体系。

（十五）建设综合交通枢纽

按照“零距离换乘、无缝化衔接”要求，加强水运、铁路、公路、航空和管道的有机衔接，建设和完善能力匹配的集疏运系统。加快建设上海、南京、连云港、徐州、合肥、杭州、宁波、武汉、长沙、南昌、重庆、成都、昆明、贵阳等14个全国性综合交通枢纽，有序发展区域性综合交通枢纽，提高综合交通运输体系的运行效率，增强对产业布局的引导和城镇发展的支撑作用。

（十六）加快发展多式联运

抓紧制定标准规范，培育多式联运经营人，鼓励发展铁水、公水、空铁等多式联运，提高集装箱和大宗散货铁水联运比重。加快智能物流网络建设，增强沿江物流园区综合服务功能，培育壮大现代物流企业，形成若干区域性物流中心，提高物流效率，降低物流成本。

四、创新驱动促进产业转型升级

顺应全球新一轮科技革命和产业变革趋势，推动沿江产业由要素驱动向创新驱动转变，大力发展战略性新兴产业，加快改造提升传统产业，大幅提高服务业比重，引导产业合理布局和有序转移，培育形成具有国际水平的产业集群，增强长江经济带产业竞争力。

（十七）增强自主创新能力

强化企业的技术创新主体地位，引导创新资源向企业集聚，培育若干领军企业。设立新兴产业创业投资基金，激发中小企业创新活力。深化产学研合作，鼓励发展产业技术创新战略联盟。在统筹考虑现状和优化整合科技资源的前提下，布局一批国家工程中心（实验室）和企业技术中心。运用市场化机制探索建立新型科研机构，推动设立知识产权法院。深化科技成果使用、处置和收益权改革。发挥上海张江、武汉东湖自主创新示范区和合芜蚌（合肥、芜湖、蚌埠）自主创新综合试验区的引领示范作用，推进长株潭自主创新示范区建设，推进攀西战略资源创新开发。研究制定长江经济带创新驱动产业转型升级方案。

（十八）推进信息化与产业融合发展

支持沿江地区加快新一代信息基础设施建设，完善上海、南京、武汉、重庆、成都等骨干节点，进一步加强网间互联互通，增加中上游地区光缆路由密度。大力推进有线和无线宽带接入网建设，扩大4G（第四代移动通信）网络覆盖范围。推进沿江下一代互联网示范城市建设，优化布局数据中心，继续完善上海、云南面向国际的陆海缆建设。充分利用互联网、物联网、大数据、云计算、人工智能等新一代信息技术改造提升传统产业，培育形成新兴产业，推动生产组织、企业管理、商业运营模式创新。推动沿江国家电子商务示范城市建设，加快农业、制造业和服务业的电子商务应用。

（十九）培育世界级产业集群

以沿江国家级、省级开发区为载体，以大型企业为骨干，打造电子信息、高端装备、汽车、家电、纺织服装等世界级制造业集群，建设具有国际先进水平的长江口造船基地和长江中游轨道交通装备、工程机械制造基地，突破核心关键技术，培育知名自主品牌。在沿江布局一批战略性新兴产业集聚区、国家高技术产业基地和国家新型工业化产业示范基地。推动石化、钢铁、有色金属等产业转型升级，促进沿江炼化一体化和园区化发展，提升油品质量，加快钢铁、有色金属产品结构调整，淘汰落后产能。

（二十）加快发展现代服务业

改革服务业发展体制，创新发展模式和业态，扩大服务业对内对外开放，放宽外资准入限制。围绕服务实体经济，优先发展金融保险、节能环保、现代物流、航运服务等生产性服务业；围绕满足居民需求，加快发展旅游休闲、健康养老、家庭服务、文化教育等生活性服务业。依托国家高技术服务业基地，发展信息技术、电子商务、研发设计、知识产权、检验检测、认证认可等服务产业。积极推动区域中心城市逐步形成以服务业为主的产业结构。充分发挥长江沿线各地独具特色的历史文化、自然山水和民俗风情等优势，打造旅游城市、精品线路、旅游景区、旅游度假休闲区和生态旅游目的地，大力发展特色旅游业，把长江沿线培育成为国际黄金旅游带。

（二十一）打造沿江绿色能源产业带

积极开发利用水电，在做好环境保护和移民安置的前提下，以金沙江、雅砻江、大渡河、澜沧江等为重点，加快水电基地和送出通道建设，扩大向下游地区送电规模。加快内蒙古西部至华中煤运通道建设，在中游地区适度规划布局大型高效清洁燃煤电站，增加电力、天然气等输入能力。研究制定新城镇新能源新生活行动计划，大力发展分布式能源、智能电网、绿色建筑和新能源汽车，推进能源生产和消费方式变革。立足资源优势，创新体制机制，推进页岩气勘查开发，通过竞争等方式出让页岩气探矿权，建设四川长宁—威远、滇黔北、重庆涪陵等国家级页岩气综合开发示范区。稳步推进沿海液化天然气接收站建设，统筹利用国内外天然气，提高居民用气水平。

（二十二）提升现代农业和特色农业发展水平

保护和利用好长江流域宝贵农业资源，推进农产品主产区特别是农业优势产业带和特色产业带建设，建设一批高水平现代农业示范区，推进国家有机食品生产基地建设，着力打造现代农业发展先行区。上游地区立足山多草多林多地少的资源条件，在稳定优势农产品生产的基础上，大力发展以草食畜牧业为代表的特色生态农业和以自然生态区、少数民族地区为代表的休闲农业与乡村旅游。中游地区立足农业生产条件较好、耕地资源丰富的基础，强化粮食、水产品等重要农产品供给保障能力，提高农业机械化水平，积极发展现代种业，打造粮食生产核心区和主要农产品优势区。下游地区立足人均耕地资源少、资本技术人才资源优势，在稳定粮食生产的同时，大力发展高效精品农业和都市农业，加快推进标准化生产和集约化品牌化经营。

（二十三）引导产业有序转移和分工协作

按照区域资源禀赋条件、生态环境容量和主体功能定位，促进产业布局调整和集聚发展。在着力推动下游地区产业转型升级的同时，依托中上游地区广阔腹地，增强基础设施和产业配套能力，引导具有成本优势的资源加工型、劳动密集型产业和具有市场需求的资本、技术密集型产业向中上游地区转移。支持和鼓励开展产业园区战略合作，建立产业转移跨区域合作机制，以中上游地区国家级、省级开发区为载体，建设承接产业转移示范区和加工贸易梯度转移承接地，推动产业协同合作、联动发展。借鉴负面清单管理模式，加强对产业转移的引导，促进中上游特别是三峡库区产业布局与区域资源生态环境相协调，防止出现污染转移和环境风险聚集，避免低水平重复建设。

五、全面推进新型城镇化

按照沿江集聚、组团发展、互动协作、因地制宜的思路，推进以人为核心的新型城镇化，优化城镇化布局和形态，增强城市可持续发展能力，创新城镇化发展体制机制，全面提高长江经济带城镇化质量。

（二十四）优化沿江城镇化格局

以沿江综合运输大通道为轴线，以长江三角洲、长江中游和成渝三大跨区域城市群为主体，以黔中和滇中两大区域性城市群为补充，以沿江大中小城市和小城镇为依托，促进城市群之间、城市群内部的分工协作，强化基础设施建设和联通，优化空间布局，推动产城融合，引导人口集聚，形成集约高效、绿色低碳的新型城镇化发展格局。

（二十五）提升长江三角洲城市群国际竞争力

促进长江三角洲一体化发展，打造具有国际竞争力的世界级城市群。充分发挥上海国际大都市的龙头作用，加快国际金融、航运、贸易中心建设。提升南京、杭州、合肥都市区的国际化水平。推进苏南现代化建设示范区、浙江舟山群岛新区、浙江海洋经济发展示范区、皖江承接产业转移示范区、皖南国际文化旅游示范区建设和通州湾江海联动开发。优化提升沪宁合（上海、南京、合肥）、沪杭（上海、杭州）主轴带功能，培育壮大沿江、沿海、杭湖宁（杭州、湖州、南京）、杭绍甬舟（杭州、绍兴、宁波、舟山）等发展轴带。合理划定中心城市边界，保护城郊农业用地和绿色开敞空间，控制特大城市过度蔓延扩张。

（二十六）培育发展长江中游城市群

增强武汉、长沙、南昌中心城市功能，促进三大城市组团之间的资源优势互补、产业分工协作、城市互动合作，把长江中游城市群建设成为引领中部地区崛起的核心增长极和资源节约型、环境友好型社会示范区。优化提升武汉城市圈辐射带动功能，开展武汉市国家创新型城市试点，建设中部地区现代服务业中心。

加快推进环长株潭城市群建设，提升湘江新区和湘北湘南中心城市发展水平。培育壮大环鄱阳湖城市群，促进南昌、九江一体化和赣西城镇带发展。建设鄱阳湖、洞庭湖生态经济区。

（二十七）促进成渝城市群一体化发展

提升重庆、成都中心城市功能和国际化水平，发挥双引擎带动和支撑作用，推进资源整合与一体发展，把成渝城市群打造成为现代产业基地、西部地区重要经济中心和长江上游开放高地，建设深化内陆开放的试验区和统筹城乡发展的示范区。重点建设成渝主轴带和沿长江、成绵乐（成都、绵阳、乐山）等次轴带，加快重庆两江新区开发开放，推动成都天府新区创新发展。

（二十八）推动黔中和滇中区域性城市群发展

增强贵阳产业配套和要素集聚能力，重点建设遵义—贵阳—安顺主轴带，推动贵安新区成为内陆开放型经济示范区，重要的能源资源深加工、特色轻工业和民族文化旅游基地，推进大数据应用服务基地建设，打造西部地区新的经济增长极和生态文明建设先行区。提升昆明面向东南亚、南亚开放的中心城市功能，重点建设曲靖—昆明—楚雄、玉溪—昆明—武定发展轴，推动滇中产业集聚区发展，建设特色资源深加工基地和文化旅游基地，打造面向西南开放重要桥头堡的核心区和高原生态宜居城市群。

（二十九）科学引导沿江城市发展

依托近山傍水的自然生态环境，合理确定城市功能布局和空间形态，促进城市建设与山脉水系相互融合，建设富有江城特色的宜居城市。加强城区河湖水域岸线管理。集聚科技创新要素，节约集约利用资源，提升信息化水平。延续城市历史文脉，推进创新城市、绿色城市、智慧城市、人文城市建设。加强公共交通、防洪排涝等基础设施建设，提高教育、医疗等公共服务水平，提高承载能力。

（三十）强化城市群交通网络建设

充分利用区域运输通道资源，重点加快城际铁路建设，形成与新型城镇化布局相匹配的城际交通网络。长江三角洲城市群要建设以上海为中心，南京、杭州、合肥为副中心，“多三角、放射状”的城际交通网络；长江中游城市群要建设以武汉、长沙、南昌为中心的“三角形、放射状”城际交通网络；成渝城市群要建设以重庆、成都为中心的“一主轴、放射状”城际交通网络，实现城市群内中心城市之间、中心城市与节点城市之间 1～2 小时通达。建设黔中、滇中城际交通网络，实现省会城市与周边节点城市之间 1～2 小时通达。

（三十一）创新城镇化发展体制机制

根据上中下游城镇综合承载能力和发展潜力，实施差别化落户政策。下游地区要增强对农业转移人口的吸纳能力，有序推进外来人口市民化；中上游地区要增强产业集聚能力，更多吸纳农业转移人口。建立健全与居住年限等条件相挂钩的基本公共服务提供机制。探索实行城镇建设用地增加规模与农村建设用地减少挂钩、与吸纳农业转移人口落户数量挂钩政策。稳步推进农村宅基地制度改革。开展新型城镇化试点示范，探索建立农业转移人口市民化成本分担机制，构建多元化、可持续的城镇化投融资机制，建立有利于创新行政管理、降低行政成本的设市设区模式。选择具备条件的开发区进行城市功能区转型试点，引导产业和城市同步融合发展。

六、培育全方位对外开放新优势

发挥长江三角洲地区对外开放引领作用，建设向西开放的国际大通道，加强与东南亚、南亚、中亚等国家的经济合作，构建高水平对外开放平台，形成与国际投资、贸易通行规则相衔接的制度体系，全面提升长江经济带开放型经济水平。

（三十二）发挥上海对沿江开放的引领带动作用

加快建设中国（上海）自由贸易试验区，大力推进投资、贸易、金融、综合监管等领域制度创新，完善负面清单管理模式，打造国际化、法治化的营商环境，建立与国际投资、贸易通行规则相衔接的基本制度框架，形成可复制、可推广的成功经验。通过先行先试、经验推广和开放合作，充分发挥上海对外开放的辐射效应、枢纽功能和示范引领作用，带动长江经济带更高水平开放，增强国际竞争力。

（三十三）增强云南面向西南开放重要桥头堡功能

提升云南向东南亚、南亚开放的通道功能和门户作用。推进孟中印缅、中老泰等国际运输通道建设，实现基础设施互联互通。推动孟中印缅经济走廊合作，深化参与中国—东盟湄公河流域开发、大湄公河次区域经济合作，率先在口岸、边境城市、边境经济合作区和重点开发开放试验区实施人员往来、加工物流、旅游等方面的特殊政策。将云南建设成为面向西南周边国家开放的试验区和西部省份“走出去”的先行区，提升中上游地区向东南亚、南亚开放水平。

（三十四）加强与丝绸之路经济带的战略互动

发挥重庆长江经济带西部中心枢纽作用，增强对丝绸之路经济带的战略支撑。发挥成都战略支点作用，把四川培育成为连接丝绸之路经济带的重要纽带。构建多层次对外交通运输通道，加强各种运输方式的有效衔接，形成区域物流集聚效应，打造现代化综合交通枢纽。优化整合向西国际物流资源，提高连云港陆桥通道桥头堡水平，提升“渝新欧”、“蓉新欧”、“义新欧”等中欧班列国际运输功能，建立中欧铁路通道协调机制，增强对中亚、欧洲等地区进出口货物的吸引能力，着力解决双向运输不平衡问题。加强与沿线国家海关的合作，提高贸易便利化水平。提升江苏、浙江对海上丝绸之路的支撑能力。加快武汉、长沙、南昌、合肥、贵阳等中心城市内陆经济开放高地建设。推进中上游地区与俄罗斯伏尔加河沿岸联邦区合作。

（三十五）推动对外开放口岸和特殊区域建设

增强沿江沿边开放口岸和特殊区域功能，打造高水平对外开放平台。在中上游地区适当增设口岸及后续监管场所，在有条件的地方增设铁路、内河港口一类开放口岸，推动口岸信息系统互联共享。条件成熟时，在基本不突破原规划面积的前提下，逐步将沿江各类海关特殊监管区域整合为综合保税区，探索使用社会运输工具进行转关作业。在符合全国总量控制目标的前提下，支持具备条件的边境地区按程序申请设立综合保税区，支持符合条件的边境地区设立边境经济合作区和边境旅游合作区，研究完善人员免签、旅游签证等政策。推动境外经济贸易合作区和农业合作区发展，鼓励金融机构在境外开设分支机构并提供融资支持。

（三十六）构建长江大通关体制

加强内陆海关与沿海沿边口岸海关的协作配合，加强口岸与内陆检验检疫机构的合作，全面推进“一次申报、一次查验、一次放行”模式，实现长江经济带海关区域通关一体化和检验检疫一体化。在有效防控风险前提下，适时扩大启运港退税的启运地、承运企业和运输工具等范围。推进口岸执法部门信息互换、监管互认和执法互助。

七、建设绿色生态廊道

顺应自然，保育生态，强化长江水资源保护和合理利用，加大重点生态功能区保护力度，加强流域生态系统修复和环境综合治理，稳步提高长江流域水质，显著改善长江生态环境。

（三十七）切实保护和利用好长江水资源

落实最严格水资源管理制度，明确长江水资源开发利用红线、用水效率红线。加强流域水资源统一调度，保障生活、生产和生态用水安全。严格相关规划和建设项目的水资源论证。加强饮用水水源地保护，优化沿江取水口和排污口布局，取缔饮用水水源保护区内的排污口，鼓励各地区建设饮用水应急水源。建设水源地环境风险防控工程，确保城乡饮用水安全。严厉打击河道非法采砂。优化水资源配置格局，加快推进云贵川渝等地区大中型骨干水源工程及配套工程建设。建设沿江、沿河、环湖水资源保护带、生态隔离带，增强水源涵养和水土保持能力。

（三十八）严格控制和治理长江水污染

明确水功能区限制纳污红线，完善水功能区监督管理制度，科学核定水域纳污容量，严格控制入河（湖）排污总量。大幅削减化学需氧量、氨氮排放量，加大总磷、总氮排放等污染物控制力度。加大沿江化工、造纸、印染、有色等排污行业环境隐患排查和集中治理力度，实行长江干支流沿线城镇污水垃圾全收集全处理，加强农业畜禽、水产养殖污染物排放控制及农村污水垃圾治理，强化水上危险品运输安全环保监管、船舶溢油风险防范和船舶污水排放控制。完善应急救援体系，提高应急处置能力。建立环境风险大、涉及有毒有害污染物排放的产业园区退出或转型机制。加强三峡库区、丹江口库区、洞庭湖、鄱阳湖、长江口及长江源头等水体的水质监测和综合治理，强化重点水域保护，确保流域水质稳步改善。

（三十九）妥善处理江河湖泊关系

综合考虑防洪、生态、供水、航运和发电等需求，进一步开展以三峡水库为核心的长江上游水库群联合调度研究与实践。加强长江与洞庭湖、鄱阳湖演变与治理研究，论证洞庭湖、鄱阳湖水系整治工程，进行蓄滞洪区的分类和调整研究。完善防洪保障体系，实施长江河道崩岸治理及河道综合整治工程，尽快完成长江流域山洪灾害防治项目，推进长江中下游蓄滞洪区建设及中小河流治理。

（四十）加强流域环境综合治理

完善污染物排放总量控制制度，加强二氧化硫、氮氧化物、PM2.5（细颗粒物）等主要大气污染物综合防治，严格控制煤炭消费总量。加强挥发性有机物排放重点行业整治，扭转中下游地区、四川盆地等区域性雾霾、酸雨恶化态势，改善沿江城市空气质量。推进农村环境综合整治，降低农药和化肥使用强度，加大土壤污染防治力度，强化重点行业和重点区域重金属污染综合治理。大力推进工业园区污染集中治理和循环化改造，鼓励企业采用清洁生产技术。积极推进城镇污水处理设施和配套污水管网建设，提高现有污水处理设施处理效率。

（四十一）强化沿江生态保护和修复

坚定不移实施主体功能区制度，率先划定沿江生态保护红线，强化国土空间合理开发与保护，加大重点生态功能区建设和保护力度，构建中上游生态屏障。推进太湖、巢湖、滇池、草海等全流域湿地生态保护与修复工程，加强金沙江、乌江、嘉陵江、三峡库区、汉江、洞庭湖和鄱阳湖水系等重点区域水土流失治理和地质灾害防治，中上游重点实施山地丘陵地区坡耕地治理、退耕还林还草和岩溶地区石漠化治理，中下游重点实施生态清洁小流域综合治理及退田还草还湖还湿。加大沿江天然林草资源保护和长江防护林体系建设力度，加强沿江风景名胜资源保护和山地丘陵地区林草植被保护。加强长江物种及其栖息繁衍场所保护，强化自然保护区和水产种质资源保护区建设和管护。探索建立沿江国家公园。研究制定长江生态环境保护规划。

（四十二）促进长江岸线有序开发

建立健全长江岸线开发利用和保护协调机制，统筹规划长江岸线资源，严格分区管理和用途管制，合理安排沿江工业与港口岸线、过江通道岸线与取水口岸线，加大生态和生活岸线保护力度。严格河道管理范围内建设项目工程建设方案审查制度。统筹岸线与后方土地的使用和管理，提高岸线资源集约利用水平。依法建立岸线资源有偿使用制度。有效保护岸线原始风貌，利用沿江风景名胜和其他自然人文景观资源，为居民提供便捷舒适亲水空间。

八、创新区域协调发展体制机制

打破行政区划界限和壁垒，加强规划统筹和衔接，形成市场体系统一开放、基础设施共建共享、生态环境联防联治、流域管理统筹协调的区域协调发展新机制。

（四十三）建立区域互动合作机制

加强国家层面协调指导，统筹研究解决长江经济带发展中的重大问题，建立推动长江经济带发展部际联席会议制度。发挥水利部长江水利委员会、交通运输部长江航务管理局、农业部长江流域渔政监督管理办公室以及环境保护部华东、华南、西南环境保护督查中心等机构作用，协同推进长江防洪、航运、发电、生态环境保护等工作。建立健全地方政府之间协商合作机制，共同研究解决区域合作中的重大事项。充分调动社会力量，建立各类跨地区合作组织。

（四十四）推进一体化市场体系建设

进一步简政放权，清理阻碍要素合理流动的地方性政策法规，打破区域性市场壁垒，实施统一的市场准入制度和标准，推动劳动力、资本、技术等要素跨区域流动和优化配置。健全知识产权保护机制。推动社会信用体系建设，扩大信息资源开放共享，提高基础设施网络化、一体化服务水平。

（四十五）加大金融合作创新力度

适时推进符合条件的民间资本在中上游地区发起设立民营银行等中小金融机构。引导区域内符合条件的创新型、创业型、成长型中小企业到全国中小企业股份转让系统挂牌进行股权融资、债权融资、资产重组等。探索创新金融产品，鼓励开展融资租赁服务，支持长江船型标准化建设。鼓励大型港航企业以资本为纽带整合沿江港口和航运资源。鼓励政策性金融机构加大对沿江综合交通体系建设的支持力度。

（四十六）建立生态环境协同保护治理机制

完善长江环境污染联防联控机制和预警应急体系。鼓励和支持沿江省市共同设立长江水环境保护治理基金，加大对环境突出问题的联合治理力度。按照“谁受益谁补偿”的原则，探索上中下游开发地区、受益地区与生态保护地区试点横向生态补偿机制。依托重点生态功能区开展生态补偿示范区建设。推进水权、碳排放权、排污权交易，推行环境污染第三方治理。

（四十七）建立公共服务和社会治理协调机制

适应上中下游劳动力转移流动的趋势，加强跨区域职业教育合作和劳务对接，推进统一规范的劳动用工、资格认证和跨区域教育培训等就业服务制度。加大基本养老保险、基本医疗保险等社会保险关系转移接续政策的落实力度。应对长江事故灾难、环境污染、公共卫生等跨区域突发事件，构建协同联动的社会治理机制。建立区域协调配合的安全监管工作机制，加强跨区域重点工程项目的监管，有效预防和减少生产安全事故。完善集中连片特殊困难地区扶贫机制，加大政策支持力度。

附件：长江经济带综合立体交通走廊规划（2014—2020年）

国务院

二〇一四年九月十二日

附件：

长江经济带综合立体交通走廊规划
（2014—2020年）

为统筹长江经济带交通基础设施建设，加强各种运输方式有机衔接，完善综合交通运输体系，特编制长江经济带综合立体交通走廊规划。规划期为2014—2020年。

一、规划基础

（一）现实条件

改革开放以来，长江经济带交通基础设施建设成效显著，路网规模持续扩大，结构布局不断改善，技术水平明显提升，运输能力大幅增强，初步形成了以长江黄金水道为依托，水路、铁路、公路、民航、管道等多种运输方式协同发展的综合交通网络。

与推动长江经济带发展要求相比，综合交通网建设仍然存在较大差距，主要表现在：一是长江航运潜能尚未充分发挥，高等级航道比重不高，中上游航道梗阻问题突出，高效集疏运体系尚未形成。二是东西向铁路、公路运输能力不足，南北向通道能力紧张，向西开放的国际通道能力薄弱。三是网络结构不完善，覆盖广度不够，通达深度不足，技术等级偏低。四是各种运输方式衔接不畅，铁水、公水、空铁等尚未实现有效衔接。综合交通枢纽建设亟待加强。五是城际铁路建设滞后，城际交通网络功能不完善，不适应城镇化格局和城市群空间布局。

专栏1　改革开放以来长江经济带综合交通网建设情况				
指　标	单位	1978年	2013年	增长（倍）
一、内河航道里程	万公里	8.9	8.9	—
高等级航道里程	万公里	0.23	0.67	1.9
二、铁路营业里程	万公里	1.4	2.96	1.1
高速铁路里程	万公里	0	0.4	—
复线率	%	11.9	49.8	—
电化率	%	2.7	69.7	—
三、公路通车里程	万公里	35	188.8	4.4
国家高速公路里程	万公里	0	3.2	—
四、输油（气）管道里程	万公里	0.06	4.4	72.3
五、城市轨道交通营业里程	公里	0	1089	—
六、民用运输机场数	个	20	74	2.7

（二）发展要求

依托黄金水道，推动长江经济带发展，对现代化综合交通运输体系建设提出新的更高要求。

1. 为内河经济带建设提供支撑。长江经济带建设将推动产业转型升级，提升整体实力和国际竞争力，深入推进新型城镇化，形成以城市群为主体形态的城镇化格局，要求加快构建综合运输大通道，打造高效快捷的交通走廊，加快完善城际交通网络，提高运输能力和服务水平。

2. 为东中西协调发展奠定基础。长江经济带横跨我国东中西三大地带，是实现区域协调发展的重要载体。促进长江经济带上中下游协调发展，要求提高东部地区交通网络畅通水平，扩大中西部地区交通网络覆盖范围，为引导要素合理流动和优化配置，缩小地区发展差距，形成优势互补、分工合作、协同发展的区域格局提供保障。

3. 为陆海双向开放创造条件。长江经济带建设充分发挥沿海沿江沿边的区位优势，深化向东开放，加快向西开放，培育开放型经济新格局，全面提升对外开放水平，要求统筹推进沿海沿江港口建设，充分发挥上海国际航运中心的引领作用，加快国际运输通道建设，实现与周边国家基础设施互联互通，为海陆双向开放创造交通先行条件。

4. 为生态文明建设做好示范。长江经济带是我国重要的人口密集区和产业承载区，随着经济社会快速发展，土地、能源、岸线等资源日益紧缺，生态环境压力持续增大。加强资源节约和环境保护，要求加快转变交通发展方式，节约集约利用交通运输资源，优化综合交通网络结构，发挥水运和铁路的节能环保优势，实现交通绿色低碳发展。

专栏 2　2020 年长江经济带交通运输量预测

指　标	单位	2013 年	2020 年	年均增长（%）
客运量	亿人	181	310	8.0
旅客周转量	亿人公里	15867	26320	7.5
货运量	亿吨	179	270	6.0
货物周转量	亿吨公里	68203	103910	6.2

二、总体思路和发展目标

（一）总体思路

按照全面建成小康社会的总体部署和推动长江经济带发展的战略要求，加快打造长江黄金水道，扩大交通网络规模，优化交通运输结构，强化各种运输方式的衔接，提升综合运输能力，率先建成网络化、标准化、智能化的综合立体交通走廊，为建设中国经济新支撑带提供有力保障。

（二）基本原则

合理布局。区域间实现高效畅通，城市间实现快速通达，乡村实现便捷联通，城市体现公交优先，形成层次分明、覆盖广泛、功能完善的综合交通网络。

优化结构。统筹水路、铁路、公路、民航和管道发展，以提高主要通道运输能力为重点，加快水路和铁路建设，提升设施技术等级水平，强化综合交通枢纽功能，充分发挥各种运输方式的比较优势和组合效率。

适度超前。顺应经济转型升级、全面对外开放等趋势，在满足客货运输需求基础上，适当扩大运力余量，预留技术标准提升空间，加快基础设施建设，发挥交通运输基础保障和先行引导作用。

平安绿色。将安全第一、资源节约和环境保护贯穿于规划、设计、建设和运营全过程，着力提升安全性、可靠性和应急保障能力。节约集约利用土地、岸线、线位等资源，避让环境敏感区和生态脆弱区，实现安全、低碳、永续发展。

（三）发展目标

到 2020 年，建成横贯东西、沟通南北、通江达海、便捷高效的长江经济带综合立体交通走廊。

——建成畅通的黄金水道。形成以上海国际航运中心为龙头、长江干线为骨干、干支流网络衔接、集疏运体系完善的长江黄金水道，高等级航道里程达到1.2万公里。

——建成高效的铁路网络。形成以沿江、沪昆高速铁路为骨架的快速铁路网和以沿江、衢（州）丽（江）、沪昆铁路为骨架的普通铁路网。

——建成便捷的公路网络。形成以沪蓉、沪渝、沪昆、杭瑞高速公路为骨架的国家高速公路网和覆盖所有县城的普通国道网，实现具备条件的乡镇、建制村通沥青（水泥）路。

——建成发达的航空网络。形成以上海国际航空枢纽和重庆、成都、昆明、贵阳、长沙、武汉、南京、杭州等区域航空枢纽为核心的民用航空网。

——基本建成区域相连的油气管网。形成以沿江干线管道为主轴，连接成渝城市群、长江中游城市群、长江三角洲城市群的油气管网。

——基本建成一体发展的城际交通网。形成以快速铁路、高速公路等为骨干的城际交通网，实现中心城市之间以及中心城市与周边城市之间1～2小时交通圈。

专栏3 长江经济带综合交通网发展目标

指　标	单位	2013年	2020年
一、内河航道里程	万公里	8.9	8.9`
高等级航道里程	万公里	0.67	1.2
二、铁路营业里程	万公里	2.96	4
高速铁路里程	万公里	0.4	0.9
复线率	%	49.8	60.7
电化率	%	69.7	88.5
三、公路通车里程	万公里	188.8	200
国家高速公路里程	万公里	3.2	4.2
乡镇通沥青（水泥）路率	%	97.9	100
建制村通沥青（水泥）路率	%	84.7	100
四、输油（气）管道里程	万公里	4.4	7.0
五、城市轨道交通营业里程	公里	1089	3600
六、民用运输机场数	个	74	100
七、长江干线过江桥梁（含隧道）数	座	89	180

三、打造长江黄金水道

充分发挥长江水运运能大、成本低、能耗少等优势，加快推进长江干线航道系统治理，整治浚深下游航道，有效缓解中上游瓶颈，改善支流通航条件，优化港口功能布局，加强集疏运体系建设，打造畅通、高效、平安、绿色的黄金水道。

1. 全面推进长江干线航道系统化治理。加快实施重大航道整治工程，充分利用航道自然水深条件和信息化技术，进一步提升干线航道通航能力。下游重点实施 12.5 米深水航道延伸至南京工程；中游重点实施荆江河段航道整治工程，抓紧开展宜昌至安庆段航道工程模型试验研究；上游重点实施重庆至宜宾段航道整治工程，研究论证宜宾至水富段航道整治工程。

专栏 4　长江干线航道规划重点项目
实施九龙坡至朝天门航道、宜昌至昌门溪航道、昌门溪至熊家洲航道、赤壁至潘家湾航道、中游天兴洲航道、湖广至罗湖洲航道、牯牛沙水道航道二期、鲤鱼山水道航道、下游江心洲水道航道整治工程，南京以下 12.5 米深水航道建设工程，长江口深水航道减淤工程，长江口北港航道治理工程、长江口南支航道扁担沙守护工程等。

2. 统筹推进支线航道建设。积极推进航道整治和梯级渠化，提高支流航道等级，形成与长江干线有机衔接的支线网络。加快建设合裕线、信江、赣江、江汉运河、汉江、沅水、湘江、乌江、岷江等高等级航道，抓紧实施京杭运河航道建设和船闸扩能工程，系统建设长江三角洲地区高等级航道网络。研究论证金沙江攀枝花至水富、引江济淮通航和长江水系具有开发潜力航道升级改造的可能性。统筹推进其他支线航道建设。

专栏 5　长江支线航道规划重点项目
实施连申线、芜申线、杭申线、苏申内港线、苏申外港线、长湖申线、通扬线、湖嘉申线、杭甬运河、杭平申线、钱塘江、大芦线等航道整治工程，岷江、乌江、湘江、汉江、赣江、合裕线等航道升级改造工程。研究建设岷江犍为、龙溪口、东风岩、嘉陵江利泽、汉江雅口、赣江新干、井冈山等航电枢纽。研究推进洞庭湖、鄱阳湖支线航道建设。实施京杭运河山东段、湖西段、苏南段、浙江段航道扩能改造。

3. 促进港口合理布局。优化港口功能，加强分工合作，积极推进专业化、规模化和现代化建设，大力发展现代航运服务业。加快上海国际航运中心、武汉

长江中游航运中心、重庆长江上游航运中心和南京区域性航运物流中心建设。推进上海港、宁波—舟山港、江苏沿江港口功能提升，有序推进内河主要港口建设，完善集装箱、大宗散货、汽车滚装及江海中转运输系统。

专栏6　长江港口系统规划重点项目
海港 建设上海港、宁波—舟山港、苏州港、南京港集装箱码头，宁波—舟山港、连云港进口铁矿石码头，宁波—舟山港、苏州港、镇江港煤炭中转储运基地码头。 河港 加快无锡港、徐州港、嘉兴内河港、杭州港、湖州港、马鞍山港、芜湖港、安庆港、合肥港、蚌埠港、九江港、南昌港、武汉港、黄石港、荆州港、宜昌港、岳阳港、长沙港、重庆港、泸州港等主要港口集约化港区建设，提高现代化水平。

4. 加强集疏运体系建设。以航运中心和主要港口为重点，加快铁路、高等级公路等与重要港区的连接线建设，强化集疏运服务功能，提升货物中转能力和效率，有效解决“最后一公里”问题。推进港口与沿江开发区、物流园区的通道建设，扩大港口运输服务的覆盖范围。

5. 扩大三峡枢纽通过能力。挖掘既有船闸潜力，启动三峡及葛洲坝既有船闸扩能和三峡至葛洲坝两坝间航道整治工程。加快完善公路水路无缝衔接的翻坝转运系统，大力推进铁路水路有效连接的联运系统建设，抓紧建设三峡枢纽货运分流油气管道，积极实施货源地分流。加强三峡枢纽水运新通道和葛洲坝枢纽水运配套工程前期研究工作。

6. 增强长江干线过江能力。统筹规划、合理布局过江通道，做好隧道桥梁方案比选、洪水影响评价等论证工作，充分利用江上和水下空间，着力推进铁路、公路、城市交通合并过江，节约集约利用土地和岸线资源。优化整合渡口渡线，加强渡运安全管理。促进过江通道与长江航运、防洪安全和生态环境协调发展，实现长江两岸区域间、城市间以及城市组团间便捷顺畅连接，形成功能完善、安全可靠的过江通道系统。

专栏7　长江干线新建过江通道规划重点项目
江苏省（14座）：建设锦文路、南京第五、七乡河公路过江通道，汉中西路、和燕路、张靖城市道路过江通道，南京4号线城市轨道过江通道，上元门、宁仪城际铁路过江通道，五峰山、常泰、江阴第二、江阴第三、锡通公铁两用过江通道。

续 表

安徽省（17 座）：建设池州、姑孰公路过江通道，横港、铜陵开发区、芜湖城南、泰山路、马鞍山龙山路城市道路过江通道，海口、安庆、池安、江口、梅龙、龙窝湖、弋矶山第二、九华路、湖北路、慈湖公铁两用过江通道。 江西省、安徽省（1 座）：建设宿松公铁两用过江通道。 湖北省（19 座）：建设红花套、枝江、荆州第二、石首、赤壁、嘉鱼、沌口、青山、棋盘洲、武穴公路过江通道，伍家岗、杨泗港、鄂黄第二城市道路过江通道，武汉 11 号线、武汉 7 号线、武汉 8 号线、武汉 10 号线城市轨道过江通道，陡山沱、宜昌轨道公铁两用过江通道。 重庆市（27 座）：建设白沙、油溪、五举沱、珞磺、长寿第二、长寿第三、韩家沱、兴义、顺溪、西沱、万州绕城高速、故陵、安坪、奉节公路过江通道，小南海、黄桷坪、果园、新田城市道路过江通道，李家沱、鹅公岩城市轨道过江通道，白居寺、雷家坡、黄桷沱、郭家沱、铁路东南环线、新田港铁路、安张铁路公铁两用过江通道。 四川省（17 座）：建设豆坝、普和金沙江、罗龙、南溪公路过江通道，白塔山、盐坪坝、安富第二、蓝田、沙茜、泰安第二、合江县城城市道路过江通道，绵遂内宜铁路、江安第二、纳溪、安富第一、合江新城、榕山公铁两用过江通道。
注：1. 公铁两用过江通道系指公路或城市道路与铁路或城市轨道交通合并过江形成的通道的统称。 2. 过江通道采用的建设方案（隧道或桥梁）在项目前期工作中研究论证后确定。

四、建设综合立体交通走廊

依托长江黄金水道，统筹发展水路、铁路、公路、航空、管道等各种运输方式，加快综合交通枢纽和国际通道建设，建成衔接高效、安全便捷、绿色低碳的综合立体交通走廊，增强对长江经济带发展的战略支撑力。

1. 强化铁路运输网络。加强快速铁路建设，重点建设上海经南京、合肥、武汉、重庆至成都的沿江高速铁路和上海经杭州、南昌、长沙、贵阳至昆明的沪昆高速铁路，建设商丘经合肥至杭州、重庆至贵阳等南北向高速铁路和快速铁路，形成覆盖 50 万人口以上城市的快速铁路网。

加快普通铁路新建和既有线路改扩建，改扩建沿长江普通铁路。新建衢州至丽江铁路，进一步提高沪昆铁路既有运能，加快南北向铁路、中西部干线建设，加强既有铁路扩能改造，形成覆盖 20 万人口以上城市客货共线的普通铁路网。

专栏 8　铁路规划重点项目

快速铁路

建设上海至南通、上海经江阴至南京、连云港经扬州至镇江、徐州经淮安至盐城、杭州经长沙至昆明、杭州至黄山、商丘经合肥至杭州、郑州至合肥、合肥至九江、南昌至赣州、赣州至深圳、九江至武汉、武汉至西安、怀化经邵阳至衡阳、重庆至郑州、重庆至贵阳、重庆至昆明、成都至重庆、汉中经巴中至重庆、成都至贵阳、贵阳至南宁等铁路。

普通铁路

建设衢州经九江、岳阳、常德、黔江、遵义、昭通、攀枝花至丽江，上海至乍浦，南通至启东，庐江至铜陵，六安经安庆至景德镇，鹰潭至梅州，内蒙古西部至华中煤炭运输通道，成都至康定等铁路。实施皖赣、渝怀、成昆等铁路扩能改造。

2. 优化公路运输网络。积极推进国家高速公路建设。以上海至成都、上海至重庆、上海至昆明、杭州至瑞丽等国家高速公路为重点，统筹推进高速公路建设，消除省际间“断头路”，尽快形成连通 20 万人口以上城市、地级行政中心、重点经济区、主要港口和重要边境口岸的高速公路网络。在科学论证和规划基础上，建设必要的地方高速公路，作为国家高速公路网的延伸和补充。

加大普通国省道改造力度。加快普通国道建设，消除瓶颈路段制约，提高技术等级和安全水平，使东中部地区普通国道二级及以上公路比重达到 90%以上，西部地区普通国道二级及以上公路比重达到 70%以上。配套完善道路安全防护设施和交通管理设施设备。加强省际通道和连接重要口岸、旅游景区、矿产资源基地等的公路建设，实现主要港口、民航机场、铁路枢纽、重要边境口岸、省级以上工业园区基本通二级及以上公路。

专栏 9　公路规划重点项目

国家高速公路

新建桐庐至金华、景宁至泰顺、大丰港至盐城、苏浙界至嘉善、巢湖至庐江、桐城至岳西、利辛至祁门、广德至宁国、歙县至淳安、船顶隘至吉安、南昌至茅店、张家界至武冈、张家界至龙山、湘鄂界至慈利、来凤至咸丰、建始至恩施、黔江至石柱、涪陵至南川、雅安至康定、汶川至马尔康、绵阳至九寨沟、丽江至香格里拉、都匀经安顺至西昌、惠水至罗甸、弥勒至楚雄、新平至临沧等公路，启动并研究攀枝花至丽江公路前期研究。

普通国道

改扩建 G104、G105、G106、G107、G108、G204、G205、G206、G207、G209、G210、G211、G212、G213、G214、G215、G220、G230、G240、G241、G242、G312、G316、G318、G319、G320、G346、G348 等普通国道相关路段。

3. 拓展航空运输网络。加快上海国际航空枢纽建设，强化重庆、成都、昆明、贵阳、长沙、武汉、南京、杭州等机场的区域枢纽功能，发挥南昌、合肥、宁波、温州、无锡、丽江、西双版纳等干线机场作用，完善支线机场布局，形成长江上、中、下游机场群。优化航线网络，科学论证，提高主要城市间航班密度，增加国际运输航线。深化低空空域管理改革，发展通用航空。依托空港资源，发展临空经济。

专栏 10　机场规划重点项目

长江下游机场群

实施上海浦东、南京、合肥、宁波、温州机场扩建工程，新建嘉兴、丽水、芜湖、蚌埠、亳州、宿州、滁州等机场。

长江中游机场群

实施武汉、长沙机场扩建工程，新建上饶、抚州、瑞金、神农架、十堰、荆州、黄冈、衡阳、岳阳、武冈、湘西、郴州、娄底等机场。

长江上游机场群

实施重庆、贵阳机场扩建工程，推进成都新机场建设，新建乐山、红原、甘孜、巴中、阆中、巫山、武隆、六盘水、仁怀、威宁、黔北、罗甸、泸沽湖、红河、沧源、澜沧、元阳、丘北、宣威等机场。

4. 完善油气管道布局。统筹规划、合理布局沿江油气管网，加快建设主干管道，配套建设输配体系和储备设施，提高原油、成品油管输比例，增加天然气供应能力。完善长江三角洲、长江中游、川渝云贵地区原油、成品油输送管道以及区域天然气管网，加快油气管道互联互通，形成以沿江干线管道为主轴，连接成渝城市群、长江中游城市群、长江三角洲城市群的油气供应保障体系。

专栏 11　油气管道规划重点项目

依托兰成原油管道、中卫—贵阳天然气管道，配套建设区域干支线、相国寺储气库等。加大西部天然气引入力度，建设西气东输三线、新疆煤制气外输管道等主干管道向长江中游城市群供气支线。建设仪征至长岭原油管道复线，长岭至重庆原油管道，荆门经宜昌至巴东成品油管道及配套设施，中俄东线南段（永清至上海）、青岛至南京、如东经海门至崇明岛等天然气管道及支线，浙江舟山 LNG（液化天然气）加注站和江苏金坛、刘庄、淮安储气库。优化布局长江三角洲地区 LNG 接收站及分销转运站。

5. 加强综合交通枢纽建设。按照“零距离换乘、无缝化衔接”要求，加快建设 14 个全国性综合交通枢纽（节点城市）和重要区域性综合交通枢纽（节点城市）。

加强客运枢纽一体化衔接。根据城市空间形态、旅客出行等特征，合理布局不同层次、不同功能的客运枢纽。实现城市轨道交通、地面公共交通、市郊铁路、私人交通等设施与干线铁路、城际铁路、干线公路、机场等紧密衔接。鼓励采取开放式、立体化方式建设交通枢纽，尽可能实现同站换乘。

完善货运枢纽集疏运功能。统筹货运枢纽与开发区、物流园区等的空间布局。按照“无缝化衔接”要求，建设能力匹配的公路、铁路连接线和换装设施，提高货物换装的便捷性、兼容性和安全性，降低物流成本。

加快综合交通枢纽规划工作，做好与省域城镇体系规划、城市总体规划、土地利用总体规划等的衔接与协调。统筹综合交通枢纽与产业布局、城市功能布局的关系，以综合交通枢纽为核心，协调枢纽与通道的发展。

专栏 12　综合交通枢纽（节点城市）
建设上海、南京、连云港、徐州、杭州、宁波、合肥、南昌、长沙、武汉、重庆、成都、贵阳、昆明等全国性综合交通枢纽（节点城市）以及南通、芜湖、九江、岳阳、宜昌、泸州等重要区域性综合交通枢纽（节点城市）。

6. 建设国际运输通道。建设孟中印缅通道、中老泰通道和中越通道，加快基础设施互联互通。推进昆明至缅甸铁路、公路和油气管道建设，形成至南亚的国际运输通道。推进昆明至越南、老挝的铁路和公路建设，形成至东南亚的国际运输通道。开发利用国际河流航运资源，建设澜沧江、红河等水路国际运输通道。配套建设与国际通道相关的基础设施，完善口岸功能。

专栏 13　国际通道规划重点项目
建设中缅铁路大理至瑞丽段，中老泰铁路玉溪至磨憨段，中越铁路玉溪至河口段，祥云经临沧至普洱铁路，杭瑞国家高速公路龙陵至瑞丽段，银昆国家高速公路景洪至磨憨段。与中缅油气管道相配套，建设区域干支线及安宁储气库，昆明炼厂成品油外输管道。

五、加快城市群交通网络建设

以快速铁路和高速公路为骨干，以国省干线公路为补充，建设长江三角洲、长江中游、成渝、滇中和黔中城市群城际交通网络，实现城市群内中心城市之间、中心城市与周边城市之间的快速通达，完善城市公共交通和乡村交通网络，促进新型城镇化有序发展。

1. 完善长江三角洲城市群城际交通网络。打造以上海为中心，南京、杭州、合肥为副中心，城际铁路为主通道的“多三角、放射状”城际交通网络。建设以上海为中心，南京、杭州、合肥、宁波、南通为节点的“多三角”城际交通网。建设以上海为中心，连通南通、苏州、嘉兴、宁波等城市的放射状城际交通网。建设以南京为中心，连通苏州、无锡、常州、镇江、南通、泰州、扬州等城市的放射状城际交通网。建设以杭州为中心，连通绍兴、宁波、舟山、台州、湖州、嘉兴等城市的放射状城际交通网。建设以合肥为中心，连通芜湖、马鞍山、宣城、铜陵、池州、安庆、淮南、蚌埠、滁洲等城市的放射状城际交通网。实现城市群内中心城市之间以及中心城市与周边城市之间1～2小时通达。

2. 扩大长江中游城市群城际交通网络。打造长江中游城市群“三角形、放射状”城际交通网络。建设以武汉、长沙、南昌为中心，快速铁路为主通道的“三角形”城际交通网。建设以武汉为中心，连通黄石、鄂州、咸宁、宜昌、荆州、荆门、潜江、仙桃、天门、孝感、黄冈等城市的放射状城际交通网。建设以长沙为中心，连通株洲、湘潭、衡阳、娄底、岳阳、益阳、常德等城市的放射状城际交通网。建设以南昌为中心，连通九江、景德镇、鹰潭、抚州、新余、宜春、萍乡等城市的放射状城际交通网。实现武汉、长沙、南昌之间2小时通达，武汉、长沙、南昌与周边城市之间1～2小时通达。

3. 构建成渝城市群城际交通网络。打造以重庆、成都为中心的“一主轴、放射状”城际交通网络。建设以重庆至成都铁路客运专线为主通道的运输主轴，重庆中心城区连通万州、涪陵、江津、永川、合川等区（县）的放射状城际交通网，成都连通德阳、绵阳、遂宁、南充、广安、达州、资阳、内江、自贡、泸州、宜宾、乐山、眉山、雅安等城市的放射状城际交通网。实现重庆、成都之间以及与周边城市之间1～2小时通达。

4. 建设黔中、滇中城市群城际交通网络。建设以贵阳为中心，连通安顺、遵义、毕节、都匀、凯里的放射状城际交通网络，实现贵阳与周边城市之间1小时通达。建设以昆明为中心，连通曲靖、玉溪、楚雄等城市的放射状城际交通网，实现昆明与周边城市之间1小时通达。

5. 提升城市公共交通网络能力。贯彻落实公共交通优先政策，统筹城市发展与重大交通基础设施建设。有序发展城市轨道交通，上海、南京、武汉、重庆、成都等建成城市轨道交通网络，杭州、合肥、南昌、长沙、贵阳、昆明、宁波、苏州、无锡等建成城市轨道交通主骨架。充分利用现有铁路资源，积极推进市郊铁路建设。提升公共交通枢纽场站规划建设水平，基本实现大城市中心城区公共交通站点500米全覆盖，公共交通占机动化出行比例达到60%左右。强化城市主干道路建设，完善路网结构，改善微循环系统，优化交通组织，广泛应用智能交通技术，提高道路通行效率。加强静态交通管理。进一步推动城市步行和自行车交通系统建设。

6. 改善乡村交通条件。以满足农村交通需求为出发点，继续实施以通沥青（水泥）路为重点的通畅工程，加快集中连片特殊困难地区农村公路建设，形成以县城为中心，辐射乡镇，覆盖行政村的乡村公路网络，实现上中下游地区具备条件的乡镇、建制村通沥青（水泥）路率达到100%。实施县乡道改造和连通工程，提高乡村公路骨架网络质量。实施乡村公路的桥涵建设、危桥改造以及客运场站等公交配套工程，加强乡村公路的标识、标线、护栏等设施建设，提高乡村公路安全保障水平。大力发展农村客运，实现乡镇、建制村通客车率达到100%。

六、保障措施

1. 深化交通投融资体制改革。创新交通发展投融资方式，进一步完善国家投资、地方筹资、社会融资、利用外资的投融资机制。深化铁路投融资体制改革，扩大铁路发展基金募集规模，优化结构和投向。创新轨道交通导向型土地综合开发模式。完善普通公路投融资体制，建立以公共财政为基础，各级政府责任清晰、事权和支出责任相适应的投融资长效机制，加大财政性资金对普通公路建设的支持力度。继续加大中央资金对内河航道和中西部支线机场的投入。开展综合交通枢纽开发试点工作，并给予必要政策支持。

2. 拓宽交通建设融资渠道。抓紧制定鼓励包括民营资本在内的社会资本投资交通基础设施建设的政策措施，破解融资瓶颈。鼓励政策性金融机构加大对交通基础设施建设的支持力度，鼓励保险和各类融资性担保机构提供信用支持。推进经营性内河水运工程市场化融资，支持符合条件的企业通过发行债券满足城际铁路、普通公路、内河航道等建设资金需求。

3. 加快推进船型标准化。加大专项资金投入，创新金融业务和产品，鼓励开展融资租赁业务，大力推进长江干线船型标准化。积极推广应用节能环保、经济高效船舶，加快淘汰低效率高污染老旧船型；坚持安全第一，严格按照有关规定使用专业化船舶运输危险品。抓紧推广三峡船型，充分释放三峡船闸通航潜力。根据跨江桥梁净空高度、航道水深和运输需求等条件，积极发展江海直达船型，进一步提高运输效率和效益。

4. 大力发展多式联运。加快推进铁水、空铁、公水等联运发展，扩大辐射范围，提高联运比重。抓紧制定多式联运标准规范，完善运输装备技术标准体系，推广标准合同范本，统一多式联运单证。培育多式联运经营人，鼓励大型港航、铁路和公路运输企业以长江为依托开展多式联运业务，构筑长江黄金水道快捷高效的进出口货运大通道。充分发挥“渝新欧”、“蓉新欧”、“义新欧”等既有通道作用，优化整合中欧通道国际集装箱班列，打造具有国际影响力的运输平台。整合航空货运资源，加快发展现代航空物流。推动联运企业信息系统互联互通，提高联运效率。

5. 提升智能服务和安全保障水平。建立全面感知、广泛互联、深度融合、机制完善的智能航道技术体系，健全高速公路联网收费和不停车收费系统。全面推动铁路、公路、水运、民航、城市交通等客运综合服务信息平台建设，加快智能物流网络发展。提升交通行业安全监管和应急保障水平，加快建设长江干线全方位覆盖、全天候运行、具备快速反应能力的水上安全监管和应急救助体系。

6. 强化资源节约和环境保护。加强长江干线岸线管理和保护，严格水域岸线用途管制和河道管理范围内建设项目审批，探索以公开招标方式确定岸线使用人和港口岸线有偿使用办法。鼓励大型港航企业以资本为纽带整合沿江港口资源。对规划通航河流，水利水电梯级开发应同步建设或改造现有通航设施。进一步优化运输组织，改进船舶技术条件，推进节能减排。鼓励内河船舶使用液化天然气等清洁燃料。完善船舶污染防治标准，加强水上危险品运输监管、船舶溢油防治和污染物处理，严格控制船舶污染排放。确立公共交通在城市交通中的主体地位，加快新能源、清洁能源车辆在城市公共交通、出租运营和城市配送等方面的推广应用。

7. 科学组织项目实施。统筹规划，科学论证，突出重点，区分轻重缓急，有序推进项目实施，避免一哄而上。加快畅通长江黄金水道项目建设，优先实施消除铁路“卡脖子”和公路“断头路”、“瓶颈路段”工程。抓好铁路公路连接线建设，解决进港铁路、高等级公路“最后一公里”问题。加强过江通道研究论证，通道选址、过江方式（隧道或桥梁）和建设方案等均应满足通航、岸线利用、防洪等要求。

七、规划环评

1. 规划实施环境影响分析。本规划实施对环境的影响主要体现在资源占用、生态影响、污染排放和社会经济影响等四个方面。交通基础设施建设和运营会消耗土地和大量物资资源，并可能对局部地区地理生态环境产生影响。同时，运输装备运营和服务系统运行向周边环境排放废气、污水、噪声和固体废物等污染物，影响环境质量。规划期间，预计长江经济带将新增交通用地约 50 万公顷；新增能源消耗 2600 万吨标准煤，年均增速 5%左右。

2. 规划实施环境影响评价。本规划与国家相关政策和发展战略规划保持一致，以建成横贯东西、沟通南北、通江达海、便捷高效的综合立体交通走廊为目标，发挥交通对长江经济带的重要引导和支撑作用。从与国家相关战略规划的协调性看，本规划较好地体现了与《全国主体功能区规划》、《国家新型城镇化规划（2014—2020年）》、《中华人民共和国国民经济和社会发展第十二个五年规划纲要》、《国家环境保护“十二五”规划》、《全国重要江河湖泊水功能区划（2011—2030年）》、《节能中长期专项规划》、《综合交通网中长期发展规划》、《中长期铁路网规划（2008年调整）》、《国家公路网规划（2013—2030年）》、《全国内河航道与港口布局规划》、《全国民用机场布局规划》以及沿江有关城市总体规划等的衔接。本规划提出的项目将在国家“十三五”时期有关建设规划中进一步落实，同时充分吸纳相关专项规划环评工作的成果，不突破相应环评结论，并将有关环评结论作为后续规划实施的依据。

3. 预防和降低环境不良影响的措施。优化交通运输结构，优先发展轨道交通、水路等资源节约型、环境友好型运输方式。鼓励轨道交通、公路等共用线位、桥位资源，减少土地占用。鼓励建设公用码头，提高岸线资源利用效率。发展先进适用的运输节能减排技术，采用新型节能的运输工具，推行更高的排放标准，鼓励使用清洁能源，逐步淘汰落后技术和高能耗、低效率的运输设备，提高铁路电气化水平，实施营运车船燃料排放消耗限制标准，推广清洁环保车辆。

积极开展生态环境恢复和污染治理。切实采取措施，防止水土流失，做好地形、地貌、生态环境恢复和土地复垦工作。合理设计项目线路走向和场站选址，避绕水源地、自然保护区、风景名胜等环境敏感区域，保护生态环境。注重景观修复，积极推动生态恢复工程和绿色通道建设，积极恢复和改善交通建设中遭破坏的生态环境和自然景观。大力推广采用环保新技术，促进废气、废水和固体废物的循环使用和综合利用。鼓励运输企业采用清洁生产工艺，加强交通运输领域工业“三废”和生活废物的资源化利用，积极开展烟气脱硫脱硝除尘、机动车尾气净化工作。

完善环境监控体系。严格执行《中华人民共和国环境保护法》和《中华人民共和国环境影响评价法》等法律法规，严格项目论证审核和土地、环保准入。规范管理制度和监测方法，强化建设项目全过程环境管理，建立完善、统一、高效的环境监控体系。

附图：

1. 长江经济带地理位置示意图
2. 长江黄金水道布局示意图
3. 长江经济带铁路网规划示意图
4. 长江经济带国家高速公路网布局示意图
5. 长江经济带机场规划示意图

附图 1　长江经济带地理位置示意图

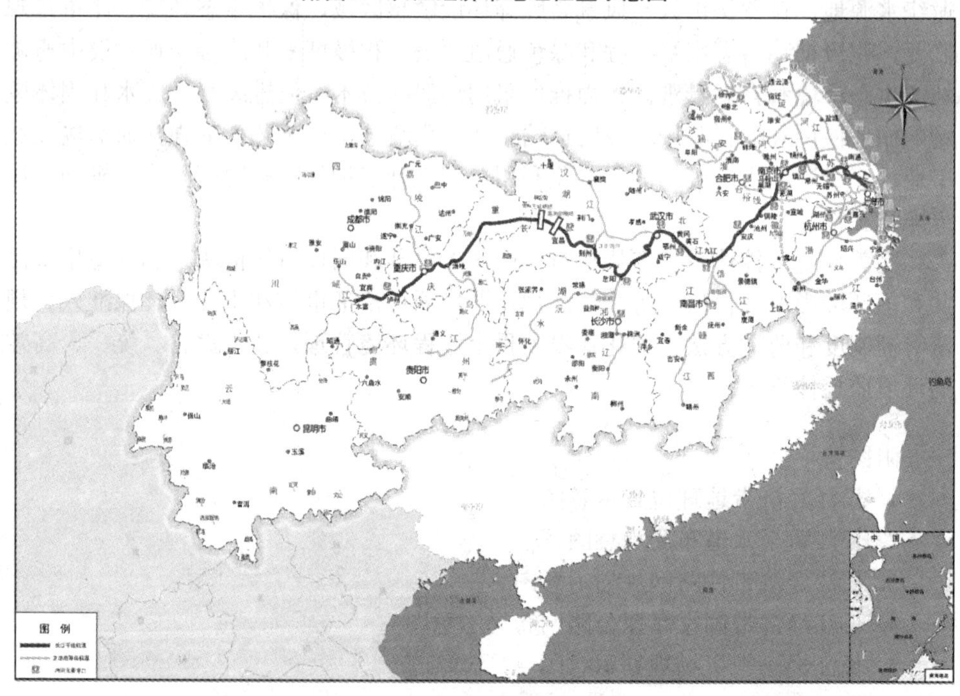

附图 2　长江黄金水道布局示意图

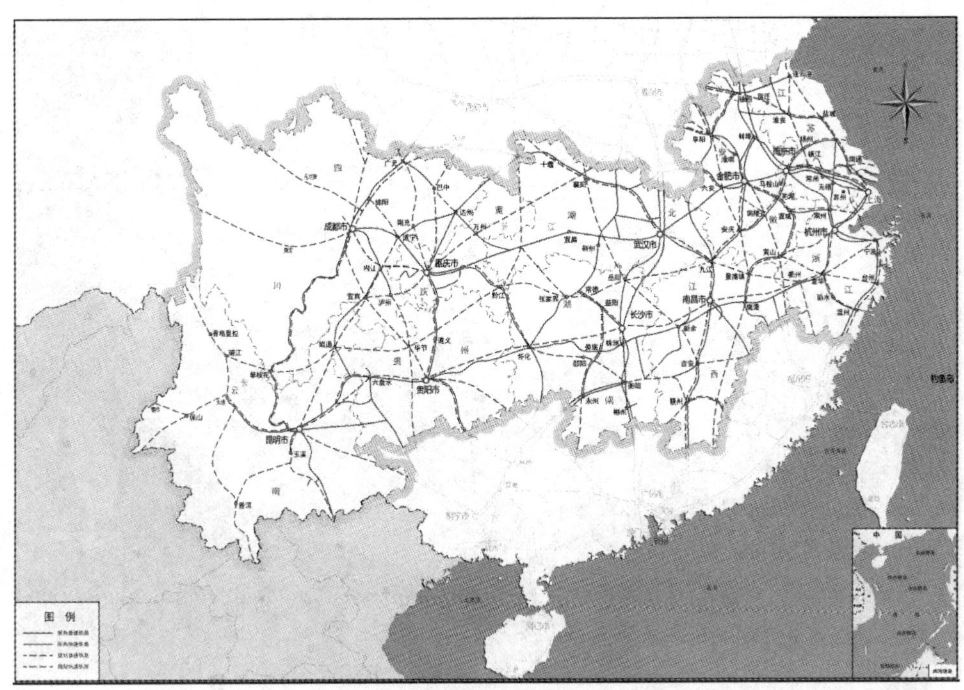

附图 3　长江经济带铁路网规划示意图

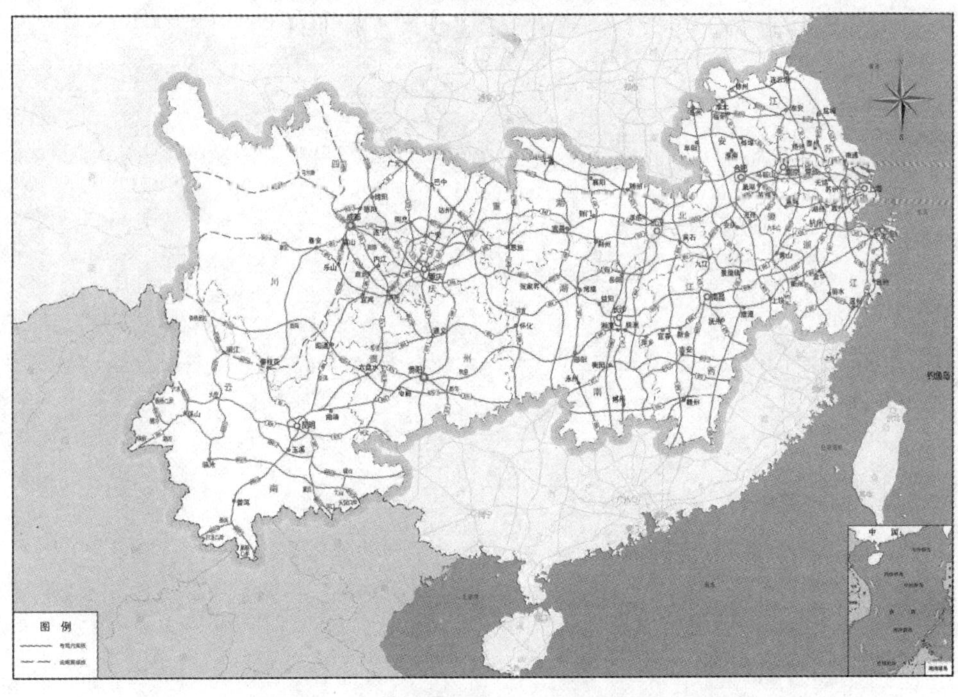

附图 4　长江经济带国家高速公路网布局示意图

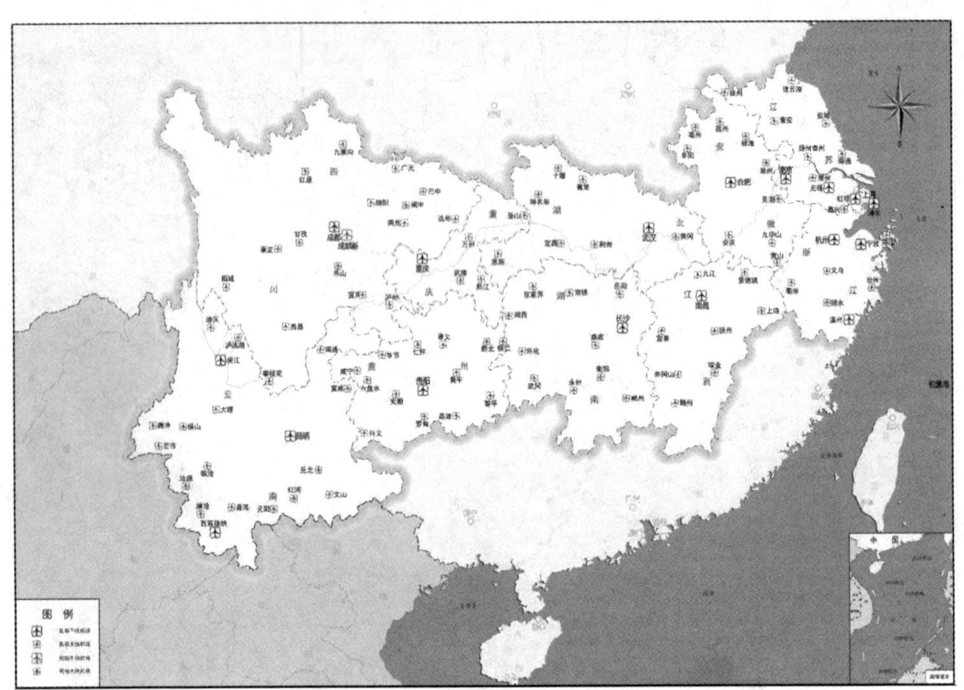

附图5　长江经济带机场规划示意图

003

物流节点城市

物流节点城市分为全国性物流节点城市、区域性物流节点城市和地区性物流节点城市。全国性和区域性物流节点城市由国家确定，地区性物流节点城市由地方确定。

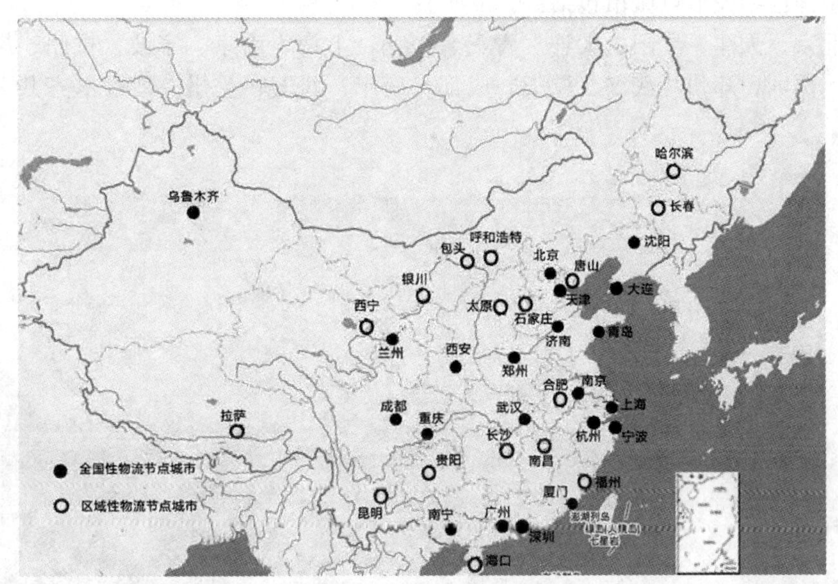

物流节点城市分布示意图

全国性物流节点城市包括：北京、天津、沈阳、大连、青岛、济南、上海、南京、宁波、杭州、厦门、广州、深圳、郑州、武汉、重庆、成都、南宁、西安、兰州、乌鲁木齐共 21 个城市。

区域性物流节点城市包括：哈尔滨、长春、包头、呼和浩特、石家庄、唐山、太原、合肥、福州、南昌、长沙、昆明、贵阳、海口、西宁、银川、拉萨共 17 个城市。

——《国务院关于印发物流业调整和振兴规划的通知》

国发〔2009〕8 号

二〇〇九年三月十日

一 全国性物流节点城市

004

全国性物流节点城市

全国性物流节点城市包括：

北京、天津、沈阳、大连、青岛、济南、上海、南京、宁波、杭州、厦门、广州、深圳、郑州、武汉、重庆、成都、南宁、西安、兰州、乌鲁木齐共21个城市。

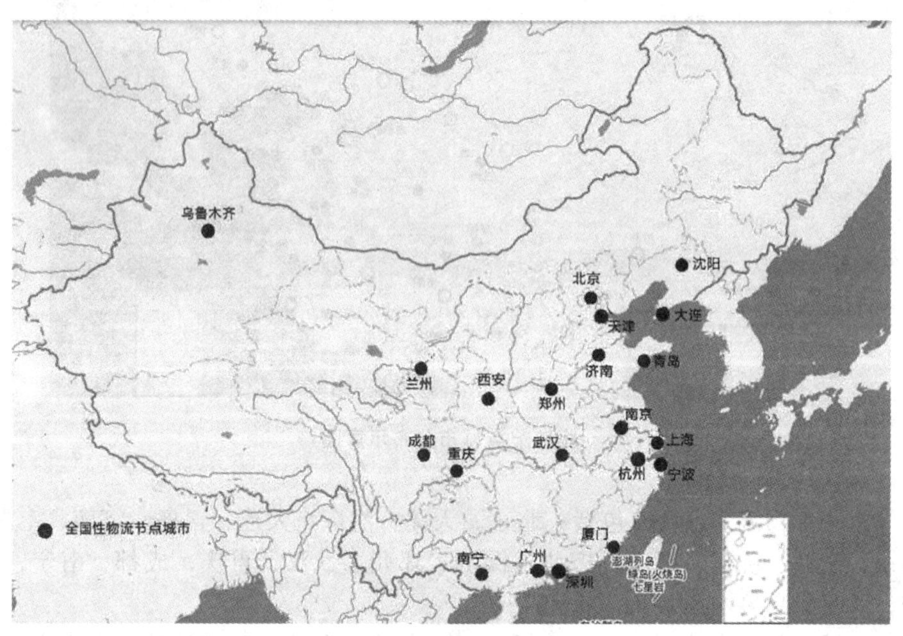

全国性物流节点城市分布示意图

——《国务院关于印发物流业调整和振兴规划的通知》

国发〔2009〕8号

二〇〇九年三月十日

005

北京市商务委员会关于印发《北京市“十二五”时期物流业发展规划》的通知

京商务物流字〔2011〕6号

各有关单位：

《北京市“十二五”时期物流业发展规划》已经市政府批准，现印发给你们，请认真贯彻执行。

《北京市“十二五”时期物流业发展规划》是根据《北京市国民经济和社会发展第十二个五年规划纲要》精神和“十二五”时期首都物流业发展需要，由北京市商务委员会会同北京市发展和改革委员会编制完成的。该规划提出了今后五年我市物流业的发展思路、发展目标、重点任务和政策措施，是全市“十二五”规划体系的重要组成部分，是未来五年本市物流业发展的指导性文件。

请全市各有关单位认真贯彻落实《北京市“十二五”时期物流业发展规划》，结合本单位实际，积极主动地开展工作，促进本市物流业持续健康发展。

北京市商务委员会
北京市发展和改革委员会
二〇一一年十一月十一日

北京市“十二五”时期物流业发展规划

北京市商务委员会
北京市发展和改革委员会
2011年11月11日

序　言

物流业是生产性服务业的重要组成部分，是融合运输业、仓储业、货代业和信息业等的复合型、基础性、先导性产业。大力发展现代物流业，对于优化发展环境、带动产业升级、降低流通成本、普遍提高经济运行的质量和效益、增强城市综合服务保障能力，具有十分重要的意义。

“十一五”期间，北京市物流业实现平稳较快发展，物流基础设施日益完善，社会物流规模迅速增长，运行效率不断提高，高端物流集聚效应逐渐显现，物流发展的总体水平居国内领先。成功服务2008年北京奥运会和国庆六十周年庆典等重大活动，物流服务保障能力显著提升，为支撑首都经济发展、便利居民生活发挥了重要作用，也为今后五年物流业持续快速发展打下良好基础。

“十二五”时期，北京物流业将以科学发展为主题，以加快转变发展方式为主线，贯彻落实“人文北京、科技北京、绿色北京”战略，以服务中国特色世界城市建设为目标，按照“便民利民、促进发展，服务全国、辐射世界”的发展宗旨，加快推进物流业结构调整与创新，更加注重物流系统运行效率的提高和服务保障能力的增强，进一步完善高效、集约、低碳的城市物流体系，提升物流业发展的现代化、国际化水平，打造具有广泛国际影响力的物流中心城市。

《北京市“十二五”时期物流业发展规划》编制的主要依据是：

《北京城市总体规划（2004年—2020年）》

《北京市国民经济和社会发展第十二个五年规划纲要》

国家发展改革委等九部委《关于促进我国现代物流业发展的意见》

《物流业调整和振兴规划》（国发〔2009〕8号）等

规划期限为2011年至2015年。

第一部分　规划背景

一、“十一五”时期物流业发展回顾

（一）总体规模快速增长，运行效率不断提升

2010年，全市社会物流总额达5.04万亿元，较2006年的2.54万亿元增长98.4%，对推动全市经济发展发挥了重要的支撑作用。在社会物流总额的构成中，外省市流入物品和进口货物的占比由2006年的68.3%增长到2010年的76.5%，物流业发展的枢纽地位和服务国内外市场的辐射能力得到进一步提高（见表1-1）。

表1-1　　北京市社会物流总额及构成

指　标	2010年	占比（%）	2006年	占比（%）
社会物流总额（亿元）	50424.7	100.0	25406.5	100.0
一、农产品	280.2	0.6	224.0	0.9
二、工业品	11390.9	22.6	7511.6	29.6
三、进口货物	16649.1	33.0	9386.8	36.9
四、再生资源	69.3	0.1	257.3	1.0

续　表

指　标	2010年	占比（%）	2006年	占比（%）
五、外省市流入物品	21909.6	43.5	7971.5	31.4
六、单位与居民物品	125.6	0.2	55.2	0.2

数据来源：北京统计年鉴。

2010年，物流业实现增加值493.7亿元，较2006年增长34.2%，占全市GDP的比重为3.5%。其中，交通运输、邮政、仓储等行业实现增加值382.9亿元；流通加工、配送、包装等增值性物流业务实现增加值110.8亿元，较2006年增长79.3%，明显高于行业整体增幅（见表1-2）。

表1-2　　北京市物流业增加值及构成

指　标	2010年	2006年	增长（%）
合计（亿元）	493.7	368.0	34.2
交通运输邮政仓储业	382.9	306.2	25.0
流通加工、配送、包装业	110.8	61.8	79.3

数据来源：北京统计年鉴。

物流业发展进一步扩大了就业。2010年，本市物流从业人员48.6万人，比2006年增长14.1%，占全市从业人员的4.7%，占第三产业从业人员的6.3%（见表1-3）。

表1-3　　物流从业人员及构成

指　标	2010年	2006年	增长（%）
合计（万人）	48.6	42.6	14.1
交通运输邮政仓储业	31.2	27.3	14.3
采掘业、制造业、批发和零售业	17.4	15.3	13.7

数据来源：北京统计年鉴。

“十一五”时期，本市物流效率不断提高，社会物流总费用与GDP的比率由2006年的17.7%下降到2010年的15.5%，低于全国平均水平2.3个百分点，促进了首都经济社会发展环境的进一步优化和企业运行效益的普遍提高。

（二）基础设施日益完善，网络格局基本形成

2006年至2010年，本市物流业固定资产投资累计超过1400亿元。截至

2010年末，全市公路总里程达21114公里，其中高速公路里程达到903公里，公路线路9833条；铁路运营里程达到956公里；规模以上专业物流企业、商业企业和工业企业自有仓储面积（含仓库和货场）达到3099.9万平方米，增长84.9%；拥有货运车辆4.2万辆，增长55%，其中冷藏车、集装箱运输车等专用车辆1.1万辆，增长29.7%；拥有起重机、叉车等装卸设备3.5万台，增长53.2%（见表1-4）。

表1-4　“十一五”期间全市物流基础设施变化情况

指　标	计量单位	2010年	2006年	增长（%）
铁路里程	公里	956	961.7	-0.6
公路里程	公里	21114.0	20502.6	3.0
公路线路条数	条	9833	9583	2.6
管输里程	公里	3423.5	2151.8	59.1
管道线路条数	条	15	10	50.0
规模以上单位物流基础设施情况				
自有仓储面积	万平方米	3099.9	1676.4	84.9
货运车辆数	辆	41858	27011	55.0
普通货车数	辆	32472	18691	73.7
专用货车数	辆	10793	8320	29.7
装卸设备台数	台	35026	22860	53.2
物流计算机管理系统套数	套	1966	1386	41.8

数据来源：北京统计年鉴。

“十一五”时期，北京市加快顺义空港、通州马驹桥、平谷马坊和大兴京南等物流基地以及十八里店物流中心、西南物流中心等一批物流中心（综合物流区）和配送中心（专业物流区）的规划与建设，形成了以物流基地、物流中心为载体，专业物流为特色的多层次节点布局，以及与交通线网有效衔接的物流网络。点、线、面相互协调的“三环、五带、多中心”的物流设施空间格局基本建立。

（三）专业物流体系基本建立，运行保障能力显著增强

专业物流体系建设取得长足进展。农产品及各类快速消费品的物流配送不断完善，医药、图书、冷链等专业化物流快速发展，已成为本市物流业发展的重要推动力量。

物流业态创新加快推进，“电子商务+物流”、“总部+物流”、“展示交易+物流”等新模式日益成型，满足“最后一公里”物流需求的快递服务实现基本覆

盖，物流服务对城市生活、生产的保障能力显著增强。

物流技术支撑体系逐步完善。北京物流公共信息平台（一期）建成并投入使用；自动分拣、实时跟踪、精益化管理等现代物流技术逐步推广应用。物流信息化、自动化、标准化建设持续推进，现代物流技术应用水平居国内领先地位。

物流快速响应能力大幅提高，应急体系建设加快推进。圆满完成了2008年北京奥运会、国庆六十周年庆典等重大活动的物流服务任务，在应对雨雪冰冻天气和汶川地震等突发自然灾害中发挥了重要的应急保障作用。

（四）口岸体系加快建设，国际物流发展空间不断拓展

口岸体系进一步发展和完善，通关效率得到较大提升。初步形成了以首都机场空港口岸为核心，北京西站铁路口岸、朝阳口岸、丰台口岸、北京平谷国际陆港为重要补充的布局合理、功能齐全的口岸体系，为提高国际物流运行效率创造了条件。

国际物流发展的相关政策功能区建设实现重大突破。天竺综合保税区已封关运营，并与首都机场实现区港一体、无缝对接，成为发展国际物流和保税物流的重要平台，本市国际分拨中心的地位更加凸显。平谷国际陆港积极推动京津两地跨关区快速通关，为本市外向型企业提供了新的海运通道。北京经济技术开发区保税物流中心（B型）获得批准，为保税物流的发展增添了新的政策功能优势。

（五）骨干企业实力不断壮大，市场集中度进一步提高

物流骨干企业加快发展，实力增强。“2010中国物流企业50强”有19家总部设在北京，位居前20的有9家。优势企业的进一步聚集，凸显了本市物流业发展的运营组织及管理控制等总部型经济特征。

物流资源和市场进一步向优势企业集中，大中型物流企业市场占有率不断扩大。2010年，本市物流业务收入达1686.1亿元，其中，817家规模以上专业物流企业实现物流业务收入1260.2亿元，占总量的75%。在817家规模以上专业物流企业中，大中型企业数量占比为13.1%，而其物流业务收入占比则达74.4%（见表1-5）。

表1-5　2010年规模以上专业物流企业按规模划分物流业务收入情况

企业规模	单位数（个）	收入（亿元）	收入比重（%）
合计	817	1260.2	100
大型企业	25	526.1	41.7
中型企业	82	411.6	32.7
小型企业	710	322.5	25.6

数据来源：北京市统计局。

（六）配套政策相继出台，发展环境不断优化

2007年，首次发布实施物流业发展专项规划，提出了全市物流业发展的目标和任务。为有效应对国际金融危机，及时制定出台《北京市物流业调整和振兴实施方案》。建立现代物流工作联席会议制度，对物流业发展的推进和协调力度明显加大。扩大税收试点企业范围，实现物流企业差额纳税。截至“十一五”末，本市已有税收试点物流企业47家。实施促进物流业发展的鼓励政策，实现物流企业水、电、气、热与工业企业同价，降低物流企业经营成本。

虽然本市物流业在“十一五”期间取得了较好发展，但与国际先进水平相比、与建设中国特色世界城市和打造国际商贸中心的目标要求相比，在物流设施建设、运行效率、服务保障以及集聚辐射能力等方面仍需要进一步完善和提高。

二、“十二五”时期物流业发展面临的形势

跨入21世纪的第二个十年，本市仍处于可以大有作为的重要战略机遇期。首都经济社会的又好又快发展和人民生活水平的不断提高，对物流服务能力和水平都将提出更高要求。“十二五”期间，物流业发展既面临着难得的机遇，也要应对新的挑战。

（一）发展机遇

特大型城市为发展城市物流配送提供了巨大需求。本市商品市场交易繁荣，社会消费品零售总额连续三年居全国城市之首。“十二五”时期，北京将以保障和便利居民生活为出发点，建设更高水平的商贸流通产业体系。同时，居民收入水平的提高和对外来消费吸引力的增强，也将促进多元化消费方式、特别是以电子商务为代表的新型消费方式的发展，为农产品物流、冷链物流、电子商务物流、居民消费“最后一公里”物流等带来巨大的发展潜力。

高端现代制造为发展专业化物流提供了强劲动力。“十二五”期间，本市将大力发展高端现代制造业，培育壮大一批现代产业群，重点推动新一代信息技术、生物医药、新能源、节能环保、新能源汽车、新材料、高端装备制造和航空航天等战略性新兴产业的发展。高端现代制造业产品高集成度、高附加值的特点，要求物流系统具有运作的精益性和响应的时效性。高端现代制造业区域化、全球化发展，以及企业间战略联盟体的壮大，为以供应链物流为代表的专业化物流发展注入了强劲动力。

首都经济圈建设为发展区域物流提供了新的契机。“十二五”期间，北京将更深入广泛地开展与津冀晋蒙及环渤海地区合作，充分发挥首都优势，增强服务区域、服务全国的功能，共同推动区域一体化进程和首都经济圈形成。在加快一体化交通网络建设、深化资源能源等领域战略合作、推动区域产业分工与合作发展、加强城市运行保障和管理对接以及创新区域合作机制等方面积极推进，促进

区域资源合理配置和共同市场形成。这些都将加速生产、生活类物资在区域内的流动，为区域物流发展提供了难得的机遇。

开放型经济为发展国际物流提供了广阔空间。“十二五”期间，本市将大力吸引总部聚集，努力建设面向全球的总部经济和高端产业集聚地；积极争取更多国际会展和体育赛事等国际活动在京举办；大力发展和提升商贸服务业，建设服务全国、辐射世界的国际商贸中心。这些都将推动跨国经营、全球采购、国际分拨、国际化消费的快速发展，从而对保税物流、国际物流以及进出口报关、货运代理等相关物流服务产生旺盛需求。

（二）面临挑战

本市的土地资源、交通、人力等物流业发展的投入要素成本相对较高，影响到物流企业扩张发展的能力；本市服务型经济主导的产业结构调整，要求物流业加快转变发展方式，实现集约式发展，第三方物流、专业化物流服务能力需要进一步提高；公共物流区的设施、功能以及吸引集聚能力有待加强。

概念专栏1　物流的基本概念

物流：物品从供应地向接收地的实体流动过程。根据实际需要，将运输、储存、装卸、搬运、包装、流通加工、配送、信息处理等基本功能实施有机结合。物品指经济与社会活动中实体流动的物质资料。

物流活动：物流过程中的运输、储存、装卸、搬运、包装、流通加工、配送等功能的具体运作。

物流企业：从事物流基本功能范围内的物流业务设计及系统运作，具有与自身业务相适应的信息管理系统，实行独立核算、独立承担民事责任的经济组织。

物流设施：具备物流相关功能和提供物流服务的场所。

物流园区：指为了实现物流设施集约化和物流运作共同化，或者出于城市物流设施空间布局合理化的目的而在城市周边等各区域，集中建设的物流设施群与众多物流业者在地域上的物流集结地。

物流中心：从事物流活动且具有完善信息网络的场所或组织。应基本符合下列要求：①主要面向社会提供公共物流服务；②物流功能健全；③集聚辐射范围大；④存储、吞吐能力强；⑤对下游配送中心客户提供物流服务。

配送中心：从事配送业务且具有完善信息网络的场所或组织。应基本符合下列要求：①主要为特定客户或末端客户提供服务；②配送功能健全；③辐射范围小；④提供高频率、小批量、多批次配送服务。

第三方物流：独立于供需双方，为客户提供专项或全面的物流系统设计或系统运营的物流服务模式。

（上述定义均来源于国家标准《物流术语》GB/T 18354—2006）

第二部分 指导思想、基本原则和发展目标

一、指导思想

以科学发展为主题，以加快转变经济发展方式为主线，落实“人文北京、科技北京、绿色北京”的发展战略，以服务中国特色世界城市建设、打造国际商贸中心为目标，发挥物流业支撑首都经济社会发展和保障城市运行的基础性作用。坚持“便民利民、促进发展，服务全国、辐射世界”的发展宗旨，加快推进物流业结构调整与服务创新，进一步提升本市物流业发展的现代化、国际化、高端化水平，完善高效、集约、低碳的综合物流体系，打造具有广泛国际影响力的物流中心城市。

二、基本原则

（一）统筹规划，促进协调发展

按照城市发展总体规划要求，统筹考虑物流重点设施布局与产业发展和居民生活的相互匹配，注重资源利用的高效性、经济发展与城市运行的协调性。整合利用存量物流资源，合理布局新增大型物流项目。建立功能协调、运行顺畅、高效集约的城市物流网络，实现物流发展与城市功能的有机协调。

（二）科技引领，实现创新发展

发挥首都信息化水平高、人才科技资源丰富的优势，推广应用先进物流技术，鼓励物流服务创新，提高信息化、自动化、智能化、标准化水平，创新驱动首都物流业的可持续发展。

（三）结构调整，带动高端发展

加快推进物流业结构调整和升级，培育引进高能级企业主体，打造物流总部经济聚集地；引导物流企业整合与重组，积极发展第三方物流，逐步提高行业集中度；鼓励新型物流服务业态发展，加强区域与国际物流合作，带动整体水平提升。

（四）功能提升，增强保障能力

加强重要物流节点、物流通道和末端物流设施建设，完善城市物流体系，提升物流系统服务功能和应急响应能力，强化物流对城市运行的保障作用。

三、发展目标

（一）总体目标

进一步完善物流基础设施，引导产业集聚发展，构建以特大型都市运行保障为基础，以物流总部经济和国际物流为特色，以社会化、集约化、专业化物流为骨干的城市现代物流服务体系。全面提升物流服务的能力和水平，为建设中国特

色世界城市、打造国际商贸中心提供坚实的物流服务保障。

（二）预期指标

——社会物流总额年均增长20%左右，物流业对经济增长的支撑作用更加明显。

——物流业实现平稳较快增长，增加值年均增长8%左右，规模以上物流企业物流业务收入年均增长10%以上。

——物流现代化水平持续提升，到2015年，社会物流总费用与GDP的比率降至12%左右，接近发达国家平均水平；规模以上连锁超市主要商品统一配送率提高到90%以上，乡镇连锁商业系统商品统一配送率达到60%以上；果蔬、肉类、水产品冷链流通率分别提高15%左右。

——物流业发展的集聚效应更加凸显，到2015年，我市物流基地和天竺综合保税区物流业务总收入超过1000亿元；积极扶持营业收入百亿元级的国际物流企业发展，培育发展营业收入十亿元以上的城市物流配送龙头企业。

概念专栏2　物流指标体系说明

2006年，国家发展和改革委员会印发了《关于组织实施社会物流统计核算与报表制度的通知》，正式组织实施物流统计核算制度（以下简称《制度》）。根据《统计法》和相关规定，2010年对《制度》进行了修订并经国家统计局批准继续执行，其中对主要物流核算指标及其计算方法进行了解释和说明。

社会物流总费用：一定时期内，国民经济各方面用于社会物流活动的各项费用支出。包括：支付给运输、储存、装卸搬运、包装、流通加工、配送、信息处理等各个物流环节的费用；应承担的物品在物流期间发生的损耗；社会物流活动中因资金占用而应承担的利息支出；社会物流活动中发生的管理费用等。社会物流总费用划分为运输费用、保管费用、管理费用三大部分核算。

社会物流的物品总额：简称社会物流总额，即一定时期内，社会物流物品的价值总额。包括5个方面：①进入需求领域的农产品物流总额；②进入需求领域的工业品物流总额；③外部流入货物物流总额，包括海关进口总额和从区域外流入的物品总额；④进入需求领域的再生资源物流总额；⑤单位与居民物品物流额。社会物流总额在很大程度上决定社会物流产业活动的规模，它的增长变化一定程度上反映物流需求的增长变化。

社会物流业务总收入：是指一定时期内，物流相关行业参与社会物流活动，提供社会物流服务所取得的业务收入总额。是物流相关行业的总产出，也是物流市场总规模。包括：参与社会物品物流过程中运输、储存、装卸搬运、包装、流通加工、配送、信息处理等各个方面业务活动的收入。与社会物流总费用指标体系的核算相对应，社会物流业务总收入根据参与过程，也可以简单划分为运输收入和保管收入两大部分来计算。

物流业增加值：指物流相关行业劳动者报酬、固定资产折旧、生产税净额、营业盈余四项之和。反映物流相关行业物流活动的最终成果。

（该定义来源于北京统计年鉴）

第三部分　空间布局

一、布局原则和思路

围绕本市物流业发展的总体目标，“十二五”时期物流规划空间布局的基本原则是：①有利于服务和保障首都城市发展和改善民生的现实需求；②有利于服务首都各类功能区的产业集聚和发展环境优化；③有利于加快首都经济圈建设和区域经济一体化发展；④有利于提高首都经济发展的国际影响力和辐射力；⑤统筹考虑与城市交通干道的衔接，以及与未来五年主要交通枢纽重点建设项目的协调配套。

“十二五”时期物流规划空间布局的思路是：继续完善“三环、五带、多中心”物流节点空间布局，发挥各物流节点的设施功能优势，引导物流资源在空间上的合理配置；适应未来五年物流业发展的实际需要，以加快物流业发展方式转变和服务水平提升为着力点，深化内涵、延伸发展，按照城市保障物流、专业物流、区域物流和国际物流的发展主线，强化本市物流业发展“广覆盖”、“多组团”、“立体化”的网络结构特征，进一步优化全市物流空间布局。

二、布局重点

“十二五”时期，在现有空间布局的基础上，以节点、通道、网络建设为依托，整合设施存量，合理配置增量，完善物流设施的空间布局体系。

（一）城市物流配送设施布局

服务城乡建设和市民生活需要，以满足农产品流通体系和生活必需品配送体系的发展要求为重点，完善物流配送重点设施布局，提高运行效率和保障能力，实现物流配送服务的“广覆盖”。

加强农产品批发市场物流配送中心建设。改造和新建一批农产品物流配送中心，提高新发地、岳各庄、大洋路、八里桥等批发市场配送中心的功能和配送能力；鼓励中央批发市场、顺鑫石门市场、昌平水屯市场等建设物流配送中心。同时，在城区周边西郊、黄港、西毓顺、琉璃河等地新建一批农产品物流配送中心，逐步形成承接农产品向城内辐射新的物流节点。

支持连锁经营的商业、餐饮企业调整优化配送中心布局，完善提升配送中心功能。调整优化现有提供社会化服务的物流配送中心的布局和功能，支持冷链物流专用设施建设；鼓励利用城区既有仓储设施改建现代化的生活必需品配送中心；引导通州、顺义、大兴等城市发展新区及其他郊区县新城发展所需的配送中心建设。

（二）产业集聚区专业物流设施布局

服务本市高端产业功能区、工业开发区以及专业集聚区的建设与发展，在五环和六环周边新建和改造相对集中、功能完善、规模化的物流中心或配送中心，引导物流资源集聚，形成多个“组团式”的专业物流设施空间布局。

——东部组团：服务于通州经济技术开发区、电子商务总部基地等产业园区，以及机电、都市工业、新能源新材料、文化创意等产业，在潞城、张家湾、宋庄等地重点发展电子电器、食品饮料、图书音像等专业物流集聚区。

——东南组团：服务于北京经济技术开发区、中关村科技园区金桥科技产业基地等产业园区，以及电子信息、生物医药、环保、新能源新材料等产业，在马驹桥、十八里店、亦庄、黑庄户等地重点发展电子、医药、快速消费品、家用电器等专业物流集聚区。

——南部组团：服务于中关村科技园区大兴生物医药基地、大兴经济开发区等产业园区，以及生物医药、机械制造、印刷包装、服装等产业，在大庄、黄村、西红门等地重点发展医药、快速消费品、食品冷链、农产品、纺织服装、快递等专业物流集聚区；配合北京新机场建设，合理规划预留物流发展的设施空间。

——西南组团：服务于中关村科技园区丰台园、北京石化新材料科技产业基地、北京窦店高端现代制造业产业基地等产业园区，以及石油化工、机械制造、电子信息、生物医药、新能源新材料、汽车及配件等产业，在房山区燕山、窦店、闫村等地和丰台区五里店、榆树庄、白盆窑等地重点发展农产品、石化、汽车、钢材、医药、图书、服装等专业物流集聚区。

——西北组团：服务于中关村国家自主创新示范区核心区，包括中关村科技园区昌平园、未来科技城、国家工程技术创新基地、中关村生命科学园、中关村永丰高新技术产业基地等高科技园区，北京八达岭经济开发区、北京新能源汽车设计制造产业基地、北京工程机械产业基地等产业园区，以及汽车、新材料、生物医药、环保和新能源等优势产业和新兴产业，在南口、马池口、沙河、清河等地重点发展汽车、工程机械、新材料、生物医药、农产品等专业物流集聚区。

——东北组团：服务于北京天竺综合保税区、北京天竺空港经济开发区、北京汽车生产基地、北京林河经济开发区、北京雁栖经济开发区等产业园区，以及汽车、装备制造、都市工业、临空经济等产业，在首都机场周边、赵全营、高丽营、李桥、庙城等地重点发展航空物流、保税物流、会展物流及电子、汽车、食品饮料、农产品、快递等专业物流集聚区。

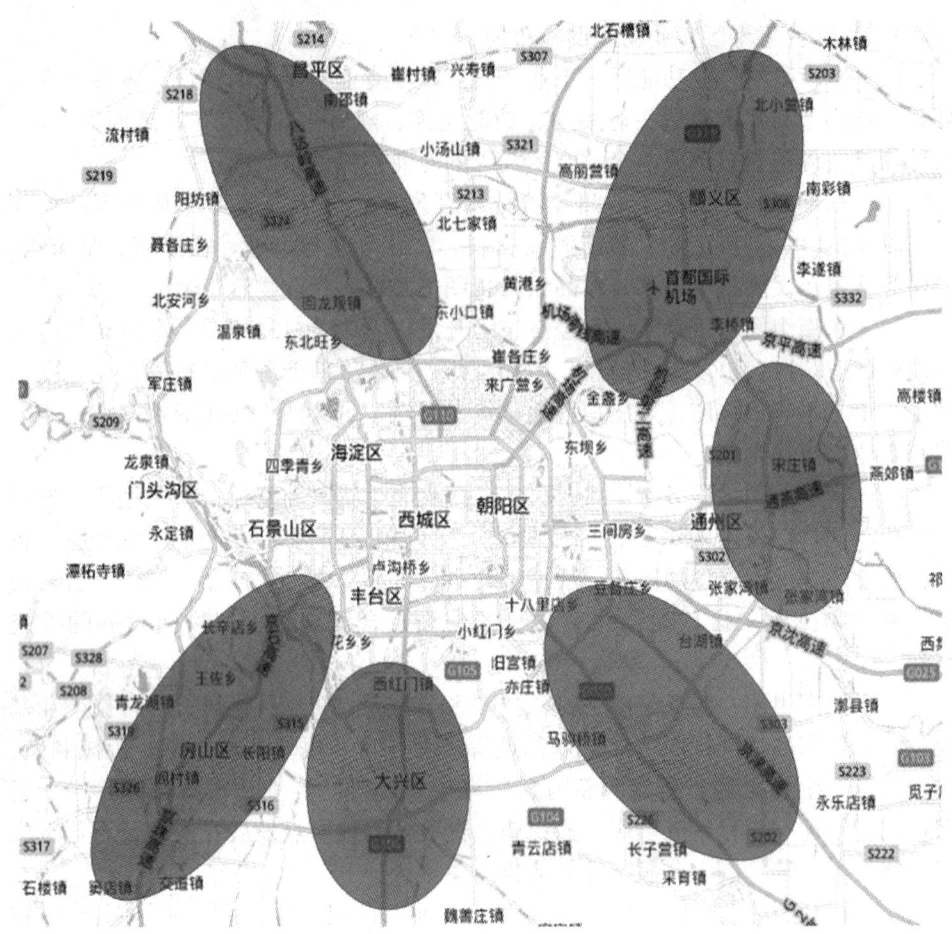

图 3-1 “组团式”专业物流集聚区布局图

（三）区域物流设施布局

服务首都经济圈建设需要，发挥北京作为全国航空、铁路、公路枢纽的优势，依托物流基地、物流中心等重要节点，加强物流通道建设，发展多式联运，打造便捷高效、辐射力强的区域物流网络体系。

完善物流基地的设施条件，发挥其在区域物流网络中的重要节点作用。继续强化以航空货运枢纽型为特征的空港物流基地功能，加快推动马驹桥、马坊物流基地海陆联运体系建设，提升京南物流基地公铁联运的服务功能。

围绕规划新建的铁路、公路货运枢纽，布局建设服务区域、辐射全国的物流中心。依托昌平、房山等铁路中心站点，规划建设马池口、窦店等以集装箱运输为特点的公铁联运物流中心；依托东坝、豆各庄、马驹桥等临近六环路的八个新建公路货运枢纽，规划布局能实现甩挂运输的公路物流中心，形成城际间干线运输的重要物流节点。

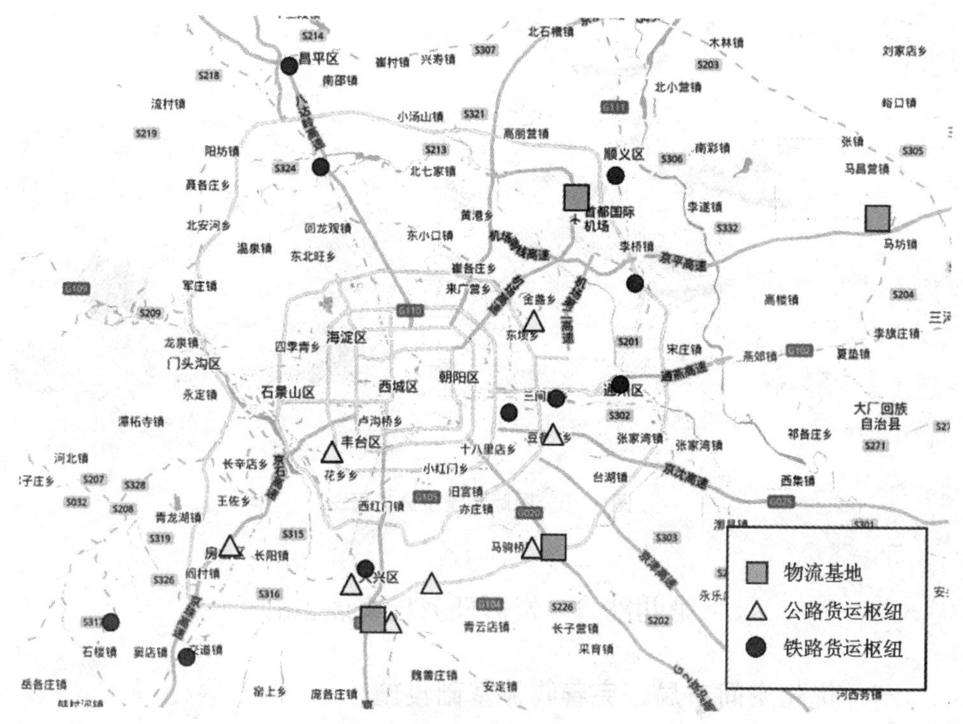

图3-2　区域物流设施布局图

（四）国际物流设施布局

服务首都开放型经济发展，以口岸和政策功能区设施建设为重点，为构筑多种运输方式衔接顺畅的“立体化”国际物流体系奠定设施基础。

继续优化北京口岸体系。调整口岸功能布局，完善口岸功能，加强国际物流配套设施建设，打造具有世界一流水平的国际物流“高速走廊”。加强入海通道建设，推进通州马驹桥口岸功能区及配套设施建设，加快朝阳口岸向通州马驹桥平移；继续完善平谷国际陆港口岸。

功能区设施，形成连接天津新港的海运国际物流通道；完善首都机场空港口岸周边综合配套，在北京新机场一期工程建设基础上，启动新机场口岸建设工作；加强北京丰台铁路货运口岸与边境口岸合作，配合铁路集装箱中心站建设合理规划口岸功能。

推进服务国际物流发展的政策功能区设施建设。加快推进天竺综合保税区的一期设施建设和二期用地调整、土地一级开发，大力推动亦庄保税物流中心（B型）建设，形成南北呼应的政策功能区分布格局。

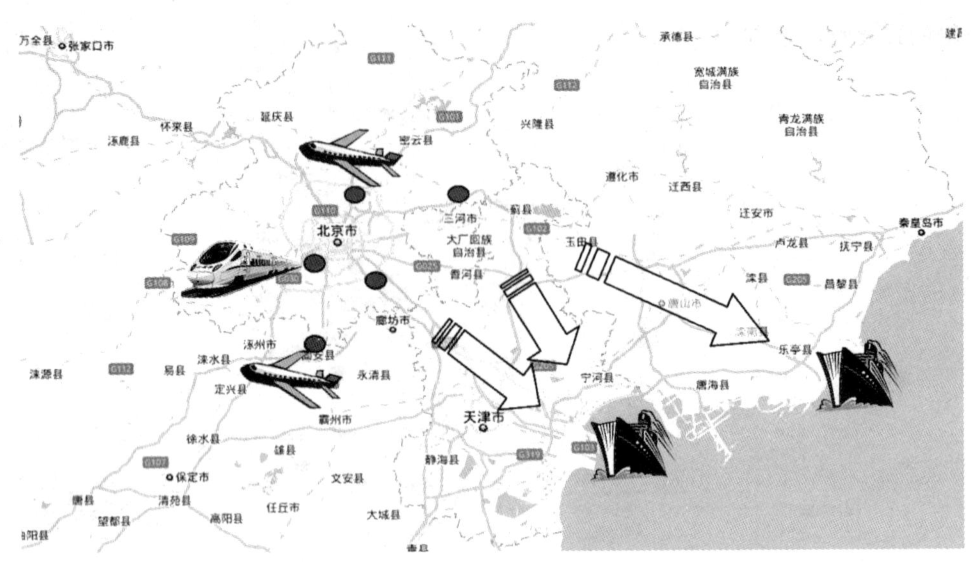

图 3-3 国际物流设施布局图

第四部分 发展任务与重点工程

一、优化空间布局，完善物流基础设施

整合现有物流资源，合理安排新建项目，形成布局合理、层次分明、运转有序的现代物流网络体系。

发挥物流基地在物流发展中的基础平台作用，加大资金投入，推进配套设施建设，完善基础设施条件，提升物流基地功能。天竺综合保税区要在完善一期开发配套设施、优化园区公共服务环境的基础上，加快推进二期开发建设，拓展发展空间，重点发展保税物流，打造服务京津冀、辐射东北亚的重要功能平台；空港物流基地要发挥临空经济区核心区区位优势，在拓展一期范围内设施建设的同时，加快重点项目落地，优先发展体现首都产业优势和特色的航空物流、金融物流，加快推进空港物流基地东区建设，拓展发展空间，吸引高端物流企业入驻；马驹桥物流基地要继续推进各项设施建设，不断完善硬件投资环境，加快形成服务首都及周边区域的物流集聚区，重点推进朝阳口岸平移，提升国际物流服务功能；马坊物流基地要完善口岸基础设施，开展平谷国际陆港二期建设，在实现京津海陆联运的基础上，推进与京唐港的口岸对接与物流合作；京南物流基地要依托铁路专用线及主要进京公路货运通道承担北京南部货运集散功能，在推进基础设施建设的同时，加快物流资源整合和提升，重点发展以展示和交易为特征的商贸物流；配合北京新机场建设，研究规划南部临空物流园区。

根据城市功能区定位，特别是服务新城建设和城南行动计划的实施，相应新建和改造提升物流中心（综合物流区）和配送中心（专业物流区），实现物流节点服务于产业发展和居民生活的功能。

完善物流节点与多种交通方式的有效衔接，顺畅国际物流、区域物流和城市配送物流通道，依托机场、铁路和高速公路等交通基础设施，打造快速物流集散系统，缓解交通拥堵。

项目专栏1　物流基地基础设施重大项目

1. 顺义空港物流基地：主要建设内容为空港物流基地东区62.6公顷土地开发及市政基础设施建设、一期A、B地块17.5公顷土地开发、二期市政建设以及建筑面积为5万平方米的现代物流总部中心。

2. 平谷马坊物流基地：继续完善一期1.3平方公里的开发建设，主要建设内容包括道路管线及市政配套工程、电子商务园建设工程、物流总部大厦建设工程等；开展物流基地二期1600亩土地征地拆迁、市政建设等土地一级开发工程。

3. 通州马驹桥物流基地：计划新开发多功能用地64.3公顷，口岸功能区用地56.4公顷，以及配套市政基础设施建设。

4. 大兴京南物流基地：建设内容为大兴新城东南片区庆丰路、龙河路、海南西路、天河北路、污水主干线，道路全长8.4公里。

二、提升城市物流配送水平，提高服务保障能力

完善物流配送重点设施及配送网络，推广现代物流信息技术和管理技术，构建面向商贸流通企业和消费者的城市物流配送体系，全面推进流通领域国家现代物流示范城市建设，提高城市运行服务保障能力。

推动农产品物流配送体系建设。按照农产品流通体系建设要求，加快农产品配送中心建设。提高农产品检测、加工、包装、仓储、配送等设施条件和水平，试点推行农产品物流全程跟踪、监控。

实施物流共同配送试点工程。鼓励企业以多种形式搭建共同配送平台，整合商贸企业物流需求和社会物流资源，优化共同配送管理运行模式，提高商贸流通配送的社会化、集约化水平。

加快电子商务物流发展。构建支撑电子商务发展的物流服务体系，支持电子商务企业加强物流配送网络建设，鼓励电子商务企业与第三方物流企业开展深度合作，实现电子商务与现代物流的集成发展。实施城市快递物流共同配送试点工程，搭建同城快递共同配送信息平台，以进小区、进校园为试点，实现信息标准化、配送区域化、服务集中化，优化“最后一公里”快递配送服务网络，提高居

民生活便利度。

加强城市应急物流体系建设。建立覆盖全市的应急物流网络体系，完善应急预案。选择和培育一批具有应急能力的重点物流企业，建立应急物流绿色通道及绿色车队，提高应对突发事件的物流快速响应能力。

项目专栏 2　城市物流配送设施项目
1. 首农（北京）安全食品仓储、物流中心群：北京首都农业集团有限公司环城区周边（多方位）五、六环间区域自用规划产业土地，约 12 宗，总建筑面积 148 万平方米。 2. 超市发生鲜配送中心：位于海淀区后八间榆庄子，占地面积约为 45 亩。 3. 华冠大型连锁配送中心：位于房山区良乡镇小营村，占地面积 206 亩，总建筑面积 14 万平方米，主要分三期建成常温库 6.5 万平方米、低温库 2.7 万平方米及物流中心 4.2 万平方米。 4. 银汇鑫丰低温仓储项目：位于顺义区北小营镇牛富屯村东，规划建筑面积 6.5 万平方米，分三期建成牛羊肉等产品低温冷冻仓储设施。

三、大力发展专业化物流，打造物流总部经济

服务本市装备制造业、电子信息、生物医药、音像图书等优势产业和新能源、新材料等新兴产业发展，大力推进专业化物流体系建设，提高对区域和全国市场的辐射能力。

选择关联度强、贡献率大的行业，实施制造业与物流业联动试点工程。以汽车、电子、医药行业企业为重点，运用供应链管理和信息技术，推动制造业与物流业联动发展。

加快冷链物流发展，实施食品冷链技术应用示范工程。加强冷链基础设施建设，完善食品冷链物流体系。在试点的基础上，推动以信息技术和冷冻冷藏技术为代表的现代科技在冷链物流中的推广应用，提高冷链物流发展的整体水平。

吸引国内外知名物流企业落户北京，支持开展资金结算、营运组织、管理控制等高端物流总部业务。鼓励创建自主物流服务品牌，积极发展物流金融、物流咨询等新型服务模式。培育一批服务水平高、市场竞争力强的现代物流企业，增强物流业发展的集聚效应。

项目专栏 3 专业物流配送设施项目

1. 北京九州通医药仓储二期：位于大兴经济开发区，建筑面积 2.8 万平方米，建设内容为自动化立体仓库及配套设施设备。

2. 科园信海医药物流中心：位于空港物流基地，顺于路北侧，规划面积 4.3 万平方米，建设周期 2011—2012 年，建设 3.5 万平方米医药产品仓储物流及配送设施。

3. 怀柔汽车配件物流园区：位于怀柔区庙城镇，占地 200 亩，建筑面积 7 万平方米，服务怀柔及周边地区汽车零部件集货运输、仓储配送。

4. 北京海纳川汽车和零部件销售中心：位于顺义区赵全营镇工业区，规划面积 3 万平方米，建设周期 2011—2013 年。

5. 顺义航空产业园航空物流中心：位于顺义区仁和镇，建设内容为航空物流中心综合库房 2 万平方米。

6. 顺义国际钢铁物流基地：位于顺义区李桥镇，占地 26 万平方米，包括仓储物流区和综合服务区，提供钢材仓储和运输、金融、税务等服务。

7. 中建一局钢材交易中心：位于大兴京南物流基地内，占地 31.5 公顷，规划建筑面积 20 万平方米，建成以钢材为主、包括重型建筑材料在内的交易中心。

8. 北京京西南钢材交易中心：位于房山区闫村镇，占地面积 200 亩，总建筑面积 13 万平方米，包括经营区 8 万平方米、物流仓储区 5 万平方米。

9. 金泰集团市级煤炭储备基地：位于房山区坨里镇，占地面积 336 亩，规划建筑面积 22 万平方米，设计煤炭储存量约 30 万吨，建设 3 个全封闭钢结构煤棚及配套设施。

10. 燕山四联石化物流中心：位于房山区燕山东流水工业区内，规划占地 90 亩，建设总面积 2 万平方米、仓储规模达到 6 万吨的现代化固体石化产品物流中心。

四、强化区域物流合作，拓展首都经济圈物流服务功能

强化区域物流、特别是与津冀地区的深度合作，加强北京市物流产业与周边地区联动发展，完善首都经济圈物流系统，服务区域经济一体化建设。

继续推进物流基地建设，完善提升服务功能，增强辐射区域经济的吸引和聚集能力。加强区域物流合作的通道建设，依托京沪、京津等高速公路，加强京津物流主通道建设；依托京哈、京港澳、京开、京藏等高速公路，推动京冀物流合作，全面构建京津冀区域物流合作网络。

调整优化首都经济圈物流产业空间布局，鼓励大型物流项目与周边地区加强衔接；发挥物流协会等行业中介组织作用，支持物流企业优势互补，开展区域合作；推进区域物流信息平台建设，实现信息交换与共享，提高区域物流合作效率。

项目专栏 4　物流仓储设施项目

1. 东方信捷大兴魏善庄物流枢纽：位于大兴魏善庄，占地 600 亩，建设高标准钢结构库房 22 万平方米，年货物吞吐量 200 万吨，成为京西南重要的商品周转枢纽。

2. 东方信捷昌平南口物流中心：位于昌平南口，占地 80 亩，建设高标准钢结构库房 3.7 万平方米，年货物吞吐量 25 万吨，成为京西北重要的商品周转中心。

3. 北京祥龙京南昌达仓储物流项目：位于大兴京南物流基地内，占地 723 亩，建筑面积 32.4 万平方米，涵盖现代化仓储物流（冷链、特殊专业库）、第三方物流及信息中心。

4. 金泰物流园"一港三区"项目：位于大兴京南物流基地内，占地 1067 亩，规划建筑面积 28 万平方米，建设内容包括金泰物流港大厦、经营交易区、商务配套区、大宗商品存储区。

五、发挥政策功能区优势，加快发展国际物流

优化国际物流发展环境。完善口岸体系，加快“大通关”建设，进一步提高口岸通关效率，提升口岸服务水平，吸引更多物流企业聚集，拉动国际物流货量增长。

发挥政策功能，拓展国际物流业务。天竺综合保税区要加快公共服务体系建设，吸引高端企业入驻，建设国际采购分拨中心、保税维修中心、公共检测实验中心、保税展览展示交易中心和离岸金融中心，实现以保税功能为特色的国际物流发展新突破；建设平谷国际陆港与天津口岸数据交换公共服务平台，引进船代、货代、报关行驻场办公，推行便捷、高效的业务运营模式，扩大以海陆联运为特征的国际物流业务；建设并投入使用亦庄保税物流中心（B 型），为本市外向型企业发展提供保税仓储物流服务。

引导国际货代、报关、船运公司等服务企业规范发展，积极引进拥有全球经营网络供应链管理能力的第四方物流企业，为国际物流发展提供良好配套服务。

项目专栏 5　国际物流建设项目

1. 北京天竺综合保税区一期建设工程：主要建设内容包括市政基础设施二期工程、市政设施管理用房、保税展览展示交易中心、综合服务平台、标准化保税监管库、公共检测实验中心、现场监管查验设施、金融综合服务中心等。

2. 北京天竺综合保税区二期用地调整土地一级开发项目：位于首都机场西侧、北侧，涉及铁匠营村、杨二营村、十二里堡村三个行政村总占地面积为 400 公顷，其中纳入综保区二期规划的土地为 121 公顷，建设内容包括征地、拆迁、安置等。

续　表

3. 亦庄保税物流中心（B型）：位于北京经济技术开发区，一期建设5万平方米库房、查验库、罚没库、卡口、围网、停车场及报关报检楼，二期建设5万平方米库房及相关配套工程。 4. 通州马驹桥物流基地口岸功能区建设：占地846亩，包括土地一级开发，建设40万平方米仓库、3万平方米堆场以及8万平方米办公及配套用房，融合仓储、配送、保税、加工等多种功能。 5. 平谷国际陆港二期：位于平谷马坊物流基地，占地26.7公顷，包括国际陆港保税物流中心仓储区和国际陆港综合服务区。

概念专栏3　保税物流

保税区：在境内的港口或临近港口、国际机场等地区建立的在区内进行加工、贸易、仓储和展览，由海关监管的特殊区域。

保税货物：经海关批准未办理纳税手续进境，在境内储存、加工、装配后复运出境的货物。

保税仓库：经海关批准设立的专门存放保税货物及其他未办结海关手续货物的仓库。

（上述定义来源于国家标准《物流术语》GB/T 18354－2006）

保税物流中心A型：是指经海关批准，由中国境内企业法人经营、专门从事保税仓储物流业务的海关监管场所。按照服务范围分为公用型物流中心和自用型物流中心。公用型物流中心是指由专门从事仓储物流业务的中国境内企业法人经营，向社会提供保税仓储物流综合服务的海关监管场所。自用型物流中心是指中国境内企业法人经营，仅向本企业或者本企业集团内部成员提供保税仓储物流服务的海关监管场所。（该定义来源于《中华人民共和国海关对保税物流中心（A型）的暂行管理办法》）

保税物流中心B型：是指经海关批准，由中国境内一家企业法人经营，多家企业进入并从事保税仓储物流业务的海关集中监管场所。（该定义来源于《中华人民共和国海关对保税物流中心（B型）的暂行管理办法》）

六、加快物流业发展方式转变，实现可持续发展

鼓励生产制造型企业和商贸流通企业按照专业化分工原则，剥离或外包物流业务，提高物流发展的社会化程度。支持第三方物流骨干企业提升服务能力和水平，逐步提高物流业发展的行业集中度。

依托国家及北京市现代服务业综合改革试点和中关村国家自主创新示范区发展现代服务业试点工作，推动开展现代物流领域的科技创新和应用，提高物流业的科技发展水平。依靠科技进步，推动物流发展的信息化、自动化、智能化、标

准化，促进物流业从外延式增长到内涵式发展转变。推动物流业两化融合，加大对物联网技术、可视化技术、货物快速分拣技术、无线射频识别技术（RFID）和移动物流信息服务等先进适用技术的推广力度，组织开展标准化应用示范项目，进一步规范物流作业流程，提高企业运作效率，引导企业加强管理创新和服务创新，带动物流行业产业升级。

完善物流产业链条，按照资源节约型、环境友好型原则，鼓励节约用地、用水、用能物流项目建设，支持以绿色运输、绿色仓储、绿色包装、绿色流通加工等为代表的绿色物流发展。以电子产品、废旧家电、汽车等为重点，建设逆向物流体系，实现资源的循环再利用；在城市配送、快递物流等领域，试点组建零排放绿色新能源车队，降低对城市交通、环境的影响，推动物流业的可持续发展。

项目专栏6　物流技术提升项目

1. 中关村电子产品逆向物流体系：组建逆向物流产品交易中心、建立拆解处置平台、建设中关村废弃电子产品社区回收示范网络、推动物联网和信息技术在逆向物流体系中的创新应用。

2. 北京城市快递共同配送平台：搭建同城快递共同配送信息平台，建立便民同城配送网点，实现各快递公司系统与共同配送信息平台完全对接，做到资源共享、数据共享、共同调度。

3. 首农集团冷链物流可追溯系统：通过RFID、GIS、GPS、GPRS系统的集成应用，支持货物运输、仓储的全局组织、协调、跟踪和控制，有效保障产品流通过程的质量安全及较低的物流成本。建设快速检测系统，买方、卖方产品质量可追溯系统；建立冷链物流温度跟踪系统。

4. 顺丰全自动智能分拣信息系统：针对快递物流业务操作过程中分拣作业的全过程控制信息进行系统研发，实现对货件自动分类、集中操作，安全检查、重量或体积的复核、自动照相补码、自动计数、标签自动打印等；实现配送业务信息提前知会、数据自动平衡以及相关数据分析提供等。

5. 城市鲜活农产品物流共同配送试点：依托新发地，建设占地面积300亩左右的北京城市鲜活农产品物流配送示范园区，建设场内智能配货系统，购置500辆小型绿色环保电动运输车，实现新发地市场内货物的调配工作，规范场内运输秩序；建设北京鲜活农产品城市物流配送公共服务平台，包括：信息发布子系统、电子采购子系统、物流配送管理子系统、会员业务管理子系统。

6. 宝供福田基于供应链的汽车物流系统：采用现代化的供应链管理体系来降低采购、生产、销售和服务等环节的成本，完成仓储设备及配套信息系统的建设，包括结算系统、销售及仓储管理系统。

7. 北京医药第三方自动化医药物流配送中心：实行药品集中统一管理、信息化操作和运输配送调度，采用高位托盘货架存储整件商品，叉车进行存取货作业，信息化及条码实现货位管理，以满足大宗整件商品方便快捷的进出库作业，库内同时建设冷库，以适应冷链配送发展的需要。

概念专栏 4　其他物流概念

共同配送：由多个企业联合组织实施的配送活动。

冷链：根据物品特性，为保持其品质而采用的从生产到消费的过程中始终处于低温状态的物流网络。

应急物流：针对可能出现的突发事件已做好预案，并在事件发生时能够迅速付诸实施的物流活动。

精益物流：消除物流过程中的无效和不增值作业，用尽量少的投入满足客户需求，实现客户的最大价值，并获得高效率、高效益的物流。

逆向物流：物品从供应链下游向上游的运动所引发的物流活动。

多式联运：联运经营者受托运人、收货人或旅客的委托，为委托人实现两种或两种以上运输方式的全程运输，以及提供相关运输物流辅助服务的活动。

国际多式联运：按照多式联运合同，以至少两种不同的运输方式，由多式联运经营人将货物从一国境内的接管地点运至另一国境内指定交付地点的货物运输方式。

甩挂运输：用牵引车拖带挂车至目的地，将挂车甩下后，牵引另一挂车继续作业的运输。

（上述定义均来自国家标准《物流术语》GB/T 18354—2006）

物联网：通过射频识别（RFID）、红外感应器、全球定位系统、激光扫描器等信息传感设备，按约定的协议，把任何物品与互联网相连接，进行信息交换和通信，以实现智能化识别、定位、跟踪、监控和管理的一种网络概念。

（该定义根据相关资料整理）

第五部分　保障措施

一、加大对物流业投入力度

以直接关系民生的城市保障型物流设施、物流公共基础设施、物流产业结构调整、信息化提升和先进技术应用示范等项目为重点，加大政府扶持力度。

拓宽投融资渠道，鼓励社会资金投向物流行业。支持金融、担保机构为物流企业发展提供融资服务，改善物流企业融资环境。

二、保障重要物流设施用地

对纳入规划的物流基地、物流中心、配送中心等重要物流设施建设用地给予重点保障，提高土地使用效率。鼓励将工业企业旧厂房、仓库和存量土地资源用于发展物流业。

三、减轻物流企业税收负担

贯彻国家税务总局《关于试点物流企业有关税收政策问题的通知》（国税发〔2005〕208号），扩大物流领域税收试点企业范围。完善仓储设施用地的土地使用税等政策，切实减轻物流企业税收负担。

四、促进物流车辆便利通行

研究解决城市中转配送难、配送货车停靠难等问题。严格执行鲜活农产品绿色通道政策，为城市物流配送车辆提供便利。进一步降低过路过桥收费，大力推行不停车收费系统。

五、推进物流技术创新和应用

以产学研为基础，开展物流信息化等领域的科技创新与应用示范。积极推广物流标准，提升物流业标准化水平。启动物联网技术的示范试点，提高全市物流业发展的科技水平。

六、加强物流人才培养和引进

发挥首都教育资源优势，加大物流人才培养和培训力度，普遍提高全行业的劳动者素质。完善人才激励政策，积极引进国内外优秀物流人才，特别是具有国际视野和全球网络运作能力的高端物流人才，为物流业的持续发展提供人力资源保障。

七、发挥行业中介组织桥梁纽带作用

加强物流协会等行业中介组织建设，更好地履行行业服务、行业自律的职能，在反映企业诉求、规范企业行为、推广行业标准、开展人才培训、提供咨询服务等方面发挥更大作用。

006

关于印发天津市现代物流业发展“十二五”规划的通知

津发改规划〔2011〕1035号

各区、县人民政府，各有关部门：

按照市政府《关于开展全市“十二五”重点专项规划编制工作的通知》（津政办发〔2010〕30号）和《天津市国民经济和社会发展中长期规划审批管理办法》（津政发〔2011〕7号）要求，市重点专项规划《天津市现代物流业发展“十二五”规划》已编制完成，现印发给你们，请结合工作实际认真贯彻执行。

天津市发展和改革委员会

二〇一一年九月五日

天津市现代物流业发展“十二五”规划

天津市发展和改革委员会

2011年9月5日

“十二五”时期，是天津加快推进滨海新区开发开放、实现城市定位的关键时期。现代物流业作为生产性服务业的重要组成部分，是制造业、商贸业与农业发展的重要支撑，是沟通生产与消费、国际与国内市场的重要载体。科学编制和有效实施现代物流业发展“十二五”规划，对于调整和振兴物流业发展，促进天津经济结构调整与产业转型升级，提升天津市总体经济实力和竞争力，具有至关重要的意义。《天津市现代物流业发展“十二五”规划》根据《天津市国民经济和社会发展第十二个五年规划纲要》编制。规划阐明了“十二五”时期天津市物流业发展的指导思想、原则、目标、重点任务、空间布局与保障措施，是未来五年全市物流业发展的基本纲领，是政府履行物流业管理、引导与监管职责的重要依据。

一、规划背景

（一）“十一五”时期天津物流业发展成就

1. 物流业规模和效益提高。“十一五”时期，全市物流业增加值（现价）年均增长20%。2010年，物流业增加值达到798.07亿元，占地区生产总值的

8.7%，占服务业增加值的18.8%；全社会物流总费用与地区生产总值的比率为18.4%，比“十五”末期下降0.6个百分点。

2. 物流企业实力壮大。天津已经集聚了一批专业性或综合性物流企业，在仓储、运输、配送服务基础上，优势物流企业积极向流通加工、信息服务、物流金融等领域拓展。截至2010年，物流企业达到2万多家，其中运输企业1.5万多家、货代企业0.4万家、仓储企业及其他企业近0.1万家；5A级物流企业2家；60多家中外船公司挂靠天津港，在天津机场执行航班的国内外航空公司达到32家。

3. 现代化综合交通网络形成。天津港与500多个港口有贸易往来，开辟了100余条集装箱航线，2010年完成集装箱吞吐量1008.6万标准箱，货物吞吐量4.13亿吨，成为中国北方第一、全球第五的世界大港；滨海国际机场通航66个城市，开辟116条航线，2010年完成货邮吞吐量20.25万吨；公路网承担北京、东北、西北、华北和华东方向的货物流转功能；铁路网通过京山、京沪、京九线津霸联络线、津蓟线、黄万线，形成通往北京、上海、秦皇岛、蓟县、黄骅的运输通道。大陆桥运输优势明显，开通了天津港至满洲里、阿拉山口、二连浩特的集装箱班列，天津成为中国境内唯一拥有3条通道的大陆桥东部起点。

4. 物流园区围绕海港和空港形成集聚区。沿海港形成了天津港散货中心、天津港集装箱中心、开发区保税物流中心等物流园区。沿空港形成了空港国际物流园区、滨海新区综合保税区、滨海中储综合物流园区等物流园区。物流园区的服务功能显著增强，东疆保税港区、滨海新区综合保税区、开发区保税物流中心等多种类型海关特殊监管区的获准设立，实现了海陆空重点物流园区保税物流功能全覆盖。

5. 物流发展软环境不断优化。口岸环境显著改善，2007年开通的天津电子口岸与物流信息平台有效提升了通关效率和客户服务水平。区域大通关合作取得明显进展，已建成北京朝阳、平谷，河北石家庄，山东德州，山西侯马等18座无水港。随着“先行先试”政策的全面实施，滨海新区积极探索离岸金融、船舶产业基金、船籍特别登记制度和汽车落地保税项目等一系列政策措施，为天津物流业发展提供了良好的配套环境。

6. 物流研发及教育培训体系日趋完善。本地高校承担了多项全国以及天津市重大应用型物流研究项目，建立了博士后、博士、硕士、本科教育和职业教育等多层次的物流研发与教育培训体系，为天津市物流业发展提供了坚实的智力支持和人才保障。

（二）存在问题

天津市物流业发展存在的问题突出表现在以下方面：

一是传统物流服务多，国际化、高端化和多样化物流服务少。我市交通运输、仓储和邮政等传统行业增加值占物流业增加值的比重超过70%，与之相比，国际采购、国际分拨与配送、信息技术、物流金融等高附加值服务能力亟待加强。

二是综合类物流园区多，专业化物流园区少。多数物流园区的服务对象面向各种行业，服务特色不明显，一些领域、一些行业的专业化物流发展水平有待提高；与制造业联动的物流园区数量不足，未能实现规模化、专业化和高端化物流功能。

三是口岸集疏运体系有待进一步完善。天津重载铁路路网通行能力不足，缺乏直通西部的铁路通道，通往腹地的“五定班列”密度偏低。天津港周边的交通比较突出的问题是港口车辆和城市通行车辆混行严重，通道运输不畅和运能不足，不能适应港口发展需求。

（三）“十二五”天津物流业发展环境

从国际看，国际金融危机影响深远，世界经济增速减缓，全球需求结构出现明显变化，我国物流业发展的外部环境更趋复杂。世界物流重心向亚太地区转移，中国成为备受关注的新兴物流市场。全球物流发展进入供应链管理时代，要求全球不同区域共同协调和运作，这为天津参与全球供应链分工与协作、建设北方国际物流中心带来机遇和挑战。

从国内看，“十二五”时期是我国深化改革开放、加快转变经济发展方式的攻坚阶段，将重点解决经济结构调整问题，探索由内需拉动增长的新模式。国内物流市场需求趋于旺盛，物流需求由粗放型向精益型转变，物流企业呈现了规模化经营和专业化服务的趋势。同时，横滨、釜山、大连、青岛、曹妃甸、黄骅等国内外港口城市竞争日趋激烈，形成了天津发展北方国际物流中心的外部竞争态势。

从本市看，“十二五”时期我市进入加快推进天津滨海新区开发开放、实现天津城市定位的关键时期，产业结构的高端化、高质化和高新化特征更加突出，工业步入功能提升和稳定增长阶段，现代服务业和农业加速发展，不仅对天津物流业的发展提出更高的要求，也拓展了更广阔的发展空间。

二、指导思想、原则与目标

（一）指导思想

坚持以科学发展为主题、以加快转变经济发展方式为主线、以调整优化经济结构为主攻方向，全力构建完善的物流发展环境，积极搭建以第四方物流为主的物流信息平台，加快建设“三位一体”国际型港航物流体系，着力打造“十大专业物流体系”，重点推动“五大重点物流领域”发展，实现物流产业链延伸和物流服务功能创新，形成以滨海新区为核心、以国际物流为特色、以多业联动为重点的精益高效物流服务体系，促进天津市现代物流业尽快实现率先发展、创新发展、跨越发展，努力把天津建设成为中国北方国际航运中心和国际物流中心。

（二）基本原则

——坚持市场主导与政府引导相结合。充分发挥市场配置资源的基础性作用，强化企业的市场主体地位，激发企业发展的内在动力。有效发挥政府的宏观调控作用，制定并完善促进物流业发展的政策体系，营造良好的企业发展外部环境。

——坚持扩大规模与提升质量相结合。在大力培育物流市场需求、完善物流服务网络、不断扩大物流业发展规模的基础上，积极推动物流基础设施资源整合，延伸物流服务产业链、发展高端物流服务业态，不断提升物流业服务质量。

——坚持统筹规划与重点突破相结合。在对现代物流业进行系统规划、合理布局的基础上，力争在若干重点行业、重点领域、重点地区实现物流业跨越发展，形成点面结合、层次分明、阶梯有序的物流业发展体系。

——坚持立足天津与服务区域相结合。立足于中国北方国际航运中心和国际物流中心建设，以高效精准、便捷安全的物流服务，支撑先进制造业与现代商贸业发展，提升港口城市综合服务功能。在此基础上，充分发挥天津作为物流中心城市的集聚与辐射功能，推动区域物流一体化进程，促进区域经济协调发展。

（三）发展目标

2015年物流业增加值达到1900亿元以上，年均增速保持在20%以上；天津港保持在我国北方港口中的领先地位，港口货物吞吐量达到5.6亿吨，集装箱吞吐量达到1800万标准箱；航空货邮吞吐量保持高速增长，货邮吞吐量达到50万吨。

着力打造一批物流集聚区，建设一批物流重点项目；培育一批竞争力强、层次高的大型综合物流企业集团，5A级物流企业达到10家；吸引国内外知名航空公司、船公司、物流企业将物流核心业务落户天津，物流服务水平明显提高；区域辐射带动能力明显增强；国际化、专业化、特色化、信息化、低碳化的物流产业链基本形成。到2015年，将天津基本建成中国北方国际航运中心和国际物流中心。

三、主要任务

（一）构建“三位一体”国际型港航物流体系，建设北方国际航运中心

以滨海新区纳入国家总体发展战略为契机，依托滨海新区得天独厚的区位、交通和产业优势，以港航物流服务系统为核心，以大宗商品交易为主要平台，以金融及信息服务为保障，构建“交易＋物流＋金融及信息服务”“三位一体”的国际型港航物流服务体系，形成北方国际物流中心的核心区。

建设区域大宗商品交易市场。优化整合现有交易市场，采用灵活多样的交易模式，加快建设工程机械、汽车、金属、煤炭、成品油、农产品、钢材、船舶等

大型交易市场，扩大市场容量，通过大市场建设，发展大贸易，搞活大流通。在东疆保税港区、天津港保税区和开发区等功能区，加快推动期货交割库建设，扩大交易品种，做大交割规模。争取设立全国性期货交易市场，带动物流金融、贸易结算、物流咨询服务等相关行业发展，成为我国重要的大宗商品交易基地、国际性流通中转枢纽。

增强国际港航物流功能。优化整合港口资源，进一步提升航运功能、港口与码头服务功能、集疏运功能、物流枢纽功能。加快促进东疆保税港区建设，联动发展综合保税区、海港物流区、空港物流区、出口加工区以及内陆无水港等，通过区域联动、功能联动、信息联动，尽快形成辐射、覆盖内陆腹地的保税物流网络。加大对航运金融、航运保险、航运交易、航运咨询、海事仲裁等高端航运服务业发展的扶持力度，大力促进各类航运服务要素的集聚。积极引进全球物流百强企业和全国物流百强企业，建立总部型物流基地和运营中心。大力培育、扶植一批具有国际竞争力和品牌影响力的本土化综合物流集团，开展国际航运、物流信息、物流金融和全球供应链管理等综合性、高附加值业务，提升港航物流体系的国际化、专业化程度。

完善港航物流金融服务体系。在于家堡金融区和东疆保税港区设立物流金融服务中心，积极鼓励和吸引各类金融机构的总部和分支机构，开展涉及国际国内物流的投资、信托等金融服务，创新物流金融服务产品。鼓励金融企业服务网点进驻各类物流基地和物流园区，为物流企业开展贴身式金融服务。支持第三方物流企业利用保险基金、产业基金等开展仓单质押、融通仓、融资租赁等金融业务。支持行业协会、业内龙头企业，通过联合发债、产业基金等多种形式，解决中小物流企业融资问题。

搭建以第四方物流为主体的港航信息服务平台。培育并扶植若干第四方物流企业，积极开展第四方物流运营服务模式和管理模式的研究及实践创新，依托天津电子口岸和物流信息平台，整合港口、海关、检验检疫、航运、航空、铁路、物流等信息资源，整合物流企业与物流基地的信息资源，构建第四方物流信息服务平台，实现企业物流信息与公共服务信息的有效对接，形成集物流信息发布、在线交易、数据交换、智能配送、地理信息系统（GIS）和全球定位系统（GPS）跟踪反馈、智能分析等功能为一体的、辐射中国北方的第四方物流信息服务中心，为物流服务与联动监管提供信息化支持，实现物流服务的网络化、智能化。

（二）加快基础设施建设，增强现代物流服务功能

1. 海港建设。以提高港口吞吐能力和港口货物集疏运通道为核心，推进集疏运设施建设，尽快形成规模化、集约化、快捷高效、结构优化的现代化港口集疏运体系。加快实施北港池集装箱码头C段、北港池滚装码头三期、北港池集装

箱码头四期、南疆 26＃、27＃专业化矿石码头、29＃30 万吨级原油泊位、南疆燃供 2＃基地、神华天津港煤码头二期、南疆中航油码头、南港工业区石化码头及散杂货码头项目、国际油轮码头二期等项目，加快建设港口深水航道、南港工业区 5 万吨级航道及防波堤工程，加快天津港 30 万吨级航道、临港经济区 10 万吨级航道工程和临港经济区防波堤工程建设，提升国际航运业船舶深水化、大型化、专业化水平，增强腹地货物的吞吐能力，积极拓展港口的物流功能，提高港口运作的效率和现代化水平。

2. 空港建设。扩展和强化航空运输网络，提升国际与国内、干线与支线之间的对接程度。实施候机楼、跑道、停机坪、停车场（楼）及相关配套设施的改建和扩建，加快推进滨海国际机场扩建二期工程建设；完善空港周边交通路网建设，形成机场、市区、港口以及通达周边地区的交通网络。积极争取民航总局的政策扶持，充分利用第五航权的开放，吸引更多的中外航空企业落户天津机场，进一步扩展新的航线，增大航线航班密度，最大程度地完善干线航线网络。完善国际与国内、腹地与港口之间的衔接，提高国际国内中转物流能力。加快天津机场航空物流园区的规划建设，改善机场货运设施条件，统筹规划与发展机场周边的仓储、物流、加工贸易等与货运枢纽相关的产业群体，推动航空货运企业由单一货运向现代物流转型，构建中国北方最快捷的航空物流运作平台，努力打造中国北方国际航空物流中心、大型门户枢纽机场乃至东北亚航空储运、分拣分拨中心。

3. 公路建设。加快市内物流环线改造，升级市内快速路网，提高市内物流节点间的流通能力。加快建设京津高速公路北线、滨石公路和天津港南、北、中三大横向通道，推进实施天津港新跃进路与八号路立交工程、南疆南港中路、南疆南港东路、南疆中部立交桥、南疆港区公路二桥工程、南疆港区南部路桥和东疆港区新港九号路工程，加快实施南港高速公路直接进港。建设专用货运通道，形成客、货分流的专用运输网络体系，建立港口与腹地高速公路相衔接的集疏运网络。构筑天津高速公路网络，形成“以中心城区和滨海新区核心区为双核心，辐射三北腹地，沟通华东、华南，连接周边大中城市、交通枢纽，通达市域新城，覆盖中心镇、开发区”的公路体系，为形成市域内的“一小时市域快速圈”、京津冀都市圈一体化发展的“三小时都市经济圈”和服务环渤海及三北区域经济发展的“八小时腹地服务圈”提供保障。

4. 铁路建设。建设直通南疆港区的铁路通道，北疆港区形成集装箱海铁联运系统，加快南港铁路建设，推进进港三线、天津新港北铁路集装箱中心站工程建设。争取铁道部等部门支持，推进天津直通西部的铁路大通道开发建设，加快实施津保铁路建设工程，打通滨海新区通往西北部的重要货运通道。

5. 大陆桥建设。充分利用陆桥上岸起点港的区位优势，积极拓展无水港网络，扩大与陆桥沿线省市和国家的经贸与物流合作。加强对陆桥运输的推动、协调与监督，大力推进天津至二连浩特、满洲里和阿拉山口三大陆桥通道建设，提高陆桥运输规模和效率。积极构建以伊尔库茨克—乌兰巴托—二连浩特—天津港铁路、公路大通道为轴线的经济合作走廊，畅通天津—蒙古—俄罗斯运输通道。

（三）打造十大专业物流体系，推进物流服务专业化与社会化

促进物流业与钢铁、煤炭、石化、生物医药、装备制造等十大优势产业的联动发展，拓展行业物流产业链的深度与广度，推进物流服务的专业化与社会化。

1. 构建钢铁行业专业化物流体系。以钢铁聚集区建设为依托，遵循需求主导、突出重点、统一规划、整合资源的原则，构建功能完备、服务快捷、信息通达的专业化钢铁物流服务体系，逐步形成集分销、交易、金融、信息、会展等相关配套服务于一体的新型钢铁物流产业链。通过钢铁物流服务的高效运作，推动钢铁产业向集约化、可持续化方向发展，使天津成为中国极具规模和影响力的钢铁生产、交易及集散中心。

依托南港工业区、东丽区、北辰区、宁河县等钢铁产业聚集区，建设并培育集钢材交易、仓储、剪切加工、配送运输、物流金融、信息处理、保税物流、中转分拨等功能于一体的大型专业化钢铁物流园区（基地）和专业化物流配送加工中心，使钢铁物流产业向区域集群化方向发展。通过专业化、多元化服务，使钢铁物流园区及配送加工中心成为钢铁产业链上、下游之间的桥梁和纽带。积极推动大型钢铁行业电子商务平台建设，探索和实践现代化的钢铁行业电子商务模式，引导钢铁物流市场从传统单一的现货交易模式逐渐向综合物流服务模式转变，有效促进钢铁大物流的形成。

2. 构建煤炭行业专业化物流体系。依托天津南疆煤炭运输系统，通过资源整合和模式创新，积极开发建设南港煤炭运输设施，构建货源结构合理、基础配套完善、集疏运便捷的专业化煤炭物流服务体系。充分发挥港口煤炭运输、煤炭交易优势，建立以煤炭交易中心为主体，以网络技术为平台，有利于政府宏观调控、市场主体自主交易的现代化煤炭交易体系，逐步将天津建设成为国际级煤炭定价中心、信息中心、贸易中心和资源分配中心。

重点构建以天津南港工业区为中心，以天津港散货物流中心堆场为补充，以其他煤炭物流中心、配送中心和天津煤炭交易市场为服务节点的、功能完善的专业化煤炭物流体系，实现煤炭装卸、运输、流通加工、商贸等一体化服务，全面提高煤炭业配送效率。开发煤炭电子商务交易平台，提高煤炭交易效率，降低交易成本，推动煤炭电子交易市场的形成。优化煤炭集疏运通道，进一步加快推进天津港“北煤南移”战略实施步伐，促进天津港煤炭物流综合服务能力的提升。

3. 构建石化行业专业化物流体系。依托天津石油化工、海洋化工、精细化工、能量综合利用四条循环经济产业链的不断完善，以及国家级石化产业基地的

建设，按照“聚集化、联盟化、一体化”原则，构建我市石化行业专业化物流体系。

在大港、南港工业区重点建设与发展和国际趋势接轨的专用码头，建设国家原油和成品油储备基地、现代石化专用物流和仓储基地、专业化的石化配套物流园区，发挥其国家战略储备和商业储备功能，建设国家原油战略储备库、中石化及中石油商业储备库、陶氏化学化学品物流中心等一批重点节点项目。促进第三方物流发展，为入区企业提供最佳的原料及产品的仓储和运输服务，保证原材料供应和产品销售的稳定。

4. 构建生物医药行业专业化物流体系。以生物医药产业集群及国家生物医药国际创新园等项目建设为契机，按照“安全、高效、通达”的原则，积极构建“立足全国、面向全球”的现代生物医药行业物流服务体系，为各级医药机构、连锁零售企业提供规范、集约、高效、便捷的药品配送服务，为天津市打造国家重要的生物医药产业基地和关键技术领航区提供重要保障。

依托开发区、滨海高新区、空港经济区等一批具有国际竞争力的生物医药产业化基地，沿京津发展走廊在滨海高新区、南开区、北辰区、西青区等区域建设一批区域性生物医药及医疗器械产业的专业化配套物流园区，发挥产品研发、技术转化、生产制造、商业物流和展示交流等方面的优势功能。积极与天津医药集团、天津天士力集团等大型医药集团合作，建设集基础物流配送功能及药品采购、医药分拨、废品处理等服务项目为一体的医药物流中心、配送中心，引入特殊温控的冷链运输模式，构建覆盖全市重点医疗机构和零售药店的医药物流网络，在周边省份及邻近区域形成辐射效应。推动生物医药领域第三方专业化物流企业的发展，建立跨区域的国际型生物医药物流交易及集散体系。开发基于物联网应用的冷链物流智能化项目，建立专业化的生物医药冷链物流公共平台，实现生物医药产业集群化发展，带动生物医药产业优化升级和产业链整体发展。

5. 构建装备制造行业专业化物流体系。坚持以社会化物流服务降低成本，以专业化物流服务提升发展能级，以高效率的物流服务促进先进制造业的发展，以集约化的物流服务加速装备制造业联动发展为原则，积极构建并完善现代装备制造业物流体系，强化为大型产业基地、工业园区和大型装备制造业企业配套的物流服务能力和区域辐射能力，有效促进装备制造业技术水平与国际化水平提升，为打造具有国际竞争力的世界级装备制造业基地奠定基础。

合理规划服务节点网络，有效促进装备制造业物流外包建设。在临港经济区、南港工业区、北辰区重点建设天津滨海物流加工区、天津陆路港物流装备产业园等冶金类及重装类配套物流园区，支持物流企业全面融入装备制造产业供应链，推进与装备制造产业配套的专业化、现代化物流体系建设，提升第三方物流服务能力，发展为供应链上下游关联产业服务的高端物流服务体系，为装备制造产业集群提供采购、仓储、配送、运输、商贸等一体化物流及延伸服务，推动企业生产效率与行业核心竞争力的提升。

6. 构建电子信息行业专业化物流体系。依托“开发区东区、硅谷、智谷、光谷、滨海高新区”五大电子信息产业聚集区的建设，按照“准时、精细、高效”的原则，构建系统性，创新性、具有个性化的电子信息行业高端物流服务体系。

合理布局物流网点，在开发区、西青区、南开区、津南区等区域，建设渤海湾世界商品电子交易中心、中国移动华北大区及天津公司物流中心等电子类配套物流园区。通过物流企业及其服务效能的集聚，增加高端物流服务的质量，构建“硅谷”型产业链。通过聚集高质量的物流服务运行商，打造完善的专业化物流服务体系，使供应商、销售商和客户群体形成稳定的业务网络体系，保证原材料供货渠道与产品销售渠道的畅通，实现原材料购入的准时和产品销售的高效。

7. 构建建材行业专业化物流体系。在华北城国际原料城、天津环渤海装饰城以及天津建材物流网建设的基础上，发挥天津在环渤海区域的中心枢纽地位，将天津建设成为服务环渤海、辐射东北亚的建材交易及集散中心。

重点建设并培育一批国内最具规模的专业化、现代化的建材物流配送中心和大型建材物流园区，提供完善的建材展示、加工、仓储、配送、交易等服务功能，加快环渤海国际家居商贸中心二期、天津唐官屯加工物流区等项目建设。大力提升建材供应商服务外包意识，促进建材领域第三方物流的发展。鼓励物流园区（基地）型、综合批发市场型、品牌专卖店型等多种建材物流模式的共同发展。重点推动服务本市、覆盖环渤海、辐射东北亚的建材物流网络建设。

8. 构建汽车行业专业化物流体系。以天津经济技术开发区汽车产业基地纳入国家新型工业化产业示范基地为契机，发挥物流龙头企业带动整合作用，吸引相关汽车物流企业集聚发展，打通采购、生产、营销、售后各生产环节，实现制造过程的物流服务全覆盖。充分发挥天津港在进出口汽车物流服务方面的优势，大力发展进出口汽车及相关产业物流及延伸服务。

在开发区、保税区、西青区及蓟县建设汽车类配套物流园区，重点建设天津汽配物流配送中心、天津滨海国际汽车园等项目，为汽车研发制造、贸易销售、博览展示、检测维修等提供全流程的专业化、高精度物流服务。促进汽车领域第三方、第四方物流服务的发展，为进出口汽车及零配件提供港口报验、仓储管理、运输工具、网点配送等港口服务，以及国际贸易代理、订舱配载、信用证开立、质押信贷金融服务等延伸服务。采用国际先进的堆场及服务管理模式，不断提升服务品质，完善服务功能，建设中国北方最具竞争力的汽车物流服务基地。

9. 构建航空航天行业专业化物流体系。以“三机一箭一星一站”等重点航空航天项目落户临空产业区（航空城）为契机，加强高技术含量、高附加值、高精准度的航空航天专业化物流服务体系建设，为航空航天产业集群提供专业化的物流及延伸服务。

在临空产业区（航空城）、开发区西区和滨海高新区以及津南区和宁河县建设专业化的航空航天配套物流园区，构建为机体零部件、发动机整机及零部件制造、机载系统及设备制造等配套产业提供集采购、仓储、配送、运输、商贸、展示等为一体的全方位物流服务体系，推进天津航空航天产业的快速发展。充分利用航空运输资源，将航空资源与航空城产业紧密联系，逐步增加和完善航空物流基地、货物集散、配送、流通加工、商品检验等功能，拓展航空物流产业链。

10. 构建农产品专业化物流体系。依托蓟县、宝坻区、北辰区、津南区、武清区、静海县、宁河县等区县，构建安全、便捷、专业的农产品物流体系与供应链，增强集散辐射功能，实现全市农产品市场供应及时、绿色、保鲜和低运费。

规划以蓟县、宝坻区、北辰区、津南区、武清区、静海县、宁河县为重要节点，形成南北联动的农产品物流集聚带。结合以上各区县农业产业化进程，高起点建设一批专业化的集商检、包装、冷藏、初加工、深加工、运输、配送等功能为一体的农产品加工配送中心，以及产地、销地农产品批发市场，重点建设京津国际农产品物流加工中心、天津翰吉斯国际农产品物流园以及天津众品食业农牧加工基地等项目。鼓励农业加工企业、仓储业和运输公司等不同的独立组织进行联合，形成一批以管理和信息共享为基础的农产品第三方物流服务联合体。探索天津农产品物流发展新模式，积极推动流通企业利用现代信息技术，实现农产品生产、库存、需求、运输、到货等信息的数字化、网络化。

（四）完善五大重点物流领域，形成物流服务多样化与高质化

重点推进并完善冷链、危险品、邮政、逆向、应急 5 大重点领域物流建设，大力提升公共物流服务的能力及效率，为社会需求提供多样化、高质化的物流服务。

1. 冷链物流体系建设。建设一批区域性冷链物流配送中心，延伸冷链运输物流配送，实现冻品从出库到消费者的全程冷链无缝对接，提供京、津、唐地区 1 小时冷链配送，并在此基础上向东北、华北及西北地区延伸。针对肉类、农产品、水产品、果蔬、花卉及医药等产品，构建覆盖生产、储存、运输及销售整个环节的冷链，建立全程“无断链”的规模化、系统化冷链物流体系。依托水产集团冷藏加工物流基地和滨海新区中心渔港等建设项目，整合现有的水产品、畜产品、果蔬、花卉及医药等冻品基地，建设具有自动调节温度、智能化贮藏能力的大型区域性现代智能型冷库。加快冷链物流装备及技术升级，完善冷链物流监控追溯系统，加强温控设备及冷冻运输工具的自主研发与应用推广。打造一批具有雄厚资源和国际竞争力的冷链物流企业。

2. 危险品物流体系建设。科学制定危险品仓储布局规划，加大对不规范的

危险品仓储设施的整合力度，建立和完善危险品物流网络系统，适应快速应急机制，降低运输风险。利用射频技术（RFID）、全球定位系统（GPS）、地理信息系统（GIS）等现代物流技术，通用分组无线服务（GPRS）、第三代移动通信技术（3G）等先进通信技术，加快提升危险品物流的跟踪监控和管理手段，整顿危险品物流服务市场，优化和整合天津市塘沽危险品运输场等一批专业化物流企业，保障危险品物流的安全运行，为政府实施监管提供便利。

3. 邮政物流体系建设。加强邮政物流的渠道建设，完善邮政基础设施，优化邮政枢纽布局。兴建天津西站、滨海新区两大邮政枢纽工程，与已有天津站邮政枢纽、第二邮政枢纽形成天津四大邮政处理中心的空间格局，进一步完善邮件各处理节点的配套改造，全面提升邮运网络的综合服务能力。推动邮政企业、快递企业采用先进科学技术，鼓励企业利用手持终端（PDA）、计算机电话集成（CTI）、全球定位系统（GPS）、地理信息系统（GIS）等信息技术及设备，借助邮政信息平台、商务网络，实现邮政服务的自动化、实时化、精准化。鼓励、支持和引导快递服务企业打破行业界限，拓展经营思路，结合天津战略性新兴产业发展的良好契机，加快进入先进制造业供应链服务领域，推进快递服务与电子商务的融合发展，在提供“限时达”、“当日达”、“次晨达”等物流基本服务产品的同时，推广实施短期仓储、代包装、代收费等系列增值服务，实现物流基本服务向增值服务延伸，物流功能服务向管理服务延伸，实现物流服务向信息流、资金流服务延伸，为客户提供差异化、个性化物流服务。建设快递物流专业园区，引导大型快递物流企业投资建设具有相当规模的快递物流专业园区，吸引快递企业总部或区域总部落户园区，着力形成环渤海地区快递集散中心。发展农村邮政物流服务，搭建村级邮政公共服务平台，推广“连锁分销＋配送到户＋科技支撑”农村物流的综合服务新模式，着力打造“送农资消费品下乡，引农产品进城”的双向邮政物流体系。

4. 逆向物流体系建设。以子牙环保产业园为核心，构建利于废旧电子信息产品、报废汽车、橡塑加工、废弃机电产品精深加工与再制造、新能源和节能环保等产业发展的逆向物流体系。在钢铁、建材、汽车、家电等重点行业，制定逆向物流规划，建立“资源—生产—产品—消费—废弃物再资源化”的清洁闭环经济流动模式，从源头削减和控制污染物的产生。制定相关政策及措施，确立企业在废弃物产生方面的源头作用，明确逆向物流的责任主体，建立循环物流系统激励机制。积极运用财政补贴、贷款融资、税收优惠等方式鼓励和支持逆向物流企业的发展，推动第三方物流公司介入逆向物流领域，为逆向物流服务需求者提供个性化和专业化的逆向物流服务。

5. 应急物流体系建设。构建应急物流组织指挥体系，形成集中领导、分级响应的纵向指挥调度体系和信息共享、分工协作的横向沟通协调体系。建立若干个应急物流中心，探索“军地物流一体化”的应急物流模式。从建立健全应急物资储备保障制度入手，建立多层次的政府应急物资储备体系，完善重要应急物资的监管、生产、储备、调拨和紧急配送体系，发挥天津作为华北物流中心城市和国家级物流节点城市在重大突发事件中的重要作用。

（五）构建多级互通信息网络，增进物流服务精准化与智能化

分步骤、分区域、分层次建设物流信息资源共享的物流信息化体系，全面提升物流业信息化总体水平及综合服务能力，逐步建立服务于环渤海及三北区域的国际型物流信息服务平台。

拓展信息技术在企业应用的深度和广度。鼓励和支持企业广泛应用条码技术（BC）、射频技术（RFID）、地理信息系统（GIS）、全球定位系统（GPS）、快速响应（QR）、企业资源计划（ERP）、订货系统（EOS）及数据仓库技术（DW）等物流自动化技术和现代物流管理软件，实现物流作业的自动化和信息化、物流管理的专业化和高效化，全面提升物流企业的信息化水平及服务效能。大力推进物联网技术在区域物流领域中的应用，实现物流货物的智能化识别、定位、追踪、监控和管理，通过平台整合和互通互联，逐步构建跨区域的物联网体系。

加快物流园区信息化体系建设。鼓励物流园区利用信息技术整合园区内部的业务流程，向入驻企业提供物流信息发布、物流信息查询、服务信息查询、电子商务、安全认证、软件租赁等信息化服务，提升园区服务的信息化水平。鼓励物流园区通过与入驻企业信息系统互联或其他数据采集方式，收集入驻企业的物流业务信息，逐步实现企业物流业务信息向园区物流信息系统上传，为物流信息资源的集中和整合创造条件。推进物流园区物流信息系统与各级物流信息平台之间实现数据交换和信息共享，实现资金流、物流、信息流的融合互通。

加快行业物流专业化信息平台建设。通过行业协会的组织与引导，积极整合企业物流信息资源，发挥行业龙头企业及骨干企业作用，加快建设钢铁、煤炭、石化、生物医药、装备制造业等专业化物流信息平台，为行业提供全程供应链物流服务支撑。加强与环渤海及周边省市地区的沟通与合作，在国家相关部门的指导与支持下，将各专业化物流信息平台进一步拓展延伸，构建跨省区域统一框架与标准的货物运输物流信息平台。

加快物流公共信息资源交易平台建设。加快网络化、智能化的公共物流信息平台建设，实现客户、承运商、政府机构、中介服务机构平台的互通互联。进一步开发和利用天津市交通道路信息通讯系统，实现与天津港、天津机场航空物流园区、空港国际物流园区及其各区县专业物流园区的联网运作，实现天津市物流信息跟踪、调度、应急反应等智能化服务，实现社会物流资源的有效配置，加快电子商务网络平台的建设，提高物流、资金流和信息流的有效传输和处理。

四、空间布局

（一）空间布局原则

坚持物流空间布局与发展战略同步并进；坚持物流资源的存量整合与增量优化；坚持用地的节约集约与可持续利用；坚持物流业与主导产业的联动发展；坚持物流规划的前瞻性与创新性。

（二）总体空间布局

“十二五”时期，天津现代物流业将形成“两带三区双环”的空间发展格局。

两带：是指以天津港为原点，构建沿海岸线形成的沿海物流发展带以及沿京津走廊形成的京津物流发展带。

三区：是指位于宝坻区、蓟县形成的服务于新型生态农业及现代商贸的北部物流聚集区；位于津南区、西青区形成的服务于新型工业产业及高端电子信息产业的南部物流聚集区；位于静海县、西青区形成服务于钢铁、冶金、建材及现代商贸的西部物流聚集区。

双环：是指以中心城区、滨海新区核心区为依托，在双城区周边构建支持城市生产、生活、商贸的市域物流配送环。

“两带三区双环”的物流空间规划布局结构，如图 1 所示。

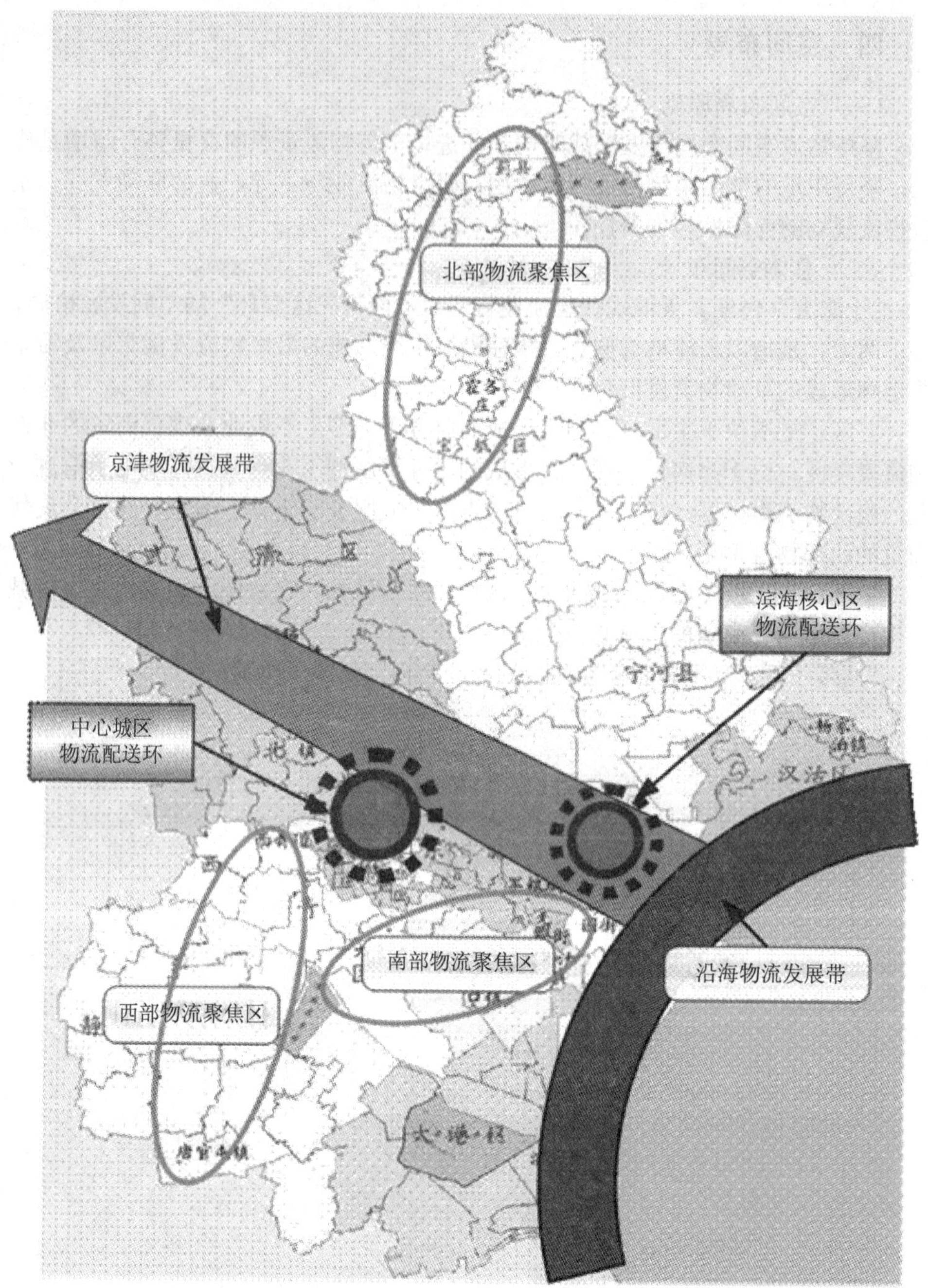

图 1　“两带三区双环”的物流空间布局

（三）空间布局规划重点

1. 沿海物流发展带。以天津港为原点，以沿海产业带为延展方向，建设一批口岸型国际物流基地、沿海产业型物流园区，以及功能互补的物流服务网点，形成物流基地、物流园区和网点相互依托、协调发展的空间格局。重要节点项目如图 2 所示。

2. 京津物流发展带。以天津港为原点，以京津唐产业带为延展方向，依托航空航天、生物制药、新能源新材料等重点产业集聚区，规划建设一批大型产业物流基地、若干个物流中心，形成集聚发展、连通快捷、服务产业的物流产业带。重要节点项目如图 3 所示。

3. 北部物流聚集区。位于宝坻区、蓟县形成的服务于新型生态农业以及现代商贸的物流聚集区。重要节点项目如图 4 所示。

4. 南部物流聚集区。位于津南区、西青区形成的服务于新型工业产业及高端电子信息产业，具有产业联动效应的物流发展聚集区。重要节点项目如图 4 所示。

5. 西部物流聚集区。位于西青区、静海县形成的服务于钢铁、冶金、建材及现代商贸的物流发展聚集区。重要节点项目如图 4 所示。

6. 双城区物流配送环。以中心城区、滨海新区核心区为依托，在双城区周边构建支持城市生产、生活、商贸的市域物流配送环。重要节点项目如图 5 所示。

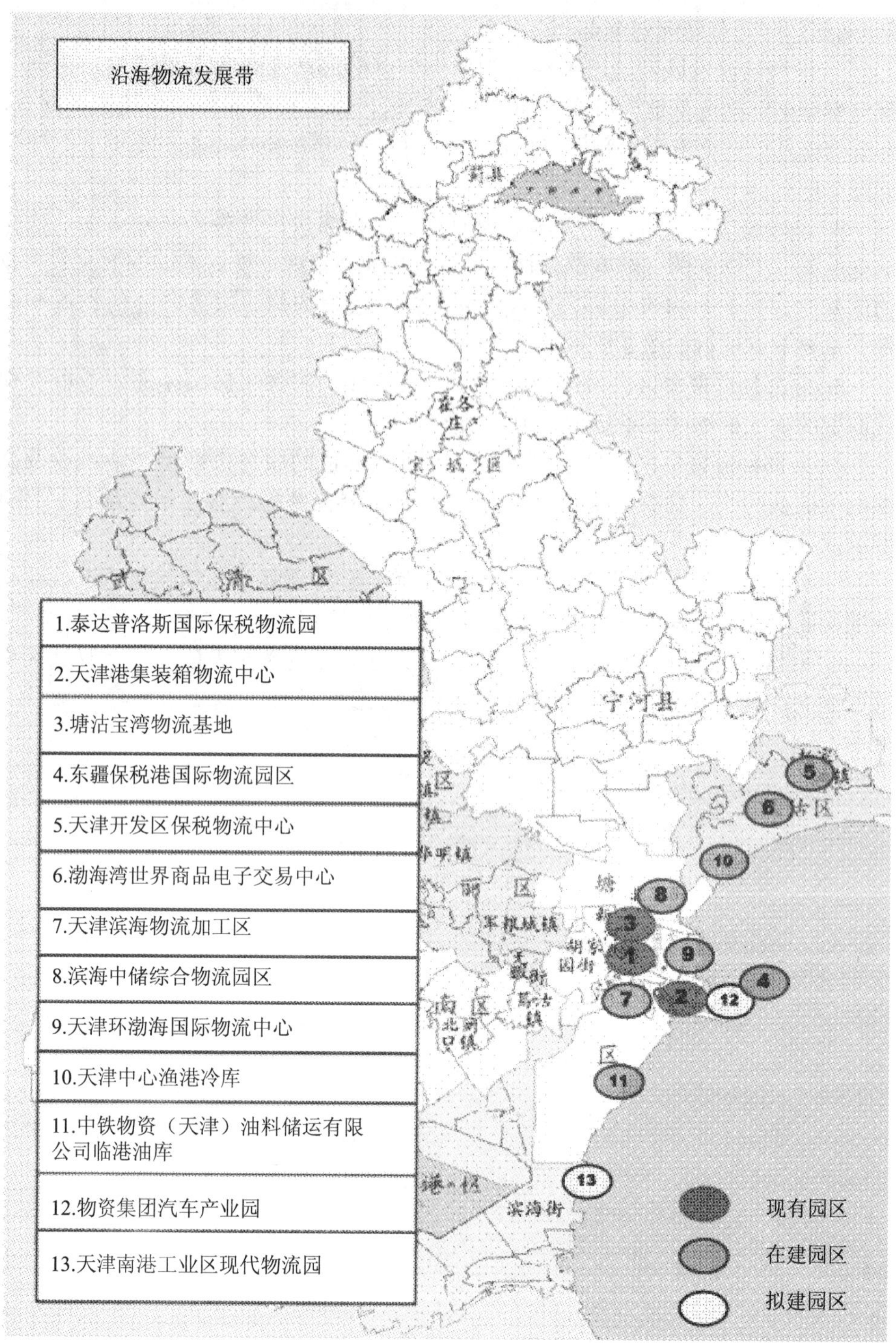

图2　沿海物流发展带的物流重点规划项目布局示意图

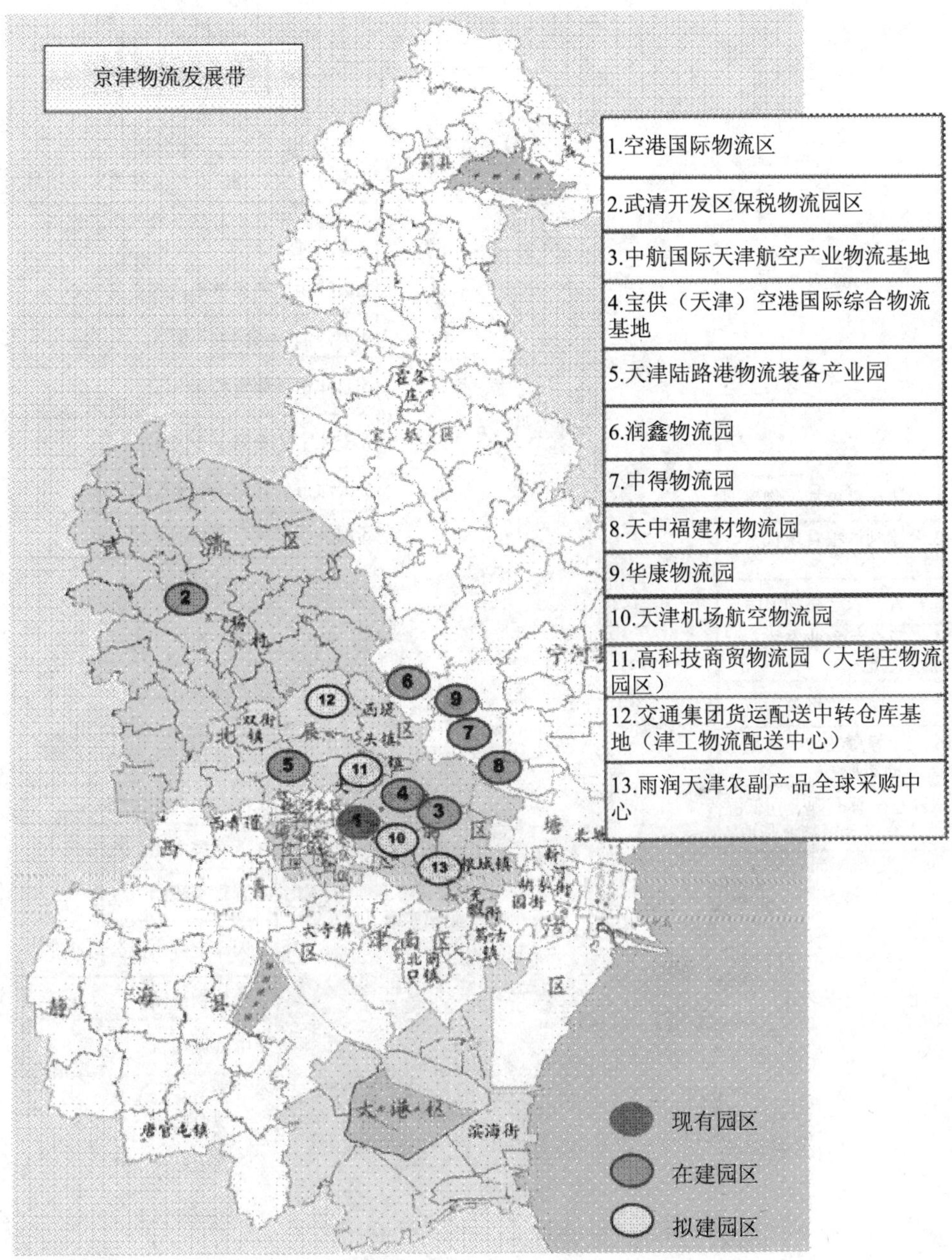

图 3　京津物流发展带的物流重点规划项目布局示意图

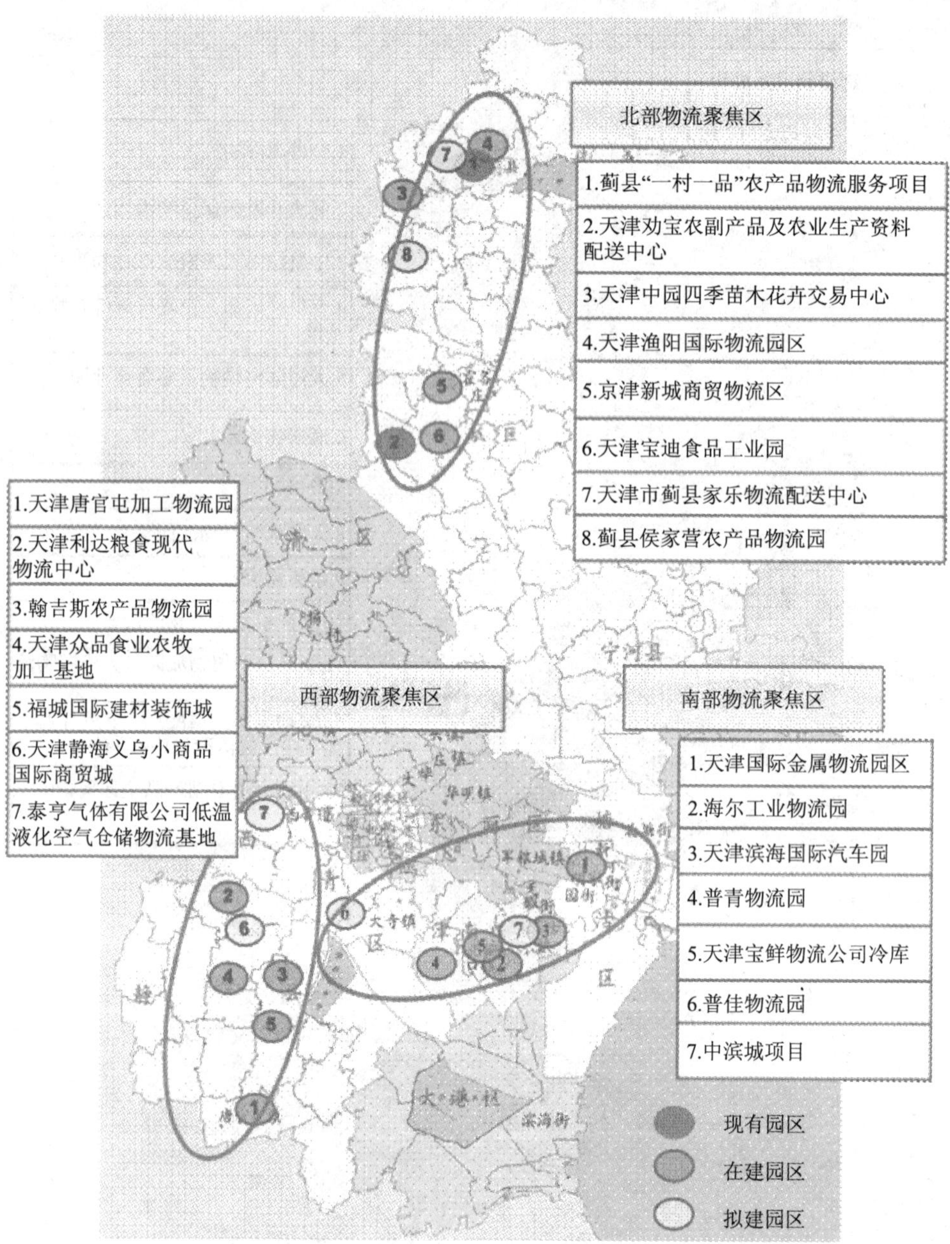

图4　三大物流聚集区的物流重点规划项目布局示意图

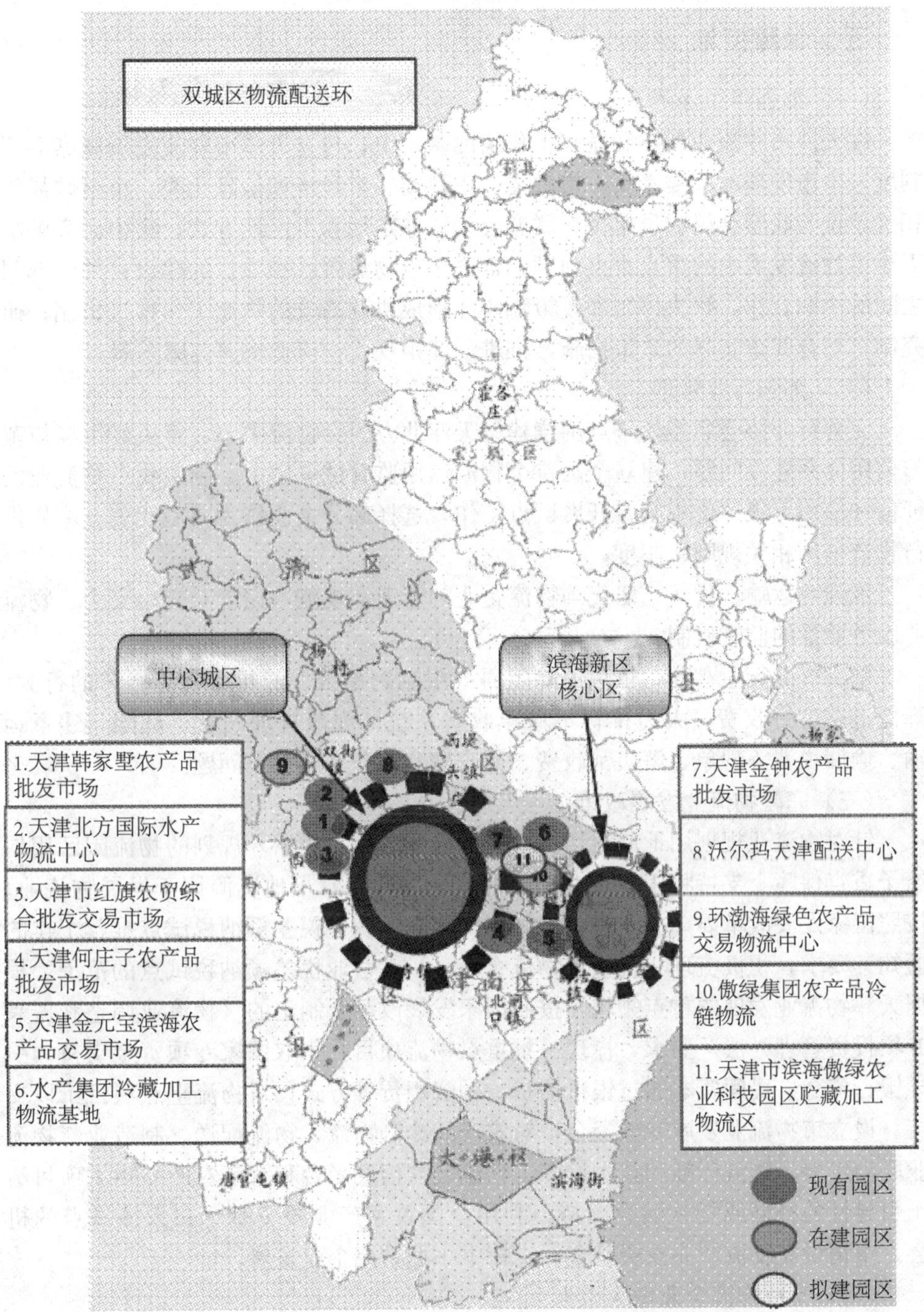

图 5　双城区物流配送环的物流重点规划项目布局示意图

五、保障措施

（一）加强组织保障

在天津市物流业调整和振兴工作组的基础上，建立天津市物流发展联席会议制度，由市发展改革委牵头，市教委、市科委、市经济和信息化委、市财政局等相关单位为联席会议成员单位。联席会议采取定期和不定期方式，集中研究解决天津市物流发展中的重点难点问题，推进重点物流园区和项目的建设；加强部门之间的协调合作，解决体制和政策障碍，形成协调高效的物流工作推进机制；研究制订切合我市实际的政策措施，推进天津市现代物流业快速健康发展。

（二）加强行业管理

完善行业协会职能，重点围绕建设天津北方国际物流中心，解决好市场规范与信用体系建设问题，建立全国首个物流信用监管试点城市。制定我市物流业的征信和信用等级评价规则，开展试点工作，选择部分企业作为典型代表，率先推行物流信用相关规则、制度。

加强对运输、货代、船代等物流企业的管理和规范，完善对交通安全、物流业服务质量的监管机制。

坚决打破行业垄断，依法消除阻碍或限制跨地区、跨行业物流服务的行为。降低过路过桥收费，大力推行不停车收费系统。规范管理超载、超限、违章运输、偷漏税费等现象，解决乱收费、高收费和服务态度差等问题。

（三）完善物流业发展政策

针对物流业规划用地制定切实可行的鼓励政策，对纳入规划的物流园区用地给予重点保障，支持将工业企业旧厂房、仓库和存量土地资源用于发展物流业。按照国家发展改革委《关于进一步做好物流企业营业税差额纳税试点推荐工作的通知》要求，积极梳理一批重点物流企业，扩大营业税差额纳税试点的范围。根据天津物流业发展的重点领域，按照国家发展改革委制定的《物流业调整和振兴专项投资管理办法》要求，梳理一批重点物流项目，争取国家专项资金支持。引导银行资金、民间资本通过银行信贷、融资租赁等方式，对物流重点项目予以支持。设立市物流业发展专项资金，对农产品冷链物流、物流配送、制造业与物流业联动发展、物流标准和技术推广、物流公共信息平台和大宗农产品物流项目给予引导性的补贴或贷款贴息支持。利用全国首家产业投资基金在天津试点的机会，申请设立物流产业投资基金，支持中小型物流企业发展。

（四）支持物流企业做大做强

加大对本市第三方物流企业兼并重组的政策支持力度，鼓励物流企业通过参股、控股、兼并、合资、合作等多种形式对分散的物流设施资源进行整合和资产重组，培育形成若干家具有先进管理水平，国际竞争力强、服务水平高的大型现代物流企业，塑造天津北方国际物流中心的品牌效应，为天津先进制造业发展提供专业化物流服务，增强重点产业的核心竞争力。加大对中小物流企业的调整和扶持力度，加强企业间的联盟合作，鼓励中小物流企业业务流程和服务模式创新，提高企业专业化服务的水平。

（五）推动以物流业为主导的多业联动

进一步推广现代物流管理理念和方法，鼓励生产企业和商贸企业按照分工协作的原则，剥离或外包物流功能，促进企业内部物流的社会化，扩大物流市场需求，推动物流企业与生产企业、商贸企业互动发展。

在生产制造领域，鼓励生产制造企业特别是大型制造企业改造物流流程，运用供应链管理与现代物流理念、技术与方法，通过联盟、外包等形式实现制造企业采购、生产、销售和回收物流的一体化运作；积极推进物流业与制造业联动，延伸物流产业链，重点发展制造业物流的过程管理、信息管理、系统设计等高端物流服务。

在商贸流通领域，积极发展连锁经营、物流配送和电子商务等现代流通方式，推动流通企业向现代经营方式转变，带动物流需求量和需求水平的提高；引导商贸物流企业在网络组织、经营业态、管理理念等方面提升专业化服务水平；积极推进农村配送中心和农村物流体系建设，实现农资和农村日用消费品统一配送。

（六）继续推进物流领域对外开放

引入多元化投资和竞争的主体，推进物流设施建设和物流业务的市场化和国际化进程。大力吸引国内外投资者，对码头、物流园区和信息平台等重大基础设施建设进行投资。实施“引进来”政策，积极吸引多家国际知名物流企业入驻，参与天津物流市场经营。鼓励和支持有条件的物流企业实施“走出去”战略，参与投资建设境外物流设施和国外物流市场的经营，拓展国际物流渠道。进一步加快开发建设东疆保税港区，在税收、财政、投资等方面制定更优惠、更具创新性的政策，充分发挥其在天津国际物流系统中的先导和示范作用。

（七）完善物流人才引进与教育培训体系

建立多层次的物流人才教育与培训机制。推进大中专院校物流相关专业的学科建设，进一步完善物流教育体系。开展国际合作办学项目，建立国际化、高层次的供应链与国际物流管理人才培养基地。鼓励高校、科研机构与大型知名物流企业建立产学研联盟，建立物流实验基地和物流人才孵化平台。完善物流从业人员执业资格认证体系，将物流职业培训和从业资格认证结合起来。

积极引进高级人才，形成国际物流研发中心。整合高校、企业和研究机构力量，鼓励与国内外知名高校、科研机构的合作交流；制定鼓励第四方物流企业和咨询公司业务发展的相关政策；制定吸引高端航运与物流人才来津发展的政策。

007

天津市发展改革委关于印发天津市一区三港现代物流基地建设发展方案的通知

津发改服务〔2013〕291号

各有关区、县人民政府，各有关部门，各有关功能区管委会：

为构建大物流体系，推动我市物流业实现大发展，按照有关市领导要求，市发展改革委会同市规划局等有关部门、各有关区县，根据全市“十二五”规划纲要和服务业发展“十二五”规划，结合我市现代物流业发展的基础和海、陆、空、铁等优势资源，编制了《天津市一区三港现代物流基地建设发展方案》和《关于天津市一区三港现代物流基地建设发展方案主要目标和任务分工方案》。经市政府同意，现印发给你们，请遵照执行。

附件：

1. 天津市一区三港现代物流基地建设发展方案

2. 关于天津市一区三港现代物流基地建设发展方案主要目标和任务分工方案

天津市发展改革委
二〇一三年四月二日

附件1：

天津市一区三港现代物流基地建设发展方案

天津市发展改革委
2013年4月2日

按照市委、市政府关于加快现代服务业和物流业发展的一系列指示精神，根据《天津市物流业发展“十二五”规划》和《天津市城市总体规划（2005—2020）》，特编制本实施方案。

一、现代物流业发展成果和“一区三港”发展目标

（一）九次党代会以来我市现代物流业得到长足发展

市第九次党代会以来，在市委、市政府的领导下，各部门、各区县开拓创新、真抓实干，全市物流业实现了快速发展。一是总量规模不断扩大。2011年，物流业增加值达到888亿元，占地区生产总值的7.9%，占服务业增加值的17%。二是基础设施不断完善。逐步形成现代化综合交通网络，2011年天津港完成集装箱吞吐量1158万标准箱，货物吞吐量4.53亿吨，成为中国第三、全球第四的世界大港。三是市场主体不断壮大。物流企业超过2万家，业务领域在运输仓储、分拨配送服务基础上积极向流通加工、信息服务、物流金融等领域拓展。四是物流园区建设不断加快。全市规划建设物流园区74个，其中已运营29个，在建28个，规划17个。

但必须清醒地看到，与国内发达地区相比，我市物流业发展还有不小差距，一是总量规模还不大。2011年物流业增加值只有上海的1/3，占GDP的比重比上海低4个百分点。二是知名品牌企业比较少。国内前十名的快递企业有八家总部在上海，我市一家没有。三是信息化程度比较低。智能化、规模化的物流园区比较少，全市统一的公共物流信息平台尚未建立。四是政策措施有待完善。支持物流业发展的专项政策较少，已出台的政策没有得到有效落实。

（二）充分认识天津现代物流业发展的潜力

未来几年是我市加快滨海新区开发开放和实现城市定位，加快发展现代物流业的黄金发展期。一是我市地处环渤海经济圈中心区位优势和港口特殊资源优势为物流业发展提供了良好的基础条件；二是我市制造业的快速发展为物流业发展创造了巨大的市场需求；三是“三北”地区经济快速发展为我市物流业发展提供了广阔的市场空间；四是不断完善的海陆空综合交通集疏运体系为物流业发展提供了有力的支撑保障；五是首都第二机场建设和首都机场客货运分流为我市物流业发展带来了新机遇。

（三）以“一区三港”为重点加快现代物流业发展

物流业是融合市场交易、仓储配送、交通运输、资金结算、商品交割、现代金融和科技信息等行业的复合型服务产业，对于促进生产、拉动消费、带动就业，加快发展方式转变和经济结构优化升级意义重大。充分利用我市的特殊区位优势、现有产业优势和巨大发展空间，着力打造武清现代物流基地、海港现代物流基地、空港现代物流基地和北辰陆路港现代物流基地（以下简称“一区三港”），对于推动我市大物流体系建设，实现北方国际航运中心和国际物流中心具有十分重要的意义。因此，必须采取切实有力措施，充分调动各方面积极性，整合资源要素，集聚各种力量，加快“一区三港”现代物流基地开发建设，推动物

流业实现大发展。

武清现代物流基地、海港现代物流基地、空港现代物流基地和北辰陆路港现代物流基地共有10个物流园区，规划总面积由现在的86平方公里增加到169平方公里，入驻企业由2011年的850家增加到2016年的9100家，就业人数由3.5万人增加到16.5万人，营业收入由913亿元增加到6835亿元，税收收入由20.2亿元增加到130亿元，天津港的货物吞吐量由4.5亿吨增加到6亿吨，天津机场的货物吞吐量由18万吨增加到60万吨，以“一区三港”物流基地开发建设为重点，推动全市物流业实现增加值由888亿元增加到2300亿元（“十二五”物流业发展规划目标1900亿元，年均增速20%），分别占即期全市生产总值11.5%（2011年7.9%）和服务业增加值的23%（2011年17%）。

二、“一区三港”现代物流基地发展目标定位

（一）武清现代物流基地

充分发挥地处京津两大城市之间和环渤海经济圈京滨发展主轴中间节点的区位优势，抓住京津冀都市圈加快建设、京津大通道战略深入实施以及首都第二机场建设带来的发展机遇，发展航空货运和航空快递物流，积极吸引航空货代、航空快递企业入驻，为电子商务基地所匹配的国内快递物流、电商物流提供国内航空快递物流服务；发展制造业物流，进一步推动制造业和物流业联动发展，积极推动制造企业分离、分立物流业务；发展商贸物流，加快发展连锁配送、电子商务等新型流通业态，加快培育交易量大、辐射面广的电子交易平台，推动网络市场和实体市场共同发展；发展农业物流，建立城乡一体化物流信息平台，实现农产品物流快捷高效，着力将武清区打造成辐射京津冀和环渤海的重要现代物流基地和电子商务基地。

武清现代物流基地包括2个物流园区，规划总占地面积10平方公里。入驻企业由2011年的135家增加到2016年的3600家，就业人数由0.67万人增加到3.5万人。营业收入由47亿元增加到185亿元，税收收入由1.49亿元增加到15亿元。

1. 武清国际保税物流园。由国际保税物流园和环渤海绿色农产品交易物流中心整合组成，北至北环、南至京津塘高速、西至翠亨路、东至103国道，规划占地2.6平方公里。重点发展保税仓储、国际配送、进出口贸易和转口贸易等保税物流产业，为周边汽车零部件、生物医药、电子信息等产业提供物流集成服务，进一步带动园区所在区域进出口贸易发展，提升区域经济在国际贸易中的核心地位。

2. 武清家居建材现代物流园。由紧临的华北城物流园和世纪钢材城物流园整合组成，东至京津城际铁路、南至滨保高速、西至广贤路、北至杨北路，规划占地7.5平方公里。进一步完善家居建材展示、仓储、配送、交易等服务功能，

着力打造家居建材交易、集散中心。加强与国际保税物流园整合联动发展，带动提升区域内整体物流水平。

（二）海港现代物流基地

充分发挥京津城市带、环渤海经济圈交会点和欧亚大陆桥最佳桥头堡的区位优势，抓住国际物流快速增长和天津港对腹地辐射作用增强的发展机遇，完善“大宗商品交易＋物流基础设施＋金融与信息服务”三位一体的国际型港航物流服务体系，构建以天津港为中心，面向海向、陆向的国际物流综合网络；发展钢材、汽车等货类的专业化物流服务，加快建设规模化、系统化冷链物流体系；发展物流地产，着力提供功能完善、设施齐全、运转高效的物流设施和全方位的管理服务；发展物流金融，全面提升物流金融服务供给能力，为物流业转型升级提供有力支撑；加快建设以信息技术和自动化为基础的“智慧港口”；发挥东疆保税港区政策优势，加快发展国际贸易、国际配送和国际中转，将海港打造成北方国际航运中心和国际物流中心的核心载体、辐射北方的大宗商品交易集散地、现代航运和物流服务集聚区和国际资源配置枢纽。

海港现代物流基地包括6个物流园区，规划总占地面积117平方公里。入驻企业由2011年的200家增加到2016年的1100家，就业人数由0.8万人增加到1.17万人。营业收入由852亿元增加到3300亿元，税收收入由18亿元增加到70亿元。

3. 天津港集装箱现代物流园。东至跃进路及北港路、南至京门大道（京津塘高速延长线）、西至海滨大道、北至新港九号路，规划面积7.9平方公里。提高管理和服务水平，完善物流信息服务、冷链服务和其他综合服务功能，着力建成中国北方规模最大、辐射范围最广的集装箱物流基地。

4. 天津港散货现代物流园。规划面积4平方公里。进一步发挥港口大集大散优势，扩大港口腹地资源，发展各种运输组织、仓储配送、市场交易等物流业务，着力建成中国北方规模最大、功能最强、配套完善的综合性散货集散地和能源等重要原材料的分拨、加工和交易中心。

5. 东疆港现代物流园。东至非洲路、南至北京道、西至美洲路、北至新港八号路及东疆二岛内部分区域，规划面积23.5平方公里。充分利用东疆保税港区政策优势，重点发展国际中转、国际配送、国际采购、国际转口贸易和出口加工功能，加快推进国家级进口贸易促进创新示范区建设，深化对台贸易合作，以汽车、冷链、红酒、飞机、船舶等大宗商品为重点，积极搭建国际商品交易展示、国际采购分拨配送、贸易便利化、融资创新服务平台，努力建设中国北方最大的国际商品集散中心。

6. 临港经济区现代物流园。规划面积52平方公里。重点发展装备及零部件、粮油、液体化工、建材等商贸物流，构建专业化商品交易平台，形成依托港口的集物流中心、配送中心、分拨中心、采购中心于一体的现代物流网络，积极推进保税物流体系建设，着力建成北方国际贸易物流中心的重要组成部分、国际经贸平台和辐射北方的大宗商品交易集散地。

7. 南港工业区现代物流园。包括港口物流区、散货物流区，规划面积 16 平方公里。其中港口物流区主要配合北部港区的货物转移，形成以大宗散货物流、保税物流和加工、物流配送、物流仓储及交易为主的港口综合物流体系。

8. 南港石化仓储现代物流园。规划面积 10 平方公里。主要发展石油战略储备及石油化工仓储配送、交易交割等专业物流。

（三）空港现代物流基地

充分发挥天津滨海国际机场航空枢纽优势和邻近首都机场同时连接天津港和多条高速公路的交通区位优势，发展航空运输业，构建中国北方最快捷的航空物流运作平台；积极吸引和集聚大型货运航空公司、航空货代企业；进一步拓展航空物流增值服务，延伸航空物流产业链，全面提升物流园区的整体竞争力，着力打造物流功能层次较高、物流资源集聚功能较强、物流设施运作一体化的东北亚航空储运分拣分拨中心、大型门户枢纽机场和国际航空物流中心。

空港现代物流基地包括 1 个物流园，分为 4 个物流区，规划总面积 32 平方公里。入驻企业由 2011 年的 500 家增加到 2016 年的 4000 家，就业人数由 2 万人增加到 9.4 万人。营业收入由 10.7 亿元增加到 3200 亿元，税收收入由 0.43 亿元增加到 30 亿元。

9. 空港现代物流园。东至京津塘高速、南至津滨高速、西至外环路、北至津汉公路。整合各物流园区资源，完善市政基础设施，以滨海国际机场为中心，发展多式联运，加快发展航空物流。

（四）陆路港现代物流基地

充分发挥地处京津海、空、公、铁综合交通运输交叉汇集的区位优势和基础雄厚的制造业产业优势，依托大北环铁路主货场的集疏和辐射功能，对接空港、海港，发展公铁海空多式联运，服务北方城市。打造信息服务平台，提供物流信息发布、数据交换、智能配送等一体化综合信息服务；打造交易结算平台，基本建成区域性塑料、有色金属、钢铁等大宗商品交易、结算、配置、交割、集散中心；完善保税服务功能，建成报税加工区；完善仓储配送服务功能，加快货运设施及相关配套建设；构建金融服务体系，发展物流金融，建立现货、期货、动产、专有知识产权交易和供应链金融等平台。建成以物流信息服务和交易结算为核心的现代化综合物流基地。

陆路港现代物流基地包括 1 个物流园，规划总面积 10 平方公里。入驻企业由 2011 年的 16 家增加到 2016 年的 400 家，就业人数由 0.05 万人增加到 2.4 万人。营业收入由 3 亿元增加到 300 亿元，税收收入由 0.1 亿元增加到 10 亿元。

10. 陆路港现代物流园。北辰陆路港物流园是交通部重点扶持的6个国家级物流园区之一，是全市唯一被国家确定为公路货运枢纽和铁路运输主货场的园区。东至机场大道、南至志成道延长线、西至津蓟快速和外环拓圆线、北至津榆公路。提升基层设施水平，增强服务配套功能，引进骨干物流企业，加快信息交流、交易结算、保税加工、仓储配送、金融链接服务平台建设，建成海港、空港、路港多式联运高效衔接的一体化现代物流园区。

三、以集聚资金流信息流物资流为中心，全面推进“一区三港”开发建设

以打造资金流、信息流、物资流为核心，全面推进“一区三港”现代物流基地开发建设，着力打造全国现货交易中心、物流集散中心、物流信息中心和资金结算中心。

（一）集聚资金流信息流物资流，打造现货交易市场

1. 发展大宗商品现货交易市场，全力集聚资金流。以市物产集团为主发起人，发起设立天津交易商服务集团，控股联合商品交易所和粮油交易所，参股渤海商品交易所、铁合金交易所和文化艺术品交易所。组织企业集团和经济功能区企业生产资料入场交易，以现货商品交易和物流配送为基础，全面提升现货交易水平。全面发展贸易融资和资金结算，建立第三方支付体系，为买方提供融资服务，为卖方提供银行、保险、租赁、保理等金融服务。全面发展法律规范和风险防范等服务，提高防范风险和依法运作能力。

2. 建设全能物流信息网络，全力发展信息流。以天津交易商服务集团为主体，建立全能物流信息网络，包括交易所交易、电子商务、物资配送、物流信息、贸易融资、保险保障、法律服务、中介服务等板块，成为全能的生产资料和生活资料交易网；链接政府职能部门、电子口岸、中介机构和物流信息平台，建立全能政务商务网络，提供企业注册登记、行政审批代办、通关便利服务、税务申报服务、申请会员资质、各类信息查询、企业信用服务、动产权属登记等服务功能和代办事项。建成集物流信息发布、在线交易、数据交换、智能配送、地理信息系统（GIS）和全球定位系统（GPS）跟踪反馈、智能分析等功能为一体的第四方物流公共信息平台，实现行业、园区、企业物流信息与政府公共服务信息之间的有效对接，逐步建成服务环渤海及三北区域、连通国内外的国际型全能物流信息服务平台。

3. 发展货主和增加货源，全力发展物资流。组织渤海化工集团将PVC等产品在渤海商品交易所挂牌交易试点，推动我市钢材、化工等大宗生产资料商品在交易所销售产品，支持各地企业和天津企业的生产资料进入交易所销售，支持现货交易所会员企业在津设立营销中心、物流配送中心和资金结算中心，工商部门

办理注册登记，税务部门及时开具增值税发票，政府对企业给予税收优惠，努力打造全国现货市场交易平台、大宗商品交易基地和国际性流通中转枢纽。组织我市生活资料生产企业与阿里巴巴、当当网、亚马逊等国内国际电商合作，促进传统流通方式转型升级，积极推动日用消费品等生活资料商品上网销售，进一步拓展市场空间，扩大销售量。推动我市大型商场、批发市场、连锁超市和专业市场建立电子商务平台开展网上交易，实现网上网下销售互动、优势互补。

4. 整合客流和物流，提高资源聚集度。整合海运物流资源，加强中散、中外运、天海股份等企业之间合作，加速海运船舶向大型化、专业化方向发展，鼓励企业将进口商品的到岸价改为离岸价，鼓励企业将出口商品的离岸价改为到岸价，为天津海运企业提供货源。整合空运物流，成立航空集团、航空物流集团，开辟新航线，增加航班密度，抓住首都机场运力分流的机遇，将三星、摩托罗拉、富士康等公司经由首都机场运送的货物改为经由天津机场运送。整合货品货类，提高服务的专业化水平和效率，优化进出口商品结构，提高高价值货物比重，分流低价值货物，相对减少运输量。

（二）整合优势企业资源，提高专业化市场化功能

1. 成立天津航空集团，全面提升客运和货运能力。通过增资控股天津航空公司，增强公司实力，开辟国际国内新航线，扩大包机业务。设立天津货运航空公司或收购扬子江快运公司，利用夜间的空域和时刻，提高干线和国际航线运力运能。设立公务机公司，改造公务机候机楼，开辟专用通道，完善通关和地面保障服务，形成公务机集散地。加快天津机场基础设施建设，充分利用国家组织首都机场运力分流的机遇，全面提升天津机场的运力运量。

2. 成立航空物流集团，带动航空物流业加快发展。以天津航空集团为主体，联合天津机场、天津港、物产集团、交通集团等企业，共同成立航空物流集团。以空港现代物流园为载体，吸引国内外知名航空货运公司、货代企业入驻，发展国际国内航空货运代理、仓储分拨、融资租赁、航空货站和中介咨询等业务服务。充分发挥海港、空港资源优势，利用物产集团贸易交割网络和交通集团多式联运网络，打造集海、陆、空三种运输方式于一体的大型国际性综合物流企业。

3. 支持海运公司发展，带动航运客流与物流。支持海运企业发展，鼓励和支持中散、中海、中外运、招商局、天海集团、天海股份等海运企业整合资源、开拓市场。支持邮轮公司发展，鼓励支持境外邮轮公司在东疆保税港区注册设立经营性机构，鼓励境外大型邮轮公司挂靠东疆港区，开辟邮轮新航线，增加邮轮航班，促进邮轮经济发展。促进海运相关产业发展，加快临港造修船基地建设，发展进出口贸易，吸引国内外大型外贸企业入驻，支持我市企业开拓国际市场。

4. 发挥交通集团作用，加快发展多式联运。鼓励其通过兼并重组和引进战略投资者等方式尽快壮大规模，提高管理水平和运营能力。积极发展公、铁、

水、航等无缝衔接的多式联运，打破区域运输界限，利用信息技术和现代管理手段，实现一票到达，降低客户物流成本。发展全国性的多式联运网络，将多式联运业务延伸到全国200个城市，与国内大中城市建立门到门、站到站的城际配送多式联运服务业务。做大做强普通货物、超限货物、危险品、集装箱、冷藏等传统运输业务，积极开拓咨询服务、货物中转、仓储分装、订舱订船、报关报检、国际货代等延伸服务，着力打造天津龙头物流企业。

5. 发挥物产集团优势，打造大宗生产资料物流枢纽。充分发挥物产集团世界500强的行业地位影响力和生产性服务业的主业优势，依托其覆盖全球的购销网络，整合我市主要工业企业的物流需求，积极打造以钢铁物流、矿石物流、化工物流、能源物流为特色的大宗生产资料物流体系，使我市成为全国乃至全球重要的生产资料流通枢纽。积极支持物产集团联合上下游客户，在“一区三港”选址建设现代化的钢铁物流中心、矿石加工增值物流中心、化工物流中心、煤炭和油品物流中心。积极支持物产集团联合其他大型制造、流通和物流企业，构建以天津为枢纽，辐射全国的“增值物流基地—监管堆场—交割库”三级物流体系，在满足产业链上下游不同客户的物流需求同时，吸引商流、信息流、资金流向天津汇聚。

6. 设立物流管理公司，完善园区公共服务。“一区三港”各物流园区要成立物流管理公司，负责园区开发建设和管理。一是筹集资金。通过市场化运作，多形式、多渠道筹措园区基础设施建设资金。二是建设和管理园区基础设施。负责土地前期开发、道路、绿化、水、电、气等基础设施配套建设，确保签约项目顺利入园、入园企业能尽快形成生产能力。三是搭建公共服务平台。为园区企业和货主提供货源、配送、信息、融资等全方位物流公共服务。天津港、临港工业区和南港经济区要吸引发展海运公司，积极引进国际品牌海运物流公司，引进货代公司、船代公司，增加班轮密度，提高港口管理和运营能力。

7. 发展第三方物流，建成全能物流配送网络。积极引进国内外大型物流企业，鼓励和支持我市物流企业整合资源、应用信息技术、积极开拓市场，不断提高核心竞争力，培育和壮大天津物流品牌。加大对物流企业兼并重组的政策支持力度，打破业务范围、行业、地域、所有制等方面限制，通过参股、控股、兼并、合资、合作等多种形式进行整合和资产重组。提高物流企业的组织化、规模化、信息化程度，进一步增强核心竞争力，支持具有先进管理水平和服务水平高的物流企业做大做强。加强与海航集团、中储公司合作，发展和引进一批具有国际竞争力的企业集团，打造具有标志和示范引领作用的物流企业主体。鼓励中小物流企业业务流程和服务模式创新，突出特色，提高专业化、个性化服务水平。鼓励中小企业与龙头企业加强业务联系，发展战略合作关系。鼓励和推动工业企业剥离内部物流功能，支持专业化物流企业发展。

8. 支持航运金融和航运中介机构发展，提高市场化发展水平。支持航运金融发展，发展基金、银行、保险、保理、信托等在岸航运金融业务，鼓励融资租赁公司开展船舶、飞机和部件租赁业务，积极发展离岸航运金融业务。积极争取航运国际登记，在保障安全的前提下，放宽船公司股权结构比例、船龄限制、船级社等准入条件，加快推进船舶登记制度创新试点，形成以船舶和飞机登记为基础的航运中心。支持航运中介公司发展，提高社会化和专业化水平，为船货双方提供航运、海事、外贸、船舶、物流等覆盖整个航运产业链的在线交易和航运信息服务，推动航运产业发展。支持有关单位发起设立天津航运交易所，建立规范的船舶和船舶装备、货物和货单、专业人力资源交易市场，逐步形成国际船舶、航运和人力资源价格指数。

（三）加快建设综合集疏运体系，全面提高运力运能

1. 加快空港建设。扩展和强化航空运输网络，提升国际与国内、干线与支线之间的对接程度。积极争取民航总局的政策扶持，充分利用第五航权的开放，吸引更多的中外航空企业落户天津机场，进一步扩展新的航线，增大航线航班密度，最大程度地完善干线航线网络，完善国际与国内、腹地与港口之间的衔接，提高国际国内中转物流能力。实施候机楼、跑道、停机坪、停车场（楼）、货运设施及相关配套设施的改建和扩建，加快推进滨海国际机场扩建二期工程建设。加快推进天津机场交通中心工程建设，引入地铁二号线及京津城际铁路机场联络线。完善空港周边交通路网建设，一是将机场大道北延至京津高速公路，南延至津滨快速路，实现南北进场；二是改造津汉快速路外环线至机场大道段，改造现有机场货运路，实现机场周边道路快速疏解。

2. 加快海港建设。以提高港口吞吐能力和港口货物集疏运通道为核心，推进集疏运设施建设，尽快形成规模化、集约化、快捷高效、结构优化的现代化港口集疏运体系。加快推进东疆二岛开发建设，推进东疆保税港区建设成为具有中国特色的自由贸易港区。加快实施北港池集装箱码头群、东疆港区国际邮轮码头、南疆专业化矿石码头、神华天津港煤码头二期工程、大港港区石化码头及散杂货码头等工程，加快天津港30万吨级航道二期、10万吨级大沽沙航道、10万吨级高沙岭航道、10万吨级大港港区航道建设，提升国际航运业船舶深水化、大型化、专业化水平，积极拓展港口物流功能，增强腹地辐射能力，提高港口运作的效率和现代化水平。

3. 加快铁路建设。积极争取国家有关部门支持，建设直通南疆港区铁路通道，北疆港区形成集装箱海铁联运系统，推进进港三线、天津新港北铁路集装箱中心站工程建设。加快南港铁路、西南环线建设。推进连接北辰区陆路港大北环铁路建设。推进天津直通西部的铁路大通道开发建设，加快实施津保铁路建设工程，打通滨海新区通往西北部的货运通道。

4. 加快大陆桥建设。充分利用陆桥上岸起点港的区位优势，积极拓展内陆物流网络，扩大与陆桥沿线省市和国家的经贸与物流合作。加强对陆桥运输的推动、协调与监督，推进天津至二连浩特、满洲里和阿拉山口三大陆桥通道建设，提高陆桥运输规模和效率。积极构建以伊尔库茨克—乌兰巴托—二连浩特—天津港铁路、公路大通道为轴线的经济合作走廊，畅通天津—蒙古—俄罗斯运输通道。

5. 加快公路建设。加强天津港、天津机场、北京机场等交通枢纽间的道路基础设施建设，建设货运通道，加快北辰陆路港周边外环调整线，新建联系陆路港和中心城区的主干道路，形成客、货分流的专用运输网络体系，建立与腹地高速公路相衔接的集疏运网络。加快建设天津港集疏港公路通道，加快实施滨石公路、南港高速公路直接进港。构筑天津高速公路网络，形成“以中心城区和滨海新区核心区为双核心，辐射三北腹地，沟通华东、华南，连接周边大中城市、交通枢纽，通达市域新城，覆盖中心镇、开发区”的公路体系。

四、加强组织领导，完善现代物流基地建设保障措施

建设“一区三港”物流基地是加快我市大物流体系建设和物流业发展的重要抓手。必须进一步加强组织领导，科学编制规划，健全工作机制，优化发展环境，为物流基地建设提供强有力的保障。

（一）加强组织领导

成立市现代服务业和现代物流业发展领导小组，负责统一组织推动“一区三港”物流基地建设发展。各基地要进一步完善组织机构，推动园区开发建设、招商引资和政策服务等工作。进一步完善政府服务，减少审批事项，简化审批程序，缩短审批时限，下放审批权限，进一步提升“一站式”综合服务水平。完善口岸大通关服务，进一步提高通关效率，实现24小时全天候通关。

（二）科学编制规划

根据《天津市“十二五”服务业发展规划》和《天津市城市总体规划（2005—2020）》，高标准编制“一区三港”发展规划、功能规划指引和规划导则，明确功能定位和发展目标，明确园区建筑、道路、交通、绿化、停车设施、生活配套等功能标准。各物流园区要依据上位规划编制3年行动计划，推动规划有效落实。

（三）开发建设原则

一是坚持政府推动与市场运作相结合。政府加强组织领导，科学编制发展规划，改进完善政府服务，为大物流体系建设创造优质发展环境。充分发挥市场配置资源的基础性作用，强化企业的市场主体地位，激发企业发展的内在动力。二是坚持优化存量与扩大增量相结合。整合“一区三港”资源要素，充分发挥海、陆、空、铁交通多式联运优势，以现有物流业发展载体和主体为基础，培育物流市场，完善物流服务网络，延伸产业链条，发展高端物流业态，不断提升发展规

模、质量和水平。三是坚持突出重点与整体推进相结合。围绕推进大物流体系建设和集聚物流、资金流、信息流的目标，统筹规划物流园区和产业发展布局，重点发展大宗商品交易、电子商务、物流金融等高端物流业，整体推进“一区三港”物流基地开发建设。

（四）开发建设思路

坚持“两统两分”思路，统一有序推进“一区三港”物流基地开发建设。一是统一规划。统一编制物流基地园区发展规划，规划编制要与土地利用规划和城市总体规划相衔接，明确各园区功能定位，实现优势互补、错位发展。二是统一政策。研究制订支持“一区三港”物流基地建设的政策措施，实现政策统一，避免恶性竞争。三是分步实施。制订 3 年行动计划和 5～10 年中长期规划，起步区建设要充分利用现有基础，中长期规划要充分考虑实际发展需求与土地资源条件的相匹配。四是分头实施。按照园区统一规划要求，各土地持有主体和投资主体分头组织实施，加强协作，共同推进各园区开发建设。

（五）制订支持政策

借鉴北京、上海等地的政策和经验，研究制订支持促进“一区三港”物流基地建设的土地、交通、基础设施、财税等政策，完善促进电子商务、现货交易所、物流金融、物联网等物流行业发展的专项政策。积极推进营业税改征增值税工作，推动制造业企业加快剥离设计、物流等生产性服务业。进一步优化招商环境，整合招商资源，完善招商机制，创新招商思路，突出招商重点，积极吸引国际知名物流企业集团总部或区域性总部落户。

（六）完善统计制度

“一区三港”物流基地要完善物流业统计考核工作，借鉴金融实统经验，建立物流业实统制度（台账制度），由工商局出具园区物流业企业信息，统计局制订认定标准并按行业进行分类，国税局、税局制订相关报表下发企业，企业按月提供统计信息。

附件 2：

关于天津市一区三港现代物流基地建设发展方案主要目标和任务分工方案

为切实做好《天津市一区三港现代物流基地建设发展方案》（以下简称《发展方案》）实施工作，构建大物流体系，推动我市物流业实现大发展，现将《发展方案》提出的主要目标和任务分解如下：

一、分工原则

1. 明确政府职责。正确处理政府与市场的关系，在充分发挥市场作用的基础上，重点明确政府责任。对主要依靠市场主体自主行为实现的目标和任务不作分解。

2. 落实责任主体。根据部门职能，着重将《发展方案》提出的主要目标和重点任务分解落实到牵头部门和区县政府、功能区管委会，由多个部门按职责分工负责的，第一个部门为主要责任部门。

3. 强化任务措施。为加强《发展方案》的实施，将《发展方案》提出的建设保障措施分解落实到相关责任部门，并提出了具体工作要求。

二、任务分工

按照上述原则，明确落实《发展方案》中的主要目标和重点任务的责任主体及其工作分工。

(一)“一区三港”现代物流基地

1. 武清现代物流基地。发展航空货运和航空快递物流、制造业物流、商贸物流、电子商务、农业物流，建立城乡一体化物流信息平台，实现农产品物流快捷高效，着力将武清区打造成辐射京津冀和环渤海的重要现代物流基地和电子商务基地。(武清区人民政府牵头)

2. 海港现代物流基地。天津港集装箱现代物流园。完善物流信息服务、冷链服务和其他综合服务功能，着力建成中国北方规模最大、辐射范围最广的集装箱物流基地。(市交通港口局、天津港集团牵头)

天津港散货现代物流园。发展各种运输组织、仓储配送、市场交易等物流业务，着力建成中国北方规模最大、功能最强、配套完善的综合性散货集散地和能源等重要原材料的分拨、加工和交易中心。(市交通港口局、天津港集团牵头)

东疆港现代物流园。重点发展国际中转、国际配送、国际采购、国际转口贸易和出口加工功能，加快推进国家级进口贸易促进创新示范区建设，积极搭建国际商品交易展示、国际采购分拨配送等服务平台，努力建设中国北方最大的国际商品集散中心。(东疆保税港区管委会、天津港集团、市交通港口局牵头)

临港经济区现代物流园。重点发展装备及零部件、粮油、液体化工、建材等商贸物流，构建专业化商品交易平台和现代物流网络，积极推进保税物流体系建设，着力建成北方国际贸易物流中心的重要组成部分、国际经贸平台和辐射北方的大宗商品交易集散地。(临港经济区管委会、市交通港口局牵头)

南港工业区现代物流园。形成以大宗散货物流、保税物流和加工、物流配送、物流仓储及交易为主的港口综合物流体系。(南港工业区管委会、市交通港

口局牵头）

南港石化仓储现代物流园。主要发展石油战略储备及石油化工仓储配送、交易交割等专业物流。（南港工业区管委会牵头）

3. 空港现代物流基地。发展航空运输业，积极吸引和集聚大型货运航空公司、航空货代企业，进一步拓展航空物流增值服务，延伸航空物流产业链，着力打造东北亚航空储运分拣分拨中心、大型门户枢纽机场和国际航空物流中心。（空港经济区管委会、东丽区人民政府、天津机场按职责分工负责）

4. 陆路港现代物流基地。提升基层设施水平，增强服务配套功能，引进骨干物流企业，加快信息交流、交易结算、保税加工、仓储配送、金融链接服务平台建设，建成海港、空港、路港多式联运高效衔接的一体化现代物流园区。（北辰区人民政府牵头）

（二）以集聚资金流信息流物资流为中心，全面推进“一区三港”开发建设

1. 发展大宗商品现货交易市场，全力集聚资金流。以市物产集团为主发起人，发起设立天津交易商服务集团。（市金融办、市国资委牵头）

组织企业集团和经济功能区企业生产资料入场交易。（市发展改革委牵头）

全面发展法律规范和风险防范等服务，提高防范风险和依法运作能力。（市金融办牵头）

2. 建设全能物流信息网络，全力发展信息流。以天津交易商服务集团为主体，建立全能物流信息网络。（市金融办、市国资委、市发展改革委牵头）

链接政府职能部门、电子口岸、中介机构和物流信息平台，建立全能政务商务网络。（市发展改革委、市经济信息委、市口岸办、市行政审批办、天津海关按职责分工负责）

建成第四方物流公共信息平台。（市发展改革委牵头）

3. 发展货主和增加货源，全力发展物资流。组织渤海化工集团将 PVC 等产品在渤海商品交易所挂牌交易试点。（市发展改革委牵头）

推动我市钢材、化工等大宗生产资料商品在交易所销售产品，支持各地企业和天津企业的生产资料进入交易所销售，支持现货交易所会员企业在津设立营销中心、物流配送中心和资金结算中心。（市发展改革委、市财政局、市工商局、市国税局按职责分工负责）

组织我市生活资料生产企业与阿里巴巴、当当网、亚马逊等国内国际电商合作。（市发展改革委牵头）

推动我市大型商场、批发市场、连锁超市和专业市场建立电子商务平台开展网上交易。（市商务委、市发展改革委牵头）

4. 整合客流和物流，提高资源聚集度。整合海运物流资源和空运物流，在推进企业合作、招揽客货源、增开航线航班等方面给予支持。（市交通港口局牵头）

优化进出口商品结构，提高高价值货物比重。（市商务委牵头）

（三）整合优势企业资源，提高专业化市场化功能

1. 成立天津航空集团，全面提升客运和货运能力。通过增资控股天津航空公司，增强公司实力，开辟国际国内新航线，扩大包机业务。（市发展改革委、市国资委、市交通港口局、市财政局按职责分工负责）

设立天津货运航空公司或收购扬子江快运公司。（市发展改革委、市国资委、市财政局牵头）

设立公务机公司，改造公务机候机楼，开辟专用通道，完善通关和地面保障服务，形成公务机集散地。（市交通港口局、市国资委、市口岸办、市财政局、天津滨海国际机场按职责分工负责）

加快天津机场基础设施建设，全面提升天津机场的运力运量。利用夜间的空域和时刻，提高干线和国际航线运力运能。（市交通港口局、市发展改革委按职责分工负责）

2. 成立航空物流集团，带动航空物流业加快发展。以天津航空集团为主体，联合天津机场、天津港、物产集团、交通集团等企业，共同成立航空物流集团。（市发展改革委、市国资委牵头）

以空港现代物流园为载体，发展国际国内航空货运代理、仓储分拨、融资租赁、航空货站和中介咨询等业务服务。（空港经济区管委会牵头）

利用物产集团贸易交割网络和交通集团多式联运网络，打造集海、陆、空三种运输方式于一体的大型国际性综合物流企业。（市发展改革委、市国资委牵头）

3. 支持海运公司发展，带动航运客流与物流。支持海运企业发展，鼓励和支持中散、中海、中外运、招商局、天海集团、天海股份等海运企业整合资源，开拓市场。（市交通港口局牵头）

支持邮轮公司发展，鼓励支持境外邮轮公司在东疆保税港区注册设立经营性机构，鼓励境外大型邮轮公司挂靠东疆港区，开辟邮轮新航线，增加邮轮航班，促进邮轮经济发展。（东疆保税港区管委会、天津港集团、市交通港口局牵头）

加快临港造修船基地建设，发展进出口贸易。（市交通港口局、市发展改革委按职责分工负责）

4. 发挥交通集团作用，加快发展多式联运。积极发展公、铁、水、航等无缝衔接的多式联运。发展全国性的多式联运网络，将多式联运业务延伸到全国200个城市，与国内大中城市建立门到门、站到站的城际配送多式联运服务业务。积极开拓咨询服务、货物中转、仓储分装、订舱订船、报关报检、国际货代等延伸服务。（市国资委、市交通港口局、市发展改革委牵头）

5. 发挥物产集团优势，打造大宗生产资料物流枢纽。积极打造以钢铁物流、矿石物流、化工物流、能源物流为特色的大宗生产资料物流体系。在“一区三

港”选址建设现代化的钢铁物流中心、矿石加工增值物流中心、化工物流中心、煤炭和油品物流中心。构建以天津为枢纽，辐射全国的“增值物流基地—监管堆场—交割库”三级物流体系，吸引商流、信息流、资金流向天津汇聚。（市发展改革委、市国资委、市交通港口局牵头）

6. 设立物流管理公司，完善园区公共服务。“一区三港”各物流园区要成立物流管理公司，负责园区开发建设和管理，负责筹集资金、建设和管理园区基础设施、搭建公共服务平台。（各园区所在地行政机关牵头）

7. 发展第三方物流，建成全能物流配送网络。积极引进国内外大型物流企业，鼓励和支持我市物流企业整合资源、应用信息技术、积极开拓市场，不断提高核心竞争力，培育和壮大天津物流品牌。（市发展改革委牵头）

加大对物流企业兼并重组的政策支持力度。（市发展改革委、市财政局牵头）

加强与海航集团、中储公司合作，发展和引进一批具有国际竞争力的企业集团，打造具有标志和示范引领作用的物流企业主体。（市发展改革委牵头）

鼓励和推动工业企业剥离内部物流功能，支持专业化物流企业发展。（市发展改革委、市国资委、市中小企业局、市财政局牵头）

8. 支持航运金融和航运中介机构发展，提高市场化发展水平。支持航运金融发展，发展基金、银行、保险、保理、信托等在岸航运金融业务，鼓励融资租赁公司开展船舶、飞机和部件租赁业务，积极发展离岸航运金融业务。（市金融办、市发展改革委牵头）

积极争取航运国际登记，在保障安全的前提下，放宽船公司股权结构比例、船龄限制、船级社等准入条件，加快推进船舶登记制度创新试点。（市发展改革委、市金融办牵头）

支持航运中介公司发展，提高社会化和专业化水平，为船货双方提供航运、海事、外贸、船舶、物流等覆盖整个航运产业链的在线交易和航运信息服务，推动航运产业发展。（市发展改革委、市交通港口局按职责分工负责）

支持有关单位发起设立天津航运交易所，建立规范的船舶和船舶装备、货物和货单、专业人力资源交易市场，逐步形成国际船舶、航运和人力资源价格指数。（市金融办、市发展改革委牵头）

（四）加快建设综合集疏运体系，全面提高运力运能

1. 加快空港建设。吸引更多的中外航空企业落户天津机场，进一步扩展新的航线，增大航线航班密度，最大程度地完善干线航线网络，提高国际国内中转物流能力。（市交通港口局、市发展改革委、市商务委、市口岸办、天津滨海国际机场按职责分工负责）

实施候机楼、跑道、停机坪、停车场（楼）、货运设施及相关配套设施的改建和扩建，加快推进滨海国际机场扩建二期工程建设。（市建设交通委、市交通

港口局、市发展改革委、市规划局、市口岸办、天津滨海国际机场按职责分工负责）

加快推进天津机场交通中心工程建设，引入地铁二号线及京津城际铁路机场联络线。（市建设交通委、市交通港口局、市发展改革委、天津滨海国际机场按职责分工负责）

完善空港周边交通路网建设，将机场大道向南北延伸，改造津汉快速路外环线至机场大道段，改造现有机场货运路，实现机场周边道路快速疏解。（市建设交通委、市市政公路局、市发展改革委、东丽区人民政府、天津滨海国际机场按职责分工负责）

2. 加快海港建设。推进集疏运设施建设，尽快形成规模化、集约化、快捷高效、结构优化的现代化港口集疏运体系。（市交通港口局、市建设交通委、市市政公路局、市发展改革委按职责分工负责）

加快推进东疆二岛开发建设。（天津港集团、东疆保税港区管委会牵头）

推进东疆保税港区建设成为具有中国特色的自由贸易港区。（东疆保税港区管委会、天津港集团牵头）

加快实施北港池集装箱码头群、东疆港区国际邮轮码头、南疆专业化矿石码头、神华天津港煤码头二期工程、大港港区石化码头及散杂货码头等工程，加快天津港 30 万吨级航道二期、10 万吨级大沽沙航道、10 万吨级高沙岭航道、10 万吨级大港港区航道建设。（市交通港口局、市发展改革委、天津港集团、临港经济区管委会、南港工业区管委会按职责分工负责）

积极拓展港口物流功能，增强腹地辐射能力，提高港口运作的效率和现代化水平。（市口岸办、天津港集团、市交通港口局牵头）

3. 加快铁路建设积极争取国家有关部门支持，建设直通南疆港区铁路通道，北疆港区形成集装箱海铁联运系统，推进进港三线、天津新港北铁路集装箱中心站工程建设。加快南港铁路、西南环线建设。推进连接北辰区陆路港大北环铁路建设。推进天津直通西部的铁路大通道开发建设，加快实施津保铁路建设工程，打通滨海新区通往西北部的货运通道。（市建设交通委、市发展改革委按职责分工负责）

4. 加快大陆桥建设。积极拓展内陆物流网络，扩大与陆桥沿线省市和国家的经贸与物流合作。（市合作交流办、市发展改革委牵头）

加强对陆桥运输的推动、协调与监督，推进天津至二连浩特、满洲里和阿拉山口三大陆桥通道建设，提高陆桥运输规模和效率。（市市政公路局、市发展改革委牵头）

积极构建以伊尔库茨克—乌兰巴托—二连浩特—天津港铁路、公路大通道为轴线的经济合作走廊，畅通天津—蒙古—俄罗斯运输通道。（市市政公路局、市

发展改革委牵头）

5. 加快公路建设。加强天津港、天津机场、北京机场等交通枢纽间的道路基础设施建设，建设货运通道，加快北辰陆路港周边外环调整线建设，新建联系陆路港和中心城区的主干道路，形成客、货分流的专用运输网络体系，建立与腹地高速公路相衔接的集疏运网络。（市建设交通委、市市政公路局、市规划局、市发展改革委、北辰区人民政府、东丽区人民政府按职责分工负责）加快建设天津港集疏港公路通道，加快实施东疆联络线、滨石公路、南港高速公路直接进港。构筑天津高速公路网络。（市建设交通委、市市政公路局、市发展改革委、滨海新区人民政府、天津港集团按职责分工负责）

（五）完善现代物流基地建设保障措施

1. 加强组织领导。各基地要进一步完善组织机构，推动园区开发建设、招商引资和政策服务等工作。（各物流基地所在地行政机关牵头）

进一步完善政府服务，减少审批事项，简化审批程序，缩短审批时限，下放审批权限，进一步提升“一站式”综合服务水平。（市审批办牵头）

完善口岸大通关服务，进一步提高通关效率，实现 24 小时全天候通关。（市口岸办牵头）

2. 科学编制规划。高标准编制“一区三港”发展规划、功能规划指引和规划导则，明确功能定位和发展目标，明确园区建筑、道路、交通、绿化、停车设施、生活配套等功能标准。（市发展改革委、市规划局、各园区所在地行政机关牵头）

各物流园区要依据上位规划编制 3 年行动计划，推动规划有效落实。（各园区所在地行政机关牵头）

3. 制订支持政策。研究制订支持促进“一区三港”物流基地建设的土地、交通、基础设施、财税等政策，完善促进电子商务、现货交易所、物流金融、物联网等物流行业发展的专项政策。（市发展改革委牵头）

积极推进营业税改征增值税工作，推动制造业企业加快剥离设计、物流等生产性服务业。（市财政局、市发展改革委、市国资委、市中小企业局按职责分工负责）

优化招商环境，整合招商资源，完善招商机制，创新招商思路，突出招商重点，积极吸引国际知名物流企业集团总部或区域性总部落户。（市发展改革委、市商务委牵头）

4. 完善统计制度。“一区三港”物流基地要完善物流业统计考核工作，借鉴金融实统经验，建立物流业实统制度（台账制度），由工商局出具园区物流业企业信息，统计局制订认定标准并按行业进行分类，国税局、地税局制订相关报表下发企业，企业按月提供统计信息。（市发展改革委、市统计局、市国税局、市

地税局按职责分工负责）

三、工作要求各区县、各部门、各单位要加强组织领导，认真制定本部门、本区县落实重点工作的实施方案，明确时间进度和质量要求，并在实施过程中进一步细化落实

各区县、各部门、各单位要加强协调配合，增强大局观念，牵头部门要切实负起责任，有关部门应积极配合，及时沟通协调，形成工作合力，切实提高办事效率加强方案实施监测，各责任部门每年 3 月 15 日前将所负责的任务上年进展情况报送市发展改革委。市发展改革委每年 3 月底将方案上年进展情况上报市人民政府。

008

沈阳市物流业发展“十二五”规划

沈阳市发展和改革委员会

依据国家《物流业调整和振兴规划》、《沈阳市国民经济和社会发展第十二个五年规划纲要》及相关专项规划，结合我市物流业发展实际，编制本规划。

一、“十一五”物流业发展概况

（一）主要特点

1. 物流业总体规模不断扩大

2010 年，全市物流业增加值实现 230.8 亿元，比“十五”末期增长 107.9 亿元，年均增长 13.4%。各种运输方式完成货物运输总量达到 17347.5 万吨，同比增长 14.4%，其中公路货运量实现 16804 万吨，同比增长 14.1%，铁路货运量实现 538 万吨，同比增长 24.9%，民航货运量实现 5.5 万吨，同比增长 9.3%。

2. 物流基础设施日趋完善

我市公路总里程达到 11562 公里，公路网密度达到 89.8 公里/百平方公里，其中高速公路 571.9 公里，已形成了以“两环八射一过境”的高速公路网为主骨架、8 条放射状国省干线为主通道、以县乡和农村公路为脉络的路网体系。作为东北地区最大的铁路枢纽，京哈、沈大等 6 条铁路干线汇集沈阳，并拥有全国第二大的铁路编组站。桃仙国际机场被国家列为全国区域性航空枢纽机场，已开通国内外航线 106 条，其中，国内航线 91 条、国际及地区航线 15 条，民航运输年起降达 6.97 万架次。

3. 物流企业加快引进和发展

近年来，我市物流企业快速发展。国内外大型知名第三方物流公司争相进入我市，其中日本邮船、美国 UPS、丹麦马士基等世界 100 强物流企业 8 家，中海、中外运、招商局、宝供等国内 50 强物流企业 14 家。本地物流企业逐渐发展壮大，辽宁联合物流有限公司、沈阳储运物流配送有限公司等 38 家第三方物流企业年营业收入超过亿元。

4. 物流信息化建设取得突破性进展

以沈阳物流公共信息平台、通通中国网、中运物流网为代表的物流信息网络体系已初步形成。大部分物流企业自行开发、购入和租用了物流信息网络管理系统，采用 GPS 系统、条码等技术，建立了较为完善的物流信息管理系统，有效提高了物流信息化管理水平。

（二）存在问题

1. 物流运行效率偏低

现行物流业的分行业管理，行业间缺乏融合和协调，制约了我市物流业的发展。2010年物流业增加值占全市GDP的比重仅为4.6%，占全市服务业GDP的比重也只有10.3%；社会物流总费用与GDP的比率仍高出发达国家1倍左右。

2. 物流服务能力不足

多数企业对于物流服务关注的仅限于物流成本的降低，没有上升到整体供应链优化的高度，只以“单环节、多供应商”外包模式为主，大部分物流企业只是承担某一个环节的物流业务，如运输、仓储、配送等，难以提供高效率的现代物流服务，存在附加值低、成本高、市场乱等问题。

3. 产业布局和物流资源分散

我市物流企业分布较分散，规模较小，缺少带动力强、辐射面广、服务范围大的龙头企业，产业集聚程度低，“封闭、集约、综合、社会化”的物流园区尚未形成，与我市建设东北地区物流中心城市的目标不相称。

二、面临的机遇和挑战

（一）面临的机遇

一是全球经济化及区域经济一体化将推动我市经济市场化、国际化的进程，快速增加我市物流业务总量，扩大我市物流服务辐射影响范围。

二是随着沈阳经济区的改革发展和辽宁沿海经济带的开发开放，以及沈阳经济区一体化、城际连接带新城和新市镇建设加快，我市物流业的集聚功能将稳步增强，物流发展定位和服务层级将进一步提升。

三是我市以铁西为核心打造具有国际竞争力的先进装备制造业基地，进一步推动物流业与制造业联动发展，有利于提高物流企业供应链一体化服务能力。

（二）面临的挑战

一是资源和效益的挑战。物流基础设施建设具有社会效益大，企业效益相对小，一次性投入大，投资回收期长的特点。随着土地使用税的增加，使投入与产出矛盾更加突出，一定程度上制约了投资者积极性。

二是管理体制及机制的挑战。现代物流是各种产业融合、促进相互协调发展的复合产业。行业间缺乏协调，影响物流业的发展，需要在体制和机制上不断创新。

三、指导思想、发展定位和发展目标

（一）指导思想

坚持以科学发展观为统领，以建设东北地区物流中心城市为目标，以信息技术和资源整合为手段，以促进物流基础设施建设为核心，以发展第三方物流企业为重点，以推动制造业与物流业联动发展为突破，构建布局合理、功能齐全、运作高效、服务经济、与产业结构相适应的现代物流体系，提升物流效率和能力，增强对经济社会发展的贡献。

（二）基本原则

1. 坚持市场化原则

发挥市场配置资源的作用，根据市场需求，消除行政区划意识，做好区县间、行业间和部门间的协调和衔接，统筹全市，科学布局，集约发展，合理配置物流资源。

2. 坚持集约化原则

整合物流资源，通过高质量、多功能的物流服务和不断巩固业务资源，使物流集中发展区、中心布局充分体现布局集中、用地节约、产业集聚、功能集成、经营集约的特征，促进我市的物流业向集约化方向发展。

3. 坚持联动化原则

注重城市主导产业与物流业的联动发展，一方面，物流业为其他产业提供支撑服务；另一方面，发挥物流业先导作用，提高产业物流运作效率，提升产业综合竞争力。

4. 坚持可持续原则

强化与硬件设施相匹配的软环境建设，切实做好硬件设施建设和软环境营造有机结合，推动物流服务水平的不断提升；按照发展低碳经济的要求，改变传统物流模式，发展绿色物流。

（三）发展定位

总体定位是将我市打造成为东北地区物流中心城市。包括三个层面内容：

1. 沈阳经济区物流核心城市

充分发挥沈阳经济区产业基础雄厚及一体化建设等诸多优势，将我市打造成为该区域交通组织和调度中心、物流采购和分拨中心，形成为沈阳经济区城市间货物配置的核心节点。

2. 国家级物流枢纽城市

发挥我市位于环渤海经济圈和东北地区经济走廊结合部的区位优势，构建连接省内外的物流通道体系，形成服务于全国的物流信息平台、国内最优的发展环境、物流人才培育基地和国内外知名物流企业总部集聚城市。

3. 东北亚重要的国际物流节点城市

利用我省沿海经济带建设，构筑完善的出海物流通道和航空物流通道，建设以保税物流、航运物流以及铁路集装箱物流等为基础的沈阳国际物流节点体系，成为连接欧亚大通道的重要节点城市。

（四）发展目标

围绕我市“十二五”物流业发展定位，到2015年，全市物流业发展的主要目标是：

全市物流业增加值年均增长速度力争超过GDP的年均增长速度；

社会物流总费用占GDP的比率下降到17%以下；

世界100强和国内知名物流企业达到60家以上；

制造业与物流业联动发展工作，在全国15个副省级城市中处于领先地位；

构建功能完善的现代物流服务体系，基本建成东北地区物流中心城市。

使我市成为东北地区的物流采购与分拨中心、物流信息中心、物流总部基地、物流装备制造基地和物流科教基地。物流业成为促进我市经济社会发展的先导产业。

四、物流框架体系

（一）总体布局

根据区域经济发展特点和交通运输条件，确定物流基础设施的空间位置、类型、规模和功能，构建“三大圈层”的总体发展格局。

1. 物流总部发展圈层

三环以内区域。依托中心城区楼宇经济优势，发展物流总部经济；依托中心城区信息化优势，积极构筑物流信息高地；利用中心城区靠近需求终端优势，发展城市配送物流体系；依托中心城区人才优势，开展物流人才的培训工作；顺应专业市场的发展趋势，对原有专业市场升级改造，对于不适合在中心城区发展的，逐步向外围城区迁移。

2. 物流集中发展圈层

三环至县域之间区域，其中四环两侧为重点发展区域，是我市物流基础设施建设和产业物流体系发展的主要载体圈层。充分利用区位交通优势，结合全市产业布局，大力推动物流集中区建设，提升物流业服务经济、服务社会、服务区域的能力和水平。

3. 县域物流发展圈层

各县（市）依托产业基础，在物流需求较为集中的区域规划建设物流节点，为特色产业园区和县域经济发展提供配套物流基础设施，通过物流节点设施建设带动县市物流业发展。

沈阳市物流业发展除构建上述三个圈层外，还应注重与沈阳经济区其他七城市协调互动发展，推动规划、政策、措施的有效落实，合作建设区域内大型物流基础设施，打造协调统一、规划清晰、重点明确、布局合理、覆盖面广的区域物流一体化产业格局。

（二）物流集中发展区

物流集中发展区重点实现产业集聚、功能集成、经营集约，完善专业化物流组织服务，为全市、沈阳经济区、东北地区乃至东北亚地区等大区域物资集散、分拨、中转、配送、流通加工、信息等提供综合服务。

1. 沈阳国际物流港

位于于洪区马三家街道，由沈山铁路、沈西铁路和规划四环围合而成的区域，占地面积 26.3 平方公里。以铁路物流为核心，整合公路、海运、空运物流资源，发展制造业物流、化工物流、快速消费品物流、第三方物流等各种物流业务，形成完整的物流产业链，建立多层次、社会化、专业化的综合型物流集中发展区。打造集现代物流、内陆口岸、保税仓储、金融服务、流通加工功能于一体，覆盖沈阳经济区、辐射东北、连接国内、通向欧亚大陆的现代化物流港。

2. 临空现代物流港

位于苏家屯区浑河新城内，苏桃路周边，三四环之间，占地面积 2～3 平方公里。承接辽宁省及东北地区中转物流，提供面向市区的城市配送和面向周边城市的中转配送服务。

3. 铁西装备制造业物流集中发展区

位于铁西产业新城（沈阳经济技术开发区）沈辽路沿线，占地 2.0 平方公里。集中发展区将以制造业物流服务为核心，提供融入企业供应、生产、销售、维修等一体化物流服务。服务对象主要面对大型先进装备制造企业、现代建筑产业、汽车制造及关联企业，并能积极满足其他行业制造及商业企业的工业仓储、包装、分拣、加工等供应链服务需求。

4. 近海保税物流集中发展区

位于沈阳近海经济区内，东至茨榆坨镇，西至蒲河东岸，南至沈盘公路南 1 公里，北至大莲花村，占地面积 10 平方公里。充分发挥近港优势，重点发展综合保税和港口物流，成为集仓储、区域配送和分拨等功能于一体的保税物流集中发展区。

5. 沈北综合物流集中发展区

位于沈阳四环、五环之间，以 203 国道为轴线，东至 203 国道以东 1000 米，南至四环控制线，西至长大铁路控制线，北至新城子常州路。规划面积 13.2 平方公里。围绕生产资料、农产品、小商品、医药、汽车零配件等，重点发展第三方物流和专业批发市场。主要由交易展示区、仓储物流区、生产加工区、综合服务区组成。

6. 沈海综合物流集中发展区

位于大东区京哈高速王家沟出入口西北侧，东至京哈高速，西至沈铁路，南至三环路，北至皮台与沈北交界处，占地 1.5 平方公里。依托大东汽车制造业集聚区，重点发展汽车及零配件、生产资料、建材装饰材料、日用工业品等物流服务，形成辐射东北地区的综合性集中发展区。

7. 空港物流集中发展区

位于东陵（浑南新区）机场规划区，占地面积1平方公里。规划建设航空产业物流、临空物流和保税物流为主，辐射全国乃至国际的物流集中发展区。

（三）物流中心

物流中心为特定区域，以装备制造、汽车及零部件、农产品精深加工、医药化工、商贸流通等特色主导产业为基础，重点发展十五个物流中心。功能上，与物流集中发展区各有分工互为补充；布局上，原则上鼓励物流中心向物流集中发展区集聚，共同发展构成全市物流节点体系。

1. 铁路集装箱物流中心

该中心位于于洪区马三家街道，是全国铁路集装箱18个一级节点站之一，占地面积180万平方米，重点建设以铁路集装箱运输为主，集特货、快运和整车货物等全部铁路物流业务的枢纽型物流中心。项目建成后年货物吞吐量达100万标准箱。

2. 大东汽车物流中心

位于大东汽车产业区。重点建设成为东部汽车产业提供零部件和商品车物流服务的专业化汽车物流中心。形成100万辆整车及所需零部件的物流服务能力。

3. 金山钢铁物流中心

位于皇姑区东北部，东至铁路线、西至文官村界、南至金山北路、北至区界。利用有色金属批发和钢材批发比较密集的优势，形成国内一流的现代钢铁物流中心。

4. 南五医药物流中心

位于和平区南五地区，东至昆明南街，西至胜利南街，南至南六马路，北至用地界线，占地面积1.1万平方米。规划建设物流仓储、展示交易、展览展销、物流信息发布等设施，成为集医药批发、商务办公为一体的综合性物流中心。

5. 公路陆港物流中心

位于于洪区马三家街道，北至河道，南至岔路口，西至沈西铁路，东至物流产业大道。占地面积180万平方米，主要建设停车场、车辆检修区、仓储区、管理中心，主要承担零担或大宗散货公路物流。

6. 五爱物流中心

位于沈河区北翰林路，占地面积1.6万平方米。主要建设成为以货场和仓储为主，兼容物流企业的商务办公及货运分流为一体的物流中心。

7. 普洛斯物流中心

位于经济技术开发区开发大路21号，占地面积40万平方米，建设仓库、集装箱露天堆场、查验场、视频监控设施等辅助工程，提供集仓储、运输和包装于一体的物流服务。

8. 中储物流中心

位于苏家屯区沙河街道办事处鲍家村，占地面积约为120万平方米，主要建设快速消费品分拨中心、超市冷链配送中心、应急物流集散中心、期货现货商品交割交易中心、物联网商品分拨中心、金融结算中心、都市联运配载中心、媒体购物商品分拨中心、信息中心、铁路专用线等。

9. 地利农副产品物流中心

位于大东区东贸路地区，占地面积60万平方米，投资30亿元，建设东北地区规模最大的农副产品物流中心。

10. 明廉农副水产品物流中心

位于皇姑区明廉路8号，占地面积约20万平方米，重点建设成为以熟食冻品、水产、蔬菜为主的集仓储、运输、配送、信息于一体的多功能的物流中心。

11. 沈阳粮食物流中心

位于铁西区保工北街20号，占地面积31万平方米。由沈阳市第一粮库和沈阳粮食批发市场合并而成。分为经营交易区、仓储保管区、加工分装区和物流配送区。主要建设成集自动化仓储、交易、物流配送、产品精深加工、包装、电子商务为一体的粮食专业物流中心。

12. 新民物流中心

位于新民市城区内沈山铁路以北，占地面积10万平方米。为农机市场及新建的汽贸城、农资市场、建材市场、果蔬市场、汽配市场六大市场提供配货、仓储、中转等配套的物流服务。

13. 辽中物流中心

位于茨榆坨西山村以北、大莲花村以西、沈西产业大道辽中段以东，占地面积500万平方米。主要建设仓储保管、加工分装、电子商务和物流配送等配套设施。

14. 法库物流中心

位于法库县陶瓷产业园内，占地面积100万平方米。主要建设成为以陶瓷产品为主的物流中心。

15. 康平物流中心

位于康平县城北部，西北部与辽宁康平经济开发区衔接处、中部与203国道交汇处和东南部与沈康高速公路出口衔接处。占地面积20万平方米。规划建设塑编产品、建筑材料、农用机械、农产品、二手车和旧物六大专业市场，以及信息中心、综合服务中心、道路、给排水等基础设施。

（四）物流通道

打破交通各行业的条块分割，推进多种运输方式有效整合，形成各种运输方式有效衔接，运输枢纽（场站）有机匹配，运输综合效能高，运输成本合理，内外货流顺畅的物流通道体系。

1. 沈阳经济区城际物流通道

发挥作为沈阳经济区物流核心城市的优势，进一步完善沈抚、沈本、沈辽鞍营、京沈、沈阜（沈彰）、沈铁、沈康七大综合交通走廊及城际连接带建设。完善铁路路网，新建沈阳经法库至康平铁路。实施三环路扩建工程和绕城高速五环路建设，推进实施辽宁中部环线高速路建设，提高干线路网等级。

2. 东北地区区域物流通道

加快建设哈大铁路客运专线、续建沈西出海铁路，提高煤炭、粮食、机电设备等重要大宗货物运输能力，规划建设集集装箱、快运、特货、整车货物等铁路业务为一体的集装箱中心站，加快沈阳铁路货运场站外迁进程，增强我市铁路物流枢纽功能。加快公路货运枢纽场站建设，进一步完善信息和配送设施，大力发展多式联运物流。强化内陆港群建设，加快大连、营口、锦州、丹东、葫芦岛、盘锦等港口功能向我市延伸，加快出海大通道建设，做好铁路、公路与海运的衔接，加强与沿海港口的合作，实现产业园区与港口城市有效连接。

3. 东北亚国际物流通道

扩建桃仙机场，继续增开国内外航线，增加航运覆盖面，增强航空货运枢纽功能，为沈阳实现国际化城市目标创造便捷的空中物流通道。发展专用货机，培育货运航线，形成布局完善合理的航空货运物流网络体系。合理规划建设保税物流基础设施，形成南从营口和大连等港口出海、北从满洲里、黑河、绥芬河等口岸出境，并向国外拓展的快捷通道。强化与周边海关合作，优化海关和检验检疫管理，搞好高效快捷的“大通关”，形成多层次、多功能的国际物流服务体系。

（五）重点物流体系

1. 工业物流

重点围绕沈西工业走廊、全国装备制造业集聚示范区、高新科技产业开发区等经济区的建设，充分整合工业企业内部物流资源和社会物流资源，大力发展装备制造、汽车及零配件、食品加工等重点工业物流体系。

装备制造物流

规划建设铁西装备制造业物流集中发展区，开辟重大装备物流绿色通道，筹建国家重大装备物流公共信息平台；重点发展大型发电设备、冶金成套设备、重型机械设备、矿山机械等重大装备制造物流。

汽车及零配件物流

整合区域汽车及零配件制造业物流资源，围绕华晨金杯、宝马、通用、中顺汽车等汽车制造企业，建立整车及零配件物流体系。全面提高我市汽车制造企业在汽车生产、销售、售后服务等方面的物流水平。

食品工业物流

结合沈北建设全国最大的农产品深加工基地，构建连接沈阳经济区，辐射东北亚的绿色食品物流网络服务体系。以沈北综合物流集中发展区、雨润农副产品全球采购中心和海吉星农产品物流中心为核心，重点发展乳制品、绿色食品、肉类制品、山特产品物流。

2. 农业物流

粮食物流

建立以沈阳粮食物流中心为核心，以国有大型粮库为支撑，以其他粮食仓储、加工、购销企业为基础，实现粮食流通信息系统和检验检测系统改造升级，基本实现粮食的散装、散卸、散运、散存和流通过程的无缝链接，建设统一开放、方便快捷、运转高效的现代粮食物流体系。

农产品及果蔬物流

调整现有农产品批发市场布局，以地利农副产品物流中心、明廉农副水产品物流中心、大东区东北农副产品物流中心、沈阳雨润农副产品全球采购中心、于洪区润恒农产品交易中心为重点，建设集仓储、运输、信息和结算功能等为一体的大型物流中心。

3. 商贸流通物流

商贸物流

以大型商贸连锁经营企业为龙头，建立城市连锁配送服务体系，形成集中分销、优化配送、快捷环保的城市商贸物流一体化运作模式；积极推进快递服务与电子商务融合发展，实现食品、日用品等商业物流的社区配送。

农资及农村消费品物流

加快农资连锁配送中心建设，建立市、县、乡、村四级销售网络和物流体系。整合农村社会流通资源，鼓励第三方物流公司加盟涉农物流，形成全市农村消费品物流网络体。

钢铁物流

提升北一路钢铁物流贸易产业总水平，调整我市钢材市场布局，提升业态。重点建设皇姑区金山钢铁物流中心、沈煤东北钢材物流中心、沈阳国际物流港钢铁物流中心，主要发展流通加工及配送业务。

医药物流

支持东北大药房、维康医药、成大方圆等批发和零售连锁企业加快发展医药连锁配送物流，提高社会化、专业化水平，构建全市药品配送物流服务体系。以南五医药物流中心、国药东北物流中心、东药物流中心、九州通医药物流中心为核心，重点建设成为集仓储、运输、分拨、配送、包装、展示、交易为一体的多功能的大型医药物流中心。

五、发展重点

（一）建设物流节点设施

统筹规划建设七大物流集中发展区，充分体现布局集中、用地节约、产业集聚、功能集成、经营集约的特征，完善专业化物流组织服务，实现长途运输与短途运输的合理衔接，优化城市配送，提高物流运作的规模效益，缓解城市交通压力。此外，依托主要经济开发区、工业园区、大型商贸市场和交通枢纽，重点建设为汽车、化学危险品、农副产品及加工、医药等产业服务的专业物流中心。

（二）推进物流业与其他产业联动发展

通过“提升壮大一批，企业分离一批，新发展一批，引进一批”，壮大我市第三方物流企业规模，推动物流业与制造业、商贸流通业、农业产业联动发展。推动北方交通重工、沈阳机床、沈鼓集团、特变电等重点制造企业释放物流业务，促进制造业与物流业有机融合，联动发展。鼓励大型商贸流通企业大力发展连锁经营、物流配送。积极发展农产品从产地到销地的直销和配送，支持“万村千乡”市场工程、“新网”工程实施。

（三）推动专项物流发展

大力发展专项物流，提升全市物流服务水平。促进保税物流发展，建立新型保税物流监管体系，加快建设综合保税区；重点完善鲜活农产品储藏、加工、运输和配送等冷链物流设施，提高鲜活农产品冷藏运输比例，保证农副产品新鲜安全，构建冷链物流体系；加强对化学危险品物流运营商的监管，建立安全可靠的化工危险品物流体系；推动绿色物流，实现绿色运输和绿色仓储，推广绿色包装，逐步建立再生资源回收利用循环物流系统。

（四）建设全市物流信息平台

建设我市物流信息体系，构建物流公共信息平台，加快建设以沈阳为基地的东北地区物流公共信息平台；发展社会化物流信息网络，围绕先进装备制造业基地建设，构建国家级重大装备物流信息平台；促进制造业与物流业信息共享、标准对接支持制造企业、物流企业建立面向上下游客户的信息服务平台，实现数据实时采集和对接，并建立物流信息共享机制；建立和完善制造业物流标准体系，制定物流信息、物流服务流程、工具器具和技术装备等领域的标准和规范；加快对现有仓储、转运设施和运输工具的标准化改造，加快推出联动信息化标准、鼓励企业采用标准化的物流设施和设备。

（五）打造城市配送体系

发展面向流通企业和消费者的社会化共同配送，促进流通的现代化，扩大居民消费。加快建设城市配送项目，鼓励专业运输企业开展城市配送，提高城市配送的专业化水平，解决城市快递、配送车辆进城通行、停靠和装卸作业问题，完善城市物流配送网络。

（六）开发推广物流技术装备应用

依托我市物流装备制造业的基础和优势，培育和发展一批物流装备品牌。跟踪研究国际、国内物流装备技术标准和市场变化，发展物流业所需的各种现代装备，全面提升我市物流装备制造能力。重视“物联网”建设，推动射频技术、传感器等技术在物流领域的应用。大力推广集装技术和单元化装载技术，积极采用托盘装载运输方式。大力发展集装箱车、大吨位厢式货车、节能环保货车、自动化仓库设备等。

六、政策与措施

（一）加强组织领导

加强对物流业发展的组织和领导。组建以市政府分管市长为召集人，由市发改委、市服务业委、市交通局等有关等部门参加的市物流联席会议制度，明确各成员单位的职责，合理分工，通力协作，协调解决涉及相关部门的有关问题，促进部门协作配合，实现信息共享，建立长效机制，全面推进物流业发展。

（二）加大资金投入力度

按照政府引导、企业主体、市场化运作的原则，拓宽投资渠道，鼓励、引导民间资本进入，形成多元化的投融资渠道。同时，协调金融部门给以信贷支持，充分利用各方面资金支持物流业发展。积极争取国家、省对我市重点物流项目的资金支持。

（三）完善促进物流业发展的政策

在贯彻落实好国家现有推动现代物流业发展有关政策的基础上，进一步研究制定促进现代物流业发展的有关政策。加大政策支持力度，解决影响当前物流业发展的土地、税收、收费、融资、交通管理和计量器具等方面的问题。研究提出运输车辆入市开辟绿色通道的措施等。

（四）创新体制机制

推进物流企业改革，建立现代企业制度，鼓励物流企业做大做强；引进和吸收国外先进的组织形式和经营方式，通过兼并、重组，提升传统物流流通业，鼓励发展现代物流；支持物流企业以资本运作等合资、合作方式，参与物流基础设施建设和经营；加快引入竞争机制，鼓励国内外各类主体，特别是大型物流企业进入。

（五）完善物流标准制定和物流统计工作

按照企业急需性、可操作性和可推广性进行逐步推进鼓励标准化科研机构深入企业开展调查，准确把握企业发展脉搏，根据企业所需，做好物流标准规范制定。建立我市物流业统计指标体系，强化对产业发展的运行监测。着手研究建立物流业统计调查制度和预警、预测和信息发布制度，做好行业分析，为行业发展提供依据。

（六）推动物流业人才的引进和培养

推动物流人才尤其是物流企业高级经营管理人才、物流技术人才的引进工作。选择与物流岗位接近和知识结构接近的职工进行在岗培训，尽快培养出一批企业急用的物流人才。委托相关高校开设现代物流管理、物流技术专业，把学历教育及职业教育结合起来，重点培养我市急需的物流应用人才、操作人才。在物流业中推行物流从业人员资格认证和能力级别证书制度，促进物流人才管理的规范化。通过一系列措施抢占我市物流人才制高点。

009

大连市人民政府办公厅关于印发大连市“十二五”现代物流业发展规划的通知

大政办发〔2012〕141号

各区、市、县人民政府，各先导区管委会，市政府各委办局、各直属机构：

经市政府同意，现将《大连市“十二五”现代物流业发展规划》印发给你们，请认真组织实施。

大连市人民政府办公厅

二〇一二年十二月七日

大连市“十二五”现代物流业发展规划

大连市人民政府办公厅

2012年12月7日

“十二五”时期是大连市全面建设小康社会的关键时期，是深入贯彻落实科学发展观、深化改革开放、加快转变经济发展方式的攻坚时期，是打造全国性物流节点城市、确立东北亚国际物流中心地位与作用的重要时期。

根据市委、市政府统一部署，以《大连市国民经济和社会发展第十二个五年规划纲要》为指导，以《辽宁沿海经济带发展规划》和《大连东北亚国际物流中心发展规划》等为依据，制定本规划。本规划主要阐明大连市“十二五”时期现代物流业的发展思路、目标和重点任务，为优化物流空间布局、引导市场主体行为、决策重大物流项目、制定相关政策提供重要依据。规划期为2011年—2015年。

一、“十一五”回顾

“十一五”期间，大连市牢牢抓住机遇，大力促进传统物流业向现代物流业转型发展，现代物流产业地位不断提升、发展规模不断壮大、发展质量不断提高、发展环境不断改善，已成为全市经济社会发展的重要支撑和新的经济增长点。

（一）物流业产业地位初步确立

物流发展规模持续扩大。2010年，全市社会物流总额1.34万亿元，比2005

年增长 0.58 万亿元，年均增长 12%；物流业增加值 491.57 亿元，比 2005 年增长 247 亿元，年均增长 15%，占 GDP 比重为 9.5%，占服务业增加值比重为 22.7%；物流整体运作效率有效提高。2010 年，社会物流总费用 857.28 亿元，占 GDP 比重为 16.62%，比 2005 年降低 1.28%，高于全国平均水平。现代物流业作为大连市优势产业和服务业主导产业的地位初步确立，有力支撑了经济发展和发展方式转变。

（二）港口物流发展取得突出成效

“十一五”期间，以大连港为核心，以内陆干港建设、海铁联运发展为重点，以不断拓展的港口腹地为依托，集装箱物流、大宗商品物流、保税物流等港口物流加速发展。2010 年，大连港货物吞吐量达到 3.14 亿吨，集装箱吞吐量达到 524.2 万标准箱，创历史新高。2010 年，大连港外贸货物吞吐量占辽宁省港口外贸货物吞吐量的 64.3%，外贸集装箱吞吐量占全省港口的 96.4%，承担了东北地区主要的进出口货物运输任务，在服务东北地区外向型经济发展中确立了核心地位。

（三）物流基础设施不断完善

随着海港、空港、高速公路、铁路等基础设施规模迅速扩大，以大连为中心的综合运输体系逐步形成，东北地区内陆干港及节点网络、环渤海公共内支线网络、大连铁路集装箱中心站、香炉礁物流园、空港国际物流园区等一批重大项目顺利推进，为全市物流业发展提供了良好的设施条件。2010 年，全市各类经营性仓储企业达 270 家，一次性储存能力超过 1000 万吨，现代化仓储设施超百万平米，已建立起中转、储备、保税等门类齐全的仓储集群，区域性物流仓储中心正在形成。

（四）物流市场服务主体逐步建立

全市从事物流相关业务的企业 4200 家，比 2005 年增加 2000 多家，规模以上的物流企业 200 余家。2010 年末，A 级以上的物流企业 5 家，其中 5A 级物流企业 2 家、4A 级物流企业 2 家、3A 级物流企业 1 家，税收试点物流企业达 22 家。随着 FedEx、UPS、TNT、DHL 等国际知名快递企业、物流巨头及物流投资商先后落户，全市物流市场呈现出投资主体多元、经营各具特色、中外企业竞相发展的格局。综合物流企业、船代货代企业、运输企业、仓储企业、其他相关物流企业所占比例分别为 44.6%、20.3%、20%、7.6%、7.5%，已初步形成门类齐全、运作高效、竞争充分的物流市场服务主体。

（五）物流科技与信息化水平大幅提升

大型自动化立体仓库、新型运输工具、GPS（全球定位系统）、GIS（地理信息系统）、RFID（无线射频识别技术）、WMS（仓储管理系统）、ERP（企业资源计划）等一系列现代化物流技术装备开始在各类企业中得到重视和广泛应用。

大连口岸信息平台覆盖口岸所有相关企业，提升了口岸辅助通关及综合服务效率和服务水平；大连口岸物流网开发的东北区域多式联运协同服务信息平台、锦程国际物流集团开发的全球订舱系统、泰德煤网开发的集多种增值模式为一体的网上服务系统、北良公司开发的“大连国际农产品交易中心”平台、瓦轴集团开发的以物料需求计划为核心的ERP系统等处于国内领先地位。

（六）物流业发展环境明显优化

“十一五”期间，市委、市政府高度重视现代物流业发展，成立了大连市现代物流业发展领导小组，并结合大连物流业的特点将领导小组办公室设在了市港口口岸局。结合国家、省部出台的物流业发展相关政策，先后出台了《关于加快大连市现代物流业发展的意见》、《关于印发贯彻落实大连东北亚国际航运中心发展规划实施意见的通知》、《大连市仓储服务业管理办法》等有关物流业发展的指导性文件。同时，相关部门、机构出台支持物流企业的融资政策，开展物流企业的评选活动，鼓励企业良性竞争，物流业政策环境得到持续改善。

“十一五”期间，虽然大连现代物流业发展取得了长足进步，但是与经济社会发展需求相比，全市物流业发展仍存在着总体发展水平不平衡、服务体系不完善、物流结构不合理、政策体系不健全等深层次矛盾，离东北亚国际物流中心、全国性物流节点城市的定位要求尚有差距。主要表现为：一是多种运输方式协调发展的综合运输服务体系尚未完全形成，规划的物流园选址落地难，部分运营物流园的功能交叉、同质化竞争较多，物流基础设施条件有待进一步加强；二是港口物流产业链不长、价值链不高，物流增值服务能力偏低，物流发展水平与港口地位和吞吐量规模不相匹配；三是制造业企业物流业务剥离程度低，物流需求没有得到充分培育和有效释放；四是大部分物流企业规模偏小，抗风险能力弱，多数企业服务模式单一，一体化、专业化、规模化、品牌化的物流服务水平亟待提高；五是操作型和高端物流人才缺乏，难以满足发展需要。

二、面临的形势

从国际环境看，随着经济全球化进程加速和我国融入世界经济的步伐加快，全球采购、生产和销售的发展趋势为国际物流提供了广阔的发展空间。另一方面，国际金融危机影响深远，世界经济增长速度放缓，全球需求结构出现明显变化，不确定因素增多，外部环境更趋复杂。大连以港口为支撑的物流业发展将受到全球航运市场低迷的冲击，面临更大的压力。

从国内环境看，东北亚国际物流中心和全国性物流节点城市的定位、辽宁发展海洋经济“三核两翼”战略等均为大连调整与振兴物流业、拓展物流服务功能和提升辐射能力提供了较高的发展平台和难得的发展机遇。沿海城市港口发展及现代物流业竞争日趋激烈，经济腹地的争夺愈演愈烈，大连以港口物流为主要增长极的物流业发展模式面临较大挑战。

从区域环境看，国家进一步实施振兴东北老工业基地和辽宁沿海经济带发展战略，国家打造的沈阳经济区这一“区域经济共同体”将会成为东北地区经济发展的重要区域和辽宁省的经济核心。而沈阳经济区和沿海经济带发展是一个整体，不能割裂，其中内陆战略是内核，沿海战略是外延。大连作为辽宁发展海洋经济战略部署中“一核两翼”中的核心，迎来了东北亚国际物流中心建设的良好机遇。另外，东北亚乃至环渤海地区受朝鲜半岛和日本列岛包围，大连海港在国际航线上的优势并不明显，先期发展起来的韩国港口、日本港口具有码头设施先进、航线密集、管理科学、口岸环境宽松等优势；其次，近年来京津唐和山东地区经济增势迅猛，天津、青岛都提出建设北方国际航运中心的发展思路，环渤海地区三强争霸的格局短期内难以改变，再加上营口港自然环境、区位条件、腹地资源具有相当的优势，发展势头迅猛，对大连港口物流发展构成了较大威胁。

从大连实际情况看，“十二五”期间，一是前期大量基础设施和一批重点产业园区建设为物流业发展奠定了良好基础；二是随着全市制造业和商贸业加快发展及专业化分工的深化，制造业、大宗商品、城市配送等领域物流需求将得到进一步释放，全市物流业将拥有更为广阔的发展空间；三是全市进入工业化、城市化、信息化和国际化发展的新阶段，产业结构调整及发展方式转变、城乡统筹一体化、周边城市物流发展竞争等方面将对大连物流业发展提出更高要求。

综上，“十二五”时期是大连物流业发展的重要战略机遇期，机遇和挑战并存，机遇大于挑战。全市要充分利用各种有利条件，加快解决物流业发展中存在的矛盾和问题，全面推进现代物流业平稳快速发展。

三、指导思想与发展目标

(一) 指导思想

以邓小平理论和“三个代表”重要思想为指导，深入贯彻落实科学发展观，按照国家振兴东北老工业基地、辽宁沿海经济带开发开放战略和大连全域城市化的总体部署，以转变物流发展方式为主线，以日益完善的综合交通运输体系为依托，以现代化技术装备和信息化手段为支撑，以优化物流基础设施布局为基础，以培育大型物流企业为手段，以发展多式联运、国际物流为重点，完善基础工作，营造发展环境，逐步建立现代物流服务体系，推动物流业与农业、制造业、商贸业、金融业的联动融合发展，提升重点领域物流和供应链管理的专业化、集约化、现代化、国际化服务水平，促进物流业科学协调可持续发展，基本建成东北亚重要的货物中转基地、区域分拨配送基地和多功能综合服务中心。

（二）基本原则

——引领经济转型升级，坚持优先发展。充分重视现代物流业对转变经济发展方式、优化产业结构、增强企业核心竞争力、提高经济运行效率、保障和改善民生的促进作用，坚持两个优先原则，一是把现代物流业作为全市支柱保障产业优先发展，二是优先发展基础条件良好、优势明显、特色鲜明的专业物流，大力推进物流业转型升级，积极引领经济发展方式转变。

——整合物流存量资源，坚持统筹发展。根据全市的区位和现实条件，制定符合当地实际的规划与建设内容。充分利用现有的物流资源，合理布局物流设施，整合物流园区、物流通道、运输装备等存量资源，统筹港口与城市、城区与乡村、重点区域与一般区域的物流发展，建设布局合理、功能互补的现代物流服务网络，促进全市物流业的有序发展。

——完善多种运输方式，坚持协调发展。本着“协调发展”原则，做好全市现代物流业发展与综合交通运输体系建设的有机衔接，做到现代物流业与经济社会发展、城市规划建设、土地规划利用间的协调发展，避免重复建设。坚持循序渐进，逐步形成适应大连和东北地区经济社会发展需要的现代物流网络。推进多式联运，继续巩固海铁联运的优势地位，重点突破水水中转瓶颈，协调公、铁、水、航、管等多种运输方式发展。

——对接国内国外市场，坚持外向发展。把对外开放作为增强全市现代物流业发展活力的重要途径，依托海港和空港资源，发挥口岸经济优势，以产业供应链为纽带，对接国内外市场，加强对外合作，改善港口、边境口岸和国际通道设施条件，提高通关效率，大力发展国际物流，提高全市物流服务国际化水平。

——加强先进技术应用，坚持创新发展。把创新发展作为持续提升大连现代物流业发展水平的重要手段。借鉴国内外的新理念、新经验、新技术，创新物流服务模式，鼓励物流企业提高物流技术和供应链管理水平。改造和提升传统物流业，提出新技术、新装备的开发和应用计划，推进与国内外先进物流技术标准的对接，推广应用物联网先进技术。转变物流运作方式，大力发展绿色物流，促进节能减排。

——强化市场主导和政府引导，坚持自主发展。充分发挥市场配置资源的基础性作用，调动企业的积极性，强化物流企业在技术创新和产业发展中的主体地位。强化政府在发展物流业中的规划、引导和扶持作用，为发展现代物流业营造良好的政策和发展环境。

（三）发展目标

结合《大连市国民经济和社会发展第十二个五年规划纲要》中对全市物流发展目标的要求，到2015年，初步建立以港口物流和航空物流为龙头、以海铁联运为辅助的现代物流服务体系，进一步巩固和提升物流业的产业地位，奠定大连作为东北亚国际物流中心和全国性物流节点城市的地位。

——物流基础设施布局合理，服务网络更加完善。形成以“两港”为核心，以海铁衔接、海地衔接、空地衔接、空铁衔接的多式联运辐射带为基础，以汽车、油品、日用消费品、水产品、农产品和高科技产品的物流服务联动区为支撑，形成以物流配送城乡一体化物流节点为衔接的“二核、四带、六区、多点”的物流空间格局。

——物流业规模实现快速增长，整体运行效率显著提高。到2015年，全市物流业增加值超过1200亿元，年均增长15%以上，占地区生产总值比重达到12%左右；物流整体运行效率显著提高，社会物流总成本与GDP的比率降到16%以下，物流业碳排放强度明显下降。

——港口物流地位进一步巩固，专业物流特色鲜明。到2015年，实现港口吞吐量5亿吨，集装箱吞吐量1200万标准箱，以东北亚国际航运中心为依托，港口物流的龙头地位提升明显。其中，集装箱、滚装、油品、金属矿石等大宗商品物流地位突出，特别是油品、汽车、水产品、保税物流和冷链物流特色优势凸显。

——空港物流地位显著提升，高附加值货量大幅提高。建成大连国际机场空港物流园中心区，到2015年，货邮吞吐量达到25万吨。以航空运输为载体的高附加值物流服务比例大幅增长，初步形成大连航空物流产业集聚区。

——物流企业服务能力增强，专业化水平明显提高。第三方物流企业规模显著扩大，专业化、科技化水平明显提升，大型物流集团引领和示范作用突出，高端物流服务增加值占比明显提高。到2015年，引进和培育营业收入100亿元以上企业3家以上，培育在国内市场地位突出的规模物流信息化企业5家以上。

四、网络规划

(一)“二核”——国际物流核心节点

大连经济以外向型为主，物流业的发展主要依托海港与空港。“十二五”期间，在保持港口物流业持续稳定发展的同时，应重点突出空港在东北亚国际航运中心和东北亚国际物流中心建设中的作用，强化空港物流发展。以海港、空港口岸为载体，保税政策为保障，打造多种运输方式衔接顺畅的“立体化”国际物流运输体系。

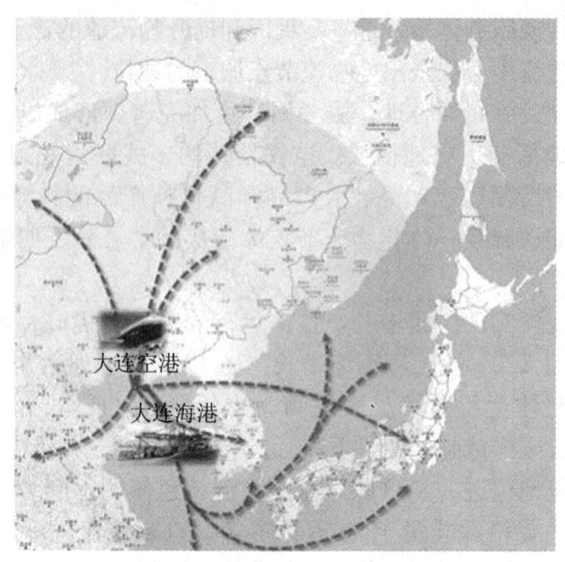

图 1　国际物流核心节点布局图

（二）“四带”——区域物流多式联运辐射带

以东北经济腹地物流需求为引导，发挥大连作为东北地区重要海运、航空枢纽的优势，依托物流园区、物流中心等重要节点，加强物流通道建设，发展多式联运，形成以海铁衔接、海地衔接、空地衔接、空铁衔接为基础，铁路轮渡和滚装甩挂运输为特色的多式联运辐射带，构筑便捷高效、辐射力强的区域物流服务网络。

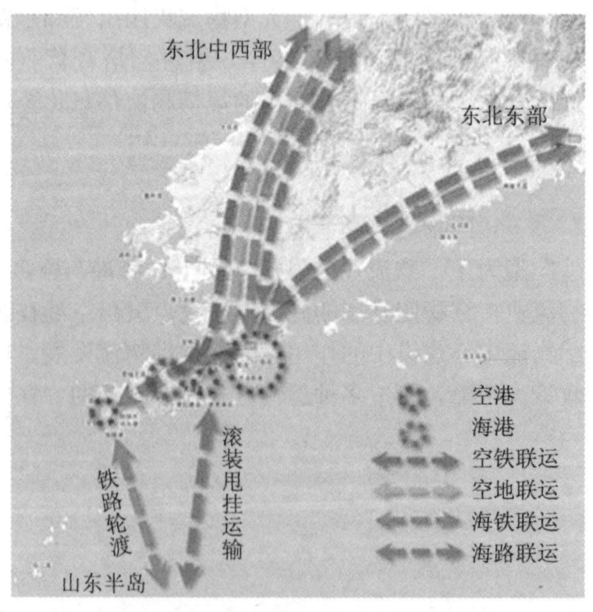

图 2　区域物流多式联运辐射带布局图

（三）“六区”——产业集聚与物流服务相结合的联动区

强化物流业与相关产业的联动作用，依托全市现代产业集聚区，以石化、汽车、农产品、水产品、电子产品、日用消费品为核心，新建和改造相对集中、功能完善、规模集约的物流园区或中心，引导物流资源集聚，形成多种货源、特色鲜明的产业集聚与物流服务相结合的联动区，服务大连高端产业功能区、工业区以及其他产业集聚区的发展需要。

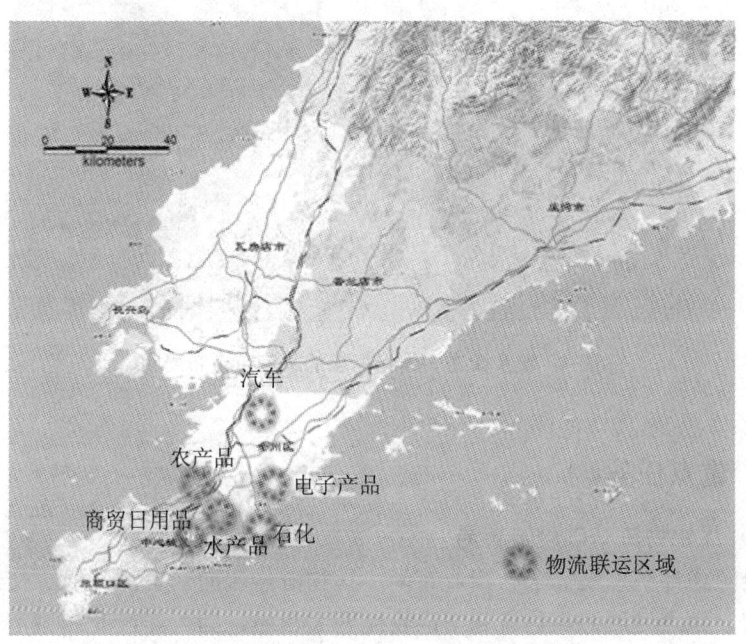

图3　产业集聚与物流服务相结合的联动区布局图

（四）“多点”——城乡配送一体化衔接的物流节点

为了加快大连全域城市化建设和满足城乡人民生活需要，以服务农产品流通体系和日用消费品商贸流通体系建设为重点，完善城乡物流配送体系，提高物流业运行效率和保障能力，以全市综合运输体系为平台，加强城区与城区间的衔接，并以城区为核心向周边乡镇辐射，构建物流配送服务的“城乡一体化”格局，保障和改善民生。

改造和新建一批农产品物流配送中心，增强批发市场配送中心的功能和配送能力，逐步形成辐射全域的物流配送网络。支持连锁经营的商贸、餐饮企业优化配送中心布局，完善配送中心功能。调整优化现有提供社会化服务的物流配送中心布局和功能，支持冷链物流专用设施建设；鼓励利用城区既有仓储设施改建现代化的日用消费品配送中心；加强北三市以及周边乡镇发展所需的配送中心建设。

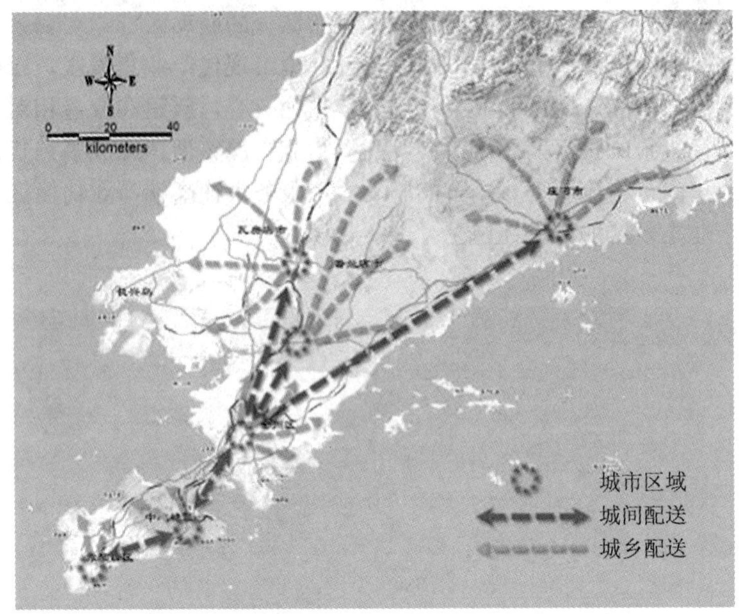

图 4　城乡配送一体化衔接的物流节点布局图

五、重点任务

（一）优化物流基础设施布局

综合考虑经济发展需求、产业布局、货物流量流向、资源环境、交通条件等众多因素，重点发展海港物流和空港物流两大领域，为大连产业和城市发展以及东北经济腹地的国际贸易和跨区域货物流转提供综合物流服务。

以辽中南城市群、京津冀城市群、山东半岛城市群为依托，构建环渤海经济带综合物流网络体系。充分利用环渤海经济圈强大的经济功能，通过集疏运体系、主要物流节点建设，广泛吸引货源，发挥大连货运中转基地的功能。同时，在沈阳—大连、北京—天津、济南—烟台等三大都市圈内部规划建设内陆干港，重点建设沈阳、长春、哈尔滨、满洲里和绥芬河一级物流节点，布局建设二级、三级物流合作节点，通过综合运输体系建设，逐步将大连的口岸功能延伸到内陆城市。

加快海、陆、空国际物流通道建设，推进各种运输资源的整合，完善集疏运体系，形成以大连口岸为中心，以东北腹地为依托，面向东北亚市场的国际物流服务网络。积极拓展东部沿海、东南亚、中东地区、美洲和欧洲地区的物流节点。

以综合性和专业化物流园区建设为主体，加快构建物流园区、专业物流中心和分拨中心相结合的物流服务网络。重点建设保税港区，发挥国际中转、保税仓储、分拨配送等核心功能，增强对内陆物流园区的引领和带动作用。充分发挥保税区的政策优势，大力发展保税物流。加快建设危险化学品物流园区，严格安全生产管理。

在全市域范围内，推进各种运输资源的整合，结合物流末端节点分布和集货网络体系，建设以电子商务为交易平台，完善的物流设施设备为支撑的城乡一体化物流配送体系，构建合理高效的市域物流网络。

（二）扩大物流市场需求

扩大海港和空港物流辐射范围。充分发挥大连的口岸优势，实现口岸通关及物流发展的“一站式”服务和“一网式”交易，完善辐射东北亚地区的物流服务网络。发展综合性港区，大力拓展集装箱冷链物流、过境物流，加快与日韩、俄罗斯等东北亚地区主要国家的国际物流通道建设，通过海港通道、空港通道建设，使货邮在大连与东北亚各地区、环渤海经济区之间的流动更加柔性化。深化港口战略合作，加强内陆干港建设，推进海铁联运，拓展港口物流腹地需求。

对外以国际贸易为纽带，重点发展集装箱、电子产品制造原料、冷链水产品等进口贸易平台，扩展国际物流需求市场。加大物流市场开放力度，积极引进国内外知名大型物流企业，建立跨区域物流中心，重点支持建设面向东北亚的煤炭、油品、粮食和矿产品四大交易中心，使大连成为东北亚多式联运中心、供应链管理中心和国际物流枢纽。

对内推动物流业与制造业、商贸业、农业之间的联动，带动产业间的深层次融合，鼓励制造企业、商贸企业和农业企业整合优化业务流程，剥离或外包物流业务，进一步释放物流需求，提高物流需求外包的功能层次。鼓励物流企业积极运用物流网络技术，加快发展物流电子商务，实现从传统物流向现代物流转型，大力推进物流服务的社会化和专业化。

（三）促进重点领域物流发展

结合大连物流产业发展特征、经济发展趋势和特色优势，重点发展港口物流、航空物流、汽车物流、冷链物流、商贸物流、铁路物流以及保税物流等专业物流领域。

港口物流。继续巩固和提升大连港口的物流优势地位，积极推进集装箱物流和以滚装、油品、矿石、粮食、钢铁、煤炭为主的大宗商品物流。以国际贸易为依托，加快对接国际、国内两个市场，构建集装卸、堆存、运输、拆拼箱、流通加工、配送、信息服务等于一体的综合性集装箱物流服务体系。积极扩大引进专业市场运营商和大宗商品流通企业，加快大宗商品交易市场的发展，引进和培育一批大宗商品物流企业，在辐射范围内优化布局大宗商品物流配送网络，打造大宗商品的资源配置中心和集散中心，加快形成集交易、金融、信息、物流服务于一体的港航物流服务体系。

航空物流。依托大连空港物流园区和大连空港国际国内航线，大力发展航空物流，着力推进大连机场建设成为东北亚门户枢纽和东北亚货运枢纽。一方面，以一批国际知名电子产品制造企业的物流服务需求为核心，围绕高科技、高附加值货物物流需求，提高航空物流技术装备水平，培育专业化航空物流服务企业；另一方面，建立航空物流信息服务平台，拓展空地联运、空铁联运、空海联运业务，打造高附加值的现代航空物流服务体系。

铁路物流。铁路是大连港主要的集疏运方式之一，集装箱海铁联运量居全国首位。随着哈大铁路及东北铁路网的完善，特别是东北东部铁路的陆续建设和开通运营，铁路运输优势越发明显，铁路成为紧密联系大连港与东北腹地的主要运输方式。“十二五”期间要抓住铁路货运能力释放的良好契机，积极发展铁路专业物流、危化品物流，加强对危化品物流的跟踪与监控，规范危化品仓储和运输的安全管理。

汽车物流。大连是全国进口汽车四大口岸之一，是国家节能与新能源汽车示范推广试点城市之一，汽车零部件产业具有雄厚的基础和历史。以奇瑞汽车整车项目、曙光汽车暨零部件制造基地项目落户保税区为标志，大连拥有了汽车整车生产项目，实现了大连汽车产业发展的历史性突破。借助大连汽车物流城建设，应积极发展汽车物流，充分发挥保税港区的政策功能优势，打造千亿元产值规模的汽车及零部件产业集群，进一步带动相关产业发展，夯实临港产业集群。

冷链物流。大连海洋资源丰富，区域交通优势明显，拥有大连湾、金州杏树屯、旅顺董砣子和庄河黑岛等一批国家级渔港重要资源，冻品物流、水产品深加工等产业基础雄厚，冷链物流优势明显。“十二五”期间，应大力发展水产品冷链物流，加快构建鲜活水产品冷链物流体系，鼓励和支持企业联合建立生鲜配送中心，重点扶持和培养一批专业冷链物流企业，加大冷藏车辆等冷链技术装备投资，实现冷链物流规模化、规范化经营，发展以水产品仓储和配送为主的冷链物流，拓展冷链物流增值服务功能，着力打造国际水产品冷链物流、加工和交易中心。

商贸物流。以鲜活农产品、食品、果蔬、鲜花等居民生活必需品为物流服务对象，完善城乡配送服务体系，积极发展以电子商务为导向的城市配送物流。研究制定城市配送管理办法，整合优化城市配送网络节点，优化中心城区配送车辆的组织和管理，完善末端停靠接卸设施建设，逐步完善全市城市配送体系。

保税物流。以拓展和完善保税物流功能为突破口，优化国际贸易发展方式，完善国际贸易服务体系，吸引东北亚优质国际贸易资源集聚。充分发挥政策优势，强化大连保税区、大连保税港区等海关特殊监管区域的功能培育，加快发展适应国际采购、国际配送、国际中转、转口贸易和加工贸易等业务要求的保税物流。

（四）培育大型物流企业

促进物流企业做大做强。选择一批成长快、竞争力强、运作规范的物流企业在资金和政策等方面予以重点扶持，使其尽快做大做强，发挥其示范和带动作用，打造品牌物流企业旗帜；引导中小物流企业在资产、信息和业务方面进行整合，鼓励市场经济条件下的并购重组；通过重组整合，打破部门、地区、行业和所有制间的界限，形成一批信誉度高，带动示范作用强，能提供全程化、专业化和优质化服务的大型物流企业。

大力发展第三方物流。鼓励现有运输、仓储、货代等传统物流企业功能整合和业务延伸，不断提升一体化服务水平，加快向现代物流企业转型。积极引导和鼓励大型制造业企业的物流自营机构不断完善功能、提高服务能力，实现与母体分离，成为社会化的第三方物流企业。鼓励物流企业开展技术创新、模式创新、服务创新，提高企业的竞争力。

培育物流总部企业。构建和完善以总部型物流集团企业为主导，中小物流企业专业化配套、集群化发展的新型产业组织结构。政府通过制定和落实优惠政策，广泛对外招商引资，吸引国际知名物流企业和国内大型物流企业在大连设立总部或者分支机构，鼓励外来企业参与本地物流企业重组，鼓励本地物流企业与国内外大型物流企业开展多种形式的合作，通过引进资金和人才，创新管理方式和方法，培育和发展一批管理先进、竞争力强的现代物流集团企业，形成物流企业总部集群。

（五）创新物流金融服务模式

搭建物流业融资平台。支持成立主营物流金融业务的专业性银行，为物流企业提供专业融资平台。建立金融机构与物流企业之间的沟通联系机制，引导金融机构加强对物流业的信贷支持。鼓励第四方物流运营主体与金融机构、担保机构开展合作，为会员企业提供支付结算、信用增级、融资补贴、应收款质押贴现等增值服务。

创新物流业融资模式。发展以动产质押为基础的物流金融服务业务，为客户提供融资担保、存货质押、仓单质押、保兑仓、统一授信等增值服务。完善物流企业融资担保机制，发展物流企业联保、互保贷款业务，探索组建行业性融资担保机构或筹备专项担保资金。积极发挥融资租赁的作用，鼓励物流企业利用融资租赁方式，解决大型设备、运输工具购置等融资问题。

拓宽物流业融资渠道。支持有条件的物流企业改制上市，积极引导竞争实力强、资质等级高、企业规模大、经营业态新的物流企业提升资本经营意识，加快推进企业上市步伐。积极引入股权投资，引导物流企业增强与资本战略对接的意识，通过吸引、运用股权投资提升自身实力和管理水平。支持有条件的物流企业充分利用企业债、短期融资券等融资工具，拓展融资渠道，降低财务成本。

（六）提升物流科技化水平

提升物流装备现代化水平。鼓励企业采用专用物流技术装备，推进运输装备专业化、结构合理化、轻型化、快速化和标准系列化，开发与推广先进适用的仓储、装卸等标准化专用设备。大力推广集装箱运输车、特种专用车辆和载重量在8吨以上的重型专用货车，加快普通敞篷货车的厢式化进程，提升化学危险货物、大型物件、冷藏保鲜货物等运输的专业化水平，大力发展科技含量高、单位附加值高的大型船舶和特种船舶；大力发展自动立体化仓库，逐步推广使用标准化托盘，推进仓储设备专业化和标准化；大力发展大型高效起重设备、智能式搬运车、系统化传送带，推进装卸设备自动化和智能化。

推广绿色低碳物流技术。一是推进设备更新升级，广泛应用节能新技术。限制高耗能车辆进入道路运输市场，出台相关政策，引导物流企业推广使用环保车辆。在物流节点地区设立加气站、充电站，保证货运环保车辆的跨区域运行；二是调整和优化能源结构，重点实施大连港集装箱场桥“油改电”技术、推广海水源热泵技术和空气源热泵技术以及发展包括风能、太阳能在内的新能源产业，加快海洋工程装备、高技术船舶、新材料等新兴产业中以低碳技术为主导的产业结构调整；三是发挥现有优势，大力发展甩挂运输组织方式。以烟台一大连甩挂运输为核心，通过整合烟台和大连两地港口资源、运输资源、仓储资源和服务资源，重点打造环渤海地区高水平的专业化甩挂运输平台，迅速打通甩挂运输产业链，大力推进甩挂运输试点城市建设。

（七）推进物流信息化建设

加快物流信息基础设施建设，构建面向东北亚的物流信息服务网络。整合现有专业化物流平台，加快完善建设大连物流综合信息服务协同平台，构建与东北亚地区主要城市物流信息平台系统互联、信息共享的核心物流信息网络体系。支持各物流园区、物流中心及重点行业的专业化信息平台建设，实现与公共物流信息平台的链接。

建立多种专业化的物流信息服务平台。依托泰德煤网、大连口岸物流网、锦程订舱系统、航运在线、辽宁口岸电子物流网的技术优势，大力推进全市物流市场信息平台建设，着力建设在国内领先的物流公共信息平台和交易平台；进一步发挥和完善现有平台的功能，积极发展政府主导公共服务平台和公共数据中心；引导企业参与建设公共应用平台和专业化应用平台，努力构建大连物流综合信息服务协同平台。

建设物流智能软件产业基地。以大连软件园、高新园区的IT企业为主要载体，建设物流智能软件技术创新基地，推动智能交通、智能电网、移动通信、网络应用等物流装备的设计和生产，建设智慧物流产业装备创新基地。

建设智能物流园区和企业。推进重点物流园区信息化建设和业务平台建设，提高物流体系的智能化、网络化、自动化水平。提高物流企业运作的信息化、标准化、智能化、专业化水平，推动物流企业从传统走向现代，从低端走向智能。推动物联网技术在物流领域的创新应用，初步实现物流作业过程的可视、可控和互联互通。

建设智能低碳型港口。以智能低碳型第四代港口为发展方向，以信息网络为基础，以协同平台和标准体系建设为支撑，加快现代智能技术在港口运作中的应用，整合港口信息流，依托可视、可控的车船装备、特种集装箱、智慧港口管理系统等，带动与港口相关物流企业提升信息化、智能化水平，继而打造涵盖供应链所有环节的智慧型港口物流体系。

（八）推动物流标准化实施

开展物流标准化体系的协调工作，贯彻执行国家物流标准，加快对现有仓储、转运设施和运输工具的标准化改造，鼓励企业采用与国际接轨的标准化物流设施和装备；建立适应大连推进现代物流业发展需要的物流企业评估标准体系，对企业规模、人员、设备、经营管理和信息技术等方面设立基本的评估标准，在市场准入等方面实施公平规范的管理；规范物流企业的服务标准，对物流服务价格实行以市场为主导的宏观指导，规范物流企业相关的各种收费标准，整顿收费站点；建立物流统计和考核制度的标准化体系，完善物流统计指标体系；确立物流园区的建设和运营标准；建立物流信息化平台的标准化接口，方便平台衔接和功能扩充；积极鼓励储运单元条码在物流领域的应用，稳步推行国际通用物流标准；积极推行国家出台的《物流企业分类标准和评价体系》，加强物流企业标准化工作，建立健全涵盖包装、贮存、运输、装卸、安全、服务等技术标准和操作规程的标准化体系。实施物流标准化服务示范工程，选择大型物流企业或物流节点开展物流标准化试点工作并逐步推广。

六、重点工程

（一）物流园区工程

按照“战略定位显著、物流功能主导、物流企业集聚、推进计划可行”的基本原则，重点规划建设以下物流园区：

空港物流园区。建设大连国际空港物流园区，培育保税物流功能，主要以电子产品等高附加值货物物流为主要发展领域，重点推进园区内空港货物分拨配送区、临空产业加工区和快件处理中心的建设，打造集仓储、保税、快件、加工和信息处理功能为一体的现代空港物流服务体系。

临港物流园区。大窑湾港区集聚了港口、集疏运体系、城市功能、国际物流、自由区政策等国际航运中心建设的核心要素，正在发展成为大连东北亚国际航运中心、国际物流中心的核心功能区。“十二五”期间，应完善和提升大窑湾临港综合物流园区的建设。一方面，突出保税功能，拓展保税物流业务。按照“小港大区”的理念合理规划保税港区，打造港区后方的大物流区、大加工区；另一方面，依托深水优势，扩大中转业务。加强核心港区专业化码头建设，重点发展石油及石油制品、集装箱、矿石、钢材、粮食、汽车及滚装等大型专业化码头和港区，满足45万吨级油轮、40万吨级矿石船、15000标准箱集装箱船、8000辆汽车滚装船等大型船舶的靠泊装卸要求，继续巩固其在大连现代物流业发展中的核心地位。

香炉礁物流园区。明确香炉礁物流园区四大功能区的总体布局，即以麦德龙、百安居、迪卡侬、宜家、沃尔玛山姆店等为主体的大型仓储式购物区，以工业产品交易市场和物流中心为主体的生活、生产物资调剂交易和运输区，以中小型仓储店为主体的中央购物区和以商务酒店、写字楼、公寓为主体的生活配套服务区。“十二五”期间，要依托园区的现实基础，重点完善功能、拓展空间、丰富内涵、提升科技含量和引入创新管理机制，突破园区发展瓶颈，打造基础设施优良、服务功能完善、业态分布均衡、实体经营与虚拟经营相结合，以特色商贸及关联度较大的物流业态为支撑，集特色商贸、高端物流、信息服务及现代商务等要素和功能于一体的综合性商贸物流园区。

（二）物流中心工程

汽车物流中心。大连汽车物流城位于二十里堡镇，规划面积94.8平方公里，距保税港区和大连汽车码头10公里，与保税港区构成了区域经济点轴集聚的发展框架。“十二五”期间，要利用大连汽车物流城打造国家级汽车整车研发、制造、销售、出口和零部件配套基地的重大机遇，发挥第三方物流服务的优势，打造以整车及零部件为核心的集采购、区域配送和增值服务为一体的专业物流中心，建成以出口为主、新能源为导向，辐射东北亚国际市场的大连汽车物流中心。

水产品物流中心。依托大连湾地区渔港、冷库群、进出口水产品集散和深加工基地的现实基础优势，以大连黑嘴子水产品交易市场搬迁为契机，规划建设东北地区最大的水产品冷链物流中心；以旅顺董砣子国家中心渔港为依托，规划建设水产品批发市场和相关配套设施，力争建成集渔业和商业为一体、综合功能齐备的服务产业基地和东北地区规模最大的渔业期货市场，形成环黄渤海区域重要的水产品集散地，建设以水产品为核心的冷链物流中心。

农副产品物流中心。以辽鲁两地乃至环渤海地区的大宗农副产品储存、加工、配送、中转、集散为主，在旅顺开发区建立农产品商贸物流中心，着力打造大规模的现代化农副产品国际物流枢纽中心；配合全市米袋子、菜篮子、果盘子工程，在大连湾街道拉树房地区建设东北地区最大的农副产品集聚区。

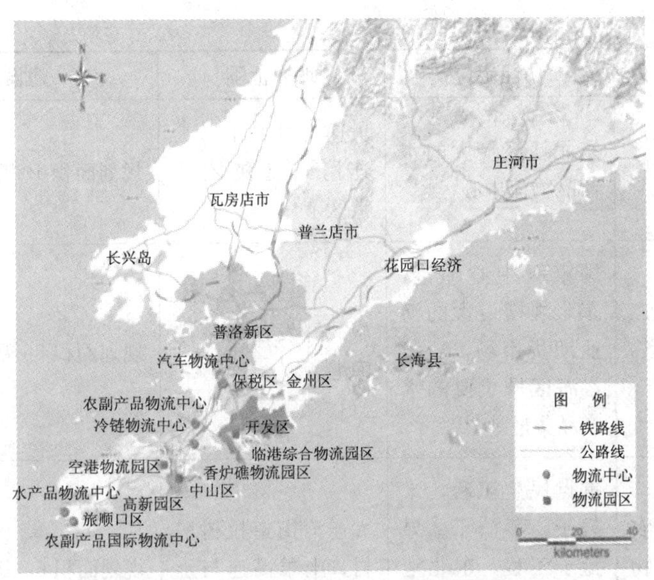

图5　大连“十二五”重点物流节点空间布局图

大连“十二五”重点物流节点信息一览表

序号	项目名称	功能定位	地域范围	建设规模
1	空港物流园区	大连东北亚航空货运枢纽	周水子国际机场西南侧，旅顺北路以北，张前路以东	占地面积20万平方米，项目总投资约10亿元，国际区建筑面积约7万平方米了，国内区建筑约4万平方米
2	临港综合物流园区	大连东北亚国际物流中心的核心功能区	大连保税区。覆盖大窑湾港区、鲇鱼湾油港区、大孤山南港区、西港区	占地60平方公里，包含大连保税物流园封关面积1.5平方公里，大连国际物流中心仓储面积12万平方米
3	香炉礁物流园区	大连综合性商贸物流园区	西岗区海防街以东、香海热电厂以西、疏港路以北、造船厂以南	占地面积51.7万平方米，规划用地面积44.77万平方米，占地51.7万平方米
4	汽车物流中心	汽车制造业与物流业联动的重要基地	大连保税区内，南临开发区，北倚丹大铁路，西邻河北线，东邻亮甲店街道	规划面积18平方公里

续 表

序号	项目名称	功能定位	地域范围	建设规模
5	辽渔水产品冷链物流中心	东北地区最大的水产品物流中心	大连市甘井子区大连湾辽渔集团临港区	规划面积10万平方米
6	董砣水产品冷链物流中心	国家级中心渔港，东北规模最大的渔业期货市场，环黄渤海区域重要的水产品集散地	旅顺开发区的董砣渔港	规划面积56万平方米
7	拉树房农副产品物流中心	重点民生工程，米袋子、菜篮子、果盘子工程，东北地区重要的农副产品集聚区	大连湾街道拉树房村，土羊高速与土革路之间	规划面积60万平方米
8	旅顺农副产品国际物流中心	重点民生工程，东北地区重要的农副产品物流中心	旅顺口江西街道，土羊高速出中南侧	规划面积32万平方米

（三）多式联运工程

多式联运是大连物流业的特色，“十二五”期间要以海空两港为核心，以集装箱海铁联运为龙头，进一步完善多式联运中转设施和连接两种以上运输方式的转运设施，大力推进多式联运发展。

加强两港多式联运设施建设。以大窑湾海港为中心，做好港口、铁路集装箱中心站和内陆集装箱场站规划建设的衔接，加强港口集装箱海铁联运线路、海路联运线路、机械、库场、信息系统等配套设施建设，提高大连港区与东北内陆腹地之间陆海通道的运输效率。以大连空港为中心，做好航空货运规划与空港物流园区规划的衔接。一方面要加强航空货机泊位区与物流园各功能区间的空地运输通道以及机械、安保、监控系统等配套设施建设；另一方面要加强物流园与大连公路运输场站、铁路货运场站以及海港集装箱场站间的运输通道建设，加强物流园区的口岸联检办公、集装箱堆场、中转仓库、海关及检疫仓库等配套设施建设，提高航空物流的多式联运集疏运能力。

创新多式联运服务和组织形式。鼓励物流企业创新国际国内多式联运业务服务和组织形式，开发集装箱、大宗散货、高附加值货品、冷链货品、危险货品等专业货种的多式联运服务产品。推进海港信息共享平台建设，最大限度简化集装箱海铁联运相关程序和手续，实现集装箱作业的无缝衔接。依托大连机场区位优势，吸引国内外航空公司、邮政快递运输企业、大型货代企业、大型航空物流企业在空港设立货运枢纽或快件分拨中心，鼓励航空运输企业、货运代理企业开通地面货运班车，鼓励开设异地货站，支持开通与东北腹地的“卡车航班”，着力发展空铁联运和空地联运。

（四）城乡配送工程

把推进大连全域城市化与东北亚国际物流中心建设结合起来，建立以电子商务为交易平台，以物流配送基础设施为支撑的覆盖城乡的物流配送体系。一方面为城市提供就业岗位，另一方面保障和改善民生。

“十二五”期间，重点从四个方面完善城乡配送体系：一是优化城市配送网络。充分发挥大连交通运输基础和电子商务基础的优势，以综合物流基地和专业物流中心为依托，建立以服务本市为主的配送节点。根据实际情况，分别在主城区、新市区、北三市、长海县及各个乡镇建设配送站，在交通枢纽所在地或中心城镇建立辐射更大区域的专业配送中心；二是规范城乡配送车辆管理。根据全市配送需求，总量上控制城市配送车辆规模，并对车辆证照、通行权进行规范管理，建立和完善配送车辆的技术标准和物流作业规范，引导配送企业统一车辆车型、外观标识、配备设施等，提升中心城区货运车辆档次，改善城市交通环境；三是改善城市配送末端环境。完善大型商场、超市、社区等城市配送末端的停靠接卸设施，加强新建商业设施的交通影响评价，引导商业节点运营的收货时间窗合理设置，有效解决城市配送发展与交通环境改善的矛盾问题；四是大力推进夜间运输和共同配送。对于非昼运必须物资鼓励采用夜间运输，通过通行证发放、政策优惠等多种手段合理引导配送车辆的进城时间分布，探索商业企业合理的利益分配模式，整合社会物流需求，加强共同配送中心和物流公共信息平台建设，选取典型企业开展共同配送示范项目，以点带面，逐步推进共同配送实施。

（五）产业联动工程

促进物流业与制造业联动发展。以汽车、油品及船舶制造产业为龙头，鼓励制造企业突破“大而全”、“小而全”的束缚，将物流业务需求进行外包，或者与专业物流企业建立物流业务托管机制，对能够集成整合、委托外包的物流资源和业务，实行社会化运作。统筹规划制造业集聚区的物流服务网络，倡导集聚区内物流基础设施、物流信息平台共享共用，严格控制集聚区内制造企业自营物流用地。充分发挥园区布局集中、用地节约、产业集聚、功能集成、经营集约等优势，对于生产服务型物流园区要面向周边制造企业，提高为制造业物流需求服务的能力和水平。

物流业与商贸业联动发展。鼓励商家剥离仓储配送业务交由专业物流企业来实现仓配、配送一体化管理，鼓励有条件的大型卖场、专业市场走向商贸与物流相分离的模式。支持商贸物流集团到国内大中城市建立直销中心，到国外设立营销网点，通过自营、联盟等多种方式构筑商贸物流网络。依托大宗商品交易平台、高附加值商品交易市场以及专业化交易市场，提供一体化的商贸物流服务，提高交易市场的物流服务能力。

物流业与农业联动发展。促进第三方物流企业与农资市场、农产品市场、农业大户以及农村超市的战略联盟，推动农资、农产品、农村物流发展。依托大连农业集聚区，特别是西部的旅顺开发区和北部的大连湾街道拉树房两个农产品商贸物流中心，逐步实现农产品生产、加工、储藏、运输和销售等领域和环节的物流一体化运作。

（六）信息示范工程

建设物流园区信息化示范工程。加快推进临港综合物流园区、空港物流园区、香炉礁物流园区等物流园区信息化示范工程，加强物联网技术在物流园区中的应用和推广。积极培育园区智慧物流企业示范项目，鼓励物流企业信息系统与数据中心的互联互通，引导物流企业应用物联网先进技术，提高物流的可视化、可控化和智能化水平。依托大连国家高新区软件产业基地，建设智慧物流技术创新基地，引进和吸引一批规模较大和创新能力较强的企业，提高物流技术自主创新能力和物流企业的科技研发能力。

建设智能化港口。加快智能物流技术在港口运营体系中的应用，综合应用物联网技术，全面提高港口运作效率。建立智慧港口综合管理系统，实现港口客户服务、生产管理、营运管理、资源管理、口岸管理等的整体最优化。拓展和完善现有 EDI（电子数据交换）平台的功能，整合生产业务系统、车队业务系统、EDI 系统等信息系统或数据，实现电子商务与国际贸易的业务数据无缝式衔接，为客户提供货物运输全过程信息同步查询，建成具备高性能统一的港口信息交换平台。

（七）调查统计工程

物流需求调研和统计工作是一项重要的基础工作，对增强物流基础管理、增强决策准确性和科学性、推进现代物流进程具有重要的意义。“十二五”期间，应重点推进物流调查统计工程，在全市范围内深入开展物流业统计核算工作，通过全面调查、抽样调查、重点调查、网上直报等多种方法，贯彻实施社会物流统计核算与报表制度。加强对国家物流统计指标体系的研究，在借鉴国内外其他城市开展物流统计核算工作成功经验的基础上，建立健全完善的物流统计指标体系，为政府部门制定物流发展政策和规划、加强宏观管理和决策提供重要依据。

（八）科研创新工程

为提高大连物流业的科技实力，一方面，鼓励在连高校、科研机构关注大连物流业发展中的重点难点问题，积极开展具有一定创新性的物流研究项目，鼓励企业与大学、科研机构合作，广泛开展物流技术、物流装备的科技创新工作，不断提高物流业的自主创新能力；另一方面，以市现代物流业发展领导小组办公室为牵头单位，设立物流科研项目专项资金，并建立一套公平、科学、合理、切实可行的评审办法和监督机制，结合国家和行业发布的政策，遵循物流业的发展规律，针对物流指数、城市配送、物流碳足迹等物流领域的热点问题，开展基础性、前瞻性、探索性研究，提出与物流业发展密切相关的新思想、新理论、新方法，支持优秀物流后备人才培养和物流科技实验室的建立，提高物流科研的原始创新能力，激发行业科技创新意识，营造宽松创新氛围，打造“政、产、学、研”紧密结合的科技成果转化途径，拓展物流科技进步的新空间。

七、保障措施

（一）加强领导和组织协调

强化市现代物流业发展领导小组的统筹协调职能，着力解决物流业发展中存在的重大问题，落实重点物流项目建设。发挥领导小组办公室的作用，强化规划编制及组织实施、政策制定、统筹协调、考核评定、调查统计等职能。加强物流工作专业队伍建设，提升、调整和充实物流业管理机构。理顺现代物流管理体制，实现市、区市县（先导区）两级现代物流业发展领导小组办公室统一归口管理。加强物流相关行业协会的组织建设，强化行业自律、调解和市场开拓职能，规范物流企业行为，促进物流市场健康有序发展。

现代物流业是新兴的复合型产业，其发展涉及各地区、各部门和各相关行业的相互协调关系，各相关部门要以贯彻实施《大连市国民经济和社会发展第十二个五年规划纲要》为契机，进一步增大对物流生产要素的配置功能，着力构建大连面向东北腹地及环渤海地区、辐射东北亚区域的国际物流服务网络。

（二）加大政策支持力度

落实国家关于扶持现代物流业发展的相关政策。一是出台促进大连物流业加快发展的政策措施，加大对重点物流企业、重点物流项目的支持；二是整合各类保税物流资源，促进保税区转型升级；三是引导和鼓励企业加强管理创新，通过资源整合和资本战略实施，尽快做大做强；四是按照市场化、制度化、规范化的要求，改善交通运输行业管理，对城市配送车辆运营、开辟内外航线、特种运输、安全管理、市场准入等方面实施规范化、公平化、便利化管理。

土地政策方面。充分认识物流节点设施作为社会基础设施的功能，优化强化用地保障。做好规划衔接协调，将物流业发展规划纳入地方经济发展、城乡发展和土地利用总体规划，及时落实土地使用指标。对列入国家、省市级的重点物流项目，要优先安排土地使用指标。积极拓宽土地供应渠道，从现有物流业用地调整和滩涂开发整理等方面寻求途径增加物流用地，满足物流业发展用地需求。新增物流项目根据类型、规模划分，由市现代物流业发展领导小组认定后，尽可能“集中”布置，节约物流用地。

财政政策方面。统筹设立物流业发展专项资金，加大对现代物流业发展的支持力度。专项资金重点支持智慧物流建设、现代物流企业培育、大宗商品交易平台建设、物流公共信息平台建设和物流人才培养等。各区市县和先导区要结合实际加大物流业专项资金投入，支持现代物流业发展。要积极组织企业和项目申请国家物流业相关扶持资金，争取财政及其他相关优惠政策。

通关政策方面。以优化口岸服务环境为根本，深入推进口岸“大通关”建设工程，不断创新口岸监管机制，深化分类通关、管检分离改革，完善大通关服务平台。深化大连口岸与东北重要腹地城市、内陆干港的通关合作，实现口岸服务的高效对接，巩固和发展口岸辐射功能。适应多式联运的发展需要，创新监管模式，实现监管的无缝对接、无障碍流转。

（三）强化现代物流理念和认识

明确物流业的核心地位。随着现代物流在国民经济中的产业地位和功能价值逐步提升，物流业的发展水平已成为反映地区经济发展水平的重要指标。要尽快在全市上下确立现代物流业作为大连核心产业的意识，特别是要鼓励国有大中型企业积极创造条件将企业的物流业务从主业中分离出来，建立适合自身发展的物流管理模式，最大限度释放物流需求，推进第三方物流的专业化、规模化发展，形成全社会积极支持物流事业发展的良好氛围，为大连现代物流业发展创造有利的环境。

树立开放合作共赢意识。物流场站的建设发展要本着开放合作的精神，充分利用大连良好的区位优势和相关优惠政策，引入新的经营方式、新的服务理念和新的服务产品，建立符合国际规则的现代物流服务体系和企业运行机制。鼓励有优势的重点物流企业与世界知名物流企业建立长期、全面的合作关系，鼓励有条件的物流企业实施“走出去”战略，并在金融、保险、外汇、出入境管理等方面为企业提供便利条件等。

确立以国际港航物流为核心的发展思路。充分整合政策优势和区位优势，着眼于构建东北亚地区物流服务体系，明确以国际港航物流为核心的发展思路，前瞻性地做好区域发展规划，充分利用当前的建设机遇，使大连全面建设成为东北亚重要的货物中转基地、区域分拨配送基地和多功能综合服务中心。一是要统筹考虑、科学编制大连港口布局规划和港口总体规划，避免重复建设和无序竞争，确保港口资源的合理利用和科学布局；二是鼓励港口企业，以资产为纽带，以项目为切入点，以合资合作为主要形式，推动大连港以组建组合港、建立战略联盟等形式，进行跨行政区划、跨行业的松散型资源整合；三是要继续投资完善大连港物流基础设施，不断提升管理水平和物流服务水平。

（四）培育市场经营主体

强化物流市场的开放意识，引进具有国际或区域物流网络、能够系统整合物流资源的大型物流企业。一是加强政策支持和引导，鼓励引进国内外物流企业开拓国际和国内物流市场，提高市场开发能力和物流资源的整合能力；二是加大引进力度，重点引进全球物流运营商和第四方物流公司，采取特别优惠政策，鼓励国内外物流企业在大连建设国际化的分拨配送中心；三是引进国内外中小配套物流企业，创造宽松公平的竞争环境，促进中小配套物流企业健康快速发展。

大力促进港口企业转型，推动港口企业由单一的港口物流服务商向综合物流服务商转变。鼓励国有物流企业提高对区域物流、国际物流的集成和拓展能力；鼓励民营物流企业加快发展，对成长较快、信誉较高、效益较好的民营物流企业，引导扶持其扩大规模，使其尽快成为集团化、区域化的物流企业；加强对中小物流企业的引导，激励中小物流企业间资源整合、分工合作，形成特色优势。

（五）加快物流人才培养

优化学历教育的专业结构，完善高校物流人才培养体系，鼓励高等院校开设物流专业高职、本科、硕士、博士等多层次的学历教育；加强大专院校、科研机构、物流企业“产学研”合作和企业内部物流管理等专项研究；通过帮助物流企业招收项目博士后的方式，培养和引进物流业高层次人才；通过校企合作等多种方式，建立高技能物流人才实训基地。

加强对现有物流企业从业人员的岗前培训、在职培训，培育市场急需的物流管理人才。开展物流专业职称认证工作，力争实现从事物流业的中高级管理人员均具有相应的专业技术资格，实行持证上岗，定期审核，提高物流从业人员整体素质。

有计划地组织各地物流业中高级管理人员到物流业发达国家和地区学习、培训，采取“走出去、请进来”方式进行业务交流，促进物流业人才成长。

（六）完善统计监测制度

建立和完善物流业统计调查、核算和信息管理制度。按照国家有关要求，借鉴国内外物流业统计指标体系和统计方法，建立完善的物流统计指标体系，形成制度化统计核算工作机制，加强对本市物流业发展的跟踪监测、研究和宏观指导。加强物流统计基础工作，开展物流统计理论和方法研究。认真贯彻实施社会物流统计核算与报表制度，优化物流统计网上直报系统，推动区市县和先导区的物流统计工作，建立物流统计二级平台，建立健全物流统计信息共享机制，提高统计数据的准确性、权威性和时效性。

（七）鼓励科技创新和新技术推广

积极推广全球卫星定位系统、地理信息系统、货物实时跟踪、无线射频自动识别、电子数据交换、远程控制和物联网技术在全市物流企业中的广泛应用，不断提高装备专业化、自动化和智能化水平。重视节能减排，大力推广新绿色能源、新节能装备在物流业的应用。加快设施设备的更新，淘汰陈旧落后、超期服役、技术状态不良的设备。大力发展集装箱和集装化运输技术，推广托盘、集装袋等单元化装载运输方式。积极研发与市场对接的专用车辆，提高冷藏运输车、甩挂运输车辆装备水平。推广专业化的自动立体化仓库，研发及推广港口大宗散货装卸设备中的防尘设备，积极改进和提高港口装卸工艺水平。在物流园区、物流中心等节点积极引进货物自动分拣与包装、物流编码、智能电子标签、条码等物流技术。

利用物流科研项目专项资助资金，对创新性强的物流相关研究课题和市场推广前景好的物流技术、物流装备的研发项目进行资助，推进物流科技成果不断涌现，增强大连物流业的自主创新能力，实现现代物流业的可持续发展。

（八）建立完善的综合配套服务体系

构建优质便捷的综合服务体系，为物流企业创造良好的发展环境。一是要改善口岸服务功能，优化通关作业流程，加快通关速度；二是要大力发展物流中介和咨询服务业，积极培育国际一流的物流服务市场；三是要创新物流企业投融资方式，强化金融服务功能，积极利用财政贴息等手段引导信贷资金增加对东北亚国际物流中心建设发展的投入，鼓励各类金融机构建立专项资金，支持物流企业到资本市场直接融资；四是要建立物流信用体系和信用法律制度，强化信用监督机制，建立企业信誉登记和经营责任追究制度，健全物流行业信用保证体系；五是加强物流标准化体系建设，逐步建立起与国际接轨的物流技术设备标准和运营管理规范。

010

青岛市现代物流业发展规划（2009—2020）

青物字〔2009〕1号

序 言

现代物流是经济发展规模化、区域化、集约化和信息化背景下产生的现代管理技术和服务模式，是通过对物质实体（包括原材料、半成品和产成品）从供应者向需求者的物理移动过程中涉及的运输、仓储、流通加工等活动有效管理和控制，创造时间价值、空间价值和产业发展价值，并实现传统经济与企业运作模式提升，是促进经济运行与发展方式转变的现代服务产业和科学发展方式。

国家物流业调整与振兴规划指出："物流业是融合运输业、仓储业、货代业和信息业等的复合型服务产业，是国民经济的重要组成部分，涉及领域广，吸纳就业人数多，促进生产、拉动消费作用大，在促进产业结构调整、转变经济发展方式和增强国民经济竞争力等方面发挥着重要作用。"

国内外物流发展历程和经验表明，现代物流是经济发展到较高水平后的产物，通过政府科学规划和引导，加快现代物流业的发展，有利于通过现代物流业与制造业、流通业等的联动，实现物流服务功能的提升和经济运营环境的改善，从而引导和促进经济在更高水平和质量基础上发展，实现经济发展方式的转变。因此，应积极推动现代物流业的发展。

《中华人民共和国国民经济和社会发展第十一个五年规划纲要》提出了："推广现代物流管理技术，促进企业内部物流社会化，实现企业物资采购、生产组织、产品销售和再生资源回收的系列化运作。培育专业化物流企业，积极发展第三方物流。建立物流标准化体系，加强物流新技术开发利用，推进物流信息化。加强物流基础设施整合，建设大型物流枢纽，发展区域性物流中心。"国家物流业调整与振兴规划则明确提出"建立现代物流服务体系，以物流服务促进其他产业发展"的规划指导思想、"初步建立起布局合理、技术先进、节能环保、便捷高效、安全有序并具有一定国际竞争力的现代物流服务体系"的规划发展目标。我市处于城市经济发展的上升期，已经成为区域性经济中心和产业基地。在发挥区域经济中心城市功能的同时，必须寻求进一步提升城市经济量级和新的发展竞争力。在国家物流业调整与振兴规划中，我市被列为全国九大物流区域、21个全国性物流节点城市之一，充分表明我市在国家物流业发展中占据重要的地位。因此，在科学发展观指导下加速发展现代物流业，对于提高我市国民经济运行质量与效益，推进城市经济现代化进程，转变经济增长方式，优化资源配置，完善产业结构，降低物流成本，建设国家级物流枢纽节点和一流的国际性物流枢纽城市，均具有十分重要的意义。

为落实国家物流业调整和振兴规划的发展要求和战略目标，根据我市未来国民经济与社会发展对现代物流业的发展要求，适应和满足我市物流业自身平稳较快发展和产业调整升级的需要，服务和支撑其他产业的调整与发展，扩大消费和吸收就业，促进全市产业结构调整、经济发展方式转变和增强国民经济竞争力，特制定本规划。

第一章　编制规划的背景

一、物流业发展基础环境

（一）国民经济综合实力不断增强

近年来，我市经济社会发展取得显著成就，城市经济保持较快增长，经济效益稳步提高，宏观经济景气持续保持高位运行，固定资产投资继续保持适度增长。2008年，全市GDP达到4436.18亿元，三次产业的结构比例达到5.1∶50.8∶44.1，全市财政总收入1070.5亿元，完成规模以上固定资产投资1635.4亿元。

（二）贸易规模不断扩大

2008年，我市内外贸易继续保持较好的发展势头，全市社会消费品零售额达1464.8亿元，增长22.2%，口岸对外贸易进出口总额1155.81亿美元，增长24.9%；全市外商直接投资到账26.4亿美元，完成对外承包工程、劳务合作和设计咨询合同金额7.9亿美元。

（三）工、农业健康发展

2008年，我市完成工业增加值2062亿元，全市规模以上工业企业实现利税总额530.89亿元，利润246.27亿元，轻重工业的比例达到43.6∶56.4，高新技术产业产值3758.78亿元。全市粮食总产333.66万吨，继续保持良好发展水平。

（四）交通基础设施不断改善

历经多年建设，我市交通基础设施建设取得较大成就，2008年全市公路通车里程达到14632公里，其中高速公路里程达到702公里，城市道路总长度3668公里。青岛机场飞行区达到4E级标准，机场货站面积3万平方米，开通国内航线82条，国际（地区）航线9条。青岛港口拥有生产性泊位94个，其中万吨级以上的生产泊位59个，港口总通过能力约1.8亿吨。青岛市域内铁路由胶济铁路、蓝烟铁路、胶黄铁路、胶新铁路四条线路组成，市域内的铁路线网总长度约为230公里。

（五）物流产业得到良好发展

我市国民经济综合实力的不断增强和贸易规模不断扩大，为物流业的发展奠定了良好基础，物流辐射范围得到不断扩大。2008 年全市物流产业实现增加值 433.8 亿元，同比增长 18.5%，占全市生产总值（GDP）的 9.8%，占全市第三产业（服务业）增加值的 22.2%，物流对 GDP 的贡献率达到 10.4%。全市社会物流总额达到 10239.5 亿元，物流相关产业业务收入达到 1818.6 亿元。

全市货物运输业保持快速发展，2008 年货运周转量共计完成 4579.56 亿吨公里，其中铁路 98.05 亿吨公里，公路 97.14 亿吨公里，水上货运 4384.35 亿吨公里。航空货邮吞吐量 13.1 万吨。港口吞吐量 3 亿吨，其中外贸吞吐量 2.07 亿吨，集装箱吞吐量 1037.7 万标准箱。

目前，我市拥有青岛前湾国际物流园区等 5 个物流园区、货运场站等 20 余个，2000 余家各类运输、仓储、第三方等物流服务企业，初步形成了具有一定层次分工和功能配套的基础设施系统以及物流服务企业群体，物流品牌企业群体日益壮大，青岛远洋大亚等 7 家企业成为全国物流百强企业，青岛福兴祥等 22 家企业被认定为国家 2A 级以上物流企业，青岛海程邦达等 4 家企业荣获山东省服务名牌，青岛海尔物流成为首家全国物流示范基地，UPS、FEDEX、DHL 等多家国际著名企业落户我市。

二、物流业发展面临的机遇

（一）政策机遇

近年来，国家出台了一系列推进现代物流业发展、积极引导扶持物流业发展的宏观政策，2009 年 3 月 10 日，国务院发布了我国物流业调整和振兴规划，将多式联运和转运设施、物流园区、城市配送、大宗商品和农村物流、制造业和物流业联动发展、物流标准和技术推广、物流公共信息平台、物流科技攻关及应急物流等作为振兴物流业的九大重点工程，要求各地区、各有关部门要加强组织协调，深化物流管理体制改革，完善政策法规体系，多渠道增加投入，加快物流人才培养，促进我国物流业平稳较快发展。我国现代物流业的发展面临着一个空前良好和宽松的宏观政策环境。

青岛市政府对现代物流业的发展给予了高度重视，制定实施了一系列积极有效的政策与措施，特别是青岛市人民政府办公厅发布的《关于加快青岛市现代物流业发展的意见》（青政办发〔2009〕4 号）、《青岛市物流业发展推进方案（2009—2012）》（青政字〔2009〕28 号），为推进全市现代物流业的发展带来了良好的发展机遇。

（二）宏观经济发展机遇

当前，全球经济因受美国金融危机的影响而处于低谷，经济全球化趋势也受到一定影响。我国经济虽然也受到全球性金融危机的影响而面临一定困难，但我国国民经济与社会发展依然保持了基本良好的发展状态，国内各个主要经济区域以及各个主要经济中心城市间经济一体化合作发展势头良好，整体经济发展进程并未受到根本性影响。特别是国家实施积极的财政政策和扩大内需的一系列经济振兴规划，将营造良好的内需经济发展环境，有利于经济保持稳定和快速的增长，加快经济结构的调整步伐，为具备物流发展环境与条件的城市扩展和完善区域合作与分工、提升物流发展地位带来难得的发展机遇。

（三）需求规模扩大机遇

根据对青岛市未来物流发展规模的预测分析，预计 2010 年、2012 年、2015 年和 2020 年，全社会物流总量将分别达到 25.9 亿吨、29.7 亿吨、35.3 亿吨和 43.8 亿吨，分别比 2008 年增长 32.7%、52.5%、81.2%和 124.6%。物流需求规模的扩大，为物流的集约组织与服务的发展带来了新的机遇，从而对物流基础设施更大规模发展和合理布局提出了新的要求。

（四）发展战略及规划实施机遇

目前，国内区域经济合作日益加强，山东省也在加快半岛城市群和制造业基地建设，因此，青岛市国民经济与社会发展正面临着良好的发展战略与相关规划实施的机遇。青岛市政府“十一五”规划中期评估报告中提出了“把青岛建成富强、文明、和谐的现代化国际城市”的发展目标，确立了“环湾保护，拥湾发展”战略，相应的产业结构战略性调整和升级的步伐正在加快和落实，对物流业的发展提出了更高的发展要求，使物流业的发展面临良好的发展机遇。

三、物流业发展存在的问题

（一）物流业市场环境尚待规范

近年来，青岛市物流业实现了持续快速增长，培育了一批龙头物流企业，引进了一些跨国物流公司，但相对于发达国家及地区仍处于起步阶段，物流市场环境还不尽理想，中小物流企业数量众多，且大多从事低端服务，服务差异化程度弱，利润水平低，竞争力较弱。企业竞争手段不规范，物流市场的运行秩序与整体形象受到一定的损害。

（二）物流基础设施建设需要加快

目前，青岛市已规划建设了各种类型的物流园区、货运场站，但由于缺乏统一规划，总体布局较为分散，市场定位与功能划分不够明确，相互之间也缺乏协调与战略合作，造成资源浪费和市场无序竞争。此外，青岛市现有物流设施陈旧、结构简单、规模小、标准化程度低，配套性、兼容性差的问题较为突出，造成了物流服务专业化水平较低，物流运作与服务环节衔接不畅，增加了物流成本，降低了经济效益。

(三) 相关产业与物流业的联动发展亟待推进

以海尔为代表的物流专业化管理与操作模式和以青啤集团为代表的物流外包模式已经取得较好的效果，但全市各类工商企业对于物流管理的实际应用整体上尚处于初期试验阶段，专业化服务能力与专业化服务需求均处于相对初期的阶段，企业发展对于物流的支持要求有待发掘，物流业与工商业的联动发展亟待推进。

(四) 物流信息化、标准化建设滞后

我市各相关环节信息资源仍未充分整合，功能比较单一，一些重要部门如港口、机场等独立运营的信息系统尚未实现与电子口岸的真正联网，已建立的信息系统缺乏有效沟通与共享。物流行业标准化建设滞后，造成人力、时间、空间等资源的浪费，影响了物流业的协调发展和高效运作。

(五) 扶持政策需要进一步完善

我市《关于加快青岛市现代物流业发展的意见》和《青岛市物流业发展推进方案》，虽已出台了引导物流业发展的相关政策，但与浙江、江苏、广东等物流业发展较快的城市相比，扶持政策面窄、力度不大，仍需进行深入和完善。

第二章 总体发展思路及框架

一、发展方向

按照国家物流业调整和振兴规划对区域经济中心城市物流业发展的基本要求，我市物流业的发展方向为：建立具有国际、国内区域物流服务功能与能力的现代物流产业体系。

二、发展原则

(一) 系统发展

在国家物流业调整和振兴规划的宏观指导下，按照我市物流业发展方向与模式要求，对全市物流基础设施、物流发展环境、物流运行技术和物流服务质量等现代物流发展的各个方面进行系统性规划和建设。

(二) 重点突破

优先考虑对我市物流环境改善具有重要作用和意义的物流基础设施系统的建设发展，在完善物流基础设施系统上取得突破，加快构建我市现代物流基础设施系统的主体框架，为我市现代物流系统的高效运行和现代物流服务系统的发展准备基础设施支持条件。

(三) 供需并举

在推进我市物流服务系统建设的同时，通过政府推动和企业发展两个层面的努力，扶持和引导我市工业生产、商贸流通等产业企业的物流服务外包的应用和发展，提升和改善物流企业的服务能力和效率，从物流供给与需求两个方向上推动现代物流业的发展。

（四）循序渐进

根据国家、省物流发展规划安排和我市的具体情况，分时段、分步骤发展我市现代物流业，使之与我市和全省经济发展水平相适应，为我市现代物流健康、快速发展创造良好的发展环境。

（五）适度超前

作为国家物流业调整和振兴规划中明确提出的山东半岛物流区域中心和全国性物流节点城市，我市物流资源的配置既要考虑当前及今后一段时期的发展需要，又要考虑到山东半岛物流区域发展对物流枢纽功能的需求，必须适度超前规划配置现代化物流资源，为城市及区域经济的发展提供有效保障。

三、发展目标

（一）总体目标

通过规划的编制与实施，以扩大现代物流业的开放和加强物流资源整合为主线，以提高物流综合服务效率和降低物流营运成本为中心，积极引进国内外先进物流管理经验、技术和企业，加大物流管理、服务和技术创新力度，加快传统物流向现代物流的转型，实现现代物流业的跨越式发展。到 2020 年，使全市物流业发展水平和运作方式达到国际先进水平，将我市建设成为服务山东、辐射周边，面向国际的国家级物流枢纽节点和一流的国际性物流枢纽城市。

（二）分阶段发展目标

根据我市“四个五工程”经济发展目标、未来可持续发展的战略要求，以及《关于加快青岛市现代物流业发展的意见》和《青岛市物流业发展推进方案》提出的物流业发展思路与政策，本规划按照近期（2009—2010 年）及中期（2011—2015 年）、远期（2016—2020 年）三个规划阶段，并以 2010 年、2012 年、2015 年和 2020 年为目标年，确定我市现代物流业发展的分阶段目标。

1.2010 年发展目标。在“十一五”期末，实现以下发展目标。

（1）加快促进工业、商贸流通企业转变观念，并通过内部物流流程再造与服务外包，初步创造与物流业联动发展的政策与舆论环境，为培育物流需求市场做好准备；

（2）积极扶持社会化、专业化的物流企业发展，形成服务效率高、辐射能力强和运作成本具有区域竞争力的门类齐全的企业体系；

（3）加强基础设施规划建设的前期工作，特别是实现物流园区的合理布局和快速建设，形成功能配套和布局衔接的基础设施系统；

（4）通过政府引导扶持和调动发挥社会力量，加快培育物流人才，支撑我市物流业的提升发展；

（5）全面实现 2010 年我市现代物流业发展系列指标；

（6）培育一批具有示范带动作用的重点物流企业；

（7）完善物流业统计体系的建设；

（8）启动我市物流公共信息平台建设。

2. 2012 年发展目标。在我市政府换届年，实现以下发展目标。

（1）在具有代表性的工业和商贸流通业企业建立具有鲜明现代特点的与物流企业联动发展的运作模式，使产品和服务具有区域辐射能力，实现发展方式的根本转变；

（2）初步形成具有区域辐射功能的港口、航空、陆路三大物流系统；

（3）实现生产、生活资料市场的传统物流运作模式的改变和提升；

（4）传统的运输与仓储企业普遍采用现代物流管理和运作模式，信息化程度得到全面提升；

（5）全面完成 2012 年现代物流业发展指标，使现代物流业成为重要支柱产业；

（6）完成港口物流系统、空港物流系统、陆路物流系统三大系统内的公共信息平台建设。

3. 2015 年发展目标。在"十二五"期末，实现以下发展目标。

（1）实现各类工业和商贸流通业企业与物流业的联动发展，促进经济运行模式的根本转变；

（2）依托布局合理和功能配套的物流基础设施和服务，初步构建起辐射中、日、韩的东北亚国际物流服务体系，形成具有国际区域物流竞争与发展能力的服务中心；

（3）支撑现代物流发展的综合运输体系建设较为完善，各类运输设施在布局和运作上融入物流基础设施系统，整体水平进一步提升，初步完成传统运输产业的升级发展；

（4）实现设定的现代物流产业发展指标，物流发展水平居于国内领先；

（5）实现青岛市物流公共信息平台良性运转。

4. 2020 年发展目标。实现以下发展目标。

（1）工业、商贸流通业、农业与物流业联动发展取得实质性进展，实现物流业与各产业之间融合发展下的经济发展方式的转变；

（2）形成功能配套和服务完善的物流基础设施系统，全面构建起辐射国内及国际的物流体系，成为国际区域性物流枢纽；

（3）全面实现物流系列指标，物流发展水平进入世界先进行列。

青岛市现代物流业发展目标体系

目标及时间	2008年	2010年	2012年	2015年	2020年
1. 全市物流业增加值（亿元）	433.8	557	750	1201	2633
2. 全市物流业增长率（%）	18.5	10		17	
3. 物流业增加值占服务业的比重（%）	22.2	22.18	22.39	22.79	23.63
4. 物流业增加值占GDP的比重（%）	9.8	10.2	10.7	11.6	13.2
5. 社会物流总成本占GDP的比重（%）	20	18	16	15	14

四、发展体系框架

为实现我市现代物流业发展目标，必须在战略上形成较为完整的物流业发展体系框架，以使物流业的发展纳入又好又快的发展轨道。

我市现代物流业发展体系框架为：坚持落实科学发展观，按照"环湾保护，拥湾发展"和建设蓝色经济区战略要求，以港口物流、空港物流、陆路物流三大系统建设为发展核心，以物流发展政策、物流设施、物流服务运行系统和物流信息化为支撑，以物流园区（中心）、第三方物流、企业物流、政府管理体制、信息化与标准化、物流人才等为发展内容，构建我市现代物流业发展框架。

第三章　系统建设与发展

一、港口物流系统

（一）发展定位、任务及重点

1. 发展定位。通过发展能力强大、功能健全、服务到位和安全高效的港口物流服务系统，稳固和强化青岛港口在环渤海地区区域中心港之一的主体地位，为将青岛港口建成世界一流港口提供系统性、区域性和综合性服务支持。

2. 发展任务。充分发挥青岛港口服务功能较强、辐射范围较广和保税港区的优势，依托港口主业，加强与陆运、空运等不同运输方式的衔接和合作，积极开展以港口为龙头的全程物流服务业务，密切青岛港口与内陆腹地和周边港口的合作，有效提升港口综合服务功能和双向辐射作用。

3. 发展重点。

（1）提高港口吞吐能力。加速推进"以港兴市"战略，加快青岛港口集群建设，构建以前湾港区为主体，鳌山湾港区、董家口港区为南北两翼，黄岛油港区、青岛老港区等共同发展的青岛港口集群，提高港口的吞吐量与服务能力。

（2）完善以港口为中心的集疏运系统。加快疏港专用通道及配套基础设施建设，重点做好港区高速公路接港和铁路进港，提高疏港能力，加强航道工程建设与监控保障措施。

(3) 拓展港口辐射范围。依托国家与区域综合运输网络，加强航运与其他运输方式的有机衔接，积极扩展青岛港口向纵深腹地的物流服务辐射，结合保税港功能积极建设腹地内陆港。

(4) 提高口岸服务质量与效率。加速推进青岛港口信息化平台和网络建设，加快青岛国际航运信息服务中心建设，建立口岸集约化工作平台，为青岛港口提供高效的口岸管理服务支持，提升口岸服务水平，提高综合竞争力。

(5) 充分发挥保税港作用。借助前湾保税港建设，强化国际中转、配送、采购、转口贸易四大功能，推进保税港区内外物流基础设施及配套码头设施建设，扩展保税港区对国内外两个方向上的需求吸引与服务辐射能力。

(二) 设施布局

按照物流系统建设的要求和相关规划，确定各港区与相关物流园区的定位与功能划分，形成空间布局合理、功能分工明确、能够顺畅协调与协作的设施集群，并以此为依托构建港口物流服务体系。

1. 港区布局。以环胶州湾港口集群为中心，以前湾港区为主体，鳌山湾港区、董家口港区为南北两翼，黄岛油港、青岛老港区及其他地方港区和专业港为辅助，相互联动、共同发展。

2. 港口物流园区及中心布局。以前湾国际物流园区、前湾保税港物流园区、即墨田横物流中心、胶南董家口物流中心、胶南临港经济开发区物流中心、西海岸出口加工区物流中心等相关基础设施构成港口物流设施系统，主要业务为港口物流中转与转运、港口物流配送、保税业务、运输代理、临港产业物流等。

二、空港物流系统

(一) 发展定位、任务及重点

1. 发展定位。规划建设设施先进、功能完备、服务高效的航空物流基础设施系统，支持青岛区域性航空物流中心的建设，强化青岛机场作为全国干线机、区域性枢纽机场的地位，支持其建设山东沿海货物运输中心、外贸龙头机场、国际接轨点之一的发展任务。

2. 发展任务。加快青岛区域性枢纽机场规划建设，协调解决民航空域制约问题，积极拓展空港国际货运航线，加强与国内外空港的航线联系，开展国际及国内区域性航空货运和相关物流服务，实现空港物流系统建设新突破。

3. 发展重点。

(1) 提高机场货运吞吐能力。强化与经济腹地和周边城市的合作，加快建设机场相关基础设施，积极开辟青岛机场的国际航线，逐步形成“中枢辐射”航线结构，充分发挥青岛空港保税物流中心的作用，有效提高青岛空港的货运吞吐能力。

(2) 整合空港物流资源。加速空港相关物流园区的规划与建设，提高空港集疏运能力，推进各类物流企业服务的集约化、规模化与组织化程度，实现物流企业的专业化、互补化。

(3) 建设区域物流分拨中心。依托我市高科技产业、外贸产业发展需求，学习借鉴国内外枢纽机场发展经验，在大力发展航空货邮运输基础上，积极引进专业化航空货运企业、国际知名航空物流公司进驻青岛，逐步扩大和完善青岛机场航空货运服务的范围与内容，提升青岛机场的货运枢纽地位，形成面向东北亚地区的区域性航空货运分拨中心。

(二) 设施布局

按照有效利用土地，集中布局、合理规划的原则，同时考虑到青岛城市发展与城市配送的要求，空港物流设施系统由空港内部货运设施与城阳空港物流园区以及城阳综合物流园区共同构成。城阳空港物流园区主要以航空物流加工、包装、配载、转运、多式联运等为主要功能。城阳综合物流园区作为城阳空港物流园区的互补园区，为空港物流提供相关配套服务。

三、陆路（公铁）物流系统

(一) 发展定位、任务及重点

1. 发展定位。规划建设设施先进、功能完备、服务高效的陆路物流基础设施系统，支持青岛国家级物流枢纽城市的建设，支持其建设成为服务山东、辐射周边，面向国际的国家级物流枢纽节点和一流的国际性物流枢纽城市。

2. 发展任务。依托国家综合运输网络建设，加快青岛公路、铁路路网及枢纽规划建设，协调解决公铁联运、公水联运、铁水联运的发展与运作问题，提升公铁货运场站与专业化物流基础设施的联合运作水平，加强与国内其他地区的跨区域运输合作，充分发挥我市的口岸与枢纽优势。

3. 发展重点。

(1) 提高集疏港服务能力。目前，青岛港口陆路集疏运通道尤其是铁路运输能力远远无法满足港口集疏运的需求。因此，要加大铁路、公路的建设力度，增强进出港货物的集疏运能力，增强青岛市对山东半岛城市群及内陆地区的辐射作用。

(2) 优化铁路中心站和交通网络。建立合理衔接中心站和主要物流节点的交通网络，优化铁路集装箱中心站的公路衔接条件，保证胶州铁路集装箱中心站功能的充分发挥。

(3) 提高公路运输效率。在加快路网建设的同时，合理规划与统筹协调公路与城市道路的功能，合理设置收费站和高速公路出入口，提高现有道路利用效率，实现公路运输和城市的协调发展。

（4）发展多式联运。重点加强港口与陆路的协调工作，推动“公水”、“铁水”和“公铁水”等多种模式多式联运的发展。要积极发展利用公路甩挂运输，为多式联运提供高效率的运输服务。

（5）规范市场行为。加强统筹规划，鼓励物流企业整合、改造和提升现有物流资源，通过加快大型物流园区的建设，重点扶持龙头物流企业，逐步形成以大型专业市场为主枢纽、其他中小型市场为补充，服务于商贸流通、便捷的市内配送和辐射全国各地的干线运输物流发展格局。同时，应加大行业整顿力度，依托管理规范的大型专业市场，对经营业户进行统一管理，统一纳税，改善行业秩序。

（二）设施布局

按照物流系统建设的要求和各类相关规划，确定各个陆路货运场站与相关物流园区的定位与功能划分，形成空间布局合理、功能分工明确、能够顺畅协调与协作的设施集群，并以此为依托构建陆路物流服务体系。

1. 货运场站。以胶州铁路集装箱中心站、蓝村西编组站、黄岛编组站以及即墨、蓝村大型铁路货场、娄山铁路货场为重点，建设铁路货运场站系统。以城阳国家公路主枢纽建设为重点，以李沧娄山货运站和即墨南泉货运站作为补充，形成公路货运场站系统。

2. 相关物流基础设施。以胶州湾国际物流园区、城阳综合物流园区、李沧娄山物流园区、即墨南泉物流中心、胶州三里河物流中心为核心，其他物流基础设施为支持，构成陆路物流基础设施系统，主要业务为物流中转与转运、公铁水联运、国际集装箱多式联运、区域干线物流分拨与配送、仓储与辅助加工等。

第四章　专业物流服务基础设施布局与建设

一、空间布局

（一）布局原则

以适应我市主要产业布局、充分发挥主要交通枢纽功能为两大重点，围绕我市三大物流服务系统的发展要求与服务特点，兼顾其他产业的发展需要，充分整合和利用既有物流基础设施，构建服务区域布局合理的物流基础设施系统。

（二）布局思路

遵照上述原则，按照“把握定位、抓住重点、提高起点、注重实效”的发展思路进行空间布局，形成由物流园区、物流中心和配送中心构成的层次分明的物流基础设施系统。

1. 依托港口、机场和铁路中心站布局核心物流园区。依托青岛港口、机场和铁路中心站等主要交通枢纽，从满足青岛市作为经济中心城市和物流枢纽城市定位的要求出发，布局具有提升城市物流整体功能的物流园区；根据我市产业布局与港口、机场和铁路中心站布局之间关联特点，环胶州湾两侧布局核心物流园区，满足我市“环湾保护、拥湾发展”战略对物流基础设施布局的要求。

2. 依托主要工业产业及陆路枢纽布局物流中心。根据我市主要工业产业布局集中与分散相结合的特征，在产业聚集区布局配套物流中心，同时在产业相对分散布局的区域布设依托公路主枢纽和通道配套的物流中心。

3. 灵活布置一定数量的配送中心。在确定物流园区与物流中心的基本布局的前提下，从充分、合理利用既有设施，促进设施功能整合与服务升级的角度，结合城市道路建设和商贸网点建设，灵活设置一定数量的配送中心，以满足城市生活与生产需要的专业化配送物流中心。

（三）布局目标

以物流园区、物流中心和配送中心等专业化物流设施建设为重点，在空间布局上形成环胶州湾密集布局的物流设施群，支撑三大物流服务系统的建设，形成全市完整的“三系统、多节点”的物流基础设施体系。

（四）布局方案

全市物流基础设施规划方案为 6 大物流园区、14 个物流中心和 9 个配送中心。

6 大物流园区分别为：前湾国际物流园区、前湾保税港物流园区、胶州湾国际物流园区、城阳空港物流园区、城阳综合物流园区和李沧娄山物流园区。

14 个物流中心分别为：胶南董家口物流中心、胶南临港经济开发区物流中心、西海岸出口加工区物流中心、胶州三里河物流中心、青岛市应急物流中心、青岛出口加工区物流中心、青岛高新区物流中心、即墨田横物流中心、即墨南泉物流中心、即墨商城物流中心、即墨龙泉物流中心、即墨西元庄物流中心、莱西姜山物流中心和平度新河物流中心。

9 个配送中心分别为：胶州阜安配送中心、李沧中石化配送中心、莱西医药配送中心、莱西盐业配送中心、平度半岛配送中心、胶州利群商贸配送中心、城阳维客商贸配送中心、李沧利客来商贸配送中心和青岛市粮食物流配送中心。

二、物流园区

（一）前湾国际物流园区

1. 布局。该园区位于淮河路以南、江山路以东、嘉陵江西路与长白山路以北，规划面积 9 平方公里，是青岛市重要的港口物流基础设施之一。

2. 功能。

（1）港口物流服务功能。园区基础功能是开展港口物流服务，依托前湾港在沿海港口中的重要地位，物流园区将为青岛市、山东省及周边省市的外贸进出口提供物流服务。

（2）周边产业服务功能。基于园区周边产业布局条件，园区还将为包括汽车产业、船舶产业、电子信息产业等周边产业提供产业发展的物流服务集成功能。

（3）区域物流系统整合功能。园区将与保税港物流园区互为补充、联动发展，作为区域航运物流系统的核心整合区域内其他物流设施的功能，促进系统物流运作水平提升。

（4）临港产业开发功能。通过对临港区域物流资源的整合和物流系统运行环境的改善，形成联动的发展格局，促进临港各产业的加速聚集和发展。

3. 规模。前湾国际物流园区的能力与规模为：2010 年物流操作量 780 万吨，规划用地 3120 亩；2012 年物流操作量 1010 万吨，规划用地 3900 亩；2015 年物流操作量 1170 万吨，规划用地 4480 亩；2020 年物流操作量 1600 万吨，规划用地 5360 亩。

（二）前湾保税港物流园区

1. 布局。前湾保税港物流园区位于青岛市黄岛区前湾港西侧，由前湾保税港内部的保税物流园区和综合物流区整合组成。青岛前湾保税港区将于 2009 年底实现一期封关运营，2011 年实现港区全面封关运营，规划占地面积 9.72 平方公里，其中具有保税物流功能的区域占 2.42 平方公里。前湾保税港物流园区是区域内重要的保税物流基础设施，对青岛市外向型经济和临港产业发展具有重要的意义。

2. 功能。

（1）保税物流服务功能。保税物流服务是该园区的基础功能，通过提供包括国际中转、国际配送、国际采购、国际转运等功能服务，促进园区保税物流产业的发展。

（2）区域物流系统整合功能。依托园区的保税特性，通过与其他相关物流设施和组织的整合，促进区域物流系统的合理化整合，提升区域物流系统运作的整体水平。

（3）提升区域经济地位功能。通过保税物流运作环境的改善，进一步带动以园区所在区域为核心的广泛范围内的进出口贸易发展，促进外向型经济的发展，提升区域在国际贸易中的核心地位。

3. 规模。由于保税港物流园区的面积受到区域划定的限制，前湾保税港物流园区规模上限为 2.42 平方公里。预计 2010 年园区物流操作量为 500 万吨，规划用地 2020 亩；2012 年物流操作量 680 万吨，规划用地 2620 亩；2015 年物流操作量800万吨，规划用地3050亩；2020年物流操作量1080万吨，规划用地3610亩。

（三）胶州湾国际物流园区

1. 布局。胶州湾国际物流园区位于胶州市西外环以东、同三高速以南、胶平路以西、北外环路以北区域，规划面积6平方公里。

2. 功能。

（1）公铁、水铁联运组织功能。园区的核心功能是为青岛市集装箱公铁、水铁联运物流提供组织服务。基于青岛港口的区域航运中心地位和区域经济中心地位，依托铁路和公路的延伸，通过园区组织水平的提升，未来园区将成为更广泛区域内联运物流系统核心。

（2）整合城市陆路物流系统功能。依托我市集装箱中心站唯一的大型公铁联运枢纽，具有深度整合陆路物流资源以及与港口联动共同完善青岛市多式联运系统的深层功能。

（3）产业开发功能。通过联运组织水平的提升，促进园区物流运行环境的改善，加速区域产业的聚集，推动园区所在区域产业开发的功能。

（4）农业、商贸等其他物流服务功能。作为胶州市唯一大型物流基础设施，将承担城市商贸业的物流需求。同时，考虑到青岛市农业南北集中布局的结构和园区公铁、海铁联运中心的地位，胶州湾国际物流园区还具有为胶州、胶南及山东半岛农业物流提供服务的功能，并成为青岛市农业物流服务的组织核心。

3. 规模。胶州湾国际物流园区能力与规模为：2010年物流操作量400万吨，规划用地1720亩；2012年物流操作量580万吨，规划用地2530亩；2015年物流操作量730万吨，规划用地3180亩；2020年物流操作量1100万吨，规划用地4100亩。

（四）城阳空港物流园区

1. 布局。该园区位于青岛流亭机场东南及东北侧两片区域，是我市空港物流的组织核心。目前园区规划面积2.5平方公里，其中青岛保税物流中心占地面积约为0.8平方公里。

2. 功能。

（1）航空物流服务功能。园区依托区域内临空产业的发展，主要服务于临空高新技术产业的航空物流服务需求，并兼顾全市及山东半岛航空物流服务需求，通过提升航空物流服务水平，建设成为面向中、日、韩的区域性国际航空物流中心。

（2）保税物流服务功能。保税物流服务是空港物流园区的重要功能，基于园区内青岛保税物流中心的建设，园区将为以航空为主要形态的国际保税物流提供支撑。

（3）区域经济开发功能。城阳空港物流园区将通过与相关产业的联动发展，推进青岛空港区域的临空经济开发，为在机场区域形成物流与高新技术产业联动奠定基础。

（4）区域物流系统整合功能。城阳空港物流园区作为青岛市核心物流园区之一，与相邻的城阳综合物流园区共同构成胶州湾北部物流集群的组织和资源配置中心，提升城市物流运作水平。

（5）城市商贸等其他物流服务功能。由于园区与市区距离相对较近，园区相应承担部分城市商贸物流配送功能。

3. 规模。城阳空港物流园区的能力与规模为：2010 年物流操作量 370 万吨，规划用地 1780 亩；2012 年物流操作量 550 万吨，规划用地 2490 亩；2015 年物流操作量 680 万吨，规划用地 2820 亩；2020 年物流操作量 980 万吨，规划用地 3610 亩。

（五）城阳综合物流园区

1. 布局。城阳综合物流园区位于城阳区双元路以西、正阳西路北侧区域，临近 204 国道、济青高速。园区主要为胶州湾北部区域的产业聚集区提供相关配套物流服务；辐射青岛及周边地区的分拨、仓储、配送服务，与空港物流园区部分功能互补。目前规划面积约 2000 亩。

2. 功能。

（1）产业服务功能。重点服务于机车、纺织等产业的物流需求，并兼顾服务于电子信息产业和生物及新材料产业，在产业服务上与空港物流园区形成功能匹配。

（2）城市商贸配送服务功能。与李沧娄山物流园区共同承担城市商业配送的组织功能。

（3）区域经济开发功能。依托机车、纺织服装等产业物流服务，在区域内形成良好的物流运作环境，支持园区所在范围内的产业聚集，促进区域经济开发。

（4）区域物流系统整合功能。与空港物流园区联动，发挥主导性的资源配置中心作用，推动胶州湾北部区域物流设施和功能的整合，提升区域物流系统运作水平。

3. 规模。城阳综合物流园区的能力与规模为：2010 年物流操作量 240 万吨，规划用地 1050 亩；2012 年物流操作量 350 万吨，规划用地 1450 亩；2015 年物流操作量 450 万吨，规划用地 1940 亩；2020 年物流操作量 630 万吨，规划用地 2380 亩。

（六）李沧娄山物流园区

1. 布局。李沧娄山物流园区位于李沧区娄山西北部，环胶州湾高速公路李沧段西侧，目前规划面积约 2 平方公里。

2. 功能。

（1）生活资料配送功能。园区位于青岛市区范围之内，主要承担市区的生活资料配送物流服务功能。

(2) 配送组织服务功能。与城阳综合物流园区共同构成青岛市城市配送的组织服务核心。

3. 规模。李沧娄山物流园区的能力与规模为：2010 年物流操作量 230 万吨，规划用地 950 亩；2012 年物流操作量 310 万吨，规划用地 1300 亩；2015 年物流操作量 400 万吨，规划用地 1620 亩；2020 年物流操作量 520 万吨，规划用地 2000 亩。

三、物流中心

(一) 胶南董家口物流中心

位于董家口港以北区域，临接同三高速和 204 国道等公路交通主干道。目前规划面积 4.5 平方公里。主要为董家口区域的港口运输、石化、钢铁以及船舶制造等产业服务，在运行过程中产生的物流组织和物流管理提供运作设施和集成环境。物流中心的能力与规模为：2010 年物流操作量 230 万吨，规划用地 930 亩；2012 年物流操作量 340 万吨，规划用地 1320 亩；2015 年物流操作量 440 万吨，规划用地 1690 亩；2020 年物流操作量 650 万吨，规划用地 2240 亩。

(二) 胶南临港经济开发区物流中心

位于胶南市北部，临港经济开发区内，与 204 国道相邻，目前规划面积 1500 亩。该物流中心既服务于临港经济开发区的工业企业物流需求，同时兼顾服务胶南市商贸、农业、生产生活资料等物流的需求，为综合性物流中心。物流中心的能力与规模为：2010 年物流操作量 140 万吨，规划用地 600 亩；2012 年物流操作量 190 万吨，规划用地 810 亩；2015 年物流操作量 230 万吨，规划用地 960 亩；2020 年物流操作量 320 万吨，规划用地 1200 亩。

(三) 西海岸出口加工区物流中心

位于青岛开发区北部工业新区西海岸出口加工区内，临近环胶州湾高速和跨海大桥，占地面积 200 亩。该物流中心主要为西海岸出口加工区内产业提供物流服务，并为石化等区外产业配套服务。物流中心能力与规模为：2010 年物流操作量 50 万吨，规划用地 200 亩；2012 年物流操作量 60 万吨，规划用地 250 亩；2015 年物流操作量 60 万吨，规划用地 260 亩；2020 年物流操作量 75 万吨，规划用地 290 亩。

(四) 胶州三里河物流中心

位于胶州市区南部，同三高速公路以东，杭州路以西，香港路两侧，目前规划面积 2000 亩，其中胶州现代农业物流港项目占地 1000 亩。该物流中心主要服务于日用消费品、农业生产资料和农副产品的储运、交易等。物流中心的能力与规模为：2010 年物流操作量 140 万吨，规划用地 600 亩；2012 年物流操作量 190

万吨，规划用地 810 亩；2015 年物流操作量 240 万吨，规划用地 1000 亩；2020 年物流操作量 360 万吨，规划用地 1330 亩。

（五）青岛市应急物流中心

位于城阳区皂户社区，胶济铁路城阳火车站西侧，西临双元路，墨水河以南，南临京口社区，距流亭国际机场 3 公里。规划占地面积 2244 亩。该物流中心主要为国防战备物资保障、国防交通保障、国家救灾物资储备、建设工程材料配送、公铁联运等物流服务。物流中心的能力与规模为：2010 年物流操作量 200 万吨，规划用地 870 亩；2012 年物流操作量 280 万吨，规划用地 1180 亩；2015 年物流操作量 330 万吨，规划用地 1350 亩；2020 年物流操作量 430 万吨，规划用地 1620 亩。

（六）青岛出口加工区物流中心

位于青岛出口加工区内，紧靠环胶州湾高速公路，目前规划占地面积 300 亩。该物流中心主要为出口加工区内相关产业提供物流配套服务。物流中心的能力与规模为：2010 年物流操作量 70 万吨，规划用地 300 亩；2012 年物流操作量 110 万吨，规划用地 460 亩；2015 年物流操作量 115 万吨，规划用地 490 亩；2020 年物流操作量 140 万吨，规划用地 520 亩。

（七）青岛高新区物流中心

位于青岛高新区新城东部，正阳路周边区域，目前规划面积 1100 亩。该物流中心主要为区内高新技术产业发展提供物流服务。物流中心的能力与规模为：2010 年物流操作量 140 万吨，规划用地 740 亩；2012 年物流操作量 210 万吨，规划用地 930 亩；2015 年物流操作量 270 万吨，规划用地 1120 亩；2020 年物流操作量 400 万吨，规划用地 1480 亩。

（八）即墨田横物流中心

位于即墨市田横镇驻地，王家山、西凤山以南，南邻田横度假区，紧临鳌山港区及女岛船舶产业基地，目前规划面积 3 平方公里。该物流中心功能主要为女岛船舶工业功能区提供配套服务，未来逐步提升港口物流服务功能，形成集商贸、信息、综合服务等服务功能于一体的临港物流中心。物流中心的能力与规模为：2010 年物流操作量 210 万吨，规划用地 900 亩；2012 年物流操作量 300 万吨，规划用地 1250 亩；2015 年物流操作量 390 万吨，规划用地 1570 亩；2020 年物流操作量 500 万吨，规划用地 1800 亩。

（九）即墨南泉物流中心

位于即墨市南泉镇乔戈庄，东临三城公路，北靠府前路，西依胶济铁路，目前规划面积 6000 亩。该物流中心主要服务于青岛闽龙钢材市场、青岛国际建材商贸市场及周边区域，为钢材、木材、建材、陶瓷等专用品的仓储、运输、交易服务，并承担即墨市生产、生活资料的配送及公铁联运服务。物流中心的能力与规模为：2010 年物流操作量 280 万吨，规划用地 1180 亩；2012 年物流操作量 390 万吨，规划用地 1620 亩；2015 年物流操作量 490 万吨，规划用地 2000 亩；2020 年物流操作量 650 万吨，规划用地 2480 亩。

（十）即墨商城物流中心

位于即墨市西郊，龙鹤路南、华山二路西、华山三路东、客运站北，目前规划占地面积约 150 亩。该物流中心的主要功能是依托即墨服装市场、小商品城等市场群，发展商贸物流服务。物流中心的能力与规模为：2010 年物流操作量 50 万吨，规划用地 200 亩；2012 年物流操作量 70 万吨，规划用地 270 亩；2015 年物流操作量 80 万吨，规划用地 320 亩；2020 年物流操作量 110 万吨，规划用地 400 亩。

（十一）即墨龙泉物流中心

位于即墨市龙泉镇烟青公路两侧，北靠威乌高速公路青岛段，南邻青威一级公路，目前规划面积约 800 亩。该物流中心主要为即墨汽车及零部件工业功能区提供配套服务。物流中心的能力与规模为：2010 年物流操作量 95 万吨，规划用地 400 亩；2012 年物流操作量 110 万吨，规划用地 490 亩；2015 年物流操作量 140 万吨，规划用地 580 亩；2020 年物流操作量 200 万吨，规划用地 720 亩。

（十二）即墨西元庄物流中心

位于即墨市通济街道西元庄西，济青高速青岛西元庄出口，目前规划面积 500 亩。该物流中心主要提供物流信息服务、冷冻仓储服务、金融保险服务等。物流中心的能力与规模为：2010 年物流操作量 120 万吨，规划用地 500 亩；2012 年物流操作量 140 万吨，规划用地 600 亩；2015 年物流操作量 200 万吨，规划用地 800 亩；2020 年物流操作量 250 万吨，规划用地 1000 亩。

（十三）莱西姜山物流中心

位于姜山镇青岛路以北、杭州路以东、烟台路以南、苏州路以西，目前规划面积约 2 平方公里，主要为姜山轻工业功能区及北部郊区农业产业提供物流服务，以专业化物流服务为主，兼顾商贸等物流需求。物流中心的能力与规模为：2010 年物流操作量 230 万吨，规划用地 970 亩；2012 年物流操作量 310 万吨，规划用地 1290 亩；2015 年物流操作量 370 万吨，规划用地 1540 亩；2020 年物流操作量 520 万吨，规划用地 1930 亩。

（十四）平度新河物流中心

位于新河镇西北部，东至青新高速公路、西至胶莱河、北至青新高速公路出入口、南至回里村，目前规划占地面积 1.5 平方公里。该物流中心服务于青岛市无机化工产业物流需求，为平度新河化学工业功能区配套服务，属于专业化程度较高、服务指向较为专一的大型专业化工物流中心。物流中心的能力与规模为：2010 年物流操作量 150 万吨，规划用地 650 亩；2012 年物流操作量 210 万吨，规划用地 860 亩；2015 年物流操作量 250 万吨，规划用地 1030 亩；2020 年物流操作量 350 万吨，规划用地 1280 亩。

四、配送中心

（一）城市商业配送中心

在临近青岛市区的城阳综合物流园区和李沧娄山物流园区，布局青岛市最大的商业配送中心集合区，居于全市商业配送中心的核心地位。

（二）其他配送中心

城区商业配送主要依托各个外围物流节点的功能配置以及城区现有设施的功能提升和改造，保留市区具有物流配送服务和运作功能的配送、仓储设施，市区范围内原则上不再规划新建配送中心项目。

1. 胶州阜安配送中心。位于胶州市阜安工业园内，目前规划占地面积约 150 亩。主要为胶州市及周边地区生产、生活资料的配送、仓储服务。规划能力与规模为：2010 年物流操作量 45 万吨，规划用地 190 亩；2012 年物流操作量 60 万吨，规划用地 260 亩；2015 年物流操作量 70 万吨，规划用地 270 亩；2020 年物流操作量 80 万吨，规划用地 300 亩。

2. 李沧中石化配送中心。位于李沧区滨海路 19 号，目前规划占地面积约 160 亩。主要服务于青岛地区中石化成品油配送。规划能力与规模为：2010 年物流操作量 45 万吨，规划用地 190 亩；2012 年物流操作量 60 万吨，规划用地 260 亩；2015 年物流操作量 70 万吨，规划用地 270 亩；2020 年物流操作量 80 万吨，规划用地 300 亩。

3. 莱西医药配送中心。位于莱西经济开发区，梅山路以南，扬州路以东，目前规划占地面积 100 亩。主要为莱西市及周边地区医药品的仓储和配送提供物流服务。规划能力与规模为：2010 年物流操作量 20 万吨，规划用地 100 亩；2012 年物流操作量 30 万吨，规划用地 120 亩；2015 年物流操作量 40 万吨，规划用地 150 亩；2020 年物流操作量 60 万吨，规划用地 200 亩。

4. 莱西盐业配送中心。位于莱西市经济开发区北部工业园，梅山路以南、扬州路以西，目前规划占地面积 154 亩。主要从事食盐、畜牧盐、工业盐的仓储和配送。规划能力与规模为：2010 年物流操作量 45 万吨，规划用地 190 亩；2012 年物流操作量 60 万吨，规划用地 260 亩；2015 年物流操作量 70 万吨，规划用地 270 亩；2020 年物流操作量 80 万吨，规划用地 300 亩。

5. 平度半岛配送中心。位于平度市南郊，平营路西、胶平路南、汽车站北，目前规划占地面积 450 亩。主要服务于山东半岛生产和生活资料物流需求。规划能力与规模为：2010 年物流操作量 93 万吨，规划用地 410 亩；2012 年物流操作量 120 万吨，规划用地 480 亩；2015 年物流操作量 130 万吨，规划用地 510 亩；

2020 年物流操作量 160 万吨，规划用地 590 亩。

6. 胶州利群商贸配送中心。位于胶州三里河，一期、二期工程已完工，三期正在兴建，总占地约 565 亩。主要服务于山东半岛商贸流通领域的配送，为包括利群、沃尔玛在内的大型超市、便利店提供配送服务。规划能力与规模为：2010 年物流操作量 120 万吨，规划用地 560 亩；2012 年物流操作量 140 万吨，规划用地 580 亩；2015 年物流操作量 150 万吨，规划用地 600 亩；2020 年物流操作量 180 万吨，规划用地 620 亩。

7. 城阳维客商贸配送中心。位于青岛市城阳区玉皇岭工业园银河路 637 号，占地约 80 亩，主要服务于山东半岛商贸流通领域的配送，为维客大型超市、便利店配送服务。规划能力与规模为：2010 年物流操作量 20 万吨，规划用地 80 亩；2012 年物流操作量 25 万吨，规划用地 90 亩；2015 年物流操作量 30 万吨，规划用地 100 亩；2020 年物流操作量 40 万吨，规划用地 140 亩。

8. 李沧利客来商贸配送中心。位于李沧区重庆路配送区，占地 60 亩。主要服务于青岛市内商贸流通领域的配送，为利客来超市、便利店等提供配送服务。规划能力与规模为：2010 年物流操作量 15 万吨，规划用地 60 亩；2012 年物流操作量 20 万吨，规划用地 70 亩；2015 年物流操作量 25 万吨，规划用地 80 亩；2020 年物流操作量 30 万吨，规划用地 100 亩。

9. 青岛粮食配送中心。位于青岛市四方区四流南路 64 号，青岛第三粮库一分库院内，目前设施占地 160 亩。该配送中心以粮食批发市场为龙头，利用铁路专用线的优势，带动粮食周转、粮食交易、粮食分拨等功能，主要从事粮食的仓库、中转、市场交易和配送，保障青岛市的粮食安全，调剂品种余缺。规划能力与规模为：2010 年物流操作量 80 万吨，规划用地 110 亩；2012 年物流操作量 90 万吨，规划用地 120 亩；2015 年物流操作量 100 万吨，规划用地 130 亩；2020 年物流操作量 120 万吨，规划用地 160 亩。

第五章　物流企业发展与培育

一、发展思路与目标

（一）基本思路

合理整合各类物流服务企业资源，引进、培养龙头物流企业，加速物流服务的技术进步，提升服务能力与服务质量，实现物流企业整体服务水平的提升，为加快我市物流业的健康发展提供优质、高效和强大的物流服务支持。

（二）总体目标

经过 5～10 年的时间，完成我市物流企业培育工作，形成结构合理、方式齐全、功能强大、分工合理、运行协调、质量良好、特点突出，由不同服务类型物流企业构成的物流服务企业体系，在全市综合运输与物流基础设施能力的支撑下，具备区域辐射与服务的整体竞争能力。

（三）分期目标

1. 近期目标。到 2012 年，初步完成物流企业的资源重组和服务能力培养，完成龙头物流企业的培育和先进物流企业的引进，完成首批重点物流企业的评定与扶持发展，培育其初步具备国际国内区域性物流服务竞争力。全市拥有国家认证的 3A 级以上（含 3A 级）物流企业 30 余家，其中 5A 级物流企业 6 家以上。引进 2 家以上国际知名物流企业。

2. 中期目标。到 2015 年，基本形成市场竞争条件下的物流企业服务功能与服务范围的合理分工，物流服务企业与服务对象的战略联盟开始大规模出现，品牌效益逐步显现，物流企业服务能力、服务质量和企业效益实现同步增长，初步具备国际国内区域物流服务竞争能力。全市拥有国家认证的 3A 级以上（含 3A 级）物流企业 50 余家，其中 5A 级物流企业 10 家以上。引进 5 家以上国际知名物流企业。

3. 远期目标。到 2020 年，物流企业群体水平实现大幅提升，物流服务的组织化、规模化水平整体上达到国际先进水平，具备国际国内竞争能力。全市拥有国家认证的 3A 级以上（含 3A 级）物流企业 80 余家，其中 5A 级物流企业 15 家以上。引进 10 家以上国际知名物流企业。

二、物流企业发展

（一）第三方物流服务企业

提升企业的物流服务解决方案的设计能力，以及在此基础上的经营管理能力、专业化服务能力和跨行业、跨运输方式与跨区域的综合协调能力，以独具特色的企业服务品牌与服务模式支持我市区域物流辐射与服务能力的提升。到 2020 年，争取第三方物流企业服务量占全市物流企业服务总量的 25%～30%，达到国外发达国家水平。

（二）邮政企业

尽早完成我市邮政物流发展总体规划，将邮政系统建设与物流服务系统、城市及农村配送系统建设有机地融为一体，发挥邮政在网络配送和航空物流发展等方面的优势，建立以中邮青岛分公司为基础，全市相关城市快递企业为补充的区域性配送服务系统。

（三）运输与仓储企业

1. 水运企业。以国家主枢纽港和东北亚国际航运中心建设为依托，以国际水运大通道、亚欧大陆桥建设为契机，以低成本水运、多式联运为支持，建立高效率的以港口和航运为核心的通道化、一体化物流运作服务体系。

2. 公路运输企业。以运输组织的规模化、集约化作为公路运输企业现代化发展的基本方向，重点改善经营组织管理方式与提升技术装备水平，依托公路主枢纽以及物流园区、物流中心、配送中心提升公路运输效率，并在陆运系统内大力发展甩挂运输。

3. 铁路运输企业。以技术进步和管理提升为基础，大力发展铁水、公铁联运以及集装箱多式联运，实现建设、管理、经营的市场化，继续巩固铁路作为长途货运的主渠道地位，有效提高铁路物流的整体辐射与服务能力。

4. 航空运输企业。发挥民航在高附加值、时效性强、小批量货运上的优势，逐步建立航空运输独具特色的物流服务模式，支持我市航空物流特别是高新技术产品物流发展。

5. 仓储企业。积极探索建立新的企业组织结构，通过资产重组和联合经营，使其发展成为具备物流运作能力的第三方物流企业。建立新型仓储业务运作模式，引导企业积极引进和逐步采用新技术新装备，以适度集中储存代替分散储存，加快周转速度，发展各项增值服务。

（四）物流咨询企业

创造条件，汇集人才，与各类物流企业建立紧密的业务联系；跨领域、跨地域合作，加强与国外物流发达国家的咨询企业的业务联系与学术交流，共同推进物流咨询、培训业务的发展；深入实际，提升实力，为物流企业和工商企业提供技术先进、具备可操作性的咨询服务。

三、物流企业培育

（一）网络化运输、仓储企业

按照现代物流企业服务发展的需要，推进运输与仓储企业的集约化经营，培育现代运输与仓储企业。强化网络化运作，鼓励企业之间的业务合作，逐步构筑以大型运输和仓储企业为龙头，以中小企业为依托的区域性运输与仓储物流服务网络体系；鼓励中小物流企业加强信息沟通，创新物流服务模式，加强资源整合，与第三方物流企业开展联合与合作，提升扩展自身的业务能力、服务范围与业务领域；积极开拓和发展集装箱多式联运业务，围绕集装箱多式联运的发展，开辟新型合作方式，建立系统、稳定的分工与合作框架体系，为内陆与青岛港口间集装箱多式联运的发展提供快速高效服务。

（二）品牌企业

强化培育重点物流企业，发挥其对我市物流企业的引导和表率作用，加大对物流企业兼并重组的政策支持力度，鼓励物流企业通过参股、控股、兼并、联合、合资、合作等多种形式进行资产重组，培育一批服务水平高、国际竞争力强的大型现代物流品牌企业。

第六章　物流业与相关产业联动发展

一、发展思路与目标

（一）基本思路

按照有利于提高工业、商贸流通业等相关产业企业物流管理水平，有利于在物流供应链的支持下构建强大的产业发展链，有利于加快相关产业现代物流发展的基础体系，有利于加快企业物流信息化等基本原则，全面推进青岛市工业、商贸流通业等相关产业企业物流管理与运作水平的提升，以及与物流企业的联动和融合发展，通过资源整合和企业核心竞争力的培育，加快企业物流服务外包。

（二）发展目标

逐步建设适应青岛市产业发展所需要的物流基础设施系统，打造物流技术与服务支持的工业聚集区、商贸集聚区等相关产业集聚区，加快建立适应企业物流管理与运作的网络化物流服务系统，实现物流管理对相关产业升级与企业发展的推动。

1. 近期目标。到 2012 年，鼓励企业利用既有物流基础设施，形成以企业为主体的物流基础设施系统。同时，在满足新的产业布局和既有产业布局调整的基础上，进行物流基础设施的建设，探索利用物流基础设施系统为企业物流提供支持的管理与运作经验，为扩大企业物流服务外包奠定基础环境。推动有代表性的 5 家以上工业、商贸流通业企业进行与物流企业联动发展的试点。

2. 中期目标。到 2015 年，依托规划建设的城市公共大型综合性物流基础设施和交通运输基础设施，形成支撑青岛市新的产业发展战略所需要的物流基础设施体系框架，形成社会化及企业内部相结合的物流基础设施体系框架，扩大企业物流外包的比重。推动 20 家以上工业、商贸流通业企业与物流企业联动发展，初步形成物流服务外包的氛围。

3. 远期目标。到 2020 年，形成结构合理、设施配套、技术先进、运转高效的企业物流基础设施与管理运行体系，使物流服务的组织化、规模化水平整体上达到国内先进水平，在企业物流外包比例及服务水平上达到欧美国家水平。

二、相关产业物流发展

（一）汽车、造船、机械、机车产业物流

企业要积极发展零配件的集中采购与生产配送、厂区物流管理和产品的销售配送一体化物流管理方式。对于零配件的集中采购与生产配送，要结合生产布局，通过设立配送中心，实现供应链角度的零配件集中采购，按照 JIT 方式进行向生产线的配送服务。对于厂区物流管理，要在零配件集中采购与生产配送物流管理与运作的支持下，合理规划厂区物流流程，通过生产环节的流程再造，提高资源的整合程度与利用效率。对于产品的销售配送，要利用专业化的物流服务系统和配送网络，提高产品的配送效率，降低产品到用户间的物流成本。

（二）钢铁产业物流

发展物流的途径和方式，一是整合物流资源，提高资源的使用效率。鼓励企业以自有或租用的方式，在保证安全库存的基础上实现原材料堆场的高效经济使用；通过与流通领域物流系统的结合，充分利用社会资源解决产品销售、库存、配送等物流资源需求。二是对物流组织进行规划设计，提高物流效率和降低物流成本。钢铁企业要对整个物流运作从系统的角度进行专门的规划和设计，建立适应物流管理需要的生产流程、安全库存、运输组织、原材料采购与供应、产成品销售系统、废料处理以及相应的企业组织管理体制、制度和信息系统等。三是对矿石等大宗进口散货，鼓励企业与船公司根据市场走势，合理选择签订各种长期合同，降低运价波动风险，保证稳定供货。

（三）高新技术产业物流

电子信息、通信、医药等产业根据其原材料来源与产品销售方向较为分散，距离不一，少批量多批次，产品附加值高等特点，选择高质量的物流服务运行商，利用其成熟的物流组织和管理系统，与供应商、销售商和客户群体形成稳定的业务网络体系，保证原材料供货渠道与产品销售渠道的畅通，实现原材料购入的稳定和产品销售的高效。

（四）石化产业物流

根据石化产品物流的特殊性，建立针对特种物资较为封闭的物流组织与服务系统，以提高物流管理与运作的专业化水平，确保安全性；对于作为生活消费品的化工产品，应与流通领域的物流组织与管理系统接轨，建立社会化、规模化和高效化的物流系统。同时，鼓励大型石化工业企业建立必要的货主码头和自有罐区，保证原材料供应和产品销售的稳定。

（五）家电产业物流

要运用供应链管理思想深化物流改革，进一步在供应链整合上下功夫，建立适合家电发展的供应链体系。建设配送中心，进行集中采购，配送中心按照生产线对零配件的需要进行及时供货。从原材料采购和成品配送入手，探索适应自身发展的物流运作体系，逐步与世界接轨，更好地拓展市场。

（六）纺织服装产业物流

对于一般服装产品应与销售商共同建立依托公共物流设施的物流节点，将商业销售、商品送达和售后服务形成一体化运作网络体系。生产高档服装产品的企业则应建立与其贸易对象性质与贸易模式相一致的高效率的配送管理系统及相应的信息系统，委托专业物流服务商开展产品销售物流活动。

（七）食品及农产品（冷链）物流

一是对食品及农产品的安全性予以高度重视，制定较为严格的物流服务运作规范和相关监管措施。二是通过统一的物流基础设施建设，实现大规模的仓储设施的物流管理能力与长期储存功能，按照农产品生产季节性和消费长期性特点，为集中收购分散的农产品提供服务。三是加强基层物流网络节点、农村道路、批发市场的建设，将产品初加工和简易加工纳入物流的流通加工功能，完善农产品的流通网络，提高农产品基层流通渠道的贮存能力与输送能力。四是建立起与各个食品及农产品物流设施之间的协作网络，推广以公司加农户的运作形式，依托专业化设施实现原料集中采购和集中储存，使生产活动与销售活动通过物流组织形成一体化发展。五是推广物流服务外包，委托专业化的物流配送服务企业，针对原材料购入和成品销售建立通畅的信息系统和高效率的配送系统，开展集中配送，保证食品与农产品配送的质量。

（八）商贸流通业物流

一是加快推进商贸领域信息化进程。在全市物流公共信息平台建设的基础上，推进商贸企业现代物流管理与运作的信息化进程，借助信息管理系统提高企业对市场的反应速度。二是推广商贸企业的集中采购与专业配送，通过建立规模较大的仓储设施和设立统一的配送系统，有效降低采购成本、物流成本。三是依托专业物流服务企业推进物流服务外包，提升由供应商到零售商之间物流的集约化程度和专业化配送服务能力。积极发展连锁经营、电子商务等现代流通架构，构建区域性商贸流通中心城市。

（九）对外贸易物流

一是提高外贸企业物流的组织化程度和发展水平，结合港口建设和物流园区、物流中心和配送中心的建设，形成完善的国际物流组织与服务基础设施系统。二是加快国际物流和保税物流发展，通过通关条件的改善和通关流程的优化，实行申办手续电子化和“一站式”服务，提高货物通关效率；鼓励物流企业对进出口商品的代理报关、暂时储存、搬运和配送、流通加工等实行一条龙服务。三是以全市物流信息平台为纽带，实现外贸服务的网上办公，为我市外贸经济提供更加完善的物流服务，促进口岸物流向内地其他物流节点城市顺畅延伸。

三、发展重点

（一）流程再造

以大型工业、商贸流通业等核心企业为重点，推进企业的物流管理理念再造、物流相关管理技术再造、保障物流技术应用的制度再造、管理现代物流所需要的企业组织与管理再造和企业发展的文化再造，加快提升企业的物流管理水平。

（二）供应链构建

积极推进我市工业、商贸流通业等企业与物流服务企业之间构建物流供应链，供应链的各个环节紧密配合、一体化衔接，通过信息化手段，使整个供应链的物流成本降低、竞争水平提高。

（三）服务外包和利用第三方物流服务

根据各类工商企业物流服务需求状况和需求结构，借助第三方物流企业的专业化服务优势，加快工业、商贸流通业等企业在流程再造和供应链构建基础上形成的物流服务外包。同时，支持和鼓励第三方物流企业强化整合服务能力，为工商企业物流业务的服务外包提供运作供给支持。

第七章　信息化及信息平台建设

一、发展思路与目标

（一）基本思路

以全市信息化建设为基础，以口岸物流和产业供应链建设为主线，以物流设施为依托，以物流服务企业信息系统为单元，以信息系统维护与升级体系为保障，以工商企业物流管理信息系统建设和信息管理技术应用推广为支持，完成我市物流信息平台建设，实现我市物流设施与物流服务企业以及物流服务目标企业的信息化。

（二）发展目标

2010 年，启动我市物流公共信息平台的建设；到 2012 年，初步形成港口物流系统、空港物流系统、陆路物流系统三大系统内的公共信息平台建设；到 2015 年，全面完成三大物流系统信息平台的连接与并网运行，形成集政务与商务、政府与企业、设施与运行、服务与保障各类功能齐全的青岛市物流公共信息平台系统，并以此构成我市现代物流发展的重要支撑。

二、物流信息平台建设

（一）信息平台功能

1. 物流公共信息服务功能。从宏观角度创造我市良好的物流发展环境，提供物流发展所需的公共信息环境及信息化条件。

（1）政府信息服务功能。发布政府有关政策信息和宏观经济信息，以提高物流企业获取信息的效率，引导我市企业的发展。

（2）数据交换功能。提供全市物流、运输、仓储、海关、商检、税务、保险、金融等行业管理部门与企业之间的数据交换，实现信息互通和共享。

（3）物流信息发布功能。发布企业在物流管理与经营中所需要的信息，为各类企业及政府主管部门提供信息支持，为各类物流服务企业和运输枢纽的运输组织与货源管理提供有效的支持。

（4）电子商务功能。系统连接生产企业与销售企业，为物流企业、工商企业的信息发布及收集提供直接的帮助。

2. 企业物流信息管理功能。以模块化的方式开发出公用性物流信息管理子系统，并通过 ASP（应用服务供应商）方式，提供方便、安全的平台系统接口供企业以独立用户的方式开户使用，平台的建设和维护企业可以提供多个模块的信息系统功能集成服务。

（二）信息平台模块功能结构

1. 基本功能模块。按照以上原则和基本思路，我市物流信息平台的功能模块将主要包括系统管理与集成、运输与配送管理及货物跟踪、订单处理、仓储管理及库存水平监控、综合查询与统计分析、信息发布及电子商务、数据交换中心（EDI）和网络通讯 8 大功能模块。

2. 基本技术结构要求。我市物流信息平台在结构上满足企业及各级机构对物流管理的需要和物流信息管理技术进步的要求，保持服务的适应性和技术的先进性以及维护低成本的方便性。

3. 系统组织结构。我市物流信息平台由物流市场信息系统和物流管理信息系统组成，以青岛港口、空港和陆路运输信息系统作为扩展依托和运作支持，与青岛市政府信息发布系统相连接，以各类物流企业与工商企业自有信息管理系统为接入单元和操作单元共同构成，同时具有接纳、展示、交流和处理物流相关信息的开放式信息管理系统，提供物流发展所需的公共信息环境及信息化条件，为各类物流相关企业之间提供信息交流与合作的信息通道和操作平台。

（三）建设任务

1. 建设规模。我市物流公共信息系统包括硬件设备购置、相关基础开发软件和应用平台建设、维护软件开发等。

2. 建设模式。我市物流公共信息平台的建设，采用物流服务企业与物流服务目标企业和各个相关管理部门共同提出要求，物流行业管理部门主持，以政府支持和各级相关机构参与投资的方式，共同组建股份制企业，对物流公共信息平台进行开发建设和建成后的运营与维护。

3. 工作重点。一是完成机构建设。尽快完成建设主体企业的组建，使青岛市物流信息系统建设实现政府政策支持下的企业化运作；二是作好前期研究。认真分析来自于全社会各个方面的物流信息需求，对于需求种类、需求强度、需求规模、需求分布以及满足形式进行全面深入的专项研究；三是制定相关规范。加快制定物流信息共享与数据交换的规范与标准，与电子口岸、电子政务的建设相互支持；四是完成相关技术与人才储备。加紧进行建设物流信息系统的相关储备，包括资金储备、技术储备和人才储备，鼓励社会和企业力量加入建设行列。

第八章 扶持政策与保障措施

一、营造良好政策环境

(一) 严格落实已出台的各项政策

市财政、发改、交通等有关部门，要认真贯彻落实我市已出台的支持物流业发展的各项政策，简化办事程序、提高办事效率和服务质量，为现代物流业发展营造良好的外部环境。

1. 扶持现代物流项目建设。经市物流主管部门认定具有示范带动作用的物流重点建设项目、物流园区公共信息平台建设和规划编制、物流品牌企业奖励、工商企业物流业务剥离外包试点等，从全市服务业发展引导资金中给予补助或贷款贴息。

2. 设立物流项目建设配套资金。从 2010 年起，每年由市财政局、市交通委适当安排专项资金，作为国家、省扶持物流项目建设的地方配套资金，配套资金按财政体制分级负担，支持重点物流项目建设。

3. 吸引物流企业来我市发展。在我市新注册的和经市物流主管部门认定建设标准 A 级以上的物流企业，自开业年度起，由同级财政主管部门对其新增上缴税收形成的地方收入部分，前三年每年给予 100%补助，第四年至第六年每年给予 50%补助。

4. 支持航运企业发展壮大。我市现有的航运企业新增运力部分及新注册的航运企业的税收优惠政策，航运企业紧缺高级人才的奖励政策，按照市政府办公厅《关于加快青岛市航运企业发展若干优惠措施的通知》办理。

5. 扶持物流企业做大做强。2010—2012 年，对年缴纳地方税收额超过 300 万元的物流企业，财政部门对企业信息化、标准化建设贷款给予适当贴息补助，补助资金按财政体制分级负担。

6. 鼓励工商企业物流业务剥离经营。我市大中型工商企业物流业务剥离经营后新增的地方税收，由同级财政主管部门从中提取 30%用于补助该企业。上述企业因物流业务剥离经营后导致企业总体税负增加，且给予 30%补助后仍不能弥补的部分，由同级财政主管部门从该企业因物流业务剥离经营后新增的地方税收部分予以补助。

7. 引导物流企业现代化发展。促进企业从经营理念、服务质量、信息技术等方面上等级、上水平，不断提升企业综合竞争力，对我市首次通过国家 2A、3A、4A、5A 级评估的物流企业，从市服务业引导资金一次性分别给予奖励 5 万元、10 万元、15 万元、20 万元。

8. 鼓励物流企业争创服务品牌。对物流企业创建的省级以上服务名牌和著名商标，按照市委市政府《关于加快发展服务业的意见》一次性奖励物流企业20万元。

9. 合理确定物流企业营业税计税营业额。试点物流企业将承揽的运输或仓储业务分包给其他单位并统一收取价款的，以该企业取得的全部收入减去付给其他单位的运费或仓储费后的余额，为营业税的计税营业额。

10. 鼓励和支持物流企业加快引进优秀人才。对引进且聘用的优秀人才年薪在10万元以上的个人所得税地方留成补贴；对引进到我市工作落户或办理《青岛市居住证》，在青居住工作1年以上并与物流企业签订5年以上合同的部分优秀人才的购房安家补贴；按照市服务业发展领导小组办公室《青岛市现代服务业人才发展规划》（青服务业办〔2009〕2号）有关政策执行。

11. 物流项目用地政策。物流业集聚区域的企业，利用自有划拨土地建设物资交易、物流储备、中转、配送、分销作业、运输装卸场所及相应附属设施，保持原用途办理出让手续的可采取协议方式出让，土地出让金可按最低不低于标定地价的40%收取；改变土地用途，将非经营性土地改变为经营性用途的，应当在符合城市规划的前提下，办理土地手续，属于利用原有房地产的，可按协议方式补办出让手续，属于需要重建的，应当由政府收购储备后招标拍卖挂牌方式出让。具体操作办法依照山东省国土资源厅和山东省监察厅《关于国有土地使用权出让中有关问题的意见》（鲁国土资发〔2003〕192号）执行。

（二）适时制定出台新的扶持政策

市财政、发改、交通、公安、经贸、国土、农业等有关部门，要根据社会经济发展对物流的需求，适时研究出台新的扶持我市物流业发展的有关政策，支持和鼓励我市物流企业不断发展壮大。

1. 物流企业兼并重组政策。通过参股、控股、兼并、联合、合资、合作等多种形式进行资产重组的物流企业，要对其在组建新物流企业过程中发生的资产置换以及土地、房产、车辆过户等各项行政性收费予以免交，并依照有关税收政策减征或免征契税。

2. 城市交通管理政策。制定城市配送车辆相关标准，调整完善现有城区货运车辆交通管制办法，对为专业市场、商场、超市等市内商业网点服务停靠的城市配送车辆，提供便利条件。

3. 运输车辆管理政策。凡在青岛市登记注册的集装箱专用车辆、大件运输车辆、海关监管车、冷藏运输车以及15吨以上厢式货车，在市管收费公路按三类车标准缴纳过路过桥费；鼓励甩挂运输，制订甩挂车辆注册、运行、安全管理等政策。

二、加大保障措施力度

（一）完善物流管理体制

加强对物流业发展的组织和领导，充分发挥市现代物流业发展工作领导小组的作用，研究协调现代物流业发展的有关重大问题和政策。有关区市政府要建立相应的协调机制，加强对地区现代物流业发展有关问题的研究和协调，在物流园区、中心设立管理委员会，负责土地征用、规划建设、招商引资、物业管理等工作。

（二）加大专项资金扶持力度

建立扶持现代物流业发展专项资金，制定专项资金管理办法，重点对经市物流主管部门认定具有示范带动作用的物流重点建设项目、物流信息化和标准化建设、物流骨干企业等予以资金补助、贷款贴息或奖励。物流业集聚区所在地政府也要建立扶持现代物流业发展专项资金，支持物流业发展。

（三）严格现代物流项目确认规定

对专项资金扶持的物流重点项目或进入市规划物流园区、中心的建设项目，必须经市物流主管部门组织专家委员会认定，报市现代物流业发展工作领导小组审定，对已认定的物流项目，纳入享受市政府确定的对现代物流项目的资金扶持和优惠政策范围。

（四）完善物流统计指标体系

进一步完善物流业统计调查制度和信息管理制度，建立科学的物流业统计调查方法和指标体系，提高统计数据的准确性和及时性。市统计局会同市物流协会建立全市物流统计指标体系，明确物流产业统计口径，制订物流业统计信息收集、研究、分析、监测和评估制度，为政府科学决策提供依据。

（五）强化物流人才培养

把物流人才队伍建设纳入规范化轨道，制订物流人才培养和引进计划，联合国家、省市物流教育机构，重点培训储存管理、运输配送、货运代理、系统管理等物流管理人才，重点培养运输督导、报关报检、单证检验等专业技术人才，重点引进物流规划师、物流信息管理工程师、国际贸易运输和物流经营型人才。采取有力措施，为国内外人才落户青岛提供便利。组织开展“物流师”专业职业技能培训工作，对经考试鉴定合格的核发国家职业资格证书。加强与日韩等国家物流培训交流和出国研修的组织工作，为现代物流业发展提供有力的人才支撑。

（六）引导物流企业开展物流标准化工作

积极采用国际标准和国外先进物流标准，建立健全物流标准体系，积极开展物流服务标准化试点示范工作。引导企业使用统一的标准，推进产品的包装、标识的标准化，提高物流标准化水平，提升物流服务质量。

（七）发挥物流行业组织机构的作用

加强物流行业协会建设，充分发挥物流协会等中介组织和研究咨询机构的作用，促进其更好地承担起规范市场和行业自律的职能，协助做好物流行业战略和专业课题的研究，配合制定、推广物流行业标准，加强物流技术交流和物流咨询服务等方面的工作，积极开展物流企业认证、项目评估、行业交流、招商引资等活动，建立符合国际规则的创新型物流服务组织。

（八）推进物流业对外开放和国际合作

充分利用东亚经济交流推进机构物流分会等区域经济合作机制平台，与有关国家和地区相互进一步开放与物流相关的分销、运输、仓储、货代等领域，特别是加强与日韩、东盟和中亚国家的双边和区域物流合作。市外经贸局、市贸促会、市交通委要积极推动物流企业“引进来”和“走出去”，加强我市物流企业与国际先进物流企业的合资、合作与交流，引进和吸收国外促进现代物流发展的先进经验和管理方法。

011

济南市经济和信息化委员会关于印发济南市现代物流业发展“十二五”规划的通知

济经信交通字〔2011〕3号

各县（市）、区经信局，高新区科经局，各有关单位：

现将《济南市现代物流业发展“十二五”规划》印发给你们，请认真组织实施。

济南市经济和信息化委员会
二〇一一年八月二十二日

济南市现代物流业发展“十二五”规划

济南市经济和信息化委员会
2011年8月22日

现代物流业是融合运输、仓储、装卸、搬运、包装、流通加工、配送、货代和信息等行业的复合型服务业，是国民经济的重要组成部分，其发展水平已成为衡量一个城市经济发展水平和综合实力的重要标志之一，成为各地竞相培植的支柱产业。济南作为省会城市、区域中心城市和全国性物流节点城市，拥有发展现代物流业的独特优势、巨大潜力和广阔前景，抓住国家实施《物流业调整和振兴规划》的良好机遇，以建立和完善城市现代物流服务体系为核心，加快发展现代物流业，对于扩大消费、吸收就业、促进产业结构调整、转变经济发展方式、增强城市的综合竞争实力和辐射带动力，提高我市的区域经济中心地位，具有十分重要的意义。为贯彻落实党中央、国务院保增长、扩内需、调结构的总体要求，促进现代物流业平稳较快发展，培育新的经济增长点，根据《济南市人民市政府关于推进物流业振兴发展的意见》的要求，特制定本规划。规划期为2011—2015年。

一、发展条件和面临形势

（一）发展条件

近年来，我市物流业快速发展，物流业的贡献能力、发展规模、载体建设、主体培育和信息化水平不断提高，涌现了一批亮点物流企业，成为全市新的经济增长点，为物流业的振兴发展奠定了良好基础。

1. 物流业规模逐步扩大。2010 年，全市物流货物总额、货运总量、货运周转量分别达到 10063 亿元、27416 万吨和 1728 亿吨公里；“十一五”期间，年均增长分别为 12.3%、11.8%和 6.5%。2010 年，物流及相关产业实现营业收入增长 24.1%，达到 2370.8 亿元，占全市生产总值和第三产业增加值的比重已分别为 7.8%和 14.8%；物流及相关行业的从业人员达 31.8 万人，占全市从业人员的 8.37%，占服务业的 20.48%。

2. 物流业发展水平显著提高。一批工商企业，开始采用现代物流理念、方法和技术，实施流程再造和服务外包。重汽、济钢、烟草、山水等制造业企业逐步剥离物流环节，并成立兼有第三方物流功能的专业物流公司；统一银座、华联、金德利、宏济堂等一批连锁经营企业实施了统一采购，建立了配送（采购）中心；山东交运、广友物流、济南中邮等一批传统运输、仓储和邮政企业，实行功能整合和服务延伸，加快向现代物流企业转型。佳怡物流、博远物流、元智物流、中诚信物流、零点物流港、力诺物流等一批民营物流企业快速发展；大田—联邦快递、嘉里大通、天地华宇、大润发等一批国内外知名物流企业相继在济南设立区域物流总部。盖世物流、佳怡物流、交运集团、博远物流、中邮物流、济铁集团 6 家企业入选全国物流百强。盖世物流、铁路经营集团认定为 5A 级，佳怡物流、博远物流分别被认定为 4A 级物流企业。

3. 物流基础设施加快规划建设。交通设施条件逐步完善。至 2010 年末，全市公路通车里程 11611.4 公里，公路密度达到每百平方公里 145.16 公里。高速公路 343.2 公里，“一环八射”的高速公路网格局基本形成。物流园区、物流中心加快规划建设，产业集聚发展区快速发展。盖家沟物流基地已发展成为占地 3000 多亩，建筑面积 100 万平方米的全国示范性物流基地和全省最大的陆路物流产业集聚区。现代物流园区一期工程建设取得一定进展。郭店周边形成了拥有 30 余家较大规模钢铁物流企业群。机场物流中心和海关一级监管库建成启用。出口加工区增加了保税物流功能。泺口、零点等一批二级物流节点相继建成。目前，大润发配送中心、银座配送中心等 26 个物流项目正在建设。我市北部已形成盖家沟、黄台、零点、泉胜、万通、佳园、泺中等 10 个物流集聚中心，汇集上千家物流、货代企业，通达全国的货运专线达 1800 多条。

4. 物流技术和信息化长足发展、物流信息化建设取得较大进展。交通信息、兰剑货运、山东信息等物流信息平台相继建成运营。盖家沟、佳怡、博远、山大俱进、零点物流港等物流企业都建立了不同特色的物流信息系统。兰剑科技物流已发展成为全国知名的第四方物流企业；零点物流港山东物流信息网建设初见成效。电子数据交换系统（EDI）、事务处理系统（TPS）、管理信息系统（MIS）、销售时点信息系统（POS）、地理信息系统（GIS）、卫星定位系统（GPS）等信息处理和条码、射频识别技术开始在物流中运用。

5. 物流业发展环境明显好转。我市也把物流业列为重点发展的十大服务产业之一，成立了现代物流发展工作领导小组，出台了“十一五”现代物流业发展规划和支持物流业发展的一些政策措施，加大了对重点物流项目和重点物流企业的扶持力度。物流统计和标准化工作，以及人才培养等行业基础性工作取得明显成效。尤其是市政府《关于推进物流业振兴发展的意见》及24条政策措施出台，将进一步引导物流业科学有序发展。

我市物流业虽然发展较快，但许多深层次的矛盾和问题尚未解决。“大而全”“小而全”的企业物流运作模式还相当普遍，社会化物流需求不足；物流企业“小、散、差、弱”，竞争力和专业化供应服务能力不强，与国际先进水平还有很大差距；物流载体建设缓慢，设施结构不合理，衔接配套和承载能力差，尚未建成多式联运网络体系，尤其是由于缺乏规划指导，自发建设形成的物流功能区，无序低层次建设，土地利用粗放，集聚承载力需要进一步提高；现代物流一体化运作的“软环境”还不完善，条块分割、自成体系对资源整合和一体化运作形成障碍需要进一步突破；物流信息化、标准化建设和中高端物流人才培养需要进一步加强等。总体看，我市物流业运作模式粗放，运行效率低，与先进城市和我市作为区域中心城市地位相比存在较大差距，还不能适应经济平稳较快发展的需要。

（二）比较优势

1. 区位地缘优势。济南是经济大省山东省省会，全省政治、经济、科技、文化、金融和商贸流通中心，是环渤海经济区及京沪发展轴上的中心城市。北连京津大都市圈，南通长江三角洲经济区，西靠内陆陆地，并与山西、河南等能源基地相通，东临青岛、烟台日照等港口群，并与青岛一起构成全省经济中心和山东半岛城市群的核心城市。处于南北交流、东西交流、国内外交流的三重枢纽地位。物流辐射范围广大，发展空间广阔，发展成为区域物流中心城市和率先成为全国性物流节点城市的地缘条件十分突出。

2. 交通便捷优势。济南是全国45个公路主枢纽、16个路网性铁路枢纽和21个全国性物流节点城市之一，是华东与华北、东部沿海与西部内陆地区客货交流中心。境内公路、铁路、航空、内河运输方式齐备，通道发达，济青、京台、济聊、济菏、济莱、青银高速，104、105、220、308、309国道和6条省道横穿济南，形成了以高速公路为核心的高等级公路网，并在全国率先形成了省会城市与16城市以高速公路网相连的“半日生活圈”。京沪、胶济铁路交会于济南，济邯铁路连接京九、京广两干线。济南国际机场已开通90多条国内国际航线。立体化、枢纽型的综合交通运输体系为现代物流业发展提供了重要的基础保障。

3. 经济基础优势。济南及周边地区经济基础比较雄厚，物流资源丰富。2010年，全市生产总值达到3910.8亿元，物流总额达10063亿元，加上济南能有效辐射的周边地区，物流总额可达十万亿元。济南工业基础较为雄厚，产业门类多。现已初步形成了交通装备、电子信息、冶金钢铁、石化化工、机械装备、食品药品等优势产业。

（三）面临形势

今后一个时期是我市物流业发展至关重要的时期，面临的机遇和挑战并存。国际金融危机后，世界经济进入新的发展时期，也要求我市物流业发展必须适应新的挑战。一是经济发展模式转型压力。目前，“转方式，调结构”已成为我国经济发展的核心任务，传统的物流经营模式已不能适应经济和社会发展的要求。二是国际、国内竞争压力。随着物流市场的开放，外资物流企业的大举进入和国内许多大中城市跨地区物流资源整合力度的加大，物流产业竞争加剧。三是资源约束的压力。尤其是建设物流园区等公共物流节点的相关资源如不能保障，将制约我市物流功能区的建设和物流集聚辐射能力的提高。

但是面对挑战的同时，我们更应该坚定信心，变不利为有利，推动我市物流业振兴发展。一是产业集聚发展的机遇。在当前市场形势下，抗拒风险能力弱的企业将逐步退出市场，为企业兼并重组提供了巨大空间，有利于企业集聚发展，做大做强，提高产业集中度和抗风险能力，保持产业健康快速发展。二是转变经济发展方式的机遇。转变经济增长方式是我国经济发展必须解决的关键问题。转变经济增长方式需要发展现代物流，发展现代物流是转变经济增长方式的重要手段。三是区域经济持续快速发展的机遇。我市及周边地区经济的快速增长，以及我市工业化、城镇化、现代化建设的加快推进，必将带来物流总量的急剧增加与物流能力日益突出的矛盾，支持经济持续快速增长，需要进一步完善城市物流服务功能。四是政策与发展环境改善的机遇。近来，国家、省和我市为拉动需求和促进物流业振兴发展，相继采取了一系列扶持政策、尤其是国家把物流业列入调整和振兴的十大产业，出台了《物流业调整和振兴规划》（以下简称《规划》），有利于推动建立完整的物流产业供应链，促进工商业与物流业互动发展。《规划》把我市列为21个全国性物流节点城市之一，这对于促进我市物流业的发展将起到极大的指导和推动作用。

二、指导思想和发展目标

（一）指导思想

按照市委、市政府“拓展城市发展空间，打造现代产业体系”战略实施的总体要求，充分发挥全国物流节点和省会城市综合比较优势，以推动三次产业融合发展为主线，以物流网络体系建设为集聚载体，以区域集散物流发展为突破口，整合物流资源，培育物流市场，建设完善交通网络、信息网络、标准和技术三个技术支撑平台，重点打造“交通装备物流之都”、“商贸物流总部基地”和“钢铁物流基地”三大优势品牌，积极培育机械制造产业链物流、航空物流、保税物流、物流金融四个增长点，大力发展综合、产业链专业化、城乡服务专业化三类第三方物流企业，尽快把现代物流业培育成为我市经济发展的支柱产业，把我市建设成为立足济南、服务山东、面向全国的物流中心城市。

（二）基本原则

1. 政府推动、市场拉动。既要坚持企业在物流业发展中的主体地位，充分发挥市场配置资源基础性作用，又要加强政府在组织、规划、政策和环境等方面的推动作用。对物流业尤其是物流园区等基础设施建设，实施倾斜的扶持政策。

2. 统筹规划、合理布局。根据全国、全省物流业发展布局，结合我市基础、优势和城市及产业布局，兼顾城乡、产业、行业物流协调发展，统筹规划物流服务网络，合理布局物流园区等重大物流基础设施，科学引导物流业发展。

3. 整合资源、科学发展。改革物流资源分割格局，促进部门间、行业间资源整合，实现物流服务的社会化和效益的最大化。严格节约利用土地，营造环保绿色物流，避免盲目投资和重复建设。

4. 立足当前、着眼长远。近期，要抓住机遇，用好国家系列政策，发挥优势、突出特色、重点突破。要着眼产业长远发展，努力解决制约发展的体制、政策和设施建设等方面的“瓶颈”。

5. 标准化、信息化带动。以现代物流理念为指导，加快物流信息化和标准化体系建设，全面整合仓储、运输、流通加工、配送、交易和信息处理等环节，推动物流一体化，提高物流效率。

（三）发展目标

预计到2015年，建设3大物流园区和若干个物流中心，产业集聚度显著提高，不断完善物流综合服务信息平台，培育和引进10家具有国际、国内竞争力的大型综合物流企业集团，形成品牌优势突出，增长点快速发展的物流产业集群优势，物流的社会化、专业化水平明显提高，物流及相关产业实现营业收入4800亿元，年均增长15%以上；物流成本占GDP比重降至14%左右，将物流业发展成为我市重要的战略优势产业。到2020年，形成现代化物流保障体系，物流及相关产业实现营业收入年均递增10%，全社会物流总费用与GDP的比率下降到12%，达到中等发达国家水平，建设形成立足济南、服务山东和省会都市圈，面向全国的重要物流节点和全国物流中心城市。

三、物流体系空间布局

按照产业发展与城市发展相协调的原则，济南市现代物流业发展体系和空间布局思路是，围绕把济南建设成为全国性重要物流节点城市的总目标，突出打造核心层，努力推进协同圈，大力构筑辐射网，积极培育增长极。努力打造以服务中心城区产业发展为重点的城市核心层物流集聚区；推进以省会都市圈和山东半岛物流区各城市优势互补的山东区域物流圈建设；构筑以全国性和区域性物流节点城市为基点，连接南北、辐射东西、承接国家物流通道功能，具有强大辐射带动力的现代物流网络体系。

（一）辐射层物流网络

发挥我市全国性公、铁物流枢纽和国际空港物流优势，加强与其他主要物流区域全国性物流节点城市，特别是长三角、珠三角、环渤海及东北三省等主要经济区中心城市的物流合作，积极参与和推动区域物流系统建设，加强我市物流园区（中心）等重要物流节点与各中心城市物流节点网络的对接，重点发展公铁转运型物流和国际国内航空物流，打造济南以陆路物流为主的公、铁、空立体物流枢纽，提升我市物流业总体竞争力和辐射力，培育物流业新的经济增长点。

（二）协同层物流网络

加强与省会都市圈和山东半岛物流区各城市的区域物流合作，重点与都市圈各城市及青岛物流区协同配合，优势互补，错位发展，加快物流园区（中心）规划建设，依托物流园区（中心），特别是济南国际机场和出口加工区等物流节点，大力发展国际物流、保税物流和中转、分拨物流，努力构筑以济南为中心的省会都市圈物流一体化网络和以济南、青岛为主骨架的山东区域物流网络系统，推动区域物流和区域经济发展。

（三）核心层物流网络

根据我市经济社会发展规划、城市总体规划、控制性规划、土地利用总体规划，综合考虑经济区域、产业布局、货物流向、物流需求和现状物流分布状况，城市核心层物流网络采取分层次布局方法，规划和重点推进 3 大物流园区（盖家沟、担山屯、郭店），6 个特色专业物流中心（空港、桑梓店、药山、开发区、崔寨、邢村物流中心），若干物流站（胡同店、东营子、开山等）和章丘、长清、济阳、平阴、商河等县域物流节点规划建设和改造提升，构筑形成物流园区、物流中心、物流站为主体的三级物流网络框架体系。

1. 物流园区。物流园区是多家物流企业在空间上集中布局，集聚能力强，辐射范围广的社会化综合物流节点。

(1) 盖家沟物流园区。该园区总规划控制面积 190 公顷，分南、北、西三区规划建设。南区位于济青高速零点立交北侧，大桥路两侧，以盖家沟物流基地和零点物流港为中心，近期规划控制面积 135 公顷。北区位于黄河以北大桥镇驻地南侧，国道 104 线两侧，规划控制面积 38 公顷。西区位于津浦铁路东侧的济南铁路局泺口物流中心，规划控制面积 17 公顷。

功能定位。南区以盖家沟物流基地和零点物流港为中心，以承担主城区商贸物流配送、仓储、流通加工、货代为主要功能，以大型商业、连锁超市和消费品生产企业为服务对象，形成集仓储、配送、商贸、展示、信息、交易、加工于一体的商贸型物流园区，进一步巩固和提高全国性物流枢纽的地位。

北区以承担黄河以北的及周边的物流配送为主要功能，以黄河以北产业发展为服务对象，形成与盖家沟物流基地优势互补、协同发展的格局，成为我市黄河以北地区重要的物流节点。

西区以济南铁路局泺口物流中心为载体，以铁路物流为主要功能，以园区和铁路经营集团客户为重点服务对象，形成与园区协同发展的公铁联运物流基地。

建设思路。依托盖家沟物流基地、零点物流港和济南铁路局泺口物流中心，发挥优势，错位发展，整合周边物流资源，完善综合服务功能，提高档次和水平，形成产业集聚和辐射带动作用强大的综合型现代物流园区。

(2) 郭店物流园区。该园区总规划控制面积135公顷，分东、西二区规划建设。西区位于东绕城高速路以东，近期规划控制面积56公顷；东区位于郭店铁路货场外侧，近期规划控制面积45公顷左右。

功能定位。该园区是东部产业带重要组成部分，承担东部地区工商企业的货物配送、流通加工和货物中转为主要功能，以服务于东部产业带的钢铁、汽车、电子信息等产业链的延伸发展为重点服务对象，建设形成以产业基地型物流为主的物流产业集聚区和连接山东半岛制造业基地和青岛、烟台、日照等港口城市的主要物流枢纽。

建设思路。充分发挥园区的区位交通优势，以现有大型骨干企业集团为依托，重点发展生产物流、采购物流和营销物流业务，实现生产要素的有效集聚，提升产业发展的层次和水平。积极发展国际物流业务，拓展物流发展空间。规划建设的重点是：西区依托济南钢铁集团，整合周边钢铁物流资源，主要建设集综合管理、交易、运输、储存、配送和信息处理为一体的钢铁物流基地。东区依托东部产业带，主要建设大型公铁联运场站、现代化配送中心区、交通装备及零部件物流中心。同时着眼长远发展，预留国际物流发展区，与青岛港合作实施“大通关工程”，拓展与烟台、日照等其他港口城市的合作，重点发展国际集装箱及其他物流增值业务，形成以公铁联运、陆海联运为主的国际货运中心。

(3) 担山物流园区。该园区总规划控制面积135公顷，分北、西、南三区规划建设。北区位于津浦铁路以东，220国道以北，京台高速公路以西，近期规划控制面积75公顷。西区为润华产业园，近期规划控制面积35公顷。南区为以水屯火车站，规划控制面积15公顷。

功能定位。该园区以跨区域货物集散、公铁联运为主要功能，主要承担我市，特别是西部新城及西南部工商企业的货物运输、仓储、流通加工及城市配送任务，是济南连接长江三角洲经济圈以及河南、山西、安徽等省的主要物流节点，是我市与泰安物流网络一体化的核心节点。

建设思路。以润华集团和段店汽车及配件市场群为依托，重点发展汽车及汽车配件营销物流，形成区域性汽车和配件采购与物流中心。以铁路西编组站和水屯铁路货运站为依托，整合铁路运输产业集群，完善园区物流基础设施，形成省际物流集散转运基地。通过总体规划，分期建设，形成产业特色鲜明、辐射能力强的枢纽型综合物流园区。

2. 物流中心。物流中心是指一个物流企业经营专业物流业务，或者多个从事专业物流业务的企业集中布局的场所，是具有区域物流辐射作用的社会化物流节点。

(1) 空港物流中心。该中心位于在济南国际机场南侧，规划控制面积 58 公顷。为适应航空物流发展的需要，在进一步利用好现有机场物流中心的基础上，规划建设一处航空物流中心，通过培育和整合空港货运企业，积极开辟国际和国内货运航线，为我市及周边地区高附加值及鲜活农水产品提供航运物流服务，带动我市航空物流发展。

(2) 桑梓店物流中心。该中心位于在桑梓店铁路货运站周边，规划控制面积 14 公顷。该中心定位于危险化学品专业物流中心，主要服务于化工产业园区企业和全市需求，实现危险化学品物流储存、流通加工和货运中转等服务，并为济南市区提供物流配送服务，以及公铁联运服务。

(3) 药山物流中心。位于天桥区西外环路以西、京沪高速路以南及以北周边地区，分南北二区规划建设。北区位于京沪高速路以北新徐社区，规划控制面积为 20 公顷左右。南区位于京沪高速路以南大魏庄社区，规划控制面积为 20 公顷左右。该中心与泉胜物流基地协同发展，建设铁路和公路快运物流中心，主要为药山工业园和城市配送、特别是西北部城区提供物流服务。

(4) 经济开发区物流中心。该中心位于长清区 220 国道以西，规划玉清湖路以东，铁路战备迂回线以南，规划控制面积 20 公顷。其主要功能是为济南经济技术开发区及周边地区的货物提供仓储、集散和中转服务。该中心是经济开发区的物流基础设施，也是担山物流园区功能和空间的重要补充。

(5) 崔寨物流中心。该中心位于黄河北的规划崔寨立交桥北侧，靠近 220 国道和北绕城高速公路，规划控制面积 35 公顷。该中心是承接主城区物流产业转移的重要基地，主要为周边地区的货物提供仓储、集散和中转服务，同时为辐射鲁北地区和连接滨州港等海运通道的重要物流点。

(6) 邢村物流中心。该中心位于力诺工业园内，规划控制面积 20 公顷。该中心重点以太阳能产业链和出口加工企业为服务对象，建设形成以新能源产业链物流和进出口保税物流为主要发展方向的仓储配送中心，是我市培育新能源产业链物流和保税物流增长点的重要基础设施。

3. 县区物流节点。各县市要根据县域经济和全市物流业发展的需要，规划与全市网络相衔接的县域物流节点网络。

章丘市。要充分发挥公路、铁路枢纽和制造业发达优势，依托位于明水开发区的重汽集团、济钢机械、中集车辆等制造业骨干龙头企业，重点抓好圣井、刁镇、鲁中、商贸四个县级物流中心建设，大力发展交通装备等制造业产业链物流和区域集散物流，服务和支撑章丘产业及我市东部产业带发展，打造形成连接山东港口群物流区域的全省重要的县级物流节点。

平阴县。充分发挥济荷高速公路和规划建设的泰聊铁路贯穿全境的优势，依托平阴工业园区发展和锦东新区建设，规划建设锦东物流中心。依托孝直镇机械加工等优势产业，以及东阿阿胶等特色产业发展，规划建设孝直镇、东阿等县级物流节点，打造机械、农产品、水泥等行业物流基地，服务和支撑平阴工商业及农业发展，形成我市辐射鲁西和鲁南等物流区域的重要物流节点。

济阳县。充分发挥作为我市实施城市"北跨"战略的"桥头堡"和济北开发区及煤炭能源基地优势，积极推进崔寨物流中心建设，规划建设好济北、建材及曲堤农产品物流节点，服务和支撑济阳工商业及农业发展，形成我市物流对外辐射的重要物流节点。

商河县。充分发挥我市北上通道作用抓住德龙烟铁路和济商高速公路建设的机遇，依托工业园区、开发区、商品批发城及农贸市场，加快规划建设具有较强辐射力的县域物流中心，服务和支撑商河工商业及农业发展，打造我市物流北上延伸发展的桥头堡。

四、物流支撑平台建设

（一）交通网络平台

要围绕建设全国物流中心城市总目标和全市物流网络系统，积极整合现有交通基础设施，加快构建立体化、枢纽型的物流交通系统，建设形成多种运输方式有效衔接的畅通的交通网络平台。

1. 省际物流交通通道建设。加快高速公路和国道干线建设，畅通省际物流公路干线通道。对外强化与省内各地区的沟通、以及周边大中城市的联系，对内重点安排与各县市、产业基地的通道网络，在既有高速公路基础上，加快规划建设济商高速，形成"一环八射"高速公路网，高速公路覆盖所有县市。积极推进国道干线公路改扩建工程，全部达到一级公路标准。切实加强与铁路系统联系，加快推进京沪高速铁路济南段、济邯铁路复线及电气化等项目建设。切实加强与航空系统联系，在不断拓展客运航线的基础上，大力发展国内货运航线。积极开辟俄罗斯、韩国、日本及其他国家和地区的国际客货运航线，努力提升我市国际快运物流能力。

2. 省域物流交通通道建设。积极推进省道干线公路网建设，并新建高等级干线连线，全部达到二级以上等级标准，进一步完善“九纵十横八连”干线公路网络。对部分过境交通量较大，承担类似国（省）道功能的县道在改造提高技术标准的前提下，有计划地逐步升级成为省道，逐步完善干线公路网。积极推进济南至泰安、滨州、聊城、德州、莱芜等城市的城际铁路和泰聊铁路济南段、德龙烟济南段和黄河北货运环线建设，增加我市铁路覆盖密度，实现铁路运输客货分离，提高物流网络协同铁路货运能力和铁路枢纽的集散和辐射能力。

3. 市域物流交通通道建设。加快“五路跨河”工程实施，畅通黄河以北地区与主城区的交通通道，促进全市北跨战略实施。积极推进高架路和轻轨等城市快速运输网络建设，提高城市物流配送效率。各交叉路口分别建设分离式立交(包括公铁立交)、互通式立交和黄河大桥，畅通市域物流配送通道。进一步加快农村公路建设，实施农村公路改造工程，打通乡乡间和县县间的通村公路，搞好国省县乡村五级公路节点的衔接，实现路路相连、干支相连、快速直达的农村公路网络。重点抓好担山和郭店物流园区主干道建设，加快二环北路的改扩建工程，搞好物流园区转运设施建设。加快规划建设由机场至邢村的高等级公路，以及由机场连接北二环路的高等级公路。

在物流交通通道建设中，要重视加强以公、铁为主的多式联运网络体系建设。重点做好公路与铁路、公路与航空、物流园区与公铁枢纽站场的衔接，尤其要重视物流园区、物流中心内多式联运设施建设，大力发展跨区域集装箱运输和专列运输，提高专用货运车辆比例，实现从散货到集装箱、从单一运输方式到多式联运的发展，最大限度地提高综合运输效率。

（二）信息网络平台

1. 物流公共信息平台建设。按照总体规划、分步开发、逐步完善的要求，依托现有网络资源和政府公共信息网络资源，整合政府、企业的各类信息资源，采用现代化的网络信息技术和标准，建立以数字认证、网上支付和信息资源共享为技术支撑的物流信息系统，同时搞好政府部门之间、企业之间和政府与企业之间的数据交换，实现货运物流网、车辆信息网、商贸流通网互联互通，实现商流、物流、信息流和资金流的高度融合，提高物流运作效率和服务质量，逐步建成完善的开放式的物流网络信息平台。

2. 行业物流信息系统建设。积极推进交通系统信息化的“四网一库”建设，重点建设和完善全市智能交通管理系统中的区域物流管理服务系统、公路货运综合信息系统、铁路货运综合管理信息系统、航空货运综合信息系统和商贸流通综合信息系统，在此基础上，加快整合信息网络资源，集中银行、保险、税务、工商、海关等信息系统，加快建设物流公共信息平台和电子商务平台两大系统。

3. 物流企业信息系统建设。加快物流信息技术的推广应用。重点引导和培育几家成长性强、带动力强的骨干物流企业，建设好内部信息系统，积极应用条码、电子数据交换、全球卫星定位系统、地理信息系统、无线射频技术、客户关系管理、客户服务中心等先进适用的信息技术。引导工商企业积极引入现代物流理念和操作系统，加快开发应用企业资源管理系统、电子商务订货和销售时点信息系统，更好地为生产和销售服务。积极推进汽车产业链物流信息系统建设，形成支撑重点产业链物流发展的信息化技术条件。

（三）标准和技术平台

1. 物流标准体系建设。以物流信息标准、服务标准和管理标准为切入点，参照国际通行标准，集中精力研究制定一批对我市物流产业发展和服务水平提升有重大影响的物流标准。充分发挥企业在制定物流标准中的主体作用，调动标准化研究机构、大专院校的力量，推动物流业基础性、通用性标准和当前社会急需标准的修订工作，完善物流标准化与质检体系。对国家、省和市已出台的标准，加快推广步伐，鼓励企业和有关方面采用标准化的物流计量、货物分类、物品标识、物流装备设施、工具器具、信息系统和作业流程等，提高物流的标准化程度，以物流的标准化促进物流的现代化。

2. 物流技术体系建设。改革传统的货物散装运输方式，大力推广集装技术和单元化装载技术，积极采用托盘装载运输方式。支持物流科技企业自主创新，积极开展新型专业物流装备的研发、新型物流系统软件的开发和设计；支持物流科技企业利用系统软件技术对物流设备进行集成，提升物流系统操作的现代化水平。物流企业应积极采用仓储管理系统、运输管理系统、条码、射频技术、电子数据交换、全球卫星定位系统、地理信息系统、智能交通等先进适用信息技术，促进物流管理水平的提高。物流装备要向技术先进、节能环保、标准化、信息化方向发展。大力发展集装箱车、重型载货汽车、大吨位厢式货车、节能环保货车。推广甩挂运输、多式联运、回程配载运输等组织方式，提高实载率，降低物流成本。

五、物流市场主体培育发展

按照引进、剥离、提升和培育相结合的发展思路，打破条块分割和行业垄断，实施“物流企业再造工程”，实现物流企业组织创新，优化物流供给，引导物流需求，培育物流市场。鼓励各类物流企业改造、改组、兼并，整合盘活现有物流资源。重点培植龙头企业，提高我市物流配送的社会化、专业化、规模化水平。

（一）提升培育传统物流企业

支持传统的运输、仓储、货代、邮政等物流企业，通过整合可以利用的资源，扩大增值服务功能，延伸服务领域，或与大企业结成战略联盟等多种形式，加速向现代物流企业转型。传统公路运输企业要转变传统运输观念，改造完善设施，增强服务功能，发展物流网络。铁路货运企业要在进一步搞好优化重组的同时，依托铁路运输网，积极拓展物流服务项目，开展全程物流服务。传统仓储企业要加强与各类物流节点的合作，发展全程物流组织。货运代理企业要积极开拓市场，有效利用社会车辆、仓储资源，增强服务的准确性和时效性，努力向综合服务型物流企业转变。国际货代企业要加强与海关、检验检疫等部门的合作，为客户提供进出口货物商检、报关、受理订货、库存控制、运输、信息反馈等一条龙服务。邮政物流要利用邮政系统的网络资源优势，与工商企业建立战略伙伴关系，大力开展同城物流配送和商品分销服务，积极开展农资、日用工业品和农副产品的双向物流配送，努力开拓农村物流市场。航空运输要积极开拓国内外航运市场，依托区域经济发展与物流园区建设，积极引进大型物流专业企业进港，建立航空物流联盟，向集约化、一体化运作发展。

（二）引进国内外大型物流企业

通过物流园区和物流平台的建设，营造良好的现代物流业发展软硬件环境，引进国内外大型物流公司的总部或分支机构进园区发展。围绕物流业优势领域发展，依托龙头企业集团，积极推进产业链招商和产业集群招商，采用战略合作等方式，重点引进区域集散、商贸物流、钢铁物流、交通装备物流等行业国内外大型物流公司，以多种方式投资建设先进的物流运行系统。积极引进相关产业链物流和航空物流、物流金融、城乡配送等领域的国内外龙头企业，不断挖掘我市物流业发展新的增长点。积极引进工业物流基地等物流节点经营集团，加速推进物流基础设施建设和发展。

（三）剥离培育专业物流企业

通过引入现代物流理念，促进企业物流向社会物流转变，传统物流向现代物流转变。根据社会化专业分工的发展趋势，鼓励和支持企业内部各部门的职能进行整合与重组，建立物流管理部门，对企业物流进行综合管理，提高企业物流管理水平。大型工商企业所属的物流企业，要加快与母体企业的剥离，在搞好本企业物流服务的同时，鼓励其向社会提供第三方物流服务。对于中小型工商企业，引导其把运输、仓储、配送、再加工等外部物流业务委托给第三方物流企业经营，降低物流成本。

（四）做大做强龙头物流企业

对于已初具规模物流企业，要进一步加大政策扶持力度，鼓励物流企业通过参股、控股、兼并、联合、合资、合作等多种形式进行资产重组，建立物流企业联盟，共同做大做强，尽快形成一批服务水平高、国际竞争力强的大型现代化物流企业。为提高我市物流业的发展空间，鼓励本地物流企业“走出去”，与外地和国外的物流企业建立联盟关系，拓展物流企业的业务，降低投资风险，促使我市物流向外延伸，增强其辐射能力，迅速提高自身实力和核心竞争力。按照“扶优、扶强”的原则，重点加大对山东盖世集团、佳怡物流、山东交运、博远物流、中铁物流、广友物流、重汽物流、济钢物流、零点物流港、力诺物流等一批龙头物流企业的扶持力度，促其尽快做大做强。

六、重点行业和领域物流发展

（一）重点发展制造业物流

积极推进“两业”联动工程，构筑产业链物流服务支撑体系，打造形成交通装备和钢铁建材两大优势品牌，积极培育新的制造业产业链物流增长点。

打造交通装备产业链物流品牌。积极推进重型汽车制造业与物流业“两业”联动示范工程及关联产业链延伸，拓展物流服务领域，引领相关产业发展。努力打造全国具有较高知名度的汽车产业链物流配送基地，叫响“重型汽车物流之都”品牌。交通装备零部件物流，以重型汽车零部件物流为龙头，加快发展汽车、摩托车零部件物流，延伸发展铁路机车和船舶零部件物流。依托重汽集团，积极推进重型汽车零部件产业园区和重型汽车零部件配送中心项目建设，加大整车战略联盟产业招商力度，加速发展形成重型汽车零部件及其物流产业的集群优势，逐步发展轿车、摩托车零部件及其物流产业。整车销售物流，积极推进重型汽车、摩托车和轿车等整车配送中心项目建设，打造形成面向全国的产品物流集散中心；积极推进交通装备产业链保税物流中心项目建设，畅通出口国际物流运作。交通装备生产物流，重点规划产业园区和企业内部物流流程，推行配送中心供给制，规范原材料、零部件、辅料、再制品等生产配送运作，并积极推进各交通装备产业间，以及交通装备制造业与钢铁冶金、机械设备等产业间物流融合发展。

打造建材物流品牌。充分发挥我市已形成的钢铁、水泥等建材产品生产规模大、集散能力强的优势引导传统建材批发市场向现代物流市场转型，加快建材专业物流市场建设步伐。依托济钢集团，加快推进郭店物流园区建设步伐，整合现有物流资源和物流企业，培育形成钢铁物流产业集聚发展区。依托山水集团，加快发展水泥及其制品物流。引导济钢集团、山水集团等重点钢铁生产企业不断优化物流流程，更新包装运输方式，提高流通效率。积极推进钢铁等建材产品物流交易平台建设，推广博远物流经验，鼓励济南钢铁集团、山水集团和建材流通企业以资本为纽带，整合相关物流资源，培育大型建材物流集团联盟，进一步增强我市对建材产品的集聚、辐射能力，扩大流通加工规模，为省内外建材生产企业提供全面、高效的物流服务，努力打造形成全国区域性建材物流基地。

培育制造业产业链物流增长点。围绕装备制造等产业，积极推进产业链物流，打造形成引领物流业发展新的增长点。重点发展数控机床、电力设备、专用机械设备等产业物流。积极推广机床二厂经验，提升我市装备制造业企业物流管理水平，降低物流成本。建设数控机床及配件配送中心，以及相关产品采购交易中心，积极推进我市以数控机床为代表的装备制造产业链物流加快发展。积极引进和培育企业发展，加快推进风力发电设备和钢材配送中心项目，促进电气机械及器材制造业发展，并以风电设备钢结构为突破口，加快推进钢结构产业及其物流发展。积极推进钢铁设备、纺织机械及配件物流中心项目，推动专用设备产业及物流逐步成长。

（二）大力发展商贸物流

紧紧围绕建设区域商贸流通中心城市的目标，积极推进电子商务、物流配送、连锁经营、分销代理等现代流通方式的运用，大力提升交易手段，积极拓展物流服务领域，加快建设区域性的商品采购交易中心，努力把我市打造形成立足山东省、面向全国的“商贸物流总部基地”。

依托物流园区的建设，对我市批发市场进行合理调整布局，引导批发市场向物流园区和物流中心周边地区集中，大力发展综合流通中心和各类商品专业流通中心，重点引进一级批发商业总部和分支机构进驻，打造形成面向全国的区域性采购交易中心。结合“双百市场”工程，鼓励批发市场结合各级物流节点配置物流功能，实现交易方式由现货交易向“展示交易、物流配送”方向转变。深化“双进”工程，引导经营户采用统一配送，提升市场和便利店的物流配送功能。大力发展现代商贸、金融、信息咨询、国际商务等高层次服务业，形成特设鲜明、布局合理、交易方式先进、功能配套、管理规范、秩序优良、环境优美、效益良好的专业采购交易中心群体。通过整合业户的营销网络，构筑起辐射全国的流通网络，增强市场的集聚扩散能力。

积极推进流通现代化建设，对传统零售业进行改造、创新和发展。积极推进盖世摩尔、零点物流港华北区大润发物流中心二期等一批重点项目，引进国内外大型商业集团来济南兴办大型超市、连锁商业和集购物、娱乐、饮食、休闲等于一体的大型购物中心；推进和完善直销、代理、售后服务等现代流通方式和经营方式，培育一大批从事分销业态的企业联盟；不断发展新的商业经营业态，进一步巩固济南区域流通中心城市地位。

积极推进制造业物流向上下游产业及关联产业链延伸，引领制造业商贸物流发展。积极推进汽车贸易城、以汽车测试场为主的汽车主题公园、钢铁交易中心等项目建设，采取商流与物流、产业链发展相结合的方式，以重型汽车零部件和钢铁采购交易为突破口，积极推进现货交易和期货市场项目，搞好配套的金融结算和信息服务等功能，逐步完善本地、全国和世界原材料、零部件及产品的综合物流服务，努力打造形成立足山东省，面向全国乃至世界的优势制造业产品采购交易中心。

（三）加快发展农业物流

以农产品加工、储运、销售为突破口，加快维尔康、盖家沟冷链物流等物流基础设施建设，建立现代化的农产品物流服务体系，打造形成面向全国的畜水产品冷冻和农产品冷藏区域冷链物流中心。以特色农产品为骨干，结合“双百市场”工程，加快农产品“一站式购齐”综合批发市场和专业批发市场建设，连接城市农产品销售网络，建立农产品物流配送体系。对农产品进行深加工，方便包装、装卸、运输、仓储，推动农产品进厅经营。建立物流合作机构，为农产品销售与流通提供良好的物流平台。鼓励大型化肥、农药、种子、地膜、农机等骨干生产企业与上下游企业合作，积极构筑一体化供应链。重视发挥供销社和中邮物流的网络优势，结合“万村千乡”工程，搞好日用品、农产品和农业生产资料物流配送。积极推进市区、济阳、章丘、平阴四大粮食物流节点、努力打造全国粮食交易中心和全国重要粮食物流节点。

（四）大力发展特色物流

培育航空物流增长点。紧紧抓住航空货运业大发展的机遇，大力发展国际国内航空快运业务，积极培育航空物流发展，打造形成推动我市物流业发展新的经济增长点。加快改造老航站楼，建设航空货运分流中心，整合济南空港100多家货运代理公司，开展航空货物运输业务，尽快形成规模优势。以鲜活农产品物流为突破口，大力发展航空货运和航空快递，拓展航空过境、中转和直达运输等各类服务。进一步拓展国内货运航线，积极开辟国际直达航线，形成连接国内外的航空物流网络，不断扩大我市航空货运规模。

培育物流金融增长点。围绕制造业和物流业发展，鼓励金融机构和保险公司，通过物流业、制造业和商贸流通业的结合，以仓单质押、物流保险模式等方式，积极开展物流金融和产业金融业务，并逐步延伸到制造业和商贸流通业等领域，以物流业推动物流金融保险业形成和壮大，进而推动制造业金融保险业发展，形成我市新兴的特色金融保险产业集群，提升物流业总体发展水平。

培育保税物流增长点。充分发挥沿海省份、内陆物流中心城市的优势条件，加强与海关、商检等部门的联系，依托济南出口加工区和济南国际机场，用好国家关于保税物流方面的政策，积极实施“区港联动”，整合我市及周边地区保税物流业务，将港口的仓储物流最大限度地延伸到我市，增加我市国际物流业务量，降低企业成本，推动转口贸易及保税物流业务发展。

七、工作重点

（一）大力推进物流园区规划建设

按照“一次规划、分步实施、资源优化、合理配置”的原则，加快编制物流园区、物流中心详细规划，积极探索物流园区开发、建设和管理运营模式，加快相关道路、电力、通信、供排水等基础设施建设。重点推进盖家沟物流园区以冷链物流为支撑的盖世农贸物流中心、零点物流港大润发华北区物流配送中心、崔寨盖世商贸物流中心、邢村力诺物流中心、担山物流园区现代航仓一期工程、郭店物流园区钢铁物流起步区工程规划建设，加快空港、桑梓店等物流中心的项目规划及引资建设工作，尽快形成我市物流载体网络主骨架，促进物流企业入园经营，提高产业集聚辐射能力。

（二）搞好多式联运设施整合与建设

加快干线铁路、高速公路、干线公路和城乡路网建设，完善济南国际机场物流设施和空港快运物流系统，大力发展国际国内货运航班、“五定班列”、专线物流和城市快递物流。根据铁路枢纽站场规划，合理调整公、铁货运站场，完善综合运输网路布局，促进铁路、公路、航空等主要运输方式之间及各种运输方式与物流园区之间的衔接和配套。依托现有公、铁货运站场，加快规划建设集装箱多式联运设施和连接两种以上运输方式的转运设施。重点推进担山、郭店物流园区和泺口、沙王庄、高新区、开山等公、铁货运场站和深航、山航综合服务基地规划建设。积极发展多式联运、集装箱、特种货运、厢式货车运输及重要物资的散装、灌装运输等现代物流运输工具，建立高效、安全、低成本的运输系统。

（三）加快城市物流配送体系建设

适应连锁经营和电子商务发展的需要，加强对集约化现代物流配送模式的研究，以现代信息技术作支撑，整合社会消费品采购和物流资源，大力培育城市物流配送主体，利用现有物流设施，改造和建设几个为特定商圈、批发市场圈和产业集聚区服务的物流配送中心，重点推进山东银座、济南华联、大润发、苏宁、金德利、九州通、济南中信、山东生化、银海医药等城市物流配送工程项目建设，建立面向广大流通企业和消费者的城市物流配送体系。要积极培育“城市快递”品牌，逐步实现城市物流配送的品牌化、集约化、网络化和社会化，缓解交通压力，发展绿色物流。使城市物流配送成为我市物流行业的品牌工程和城市的“亮点工程”。

（四）重视发展大宗商品和农村物流

依托我市业已形成的钢铁和汽车物流优势，加快发展钢铁物流和汽车产业链物流，努力打造全国区域钢铁物流产业基地和汽车及零部件物流基地。加快农村物流设施建设，积极构建县、乡（镇）、村三级物流配送网络。深化“万村千乡工程”和“市场建设行动”，完善农资和日用消费品连锁经营和物流配送体系。积极推进肉类、水产、蔬菜、水果等鲜活农产品的储藏、运输、加工、配送和信息一体化的冷链物流发展。大力发展粮食、棉花、烟草、食盐、出版物物流，重点推进民天、济阳、历城、第三粮库等粮食物流基地和天元棉花物流中心建设。

（五）推进产业与物流业联动发展

引导工商企业要按照分工协作的原则，分离外包物流功能，促进企业内部物流的社会化。引导工商企业积极运用供应链管理和现代物流理念、技术和方式，实现采购、生产、销售和物品回收物流的一体化。围绕电子信息、汽车、装备制造、冶金钢铁、纺织、化工、轻工、新能源等行业的调整振兴规划和生产需求，打造专业化、规范化、标准化、信息化的物流品牌。着力培育济钢物流、重汽物流、山水物流、力诺物流、思锐佳顺等一批工业专业物流企业，提升服务和支撑制造业发展的水平。抓好示范工程和项目试点，重点推广重汽集团、机床二厂物流一体化和山东博远物流成型钢筋加工配送基地等示范工程建设，促进现代制造业与物流业的融合、联动发展。

（六）推进物流技术创新与标准化应用

重点推进物流服务标准化等项目，加快对现有仓储、运输设施、设备进行标准化改造，逐步实现托盘标准化、社会化运作。鼓励企业采用集装单元、射频识别、货物跟踪、自动分拣、冷链等物流新技术，加强智能交通、物流管理软件等物流新技术的研发、创新能力建设。集中力量研究一批对提升我市物流业水平有重大推动作用的地方物流标准。重点推进浪潮、兰剑、正元地理等物流科技企业开展物流新技术、新设备和新型物流软件的开发设计，推进兰剑现代物流集成技术研发园区建设。

（七）加快物流公共信息平台建设

重点推进城市综合物流信息系统、运输信息系统、物流资源交易系统和面向中小企业的物流信息服务平台建设。加快物流公共信息平台建设，完善平台的管理与运营机制，推动区域物流信息资源的融合互通。重点建设公路主枢纽交通信息管理调度中心、山东物流信息平台、城市公共物流配送平台等项目，整合铁路、公路、港口、航空、管道等各种运输信息，建立运输信息、货运跟踪、服务管理等信息系统，为现代物流发展创造良好的基础条件。

（八）努力培育发展物流市场主体

推动传统物流向现代物流发展转型；加快培育一比经营网络覆盖全国的物流龙头企业；引进一批国内外知名物流企业在济南设立区域总部和参与物流企业重组和物流园区建设；积极培育发展第四方物流。重点培育盖世物流、交运物流、佳怡物流、博远物流、邮政速递、济铁经营、元智捷诚、百通物流等一批品牌物流企业，影响和带动物流业发展。

（九）推进成长型领域物流发展

密切与省会都市圈、山东半岛物流区及全国性重要节点城市的物流合作，积极搭建和参与优势互补、互利共赢的区域物流合作平台，实现资源共享、要素集聚、信息互通、共同发展。充分发挥我市在区域物流合作中的比较优势，依托发达的交通枢纽，发展区域转运型物流；依托济南国际机场和出口加工区保税功能，拓展国际物流和保税物流，重点打造法国夏斗湖机场与济南国际机场双向全货机直飞特色型的国际航线和出口加工保税物流基地，引进大型物流专业企业进港进园经营，推进航空和保税物流向集约化、一体化运作发展；依托发达的商贸资源，加快区域采购分销物流和分拨型物流发展，增加济南结算，形成“聚宝盆”效应；适应经济社会发展的需要，大力发展电子商务型物流、都市快递型物流、产业基地型物流和新兴特色物流，提升现代物流业的整体水平。

（十）应急物流

加强应急物流设施设备和技术支持平台建设，提高应急反应能力。大力整合应急物流资源，选择和培育一批具有应急能力的物流企业建立应急物流体系。同时，加强化学危险品物流的跟踪与监控，严格操作规程，确保安全。

八、保障措施

（一）加强组织领导

物流业发展跨行业、跨部门，涉及面广，综合性强，各级各部门要认真履行职责，密切配合，合力推进物流业发展。强化市现代物流业发展领导小组的组织领导职能，统筹协调发展规划、载体建设、产业政策、运行调控等重大问题。领导小组办公室作为日常工作机构，要做好综合协调和指导服务工作，及时汇总、上报物流工作情况，提出年度工作计划并负责督查落实。要明确各部门职责任务，按照部门职能，将物流业发展的任务细化落实到部门各单位，并狠抓督察落实。各县（市）区为物流园区等物流基础设施规划建设的责任主体，要建立相应的组织领导机构，明确分工、落实责任、齐抓共管。

（二）完善政策体系

物流业是基础性产业，尤其是物流园区等基础设施建设，投资大，回收期长，具有公益性质。因此，要把发展物流业作为重要战略性和基础性产业来培育，把物流园区（中心）视为城市发展的重要基础设施完善政策体系，加大政府投资力度。修订和完善《济南市人民政府关于推进物流业振兴发展的意见》并抓好贯彻落实，抓好重点物流项目和重点物流企业认定，积极扶持物流业发展。要充分利用好国家“转方式、调结构”的系列政策，积极跟踪国家对发展物流业的政策动向，深化、细化物流产业政策，加快解决在土地、税收、收费、融资、交通等制约物流业发展的“瓶颈”。进一步研究完善物流车辆进入中心城区停靠、装卸、配送的方案，适度调整通行限制。

（三）多渠道增加资金投入

在主要依靠企业自身投入和市场化运作的前提下，根据济南物流业重点发展领域，结合物流业发展重点支持目录，按照国家发展改革委制定的《物流业调整和振兴专项投资管理办法》的要求，梳理一批重点物流项目，积极争取国家专项资金支持。加大对社会公益、城市运行、技术改造等物流项目的支持力度。各相关引导资金要适度向物流倾斜。要积极引导银行资金、民间资本通过银行信贷、融资租赁、探索设立股权投资基金等方式，对物流重点项目予以支持。

（四）完善物流统计和信息沟通制度

加强物流产业统计方法及指标体系研究，加强物流统计基础工作，在重点物流园区（中心）和企业开展物流统计调查，完善物流统计制度和运行分析制度，建立物流产业信息交换平台。建立物流信息沟通机制，建立物流领导小组议事规则、情况通报、信息交流与沟通制度。完善物流相关刊物、网站的维护工作机制，定期反映我市和全国物流业发展情况，搭建沟通政府、企业、科研院所和协会的信息沟通平台。

（五）推进物流业国内外开放合作

加快物流市场的对内对外开放，加强我市企业与国际知名物流企业的合资、合作和交流，充分利用我市吸引外资和总部经济政策，鼓励国内外大型物流企业到济南设立物流总部和分支机构。重点扶持一批在国际市场上已经形成一定影响力的物流品牌企业，积极推动其物流产品和服务进入国际市场。建立联通国内外、竞争有序的现代物流市场体系，为物流业的繁荣和发展创造宽松的外部环境。

（六）加快物流人才培养

积极引导高校和科研机构与大专院校和物流企业开展交流合作，支持建立校校、校企结合的物流综合培训体系、实验基地和人才孵化基地。鼓励 A 级物流企业与国内外知名物流企业开展多层次、多阶段的合作培养物流人才项目。支持大型物流企业或大型制造业企业设立物流研究所及硕博物流研修站。鼓励企业通过多种渠道和方式，培养、引进市场急需的物流专业人才。充分利用我市高等院校集中的优势，建立市级物流管理人才培训基地，加速培养急需的物流管理人才和技术人才。

（七）发挥行业社团组织的作用

充分发挥物流、仓储、交通运输等协会在物流标准和技术标准推广、教育培训、从业人员资格认证等方面的桥梁和纽带作用。支持物流企业参加诚信守法等级评估，促进物流行业规范自律，推动物流市场有序健康发展。

（八）加强规划的组织实施

依照《济南市现代物流业发展规划》，各有关部门要依据市现代物流业发展规划，科学制定本行业物流发展规划，统筹指导物流业发展。市发改委、经信委、农业局、商务局、交通局、粮食局、邮政局及铁路、民航等部门要分别制定综合交通、工业、农业、商贸流通、粮食、邮政及交通物流等行业物流发展规划；经信委、质监局、科技局分别制定物流标准化、物流信息化和物流技术及设备发展规划；市发改、建设、规划、交通、国土资源、商务局等部门要积极协调和配合各县（市）区政府，加快研究编制物流园区（中心）详细规划，积极探索物流园区开发、建设和管理运营模式，搞好相关道路、电力、通信、供排水等基础设施，加快物流园区等载体建设；市发改、财政、公安、工商、统计、国税、地税等部门，要按照各自职责，切实抓好相关政策的研究落实和交通组织、市场监管、物流统计等工作；市现代物流发展工作领导小组要积极协调组织规划的实施，把规划的主要任务细化落实到各县（市）区和各部门，并科学编制年度计划，建立规划实施的督促检查机制，确保规划按照进度顺利实施。各县（市）区政府要根据本规划，结合本地实际，制定本地区物流发展规划或实施方案。

012

上海市人民政府关于印发上海市现代物流业发展“十二五”规划的通知

沪府发〔2012〕51号

各区、县人民政府，市政府各委、办、局：

现将《上海市现代物流业发展“十二五”规划》印发给你们，请认真按照执行。

上海市人民政府

二〇〇一二年五月二十四日

上海市现代物流业发展“十二五”规划

上海市人民政府

2012年5月24日

现代物流业是以信息技术和供应链管理为核心，融合运输业、仓储业、货代业、流通加工业等一体化发展的复合型服务业，不仅具有促进生产、拉动消费、保持国民经济平稳增长的作用，而且在推动制造产业结构升级、服务业态模式创新、加快经济发展方式转变等方面具有积极作用。大力推进现代物流业发展，对于“十二五”上海“创新驱动、转型发展”，加快推进“四个率先”、加快建设“四个中心”和社会主义现代化国际大都市具有重要意义。根据国务院发布的《物流业调整和振兴规划》、国务院办公厅《关于促进物流业健康发展政策措施的意见》和《上海市国民经济和社会发展第十二个五年规划纲要》，结合本市实际，制定本规划。

一、发展的现状与面临的形势

（一）发展的现状

“十一五”以来，上海物流业发展抓住“搭好平台、培育主体、建立网络”三个关键环节，增强城市物流功能，提高物流服务水平，为上海建设“四个中心”和社会主义现代化国际大都市提供了有力的支撑。

1. 物流业发展规模进一步扩大

"十一五"期间，上海物流业增加值年均增长10%，保持了快速增长的良好势头。在国家"调结构、扩内需"政策和《物流业调整和振兴规划》的指导下，上海克服困难、积极推进，物流业发展取得新的突破。2010年，上海物流业增加值达到2037亿元，占全市生产总值的比重为12.1%，占第三产业增加值比重为21.2%。2010年，上海港货物吞吐量达到6.5亿吨，集装箱吞吐量超过2900万标准箱，均位居世界第一；上海航空货邮吞吐量达到371万吨，其中浦东国际机场航空货邮吞吐量位居世界第三。

2005—2010年上海物流业规模

指标＼年份	2005	2006	2007	2008	2009	2010	平均增长率（%）
物流业增加值（亿元）	1175	1339	1573	1760	1694	2037	10.0
货物运输量（万吨）	68741	72617	78108	84347	76968	81023	2.7
航空货邮吞吐量（万吨）	222	253	290	305	298	370	11.3
港口货物吞吐量（万吨）	44317	53748	56145	58170	59205	65339	8.3
集装箱吞吐量（万标准箱）	1808	2172	2615	2800	2500	2907	10.6

注：2009年受国际金融危机影响，物流业增速有所减缓。

2. 重点领域发展成效显著

口岸物流实现了海、陆、空港保税物流功能全覆盖。上海综合保税区管委会的成立，标志着"三港"、"三区"实现联动发展，国际航运发展综合试验区建设积极推进，洋山保税港区营业税免征政策效应初显，出口加工区拓展保税物流等功能有序开展，跨国采购、国际配送、贸易展示、出口集拼、中转分拨等业务得到拓展，上海物流业国际竞争力进一步提升。制造业物流以四个专业物流基地为代表，物流企业与制造企业深入合作，9家企业被评为"全国制造业与物流业联动示范企业"，物流业对制造业支撑能力得到强化。城市配送物流推广配送标准、优化通行政策，上海城市配送的物流效率、服务能力和交通管理水平进一步提升，为上海世博会的成功举办提供了有力保障。

3. 物流基础设施不断完善

功能性、枢纽型、网络化的综合交通基础设施建设取得重大突破。洋山深水港三期和外高桥港区六期基本建成使用；浦东国际机场、虹桥国际机场的扩建工程完工并投入运营；高速公路网基本建成，沪杭客专、沪宁城际铁路建成通车，内河航道整治进展顺利。重点物流园区和专业物流基地建设稳步推进。深水港物流园区海铁联运、水水中转和国际中转能力逐步提高；外高桥物流园区跨国采购和国际配送功能不断拓展；浦东空港物流园区的浦东机场综合保税区正式封关运营；西北综合物流园区的城市配送物流服务功能进一步凸显。四个专业化物流基地以制造业配套为核心，吸引物流企业集聚发展，相关开发建设以及项目引进都有了实质性的进展。

4. 信息化和标准化得到加强

上海电子口岸平台主要口岸物流单证电子化率达 75%，上海口岸通关效率和物流信息服务水平大大提高；管理信息系统、全球定位、标准化立体仓库、自动拣选设备等物流信息系统和技术装备逐步推广和应用。物流标准化工作稳步推进，累计研究各类物流标准达 20 多项，牵头研制的《物流中心作业通用规范》、《物流园区分类与基本要求》等多项国家标准已获得国家标准委评审通过；全国物流标准化技术委员会第三方物流分技术委员会落户上海；选择试点企业积极开展物流服务标准化示范试点；发布实施了本市地方标准《食品冷链物流技术与管理规范》，制定实施了《城市配送物流车营运技术规范》和《冷藏保鲜车辆营运技术规范》。

5. 企业主体不断发展壮大

支撑上海口岸物流、制造业物流和城市配送物流等重点领域发展的现代物流市场多元化体系已基本形成。国际著名物流企业纷纷进入上海；大型中央企业以上海为基地组建了第三方物流公司；本地国有物流企业逐步转型，通过外包重组和整合资源延伸服务功能，逐渐成为现代物流企业；一批民营物流企业总部集聚上海，形成自身独特的管理理念和业务模式。截至 2010 年底，上海已有国家 A 级物流企业 107 家，其中 4A 级以上企业 54 家。30 家企业获评“全国先进物流企业”，石化、汽车、医药、电子等专业物流与产业融合互动，带动产业转型升级。

6. 区域物流联动效应显现

上海、江苏、浙江一市两省有关部门联合制定了《关于推进长三角地区现代物流联动发展的若干措施》，联合发布了《关于推进长三角地区道路货运（物流）一体化发展的若干意见》。上海物流相关行业协会加强与江苏、浙江物流行业协会的互动，并建立行业自律机制。上海物流企业加快对接长三角的步伐，港口企业与沿江多个港口建立合作关系，成立专业化港口物流公司，促进沿江物流资源整合。

（二）存在的不足

“十一五”期间，上海现代物流业发展跃上了一个新的台阶，但与加快建设“四个中心”和社会主义现代化国际大都市的要求相比，还存在着明显不足。一是高端物流功能亟待加强。物流业总体仍处于产业链中低端，特别在本市土地、交通、人力等投入要素成本相对较高的情况下，迫切需要提高物流业的增值能力。二是物流集约化程度有待提升。物流设施的相互衔接和社会化运营水平仍然较低，中小物流企业的专业服务能力欠缺和“散、乱”现象并存，产业集中度较低。三是物流运行方式亟待进一步转变。传统运输、仓储等物流环节的节能减排和交通组织压力较大，全社会运用信息化有效配置物流资源的能力仍显不足，各物流环节标准化的统一和宣传贯彻力度有待加大。四是现代物流发展面临的体制机制障碍有待进一步突破。物流一体化运作需要尽快改变条块分割管理，鼓励物流服务专业化、社会化运作的财税改革刚刚起步，发展物流总部、物流金融等高端功能需要进一步完善利益分配机制和外部管制。这些，要以更大的改革开放勇气和不断创新的办法来加以解决。

（三）面临的形势

“十二五”是上海深入推动创新驱动、转型发展的关键时期。国内外经济、社会的发展变化，既为本市现代物流业加快发展提供了重要机遇，也提出了更高的发展要求。

一是加快建设“四个中心”，为培育高端物流功能提供了重要机遇。金融、贸易、航运活动与物流业密切相关、相辅相成。国务院明确上海“四个中心”建设要着力提升资源配置功能，金融产品创新、新型贸易发展、航运中转集拼等业务拓展步伐加快，这些，都需要坚强有力的物流体系支撑。因此，上海必须更加注重高端物流功能培育，重点发展叠加资讯、交易、结算等高增值物流业务，增强对物流资源、网络的控制力。

二是加速调整产业结构，为提升供应链管理服务带来了有利契机。物流业是重要的生产性服务业。国际金融危机后，全球产业结构发生深刻调整，物联网等战略新兴产业快速发展，生产方式加快向智能化方向变革，国内外跨地区产业转移和区域产业一体化进程加速，这些，为物流技术革新和拓展供应链管理服务空间带来了契机。因此，上海必须加快提升供应链管理服务水平，促进制造产业转型升级，提高综合服务功能。

三是着力扩大消费需求，为物流服务模式创新创造了良好条件。物流业对满足消费需求起到基础保障作用。城市化进程加快和配套举措落实，扩大内需战略的政策效应明显发挥，居民消费规模持续快速扩大，网络购物等电子商务新型消费方式迅猛发展，这些，对通过改善运营方式来扩大物流规模创造了条件。因此，上海必须加大物流服务模式创新力度，切实降低流通费用，更好地满足人民多样化、高质量、安全性的消费需求。

四是强化节能减排约束，对转变物流运行方式提出了迫切要求。传统运输、仓储等物流环节面临较大能耗和环保压力。外部环境约束及资源供给趋紧，发达国家逐步推行碳关税等绿色壁垒，我国逐步推进各领域合理使用能源消费总量方案，把节能减排作为硬约束，这些，对物流业发展向绿色低碳转型提出了迫切要求。因此上海必须切实转变物流运行方式，节约集约利用物流资源，发展低碳物流。

五是推进增值税改革试点，对营造现代物流发展环境提出了明确任务。物流业健康发展离不开政策措施的完善。国务院高度重视物流业发展，出台了调整振兴规划和一系列配套政策措施，并选择上海率先在交通运输业和部分现代服务业开展营业税改征增值税试点，这些，对本市促进社会化、专业化物流发展提出了明确任务。因此，上海必须大力营造符合现代物流发展的政策环境，理顺体制、机制、法制、税制，形成示范效应。

二、发展的指导思想、基本原则和目标

（一）指导思想

深入贯彻落实科学发展观，紧紧围绕建设“四个中心”和社会主义现代化国际大都市的总体目标，切实按照“创新驱动、转型发展”的要求，把现代物流业作为发展服务经济的重要内容，以供应链管理和信息技术为支撑，加快转变物流产业发展方式，更加注重高端物流资源集聚和高端物流功能塑造，进一步延伸产业链条、拓宽发展空间、优化发展环境，为“十二五”时期上海初步形成国际经济、金融、贸易、航运中心的核心功能提供坚实的物流支撑，不断增强上海参与国际国内物流资源配置的能力，持续提升上海在全球供应链中的地位和影响力，显著提高上海物流业的国际化水平和全球竞争力。

（二）基本原则

1. 高端带动，创新发展。充分发挥上海的要素集聚和综合服务优势，大力发展技术、知识、资金密集型的高端物流服务，进一步强化信息化的基础作用和人力资源的关键作用，加快推动物流服务模式创新，带动上海物流业发展能级和服务水平的整体提升。

2. 产业互动，融合发展。重视现代物流业对制造产业结构优化调整的互动和支撑作用，大力发展专业化、社会化的第三方物流，把握面向消费需求的生产转型趋势，促进二三产业深度融合，切实降低全社会物流成本。

3. 低碳推动，绿色发展。进一步提高物流设施和各种物流资源的集约利用率，鼓励和推广低碳物流装备和技术的应用，不断降低物流业能源消耗和污染排放，确保物流业安全、有序运行，走经济社会可持续的绿色发展之路。

4. 区域联动，改革发展。进一步加快物流市场对内对外开放步伐，坚持“引进来”和“走出去”相结合，加强与长三角、长江流域、全国乃至全球的物流业合作联动，积极推进体制机制创新，改革完善有利于现代物流业一体化运作的市场体系，更好发挥物流枢纽城市的服务功能。

（三）目标

以高端物流服务为核心，加快物流业向“高效率、高增值、低消耗”转变，到2015年，使物流业成为上海推进“四个率先”、建设“四个中心”的重要产业载体，使上海成为全国现代物流业发展的引领示范高地，形成与国际经济、金融、贸易、航运中心核心功能相匹配，初步具有全球物流资源配置功能的国际物流枢纽城市和全球供应链管理中心之一。

主要预期指标如下：

“十二五”期间上海市物流业发展的主要预期指标

序号	指标名称	2015年预期目标
1	物流业增加值年均增速	10%左右
2	物流业增加值/全市生产总值	13%左右
3	全社会物流总费用/全市生产总值	15%以下
4	航空货邮吞吐量	500万～550万吨
5	港口货物吞吐量	保持在6.5亿吨左右
6	集装箱吞吐量	3300万TEU左右
7	集装箱水水中转比例	45%
8	铁路集疏运比重	进一步提高
9	铁路货运比重	5%以上
10	江海联运、水铁联运、公铁联运比例	进一步提高
11	物流信息化和标准化水平	有较大提升
12	口岸物流通关单证电子化率	80%以上
13	国内外优势物流企业总部、本市大型综合物流企业以及专业化物流服务企业数量	进一步提高

三、重点发展的领域

“十二五”期间，按照有利于体现工作的延续和衔接，有利于丰富城市物流功能，有利于提升物流业发展能级的原则，规划发展口岸物流、制造业物流、城市配送物流以及电子商务物流四个重点领域。

（一）口岸物流

着眼于充分发挥上海口岸城市的综合服务功能，构建紧密联通国内外口岸、具有较强增值能力的口岸物流体系。积极推动本市各出口加工区拓展保税物流、研发、检测、维修等功能，促进加工贸易调整升级；积极放大外高桥保税区效应，推动“三港三区”建立海、陆、空保税物流联动发展机制；积极推进长三角、长江流域保税物流快速通关和联动机制，提高上海口岸对于腹地的辐射服务能力；积极探索口岸物流监管模式创新，进一步推动与国际惯例接轨；不断增强口岸物流服务“四个中心”建设的高端功能。

（二）制造业物流

着眼于进一步提高本市制造业的国际竞争力，构建一体化运作的供应链管理服务体系。积极提升本市供应链管理的设备技术水平，不断降低制造企业应用成本；积极提高第三方物流企业在各制造业领域专业化服务的能力，适应本市制造业高端化发展趋势；将本市打造成为供应链管理服务中心，实现服务制造企业向全国拓展生产、销售网络；不断增强制造业物流服务本市产业结构升级、布局调整优化的功能。

（三）城市配送物流

着眼于切实保障和改善民生，构建广泛覆盖城乡居民、提供市民更加优质生活的城市配送物流体系。积极推进现代商贸配送物流体系建设，进一步优化由综合物流园区、大型分拨配送中心、社区末端配送节点组成的三级城市配送网络；积极推进“绿色物流”体系建设，进一步提高物流运行安全和节能减排能力；积极推进农产品物流体系建设，着力减少农产品流通环节和降低中间费用；不断增强城市配送物流服务落实扩大消费战略的功能。

（四）电子商务物流

着眼于加快转变物流运行方式，构建更加信息化、便捷化、智能化的电子商务物流体系。积极推进现代信息技术和设备更多惠及本市航运物流、贸易物流等各个领域，促进物流效率提高和监管流程不断创新；积极推动电子商务与全社会物流资源更加紧密结合，进一步加快本市物流服务模式和业务流程创新；加大物流业体制、机制、税制、管制改革力度，努力建立适应现代物流业一体化运作的发展环境；不断增强电子商务物流服务智慧城市运行的功能。

四、发展的规划空间布局

“十二五”时期，围绕本市“四个中心”功能建设和产业结构调整需要，根据本市现代物流业发展目标和重点发展领域，规划布局五大重点物流园区、四个重点制造业专业物流基地，规划引导形成一个城市特色配送物流带，进一步强化与城市规划、产业结构、节能降耗、交通组织等方面的衔接，形成科学合理的物流业发展布局。

（一）重点物流园区

依托海、陆、空港门户，加强多式联运能力建设，突出功能提升和联动发展，搭建对接国际、连接腹地、服务全国的物流设施平台。

（1）深水港物流园区。依托洋山保税港区和临港产业园区，以建设“国际航运发展综合试验区”为契机，积极打造国际航运中心建设核心功能载体，积极探索实施“启运港退税”、国际航行船舶保税登记、期货保税交割等制度创新，大力发展“水水中转”和国际中转集拼分拨等功能，加快形成面向亚太的采购集拼和分拨配送中心，加快拓展贸易展示、大宗商品集散、离岸云海数据、检测维修制造等功能，形成保税功能与临港产业优势融合的港口综合型物流园区。

（2）外高桥物流园区。依托外高桥港区和外高桥保税区，以建设“国际进口贸易促进创新示范区”为标志，积极打造国际贸易中心建设的重要服务支撑载体，大力发展为专业化进口贸易平台服务的航运物流枢纽功能，进一步培育为国际贸易结算中心服务的国内外物流业务管理中心，不断拓展以文化贸易、医药研发、检测维修等服务贸易为特征的物流功能，形成国际物流与进出口贸易紧密结合的区港联动型物流园区。

（3）浦东空港物流园区。依托浦东机场综合保税区和空港产业园区，以建设国际临空服务创新实践区为抓手，积极打造国际航空物流枢纽的主要服务载体，大力发展国际国内著名航空公司的亚太货运枢纽功能，积极推进国际快递、国际中转等高技术含量、高附加值、高时效性的航空物流服务，加快拓展融资租赁、设备维修、贸易展示等航空物流增值服务，形成航空产业与物流业联动发展的航空口岸型物流园区。

（4）西北综合物流园区。依托普陀槎浦、未来岛和嘉定江桥物流基地，进一步加大传统陆路货物集散功能的调整升级力度，积极打造城市商贸配送物流的标志性载体，大力发展保税物流中心、陆上货运交易中心、大型城市超市配送等平台功能，积极推进物流总部经济、商务会展、教育培训等服务功能，不断拓展铁路班列运输、北虹桥临空物流等服务功能，进一步推进落实桃浦生产性服务业功能区规划，推动货运停车场向更具市场经济性的综合货运枢纽搬迁，形成具有国际化城市物流服务特点的物流园区。

（5）西南综合物流园区。依托发达的加工制造业基础和西南综合交通门户枢纽的区位优势，积极打造重要陆路物流枢纽的功能载体，大力发展面向长三角制造业的物流服务功能，积极推进与电子商务更加融合的物流功能，不断拓展城市配送和区域分拨等物流服务，进一步优化集疏运体系，落实规划建设，推动产城融合，形成具有国际供应链管理特征的物流园区。

（二）重点制造业物流基地

以先进制造业基地为依托，通过企业主体的市场化运作，实现专业化物流服务资源集聚，拓展提升制造业物流的服务功能。

（1）国际汽车城物流基地。依托国际汽车城产业基地建设，发挥龙头物流企业带动整合作用，打通采购、生产、营销、售后各产业环节，不断优化公路、铁路运输方式的衔接，为汽车与零部件的研发制造、贸易销售、博览展示、检测维修等全流程提供物流服务。

（2）化学工业区物流基地。依托上海化学工业区建设，以化学工业区物流产业园为核心，推动化工物流与化工贸易的市场一体化发展，进一步满足各种化工产品生产流通需求，提供更加安全可靠的加工、包装、配送、储运等物流服务。

（3）临港装备制造业物流基地。依托装备制造业基地建设，对接国家新型工业化产业示范基地和两化融合试点区域建设，为发电及输变电设备、大型船用关键件、航空设备及配套、自主品牌汽车及零部件、大型工程机械等装备制造产业集群提供专业化的物流及延伸服务。

（4）钢铁及冶金产品物流基地。依托精品钢基地建设，着力推进罗泾港配套产业区发展，加快吴淞国际物流园转型升级，通过资源整合和模式创新，大力发展集流通加工、分拨配送、信息发布、市场交易、金融服务等于一体的电子商务钢铁物流贸易平台，为钢铁产业链提供现代化的物流服务。

（三）城市特色配送物流带

结合本市综合货运枢纽规划建设，依托市场形成的相关物流企业总部和项目，规划引导形成具有鲜明特色的城市配送物流带，促进企业和项目集聚，物流设施集约建设使用。

电商快递和快速消费品城市配送带。依托本市境内沈海高速沿线便利的交通条件和较强的市场经济性，汇集国内著名电子商务企业地区总部和快递企业总部，不断深化完善对于城市配送网络的衔接和管理功能，努力形成快速响应城市居民消费需求，辐射长三角周边城市，嘉定、青浦、松江组团式发展的良好格局。

"十二五"期间，在充分利用现有物流资源、节约和集约使用土地的基础上，加大土地政策支持物流业发展力度，对列入重点物流园区、重点制造业物流基地和城市配送网络体系的项目用地需求，给予重点保障，并促进项目进入绿色通道，加快项目建设进程。同时，结合各区县物流业发展实际，合理布局区域性物流基地和配送节点，促进本市现代物流业与区域产业发展、城市居民生活的需求相适应，形成层次清晰、相互衔接、运作高效的现代物流网络。

规划空间布局示意图如下：

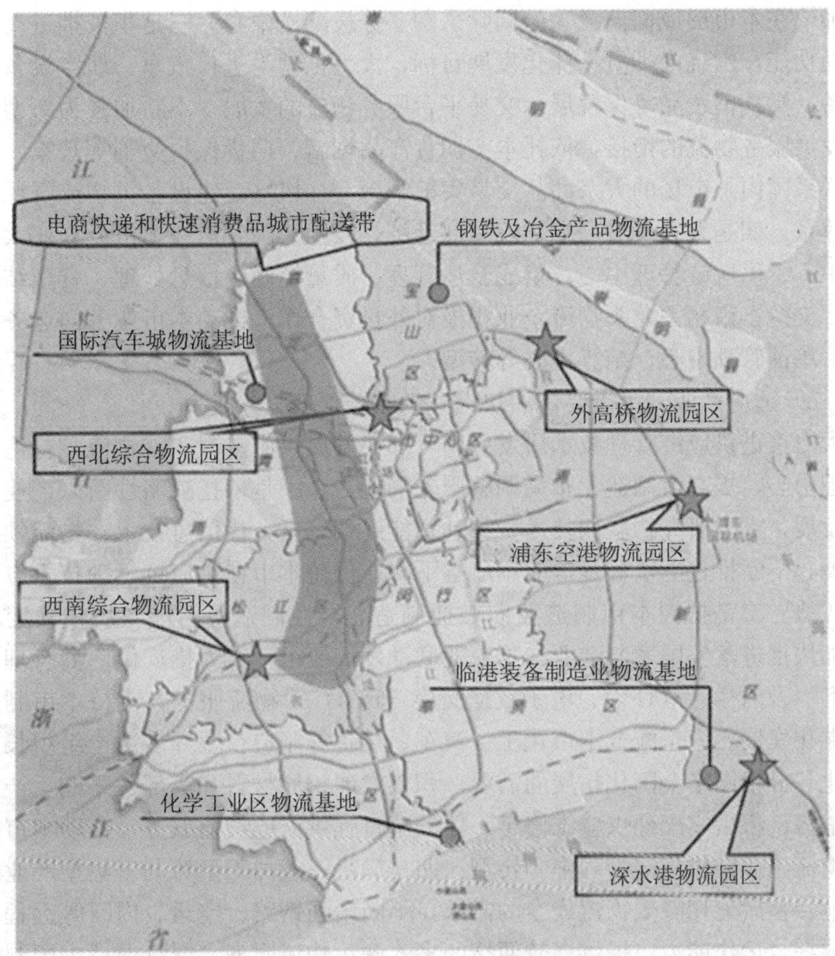

重点物流园区、重点制造业物流基地、城市特色配送物流带布局示意图

五、发展的主要任务

（一）着力推动转型，培育符合“四个中心”的高端物流功能

着力推动上海物流产业转型发展，加快培育与金融、航运和贸易中心建设紧密结合的高端物流服务，进一步发挥物流中心城市的集聚辐射功能，提升物流市场资源配置能力。一是深化拓展高端物流金融功能，鼓励本市有条件的物流企业开展预付货款、代收货款、仓单质押、存货监管等物流金融服务，推动相关技术领先和管理规范的物流企业与金融企业合作，开发专门保险、担保交易、单证贴现等物流金融增值服务。二是加快发展高端物流航运功能，积极参与长江黄金水道建设，大力发展“水水中转集拼”业务，依托国际航运发展综合试验区，大力发展国际中转集拼分拨业务，不断深化保税货物与保税延展货物一体化运作机

制，加快在本市形成面向亚太的国际采购、分拨配送中心。三是积极推进高端物流贸易功能，围绕内外贸一体化发展目标，大力推动为进口汽车、航空设备、机械设备、高端消费品等保税展示交易平台服务物流的发展，不断加强为新型国际贸易发展服务物流的衔接，依托本市期货产品创新、期货保税交割等政策，逐步建立联系国内外市场的大宗商品交易集散平台，加快培育建设各类物流资源交易市场体系。四是大力发展高端物流总部经济，鼓励跨国公司在本市设立亚太采购配送中心、供应链管理中心，集成营运管理、质量控制、信息处理、资金结算等功能，支持本市相关龙头物流企业积极对外投资合作，推动本市业务向业务管理中心、单证管理中心、结算中心等转型。

（二）适应产业升级需要，加快提高供应链管理服务能力

大力推进供应链管理技术研发应用，加快发展供应链嵌入式物流，打造供应链管理中心，提高为制造业布局调整服务的能力。一是依托战略性新兴产业的培育和发展，大力研究物联网技术、移动智能终端等新一代信息技术在物流领域应用发展，不断推进电子标签等应用成本下降，保持本市在供应链管理技术方面的领先优势。二是把握本市制造业向敏捷制造、柔性制造等智能发展模式变革趋势，加快推进落实国家制造业与物流业联动发展要求，大力推广供应商管理库存（VMI）、及时生产（JIT）、电子数据交换（EDI）等物流服务，支持本市制造业向高端化发展。三是配合本市化工、汽车、装备等制造企业开展生产组织长三角一体化、分销网络全国化拓展的需要，积极发展集原材料和零部件采购、产成品包装销售、售后零配件供应维修于一体的全过程供应链物流服务，推动本市相关专业物流企业向供应链管理中心转型。四是满足一般加工型劳动密集型产业逐步向内地转移后迫切降低物流成本的需求，不断增强铁路、空运、内河等远程物流运输的综合运作能力，提供高效便捷的多式联运物流服务，继续保持中国制造的全球竞争力。

（三）落实扩大内需战略，大力建设现代商贸物流体系

大力建设现代商贸物流体系，为城市居民提供更多便利、更高质量、更加安全的物流服务，更好满足人民群众消费升级需求。一是制定发布本市《城市配送物流发展实施方案》，大力完善落实三级城市配送网络体系，鼓励本市相关自有物流资源网络企业加强合作，通过信息共享平台，在快速消费品、鲜活农产品等领域率先开展城市共同配送工程示范，便利城市居民生活。二是加快发展冷链物流配送，支持建设产地预冷、销地冷藏、保鲜运输、保鲜加工等设施，完善温度监控和追溯体系，确保生鲜食品、生物制剂等在生产流通各环节的品质和安全。三是大力发展医药物流，推动医药集中采购和统一配送，提高医药直供配送比率和运行效率，确保医药送达安全、及时、准确，有效降低医药物流成本。四是强化城市应急物流体系建设，建立应急物资储备管理信息系统，完善应急商品流通

预案和应急物资配送预案，提高本市应对自然灾害、事故灾害、公共卫生事件、公共安全事件等突发事件的物资保障能力。

（四）提高技术研发应用水平，积极建设“智慧物流”城市

加强以信息化带动物流现代化，不断提高本市物流先进技术、设备的研发应用水平，进一步推动本市物流企业业务流程创新、服务模式创新，促进本市物流以更加智慧的方式运行。一是大力推进集装箱电子标签、托盘和货架电子标签、手持和车载阅读器的研发推广，促进本市航运、贸易物流运行效率提高，加快推进口岸综合信息平台、电子舱单管理平台、船舶自动识别平台、智能交通管理平台的应用建设，支持本市航运、贸易监管方式不断创新。二是支持本市电子商务快递企业积极运用二维码、现代化立体仓库、自动分拣设备等技术设施，提高快速响应网络购物的配送能力，支持本市电子商务网站、快递企业与社区物业、便利店合作，构建低成本、广覆盖的系统配送网络，提高电子商务配送的满意度。三是积极推进大宗商品物流运行与电子商务紧密结合，鼓励本市互联网信息资讯企业整合各地区大宗商品物流资源，促进大宗商品物流有序流动，支持本市钢铁、化工、有色金属等相关大宗商品现货电子交易平台加快发展。四是进一步加快本市物流资源交易平台向全国拓展业务，促进全社会物流资源供需的有效对接，进一步鼓励面向小微物流企业的集成化服务平台加快发展，促进广大中小物流企业管理水平和运营能级的提升。

（五）更加注重物流安全，推进“绿色物流”体系建设

注重城市物流运行安全，大力推动节能减排制度建设，促进物流资源充分利用，打造本市“绿色物流”体系。一是加快本市危险化学品生产储存企业布局调整，加强对本市危化品气瓶电子标签标识，实现数据实时采集和动态跟踪，建立健全零星危险化学品物流服务体系，实现对危化品物流储存和配送的全流程实时安全监控。二是加快建立本市运输等行业能源消耗和排放统计及分析制度，建立健全行业节能减排考核体系，建立《道路运输证》配发与车辆燃油消耗量监测相结合的工作机制，鼓励城市运输企业使用节能环保车辆。三是深入推进本市甩挂运输试点，选择管理规范、有稳定业务需求的企业开展试点，探索甩挂运输运营组织模式，发挥示范效应。四是进一步加强涉及城市废旧资源回收、加工、交易、连锁的逆向物流体系打造，积极鼓励“在线收废”等回收物流模式创新，促进城市资源的再生利用。

（六）发挥大市场、大流通作用，推动农产品物流加快发展

加强农产品流通设施建设，不断提高流通组织化程度，努力减少农产品物流环节，建立健全农产品流通追溯体系，进一步保障和改善民生。一是进一步加强粮油、蔬菜、冷鲜肉等流通设施建设，推进西郊国际农产品交易中心、江桥、江杨等农产品批发市场的建设和升级改造，全力以赴建好外高桥现代化粮

食物流中心，提高其港口、铁路、内河散粮联运接卸能力。二是培育壮大一批农业龙头企业和农民专业合作社，扶持大型鲜活农产品专业合作社发展，推动产销一体化和产业化经营，进一步完善本市粮油、猪肉等主副食品的重要商品储备制度，提高市场应急调控能力。三是大力推动农批对接、农超对接、农校对接等多种形式的产销衔接，逐步推进农产品网络营销模式发展，减少农产品流通环节，完善鲜活农产品运输绿色通道政策，降低农副产品流通成本。四是积极运用电子标签等信息技术，建立完善本市覆盖面更广的农产品流通追溯系统，形成从生产、批发到零售终端全过程、全方位的农产品物流安全监管网络。

（七）优化货物运输结构，加快形成多式联运物流体系

充分发挥本市海、陆、空综合交通枢纽优势，进一步优化完善货物集疏运体系，大力推动海运、内河、公路、铁路、航空运输的有效衔接，大力推进多式联运发展。一是积极推进江海直达船型标准制定和推广应用，加快外高桥、洋山集装箱港区集装箱内支线泊位建设，实施洋山深水港区四期及后续工程建设，加快推进黄浦江上游、杭申线、大芦线二期等内河高等级航道工程，培育内河航运市场，不断提高江海直达运输比例和水水中转效率。二是合理规划布局本市公路综合货运枢纽，完善货运通道网络，优化和规范外高桥港区对外货运通道和场站布局，进一步加强与长三角货运通道对接，提高陆路集疏运效率。三是结合沪通铁路建设，启动外高桥集装箱货运场站建设，加快调整优化上海铁路货运服务体系布局，进一步发挥芦潮港集装箱中心站功能，加强与公路、港口、机场、物流园区等设施的衔接，大力发展铁路集装箱班列运输模式。四是加快建设和完善浦东机场西货运区和浦东机场综合保税区整体封关设施，支持基地航空公司货站设施及西货运区 DHL 货运枢纽等工程建设，加快建设上海空港货物信息系统，打造优质高效的货运枢纽运行平台。

（八）高度重视物流标准化，不断提升物流业服务水平

坚持“先行先试、服务全国”的原则，积极推动本市物流标准化建设工作，大力推进长三角物流通用标准的合作和互认，促进本市物流业服务水平不断提升。一是支持本市物流企业、大专院校、研究机构以及相关行业协会积极参与物流国际、国家和行业标准的研究和制定，配合国家研制海铁联运等重要标准，推动本市化工、钢铁、医药、食品冷链、农产品、快递等领域的物流作业服务地方标准走在全国前列。二是大力宣传贯彻并组织实施国家物流园区、托盘等物流标准，积极推广《城市配送物流车营运技术规范》等上海地方标准，结合本市物流重点领域和重点园区发展需要，大力开展物流标准化示范工程。三是加快推进长三角物流信息领域标准化合作试点，加强区域物流标准联合研制，逐步建立区域物流行业标准对接以及协调互认的工作机制。四是不断推动政府物流信息平台的

标准化，努力做到信息联通共享、数据兼容和格式统一，逐步形成与国际通行标准接轨的一体化监管平台。

（九）加快制度改革突破，大力营造现代物流业发展环境

抓住本市率先实施相关制度改革试点的重大机遇，加快体制机制创新，大力营造适应现代物流业发展的良好环境。一是把握物流业实行增值税制度改革试点契机，研究完善增加增值税进项抵扣项目等措施，鼓励企业延伸物流链条，将产业细分并实现一体化运作，整合业务资源，拓展业务空间。二是结合深化浦东综合配套改革、推进服务业综合改革试点、创建国家电子商务示范城市等，深化推进物流业与金融、贸易、航运、电子商务等高端服务领域结合的管理举措，研究完善公益特性物流项目落地的市级统筹和区县补偿协调机制，加快提升全市物流发展能级。三是大力推动物流领域诚信体系建设，通过不断推动口岸查验部门信息共享，企业分类通关改革，加强市场监管部门与信用服务企业合作等，构建企业“守信便利、失信惩戒”的机制。四是深化流通体制改革，坚决治理交通运输领域乱收费、乱罚款，纠正大型零售商业企业违规收费行为，建立健全运输价格与成品油价格联动长效机制，加强对物流运力的运行监测和宏观调控。

（十）建设开放的市场体系，进一步推动区域物流联动发展

进一步扩大本市物流市场向国际、国内开放，加强本市企业与国内外知名物流企业合作交流，积极支持本市品牌物流企业“走出去”，推动区域物流联动发展。一是充分利用本市吸引外资和总部经济等政策，鼓励国内外大型物流企业到上海设立总部和分支机构，积极引进国外的资金技术和智力支持，学习借鉴国际先进的经营理念和管理模式。二是深化长三角物流区域合作，鼓励本市优势企业积极承接长三角物流业务，继续推动长三角地区政府相关部门开展物流资质互认和监管协同，搞好长三角“5·6 物流日”等活动，加快区域物流一体化进程。三是加强长江流域口岸物流通关协作，构建物流快速通道，支持本市优势物流企业通过资本入股、管理输出、业务联合等方式，整合长江流域的港口码头、物流园区、仓储设施等物流资源，加快长江流域物流联动发展。四是鼓励本市龙头物流企业“走出去”，不断拓展全国沿边、沿海等物流通道，采取并购、股权置换等方式，逐步建立全球物流网络，增强上海物流品牌的竞争力和辐射力。

六、发展的配套政策措施

（一）进一步完善工作推进机制

建立健全与国家相对应的促进物流业健康发展组织协调工作推进机制，加强统筹协调力度，形成各区县、各部门推进合力，共同推进重点物流园区和重大项目建设，研究解决重点难点问题。继续发挥上海推进现代物流业发展联席会议的作用，做好本市物流业运行监测、协调推进和服务企业的工作。

（二）进一步改进行政管理方式

加快在国民经济行业分类、产业统计、工商注册等方面研究明确现代物流业类别，改进资质审批管理方式。清理针对物流企业的资质审批项目，逐步减少行政审批。积极为物流企业设立法人、非法人分支机构提供便利，鼓励物流企业开展跨区域网络化经营。进一步简化交通、公安、环保、检验检疫、消防等方面的审批手续，提高审批效率。

（三）支持企业主体创新做强

积极支持企业进行业务流程创新和商业模式创新，推动大中型企业的物流资源和业务整合，加大对小微企业的整合扶持力度，加强对现代物流业务流程和商业模式创新的知识产权认定和保护。支持企业设立研发中心，加强对物流关键技术和设备的研制，根据规定，给予采购设备等优惠和扶持。进一步完善物流企业申请高新技术企业、技术先进型服务企业认定标准，大力开展推选“全国先进物流企业”、“上海服务名牌”等品牌建设，对符合条件的物流企业给予通关、检验检疫、外汇管理等方面的便利。

（四）加快符合现代物流发展的税制改革

贯彻实施本市物流业实行增值税制度改革试点的重大举措，按照“总体税负不增加、基本消除重复征税”的原则，不断调整完善，充分发挥注册在洋山保税港区内企业从事相关物流及辅助业务实行增值税即征即退优惠政策效应，推动实施启运港退税。对物流企业总部和分支机构实行汇总申报缴纳所得税，落实调整完善部分农产品流通环节增值税政策、完善大宗商品仓储设施用地的土地使用税等政策。在本市率先形成有利于现代物流产业一体化运作和专业化分工的税制。

（五）进一步优化物流口岸环境

深化推进上海口岸通关无纸化改革，进一步加强上海电子口岸“大通关”平台建设，继续深入推动“一单两报”试点、关检联网核查、关税电子支付、提货单电子签章放行等工作。加强长三角、长江流域等跨区域电子口岸合作，逐步推广“属地申报、口岸验放”、“口岸转检、属地施检”、“产地施检、口岸直通”的区域快速通关模式。依托“三港三区”等，启动实施保税延展、检测维修、国际采购等业务的分类监管措施，研究实施新型货物贸易企业、国际物流服务外包企业等外汇便利管理制度。

（六）改善物流车辆交通管理

按照“依法、高效、环保”的原则，研究制定城市配送交通管理办法，结合道路交通实际情况和重点配送物流企业需求，完善中心城区货运通行政策，优化通行证发放办法，改善中心城区车辆停靠、装卸作业管理。确定城市配送车辆的标准环保车型，鼓励支持环保配送车辆使用，研究统一本市快递业收派件车辆标识、标准，合理解决快件收派车辆通行、停靠难问题。研究完善适合甩挂运输发展的车辆保险和海关监管措施。大力推行不停车收费系统，提高车辆通行效率。

（七）多渠道加大物流业资金投入力度

根据国家产业结构调整指导目录，结合本市物流业发展重点领域，积极争取国家服务业专项资金，积极运用本市服务业发展引导资金、技术改造和信息化专项资金等，加大对物流基础设施投资的扶持力度。积极利用相关政策性资金，对符合条件的设立国内外物流企业总部和物流运营中心、企业运用低碳环保技术设备、物流科技项目投入给予支持。建立政府资金投入统筹评估机制，提高资金使用效率。积极引导银行资金、社会资本通过信贷、股权投资基金等方式，提高对物流企业的金融服务水平。积极支持符合条件的物流企业上市和发行企业债券。

（八）加强物流专业人才引进培养

构建物流专业人才引进、培养和使用的激励机制，吸引海内外高层次物流紧缺人才来沪。加快搭建高校和企业互动对接平台，积极引导高校和科研机构与国内外知名大学和著名物流企业开展交流合作。大力推进产、学、研合作，支持建立多层次的物流综合培训体系、实验基地和人才孵化基地。开展多渠道物流专业人才培训，加快将本市打造成为我国物流人才教育培训基地。

（九）建立健全物流统计调查制度

加强物流统计基础工作，完善本市物流业统计指标体系，研究科学统计方法，明确统计口径。按照国家有关要求，探索建立本市物流业统计调查与核算制度，定期发布本市物流业运行情况。积极支持行业协会充分发挥作用和力量，开展物流统计调查，促进物流统计信息交流共享，提高统计数据的准确性和及时性。

（十）发挥行业中介组织作用

充分发挥物流、仓储、交通运输、港口和国际货代等协会的桥梁和纽带作用，加强在调查研究、提供政策建议、做好服务企业、规范市场行为、开展合作交流、人才培训咨询等方面的中介服务。建立长三角地区物流协会诚信建设协调机制，支持物流企业参加诚信守法及等级评估，促进物流行业规范自律，推动物流市场有序健康发展。

013

关于印发《上海市加快推进城市配送物流发展实施方案》的通知

沪商市场〔2012〕400号

各有关单位：

为促进本市流通领域现代物流业加快发展，推动建立高效、绿色、便捷的城市配送物流服务体系，特制定《上海市加快推进城市配送物流发展实施方案》。现印发给你们，请遵照执行。

上海市商务委员会
上海市发展和改革委员会
上海市交通运输和港口管理局
上海市公安局
二〇一二年六月二十日

上海市加快推进城市配送物流发展实施方案

上海市商务委员会
上海市发展和改革委员会
上海市交通运输和港口管理局
上海市公安局
2012年6月20日

城市配送物流是面向城市，以商业活动、居民生活和都市工业等为主要服务对象，满足城市经济社会发展需要的物流活动。为促进本市流通领域现代物流业加快发展，推动建立高效、绿色、便捷的城市配送物流服务体系，根据商务部、发展改革委、供销总社《商贸物流发展专项规划》（商商贸发〔2011〕67号）、《上海市现代物流业发展"十二五"规划》（沪府发〔2012〕51号）和《本市落实〈国务院办公厅关于促进物流业健康发展政策措施的意见〉的工作方案》（沪府办〔2011〕98号）的有关要求，结合本市建设"全国流通领域现代物流示范城市"，制定本方案。

一、发展现状与面临的形势

（一）发展现状

近年来，为适应上海城市发展、人口规模扩大和人民生活水平提高的需要，进一步完善城市服务功能，本市积极发展城市配送物流，并取得一定成效。

1. 城市配送物流的基础设施初具规模。本市单体仓储面积5000平方米以上的仓储设施总面积约为1500万平方米。深水港物流园区依托洋山保税港区，建成现代化保税物流仓库超过80万平方米，大力发展国际采购和分拨配送业务，海铁联运、水水中转和国际中转能力逐步提高；外高桥物流园区深化实施“区港联动”，保税物流园区已建成38万平方米物流仓库，拥有14万平方米集装箱转运区，国际配送和中转分拨等业务有序开展；浦东空港物流园区的浦东机场综合保税区正式封关运营，相关物流业务稳步推进；西北综合物流园区已成为本市快速消费品、医药品等物流配送中心的集聚地，城际中转、城市配送功能逐步增强。在本市外环线附近，一批拥有现代化物流设施的配送中心建成并投入运营。

2. 城市配送物流多元化市场主体初步形成。连锁商业企业积极推广应用现代化配送技术，降低库存商品资金占用及商品损耗，并构建具有一定辐射力的物流配送网络，实现对超市、卖场、便利店、折扣店等多种业态的日常配送。危险化学品、食品冷链、医药、图书等专业物流逐步形成一定规模。一批第三方城市配送物流企业不断发展壮大，运用先进管理理念，形成独特的业务模式，拓展区域及全国服务网络。国际知名快递企业入驻上海建设国际转运中心，民营快递企业市场化、网络化、规模化、品牌化程度不断提高。

3. 现代装备和先进技术应用加快。标准化立体仓库、自动拣选设备、电子标签、管理信息系统等物流信息系统和技术装备逐步推广和应用。冷链物流企业建设具有－60℃深冷功能变温型超低温冷库，完善冷链物流服务功能。烟草物流企业运用无人自动高架库、自动存取机等国际先进物流设备，提高物流运作效率。物流资源交易平台自主研发在线交易系统、远程信息采集系统等物流信息软件，并积极推广应用射频识别（RFID）、全球定位系统（GPS）、地理信息系统（GIS）等先进技术，建立物流跟踪体系。

4. 城市配送物流标准研制和推广加快。上海标准化研究院承担《物流中心作业通用规范》、《物流中心分类与基本要求》、《物流园区分类与基本要求》等多项国家标准的编制。市有关部门结合本市城市配送物流发展情况，针对薄弱环节，发布实施《食品冷链物流技术与管理规范》、《道路货物运输冷藏车辆营运技术规范》、《城市配送物流车营运技术规范》等地方和行业标准，并在3A级以上物流企业中率先推广，提高城市配送物流服务水平。第三方物流企业采用标准化托盘，运用物联网技术，推进托盘共用系统建设，试点后托盘利用率提高了

6倍。

本市城市配送物流发展虽然取得了一定的成绩，但是规模化、系统化的城市配送物流体系尚未形成，面向社区和商业中心的城市末端配送物流设施不足，城市配送运力未得到有效整合，配送车辆通行难问题依然存在。

（二）面临的形势

1. 消费需求持续扩大为城市配送物流发展带来巨大潜力。2011年，本市实现社会消费品零售总额6777亿元，同比增长12.3%。随着经济稳步增长，居民消费水平不断提高，扩大内需长效机制的确立，市场总体规模将进一步扩大，城市配送物流需求呈现规模扩张趋势。

2. 流通组织体系变革催生城市配送物流服务模式创新。本市连锁商业持续发展，新业态、新网点、新模式不断涌现，发展速度、规模和水平保持全国领先地位。本市电子商务快速发展，网络购物交易额位居全国前列。构建支撑连锁商业、电子商务发展的新型城市配送物流体系，成为发展现代流通的关键环节。

3. 经济发展方式转变对城市配送物流发展提出了新的要求。经济发展方式的转变要求科学合理规划城市配送布局，提高城市道路及相关设施资源的利用率；要求城市配送物流企业创新服务模式，加快技术和装备更新，发展低碳物流，为节能减排、服务民生、促进经济发展方式转变作出积极贡献。

4. 科技进步为城市配送物流发展提供了新的服务手段。信息技术、配送技术、装卸搬运技术、自动化技术、远程监控技术等现代化物流装备技术的应用创新已成为城市配送物流发展的重要保障。物联网技术的推广应用将推动城市配送物流效率和服务水平的进一步提高。

5. 保障民生的要求促进城市配送物流进一步提升服务质量。后世博上海城市建设将以“注重民生，打造宜居城市”为重要内容，要求城市配送物流为居民提供高效、便捷、优质的城市配送物流服务，同时减少车辆尾气排放、噪声污染和交通拥挤。

二、指导思想、原则和目标

（一）指导思想

按照全面贯彻落实科学发展观的总体要求，根据本市经济社会、现代流通发展和居民消费升级的需要，结合开展国家现代服务业综合试点和建设“全国流通领域现代物流示范城市”，通过科学布局、整合资源、完善机制，推进城市配送社会化、专业化、信息化、网络化发展，大力推动城市共同配送，着力提升城市专业配送水平，不断完善城市配送物流服务体系。

（二）基本原则

1. 坚持资源整合、绿色环保的原则。对城市配送物流资源进行合理、有效组织，提高资源利用率，减少交通堵塞、噪声、尾气排放等影响，改善城市景观，体现以人为本理念。

2. 坚持注重效率、提升服务的原则。通过制度、管理、服务和技术创新，完善供应链上下游衔接，提高城市配送效率，提升城市服务水平。

3. 坚持整体推进、重点突破的原则。以推行共同配送、完善城市末端配送设施、培育大型物流企业为重点，在重要领域和重点区域率先突破，推动城市配送体系的整体协调发展。

4. 坚持政府引导、市场主导的原则。强化企业的市场主体地位，发挥市场配置资源的基础性作用，加强政府统筹规划和产业政策的宏观指导，为城市配送营造良好的发展环境。

（三）发展目标

到 2015 年，建成一批设施先进、功能完善、管理规范、运作高效的现代化配送中心，搭建若干城市配送物流服务平台，培育一批辐射范围广、服务能力强的城市配送物流企业，形成一批运行有序规范的城市配送示范社区和商务区，初步建成一个接轨国际物流、服务长三角地区城市群的高效、绿色、便捷的城市配送物流服务网络。

三、空间布局

结合本市产业布局，整合现有仓储、运输等物流基础设施，引导市场形成层次清晰、衔接有序的城市配送物流服务三级网络布局。

一级网络——重点物流园区分拨中心。在本市重点物流园区，合理布局分拨中心，集聚龙头企业，强化资源整合，贯通城市交通枢纽和对外交通节点，实现道路货运与水路、航空、铁路等其他运输方式之间的衔接，搭建上海对接国际、连接腹地、服务全国的物流平台。

二级网络——公共及专业配送中心。在本市中心城区外围、高速公路通道接口，引导支持企业建设公共配送中心，完善干线运输与城市配送的有效衔接。升级改造一批现有专业配送中心，强化采购、集货、分拣、储存、理货、加工、送货、信息处理等一体化服务功能。

三级网络——城市末端配送网点。在社区、商务区等规划设置一批公共货物装卸点和货物集散点、货车停车泊位，充分利用现有商业零售终端网络，增强城市末端配送的装卸、分拣、暂存等服务功能，满足商业网点、商务楼宇、企业及社区居民等的商品配送需求。

四、主要任务

1. 大力发展城市共同配送。在不改变企业现有运营模式和相关资源产权的基础上，鼓励有条件的重点物流企业建立合作关系，推动城市配送共同化、智能化、规模化、集约化发展。搭建覆盖全市的城市共同配送公共信息服务平台，引导企业将富余资源和新增需求通过平台实现共享和对接，实现全社会物流资源的有效利用。

2. 提升发展城市连锁商业配送。支持大型连锁企业加快建设一批高起点、高标准的现代化全温带配送中心，提升配送中心的管理服务水平，并逐步统一服务标准。推动大型连锁企业以配送中心为节点，健全物流配送网络，提升连锁商业配送服务专业化水平，进一步提高连锁企业核心竞争力。

3. 优先发展城市电子商务配送。支持电子商务企业与第三方物流合作，建立快速补货和区域调拨系统，构建低成本、广覆盖的系统化配送网络，满足网络购物快速发展要求。鼓励购物网站、快递企业等与便利店开展合作，为客户提供全天候包裹快件的收寄服务，开展配送储物柜设立试点，逐步实现城市末端配送社会化，不断提高电子商务配送的满意程度。

4. 规范发展涉及城市安全的专业配送。提升涉及公共安全和生活安全的危险化学品、食品冷链、医药等物流配送水平，构建供销配运一体、全过程安全可控的配送体系。利用全球定位技术和信息平台实现对城市危险化学品零星配送的实时可视监控，规范危险化学品仓储和运输的安全管理。推广冷链物流核心技术，完善产地预冷、销地冷藏和保鲜运输、保鲜加工等设施，加强温度监控和追溯体系建设，确保食品在生产流通各环节的品质可控性和安全性。积极推动医药集中采购和统一配送，运用射频识别（RFID）技术加强对特殊药品的监管，提高医药物流的配送能力和运行效率。

5. 推动发展城市应急配送。选择和培育一批城市配送物流网络齐全、技术先进、运作高效的城市配送物流企业，完善物资供应应急预案。发挥物流资源交易平台作用，全方位调控社会物流资源，构筑与城市常态物流紧密结合的、无缝连接的应急配送网络，提高应对自然灾害、公共卫生事件、重大事故等突发事件的物资保障能力。

五、保障措施

1. 加快完善推进工作机制。充分发挥市推进现代物流业发展联席会议制度作用，打破条块分割的政策和体制障碍，健全完善组织协调机制。通过监测城市配送物流发展动态，推进重大项目实施，协调解决重大问题，形成推进合力。发挥行业协会和社会中介组织的作用，加强调查研究、提供政策建议、做好企业服务、开展合作交流，引导企业诚信经营，形成政府部门、协会与中介组织、企业之间的良性互动机制。建立市、区（县）联动工作机制，及时沟通发展情况，形成联动效应。

2. 加快实施城市共同配送示范工程。选取资源相对集聚、建设基础较为完善的城市快速消费品、药品和生鲜食品等领域，选择一批为商贸企业提供专业配送服务的A级物流企业，在货物装卸管理规范的社区和商务区，开展共同配送示范。利用物联网技术、全球定位技术、冷链物流技术和信息服务平台等，开展涉及城市安全的零星危险化学品、药品和食品冷链共同配送示范。通过示范创建，不断总结试点经验并逐步推广，带动本市流通领域现代物流整体水平的提升。

3. 加快推广城市配送物流标准和技术应用。研究制定本市《城市配送服务规范》等服务标准。在A级物流企业中进一步推广本市《城市配送物流车营运技术规范》等物流标准。采用射频识别（RFID）技术，建设标准化托盘社会共用系统。在城市配送物流企业中推广应用现代化立体仓库、自动拣选设备等先进物流装备及自动识别和标识技术。推进城市智能交通管理平台建设，建立基于地理信息系统（GIS）的城市配送查询系统，引导社会物流设施合理布局。

4. 加快完善中心城区货运通行政策。坚持扶大扶优，整合城市配送物流资源，适度提高重点城市配送物流企业中心城区货运通行证发放额度，引导城市配送物流企业使用符合标准的配送车辆，提高城市配送物流运营效率和服务水平。

5. 加快营造良好的城市配送物流发展政策环境。落实国家现代服务业综合试点和市服务业发展引导资金等相关政策，重点支持城市共同配送、涉及城市安全的物流配送、先进技术和现代装备应用、城市配送物流服务标准研制和推广等项目建设。积极引导高校、科研机构与国内外著名物流企业开展合作交流，加强城市配送理论与技术研究和多层次城市配送专业人才培养。

014

南京市人民政府关于印发推进航运（空）与综合枢纽名城建设专项行动计划纲要的通知

宁政发〔2013〕215号

各区人民政府，市府各委办局，市各直属单位：

现将《推进航运（空）与综合枢纽名城建设专项行动计划纲要》印发给你们，请结合实际认真贯彻落实。

南京市人民政府

二〇一三年七月十九日

推进航运（空）与综合枢纽名城建设专项行动计划纲要

南京市人民政府

2013年7月19日

航运枢纽建设行动计划纲要

一、总体目标

到2015年，基础设施进一步完善，铁路运营里程超过320公里，高速公路里程达到660公里，等级航道里程超过230公里；枢纽功能进一步提升，港口集装箱航线达到80条，南京港年货物吞吐量达到3亿吨，港口集装箱吞吐量达到400万标箱，铁路货运量到发量达到12000万吨；物流产业加快发展，物流业增加值达到800亿元，省级以上重点物流企业达到40家，百万载重吨以上航运企业达到2家。

到2020年，基本建成现代化交通基础设施网络，枢纽功能明显提升，港口集装箱航线达到120条，南京港年货物吞吐量达到5亿吨，港口集装箱吞吐量达到1000万标箱，铁路货运量到发量达到20000万吨；物流产业加快发展，物流业增加值达到1200亿元，省级以上重点物流企业达到60家，百万载重吨以上航运企业达到5家。

二、主要任务

（一）加快完善交通基础设施

构筑完善“两环两横十四射”高速公路骨架层、“一环七横十七射”普通干线公路支撑层、“一环两跨十四线”铁路网、“八射一联”都市圈城际轨道交通线网、“三纵三横”城市轨道主骨架、“四大功能、十四大港区”的长江港口总体格局，“三横一纵”骨干航道网、“4个区域综合客运枢纽、18个城际公共换乘枢纽、12个区域换乘中心”的客运枢纽体系。

重点完善“四环九射”复合通道和相关交通物流的综合枢纽功能。构筑绕城公路、绕越高速、干线环、铁路环四个层次复合环线；完善宁沪、宁杭、宁宣、宁芜、宁和、宁合、宁蚌、宁连、宁通九个方向综合运输通道；打造长江航运物流发展带，完善南站、南京站双核铁路枢纽港，龙潭、西坝双核江海联运港等综合枢纽功能。（责任单位：市交通运输局）

（二）强化物流产业体系建设

建设物流多式联运体系。重点打造龙潭、西坝、滨江、七坝等区域性多式联运物流枢纽，完善集疏运体系。

建设区域物流集并体系。打造海港水运货物集并体系，整体规划并配套建设大型商业网络的理货配货中心。

建设专业物资交易和集散体系。积极推进大宗商品集散中心以及期货交割中心的建设，打造形成一批专业物资交易和集散基地。

建设区域物流配送体系。以服务居民生活、企业生产及商品集散为目标，建设“一小时都市圈”物流配送服务体系。

促进“三港（海港、空港、陆港）”联动发展。围绕多式联运，推进机场、铁路、港口码头、公路、枢纽等设施一体化建设，实现“无缝对接”。建立和逐步整合港航EDI系统、铁路货运信息管理系统和机场航空货运信息管理系统，探索在“三港”之间实现一票通关、一票检验，以及运输方式无缝对接。（责任单位：市发改委、商务局、投促委、交通运输局，列在第一位的为牵头单位，下同）

（三）加快推进物流园区建设

按照南京长江航运物流中心“一场两带四区十节点”的空间布局，加快推进物流园区的建设和发展。依托禄口国际机场、长江港口航道和环城公路铁路基础设施，打造长江航运物流发展带和环城公铁物流发展带，推进龙潭国际综合物流集聚区、禄口国际航空物流集聚区、下关长江国际航运物流服务集聚区、徐庄电子商务集聚区四大集聚区和西坝化工物流园、滨江钢铁物流园、七坝金属建材物流园、上坊农副产品物流中心等十大物流节点建设，形成体系科学、布局优化的物流发展新格局。（责任单位：市发改委、商务局、投促委、交通运输局）

三、重点工程

（一）区域交通完善工程

建成宁杭、宁安城际南京段，完成宁启复线电气化改造、宁芜铁路电气化改造，推进宁西铁路宁合货线规划建设及跨江铁路货运大桥规划研究，提升铁路在对外物流交通体系中的地位，强化交通网络骨架；完成溧马高速、高芜高速、宁高联网收费改造，推进溧高高速、宁宣高速、浦仪高速建设，完善高速公路网络，巩固公路基础作用；推进龙潭、西坝、七坝、铜井等长江公用港区及芜申运河、秦淮河航道整治等内河航道建设，配合推进长江－12.5 米深水航道南京段整治工程。

近期重点建成溧马高速、扬滁公路、宁滁快速通道，完成宁高联网改造，续建高芜高速，配合交通运输部加快推进长江深水航道整治，续建芜申运河航道整治工程、秦淮河船闸扩容改造工程，进一步强化区域交通网络衔接，推进都市圈基础设施共建共享。（责任单位：市交通运输局）

（二）市域道路畅通工程

推进绕城公路城市化改造、江北大道快速化改造等都市区快速路建设，引导城市空间布局；加快 122 省道、宁高新通道等市域干线公路发展，完善国省干线公路网络，服务区域统筹发展；加快纬三路隧道、长江新通道等过江通道建设步伐，促进两岸拥江发展。

近期重点建成 122 省道麒麟段、绕城公路城市化改造后续工程，续建纬三路过江隧道、江北大道、宁高新通道、247 省道、337 省道、340 省道，确保干线公路竣工里程超 150 公里。加快推进农村公路提档升级工程，2013 年新改建 200 公里农村公路。（责任单位：市交通运输局）

（三）公共交通优先工程

推进 3 号线、4 号线、10 号线、宁天城际、宁和城际、宁高城际等 6 条轨道线，加大轨道线网覆盖，发挥网络骨架功能；加密常规公交线网，保障公共交通出行；优化公交无缝衔接，统筹城乡一体发展。

近期重点推进宁合、宁高城际等轨道工程建设，新购公交车 1000 辆，其中清洁能源公交车不低于 600 辆，建设 20 公里公交专用道，新改扩建公交场站 17 座，推进公交车优先通行信号和公交专用道监控系统建设，建成公交智能化调度系统并试运行。加快公交改革步伐，改善公交服务质量。力争主城区公交分担率达到 42％，镇村公交通达率 100％。（责任单位：市交通运输局）

（四）综合枢纽集聚工程

加快南京站等区域综合枢纽建设，服务都市圈客运联系；推进马群综合换乘中心等区域换乘枢纽建设，服务都市区内部换乘；推进龙潭国际综合物流集聚区、下关长江国际航运物流服务集聚区，以及西坝、滨江、七坝三大港口物流枢纽节点建设，打造高效服务体系，发展长江航运物流。

建设城际铁路经济圈。依托南京火车站及北广场综合客运枢纽等城际铁路枢纽功能，以及中央门汽车站、小红山客运站等城际交通枢纽功能，统筹考虑该区域城市快速通道和地铁线路优势，科学规划片区的功能定位、主导产业和设施建设，实施环境综合整治，推进建设城际铁路经济圈，提升南京火车站区域的产业发展地位。

近期重点完成南京长江航运物流中心规划，力争完成港口货物吞吐量2.2亿吨，集装箱吞吐量280万标箱。推动下关长江国际航运物流服务集聚区、龙潭国际综合物流集聚区及西坝、滨江、七坝三大港口物流枢纽节点建设。加快推进龙潭港区四期、西坝港区通江集作业区二期工程、西坝港区西坝作业区六期工程等项目。全面推进龙潭港疏港公路、002省道、338省道、356省道等7条疏港公路建设，积极开展龙潭集装箱办理站和港区铁路专用线等项目前期工作。加快南京站北广场综合枢纽建设，续建马群综合换乘中心。加快推进机场高速公路二期扩建工程，全面完成南站枢纽集疏运道路系统建设，完善“四港合一”综合枢纽城市服务功能。（责任单位：市发改委、商务局、投促委、交通运输局）

航空枢纽建设行动计划纲要

一、总体目标

到2015年，成为苏皖区域航空主枢纽，初步建成国内航空快运主枢纽。国内外航点由目前70个增加到80个，航线增加到160条，实现东南亚地区包机航线转为定期航线、新开通澳洲地区航线、加密现有国际地区航班密度。年旅客吞吐量达到2000万人次、货邮吞吐量达到55万吨、飞机运输起降达到18万架次。

到2020年，初步建成全国航空副枢纽，建成国内航空快运主枢纽。国内外航点增加到100个，航线增加到200条，实现新开通美洲地区、非洲地区、南亚地区航线，加密现有国际地区航班。年旅客吞吐量达到3000万人次、货邮吞吐量达到80万吨、飞机运输起降达到26万架次，建成重要的国际定期航班机场，通往东亚地区的门户机场，国家大型枢纽机场和航空货物与快件集散中心。

二、主要任务

（一）提升空港的服务功能和水平

实施国际化、快线化、枢纽化发展战略，重点开辟与欧美主要经济城市直达航线，加密与东北亚、东南亚主要城市的航班频率，加快形成东北亚、东南亚“4小时航空交通圈”和全球主要城市“12小时航空交通圈”，成为重要的国际定

期航班机场，通往东亚地区的门户机场，长三角区域的国际货运口岸。（责任单位：市投促委）

（二）打造综合集疏运网络体系

完善机场集疏运综合运输体系规划，建设一体化综合交通枢纽。加强禄口国际机场与其他运输方式和城市交通的有机衔接，努力实现客运“零换乘”、货运“无缝衔接”。推动航空货运物流化，支持和鼓励货运航空公司与铁路、公路、水路等运输企业以及邮政、快递等企业开展各种形式的合作，完善地面物流网络，开展多式联运，引导建立航空物流公共信息平台，提高物流设施的系统性、兼容性，全面提升机场综合竞争力。（责任单位：市交通运输局、发改委）

（三）推进区域航空服务网络建设

进一步发挥禄口机场航空及口岸资源优势，拓展机场服务范围和辐射带动功能，推进南京都市圈航空服务合作，协调禄口机场在南京周边城市设立候机楼，提供航空售票、办理登机牌、机场班车接送等“一站式”航空运输地面便捷服务。（责任单位：市投促委）

（四）发展通用航空

布局建设通用航空机场或起降点，建立完善的空管、维修、航油配送等保障能力，支持社会力量兴办通用航空企业、参与通用航空机场以及运行保障设施建设；积极探索通用航空低空运行服务模式，构建农林防护、应急救援等公益性航空服务网络，拓展通勤飞行、公务飞行、航空游览和私人飞行等新兴业务；支持设立或引进各类航空俱乐部，鼓励航空运动发展，建设航空爱好者家园。（责任单位：市交通运输局）

三、重点工程

（一）推进禄口国际机场功能提升

推进禄口国际机场二期工程 4F 级第二跑滑系统、航站区 T2 航站楼及地面综合交通系统、供电、供水等生产、生活配套设施建设，启动航站区 T1 航站楼及配套设施改扩建工程；积极推进禄口国际机场第三跑滑系统、航站区 T3 航站楼及配套设施建设前期工作。（责任单位：市发改委、投促委、交通运输局）

（二）加快推进大校场机场、土山机场迁建工程

加快推进大校场机场、土山机场迁建工程实施进度，整体实施六合马鞍机场及周边道路、市政公用配套设施建设，按照规划和功能定位，提前做好马鞍机场民用功能的空间预留和设施配套。（责任单位：南部新城指挥部）

（三）推进中邮航空速递物流中心建设

加快推进中邮航空速递物流集散中心一期工程建设，争取一期工程尽快整体

完工投入运营；积极推进二期工程建设，尽快将中邮航空速递物流集散中心打造成为集航空枢纽、分拣中心、国际国内快件物流邮件集散三位一体的现代化邮件快速集散中心。（责任单位：市发改委、投促委）

（四）推进大通关建设

围绕提高国际（地区）客、货运通关通检效率，完善口岸查验配套设施，进一步优化查验流程，简化货物流转的环节和手续，完善口岸服务功能，形成空港口岸综合服务体系。（责任单位：市投促委）

（五）推进航空货物集并体系建设

以欧美澳和日韩等区域的国际货品为重点，以泛长三角西部区域为主要腹地范围，依托禄口国际机场，进一步完善口岸配套功能，打造航空货物集并体系，提高国际航运对周边区域的服务功能和服务层次。（责任单位：市发改委、投促委、商务局、交通运输局）

（六）推进建设航空揽货体系

以都市圈城市为核心区域，以泛长三角西部区域为主要范围，结合机场异地候机楼建设，逐步附加航空货运揽货功能，形成航空运输客货一体的服务体系；鼓励在市域外设立航空货运代理，或航空货运办理站，提高我市航空枢纽对航空物流的集散能力。（责任单位：市发改委、投促委、商务局、交通运输局）

海港枢纽经济区建设行动计划纲要

一、总体目标

到 2015 年，龙潭港口吞吐量超过 7500 万吨，港口集装箱航线达到 70 条，集装箱吞吐量达到 330 万标箱，区内集聚市级以上重点物流企业 10 家以上，百万载重吨以上航运企业超过 1 家，实现“5＋2”、24 小时通关，经济产出规模超过 600 亿元。

到 2020 年，龙潭港口吞吐量达到 14000 万吨，港口集装箱航线超过 100 条，集装箱吞吐量达到 800 万标箱，区内集聚市级以上重点物流企业 20 家以上，百万载重吨以上航运企业超过 2 家，经济产出规模达到 2000 亿元，成为立足南京都市圈，面向长江中上游的生产物资集散中心、商品交易物流中心和面向亚太地区、参与全球物流资源配置的国际物流运作平台。

二、主要任务

（一）完善现代物流支撑体系

优化空间布局。进一步优化龙潭新城、港区、物流区、科创区和工业区“一城四区”的空间布局，建设龙潭枢纽经济区。

整合口岸资源。统筹协调开发区、综合保税区及港口发展，支持港口现有国际航线的稳定发展并开辟新的国际航线，充分利用综合保税区的保税物流功能促进国际货物快速周转，建设公铁水联运中心、海关陆路监管点，构建综合型枢纽口岸。

推动信息化建设。建设集合行政监管、业务统计、金融物流、质押监控、财务结算、国际贸易、各专业物流系统的管理、指挥和调度、企业运营过程管理等各项功能为一体的信息系统，一体化整合龙潭枢纽经济区的进出口商品贸易、服务贸易和与之配套的金融、保险、代理、理赔、检测、进出口商品展示各项功能。（责任单位：南京经济技术开发区管委会、市发改委、口岸办、交通运输局）

（二）促进物流市场加快发展

以制造业物流服务为突破口，鼓励龙潭枢纽经济区内制造业企业与现代物流企业深度合作联动，强化制造业和物流业的联系，推动“两业”互动发展。

培育第三方物流企业，发展物流增值服务。积极鼓励和引导企业引入现代物流理念，转变经营方式，引导物流企业通过联合、兼并、重组等途径发展大型“第三方物流”企业，组建跨区域的大型物流企业集团。（责任单位：南京经济技术开发区管委会）

（三）加快建设综合保税区

提速综保区基础设施建设。进一步理顺和完善管理体制，迅速推进综合保税区各项建设，确保按计划进度封关验收，尽快进入运营阶段。

探索降本增效的管理措施。增强口岸查验服务工作的透明度，为进出口企业提供高效、便捷、低成本的口岸通关服务。（责任单位：南京经济技术开发区管委会）

（四）完善口岸管理服务体系

扩大和延伸口岸功能。依托综合保税区，建设具有报关、报验、签发提单等口岸服务功能的现代化物流服务平台，优化口岸资源配置。通过口岸部门的服务延伸和查验单位之间的无缝衔接，实现从口岸查验、港航陆路运输到物流企业之间整个物流链条的顺畅运转。

推进公共平台和电子口岸建设。建设综合运输信息平台、物流资源交易平台、商品交易平台、金融物流服务平台和能连接大企业、面向中小型企业的物流信息平台。建设有利于信息资源共享、区域性的公共信息平台。与海关等单位协调，利用现有资源，按“利益共享，合理分配”的原则，共建与信息化平台相连的电子口岸。（责任单位：市投促委）

（五）建设综合产业体系

加快发展生产性服务业。加大现代物流业、金融、科技服务、商务服务等生产性服务业的发展力度，优化布局，着力发挥生产性服务业对制造业转型升级的推动作用。

加快发展新兴制造业。坚持先进制造业与现代服务业“双轮驱动”，主攻光电显示等主导产业，同步发展生物医药、装备制造等产业，强化制造业对经济区发展的支撑作用。

加快发展配套的生活性服务业。在龙潭枢纽经济区规划商业、金融、服务业和居住用地，为龙潭枢纽经济区就业人员提供生活服务。（责任单位：南京经济技术开发区管委会）

（六）加快推进新城区建设

加快龙潭新城区的开发建设，把龙潭新城区建设成宁镇扬经济合作圈的重点区域，成为南京参与长三角沿江产业竞争的门户地区。（责任单位：南京经济技术开发区管委会）

三、重点工程

（一）加快港口建设

以长江－12.5米深水航道疏浚延伸至南京为契机，加快推进龙潭港和马渡港的码头设施建设。（责任单位：市交通运输局）

（二）加快集疏运体系建设

加快建设龙潭公铁水联运项目，并尽快启动路网建设，构建四通八达、便捷高效的城市公路网体系，全面推进完善龙潭地区的交通集疏运体系。（责任单位：市交通运输局、南京经济技术开发区管委会）

（三）强化综合保税区功能平台建设

利用综合保税区便捷高效的通关口岸优势，以服务贸易为主要功能，开展国际采购、保税仓储、分拆集拼、加工包装、分拨配送等业务，打造区域进出口商品集散中心；开展以区域大型贸易公司、百货公司、超市、品牌店和电子商务平台为服务对象的大宗商品交易业务，打造区域自由贸易交易中心；开展高档商品、高端机械装备、交通工具等展示业务，打造高端商品展示中心；以服务区域和亚太为目标，开展家电、IT、机械装备等产品的检测维修业务，打造检测维修中心；围绕进出口贸易和保税物流，开展各类相关境内外金融业务，打造物流金融服务中心。（责任单位：南京经济技术开发区管委会）

空港枢纽经济区建设行动计划纲要

一、总体目标

到2015年，空港经济区各种城市配套功能基本完善，实现相关产业链项目的初步集聚，产出规模超过1000亿元，形成长三角地区现代化智慧型临空产业集聚区基本构架。

到2020年，国际化、智慧型的空港区域基本成型，临空经济效应充分显现，空港经济区产出规模超过3000亿元。禄口和柘塘两大空港产业集聚片区基本实现产业规模化、技术高端化、发展集约化，形成区域极化效应，实现城市的机场向机场的城市转变。

二、主要任务

（一）优化功能布局

统筹区域发展空间布局，形成以空港区为核心，以沿宁高高速—机场高速、沿宁丹路—将军路两线为发展带，以禄口空港产业集聚区和柘塘空港产业集聚区为主的“一心、两带、两片区”的空间布局结构。

空港核心区主要布置机场的基础设施和与空港运营直接相关的行业。沿宁高高速—机场高速发展带是南京主城到南部两区江南城镇带的主要组成部分，是空港地区对外进行人流、资源流、信息流交换的重要通道。沿宁丹路—将军路发展带是加强南京主城和机场之间联系的重要通道，是未来空港枢纽地区重要的货流、物流交通通道。禄口空港产业集聚区主要发展各类临空产业，打造航空保税物流产业园、自由贸易区、航空快件转运中心；大力培育城市国际商务、国际金融、国际会展、总部经济、研发中心等现代服务业和创新型产业，打造国际商务中心、总部基地、生态国际社区、智慧产业园等组团，建设集航空运输、商务服务、创新型智慧产业及生态居住等于一体的多功能经济区。柘塘空港产业集聚区积极发展附加值高、航空指向性强的新兴产业，打造创新科技产业园，并大力培育以商务办公、商贸服务等为主的地区级现代服务业体系。（责任单位：市发改委、江宁经济技术开发区管委会、溧水经济开发区管委会）

（二）培育现代临空产业

航空物流产业。围绕空港物流园区，形成以保税物流、自由贸易、航空快件转运等三种模式为主的，相对较为完整的物流产业链条。

国际贸易产业。利用空港带来的贸易产业集聚，以空港保税贸易作为增长极，大力发展会展贸易业和国际贸易业，加快建设贸易展示中心、交易中心、信息中心、企业服务中心等多个中心，打造“一极、两业、多中心”，形成保税、贸易、展示为一体的国际贸易区。

智慧产业。着力壮大智能电网、服务外包、新传感网等新型智慧产业，形成一批具有国际竞争力的品牌企业和产业。

航空制造业。以航空设备和机电产品为重点，积极引进各类航空制造企业，形成航空设备和机电较完整的产业链条集群，打造以机电及机载系统为特色的航空机电先导区。

会展经济。打造创新型经济的会展中心，并将国际酒店、会议中心和展览中心紧密结合，形成综合化的会展经济。

旅游休闲产业。充分利用空港的快捷交通体系，打造有震撼力、竞争力、影响力的主题旅游大项目，并结合周边各类自然景观、影视基地、古镇、生态农业等特色景区，以及配套酒店、餐饮、休闲街区等，建设旅游休闲服务区。（责任单位：市发改委、江宁经济技术开发区管委会、溧水经济开发区管委会）

三、重点工程

（一）机场集疏运系统工程

加快形成以“一横三纵两联”高速公路网和“四横二纵”干线公路网，并以机场为中心形成高快速外环线和干线环两条环线。（责任单位：市交通运输局、江宁经济技术开发区管委会、溧水经济开发区管委会）

（二）市政配套系统工程

加强空港经济区输变电设施建设，提高用电负荷能力；增设新的供油管线，保障机场航空油料供应；引入天然气管线，实现机场天然气由城市供气系统供给；统筹空港经济区的供水体系和污水处理设施建设；进一步做好空港经济区内市政道路、桥梁、路灯、绿化、环卫、消防等公用设施建设。（责任单位：江宁经济技术开发区管委会、溧水经济开发区管委会）

（三）市场培育工程

充分利用园区物流基地与货源优势，与禄口机场或航空公司适时合作组建航空物流集团或通用航空服务实体，充分发挥园区航空产业优势，与禄口机场或东方航空公司等航空企业适时合作组建航空维修基地，通过园区产业与空港地区民航企业的深层次紧密合作，促进民航运输与园区临空经济的互动发展。加强与新兴产业协会或行业龙头企业合作，积极开展区域和国际合作，在产业培育、项目引入、平台搭建、科技交流、人才培训等方面建立互惠互利、互动发展的紧密型合作关系。搭建公共服务平台，加大产业培育力度，为新兴产业发展提供孵化环境，实现政府和企业的双赢格局。（责任单位：江宁经济技术开发区管委会、溧水经济开发区管委会）

高铁枢纽经济区建设行动计划纲要

一、总体目标

到2015年，经济产出规模超过800亿元，初步形成独具特色的高铁经济区主框架。

到2020年，高铁经济效应充分显现，产出规模超过2000亿元，建成特色明显、功能领先，具有较强影响带动力的高铁经济区。

二、主要任务

（一）完善基础设施建设

加快推进南站地区路网体系建设，实施宁溧路、宏运大道等南站周边道路优化改造，有效分离过境交通，着力提升铁路港的集疏运效率，形成“五横十纵八节点”骨架路网体系。加快推进配套设施建设，改善水环境与生态环境，营造经济区滨水景观，完善供电、供水、排水、通讯、交通、地下管网等配套设施。（责任单位：南部新城指挥部）

（二）构建枢纽经济产业体系

加快发展商务商贸业。着力建设国际一流的商务载体，大力培育面向国际的市场主体，逐步提高商务服务业组织化、规模化、现代化程度。加快现代化商贸设施建设，吸引高端化、品牌化商贸企业集聚，打造富有高铁经济区特色的现代商贸特色区。

大力发展总部经济。吸引国内外知名大型企业集团设立区域总部、行政总部，建立技术交流与产品研发中心、产品展示与营销中心、采购中心等，重点打造承载能力强的总部大楼，优化总部经济发展环境，提升南站地区产业品质。

积极发展战略新兴产业。突出发展软件和信息服务，科学研究和技术服务，文化创意，工程设计和咨询，法律、会计、管理等各类中介服务等生产性服务业，以智力型产业为导向，在高起点上提升高铁经济区的产业层级。

大力发展文化休闲产业。引进大型文化创意企业，形成独具特色的文创演艺休闲街区，发展文化创意、生态休闲、餐饮娱乐等消费服务产业。

配套发展生活服务产业。建设高品质的南部新城医疗中心和养老设施，整合优质教育资源，建设公共配套设施，提高国际化管理水平。（责任单位：南部新城指挥部、市发改委、商务局）

（三）大力推进特色经济区域建设

南京南站中心枢纽区。利用高铁优势，以高品质、高容积率的商业金融用地为主，推进地上、地下空间和功能统一规划，强化南京南站高品质的服务设施水平，发展枢纽型商务商贸和区域总部经济，构建南站商务商业圈。

红花—机场地区。保留大校机场跑道，规划建设“城市客厅”；规划世界级高端产业用地，大力引进文化创意、科技研发、会展等高品质生产性服务业；打造现代化宜居片区，凸显“城市客厅”、生态走廊的特色，成为未来城市现代化里程碑式的标志性区域。（责任单位：南部新城指挥部）

三、重点工程

（一）产业载体建设工程

成规模打造产业载体，提升发展产业经济的设施承载能力，建设发展城市综合体项目，建设商务楼宇，将高品质地块用于建设高档商务楼宇，或为企业量身定做总部办公楼。（责任单位：南部新城指挥部）

（二）路网和公共交通设施建设工程

开展重点道路工程建设，实现河西新城、南部新城、麒麟生态科技城三者的有机衔接，基本形成南部新城核心开发区的骨架路网。完善南站地区地铁、公交、出租等换乘系统建设，实现“无缝对接”。（责任单位：南部新城指挥部）

（三）环境综合整治工程

完善地区绿地系统，提升公园景观品质，推进道路两侧绿地建设和改造，引领地区生态环境向纵深发展。对水系进行综合整治，发挥地区水体防洪排涝、景观生态等多方面功能。实施“雨污分流工程”，完善城市排水、引水、污水处理系统。（责任单位：南部新城指挥部）

（四）公用事业和公共服务设施建设工程

加快推进垃圾处理设施、防洪排涝系统、燃气管网、地下空间开发等工程建设，注重提高公共服务资源配置的公平性和覆盖面。开展医疗设施、文化休闲设施、教育设施建设，打造智能化、绿色高铁经济区。（责任单位：南部新城指挥部）

金融城与金融枢纽建设行动计划纲要

一、总体目标

到2015年，实现金融业增加值突破1100亿元，占GDP比重达到10%左右；银行业金融机构存款余额达到3万亿元左右，贷款余额达到2.5万亿元左右；实现境内外多层次资本市场挂牌上市企业数量达到100家左右，新增证券市场筹集资金300亿元以上；实现保费收入400亿元左右，保险深度超过3.6%，保险密度超过4000元/人。

到2020年，金融业增加值突破2000亿元，占GDP比重达到12%左右，银行业金融机构存款余额达到6万亿元左右，贷款余额达到5万亿元左右；实现境内外多层次资本市场挂牌上市企业数量达到300家左右，新增证券市场筹集资金500亿元以上，累计融资规模突破1800亿元；实现保费收入达800亿元，保险深度达到4%左右，保险密度达到8000元/人。把南京全面建设成为承接上海、覆盖江苏、辐射皖赣、延伸全国的具有持续创新能力、专业特色和国际化特征的泛长三角区域金融中心。

二、主要任务

（一）大力推进金融战略高地和金融创新区建设

大力培育和引进金融法人总部和区域性总部，构筑区域金融营运管理高地。创新设立和大力发展各类要素交易市场，使南京成为区域范围内最具活力的要素市场集聚地。设立国际性的金融高端研究和人才培养机构，使南京成为金融人才培育、交流和研究的高地。深化科技金融体系建设，努力把南京打造成为全省乃至全国的科技金融综合示范区。推动宁台金融深度合作，合力把南京打造成台湾金融机构布局大陆的重要平台、开拓大陆金融市场的重要基地。积极争取中国保监会支持，努力打造机制灵活、运转协调、政策配套、充满活力的保险创新试验区。以探索开展离岸人民币业务和人民币清算为手段，努力把南京建设成为区域性离岸金融试点区。（责任单位：市金融办、发改委）

（二）加强金融功能区建设

重点推动“一区、两带、三基地”建设。以河西金融集聚区为核心功能区，把河西金融集聚区打造成区域内机构集聚中心、金融交易中心、资金管理中心、金融研训中心和金融信息服务中心；着力推进洪武路—中山南路、鼓楼—山西路两大金融服务带及其周边地区的金融产业集聚圈的提档升级；以新城科技园、中国（南京）软件谷、麒麟生态科技园为载体，努力打造成为各具特色的金融服务外包基地。（责任单位：市金融办）

（三）加快推进金融城建设

坚持国际先进城市金融中心的高标准定位，到 2015 年，金融城一期工程全面建成，投入使用载体面积达到 70 万平方米，到 2020 年，投入使用的载体面积达到 140 万平方米。大力引进金融总部、金融服务、金融交易等机构，推进金融要素集聚，提升金融发展能级，全力把金融城打造成为集金融交易、信息发布、产品创新、要素整合、数据保障、后台支撑等功能于一体，具有国际水准、地标性金融机构集聚区和展示南京金融形象的第一窗口。（责任单位：市金融办）

三、重点行动措施

（一）加快金融市场体系建设

大力发展货币信贷市场，加强产业政策和信贷政策的融合，发展金融同业拆借市场、票据市场，探索建立信贷转让、信托资产转让市场。推动多层次资本市场建设，推动企业通过境内外多层次资本市场直接融资，发展区域要素市场，积极发展股权投资，创新发展期货市场。深化保险市场建设，完善优化保险市场体系，完善保险中介服务，探索建立保险交易所，鼓励保险机构创新保险品种，加快建设形成初具规模的保险后台中心。（责任单位：市金融办、发改委）

（二）进一步完善金融机构体系

做大做强本地法人金融机构，推动支持有条件的金融机构实现上市，推动紫金投资集团发展成为区域内一流的金融集团。加大国际金融组织、外资金融机构区域总部的引进力度，重点引进大型金融机构专业业务总部和特色的金融法人机构和区域性总部。（责任单位：市金融办、发改委、投促委）

（三）实施金融生态环境提升“三大工程”

实施“金融人才高地工程”，组建南京金融研究院，构筑金融高端研究和人才培养的基地。实施“信用体系建设工程”，不断提升社会信用建设水平。深化“金融中介引进工程”，提升市场资金融通功能，活跃金融市场。（责任单位：市金融办）

（四）打造具有南京特色的科技金融服务体系

着力提升科技金融机构创新与发展，创新科技金融投融资方式。加强政府补贴、税费减免、贴息、孵化器等财政支持，促进科技与金融的有效融合。探索建立科技金融指数。（责任单位：市金融办、科委）

（五）构建区域性金融要素市场

设立股权交易中心、探索组建金融资产交易、保险交易、航运金融交易、软件服务交易以及大宗商品及战略资源交易等平台，打造区域内特色化、专业化、综合性金融资产公开交易的重要平台，形成区域乃至全国有重要影响力的多商品交易中心和定价中心。（责任单位：市金融办、发改委）

（六）大力发展新兴与特色金融

鼓励发展理财公司或吸引各大银行设立私人银行部，探索建设面向长三角及全国性的财富管理中心。鼓励第三方支付与清算平台快速发展，培育以电子商务支付为主要业务的第三方服务机构，建设具有南京特色的国家电子商务金融示范城市。依托中国软件谷、麒麟生态科技园和新城科技园，大力发展金融服务外包产业。（责任单位：市金融办、发改委）

（七）积极创建保险创新试验区

建立创新保护机制，激发和保护各类保险机构创新积极性，发挥地方保险主体创新功能，推动重点机构、重点险种、重点业务率先创新发展。（责任单位：市金融办）

（八）积极加强泛长三角区域金融合作

加强区域城市合作，成立金融同城化合作发展委员会，制定和实施具体规划、合作项目，加快推进南京都市圈金融同城化和泛长三角区域金融合作。（责任单位：市金融办、发改委）

（九）进一步深化宁台金融合作

继续深化宁台两地人民币与新台币双向兑换试点，深化开展支付结算和货币清算合作，推动宁台两地金融机构双向流动，互设异地分支机构及扩大业务范围，推动两地金融机构、金融调控和监管部门、金融同业组织之间的交流与合作。(责任单位：市金融办)

（十）加速推进金融国际化

吸引外资金融机构在宁设立法人机构和分支机构，支持外资金融机构参股本地金融机构，推进国际金融交流与合作，加强与国际金融组织、跨国金融企业集团的交流与合作，使南京成为全省开展国际金融合作交流的重要平台。(责任单位：市金融办、投促委、发改委)

信息枢纽建设行动计划纲要

一、总体目标

到2015年，信息基础设施和信息承载服务功能达到全国领先水平。先进的信息基础设施基本形成，无线宽带城市和三网融合建设水平走在全国前列，互联网城域出口带宽达到1000G以上，互联网宽带接入率达到95%以上，无线宽带网络覆盖率达到98%以上，全市有线电视双向数字化率达100%；软件研发和产业化程度达到国际先进水平，全市软件和信息服务业收入达4000亿元，电子信息产业销售收入达到4500亿元；培育50家有重要影响的电子商务行业网站；"智慧城市"重点项目取得突破性应用，打造一批"智慧城市"应用基地。

到2020年，满足和适应枢纽名城建设发展需要，信息服务功能与枢纽名城建设互为依托、融合发展。互联网宽带接入率达到99%以上，无线宽带网络覆盖率达到100%，全市软件和信息服务业收入达10000亿元，90%以上的市民能通过网络享受工作、生活、学习等服务，成为全球智慧城市典范和标杆、世界级智慧城市产业中心，成为信息枢纽名城。

二、主要任务

（一）完善基础设施建设

把握全国首批TD—LTE试点、三网融合试点、创新试点城市、智慧城市建设等契机，加快城市信息化基础设施完善升级，建立以云计算技术为支撑，以移动互联网、下一代互联网、融合性网络电视业务为核心的信息服务运营平台。大力推进三网融合、"光进铜退"、4G网络建设等，基本实现"百兆到户、千兆进楼、T级出口"网络服务能力。扩大无线宽带WiFi热点覆盖，形成4G/3G/2G/WiFi互为补充的无线全覆盖，为综合枢纽名城建设及人流、物流、资金流汇聚提供宽带、泛在、融合、安全的信息网络和基础设施环境。(责任单位：市发改委、经信委)

（二）强化信息服务功能

坚持以服务创新拉动技术创新，以示范应用带动能力提升，探索并推动云计算模式下服务外包模式发展与创新。依托云计算技术支撑，围绕商务云、媒体服务云、金融服务云、公共服务云、园区服务云等，构建云计算产业链条，做强做大云计算行业应用服务示范和云计算服务平台建设。（责任单位：市发改委）

（三）提升信息应用水平

结合智慧南京建设，以满足枢纽经济发展的应用需求、安全需求和服务保障需求为目标，建立和完善各项标准、制度，加快面向重点领域拓宽应用和市场，形成信息应用与产业发展的良性互动与协调发展。按照系统性、科学性和可操作性原则，紧扣我市特色优势、产业升级的战略重点和群众对公共服务的迫切要求，围绕政务、商务、事务三大应用领域，找准突破口，先行先试，以重点工程带动智慧城市、信息枢纽名城建设整体推进。（责任单位：市发改委）

（四）促进信息产业发展

以申报建设一批国家和省级工程研究中心、企业技术中心、研发中心、大企业重点实验室为重点，强化产业技术原始创新能力，提升产业核心竞争力，并参与国际、国内行业标准的制定，巩固和扩大南京在电力、交通、通信、贸易等软件产业集群的领先优势。加快软件产业发展，延伸以系统集成为核心的IT服务产业链，以IT咨询、重大行业解决方案、服务外包为重点，培育一批具有较强市场竞争力的自主软件产品品牌。（责任单位：市经信委、发改委）

（五）打造“智慧青奥”品牌

统筹规划和建设青奥会综合信息服务平台，为青奥会提供各种智慧应用服务，实现对青奥会人流、物流、信息流等方面的高效管理。持续推进“智慧青奥”应用系统建设。在“青奥会”票务系统、门禁系统、交通旅游等领域大力推广市民卡、车辆电子卡及智能门户等应用，在实现高效监控管理同时，为参赛选手和各国游客提供更智慧、更人性化的生活服务。（责任单位：市青奥办、市发改委）

三、重点工程

（一）智能交通

利用物联网、无线射频（RFID）、高速影像识别处理、GPS等技术，建设一个以全面感知为基础的新型智能交通系统，使高速运行的车辆能够被“感知”，相关数据能够实时采集、整理和分析，逐步实现车辆精准管理、城市路网动态监测、车流统计与分析、各种交通规（税）费的动态稽征等。在此基础上，通过交通信号控制、智能导航、停车诱导、公交信息服务等一系列交通管理及服务系统，引导交通流合理分布，实现城市交通的动态组织管理，提高交通运行效率，

保障城市畅通有序，提升交通管理水平。（责任单位：市发改委、公安局、交通局、城管局、环保局）

（二）智慧医疗

依托政务数据中心资源和市民卡应用，通过搭建全市“医疗云服务平台”，以居民健康管理服务为切入点，重点打造“两级平台、三大数据库和四大应用系统”（市级和区级卫生信息交换与共享平台；电子病历资源库、健康档案资源库、智能解决方案知识库；120 智能急救系统、妇幼保健服务系统、慢病人群管理服务系统和医学影像共享信息系统），促进医疗保障的均等化和便捷化。（责任单位：市发改委、卫生局、信息中心）

（三）智慧金融

打造金融后台中心，建设跨国公司国际结算业务中心。全面推广网上银行、电子商务网上结算等新型金融业务系统和金融信息服务系统。完善金融监管系统和办公自动化系统，提高防范金融风险能力和金融业内部管理效率。大力发展网上银行、网上证券、网上保险、电话金融业务和电子支付业务，提高网上应用比重，完善高效便捷的用卡环境。（责任单位：市金融办）

（四）智慧传媒

抓住三网融合、移动互联网发展机遇，搭建公共技术服务平台，加强对新一代智能手机、互联网电视等载体与网络文化制作传播相结合的基础研究和探索实践，扶持骨干文化产业企业做大做强。（责任单位：市委宣传部、市文广新局）

（五）智慧旅游

重点做好游客体验终端投放工作，研制基于各类智能手机的客户端软件；推进“智慧景区”建设，优化扩大乡村旅游网络营销平台；完善旅游网站、旅游微博架构，打造公共服务平台，扩展服务功能，实现游客在线信息获取和线下旅游体验互动。（责任单位：市旅委）

（六）电子商务

鼓励电子商务企业与相关企业加强合作，促进信息服务、交易服务和物流、支付、信用、融资、保险、检测和认证等服务协同发展，鼓励集交易、电子认证、在线支付、物流、信用评估等服务于一体的第三方电子商务综合服务平台建设。（责任单位：市发改委、商务局）

（七）电子口岸

在南京口岸大通关公共平台的基础上，构建由口岸电子政务、电子商务和系统集成三大平台的“电子口岸”。其中，口岸电子政务平台统一网络和数据处理；口岸电子商务平台提供以网上订单交易为手段的综合型信息服务；系统集成平台实现跨部门、跨行业、跨地区的功能性和技术性系统整合。（责任单位：市投促委）

（八）智能门户

各部门通过标准接口接入“智慧南京中心”，实现文本、图片、视频等各种类型信息内容的及时发布。公众用户通过手机、市民“云箱”、市民卡等全媒体渠道便捷地接收各部门发布信息，并能够与各部门互动，实现信息定制与交互，成为政府为民服务、高效行政的重要支撑手段，提高市民的生活品质和城市品质。（责任单位：市发改委、信息中心）

市场枢纽建设行动计划纲要

一、总体目标

到2015年，亿元以上市场交易额达到1800亿元，单个市场平均交易额提高30亿元以上，交易额超百亿的市场达到5个。

到2020年，亿元以上市场交易额达到3600亿元以上，单个市场平均交易额达到60亿元以上，交易额超百亿的市场达到10个，成为服务市域、辐射长三角地区、对全国市场有重要影响力的区域商品集散基地。

二、主要任务

（一）科学规划建设专业市场集聚区

依托交通枢纽和物流园区，结合现有市场基础和龙头企业，在主城边缘地区、副城、新城、新市镇等地区，规划布局一批具有枢纽功能的专业市场集聚区，并加快基础设施建设，提高市场集聚区承载能力。（责任单位：市商务局）

（二）优化推广电子商务

选择培育基础条件好、发展潜力大的“市级电子商务示范园区（集聚区）”，建设电子商务企业孵化器，形成布局合理、功能齐全、潜力巨大、特色鲜明的电子商务产业格局。鼓励各大枢纽市场及企业全面普及应用互联网、物联网、云计算移动电子商务等现代技术手段，推广供应链管理和电子商务解决方案，实现有形市场与无形市场相融、线上交易与线下服务一体，提高电子商务交易规模和发展水平。吸引国内外知名电子商务企业和品牌供应商在市场枢纽园区内建立区域总部和运营中心，巩固提升市场枢纽地位。（责任单位：市商务局）

（三）加快市场提档升级

加快公共服务平台建设，通过政策引导，支持市场提升功能、转换业态，推进市场商场化改造，提升市场层级；鼓励市场与企业合作打造交易中心、信息中心、价格形成中心、质量检测中心、新产品展示中心等公共服务平台，进一步提升市场国际化、信息化、现代化水平，增强市场辐射能力。大力发展第三方物流，鼓励物流龙头企业和大型连锁经营企业开展集中统一配送，提升市场运作水

平和降低商务运营成本。（责任单位：市商务局）

三、重点工程

（一）农副产品批发市场建设

加速完成农副产品物流配送中心二期建设工程，加大高淳区水产品批发市场投入力度，规划建设六合农副产品批发市场，完善面向全市、服务周边的大型农副产品批发市场体系，将农副产品物流中心打造成衔接华中、华北、华南的长三角区域核心的农副产品流通枢纽。（责任单位：市商务局）

（二）钢铁冶金市场建设

引导整合华能南方和南京中储两大重点央企的现有基础条件和中铁大桥四公司铁公水联运优势资源，以及其他较大钢贸企业力量，利用江宁滨江、浦口、六合等多家钢铁物流储运基地，加快推进钢铁交易电子商务与钢铁交易市场融合发展，并逐步将钢铁交易实体交割市场向江宁滨江区域集中布局，承接长江中下游的钢铁产品，打造苏南地区最大、辐射长江中上游乃至全国的主要钢材物流及冶金产业链各类产品交易中心。（责任单位：市商务局）

（三）建材五金市场建设

重点打造溧水建材五金市场集聚区。依托区位交通优势和产业资源，坚持“大市场、大商贸、大流通”发展理念，进一步整合商业资源和优化市场布局，立足一小时都市圈，打造辐射华东地区的现代服务业示范区。（责任单位：市商务局）

（四）粮油批发交易市场建设

在江宁、浦口、六合、溧水、高淳等粮油储备中心基础上，加快建设南京粮油批发交易市场，促进粮食储运、交易、加工和信息四位一体化发展，确保粮油市场安全，提升我市在长三角区域粮油交易、转运的枢纽地位。（责任单位：市商务局）

（五）日用品市场建设

重点升级打造中央门地区日用消费品市场，突出传统商贸业的转型提升，推进总经销、总代理，发展品牌代理中心，建设具有品牌优势的日用消费品市场群，使之成为南京都市圈特色商贸中心，长三角地区重要的日用品生活资料交易中心。（责任单位：市商务局）

（六）药品市场建设

依托南京医药物流设备、技术和物流管理信息系统的优势，有效整合营销渠道上下游资源，创建区域性的药品交易市场，争取在建立公开透明的药品采购机制方面为全国探索新模式。（责任单位：市商务局）

（七）出版物市场建设

依托我市文化出版产业较为发达的产业优势，利用城市的文化品牌，创建出版物交易市场，形成覆盖城乡、辐射周边、多层次的市场载体，强化南京长江下游重要的新闻出版中心和出版物流通中心地位。（责任单位：市商务局）

（八）化工产品市场建设

依托亚太化工电子交易平台和南京化学工业园产业基础，推进化工产品交易市场发展，以醋酸、尿素、甲醇等为产品切入点，逐步完善定价机制，努力促进在我市形成部分化工产品的全国交易中心。（责任单位：化工园管委会）

口岸功能提升行动计划纲要

一、总体目标

到 2015 年，年航运外贸货运量达到 1500 万吨，外贸集装箱运量达到 80 万标箱，陆运外贸集装箱运量总数达到 1 万标箱，航空外贸货运量达到 7 万吨，南京口岸建成为国家、区域、省、市的综合枢纽门户，基本满足国家、区域、省、市经济社会发展和扩大对外开放需要。

到 2020 年，航运外贸货运量达到 3000 万吨，航运外贸集装箱运量达到 160 万标箱，陆运外贸集装箱运量总数达到 2 万标箱，航空外贸货运量 14 万吨，建成国际接轨、国内领先的现代化南京口岸。

二、主要任务

（一）加快推进口岸信息化建设

建设以南京口岸为核心的南京都市圈口岸开放、通关、管理需要的第三方信息系统平台，打造服务南京都市圈地区对外开放的电子政务和电子商务信息平台。（责任单位：市投促委）

（二）加快推进口岸设施建设

按照南京口岸发展规划、布局规划和总体规划目标要求编制完成口岸查验配套设施专项规划，循序推进口岸查验配套设施建设，加快完善口岸查验配套设施。（责任单位：市投促委）

（三）提升口岸对外开放力度

加快实现西坝港区、龙潭港区等深水港区新建公共码头对外开放，实施码头常规化对外国籍船舶开放。加快实现新建 T2 航站楼国际厅和南京中邮航空速递物流集散中心一期分拣主楼国际分拣区对外开放。（责任单位：市投促委）

（四）加快促进国际地区航线发展

重视加快发展近洋国际集装箱班轮航线，加大日韩航线国际集装箱班轮密度，恢复开通至香港、东南亚地区的集装箱班轮航线。加大对远程国际航线市场和对周边国际地区航线市场的培育力度，尽快开通至北美地区和澳洲地区的客货

运航班。（责任单位：市投促委）

三、重点工程

（一）电子口岸及航运物流信息平台

按照“一个门户”入网、一次认证登录和“一站式”服务的基本要求，加快建设电子口岸及航运物流信息平台，汇集电子口岸、电子政务、电子物流、电子商务等多功能为一体，推进实现物流服务集成、跨部门业务流转两大功能，努力促进提高通关效率、降低物流成本、扩大物流业务。（责任单位：市投促委）

（二）口岸通关服务配套设施

按照长三角区域通关一体化要求，加快建设南京口岸综合服务中心、口岸现场查验配套设施等一批口岸通关服务配套设施，满足外贸船舶和进出口货物 7×24 小时通关需要，提高口岸综合保障服务能力。（责任单位：市投促委，相关开发园区管委会）

015

宁波市"十二五"物流业发展规划（2011—2015）

2011年12月

前　言

物流业作为融合运输、仓储、货运代理和信息等行业的新兴复合性服务产业，是国民经济的重要组成部分，是衡量一个国家或地区发展水平和综合实力的重要标志之一。"十一五"以来，市委、市政府高度重视物流业发展，坚持把现代物流业作为实施我省"港航强省战略"、加快经济社会转型发展、再创开放型经济新优势的突破口，加快推进率先发展，我市物流业在区域经济发展中发挥着越来越重要的作用。2009年国务院《物流业调整和振兴规划》赋予了宁波建设长三角区域物流中心城市和全国性物流节点城市的历史使命。

"十二五"时期将是我省实施"海洋经济发展战略"和我市推进"六个加快"重大决策的关键时期，为贯彻落实《宁波国民经济和社会发展第十二个五年规划纲要》，全力推进长三角区域物流中心和全国物流节点城市建设，更好地发挥现代物流业在推进发展方式转变和产业转型升级中的支撑引领和推动提升作用，特编制本规划。本规划作为全市"十二五"规划体系中的重要专项规划，是指导今后五年我市物流业发展的重要依据。

一、发展现状与面临形势

（一）发展现状

"十一五"时期，我市物流业总体规模持续扩大，发展质量明显提高，已成为宁波经济发展的重要支撑和新的经济增长点。

1. 物流业持续快速发展，产业地位得到确立和巩固。2010年全市物流总额达到1.5万亿元，年均增长15.4%；物流业增加值达到506.9亿元，年均增长17.4%；物流业增加值占地区生产总值比重达到9.9%，占服务业比重24.6%，进一步确立和巩固了我市物流业的产业地位。物流运作效率明显提高，社会物流总费用占GDP比重下降到17.83%，比2006年[①]相比，相当于年新增社会经济效益75亿元，有力地支持了国民经济发展和产业转型。物流产业体系逐步完善，初步形成以港口物流为龙头，制造业物流、城乡配送物流、航空物流、专业物流

① 我市物流统计始于2006年。

等为配套的发展格局。2010年宁波港域货物吞吐量达到4.1亿吨，集装箱吞吐量达到1300万TEU，集装箱吞吐量排名跃居中国大陆港口第三位，全球第六位。

2. 物流通道网络不断完善，物流装备水平明显提高。公路网不断完善，“一环六射”高速公路主骨架基本形成、“八横五纵三沿海”干线公路及综合枢纽场站加快建设。铁路进入加速成网阶段，甬台温铁路建成通车，萧甬铁路支线直达镇海、北仑港区，并与浙赣、沪杭、杭宣等干线铁路网相接，为海铁联运等多式联运发展创造条件。港口吞吐能力增强，“十一五”时期新增万吨级以上码头泊位31个，新增货物吞吐能力约1.4亿吨，其中新增集装箱泊位12个，新增集装箱吞吐能力约720万TEU。空港发展形成突破之势，机场等级达到4E级，共开通航线51条，年货邮行吞吐量达到8.1万吨。物流装备水平大幅度提高，全市货运车辆7.8万辆，59万吨位；集装箱车辆9975辆，29万吨位；“大、特、新”船舶加快发展，沿海船舶营运运力总规模达458万载重吨，位居全省第一，万吨轮比重超过70%。

3. 物流基地建设初见规模，物流业载体支撑得到强化。梅山保税港区瞄准国际“自由港”定位，加快建设和运营，一期工程封关运作，2个10万吨级集装箱码头投入运营，累计完成投资超过50亿元；招商引资进展顺利，累计引进物流、贸易、金融等企业800家。镇海大宗货物海铁联运物流枢纽港以液体化工、煤炭、钢材、再生金属等交易市场为依托，以存储、配载和运输方式转换为手段，正加快建设华东及中西部大宗货物资源配置中心和集散中心。宁波经济技术开发区现代国际物流园已引进中外运、前程物流等一批知名物流企业落户，正在建设依托港口的高端国际物流中心。空港物流园已建成10万平米的标准仓库和1万平米的商务楼，栎社保税物流中心（B型）封关运作，仓库出租率已接近95%。邬隘集装箱海铁联运中心站工可已获批复，争取2011年开工建设。宁海物流中心完成一期建设，配送中心和果蔬市场已投入运营，金属材料市场、五金机电市场2011年即将完工。

4. 物流企业蓬勃发展，物流运作能力显著提高。截至2010年底，全市实际从事物流相关业务的企业超过5000家，注册资本600万元以上的第三方物流企业超过100家。已有国家A级及以上的物流企业70多家，其中4A物流企业6家，3A物流企业40家。世界排名前20位的船公司和FedEx、UPS、TNT、DHL等国际知名物流企业落户宁波，形成了一批物流企业总部和跨国公司的职能型分支机构。本土物流企业实力得到进一步壮大，涌现出十多家营业额达数亿元甚至几十亿元的本土物流企业。物流企业一体化运作能力显著提高，开展运输、仓储、配送、加工、代理等两项以上业务的综合型物流企业较“十一五”初增长了3倍，75%的企业涉及运输业务，并逐步向仓储、配送、代理等业务延伸，初步形成了一批门类齐全、运作高效、竞争充分的市场主体。

5. 信息化水平显著提高，智慧物流建设条件日趋成熟。宁波第四方物流市场于2009年初正式投入运营，建立交易、金融、政务服务“三合一”的物流平台，构建了银行与平台运营商的“双主体”运作模式，2010年已经吸引6850家企业加盟运作，年信息发布总量达72万条，网上交易额达到10亿元，结算额达2.5亿元，大大激发了物流市场主体活力。先进物流技术、设备在物流企业和业务流程不断普及推广，条码技术在各种物流业务中得到普遍应用，新增集装箱车辆GPS安装率达100%，RFID技术在宁波港集装箱码头、集卡运输和后方物流中心得到良好应用，集装箱车辆在码头闸口的通过时间由2分钟下降到30秒以下。

6. 公共服务体系不断完善，物流业发展环境明显优化。通关单联网核查、港区智能卡口系统、出口货物电子装箱单系统、空港通关中心和快件监管中心等一批政务项目积极推进，区域整体通关环境明显提升。宁波港海铁联运政策、第四方物流市场系列政策、现代贸易物流企业扶持政策、打造全国性物流节点城市实施意见、现代物流示范企业政策等多项政策密集出台，物流业政策环境持续改进。物流企业申报国家税收试点工作有序开展，使得试点企业在税收抵扣等方面得到诸多实惠。重点物流项目申请国家资金支持成果显著，近两年获得国家资金补助2000多万元。甬港经济合作论坛、“重庆·宁波周”、“新加坡·宁波周”、“港澳·浙江周”等物流专题推介活动持续开展，促进与国内外重点城市的物流交流与合作。与国家相关部门的沟通衔接不断加强，梅山保税港区物流中心成为交通运输部、浙江省共建的全国性示范园，镇海液化品保税物流中心（B型）申报正在推进。与铁道部签订了部市合作协议，合作机制得到持续深化。

“十一五”时期，我市物流业发展取得了长足发展，但是物流业总体发展水平不平衡，与长三角区域物流中心城市和全国性物流节点城市的定位和要求还有很大差距：一是从物流设施看，物流通道连通度不高，局部瓶颈路段仍然存在；港口集疏运结构不合理，公路集疏运比例过高，海铁联运、公铁联运比例低，影响中远距离腹地拓展和运输成本；物流基地落地难，部分已建成物流基地功能交叉，同质化竞争多。二是从产业发展水平看，产业布局分散，集聚化水平不高；物流产业链不长、价值链不高，物流业发展水平与港口地位和吞吐量规模不相匹配。三是从市场需求看，虽有发达的制造业基础，但工业企业物流剥离程度低，物流需求没有得到充分培育和合理释放，对第三方物流发展造成严重制约。四是从企业发展水平看，企业规模化程度低，抗风险能力较弱，多数企业只能提供单一的传统物流服务，缺乏能够提供供应链全程服务的先进物流企业。五是物流人才短缺，不仅操作型人员的业务技能有待加强，高端物流人才更是缺乏，影响物流企业一体化物流服务和增值服务能力的提升。

（二）面临形势

“十二五”时期是深入贯彻落实科学发展观、积极应对国内外环境新变化，加快推进经济转型升级的关键五年。加快发展现代物流业不仅是物流业自身结构调整和产业升级的需要，也是区域经济健康发展的必然要求。

1. 加快发展现代物流业是贯彻落实国家海洋经济战略的需要。2011 年 3 月国务院正式批复《浙江海洋经济发展示范区规划》，标志着我省海洋经济发展上升为国家战略。宁波具有优越的区位条件、丰富的港航资源和扎实的产业基础，是浙江发展海洋经济的重点地区和重要载体。宁波加快发展以港口物流为重点的现代物流业，是浙江海洋经济战略的优势所在，也是海洋经济发展的重点内容。反过来，在海洋经济战略的推进下，我市以港口物流为重点的现代物流业将得到进一步发展。

2. 加快发展现代物流业是推进市委市政府“六个加快”战略部署的需要。“十二五”时期是我市落实“六个加快”战略部署的关键期，物流业作为全市经济社会发展的重要组成部分，在打造国际强港、实现由交通运输港向贸易物流港转变，在构筑现代都市、增强城市综合实力和竞争力，在推进产业转型升级、降低全社会物流成本，在建设智慧城市、率先发展智慧物流，在加快生态文明建设、努力做好绿色物流，在提升生活品质、做好城乡配送等方面，将肩负着更为艰巨的任务和重要使命。

3. 加快发展现代物流业是促进我市经济转型升级的需要。“十二五”时期，宁波正处于转型发展的关键时期，以科学发展为主题，以加快转变经济发展方式为主线，对物流业发展提出了新要求。发展现代物流业，不仅要支撑经济总量的持续增长，更要通过提高资源整合能力和降低资源消耗，提高国民经济增长的质量和效益，优化我市的产业结构，增强城市的集聚和辐射功能。

4. 加快发展现代物流业是巩固提升全国性物流节点城市地位的需要。国务院《物流业调整和振兴规划》确立宁波作为长三角区域物流中心城市和全国性物流节点城市的地位，赋予了宁波调整与振兴物流产业、提升物流服务功能和辐射能力的历史使命，为宁波加快现代物流业发展提供了较高的发展平台和难得的发展机遇。同时，也对宁波物流业的发展提出更高的要求，即必须具备良好的交通区位优势、较高的物流发展水平、广泛的物流辐射能力，并且在引领和加深地区之间物流领域合作、引导物流资源跨区域整合和为区域物流一体化服务等方面都能够发挥重要作用。

二、指导思想、基本原则和目标

（一）指导思想

深入贯彻落实科学发展观，按照市委、市政府“六个加快”战略部署，围绕建设现代化国际港口城市的城市发展定位，以物流业转型升级为主线，以降低综合物流成本、提高服务水平为核心，以智慧物流建设为引领，以港口物流、大宗商品物流、制造业物流、城市配送物流等为重点，以物流载体、平台、企业、基地建设为抓手，推动物流业与制造业、商贸业、金融业的融合发展，加快形成“依托浙江，服务长三角，联合中西部，对接海内外”的现代物流服务体系，巩固和提升长三角区域物流中心城市和全国性物流节点城市地位，基本形成亚太地区重要国际港口物流中心和资源配置中心雏形，为宁波国民经济发展和社会转型升级提供坚实、高效的物流服务支撑。

（二）基本原则

——整合物流存量资源，坚持统筹发展。整合物流基地、物流通道、运输装备等存量资源，促进港口与城市、城市与农村、重点区域与一般区域物流的统筹发展。积极鼓励企业内部物流资源与社会物流设施的有机整合，放大资源功能效应。加强多种运输方式的衔接与协调，推进多式联运发展。以公共物流信息平台为载体，加强物流信息资源的整合和利用。

——对接国际国内市场，坚持开放发展。结合宁波开放型经济发达和市场发育较成熟的特点，以供应链融合为纽带，实现制造、贸易、物流、信息、金融等产业的有机对接，推动产业联动。依托海关特殊监管区域等载体，加快发挥保税物流业和跨境运作的供应链物流，提升国际物流发展水平。加强物流业的区域合作和国际合作，提高物流业开放水平。

——推进信息技术应用，坚持创新发展。发挥新一代信息技术在资源整合和供应链物流中的积极作用，按照现代物流理念，以信息化为手段，综合集成仓储、运输、货代、流通加工、配送、信息处理等多种功能，推进物流一体化运作，提升服务水平和整体效率。积极推进公共物流信息平台、智慧物流数据中心等建设，创新公共服务平台的业务模式，为广大中小企业信息化建设和业务发展提供低成本、高效率的服务。

——发挥市场主导作用，坚持引导发展。从尊重市场经济规律出发，合理科学地发挥政府在物流业规划、项目、资金、税费、智力支持等方面的引导作用，营造物流业良好发展环境。充分发挥市场配置资源的作用，进一步确立企业市场主体地位，从满足物流需求的实际出发，企业自主决策，注重投资的经济效益。

（三）发展目标

“十二五”时期宁波物流业发展的总体目标是：基本建成以港口物流为龙头的现代物流服务体系，物流规模持续扩大，产业结构明显优化，服务水平显著提高，综合成本明显下降，在上海国际航运中心的作用更加凸显。

——物流业规模平稳较快增长。全市物流业增加值超过1000亿元，年均增长15%以上，物流业增加值占地区生产总值比重超过10%，进一步巩固提升作为支柱产业的地位；宁波港域货物吞吐量超过5.5亿吨，集装箱吞吐量达到2000万标准箱。

——物流产业结构进一步优化。物流企业的主体地位进一步突出，形成以综合性的高端物流为主导、功能性的基础物流为支撑的物流业态格局，以及以港口物流为龙头、制造业物流和城市配送物流为重点的物流产业格局。

——物流专业化水平快速提高。第三方物流企业的比重显著增加，全市A级及以上的物流企业总数达到100家以上，其中3A级及以上物流企业超过70%。营业收入在10亿元以上的骨干物流企业达到15家。

——物流整体运行效率显著提高。供应链管理和物流方案解决能力明显增强，资源整合能力显著提升，一体化运作水平显著提高，社会综合物流成本持续降低，社会物流总费用占地区生产总值的比重由2010年的17.83%降到16%以下。

——物流支撑体系不断完善。多种运输方式无缝连接的物流网络体系不断完善；以第四方物流为主导的公共信息平台功能进一步提升；智能物流技术得到大力推广和应用，物流的智慧化水平得到显著提高。

三、主要任务

依据上述目标定位，“十二五”期间重点实施完善物流设施设备、推动重点领域物流发展、积极扩大物流市场需求、推动物流企业做大做强、提升现代物流组织水平、优化物流区域布局、推进智慧物流建设和完善物流金融服务等八大任务。

（一）完善物流设施设备

建设内外衔接、通江达海的综合物流通道；推广物流专业化车辆和应用先进物流设备，提高物流装备专业化水平。

完善物流通道网络。加快公路网建设，全面形成“一环六射”高速公路网络和“八横五纵三沿海”干线公路。扩大码头通过能力，加快推进大榭、穿山、梅山港区等深水码头建设，增加集装箱班轮航线，航线总数达到260条，其中国际航线达到200条，加大航班密度，平均月航班1800班。重点建设铁路货运北环线、大榭及穿山港区铁路支线、宁波新北站和铁路集装箱中心站等项目，扩建北仑铁路支线，规划建设甬金铁路、跨杭州湾铁路，加快形成“五线一枢纽”铁路布局，实现主要港区通达铁路，分流日益繁重的公路交通压力。实施机场三期扩建工程，加大力度引进航空公司，开辟国际国内航线，构建通达城市多、航班密度高的航线网络，将栎社国际机场打造成为区域型的重要货运枢纽。

提升物流装备水平。大力发展集装箱运输车、特种专用车辆和载重量在8吨以上的重型专用货车，加快普通敞蓬货车的厢式化进程，促使化学危险货物、大型物件、冷藏保鲜货物等运输的专业化，规划到2015年，全市营运货车达到8.7万辆、70万吨位；集装箱卡车1.4万辆、总吨位47万吨。大力发展科技含量高、单位附加值高的大型船舶和特种船舶，五年内全市沿海船舶运力达到600万载重吨。大力发展自动化立体仓库，推广使用标准化托盘，发展大型高效起重设备、智能式搬运车和传送带，推进仓储、装卸等设备标准化和智能化。

（二）推动重点领域物流发展

结合宁波经济发展特征，重点发展以集装箱物流、保税物流、大宗商品物流、城市配送物流以及危化品、冷链、医药等专业物流领域。

集装箱物流。推进宁波经济技术开发区现代国际物流园、大榭集装箱场站等项目建设，提升集装箱物流服务能力。以国际贸易为龙头，同步进口市场培育，加快对接国际、国内两个市场，促进装卸、堆存、运输、拆拼箱、流通加工、配送、信息服务等功能集聚与整合，提高集装箱物流专业化、综合化服务水平。

保税物流。进一步发挥宁波保税区、宁波出口加工区、梅山保税港区、慈溪出口加工区、栎社保税物流中心（B型）等保税区域的功能和政策优势，完善国际采购、国际配送、国际中转、转口贸易和加工贸易等报税物流功能。加快贸易模式创新和发展，完善国际贸易服务体系，吸引宁波大市外优质国际贸易资源集聚，培育保税物流市场。以完善保税物流功能为突破口，优化国际贸易发展方式，基本建成区港联动、区区联动、内外联动的保税物流体系。

大宗商品物流。推进宁波大宗货物交易平台建设，完善货物交易、电子、信息、公共服务功能。积极引进专业市场运行商和大宗商品流通企业，加快大宗商品交易市场的发展。引进和培育一批大宗商品物流配送企业，优化布局大宗商品物流网络，保障大宗商品通畅安全高效流转。通过五年的努力，形成集交易、金融、信息、物流服务于一体的港航物流服务体系，基本建成区域性塑料、液化品、有色金属、钢铁等大宗商品的资源配置中心和集散中心。

城市配送物流。适应城市发展、人口规模扩大和人民生活水平提高的需要，积极发展以电子商务为导向的城市配送物流。适应城市道路交通状况，以信息化、专业化、标准化促进快速、便捷的城市配送发展。整合优化城市配送网络节点，优化中心城区物流的交通组织和管理，逐步形成城市配送物流体系。

专业物流。发展以仓储和配送鲜活农产品、果蔬、鲜花、食品等商品为主的冷链物流，增强冷链物流增值服务能力；加强对危化品物流的跟踪与监控，规范化学危险品仓储和运输的安全管理；积极培育粮食物流、医药物流等专业物流，提高配送效率和服务水平；完善重要商品储备制度，强化应急物流体系建设。

（三）积极扩大物流市场需求

推动物流业与制造业、商贸业、农渔牧林业之间联动发展，促进产业物流需求社会化；深化港口战略合作，建立无水港，发展海铁联运，拓展港口腹地需求；顺应产业梯度转移的趋势，为腹地区域物流需求提供配套服务；发展进口贸易平台，拓展国际物流需求。

推动产业联动发展。推动物流业与制造业、物流业与商贸业、物流业与金融业、物流业与农渔牧林业之间的联动发展，带动产业间的深层次融合，鼓励制造企业、商贸企业和农业企业整合优化业务流程，分离物流业务，进一步释放物流需求外包的业务范围，进一步提高物流需求外包的功能层次。

扩大港口物流辐射范围。进一步加强港口资本、业务合作，健全宁波—舟山港联动发展机制，扩大码头锚地、集疏运路网建设的合作规模和范围，推动宁波—舟山港做大做强。加快开发沿海、沿江货源，新增内支线、内贸线，构成以远洋干线为骨干、近洋支线和内支线为支撑、内贸线同步发展的集装箱运输体系。优化“无水港”布局，增强揽货能力，拓展港口经济腹地。积极参与上海“两个中心”建设，推动港口金融与航运等资源跨区域高效流动。适时开展境外港口项目的共同开发和合作经营，参与港口国际化经营。

对接国内外两个市场。对内以供应链为纽带，推进劳动密集型、价值链低端的企业向内陆腹地转移，拓展产业链空间布局，构建以宁波为总部、腹地为制造基地的产业经济圈，扩大国内物流需求市场。对外以国际贸易为纽带，以出口带动进口，重点发展先进装备、贵重材料、冷链食品等进口贸易平台，扩展国际物流需求市场。

（四）推动物流企业做大做强

改变我市物流企业“小、散、弱”现状，突出市场主体建设，通过政策引导，鼓励物流企业向综合化、一体化、专业化、集群化方向发展。

培育贸易物流大企业。继续实施大集团带动战略，鼓励大型物流集团通过网络化运营，向生产、物流、贸易综合化发展。依托家电、服装、文具、模具等具有区域特色优势的块状经济区域，组建贸易物流大企业。“十二五”末，培育形成100家贸易物流企业，其中年销售额超过10亿元的贸易物流大企业20家以上。

积极发展第三方物流企业。鼓励现有运输、仓储、货代等传统物流企业功能整合和业务延伸，不断提升一体化服务水平。鼓励从事传统物流业务的企业重组改造，通过扩大经营、延伸服务领域、与大企业结成战略联盟等方式向专业化现代物流企业转型。积极引导和鼓励大型制造业企业的物流自营机构不断完善功能、提高服务能力，进而实现与母体的分离，成为社会化的第三方物流企业。积极鼓励物流企业开展技术创新、模式创新、服务创新，形成具有特色的第三方物流企业。

培育物流总部企业。吸引国际知名物流企业和国内大型物流企业在本市设立总部或者分支机构，鼓励外来企业参与本地物流企业重组，鼓励本地物流企业与国内外大型物流企业开展多种形式合作，培育、发展和整合一批管理先进、具有市场竞争力的现代物流集团企业，构建和完善以总部型物流企业集团为主导，中小物流企业专业化配套、集群化发展的新型产业组织结构。

（五）提升现代物流组织水平

引导市场主体按照现代物流理念，加强物流组织和资源整合，推进物流一体化运作，发展供应链物流，提升一揽子物流服务水平。

积极发展供应链物流。鼓励物流企业按照现代物流理念，综合集成仓储、运输、货代、包装、装卸、搬运、流通加工、配送、信息处理等多种功能，推进物流一体化运作。引导物流企业加强与供应链上下游企业协同联动，加强对采购、生产、销售等过程的全程计划和物流管理，通过优化供应链全程管理，缩短物流响应时间，提高物品可得率和资金周转率，降低平均库存水平和物流总成本，提高供应链的整体竞争能力。

加强物流资源整合。鼓励龙头物流企业加强与中小物流企业的合作，推进运输装备、仓储设施等存量物流资源整合和合理利用。引导企业内部物流资源与社会物流资源的整合，放大资源功能效应。鼓励第四方物流市场、智慧物流公共平台加强物流信息资源整合和利用，积极发展面向企业的物流管理和信息服务。

推进业务模式创新。以现有专业市场配载物流为基础，创新物流服务模式和运营组织形式，促进专业市场转型提升和物流服务升级。推进运输服务方式创新，促进双重（甩挂）运输、越库配送管理等先进的运输模式创新，解决由于运输方式落后和各种运输方式衔接不畅带来的多次搬倒、多次拆装等问题。支持物流企业深入了解制造业物流运作流程和管理模式，促进供应商管理库存、精细物流等先进的库存管理模式创新，全面参与制造企业的供应链管理。按照构建无缝衔接的多式联运场站设施网络、形成一体化运作的业务经营网络的总体要求，着力解决公路集疏运比例过大、成本偏高、辐射范围不广等问题。

积极发展多式联运。加快直通港区铁路支线建设，促进海铁联运通道的无缝衔接。以浙赣线铁路运输为重点，努力开通内陆腹地的海铁联运“五定”班列。深化与铁路部门的合作，建立海铁联运协调机制，扩大铁路运力安排。“十二五”末，海铁联运业务拓展到上饶、南昌、合肥、成都、重庆、武汉等中西部地区，集装箱海铁联运达到15万TEU。以陆港物流中心、铁路新货运北站为依托，充分发挥铁路长距离运输的优势和公路快捷、可实现门到门服务的优势，开展公铁联运业务。加大与船公司合作，新增优化航线布局，推动国际中转业务做大做强，增强宁波港口的国际竞争力。依托长江航道疏浚以及国家新一轮沿海经济开发战略实施，积极发展海进江、沿海中转业务，拓展太仓、南京、武汉、重庆、九江等沿长江腹地，巩固提升沿海经济带腹地。

（六）优化物流区域布局

综合考虑经济发展需求、产业布局、货物流向、资源环境、交通条件等众多因素，重点发展临港物流区域、中心城物流区域、余慈物流区域、南部物流区域等四大物流区域，为宁波产业、城市发展以及省内外经济腹地的国际贸易和跨区域货物流转提供综合物流服务。

临港物流区域。区域主要覆盖北仑和镇海，统筹兼顾象山港和三门湾区域。依托北仑的港口优势和产业优势，重点发展集装箱物流、大宗商品物流和制造业物流；结合镇海港区化工产业特点和专业市场优势，重点发展大宗商品物流和液化品物流；进一步发挥梅山保税港区、宁波保税区等政策优势，重点发展保税物流。紧抓象山海洋（海岛）综合开发试验区和石浦对台交流合作综合试验区创建机遇，依托象山港大桥建成的叠加效应以及港口基础设施的规划建设，适时推进象山港、石浦港区物流中心建设。

中心城物流区域。区域主要覆盖海曙、江东、江北、鄞州和镇海部分生活区。根据城市现代商贸业的发展需求，重点发展城市配送物流。中心城区域规划建设 2～3 个城市配送中心，引进专业化配送企业，积极培育、优化商贸配送物流功能，提高城市配送服务水平。

余慈物流区域。区域主要覆盖余姚、慈溪和杭州湾新区。充分发挥杭州湾跨海大桥及长三角经济圈区位优势，适时推进余姚、慈溪物流中心建设，不断提升区域物流服务功能。依托杭州湾新区先进制造业基地、余姚滨海产业园区以及慈东产业园区等产业集聚区，重点发展制造业物流。依托中塑交易网、中国纺织网等电子商务平台，发挥商贸优势，重点发展大宗商品物流。

南部物流区域。区域主要覆盖奉化、宁海和象山。充分发挥甬台温产业带及南三县区域经济优势，推进奉化、宁海、象山物流中心建设，培育中转和城乡配送物流功能。重点发展冷链物流和城乡配送物流，为南三县地区的农、牧、渔业产品提供全方位的物流服务。

（七）推进智慧物流建设

按照智慧物流先行先试的要求，创新发展智慧物流产业，努力扩大物联网技术在物流领域的应用，提升现代物流服务水平和运作效率。

完善智慧物流网络。按照构筑无缝衔接的多式联运体系的要求，加快不同物流节点内部的物流装备信息化建设，形成物畅其流的一体化智慧物流载体网络。加强信息化软硬件支撑平台、信息采集和信息通讯系统的建设，形成互联互通的智慧信息网络。

加快智慧物流产业基地建设。依托宁波国家高新区软件产业基地，建设智慧物流技术创新基地，引进和集聚一批具备较大规模和较强创新能力的企业，提高智慧物流技术自主创新能力和智慧物流企业孵化能力。依托杭州湾新区等重点功能区域，打造智慧物流装备创新基地，重点培育发展新一代宽带移动通信装备、视频识别等信息传感装备、智能交通装备等智慧物流装备，提升和发展一批以智能物流装备设计和生产为主的先进制造企业，着力引进一批国内外相关领域有实力的大企业。

加强智慧港口建设。加快智能物流技术在港口运营体系中的应用，重点建设智能闸口系统，覆盖所有集装箱码头以及市域集装箱车辆，进一步拓展到省内腹地集卡车辆，从而提高进出港业务单证的准确性和及时性、提高闸口的通过速度、降低人工劳动强度，为码头管理提供科学的数据分析。建立智慧港口综合管理系统，实现港口物流运营、决策管理的整体最优化。拓展和完善现有 EDI 平台的功能，实现电子商务与国际贸易的无缝式业务数据交换，建成具备高性能统一的宁波港信息交换平台。

推进智慧物流数据中心建设。建设基于宁波电子口岸和第四方物流市场的通关物流综合服务平台和数据中心，汇聚智慧物流各层面的对外服务和互联交换信息，提升第四方物流市场基础服务和应用服务能力。开发推广集装箱 RFID 经车辆 GPS 进行信息传输的系统，拓展增值服务，形成智能车辆、智能集装箱管理平台和数据处理分析应用服务。完善第四方物流市场网上支付交易功能，发展统一的大宗商品电子交易平台，建设高附加值商品信息追踪查询系统，不断提高供应链管理能力。

加强智慧物流示范园区和项目建设。加快宁波梅山保税港区、镇海大宗货物海铁联运物流枢纽港等重点物流基地的公共信息平台建设，推广应用物联网技术等新一代信息技术，建设智慧物流示范园区。积极培育智慧物流示范项目，鼓励物流企业推广使用标准化物流管理软件和企业 ERP 接口软件，推进与智慧物流数据中心之间的互联互通。鼓励物流企业推广应用 RFID 技术、GPS 技术等先进技术，建设自动分拣系统、智能化仓储和运输管理系统，提高物流的可视化、可控化等智能化水平。

（八）完善物流金融服务

以物流业发展趋势和金融服务需求为导向，强化金融创新，拓宽融资渠道，完善物流金融服务体系，全面提升物流金融服务供给能力，为物流业转型升级提供有力支撑。

搭建物流业融资平台。支持成立主营物流金融业务的专业性银行，为物流行业提供专业融资平台。建立金融机构与物流企业之间的沟通联系机制与平台，引导金融机构加强对物流业的信贷支持。鼓励第四方物流市场运营主体与金融机构、担保机构开展合作，为会员企业提供支付结算、信用增级、融资补贴、应收款质押贴现等增值服务。

创新物流业信贷融资模式。发展以动产质押为基础的物流银行业务，为客户提供融资担保、存货质押、仓单质押、保兑仓、统一授信等增值服务。完善物流企业融资担保机制，鼓励金融机构与物流行业龙头企业及同业组织加强合作，发展物流企业联保、互保贷款业务，探索组建行业性融资担保机构或专项担保资金。积极发挥融资租赁的作用，鼓励物流企业利用融资租赁方式，解决大型设备、运输工具购置等的融资问题。

拓宽物流业直接融资渠道。支持有条件的物流企业改制上市，积极引导竞争实力强、资质等级高、企业规模大、经营业态新的物流企业提升资本经营意识，加快推进企业上市步伐。积极引入股权投资，引导物流企业增强与资本战略对接的意识，通过吸引、运用股权投资以提升自身实力和管理水平。支持有条件的物流企业充分利用企业债、短期融资券等金融市场融资工具，拓展融资渠道，降低财务成本。

四、重点工程

根据前述的目标定位和主要任务，“十二五”期间着力推进港口物流工程、保税物流工程、大宗商品物流工程、城市配送物流工程、专业物流工程、产业联动工程、公共物流信息平台工程、物流基地建设工程八大重点工程。

（一）港口物流工程

强化港口物流揽货能力和增值服务能力，由注重规模扩张转型向规模、质量、生态效益并重发展，加快宁波港口由交通运输港向贸易物流港转变、由世界大港向国际强港转变。

——建设港口揽货网络体系。以码头共建、资产经营、业务合作为纽带，深化与嘉兴、温州、台州等省内港口的联盟合作，强化信息资源和政策资源共享机制，共同开拓国际物流市场。深入开展 APEC 港口合作，提高港口资源利用效率，提升港口在全球市场的资源配置能力。做大既有绍兴、萧山、金华、义乌、衢州、上饶、鹰潭等“无水港”规模，规划建设新的无水港，深入拓展南昌、合肥、西安、成都、重庆等中西部腹地。强化与无水港所在地的战略合作，联合研究出台扶持政策。鼓励货运代理、集装箱运输、多式联运经营、综合物流服务等不同类型的企业到无水港开展业务，强化揽货体系建设，提升港口揽货能力。推动港口与物流中心衔接，推进港口传统功能与现代物流功能融合。

——推广先进运输方式。以内陆无水港为依托，以集装箱运输为主体，兼顾散杂货运输，加大推广双重（甩挂）运输。贯彻落实国家相关部委关于促进甩挂运输发展的要求，开展甩挂运输试点项目，到“十二五”末，全市发展 10 家具有示范效应的甩挂运输企业。充分运用 GPS、RFID、第四方物流市场平台等技术和网络平台，建立具有宁波特色的双重运输物流平台，积极争取成为交通运输部双重（甩挂）运输的试点城市。完善双重（甩挂）运输的相关扶持政策，培育壮大双重（甩挂）运输的运营主体。

——提升港口物流增值服务能力。强化物流服务功能，实施物流强港工程，打造成为亚太地区重要的国际港口物流中心。鼓励企业依托物流园区开展战略合作，支持港口参与物流园区投资经营，引导商贸和临港工业企业推行物流服务外包，拓展港口物流市场，优化社会物流资源配置，延长港口物流产业链。拓展航运金融、航运保险、航运信息等为主的高端服务，加快航运要素市场集聚，提高港口物流供应链价值。

（二）保税物流工程

以各种特殊监管区为主体，充分发挥保税政策优势，通过保税物流功能的培育、整合，建成以进口分拨、出口配送、加工贸易、国际中转和转口贸易为主的保税物流系统。

——进口分拨保税物流业。梅山保税港区重点发展汽车整车、石化产品、先进装备、贵重材料、名贵植物、食品等进口商品交易市场，积极发展进口分拨型保税物流业。宁波保税区依托区内外固体化工、有色金属等大宗商品交易平台建设和红酒、水果等进口商品保税贸易和展示，配套发展进口分拨型保税物流业。慈溪出口加工区利用余慈地区及周边制造业发达、消费能力强的优势，积极发展工业原料、零部件和高端消费品进口分拨型保税物流业。栎社保税物流中心（B型）重点发展国际快件和高端消费品进口分拨型保税物流业。

——出口配送保税物流业。大力发展以出口为导向，以腹地经济和产业为依托的国际采购配送型保税物流业。积极引进从事出口业务的国际采购企业、国际配送企业，大力发展报关报检、配套金融服务出口、配送业，建立出口配送的产业运作基地。以腹地出口比较优势产业为基础，梅山保税港区重点发展化工产品、汽车零部件等国际配送业。宁波保税区重点发展高附加值电子产品、镍金属等国际配送业。

——加工贸易保税物流业。宁波出口加工区重点发展液晶电子、机械装备等保税出口加工产业，努力发展原材料采购、半成品储存、产成品配送等保税物流业。慈溪出口加工区重点发展为医疗器械、仪器仪表、环保设备等高新技术产业和数字机床、注塑机等精密设备保税组装业以及汽车及零部件等保税组装业服务的保税物流业。栎社保税物流中心（B型）因地制宜发展加工贸易出口复进口业务，为出口加工企业提供保税物流服务。梅山保税港区依托高技术高附加值产品的加工贸易，推动保税物流发展。

——国际中转和转口贸易保税物流业。借助国际中转和转口贸易的发展，拓展保税仓储发展空间。梅山保税港区积极发展国际中转业务，同时积极开展为集装箱整箱、拆拼箱中转，集装箱多式联运配套的保税物流业务，拓展商品检测，船舶、设备维修等增值服务功能，提高保税港区保税物流综合服务水平。宁波保税区依托区内外企业发展有色金属等大宗商品转口贸易，同时配套发展保税仓储、剪切加工、包装分装等保税物流业务。

（三）大宗商品物流工程

加强建设宁波大宗商品交易平台，完善物流设施和物流功能，力争通过五年的努力，宁波大宗商品交易市场年交易额超过10000亿元，初步建成亚太地区重要的大宗商品交易中心、配置中心和储运中心。

——提升发展现货交易市场。依托我市优良的港口条件、雄厚的产业基础、广阔的消费市场、保税的体制优势和良好的物流、金融、信息等配套环境，大力扶持发展大宗商品交易现货市场，重点发展液化品、塑料、有色金属、钢材等四大交易品种，突破发展进口煤炭、铁矿石等交易品种，整合培育船舶交易市场。探索建立现货连续交易、中远期现货交易的发展模式。完善物流、金融、信息等服务功能。到2015年，我市大宗商品现货年交易额超过4000亿元。

——推进宁波大宗商品交易所建设。加快建设宁波大宗商品交易所，以重点交易品种为突破，以服务于大宗商品现货贸易为目的，采取即期现货交易和现货连续交易并举的交易模式，通过构建市场服务网、资金结算网、商品物流网、价格发现网等四大服务体系，实现现货交易、商品投资、价格发现等三大主导功能，形成集中交易、多点交割、就近物流配送的交易机制。通过五年努力，建立一个交易品种特色鲜明、功能完备、交易便捷、市场认可度高、具有较强影响力的商品交易所，发展成为华东地区乃至全国有重要影响力的多商品交易中心和定价中心。

——建设战略物资储运基地。以液化品、塑料、有色金属、钢材、煤炭、铁矿石等战略物资为重点，在大榭、镇海、北仑等地统筹规划建设国家战略物资储运基地，完善配套设施，提高中转储运能力。结合东海油气资源开发，根据浙江省统筹规划需要，在北仑、大榭等地规划建设后方服务基地，开展转储运、加工等服务，保障国家能源等战略安全。

——完善大宗商品交易平台的物流功能。适应大宗货物仓储需求的大型化要求，设立大宗商品仓库或堆场，有效缩短货物流通时间和降低物流总体成本。引导物流企业为大宗货物交易平台提供一体化物流服务，满足交易平台网络化服务要求。围绕重点货种，加大国内外知名贸易流通商的引进，拓展加工、配送等增值功能，提供一体化供应链物流服务。

（四）城市配送物流工程

完善城市配送物流的软硬件条件，突破发展城市配送物流。

——优化布局城市配送网络。加快建设以宁南（奉化）物流中心、宁波丁家山物流中心为主，其他物流中心和配送中心为配套的宁波城市配送物流节点，完善城市配送网络。发展精品干线、快运联盟、网络化运营等形式，形成以区域快速货运和城市社会消费品专业化配送为主要功能的配送通道网络。

——规范城市配送管理。综合考虑城市交通条件和配送需求，合理确定城市配送车辆总规模。建立和完善配送车辆的技术标准，引导配送企业统一车辆车型、外观标识、配备设施等。完善城市配送管理制度，对配送车辆证照、通行权、作业流程进行规范管理。

——提高城市配送水平。提高现代信息技术（RFID、电子标签等）在进货、拣货等环节的广泛应用，提高城市配送物流的拣选备货效率。推动3S技术（GIS/RS/GPS）在城市配送过程的广泛应用，提高城市配送物流的运输效率。加快研究建设高速公路不停车收费、交通视频监控、路况信息发布和智能车辆导行系统，依托运营高效的智慧交通路网体系，提高城市配送的时效性。

（五）专业物流工程

根据我市的区位优势、产业特征和发展需要，重点发展危化品物流、医药物流、冷链物流、应急物流等专业物流。

——危化品物流。以镇海、北仑、大榭等地的液化品为对象，建设液化品车辆运输服务中心。加强对化学危险品物流的跟踪与监控，规范化学危险品物流的安全管理。集聚危险品运输企业及相关服务企业，提供停车、维修、加油、车辆罐体清洗检验、餐饮等一站式服务。

——医药物流。鼓励医药企业充分利用信息和网络技术，通过实体配送中心进行统一配送。选择和培育一批规模大实力强的物流企业，开展专业医药物流，引导中小医药企业将医药配送业务外包，通过第三方物流企业实现规模性的共同配送。

——冷链物流。适应市场需要，以鲜活农产品、果蔬、鲜花、食品等产品为主要对象，构建功能完善、管理规范、标准健全的冷链物流服务体系。围绕肉类屠宰加工企业，加快城市肉类冷链配送发展，积极发展覆盖生产、储存、运输及销售整个环节的冷链。进一步完善水产品超低温储存、运输、包装和加工体系，促进远洋高端水产品消费。以宁波特色蔬菜、水果及农副产品为对象，推广产后预冷、初加工、储存保鲜和低温运输技术，建立跨区长途调运的冷链物流体系，促进反季节销售。

——发展应急物流。研究建设应急物流的管理机制和指挥运作机制，建设和完善应急物流的预警预测机制，搭建应急公共物流信息平台，制定应急物流管理政策法规，选择和培育一批具有应急能力的物流企业，建立应急物流体系，提高应对灾害、重大疫情等突发事件的能力。

（六）产业联动工程

大力推进物流业与其他产业的融合发展，努力扩大物流市场需求，提升第三方物流服务水平。

——物流业与制造业联动发展。积极贯彻落实国家部委关于促进制造业与物流业联动发展的意见，推进联动发展试点项目10个以上。鼓励制造企业将物流服务需求进行外包，对能够集成整合、委托外包的物流资产和业务，实行社会化运作。统筹规划产业集聚区的物流服务体系，鼓励物流中心选址靠近产业集聚区，同时倡导集聚区内物流基础设施、物流信息平台共享共用，严格控制区内制造企业自营物流用地。要求生产服务型物流园区要面向周边制造企业，提高为制造业服务的能力和水平。

——物流业与商贸业联动发展。鼓励商家剥离仓储配送业务交给专业物流企业来实现仓配、配送一体化管理，鼓励有条件的大型卖场、专业市场走向交易与物流相分离的模式。支持我市贸易物流集团到国内大中城市建立直销中心，到国外设立营销网点，通过自主、联盟等多种方式建立贸易物流网络。依托第四方物流市场、大宗商品交易平台、高附加值商品交易市场以及专业化交易市场，提供一体化的交易物流服务，提高交易市场的物流服务能力，推进“三位一体”港航物流服务体系建设。

——物流业与农业联动发展。促进第三方物流企业与农资市场、农产品市场、农业大户以及农村超市的结盟，推动农资、农产品、农村物流发展。依托余姚滨海、慈溪杭州湾等现代农业综合开发区以及各县（市）区的特色农业产业基地、都市农业园区，逐步实现农产品生产、加工、储藏、运输和销售等领域和环节的物流运作一体化。

（七）公共物流信息平台工程

积极发展政府主导公共服务平台和公共数据资源中心等公共服务平台，充分利用信息技术和其他物流专项技术，大力推进公共数据中心、信息化平台和标准化建设。

——加快信息资源集聚和整合。建立包括公路数据库、港航数据库、运输数据库等在内的物流业公共数据中心，建立统一的数据输入输出标准，协调各部门构建公共资源配置系统、数据交换系统以及地理信息系统。通过技术和政策手段，支持企业服务外包，加快典型性项目的开发，吸引各类物流资源主体参与四方物流平台。在公共物流服务平台的基础上，建设智慧物流数据中心，主要包括智慧物流的数据存储中心、数据交换中心和数据处理应用中心。智慧物流数据中心旨在以建设互联互通标准（标准统一）为基础，汇聚智慧物流各层面的对外服务和互联交换信息，通过资源整合，为宁波市智慧物流提供互联互通标准、信息资源共享、安全保障等基础服务，同时通过数据中心的建设提供增值处理应用服务，逐步形成集聚物流技术、物流供给、物流需求、政府和行业协会等供应链内外部资源在内的综合物流资源平台。

——提升平台的供应链整合和决策能力。在物流资源聚集的基础上，完善第四方物流市场平台功能，丰富产品结构和综合技术应用，加快实施供应链管理战略，在围绕市场现有需求的基础上，综合利用各种先进技术，强化对物流过程数据感知与共享，提高平台的市场适应能力，努力打造具备一定中枢决策，资源协同利用流程重组能力强的供应链整合和决策服务平台。

——加快实现平台与外部的有效对接。积极开发应用RFID系统、全球卫星定位系统（GPS）、地理信息系统（GIS）、无线视频以及各种物流技术软件，并向全市物流企业、物流园区、口岸部门、交通部门等单位推广应用，帮助各物流行业及相关单位建立起数字化、网络化、可视化和智能化的管理系统，从而形成以各级“公共物流信息平台”为信息节点的物联网络，实现了平台与物流企业、物流园区、口岸、公路、铁路、民航间数据交换及信息共享，加强了相互间有效对接。

（八）物流基地建设工程

按照“空间布局合理、物流功能主导、物流企业集聚、选址规模适当”原则，规划建设梅山保税港区物流中心等四个国际物流基地，一个城市配送物流基地，以及宁海物流中心等三个综合物流基地。

——梅山保税港区物流中心。主要目标：依托梅山保税港区，建设成为浙江省乃至长三角地区的保税物流平台，及我国沿海和亚太地区以集装箱运输和转口贸易为重点的国际中转枢纽区。

重点任务：一是同步梅山港区3～5＃集装箱码头、多用途码头建设，以及保税港区二期封关建设，做好物流中心基础设施后续建设；二是按照有色金属、固体化工、医疗器械、船舶及船用设备交易和高档消费品进口的保税物流分拨、配送需求，建设普通仓库、恒温或冷冻专用仓库和高端多层仓库等仓储设施，仓储面积达到50万平方米；三是引进国际知名供应链物流企业，重点推进中外运梅山保税物流项目，建设4万平方米标准仓库、集装箱堆场等物流基础设施以及配套物流服务设施；四是开发建立各类产品的交易市场和大宗生产资料期货交割地，建设贸易中心功能区，重点发展进口整车及汽车零部件交易市场、成套电子设备及医疗器械交易市场、进口酒、建材和名贵植物等交易市场。

——镇海大宗货物海铁联运物流枢纽港。主要目标：依托液化品交易市场、煤炭交易市场、钢材交易市场、木材交易市场，建设集大宗货物交易功能、物流功能、信息服务功能、配套服务功能等于一体的大宗生产资料交易中心。五年内，建设成为国际液化品贸易中心、华东木材中转贸易中心、浙江煤炭中转贸易基地和钢材中转贸易基地，货物吞吐量达到5000万吨。

重点任务：一是实施基础设施建设，切实推进镇海港区19～20＃化工码头和21～23＃散杂货码头建设；二是推进大宗生产资料交易中心、钢材现货市场、浙江物产宁波物流基地、宁波浙粮仓钢材仓储物流项目、五矿钢材剪切配送项目等产业项目，完善货物交易、电子信息、公共服务功能，积极引进专业交易市场运行商，积极引进大型生产资料贸易流通企业；三是进一步巩固液化品和煤炭两大货种，优先发展钢材、有色金属两个货种，加大推进粮食（盐）和内贸集装箱的发展；四是争取国家海关总署批准启动液化品保税物流中心项目。

——宁波经济技术开发区现代国际物流园。主要目标：依托北仑和穿山港区，集国际仓储、国际分拨配送、生产服务等功能于一体的第三方物流企业，积极发展高端、高附加值货物物流。完善现代物流、电子物流、国际贸易和信息咨询等服务。五年内，建设成为港口物流高度发达的标志性区块、宁波打造全国性物流节点城市的重要板块。

重点任务：一是有序推进园区开发建设，重点推进中外运、前程供应链等续建项目，及时启动二期工程；二是完善园区功能配套，包括交通、生产生活以及集卡服务等配套功能，重点推进北仑集卡运输服务基地建设，包括集卡停车场、集卡维修区、集卡配载货运区、综合办公区、加气加油站及后勤服务区等六大功能区块，以及其他相关配套设施；三是增强招商引资针对性和实效性企业，积极引进以运输服务型、生产服务型、国际国内贸易服务型为主的第三方物流企业，以临港大工业和龙头物流企业为支撑，逐步实现园区内外企业的转型升级；四是进一步提升园区管理服务水平，积极搭建园区监管体系，打造物流园区高效管理平台，集聚园区内物流企业、专业化服务机构、生活配套设施以及海关、国检等监管部门的资源，搭建公共信息平台，完善运行机制，争取正式入选为市级服务业产业基地。

——宁波空港国际物流园。主要目标：依托空港口岸，建设成为集保税物流、流通加工、增值服务、口岸通关等物流服务为一体的长三角区地区重要的航空物流基地，航空物流企业总部集聚区。到 2015 年，年货物处理能力到达 50 万吨，货邮行吞吐量达到 20 万吨，新增 10 条以上国际（地区）和全货机航线，形成集专线运输、加工、包装、中转、配送、商务等增值服务为一体的航空物流体系。

重点任务：一是以空港总体规划和国际物流园的详细规划为指导，尽早推进空港国际物流园建设，并适时将栎社保税物流中心（B 型）功能及时调整至空港国际物流园；二是建设揽货、集货、转运、增值物流服务等基础功能，提供保税存储、国际中转、转口贸易等保税物流服务；三是发展物流总部经济，加大招商力度，吸引国内外知名航空货代企业、快递企业及相应物流增值企业入驻，集聚一批物流、交易、信息、服务企业，完善配套政策，逐步向宁波及周边地区拓展服务范围；四是培育保税物流中心功能，延伸保税加工功能，重点发展航空产业、航空物流业、高端服务业、临空高附加值制造业；五是实现空港国际物流园与机场货运区的高效联动，新建空港国际、国内货站 3.6 万平方米，新建快件中心 0.8 万平方米。

——宁波城市配送物流基地。主要目标：加快建设宁南（奉化）物流中心和宁波丁家山物流中心，打造宁波城市配送物流网络。

重点任务：一是规划建设宁南（奉化）物流中心，以都市公共综合配送功能区建设为主体，配套建设宁波名特优产品展销平台和生活性商贸物流市场，打造宁波南部的特色商贸物流园，总规划面积 100 万平方米，先期启动一期 23.3 万平方米，总投资 15 亿元。二是规划建设镇海物流中心，充分依托镇海“港、桥、路”等集疏运网络优势，建设适应城市商贸物流需求和制造业物流需求的仓储物流设施和配套设施，完善区域配送物流功能，总占地约 66.7 万平方米。三是规划建设宁波丁家山物流中心，打造服务于宁波中心城区的高效配送系统。占地 11.2 万平方米，总建筑面积 25 万平方米；引进国内外知名配送企业入驻，建设和完善车辆、货物等物流服务跟踪系统；融合电子商务功能，提供门到门的配送服务。

——宁海物流中心。主要目标：依托甬台温高速公路和甬台温铁路，将宁海物流中心建设成为宁海县综合性的物流中心，特色农副产品贸易物流平台，甬台温产业带重要的物流节点。今后五年内，建设规模达到 194 万平方米。

重点任务：一是继续完善配送中心、果蔬批发市场的功能，扩大物流辐射范围；二是建设运输服务中心，促进货运服务企业、外地货运车辆集聚，为宁波南部地区的企业提供干线运输；三是建设五金机电市场、金属材料市场等功能区块，为宁波南部地区的产业集聚区提供贸易物流服务；四是积极探索出口监管仓建设，为宁波南部地区的外贸企业提供保税、拼箱和简单流通加工物流服务。

——慈溪综合物流中心。主要目标：依托杭州湾跨海大桥建成带来的区位优势，建设成为立足宁波、服务长三角、辐射全国的集物流信息、仓储配送、流通加工、采购分销、总部办公五大功能于一体的现代化综合服务型物流中心。

重点任务：一是规划建设区域分拨分销区、货运配载区、仓储配送区、专业物流区、供应链集成服务区及延伸发展区等六大功能区；二是集聚医药、冷链、化工等多项专业物流资源，发展医药物流、冷链物流和化工物流；三是通过与制造业及商贸业的联动发展，塑造区域分拨分销能力与供应链管理能力；四是在物流中心内推广应用物联网技术，提升物流园区智能化水平。

——宁波陆港物流中心。主要目标：充分发挥区位、交通、市场等优势，建成为集公铁运输、生产服务和城市配送于一体的现代化综合服务型物流中心。

重点任务：一是规划建设货运交易中心与省际公路物流功能区、城市配送和第三方物流功能区、物流企业总部基地功能区、商贸物流功能区，配套建设高端专业市场和核心商务区和综合商务功能区；二是加强招商引资，重点引进国际知名供应链服务商和第三方物流服务商，限制以低档次专线运输等传统方式为主要服务模式的中小物流企业；三是利用综合功能区商流、物流、信息流、资金流等多流交汇集聚的优势，配置适量的商务与商业设施，提升物流中心综合服务功能和区域价值。

五、保障措施

（一）加强组织领导和管理

强化市现代物流业发展领导小组的统筹协调职能，着力解决物流业发展中的重大问题。进一步发挥领导小组办公室的作用，强化规划编制及组织实施、政策制订、统筹协调、考核评定等职能。加强物流工作专业队伍建设，调整和充实物流业的管理机构。理顺现代物流管理体制，推进市、县（市）区两级现代物流领导小组办公室统一归口管理。加强物流相关行业协会的组织建设，强化行业自律、调解和市场开拓职能，发挥行业组织的桥梁纽带作用。完善物流业统计调查制度和统计信息管理制度，提高统计数据的准确性、权威性和时效性。

（二）强化政府公共服务

围绕规划明确的主要任务和重点工程，加强产业政策引导和国家相关政策支持，进一步发挥政府的宏观调控作用。加大对现代物流软硬件设施的投放，着力打造“一网两平台八基地”的现代物流发展框架体系。“一网”：即综合物流通道网络；“两平台”：即公共物流信息平台和物流基础设施平台；“八基地”：即梅山保税港区物流中心等四个国际物流基地、一个城市配送物流基地，以及宁海物流中心等三个综合物流基地。进一步强化政府在物流标准化建设、智慧物流网络建设、RFID、传感器等先进技术推广应用等方面的推动作用，为智慧物流发展创造环境和条件。

（三）实施积极的财政政策

统筹协调物流业发展专项资金，加大对现代物流业发展的支持力度。专项资金重点支持智慧物流建设、现代物流企业培育、大宗商品交易平台建设、公共物流信息平台建设、物流人才培养等。各地要结合实际增加物流业专项资金，支持现代物流业发展。积极组织企业和项目申请国家物流业相关扶持资金，争取优惠的财政和税收政策。

（四）强化物流设施用地保障

进一步确立现代物流业是为全社会提供公共服务的产业、物流基地是先导性的基础设施的功能定位，深化做好本规划与经济社会发展、城乡发展、土地利用总体规划的联动协调，强化用地保障。对列入省市级的重点物流项目，要优先安排土地指标。积极拓宽土地供应渠道，通过物流业用地调整、滩涂整理等方法，保证和增加物流业用地指标。新增、改扩建物流项目尽可能“集中”布置，节约使用土地。

（五）提高口岸监管服务水平

以优化口岸服务环境为根本，深入推进口岸大通关建设，不断创新口岸监管机制，深化分类通关、管检分离改革，完善“一体两翼”大通关服务平台。积极参与长三角区域大通关协作机制建设，深化宁波口岸与重要腹地城市、港口联盟城市和无水港城市的大通关合作，实现口岸服务的高效对接，巩固和发展口岸辐射功能。适应多式联运的发展需要，创新监管模式，实现监管的无缝对接、无障碍流转。完善属地申报、口岸验放和省内出口商品通关单直通放行等制度，持续提高宁波口岸的服务水平，吸引更多的省内外腹地货源从宁波口岸进出运。

（六）加强物流人才引进培养

围绕完善多层次物流教育体系，提高人才培养质量，重点培养高层物流人才。发展物流业从业人员在职培训，加强职业技能教育以及促进物流人才培养的国际合作。完善普通高等本科院校、高等职业技术学校、中等职业技术学校三个层次的人才培养体系。规范物流领域职业资格认证，继续推广国家物流与采购联合会的物流师资格认证，积极引进英国皇家采购与供应学会 CIPS 认证和英国皇家物流职业认证 ILT。制订人才激励政策，引进国内外优秀物流专业人才，尤其是物流管理和物流工程技术方面的复合型人才、熟悉国际物流业务运作的高级人才和业务操作人才，为物流业的快速发展提供智力保障。

016

厦门现代物流园区“十二五”发展规划纲要（2011—2015年）

厦门象屿保税区管委会

2013年11月15日

“十二五”规划是国务院《关于支持福建省加快建设海峡西岸经济区的若干意见》（下简称“国务院《若干意见》”）出台和厦门特区扩大到全市后的第一个五年规划，厦门现代物流园区面临着新的历史发展机遇。本规划将立足于现有发展基础，着眼于园区在厦门科学发展新跨越、全面建设更高水平小康社会的进程中作出新的更大贡献，从发展方式转变、产业调整升级、功能优化拓展、体制机制创新等方面为园区在“十二五”期间的发展提供指导性纲要。

一、发展基础和发展环境

（一）“十一五”发展回顾

“十一五”期间是厦门现代物流园区建设发展的第一个五年，五年来，园区经济总量迅速壮大、功能拓展加速推进、产业布局更趋合理、软硬环境日臻完善。五年来，园区的经济持续稳定的发展，其间尽管经历了百年罕见的国际金融危机，但外向型经济依赖度相对较高的现代物流园区的经济发展水平仍在2009年和2010年创造了历史的新高。

1. 区域经济获重大发展，产业格局更趋合理。“十一五”期间，厦门现代物流园区经济总量显著提升，区内生产总值累计达到136亿元，年均增长22.2%；进出口总额累计达到153亿美元，年均增长4%；财政总收入累计达到14.2亿元，年均增长16.7%；固定资产总投资累计36.5亿元。

——物流业态进一步丰富。“十一五”期间，园区物流业收入累计实现180亿元，年均增长29%。物流业形成了保税物流和非保税物流相互补充，港口物流和大宗商品物流相互支撑，供应链管理和物流专业化业者互为依托，陆、海、空、铁物流互为贯通的多层次、全方位物流体系。全区物流企业已超过500家，成为海西物流业发展的中坚力量。

——港口布局全面完成。“十一五”期间，园区新建成国贸和现代两个集装箱码头，整个东渡港区形成了300万TEU的集装箱吞吐能力。2010年园区实现码头集装箱吞吐250万TEU，占据厦门港全港吞吐量的一半。

——内外贸齐拓展。“十一五”期间，园区外向型和内源型经济互补，外需和内需共推进，累计实现商贸销售收入610亿元，进出口总额153亿美元。五年来，园区充分发挥港口物流优势，做强大宗商品贸易，形成了石化、电子、建材、轻工产品等四大拳头品种，象屿集团、中绿、东方万里等园区企业已成为相关贸易领域的领军企业。

——工业重心向高端制造业倾斜。“十一五”期间，园区累计实现工业总产值57.6亿元，年均增长8.4%，其中电子制造业和医疗产品2010年已分别达10亿元和2亿元。依托保税功能拓展维修业务，园区已成为GE医用电路板、瑞声达助听器、大北欧耳机、戴尔电脑的区域检测维修中心。

——“一区多园”产业布局基本形成。“十一五”期间，保税物流园区投入使用并高速发展，开展了国际采购、国际配送、国际贸易、国际中转等业务，2010年实现一线进出口总额9亿美元、二线进出口总额60亿美元；保税区二期建成，产业布局以码头经营、零担物流、冷链物流和水产专业市场等为主，已引进企业超过200家；空港物流园区完成基本建设并进入招商阶段，面向高端物流、航空物流和航空工业。“十一五”期间，全区形成了港区（口岸）——保税功能园区（保税区与保税物流园区）——物流集聚园区（保税区二期、空港物流园区）的产业梯度布局。

——专业市场建设全面启动。“十一五”期间，园区围绕“以做大市场拓展物流、以物流繁荣集聚企业”的途径突出抓好各类专业市场的培育发展工作，已确立了进口酒、水产品、城市货运、大嶝对台小额贸易等四个市场作为重点发展对象，其中进口酒交易市场于2007年以金门高粱的分拨配送为标志起步，现已具雏形，2010年进口酒的配送额达到8000多万元，城市货运和对台等市场也已形成了较高的品牌知名度。

2. 软硬环境建设全面提升，功能拓展推向深入。“十一五”期间，厦门现代物流园区基础设施建设力度前所未有，五年固定资产总投资累计36.5亿元，硬件环境获得极大改善。软环境建设成效显著，园区通关效率和政府服务水平进一步提升，区港联动试点工作获阶段性成果，园区功能拓展有新的突破。

——基础设施臻于完善。“十一五”期间，园区主要完成了“两区两港一中心”的建设，即2平方公里的保税区二期和1.5平方公里的空港物流园区两个园区，国贸码头和现代码头两个港口，一个中心即国际航运中心，就此完全构筑了9平方公里厦门现代物流园区的物理框架。五年来，园区积极推动重点项目建设，建成了中心渔港、城市配送中心、港务保税物流园区仓库、夏商保税仓库等项目，共完成建筑面积16.8万平方米。大嶝对台市场改扩建工程积极推进中，已完成投资2.5亿元。

——区港联动试点和“三区整合”工作获阶段性成果。“十一五”期间，园区“区港联动”试点工作获海关总署的高度认可，试点推进了多项业务的创新开展，一是提升保税区的“保税”专业化功能，置换部分非保业务，提高了保税区的管理效率；二是在全国保税物流园区中首创“舱单分拨”模式，解决了区港“联”而不“动”的问题；三是推行了“一线检验、二线分批核放”的检验检疫模式，进一步提高了通关效率。

——园区功能拓展有新突破。“十一五”期间，园区充分挖掘保税功能，拓展了多种新的业务模式。进口机电产品检测维修业务作为“加工贸易产业链的积极延伸”得到大力发展；锐珂医疗和柯达亚太物流中心的进驻开拓了园区的国际配送业务；创造性的在保税区建立了空港二级货站，通过“空运联程”的方式，实现了保税物流园区、保税区货物与航空港的无缝对接，通过“海铁联运”，园区的服务功能向内陆腹地延伸。

——园区推介成效显著。“十一五”期间，园区组织企业赴外地举行了多场服务说明会，参与了赴昆山、苏州、东莞、上海、香港等地的产业集群招商活动，利用台交会、海峡论坛、海西物流论坛、“9.8”投洽会等重大展会推介了厦门现代物流园区。推介活动成效显著，形成了新一期的引资高潮，“十一五”期间，园区共引进企业 900 个，投资总额 38 亿元，利用外资 8500 万美元，成功引进了佳德、中盛、乔丹、紫金矿业等大型企业的投资项目。

3. 对台交流步伐加快，“乐购大嶝”成厦门新名片。“十一五”期间，厦门现代物流园区积极发挥“五缘”优势，抓住海西战略出台机遇，扩大对台交流。园区与台湾相关单位实现了多次互访，并与台中港务局签订了合作备忘录。对台经贸进一步发展，象屿集团、优传等企业赴台进行了大宗商品采购。对台引资方面，园区引进了台盐、巨路等台资企业。空港物流园通过引进台资，实现了合作开发。

大嶝对台市场迎来新的生机。“十一五”期间，国家赋予大嶝市场“旅客免税携带台湾商品价额由原来的 1000 元提高到 3000 元”、“旅客可免税购买不超过 4 条的台湾香烟和不超过 4 瓶的台湾酒品”、“从台湾进口卷烟到交易市场无需交验《自动许可证》”等一系列新的优惠政策，使市场进入了新的快速发展时期，交易明显活跃、人气快速上升。大嶝市场改扩建工程于 2008 年 9 月启动，未来将致力建立台湾商品展销平台、台湾企业宣传平台、台湾人民创业平台、台湾文化体验平台，积极打造海峡两岸购物休闲主题公园，成为海西商贸旅游新名片。

（二）存在问题

“十一五”期间，厦门现代物流园区经济快速发展，功能不断完善，但也存在一些突出的问题，主要表现在：

一是用地资源存量有限，发展空间不足。经过几年的开发，保税区、保税区二期项目已经基本摆满，保税物流园区、空港物流园区各地块的招商谈判也都近尾声，因此整个园区已无法再接纳大型的用地项目，这将是未来发展的一大瓶颈。

二是经济总量偏小，影响力较小。近年来，园区经济虽然呈现高速增长态势，但受园区本身功能定位限制，加上市场腹地相对较窄，区内企业规模普遍偏小，园区纳税上百万的仅有60余家，有一半的企业年税收不足1万元，较难迅速做大做强，缺乏在产业或行业具有较大影响力的企业。

三是未来面临的挑战和竞争较大，可参与区域竞争的手段不多。近年来，厦门及周边地区陆续兴建了一些保税功能区，如泉州出口加工区、火炬（翔安）B型保税物流中心、海沧保税港区、福州保税港区等相继获批或投入运营，使原本相对有限的保税业务增加新的竞争，同时所处的东渡港区吞吐能力基本饱和、增长潜力不大，对园区的后续发展产生巨大压力，园区的应变措施相对有限，缺乏内源性增长，亟待挖掘新的核心竞争力。

（三）发展环境

宏观经济方面：国际金融危机产生的影响仍未完全消释，主权债务危机将在较长时间内影响国际经济贸易，而危机带来的另一长期负面影响是，欧美发达国家消费水平和消费习惯的改变，都将对园区的进出口产生影响。人民币汇率改革朝着更加灵活的方向发展，人民币的国际互换范围的扩大，将减少外贸的汇率风险，但长期的升值趋势对贸易商影响不一，对出口商的影响需要重点关注。

海西与厦门经济环境：海西战略无疑对园区的发展具有长期的利好，但区域之间的竞争将更加激烈，平潭岛的开发对海关特殊监管区的影响有待观察，但各种保税功能区，包括海沧保税港区、火炬（翔安）B型保税物流中心、泉州出口加工区、福州保税港区等对园区发展已构成现实的竞争压力。厦门经济在“十二五”期间有望实现翻番，这为园区经济的发展提供了坚实的保证。几条出省铁路大动脉将加速各地经济的融合，对厦门扩大经济腹地是有利的，反之，如果厦门服务竞争力相对下降，生产要素也将从厦门往他处流动。岛内外一体化的建设要求大力发展岛外的工业经济，对园区的发展是有利的。

综上而言，“十二五”时期外部环境总体上对加快发展有利，经济全球化趋势深入发展，科技进步日新月异，生产要素流动和产业转移加快，国际国内两个市场、两种资源相互补充的格局基本稳定，我国与世界经济的相互联系和影响日益加深。国家将抓住21世纪头二十年的重要战略机遇期，在“十二五”时期实现国民经济持续快速协调健康发展和社会全面进步，取得全面建设小康社会的重要阶段性进展；福建海西建设提升为国家战略是个长期利好，厦门要在海西建设中发挥龙头示范作用，这为我区推动产业结构优化升级和区域功能拓展提升，实现又好又快发展提供了历史机遇。同时，也必须清醒地认识到我区在经济社会发展中所面临的困难，要素资源的瓶颈制约仍长期存在，区域竞争将进一步加剧，功能拓展和提升尚任重而道远。

二、总体发展思路与目标

（一）指导思想

坚持邓小平理论和“三个代表”重要思想，深入贯彻落实科学发展观，把握国家支持福建省加快建设海峡西岸经济区和批准厦门特区扩大的历史机遇，充分发挥园区“五大片区、多种业态、百花齐放、兼容并蓄”的综合优势，主动融入全市岛内外一体化、二三产共推进、内外需齐拓展的战略部署，不断推进经济发展方式转变，进一步加强园区与海港、空港的联动运作，大力发展现代物流业、商贸业和以国际、国内采购、分拨配送为特色的专业市场，建设高效率、集约化的物流体系和物流平台，打造海峡西岸重要国际物流中心，积极服务厦门建设现代化国际性港口风景旅游城市和海峡西岸重要中心城市。

（二）基本原则

1. 坚持先行先试原则。坚持贯彻落实国务院《若干意见》，充分发挥区港联动的区位和政策优势，弘扬“先行先试，又好又快、科学发展”的现代物流园区精神，抢抓先机、奋力先行，充分发挥政策叠加的优势，营造国际贸易、现代物流、市场建设、产业集聚、自主创新、政府服务等新优势，成为全市改革创新的先导区、示范区。

2. 坚持项目带动原则。贯彻落实项目带动战略，健全领导、责任、协调、督查四项制度，破解地域狭小、招商引资困难等难题，有效推动重点项目建设，提高政府服务水平，要引进来并留得住；重视发展商务航运中心和楼宇经济，继续实施“筑巢引凤”的战略，做大做强园区经济。

3. 坚持统筹协调原则。既要重视传统优势产业，将项目招商、扶持政策、要素资源、政府服务向优势产业集中，提升综合竞争力，又要重视新兴产业的培育和发展，弥补传统产业发展后劲不足问题，实现发展方式转变。既要重视园区内各功能片区开发建设中的统筹协调工作，形成推动园区发展的合力，又要重视园区与本市同质园区统筹协调的工作，形成互有分工、互相配合共同推动厦门现代物流业发展的合力。

4. 坚持服务发展原则。在项目引进方面，围绕园区是我市在“物流运营业领域培育百亿以上产业集群的重要区域”的定位，突出发展现代物流及相关配套服务业；在功能发挥方面，将充分利用园区区位优势和政策优势，构建厦门及海西地区连接国际国内市场、货物快进快出的绿色通道；在公共服务方面，将加强管委会作为市政府派出机构的管理和服务功能，协调各驻区单位共同为企业成长、促进经济发展提供良好的园区环境。

（三）奋斗目标

1.“十二五”发展战略目标。按照科学发展观要求，认真贯彻落实国务院《若干意见》，依托保税物流园区、航空港工业与物流园区、大嶝片区及厦门港临港工业的建设与发展，发挥区港联动的政策优势和对台交流的区位优势，突破发展瓶颈制约，至2015年，建成一个新型的现代物流园区，成为立足厦门、拓展周边、辐射海西、面向全国、走向世界的重要国际物流集散基地和两岸经贸合作的先行区域，综合经济实力走在全国保税区前列，建设成为以保税物流、对台商贸、出口加工、专业市场四大特色产业为支撑的区域性物流商贸产业区。

2.“十二五”园区主要经济指标。到“十二五”末即2015年实现以下指标：区内生产总值70亿元，年均增长14.9%；进出口总额55亿美元，年均增长11.8%；工业生产总值30亿元，年均增长17.3%；商贸销售收入500亿元，年均增长18.9%；物流营运收入100亿元，年均增长17.3%；财政总收入7亿元，年均增长15.5%；集装箱吞吐量300万TEU，年均增长3.7%；五年累计合同利用外资3亿美元；五年累计全社会固定资产投资45亿元。

三、优化产业空间布局

1.象屿保税区。重点发展保税仓储、国际贸易、出口加工、检测维修和商品展示等五大业务。

2.象屿保税物流园区。重点发展保税仓储、进口分拨配送、出口集拼、国际采购分销和配送、国际中转等五大业务。

3.保税区二期。重点发展集装箱及散杂货码头经营；国际集装箱堆存、运输、维修；物流仓储及场装，城市、城际物流配送及运输；水产品的交易、加工、储存及冷链物流；商贸物流专业市场等五大业务。

4.东渡港区。重点发展集装箱码头经营、运输、进出口贸易、国际海运配套服务（包括货代、船代、报关、报检、理货、信息、软件、咨询、金融等）。

5.航空港工业与物流园区。重点发展航空产品制造与维修、保税与非保税仓储运输、国际货运、国际配送、航机维修等航空物流配套服务。

6.大嶝对台小额商品交易市场。重点发展对台特色的民生消费品展示、交易以及文化创意特色的休闲旅游。

四、产业发展

（一）现代物流业

充分利用园区的政策与区位优势，提高综合配套能力，提升物流服务能力，继续拓展国际中转、国际配送、国际采购、国际转口贸易等功能，做大做强出口拼箱、保税物流配送、进口分拨等保税业务，同时，加大力度发展以大宗生产生活资料集散、城市城际配送等功能为主的非保税物流，在稳住传统业务市场份额的基础上，打造区域竞争的新优势。

1. 发展以保税物流为特征的港口物流。以海、空港为依托，继续壮大服务厦门及海西地区开放型经济发展、便利货物大进大出的港口物流业，同时发挥保税区、保税物流园区的特殊政策优势，通过积极发展保税物流，进一步提升港口服务功能，从而提高园区在海西物流网络中的地位和提升园区现代物流业竞争力。

2. 发展以服务先进制造业为重点的第三方物流。面向厦门及周边腹地制造业升级对现代物流的强大需求，强化为工业集中区和大型制造业企业配套的物流服务功能，积极开拓内地“无水港”功能，重点发展为电脑IT业、电子产品等先进制造业服务的第三方物流。不断提升企业自身的仓储、配送和管理水平。

3. 发展以电子商务为依托的城市、城际配送物流。适应厦门和周边城市发展、消费规模的扩大和商业模式转变的需要，从完善城市服务功能的角度出发，大力发展以电子商务为依托的涵盖城市生活资料、进口酒类、水产品、大宗生产资料的城市、城际配送物流，并逐步形成城市公共配送网络和辐射全国的城际物流配送体系。

4. 发展壮大物流知名品牌。以引进和自主培育相结合，做大做强园区物流服务品牌。一是大力引进世界知名物流企业和中国物流百强企业到园区投资经营物流业。二是鼓励园区物流企业开展兼并和强强联合，以园区为依托，到国内外广泛布点设网，投资经营物流业，扩大园区物流企业的知名度。

5. 加快园区物流平台建设。加快推进保税物流园区和保税区的物流信息管理系统的研发和建设，在原有系统功能不断完善基础上，整合提升保税物流园区和保税区物流平台，着力解决“保税延展货物”等新型业务的有效监管和高效进出问题。

（二）贸易服务业

1. 商贸业。鼓励进出口企业在园区集聚，积极支持象屿集团、宇信兴业、金华南等大型进出口企业发展，既重视做好传统轻工产品、石材制品的一般出口业务，又重视壮大矿产品、大宗生产资料、机电产品的进口业务；鼓励进出口企业利用保税区、保税物流园区的出口集拼、进口分拨、国际中转等功能，丰富国际贸易形式、节约国际贸易成本，在园区打造贸易物流中心；大力拓展腹地市场，发展多元贸易体系，力争到“十二五”末期，形成贸易带动物流业、物流促进贸易的良性发展态势，园区商贸销售收入达500亿元人民币，打造具有特色的贸易服务业。

2. 专业市场。

（1）进口酒类交易市场。将通过出台扶持办法，加大招商引资力度，从进出口、税收、广告宣传等方面予以扶持，力争到“十二五”末期，引入进口酒类企业30家，进口酒类的配送额达到3亿元人民币，建设一个集展示、展销、休闲、培训、酒文化为一体的，具有较大影响力的品牌效应突出的进口酒交易市场。

(2) 中心渔港及水产品交易市场。加快中心渔港建设与投入使用，打造闽东南第一水产品批发交易市场，在较长时间内对市场培育及平台建设予以政策支持；加大宣传力度，形成辐射海西的市场品牌；要发挥对台优势，扩大对台渔货贸易，建立快速通关机制，推进形成具有市场竞争力的审价机制。力争“十二五”末年交易额达70亿元，年交易量约15万吨，经营户达1000户，建成海西对台水产品交易的重要平台。

(3) 城市生活资料配送市场。做大城市配送中心，积极拓展城市与城际间的物流配送，力争到“十二五”末，有超过200家公路货运及相关企业进驻，该市场占厦门市城际货运市场25%份额，打造辐射海西、面向全国的福建省最大规模的公路货运交易和城市生活资料配送市场。

(4) 专业商城。发挥现代物流园区已形成的综合物流的优势，推动保税区二期由传统的仓储物流向港口物流和商贸物流转型，积极推动专业市场集群的建设，拓展以保税期二期为中心的五金、机电、汽配等专业商城建设。

3. 中介服务。继续发展报关、货代和一般中介服务业，大力引进行业组织和中介机构；以国务院批复厦门打造海西金融服务中心为契机，积极发挥园区“试验田”作用，在外汇、跨境人民币结算等方面积极开展尝试，为厦门打造海西金融服务中心提供先行先试经验，积极为专业市场、园区企业提供融资平台，吸引更多台企入驻园区。“十二五”末期，力争使园区中介服务水平和质量提升至一个新的高度，成为招商引资的又一张新的名片。

(三) 先进制造业

在保税区，继续鼓励支持现有加工企业做大做强。尤其要加快贝莱胜电子国外生产线转移入区和三期扩建项目。积极促成安保塑胶增资，扩大生产规模，在区内形成以医用电路板、急救用品等医疗制品为主的制造业集群。进一步拓展进口检测维修功能，推动形成DELL计算机、大北欧耳机、瑞声达助听器、贝莱胜电路板等产品的亚太区以至全球售后维修中心。在航空港工业园区重点引进航空产品制造与维修企业。力争“十二五”末期，园区工业总产值达到30亿元。

五、努力打造对台物流前沿平台

1. 扶持对台航线，发挥集聚效应，将东渡港区和高崎航空港建成两岸重要的货物集散地和对台交往枢纽。抓住加快建设海峡西岸经济区的机会，扩大海运、空运直航规模和小三通规模，巩固高雄港、拓展台中港、发展基隆港，密切与桃园、高雄等空港对接，鼓励和支持企业加强揽货能力，增加对台班次，推动口岸部门设立对台货物进出口的特殊通道，简化通关环节，提高通关速度。

2. 加强与台湾自由贸易港区对接，全力打造海峡西岸对台物流集散中心。认真落实园区与台中自由贸易港区签署的合作备忘录，积极推动建立两区领导定期会晤制度，争取两区互设常态化办事机构，探索双方交流合作的长效机制，并努力向高雄、基隆、桃园等自由贸易港区扩大延伸。积极推动物流、贸易、加工行业以及口岸监管、港口服务、文件文本、信息系统等业务对接和标准互认。充分发挥各自产业优势，扶持龙头企业，培育专业市场，促进共同市场建设。

3. 搞好扩建、拓展功能，在大嶝对台小额商品交易市场打造台湾商品与服务的展示体验交易中心。在两岸经贸合作框架协议（ECFA）顺利签署、海峡论坛落户大嶝、翔安隧道通车等新的形势下，大嶝对台小额商品交易市场由“对台小额商品交易”向为旅游服务的台湾商品采购中心和进口免税品市场转型，努力建设对台民生消费品展示交易中心和休闲购物主题公园，并在此项目带动下，推进大嶝岛建成以台海商贸为核心、以休闲旅游为重点、以文化创意配套的具有国际知名度的休闲商贸岛。

六、扎实推进项目建设

1. 完善提升园区基础设施。一是重点推进航空港工业与物流园区鳌山路、机场北环路、滨海路、永久供水供电等市政配套设施建设；推进航空港工业与物流园区连接保税区二期下穿隧道的规划与建设；以市政府规划建设的第二东西通道建设为契机，规划衔接第二东西通道、疏港高架和杏林大桥的对外交通体系。以闽台中心渔港和国际航运中心为南北双轴心，进一步完善园区与周边路网的衔接。二是推进园区内公交场站建设，改善园区人流、车流的对内对外交通组织，合理疏导交通秩序，构筑更适于现代物流业运作的便捷交通环境。三是做好园区围网、道路、绿化、美化的改造完善，提升园区整体形象。四是推动大嶝市场专用码头改建及配套道路、供水、供电设施完善到位，全面满足市场改扩建工程需要。

2. 切实推动企业投建项目落地。①保税区：投资1.5亿元建设澳信诺等葡萄酒仓库和展示中心，扩建贝莱胜电子三期，建设金东远锆矿砂进口分拨及转口中心，兴建中外运物流仓库二期。②保税物流园区：投资约2.7亿元，建设2＃、4＃、6＃三座总面积63900平方米的仓库。③保税区二期：整合现有堆场资源，投资2.65亿元建设五金、机电、汽配等专业商城；投资近2亿元建设水产品批发市场。④航空港工业与物流园区：推进佳德保税物流中心、劲美源通物流中心、东风汽车零部件闽南配销中心、航空港运营服务中心、万翔网商物流中心等8个项目的建设，总投资12亿元，争取2013年前基本建成。⑤大嶝对台小额商品交易市场：改扩建“大嶝小镇”，建筑面积约112万平方米，分三期开发，总投资 43 亿元，第一期启动区“台湾免税商品主题公园”，总建筑面积 7.68 万平方米，投资概算 2.8 亿元，2011 年 5 月建成开业，形成初步完善的商业设施、监管设施、物流设施、市政设施及公共设施；第二期项目力争完成主体工程，第三期项目完成前期工作。

七、加大招商引资力度

目前，园区的发展处在转型的关键时期，恰逢国务院《若干意见》的出台以及 ECFA 签订等难得的历史机遇，同时也将面对周边地区同质功能区域的发展建设带来的竞争压力。要多策并举加大招商引资工作，壮大园区经济实力，形成园区经济、产业的集聚效应。一是要突出功能招商，充分发挥园区的政策优势和独特的对台区位和地缘优势，扬长避短，大力发展对台港口物流和航空物流；二是要注重内外结合招商，既要引进国外先进的技术和管理经验，同时也要引进符合园区产业发展导向的内资，重点吸引中央企业、省属企业和具有实力的民营企业投资。三是要广开渠道和形式招商，既要充分利用国内有影响力的“广交会”、“9.8”投洽会，台交会等平台进行宣传和招商，又要走出国门，充分利用驻国外的办事机构、行业协会组织等广泛宣传和招商。四是要充分利用网络信息招商，要注重日常商业信息的收集，并利用园区网站进行宣传。五是要采取个性化招商手段，出台扶持办法，对园区经济发展能起到至关重要或者能引领产业发展的重点行业、重点项目采取个性化招商。

至 2015 年，全区企业总数力争发展至 2000 家，五年引资额累计达 50 亿元，其中投资规模在 1 亿元以上的项目 10 个，合同利用外资累计达到 3 亿美元，在引进和利用外资对外开放上实现突破。

八、加快体制与政策创新

一是进一步整合海空港资源，理顺港口、机场与保税区之间以及厦门市各海关特殊监管区域之间的关系，营造一个通关顺畅、运转高效的运作机制。二是积极向上争取政策，推动保税区与保税物流园区政策和功能叠加，规范“保税延展货物”管理，充分发挥区内仓储和加工、维修的产能。三是改进保税区、保税物流园区之间及与海沧保税港区、火炬（翔安）保税物流中心（B 型）的货物流转方式，推进上述区域（场所）的联动运作、形成合力，共同服务厦门开放型经济的发展。四是推动保税区、保税物流园区与大嶝对台市场的联动发展，形成区域快速转关机制，使保税区、保税物流园区的保税政策和仓储资源同大嶝市场的“免税”政策和展示窗口有效结合起来，进一步扩大台湾商品的销售规模。五是以厦门特区扩大到全市为契机，推动设立大嶝对台综合试验区，探索实施更加开放和优惠的政策，推动扩大对台小额贸易商品交易，区内商品享受免税和免除非关税贸易管制，逐步实现自由贸易港区的功能。六是积极转变政府职能，强化管委会的公共管理和精细化服务，提高宏观管理和微观服务水平，建立服务管理型政府。七是大力推进投融资体制改革，运用市场化融资手段，吸引更多社会资本进入园区，积极鼓励支持园区内万翔网商、名鞋库、宇信兴业等企业在境内外上市融资。

九、认真落实各项保障措施

（一）要素保障

加强金融财政扶持。充分发挥工、农、中、建、兴业及本地厦门银行园区内分支机构的优势，加强政、企、银联动协作，推出具有园区特色的各式金融产品，满足园区企业资金需求；发挥区属企业象屿集团担保等类金融板块平台作用，优先服务支持园区企业，拓宽融资渠道；发挥财政资金导向作用，扩大管委会财政扶持资金规模，鼓励引导优势企业和特色企业发展壮大。

搞好土地厂房资源供给。十分珍惜园区有限的土地资源，在遵循市场化、集约化、规范化原则的前提下，采取灵活措施优先保证符合园区产业导向项目的用地需求；根据企业经营模式，通过置换、搬迁、补偿等各类方式解决不同企业对园区内不同功能片区厂房、土地、仓库的使用需求。抓好区内市政府配套设施建设和维护，满足企业发展的要求。

（二）环境保障

1. 注重改善通关环境。一方面推动协调口岸联检单位创新工作模式、密切联动配合，使东渡海港、高崎空港和保税区、保税物流园区的通关效率达到全国先进水平；另一方面，支持口岸联检单位加大投入，提升监管通关工作的信息化水平，通过科技手段的提升创新，创造一个安全监管和通关便捷的良好环境。

2. 积极拓展市场腹地。对内继续组织园区企业与周边市场进行对接，支持参与海铁联运等多种运输方式的联动运作，以高效优质的物流代理服务吸引周边企业进出口货物通过厦门口岸和现代物流园区进出；对外发挥区港联动优势，千方百计吸引国际航商、贸易商在园区开展国际中转业务。

3. 努力构建和谐园区。切实加强治安防范和安全生产工作，积极打造“平安园区”；切实加强精神文明建设和劳动关系改善，积极打造“文明园区”；切实做好节能减排工作，鼓励倡导环保生态的生产模式，积极打造“绿色园区”。

（三）组织保障

1. 加强党的组织建设。坚持用邓小平理论、“三个代表”重要思想和科学发展观武装和教育党员和干部职工，积极开展创先争优活动。加强思想政治工作，进一步发挥党员的先锋模范带头作用。加强党的先进性建设，不断增强基层党组织的凝聚力和战斗力。

2. 抓好效能建设和行风建设。树立重商、亲商的观念，努力营造良好的投资环境，为入区企业提供优质、高效的服务。抓好管委会自身的建设，进一步改进工作作风，推动形成求真务实、勤政为民的政务环境。坚持“两个文明”同时抓，继续弘扬艰苦奋斗、开拓创新的保税区创业精神，继续保持市级文明单位荣誉称号，争创省级文明单位。

3. 落实工作责任制。管委会成立规划实施领导小组，全面负责规划实施任务的分解、推动和督察工作。坚持部门领导负责制，将工作任务和发展目标层层分解，落实到部门和单位。制定考核办法，建立监督机制，定期进行检查考核。充分发挥各部门作用，形成分工协作、高效运作的工作机制。

附表：

“十二五”期间现代物流园区主要发展目标（略）

“十二五”期间大嶝对台小额商品交易市场主要发展目标（略）

017

广东省人民政府办公厅关于印发推进珠江三角洲地区物流一体化行动计划（2014—2020年）的通知

粤办函〔2014〕525号

广州、深圳、珠海、佛山、惠州、东莞、中山、江门、肇庆市人民政府，各有关单位：

《推进珠江三角洲地区物流一体化行动计划（2014—2020年）》已经省人民政府同意，现印发给你们，请认真组织实施。实施过程中遇到的问题，请径向省发展改革委反映。

广东省人民政府办公厅
二〇一四年十一月七日

推进珠江三角洲地区物流一体化行动计划（2014—2020年）

广东省人民政府办公厅
2014年11月7日

为贯彻落实《珠江三角洲地区改革发展规划纲要（2008－2020年）》（以下简称《珠三角规划纲要》），推进珠三角物流一体化发展，构建珠三角现代物流体系，制定本行动计划。

一、总体要求和总体目标

（一）总体要求。以建设与港澳地区错位发展的国际物流中心为目标，以物流市场一体化、物流网络一体化、物流产业一体化、物流信息一体化、物流标准一体化、物流营商环境一体化为重点，以主辅分离、联动发展为抓手，推进珠三角物流业逐步实现社会化、专业化、标准化、智慧化，构建布局合理、技术先进、节能环保、便捷高效、安全有序的珠三角现代物流体系。

（二）总体目标。到2015年，珠三角建成三小时物流经济圈，形成网络健全的物流一体化体系；到2017年，社会物流总额和物流业增加值年均增长10%以上，社会物流总费用占GDP比重下降到14.5%，初步建成产业链条完善、信息化水平较高的现代物流体系；到 2020 年，基本建成物流标准统一、营商环境优良，覆盖华南、影响东南亚、辐射全世界的现代物流体系。

二、推进物流市场一体化

（一）目标：到 2015 年，建立交通顺畅、物流通达、统一开放的珠三角物流大市场。

（二）措施：

1. 积极培育物流市场。引导、鼓励制造企业、商贸服务企业、农业企业主辅分离，外包物流业务、释放物流需求。鼓励现有运输、仓储、货运代理企业进行供应链功能整合，延伸服务范围，加快向现代物流企业转型升级，培育物流龙头企业。（省经济和信息化委牵头，省交通运输厅、商务厅及珠三角九市政府等参与）

2. 健全物流服务价格体系。依托行业组织，建立公正、合理的物流服务价格体系，保障物流企业开展有序竞争，确保提供优质物流服务。（省发展改革委牵头，省经济和信息化委、交通运输厅、商务厅、地税局、工商局，省国税局、邮政管理局及珠三角九市政府等参与）

3. 消除物流市场地区分割。推动区域内物流企业注册、税收征管、报关报检等均等待遇，统一办税流程。鼓励多式联运发展，推动整合各种物流运输方式。通过共同配送、夜间配送等模式解决外地车辆进城问题，切实消除地方保护。（省商务厅牵头，省发展改革委、经济和信息化委、交通运输厅、地税局、工商局，省国税局、邮政管理局及珠三角九市政府等参与）

三、推进物流网络一体化

（一）目标：到 2015 年，基本实现物流节点和物流基础设施及城乡物流一体化，物流效率全面提高。

（二）措施：

1. 加快物流基础设施一体化。统筹规划、建设物流基础设施，合理布局物流节点，促进海、陆、空多种运输方式有效对接。加快建设和完善连接粤东西北地区的物流通道。加强城市配送和冷链物流基础设施建设，规划建设一批城市共同配送中心。（省发展改革委、交通运输厅牵头，省经济和信息化委、商务厅，省供销社，省邮政管理局及珠三角九市政府等参与）

2. 推进城乡物流一体化。合理配置城乡物流资源，推进城乡配送中心、农超对接等工作，构建城乡一体的物流服务网络。实施省供销合作联社和区域内试点县区综合改革，推进经营和服务创新，加强农超对接中的信息化和物流配送体系建设，重点加快建设一体化运营的农产品购销网络、日用消费品配送网络以及

三农经营服务综合平台。（省商务厅牵头，省交通运输厅、农业厅，省供销社，省邮政管理局及珠三角九市政府等参与）

3. 培育建设一批省级物流园区。以物流服务需求为导向，以产业集群、保税区等为依托，规划建设一批专业性强、综合程度高、功能复合的省级物流园区。（省发展改革委牵头，省经济和信息化委、商务厅，省供销社及珠三角九市政府等参与）

4. 统一设置省外物流节点。打造“珠三角物流园区”品牌，鼓励和引导区域内物流园区加强联合互补，建立和完善在省外、国外的物流节点布局，抱团参与省外和国际物流市场竞争。（省商务厅牵头，省发展改革委、交通运输厅及珠三角九市政府等参与）

四、推进物流产业一体化

（一）目标：到 2017 年，物流供应链一体化程度明显提高，初步实现物流产业一体化。

（二）措施：

1. 推广供应链管理。以广州、深圳市供应链管理龙头企业为引领，促进区域内物流企业延伸供应链，推动采购物流、生产物流、销售物流和逆向物流的一体化。（省经济和信息化委牵头，省交通运输厅，省邮政管理局及珠三角九市政府等参与）

2. 加强企业协作。以物流企业联盟等形式，推动物流企业在资本、技术、服务等方面进行交流、合作，防止恶性竞争。（省经济和信息化委牵头，省交通运输厅、商务厅，省邮政管理局及珠三角九市政府等参与）

3. 强化产业联动。大力发展第三方物流，推动物流业与制造业、物流业与商贸业联动发展，大力开展现代物流技术应用示范和城市共同配送工作，培育一批产业联动发展示范企业。加快农业生产资料、农产品、大宗矿产品、重要工业品、生活必需品、药品等领域物流发展。推动快递业与电子商务、制造业协同发展。（省经济和信息化委、商务厅牵头，省交通运输厅、农业厅、商务厅，省邮政管理局及珠三角九市政府等参与）

五、推进物流信息一体化

（一）目标：到 2017 年，建成一批区域性和行业性物流公共信息平台，基本形成物流一体化信息体系。

（二）措施：

1. 建设物流一体化信息系统。以南方现代物流公共信息平台为基础，扩大平台应用和对外交流合作，逐步实现省交通运输物流公共信息平台与广州、深圳、中山、江门、惠州物流公共信息平台、佛山市中小型船东企业经营管理云平台、高栏港物流公共信息平台等信息平台无缝对接，集成企业间和企业内的供应链管理系统、企业资源计划管理系统、客户关系管理系统以及销售管理系统等，形成物流一体化信息系统。在大通关、多式联运、食品安全追溯、危险品运输管理等领域继续开展重点示范项目。积极拓展泛珠三角物流市场，同时以粤港澳合作、粤新合作和粤港澳—东盟合作为基础，广泛开展国际互联应用。（省经济和信息化委牵头，省交通运输厅、商务厅及珠三角九市政府等参与）

2. 试点建设供应链管理信息平台。支持物流龙头企业建设供应链系统，通过供应链管理信息平台，共享需求信息、交货情况、生产能力计划、生产进度、促销计划、需求预测和装运进度等，实现协同受益。（省经济和信息化委牵头，省交通运输厅及珠三角九市政府等参与）

3. 推动物流通关信息一体化。继续强化南方现代物流公共信息平台功能，完善省电子口岸建设，推进外贸各环节网络化运作，实现外贸、商务、口岸、海关、检验检疫、边检、海事、工商、税务等部门数据共享和物流通关信息一体化。深化广东关区通关一体化改革，简化企业报关单证，加快通关作业无纸化改革，通关作业无纸化率力争超 90%；加大跨境快速通关系统推广力度，优化公路转关模式，完善珠江内支线水运转关手续，促进“水水中转”；统一关检双方统计口径，查验结果互相通报、互相认可，推进实现“信息互换、监管互认、执法互助”和“单一窗口”；加强关际合作，促进执法规范统一，试点开展区域税收征管一体化和审单、归类、估价协调工作模式，重点解决归类、估价执法不一致问题，建立执法争议协调处理机制。（省经济和信息化委、商务厅牵头，省交通运输厅、口岸办、地税局、工商局，海关总署广东分署、省国税局、广东出入境检验检疫局及珠三角九市政府等参与）

六、推进物流标准一体化

（一）目标：到 2020 年，制订实施各类先进适用标准，在运输、配送、包装、装卸、保管、流通加工、回收及信息管理等各环节推行标准化规范管理，建立完善的现代物流服务标准体系。

（二）措施：

1. 强化物流标准化制度建设。充分发挥省物流标准化技术委员会作用，制订物流标准化体系建设规划，建立健全各物流业态的物流标准体系，确定物流标准化实施路线图。（省质监局牵头，省发展改革委、经济和信息化委、交通运输厅，省邮政管理局及珠三角九市政府等参与）

2. 完善物流标准体系。积极引导、支持企业参与物流国家标准体系和地方标准、行业标准的研究制定。依托区域内物流企业、行业组织、研究机构，制订适应物流一体化发展的物流技术标准、工作标准和管理标准。推动物流标识标准化，实现与交通运输业、农业、制造业、商贸业等其他行业标准，以及与银行、海关、质检等部门标准的衔接。完善物流安全标准体系研究。（省质监局牵头，省发展改革委、经济和信息化委、交通运输厅、农业厅、商务厅，省邮政管理局及珠三角九市政府等参与）

3. 推广物流标准化。积极推广应用标准化物流技术和装备，加快对现有仓储、运转设施和运输工具的标准化改造；推行物流作业标准化，改善物流作业环境；以大型物流企业、物流园区为重点，开展物流标准化试点工作；建设标准化托盘循环共用系统。（省质监局牵头，省发展改革委、经济和信息化委、交通运输厅、农业厅、商务厅，省邮政管理局及珠三角九市政府等参与）

七、推进物流营商环境一体化

（一）目标：到2020年，建成与国际通行营商规则接轨，透明高效、竞争有序、公平正义、诚实守信的法治化国际化物流营商环境。

（二）措施：

1. 营造物流一体化市场环境。降低市场准入门槛，加强市场服务和监管，推动形成公平竞争、开放有序的市场环境。建立与国际通行营商规则相适应的管理体制和运行机制，建设具有国际先进水平的市场服务体系、社会信用体系和市场监管体系。（省发展改革委、工商局牵头，省经济和信息化委、交通运输厅、商务厅、法制办，省邮政管理局及珠三角九市政府等参与）

2. 营造物流一体化服务环境。实现物流投融资体系、物流支付体系、代收货款等物流金融的网络化服务，促进物流金融、流通加工、报关、商检、统计、法律咨询、资格认证等物流服务与国际通行规则接轨。（省商务厅、金融办牵头，省发展改革委、经济和信息化委、财政厅、住房城乡建设厅、交通运输厅、质监局，海关总署广东分署、广东出入境检验检疫局、省邮政管理局及珠三角九市政府等参与）

3. 营造物流一体化诚信体系。以南方现代物流公共信息平台、货运物流诚信经营体系等为依托，加快建设物流信用信息系统，构建物流诚信体系。规范和完善物流信用信息征集、披露、评价、服务、管理工作，实行惩戒退出机制。加快推进物流实名制试点。开展诚实守信宣传教育，严厉打击不正当竞争和违法经营行为。（省工商局、交通运输厅牵头，省发展改革委、经济和信息化委、公安厅、财政厅、住房城乡建设厅、商务厅、地税局，省国税局、省邮政管理局及珠三角九市政府等参与）

八、工作保障措施

（一）加强组织领导。珠三角各市政府、省各有关部门要加强对物流业发展的组织领导和统筹协调，深化物流管理体制改革，理顺部门职责关系，建立分工合理、执行顺畅、监督有力的物流综合管理体系。相关工作情况纳入实施《珠三角规划纲要》年度评估考核。

（二）完善协调机制。依托行业组织，建立珠三角物流发展联盟，协同物流发展产业政策，统筹区域物流产业发展规划，构建一体化产业链条，共同扶持物流龙头企业。建立珠三角物流一体化行动联席会议制度，协调物流基础设施布局、重大项目建设等重要事项，指导物流发展联盟开展工作。

（三）营造政策环境。珠三角各市政府要结合物流业实际发展情况，抓紧制订、修订相关政策文件，建立适应现代物流业发展、符合一体化发展趋势的政策法规体系。要认真贯彻落实国家推动物流业发展的有关政策，制订相关扶持政策，抓紧解决影响当前物流业发展的土地、价格、收费、融资和交通管理等方面问题。

（四）加大投资力度。加大财政支持力度，对符合条件的重点物流企业的运输、仓储、配送、信息设施和物流园区的基础设施建设给予适当倾斜。加大对物流企业的信贷支持力度，加快推动适合物流企业特点的金融产品和服务方式创新，积极探索抵押或质押等多种贷款担保方式，提高对物流企业的金融服务水平。进一步拓宽融资渠道，支持和鼓励符合条件的物流企业上市和发行企业债券。积极发展物流金融，为物流业发展提供全程金融服务。

（五）壮大行业组织。大力培育和扶持行业协会等行业组织，引导履行行业服务、自律、协调等职能。加快政府职能转移，加强后续监管，推进政府服务的社会化采购。建立珠三角各市物流行业组织间的沟通协调机制，发挥其在物流规划编制、政策研究、规范市场行为、标准制定、统计信息、技术合作、人才培训、行业考核、资格认证、咨询服务等方面的中介服务作用。

（六）加快培育人才。鼓励校企合作，依托大专院校、中等职业技术学校，采取订单式培育方式，培养急需的物流专业人才。加大行业从业人员培训力度，深入开展继续教育，提升物流人才队伍素质。

018

深圳市现代物流业发展"十二五"规划

深交〔2011〕1045号

前　言

现代物流业是利用信息技术和管理技术实施一体化运作，融合仓储、运输、装卸、搬运、货代、配送、包装、流通加工等环节的复合型服务业，其涉及领域广、吸纳就业人数多、促进生产和消费作用大，已成为我国国民经济和社会发展重要支柱性产业。加快现代物流业发展是适应社会化大生产和模块化分工的客观要求，是连接生产和消费、体现社会民生福利"幸福感"的重要环节，是发挥深圳中心城市控制力、促进"深圳质量"创造的重大举措，对深圳加快转变经济发展方式和全面建设现代化国际化先进城市具有重要意义。

为推动深圳市现代物流业又好又快发展，依据《珠江三角洲地区改革发展规划纲要（2008—2020年)》、《深圳市综合配套改革总体方案》、《深圳市城市总体规划（2010—2020)》、《中共深圳市委关于制定深圳市国民经济和社会发展第十二个五年规划的建议》、《深圳市国民经济和社会发展第十二个五年规划纲要》等，编制本规划。

本规划是指导深圳市现代物流业未来五年发展的行动纲领。通过本规划实施，依托海陆空铁综合交通优势，大力发展高端物流业，努力把深圳建设成为具有国际资源配置功能和国际商务营运功能的全球物流枢纽城市、具有产业支撑功能和民生服务功能的全国优秀物流服务都市、亚太地区重要多式联运中心和供应链管理中心以及与中国香港共同建设国际航运中心。

一、发展基础和形势

改革开放以来，深圳经济特区发挥了全国对外开放"窗口"作用，推动了现代物流业成为连接国内国外两个市场、两种资源的支柱产业。"十一五"期间，深圳现代物流业发展取得显著成绩，服务环境不断优化，服务能力不断提升，"双港"物流跃上新台阶，现代物流产业支柱地位进一步巩固。

（一）发展基础

1. 现代物流产业初具规模。"十一五"期间，深圳现代物流业以大物流综合交通管理体制为保障，以海空双港为龙头，以物流园区为载体，以产业集群为依托，经受住了全球金融海啸冲击，实现了持续快速发展。2010年，全市物流业增加值达到926亿元，“十一五”期间年均增长14.74%，比同期GDP增速高出1.7个百分点；物流业增加值占GDP的比重达到9.74%，比“十五”期末提高0.29个百分点；港口货物吞吐量22097.69万吨，年均增长7.56%；港口集装箱吞吐量2250.97万标准箱，年均增长6.80%；社会货运量26175万吨，年均增长21.69%；机场货邮吞吐量80.91万吨，年均增长11.64%。

2. 物流服务能力显著提升。“十一五”期间，深圳港航运输、道路运输、航空运输等运输方式获得进一步发展，现代物流服务能力显著提升，初步形成了“计划—采购—制造—交付—回收”一体化供应链服务体系。截至“十一五”期末，深圳已拥有各类物流企业14800家，其中供应链管理企业300多家。传统物流服务加速向综合第三方物流和供应链管理服务转变，涌现出了华南城、顺丰、怡亚通、飞马、越海、腾邦等一批以深圳为总部的现代化、规模化、品牌化物流领军企业。深圳现代物流企业“走出”全球和全国布局的趋势日益明显，对487家样本企业进行调查发现，这些企业在国内及海外设立的营业网点近2万个。

3. 物流基础设施明显改善。“十一五”期间，海陆空运输网络进一步完善，物流园区建设进一步加快，物流信息化建设跃上新台阶，深港之间港航资本深度合作。深圳港口集装箱吞吐量连续8年位居全球第四，初步形成以深圳港为基本港的华南水运、转运、喂给体系。国际集装箱班轮航线由154条增至230条，集装箱专用泊位由23个增至44个，盐田国际集装箱码头三期、蛇口集装箱码头三期、大铲湾港区集装箱码头一期、铜鼓航道一期等港口工程建成投入使用。“七横十三纵”的高快速公路体系加快构建，完成盐排、龙大等一批高速公路建设，厦深铁路建设顺利推进，陆路交通枢纽功能进一步完善。航空货邮吞吐量由47万吨增至81万吨，通航城市由77个增至106个，通航航线由108条增至156条，基地航空公司由2家增至9家。深圳机场综合实力连续8年位居国内机场第四，是世界单跑道最繁忙机场之一。机场B型保税物流中心、快件监管中心扩建等货运设施建设完成，国家干线机场地位进一步提升。前海湾保税港区一期工程封关运作，机场、盐田、平湖、龙华、笋岗－清水河等物流园区加快建设。“大通关”平台和电子口岸建设不断深化，电子标签及标准化立体仓库、自动拣选设备等物流技术装备得到逐步推广和应用。

4. 物流政策体系基本确立。为促进现代物流业发展，深圳市政府颁布了《关于加快深圳现代物流业发展的若干意见》，明确提出了促进现代物流业发展的项目认定、投资立项、用地优惠等政策。“十一五”期间，相继出台了《深圳市现代物流业发展专项资金管理暂行办法》、《深圳港航产业发展财政资助资金管理暂行办法》、《深圳航空业财政奖励资金管理暂行办法》、《深圳市道路集装箱运输行业财政资助管理暂行办法》、《深圳市物流项目建设用地控制标准》等专项资金管理办法及相应扶持政策，全方位支持现代物流产业发展壮大。现代物流业发展专项政策与全市总部经济、民营经济、中小企业、高层次专业人才等相关政策构成一套相对完整的物流政策体系。

5. 全国领先地位巩固提升。深圳地处珠江水系主要出海口和珠三角地区发展主轴线，毗邻香港和澳门，深港现代物流业务合作和人员交流日益密切，接近国际海运主航道，拥有世界第四的国际集装箱港和华南货运门户机场，优越的区位优势和地缘优势凸显。"十一五"期间，深圳在国家批准的2010—2020年城市总体规划中被确定为全国经济中心城市，在国家物流业调整和振兴规划中被确定为全国物流节点城市。美国UPS、德国汉莎、丹麦马士基等知名物流企业落户深圳，IBM、沃尔玛等一批国际知名企业纷纷在深圳设立全球采购中心，物流国际化程度大幅提升。深圳物流管理模式创新、供应链金融、国家5A级物流企业建设位居国内城市前列，物流全国影响力显现。由国家交通运输部与深圳市政府联合主办、国家发展改革委、国家外专局支持的中国（深圳）国际物流与运输博览会，成为唯一由国家部委主办和参与的国际性综合物流与运输展，从2007年开始连续四年成功举行，参展国家和地区增至30多个，参展商增至1000多家。

6. 物流带动作用日益显现。"十一五"期间，深圳现代物流业开始由服务产业发展转向带动产业发展，体现在其不仅促进了生产要素及产品的高效流通，有效降低了制造业等相关产业发展的物流成本，更重要是依托供应链优化组合和合理配置，极大带动了金融、商贸、高新技术、电子商务等相关产业创新发展，进而提升了整个区域经济和产业的竞争力。研究数据表明，深圳物流业增加值每增加1亿元，带动相应的GDP为10.38亿元。深圳航空出港货物每增加1万吨货运量，带动相应的GDP为12亿元。

（二）存在问题

1. 行业龙头企业不多。深圳各类物流企业14000多家，总体规模小、分布散乱、经营效率低，管理模式粗放，无序竞争明显，尚缺乏更多具有强劲带动力和竞争力的行业"龙头"，制约了行业高端突破发展。

2. 高端增值服务不足。深圳物流业务大部分停留在简单运输、仓储、搬运等低端服务，物流增值服务能力还比较弱，能够提供完整全程物流服务的第三方物流企业还比较少。

3. 有效用地监管不够。深圳物流用地出让前期缺乏土地利用评价标准，而后期缺乏土地利用监控机制，致使部分物流用地出现后续开发不力、更新改造困难等问题，进而影响了土地利用效率和产业结构升级。

4. 物流专业人才短缺。与现代物流业发展相匹配的从业人员素质有待进一步提高。深圳大学和深圳职业技术学院物流专业学生规模还比较小。城市高生活成本影响了深圳对高端物流人才吸引力。

5. 高水平的信息化支撑乏力。与全球发达物流枢纽城市相比，缺乏全流程、自动化、一体化公共物流信息网络，开展及时响应、预时送货、随时查询等增值业务的信息整合成本高位运行，影响了物流行业整体组织效率和管理水平的提升。

6. 环境更加优化的要求突出。深圳对外贸易出口额长期高于进口额，导致集装箱空箱调运在整个集装箱运输系统中占据较大比重。物流园区周边交通设施仍欠完善，货运交通与城市交通相互干扰。深圳物流业与其他产业缺乏有效联动机制，导致诸多物流环节割裂和脱节，造成社会物流运作成本提高和效率降低，抑制了社会专业化物流发展。现代物流业向高端升级的引导政策尚未形成，物流基础设施还不完善，行政审批效率有待进一步提高。区域物流发展同质低水平竞争，交通设施、物流设施、物流标准等领域存在衔接协同问题。

（三）面临形势

“十二五”时期是深圳建设现代化国际化先进城市的关键时期，促进现代物流业高水平发展，不仅是深圳物流业自身结构调整和产业升级的需要，也是全市国民经济与社会又好又快发展的必然要求。

1. 国际发展形势。一是全球经济格局深刻变化对国际物流需求产生重大影响。当前，世界经济复苏基础并不牢固，发展不确定性仍比较大，金融危机深层次影响依然存在，全球贸易保护主义有所抬头，国际物流需求增长放缓。主要发达国家失业率居高不下、消费不振，一些国家开始倡导储蓄、鼓励出口，推行产业回归和制造业再造，全球物流流向将有所变化。产业升级速度加快，产品生命周期缩短，大规模定制与模块化生产越来越成为跨国生产组织体系的主流形态，多批次、小批量物流需求增加，对全球物流效率和质量提出了更高要求。全球新兴经济体获得强劲恢复性发展，其自身物流需求规模将持续扩大，物流需求层次将不断提升。二是世界信息科技突飞猛进为现代物流发展创造有利条件。全球金融危机正在催生新的科技革命，世界已处于创新集聚爆发时期，计算机、通信、媒体相互渗透融合将信息技术开发推向一个崭新的发展阶段。下一代互联网技术、新一代通讯技术、物联网技术、超级计算技术等信息技术在社会生产、生活各个领域应用初露端倪，基于快速反应、功能集成的现代物流升级发展将获得更加可靠有效的现代信息技术的强力支撑。三是国际低碳发展日益突显为物流绿色运作提供现实需求。全球气候变暖与石化能源短缺是当今时代全人类共同面对的严峻问题，绿色经济、低碳技术等加速兴起，抢占未来发展制高点的竞争日趋激烈。同时，交通阻塞、交通事故、废气污染等使得城市环境趋于恶化。现代物流业作为交通使用、能源消耗的重要领域，不仅需要与社会系统相协调，降低物流运作中能耗和排放，而且承担打造更广泛绿色供应链、支持低碳理念下生产方式和生活方式的责任。

2. 国内发展形势。一是实施扩大内需战略为物流均衡发展奠定坚实基础。为有效应对复杂多变国际形势，国家突出了坚持扩大内需特别是消费需求的战略，着力破解制约扩大内需的体制机制障碍，加快形成消费、投资、出口协调拉动经济增长新局面，国际物流和国内物流、进口物流和出口物流将获得更为均衡的发展。二是健全改善民生政策为发展民生物流提供重大机遇。在人均 GDP 超过 3000 美元的新发展阶段，我国把保障和改善民生作为加快转变经济发展方式的根本出发点和落脚点，农产品流通、医疗卫生、社会救助、生活用品服务等民生物流面临重大发展机遇。三是促进服务业大发展为现代物流业振兴提供强大战略支撑。新时期国家以推动服务业大发展作为产业结构优化升级的战略重点，将重点推进服务业规模化、品牌化、网络化经营，不断提高服务业比重和水平，2009 年颁布实施十大产业振兴规划之一的《物流业调整和振兴规划》，现代物流业发展政策环境获得极大改善。四是加强区域协调发展为优化物资流通创造良好条件。为加强区域经济和社会协调发展，国家着力实施区域发展总体战略和主体功能区战略，“十一五”期间已先后批准颁布十余个区域性规划或指导性意见，促进了要素资源优化配置，推动了各类物资便捷流通，扩大了区域物流需求规模，同时也为区域物流业合作创造了良好条件。五是海洋经济迎来黄金发展期为临港物流拓展开辟崭新领域。国务院批复广东国家海洋综合开发试验区、山东半岛蓝色经济区、浙江海洋经济发展带作为国家海洋经济发展试点区，围绕黄海、东海、南海的海洋开发加快，将为传统临港物流开辟新领域。六是各省市高度重视物流发展使现代物流业竞争态势初步显现。伴随着国内产业梯度转移和“人口红利”趋于弱化，越来越多省份和城市意识到发展现代物流业已成为优化产业结构、推进城乡发展、改善投资环境、强化区域辐射的重要手段，纷纷出台物流业振兴规划或实施方案，建立和健全物流业政策与措施，大力发展各类先进的物流业态，继制造业之后在物流领域的发展竞争日益激烈。

3. 深圳发展形势。一是城市发展使命对现代物流发展提出更高要求。在经济特区三十年发展的新历史起点上，深圳肩负为全国科学发展探索新路的历史使命，把“深圳质量”作为新导向和标杆，着力打造现代化国际化先进城市，建设国家经济中心城市和国家创新型城市。现代化国际化先进城市建设要求以现代物流加速全球性拓展，国家经济中心城市建设要求以现代物流实现全国性联络，国家创新型城市建设要求以现代物流满足创新要素和创新模式优化配置需求。根据投入产出系数测算，2015 年深圳内外部物流需求超过了 1500 亿元。二是产业结构升级对高端物流发展提出派生需求。“十二五”期间深圳将实施高技术产业和现代服务业“双轮驱动”，加快产业结构优化升级，构建“高、新、软、优”产业特色，带来高效库存管理、及时市场供应、物流金融服务等高端物流需求。电子信息、先进制造、传统优势等产业升级发展需要现代物流支持，电子商务、生物医药等战略新兴产业和现代金融、商贸会展等现代服务业发展要求高端物流配套。三是都市物资保障为都市物流服务开拓广阔空间。伴随着深圳经济特区扩大至全市，经济特区一体化深入实施，都市物流对节约城市能源、缓解交通压力、改善居民生活等领域作用日益重要。以建设罗湖国际消费中心城区为重点，打造辐射全国、亚太知名的国际消费中心，带来都市商品流通和商贸集散的需求不断增大。2011 年世界大学生夏季运动会在深召开，保障大运会高效运转，建设高效都市物流服务的任务更加迫切。四是区域经济合作为物流错位发展创造良好条件。伴随着《珠江三角洲地区改革发展规划纲要（2008—2020 年）》、《粤港合作框架协议》、《推进珠江口东岸地区紧密合作框架协议》、《前海深港现代服务业合作区总体发展规划》等政策文件的颁布，深港、深莞、深惠等城市间区域合作日益密切，现代物流发展改变了区域产业价值结构，决定了区域经济合作地理空间范围，按照区位优势和产业基础、促进物流业错位发展具备良好外部条件。

综合判断国际、国内形势和深圳发展阶段特征，深圳现代物流业迈入了可大有作为的发展战略机遇期，需要紧紧围绕创造“深圳质量”的核心理念，顺应时代发展的潮流和产业发展的规律，加快推进现代物流业高端化、国际化、信息化、低碳化和联动化步伐，不断提高物流运作效率与服务增值能力，为把深圳建设成为中国特色社会主义示范市和现代化国际化先进城市贡献力量。

二、指导思想与基本原则

（一）指导思想

深入贯彻落实科学发展观，按照深圳建设现代化国际化先进城市要求，以加快科学发展为主题，以转变发展方式为主线，以创造“深圳质量”为统领，发挥市场在资源配置中的基础性作用，强化规划和政策引导，突出物流产业结构升级，突出物流枢纽城市建设，突出物流服务都市发展，突出关键物流载体提升，突出物流发展环境优化，加快构建具有国际竞争力的现代物流业体系，培育深圳现代服务业重要增长极，打造全球性物流枢纽城市和全国优秀物流服务都市。

（二）基本原则

1. 高端化提升原则。深入贯彻落实《珠江三角洲地区改革发展规划纲要（2008—2020 年）》，结合深圳经济发展方式转变和区域经济合作态势，重点发展供应链管理、物流总部经济、航运衍生服务等高端物流业态，提高现代物流业发展核心竞争力和服务辐射力。

2. 国际化延伸原则。加快深圳国际化城市建设步伐，支持企业“走出去”开拓国际市场，大力发展世界级集装箱枢纽港、华南地区航空门户机场。以前海深港现代服务业合作示范区建设为契机，加强深港现代物流业合作，促进 CEPA

深化实施，强化功能互补、错位发展，增强深圳现代物流业国际竞争优势和国际资源配置能力。

3. 低碳化引领原则。强化绿色物流发展理念，加快从"高消耗、高排放、高污染"到"低消耗、低排放、低污染"低碳化发展。融合战略性新兴产业发展要求，大力推进新能源、物联网和新一代信息技术的应用，优化传统仓储、运输、配送方式，引领低碳技术创新应用潮流，促进节能减排和经济的可持续发展。

4. 联动化发展原则。大力延伸物流产业链条，推动现代物流业与制造业、商贸业、金融业等相关产业联动发展，促进战略合作与有机融合，释放社会物流需求，提高物流运作效率。扩大物流服务领域，提升物流服务能力，为社会民生创造更优的服务环境。

5. 信息化带动原则。坚持以信息化为主要手段，加强先进信息技术应用，完善物流信息平台建设，加速企业信息化步伐，促进物流资源优化整合和配置，实现信息共享、数据共用和信息互通，提高物流信息化整体水平。

三、发展目标

(一) 总体目标

物流龙头企业培育取得重大进展，物流用地产出效率取得大幅提升，物流发展环境建设取得显著成效，把高端物流业打造成为现代物流业主导业态，基本建成具有国际资源配置功能和国际商务营运功能的全球性物流枢纽城市、具有产业支撑功能和民生服务功能的全国优秀物流服务都市、亚太地区重要的多式联运中心和供应链管理中心以及与香港共同建设国际航运中心。

表 1　　"十二五"期间现代物流业发展预期目标

项目	2011 年	2012 年	2013 年	2014 年	2015 年
物流业增加值（亿元）	1020	1123	1237	1362	1500
物流业增加值占 GDP 比重（%）	9.79	9.84	9.89	9.95	10.00
全社会物流总费用（亿元）	1498	1633	1780	1940	2115
全社会物流总费用占 GDP 比重（%）	14.38	14.31	14.24	14.17	14.10
社会货运量（万吨）	31568	38072	45917	55378	66789
港口集装箱吞吐量（万标准箱）	2351	2456	2566	2680	2800
港口货物吞吐量（万吨）	23169	24292	25470	26705	28000
航空货邮吞吐量（万吨）	86	91	97	103	110

至2015年，深圳市物流业增加值达到1500亿元，年均增长超过10%。深圳物流业增加值占GDP的比重达到10%，比“十一五”期末提高0.26个百分点。物流业增加值结构进一步优化，贸易业、流通加工、包装业等新兴业务对物流业增加值的贡献率达到57%，比“十一五”期末提高8个百分点。全社会物流总费用达到2115亿元，占GDP的比重达到14.1%，比“十一五”期末下降0.3个百分点。社会货物量达到66789万吨，年均增长20.6%。港口集装箱吞吐量达到2800万标准箱，年均增长4.5%。港口货物吞吐量28000万吨，年均增长4.8%。航空货邮吞吐量达到110万吨，年均增长6.3%。

（二）目标分解

1. 各区预期目标。至2015年，深圳市物流业增加值达到1500亿元，其中福田区物流业增加值240亿元，占16%；罗湖区物流业增加值105亿元，占7%；南山区（含前海）物流业增加值255亿元，占17%；盐田区物流业增加值150亿元，占10%；宝安区物流业增加值360亿元，占24%；龙岗区物流业增加值270亿元，占18%；光明新区物流业增加值45亿元，占3%；坪山新区物流业增加值75亿元，占5%。

表2　　“十二五”期间各年物流业增加值各区预期目标　　单位：亿元

项目	2011年	2012年	2013年	2014年	2015年
福田区	175	193	201	218	240
罗湖区	94	101	103	104	105
南山区（含前海）	163	180	215	230	255
盐田区	128	134	135	145	150
宝安区	245	270	297	327	360
龙岗区	172	192	215	240	270
光明新区	12	15	22	30	45
坪山新区	31	38	49	68	75

2. 各行业预期目标。至2015年，交通运输业增加值480亿元，占物流业增加值的32%；仓储业增加值90亿元，占物流业增加值的6%；邮政业增加值75亿元，占物流业增加值的5%；贸易业增加值600亿元，占物流业增加值的40%；流通加工、包装业增加值255亿元，占物流业增加值的17%。

表 3　“十二五”期间各年物流业增加值各行业预期目标　单位：亿元

项目	2011 年	2012 年	2013 年	2014 年	2015 年
交通运输业	326	359	396	436	480
仓储业	61	67	74	82	90
邮政业	51	56	62	68	75
贸易业	408	449	495	545	600
流通加工、包装业	173	191	210	232	255

（三）目标支撑

1. 基础支撑。实现现代物流业总体发展目标的基础设施、先进技术、主体培育、服务能力、人才素质、市场环境等支撑条件基本具备。

物流基础设施进一步完善。发挥海陆空铁综合交通优势，形成多式联运有效衔接和保税物流功能充分发挥的现代物流网络体系。完成盐田港集装箱码头三期工程、大铲湾港集装箱码头工程等一批港口物流设施重大工程。完成厦深铁路等一批通道工程建设。完善盐田港物流园区、机场物流园区等一批重要物流节点建设。

物流先进技术进一步强化。开发并推广应用现代物流信息技术、物流装备技术、低碳物流技术、绿色物流技术、物联网技术、供应链管理技术等一批物流先进技术，为物流业的高端化发展提供技术支撑。

物流主体培育进一步加快。促进中小企业专业分工、发展壮大，形成各种所有制物流企业有序竞争、相互促进的市场格局。培育和引进一批服务水平高、国际竞争力强的物流企业，力争在“十二五”期间新增 3～5 家物流企业上市。

综合服务能力进一步增强。加强现代物流供应链服务一体化建设，依托前海深港现代服务业合作区建设，深化深港现代物流业务合作，实现物流服务模式的延伸。建成电子商务平台，提高现代物流业服务辐射范围，促进现代物流业与相关产业联动发展，最大限度提升物流服务增值能力。

物流人才素质进一步提升。强化深港物流人才交流，引进一批物流人才尤其是综合型、专业型的高端物流人才，初步建成物流人才认证体系，形成产学研一体化良性发展的人才培养体系，为深圳现代物流业的可持续发展提供人力资源保障。

物流市场环境进一步优化。市场规制不断健全，诚信体系不断规范，物流产业政策引导效果凸显，初步形成统一开放、规范高效、区域协调符合国际惯例的物流业发展环境，为现代物流业高端发展创造良好外部条件。

2. 企业支撑。至 2015 年，全市物流相关业务企业近万家。营业收入排名前 1000 家物流企业实现物流业增加值占全市物流业增加值总额的 70%以上。在千家物流企业中，根据重点物流企业申报条件和认定情况，“十二五”期间拟认定重点物流企业 100 家，至 2015 年实现增加值 600 亿元，占全市物流业增加值 40%以上。在百家重点物流企业中，拟认定高端物流企业 10 家，至 2015 年实现增加值 200 亿元。即“十二五”期间，依托全市“十、百、千、万”物流企业全面发展，确保规划目标实现。

3. 项目支撑。以企业为主体、以市场为导向，组织和实施一批高质量、高水平的物流项目，促进全市高端物流业发展和物流服务都市、物流枢纽城市建设，力争至 2015 年新增高端物流项目形成增加值占全市物流业增加值的 10%以上。

表 4　　深圳市现代物流业发展“十二五”规划调控指标体系

类别	序号	指标	2015 年调控目标	指标属性
总量目标	1	物流业增加值（亿元）	1500	预期性
	2	物流业增加值占 GDP 比重（%）	10.00	预期性
	3	全社会物流总费用（亿元）	2115	预期性
	4	全社会物流总费用占 GDP 比重（%）	14.10	预期性
	5	社会货运量（万吨）	66789	预期性
	6	港口集装箱吞吐量（万标准箱）	2800	预期性
	7	港口货物吞吐量（万吨）	28000	预期性
	8	航空货邮吞吐量（万吨）	110	预期性
行业发展	9	交通运输业增加值（亿元）	480	预期性
	10	仓储业增加值（亿元）	90	预期性
	11	邮政业增加值（亿元）	75	预期性
	12	贸易业增加值（亿元）	600	预期性
	13	流通加工、包装业增加值（亿元）	255	预期性
区划分解	14	福田区物流业增加值（亿元）	240	预期性
	15	罗湖区物流业增加值（亿元）	105	预期性
	16	南山区（含前海）物流业增加值（亿元）	255	预期性
	17	盐田区物流业增加值（亿元）	150	预期性

续 表

类别	序号	指标	2015 年调控目标	指标属性
企业项目	18	宝安区物流业增加值（亿元）	360	预期性
	19	龙岗区物流业增加值（亿元）	270	预期性
	20	光明新区物流业增加值（亿元）	45	预期性
	21	坪山新区物流业增加值（亿元）	75	预期性
	22	千家物流企业实现物流业增加值占全市物流业增加值总额比重（%）	≥70	预期性
	23	拟认定重点物流企业数（家）	100	预期性
	24	重点物流企业实现增加值（亿元）	600	预期性
	25	拟认定高端物流企业数（家）	10	预期性
	26	高端物流企业实现增加值（亿元）	200	预期性
	27	新增高端物流项目形成增加值占全市物流业增加值比重（%）	≥10	预期性

四、主要任务

按照现代物流"一高、两市、三中心"战略定位要求，发挥外源性经济优势，抢抓机遇、超前布局，以点带面、以能促效，全面提升深圳现代物流业发展质量，增强深圳城市吸引力、辐射力和竞争力。

（一）加快高端物流发展

依托抢占技术高端和管理高端，强化模式创新与体制创新，着力促进具有高效益、高附加值、高带动力、低资源消耗、低环境污染特征的高端物流发展。

1. 抢占物流技术高端。加强物流机械设备、运输工具、站场设施等硬件技术更新改造，提高机械化、自动化和系统性、兼容性，促进各种硬件的衔接和配套，降低对人工需求的依赖。加强物流系统工程技术、价值工程技术等软件技术开发利用，重点发展条码技术、无线射频技术、智能标签技术、恒温运输技术、电子数据交换技术等物流技术以及仓库管理系统、全球定位系统等知识系统。加强高端技术和服务标准推广应用，推动低碳物流技术的开发，支持物联网、云计算等物流技术和相关物流设备试点示范，开发建设智能可追溯网络系统、智能配送可视化管理系统、局域性智能控制自动操作系统。

2. 抢占物流管理高端。加强社会物流管理创新，强化物流预测、物流决策、物流评价、物流控制和标准建设，重点发展行政管理、人才管理、资本管理、转运分拨等物流总部业态，促进保税物流、冷链物流、农产品物流、汽车物流、药品物流、服装物流、电子商务物流等领域物流专业化发展，积极培育低碳物流、闭环物流等新兴物流业态。加强企业物流管理创新，支持企业发展供应商库存管理（VMI）、销售与运营计划（S&OP）、协同计划预测与补货（CPFR）等管理方法和工具，降低非增值物流浪费，提高供应链管理效率，提高客户满意度。

3. 强化物流模式创新。顺应全球经济大规模定制、模块化生产要求，依托海陆空铁立体交通网络，强化现代物流综合集成优势，重点发展供应链管理、第三方物流、第四方物流，促进现代物流业与关联产业联动发展。围绕深圳六大战略性新兴产业和现代服务业发展，加强物流技术与商业模式融合创新，强化对互联网、生物等战略新兴产业和商贸、会展等现代服务业物流配套服务能力，突出现代物流对电子商务的强大支撑作用，支持物流企业发展 B2C、B2B 垂直电子商务和供应链金融、咨询、信息管理等增值服务。建设现代低碳物流体系，加强行业联盟协作，研究低碳物流绩效考量指标体系和认证服务体系，探索碳排放交易和碳限制制度。

4. 强化物流体制创新。强化行业管理体制创新，构建“十百千万”行业管理架构①，制定项目建设或土地开发前带物流（含货运）的交通评价制度，建立定期座谈研讨和企业调研制度，并支持物流行业协会等中介组织开展行业统计、标准起草、学术研讨、信息交流等活动。强化企业资助体制创新，对满足条件的物流企业或项目实施分层、分类针对性资助，并建立政府扶持项目的评价考核及修订体系和重点及高端企业的统一政府宣传机制。强化部门协调体制创新，构建深圳物流产业发展联席会议议事制度，覆盖物流管理相关政府部门和单位作为成员单位，研究协调重大事项。

（二）布局现代物流网络

依托海空双港提升、拓展延伸陆港，完善海铁联运、公铁跨越、城市配送体系，大力发展物流总部经济，着力构建全球、全国、全市功能完备、布局合理的三级现代物流网络，扩大深圳物流的覆盖面和影响力。

1. 布局直通全球国际物流网络。借鉴上海国际航运中心建设，拓展国际海运航线网络，支持和吸引世界知名班轮公司、船舶管理公司进驻深圳，巩固欧美优势航线、开拓新兴市场航线，拓展深圳港的国际中转业务。丰富国际航空航线网络，支持航空公司在深圳开通货运航线，增加在深圳机场的运力投放，拓展国际航空市场，并争取国家民航主管部门支持，突破深圳机场空域及航班容量受限

① “十百千万”行业管理架构是指在工商注册物流企业万家、纳入政府或协会备案并获认可的物流企业千家、评选认定重点物流企业百家、评选认定高端物流示范企业十家。

瓶颈。深化深港澳台及东盟现代物流业务合作，支持深港澳台货运代理企业建立企业协作联盟，抓住中国—东盟自贸区全面建成契机，将深圳打造成中国与东盟间的物流集散枢纽，增辟中国—东盟主要物流通道。引进采购、货运等国际代理机构，借力国际中介机构自身资源，加快建设跨国采购中心、国际配送中心以及全球供应链管理中心。

2. 布局覆盖全国的国内物流网络。根据国家物流资源跨区整合要求，重点建设云贵、川渝、湘鄂等区域至深圳出海的三大物流通道。拓展内贸海运航线网络，深化与中远、中海等国内大型船公司的战略合作，鼓励中远、中海等船公司在深圳港加大内贸集装箱运输业务，同时鼓励国内其他中小型班轮公司与深圳港进行内贸战略合作，尽快形成干支结合的沿海内贸航线网络。深入实施“珠江战略”，加强与珠江水系各港口的联盟关系，完善珠江水系驳船运输网络，力争华南公共驳船快线覆盖整个珠三角地区的核心内河码头。拓展港航货源腹地网络，以集装箱枢纽网络为支撑，推动港航企业与国内城市合作建立内陆无水港体系。构筑覆盖全国的陆路物流服务网络，鼓励有实力的物流企业以深圳为基地，以大中型城市为节点，大力发展多式联运和省际、市际干线运输，到2012年建立300个以上的城市配送中心、分拨中心、采购中心。加快推进港、深、莞、惠交通一体化，加强区域物流标准对接、物流通道对接、物流设施对接以及物流服务对接。

3. 布局遍布全市的都市物流网络。优化物流节点布局，按照特区一体化要求，规划建设临港、笋岗、临空三大物流总部基地，加快推进前海湾保税港区等五类九大物流园区，支持一批工业园区、商贸旺区、居民社区、专业市场专业配套物流中心发展。完善都市物流设施，规划布局都市车辆专用停车点和停车场，加强对都市物流车辆车型、标志和调度的管理。畅通都市物流通道，加强物流通道规划设计和组织实施，加快构建快线、干线、支线三个层次的都市物流通道系统。

（三）完善物流节点功能

按照货运服务、生产服务、商贸服务以及民生服务要求，加快重要物流节点基础设施建设，着力拓展物流增值业务，强化物流综合服务能力，促进现代物流业高端化、专业化和集约化发展。

1. 提升港口物流组织整合能力。依托深圳东、西部港区，强化商品、技术、资本、信息综合集散功能，着力推动衍生增值服务发展，加快供应链管理企业发展，引进为电子商务交易提供物流及相关增值业务的综合服务型企业，支持港口物流企业承接采购、销售等相关外包服务，搭建国际采购、国际配送和全球集拼分拨管理平台。

2. 加强机场物流高效输运能力。依托珠三角地区全球电子信息产业基地建设，充分发挥机场保税物流中心作用，加强联通世界、高效快捷的现代物流服务能力，开展保税仓储、融资担保、信息管理等物流增值服务，重点推动电子产品、通讯产品、生物制品、商务文件、鲜活产品等高端商品航空运输。

3. 提高物流园区综合服务能力。按照布局集中、用地节约、产业集聚、功能集成、经营集约的原则，加快五类九大物流园区基础设施建设，提升物流园区信息化水平，强化供应链管理、信息服务、设计咨询、金融配套、人才培训等功能，延伸物流服务链条，开展区域物流整合优化，进一步提高辐射范围和服务能力。

4. 加强物流中心专业配套能力。按照都市物流发展要求，有针对性规划建设专业物流中心，重点在电子信息、电子商务、黄金珠宝、生物医药、汽车、玩具、服装、家具、农产品、快速消费品等十大优势领域，培育社会化、专业化、精细化的物流体系。结合电子商务平台，鼓励国内外大型连锁经营企业建立物流配送中心，引导专业运输企业开展城市配送，打造便捷的一小时都市圈物流配送体系。

（四）推动产业联动发展

依托物流业与制造业联动发展示范区、物流业与其他服务业联动发展示范区建设，加快物流业与制造业、商贸业等产业以及民生事业联动高效发展。

1. 加快物流业与制造业联动发展。规划建设宝安、龙岗物流业与制造业联动发展示范区，实施物流标准化服务示范工程，选择一批大型物流企业和重点物流园区开展物流标准化试点工作，支持制造业与物流业信息共享和标准对接，推广实施托盘系列国家标准，建设托盘共用系统，加强仓储、转运设施和运输工具标准化改造，鼓励制造企业采用标准化物流设施和设备。

2. 加快物流业与其他服务业联动发展。规划建设前海物流业与其他服务业联动发展示范区。加强物流业与金融业的合作，促进物流金融的专业化、规范化的开展，实现物流与金融的双向平衡发展。加强物流业与商贸业合作，促进商贸物流优质高效运作，提升商贸产品的空间与时间价值。加强物流业与会展业合作，提高会展货物短时集散能力，促进品牌展会专业化、国际化。加强物流业与服务外包业合作，满足软件与信息技术服务、产品与技术研发、工业及创意设计等高端服务外包业务的特殊物流需求。

3. 加快物流业与民生事业联动发展。按照建设民生幸福城市要求，创新具有小型、零散、多样特征的都市生活用品物流形态，高质量解决广大市民“菜篮子”、“米袋子”、“果盘子”等生活基本需求。支持企业搭建“农超对接”平台，实施科学农产品物流运作，降低物流环节成本，保障农产品供给和物价稳定。关注社区居民需求，完善社区物流体系，构建服务于民、方便于民、受益于民物流新模式，解决好物流行为中“最后一公里”问题。

4. 促进物流服务多元化和需求社会化。鼓励物流企业功能整合和业务延伸，满足社会多样化、多层次的物流需求。支持制造企业和物流企业以股权合作方式，开展资产重组和实施信息共享。鼓励大型物流企业做强做大，中小物流企业做精做细，促进物业企业专业分工和联合协作。支持制造、商贸企业实施物流业务分离外包，组织和实施一批联动发展示范重点项目。

（五）提升公共信息平台

充分利用物联网、云计算等技术手段，结合智能交通系统建设，依据先进性、开放性、实用性和安全性原则，改造提升公共物流信息平台，强化信息资源整合与共享，促进物流资源优化配置，提升物流服务整体水平。

1. 整合公共物流信息资源。按照“政府推动、政策配套、市场运作、企业经营”的原则，依托现有各类信息平台资源，整合相关部门或企业公共性物流基础信息数据，建设面向全社会、全行业的综合性公共物流信息平台，并支持物流或相关企业开发基于公共物流信息平台的物流信息增值服务。

2. 促进物流信息技术创新。支持建设物流信息技术服务平台试点，鼓励中小物流企业实施软件即服务（SaaS）、平台即服务（PaaS）等，加速物流业信息化、网络化发展。支持建设生物医药、危险化学品、烟草酒水等具有高附加值且需重点监控行业物联网应用试点。加强信息安全技术创新和应用，综合应用数字签名、电子水印、实时备份等技术，确保数据及系统安全性、稳定性和可靠性。加强物流企业、高等院校、科研机构以及中介机构之间产学研合作，组建电子商务与物流信息化发展研究机构。

3. 加强多式联运信息化建设。发挥深圳海陆空铁综合交通优势，围绕产业转移和区域合作，以重点区域、重要通道为突破口，建设“一票到底”、“无缝衔接”集装箱多式联运全程信息服务，推进集装箱多式联运的可视化和智能化管理，提高物品流动的定位、跟踪、过程控制等管理和服务水平。

4. 强化云计算供应链服务。依托公共物流信息平台，以云计算、云服务、物联网技术为手段，发展基于云计算的供应链一体化信息服务，建成“智慧深圳”标志性工程，促进货运网上交易、电子商务贸易、物流应用系统服务等，实现全市物流业的信息化、社会化、智能化，成为华南乃至全国物流信息化的引领者。

（六）打造前海发展制高点

全面落实《前海深港现代服务业合作区总体发展规划》，坚持深港合作、高端引领、服务广东、面向全球的战略取向，促进深港两地现代物流业的深度合作，形成高端物流业的集聚区，打造亚太地区有重要影响的供应链管理中心和航运衍生服务基地。

1. 建设国际供应链管理中心。利用前海深港现代服务业合作区特殊开发政策，借鉴国际通行做法，依托前海保税港区积极探索海关特殊监管区域的政策和制度创新。完善市场准入机制和政策配套机制，重点发展提供融资咨询、融资担保、资金结算、报关通关、信息管理及相关增值服务的供应链管理企业。鼓励引进为电子商务交易提供物流及相关增值业务的综合服务型企业。鼓励区内企业承接采购、销售等相关外包服务，搭建国际采购、国际配送和全球集拼分拨管理平台。

2. 建设国际航运衍生服务平台。依托香港国际航运中心，推动深港两地海空港紧密合作，拓展港口服务功能，拓展国际航运服务。支持发展航空交易市场，开展航材租赁、航材交易、民用飞机融资租赁等多种创新服务。积极引进航运业务管理中心、单证管理中心、结算中心、航运中介等机构和业务。推动航运航空金融创新发展，支持组建航运产业基金、航运金融租赁公司、航运保险机构，促进民用飞机及航材金融租赁业务发展。允许注册在前海企业申请境内银行开设离岸专用账户或特殊账户。支持在前海服务航空、航运的金融租赁公司进入银行间市场拆借资金和发行债券。

3. 建设区域产业联动示范区。加强体制创新与模式创新，深化深港现代服务业合作，依托前海南方物流信息交换中枢和国际电子商务中心建设，以强化供应链管理为主线，大力发展生产组织服务、供应链金融服务、商业模式创新、市场营销推广等，打造现代物流业与制造、金融、商贸等产业联动发展示范区。

五、空间布局

按照深圳城市总体规划要求，结合全市现代物流业发展趋势，加快整合和盘活资源，强化集约与高效发展，加快形成现代物流业发展的“3521”空间布局①。

（一）物流总部基地

依托区位及产业优势，大力推进临港物流总部基地、笋岗物流总部基地、临空物流总部基地，充分发挥总部基地的资源集聚及配置功能，实现物流海港、陆运、空运的协调发展。

1. 临港物流总部基地。将前海深港现代服务业合作示范区、盐田港商务区、宝安中心区打造临港总部经济区，探索保税物流与创新金融、物流与国际采购、配送与国际电子商务科技产业的结合，实现高端发展和模式创新。重点引进国际20强的班轮公司和国际100强的物流和供应链龙头企业，发展与港航相关的金融、保险、咨询、海运服务、救援、货代、信息处理、流通性加工等增值服务。

2. 笋岗物流总部基地。整体推进笋岗—清水河—八卦岭片区改造，在笋岗

① “3521”空间布局，即三个基地、五类园区、两类中心、一张网络。

片区实施“容积率换空间”等城市更新政策，在城市中心片区完善城市功能，形成新的经济增长点，重点打造高端物流、大宗商品交易市场、现代物流配送、供应链管理总部基地。

3. 临空物流总部基地。在航空城（宝安区）打造临空总部基地，依托 UPS 亚洲转运中心和深圳机场基地航空公司，吸引国际性物流、代理、快递、金融服务等企业设立管理型和运营型总部，适度发展与航空运输依存度较高的电子、生物医药、名贵花卉、海鲜等高附加值产品加工业，形成特色鲜明的临空物流总部基地。

（二）综合物流园区

依托海港、陆路、航空、货运场站等交通基础设施，以优化整合为原则，完善园区功能，提高服务能力，重点布局 55 类 9 个物流园区。

1. 港口综合物流园区。包括前海湾保税港区、盐田港物流园区、大铲湾物流园区，加快推进盐田保税港区申报和建设，重点提供集装箱中转、拆拼、仓储、保税、简单增值加工、海关查验等物流服务功能。

2. 航空综合物流园区。机场物流园区（含空港保税物流园区）。以处理国内、国外航空货物为主，集货站、快件货场、海关查验场物流功能区为一体，进一步引导大型物流企业在园区集聚。发挥保税区、区港联动区的保税物流中心作用，推进空港保税物流园区建设。

3. 铁路综合物流园区。平湖物流园区。连接东、西部港区，发展公铁联运、海铁联运，面向珠江三角洲及国内其他地区，形成中远距离货物集疏运、内地与香港中转的物流基地。同时，在东西临港区域建设分别连接平盐铁路、平南铁路的中小型物流园区，以方便处理进出港的铁路拆拼箱货物、仓储、集装箱堆存、车辆摆放等。

4. 陆路口岸物流园区。龙华物流园区。重点打造以提供集装箱中转，空、重、冷藏箱堆放，海关进口保税，出口监管等主要服务功能的综合物流园区。

5. 城市配送物流园区。包括笋岗—清水河物流园区和宝安、龙岗配送中心等 3 个物流园区。以服务城市生产、生活消费物流为主，是城市消费配送集中的物流节点。

（三）专业物流中心

重点推进园区物流中心和商贸物流中心两类专业物流中心建设，形成若干区域性、节点型物流中心和配送中心，加强配套物流服务专业化，强化物流产业的聚集功能，完善物流网络体系。

1. 园区物流中心。包括“区港联动”盐田港保税物流中心、“空港联动”机场保税物流中心 B 型、华南国际保税物流中心 B 型、平湖保税物流中心 A 型、观澜保税物流中心 A 型以及各类产业园区内的配套物流中心等。以园区为依托，加强专业配套与服务，不断完善园区或区域物流功能。

2. 商贸物流中心。凭借地理位置、区域规划、扶持政策、专业服务、完善配套等优势，重点发展龙岗平湖李朗、罗湖东门、福田华强北等商贸物流中心，为商贸产业配套提供专业物流服务。

（四）内陆物流网络

实施“物流一体化服务网络工程”，鼓励有实力的物流企业以深圳为基地，以国内主要经济区域为重点，以大中型城市为节点，构筑覆盖全国的内陆物流网络。

1. 布局内陆港和无水港。以深圳国际陆港建设为统筹，重点布局内陆港和无水港，完善陆路物流运输体系，密切深圳码头、口岸、机场等物流战略节点与腹地经济联系，促进陆路物流规模化、集约化、现代化、品牌化，推动陆、海、空港同步协调发展。以集装箱枢纽网络为支撑，推动港航企业与内陆城市合作建立内陆无水港体系。重点推进成都、重庆、昆明、长沙、南昌、贵阳、韶关等珠三角地区内陆港和无水港的建设。

2. 打造多式联运中心。适应国家扩内需的政策导向，打造区域性多式联运中心，重点实施海铁联运、江海联运，提升多式联运的内涵功能和辐射范围。加强与珠江水系码头的合作，大力发展驳船运输，提高华南驳船网络的覆盖面和运作效率。建设专业化的内贸集装箱码头，推动江海联运，形成干支结合的沿海内贸航线网络，拓展东西部港区的内贸货源。

3. 优化经营网点布局。以兼并重组、战略合作等形式布局沿海港口网点，拓展港口海运、集装箱运输、保税物流等业务。布局长江航运、珠江航运经营网点，开展驳船运输、货运代理、供应链金融等业务。布局道路运输网点，开展仓储、运输、包装、配送、信息服务等业务。

六、重大工程

依托重大项目，落实重点任务，立足前瞻性、战略性要求，实施高端物流、都市物流等物流工程，全面提升深圳物流质量。

（一）高端物流工程

按照“两高两新”的高端物流内涵要求，规划和实施一批高端物流工程，发挥示范和带动效应，促进现代物流业高端化发展。

1. 冷链物流工程。结合现代快节奏生活的需要，依托保惠农产品冷链物流园、泛亚物流国际果蔬物流中心等项目，研究冷链物流行业标准，加快具有更高技术和资金要求的冷链物流发展，保证食品安全、减少流通损耗，扩大进出口冷链物流份额。

2. 汽车物流工程。把握深圳及全国汽车产业发展机遇，依托长航丰海、比亚迪汽车、盐田港集团、招商国际等公司，规划建设汽车滚装码头和仓库，投资建设汽车运输船队，探索发展汽车保税业务。规划建设华南汽车配件用品物流基地，促进汽车配件至维修厂或营业点流通。

3. 电子商务物流工程。结合深圳战略性新兴产业发展和传统优势产业升级要求，依托华强北电子交易市场、华南城原料采购中心等商务平台和顺丰快递等快递企业，发展和提升电子商务物流服务，构建电子商务物流支撑平台。

4. 供应链服务创新工程。按照实施区域生产组织管理发展目标，依托越海全球华南供应链服务基地、怡亚通供应链整合研发中心、朗华（物流）供应链外包基地与虚拟生产中心、深圳市信利康全球供应链服务物流园等项目，加快供应链服务创新，增强对全球供应链的管控能力。

5. 前海高端物流集聚工程。以前海深港现代服务业合作示范区开发为契机，发挥前海保税港区和合作示范区政策叠加优势，规划实施前海湾综合交通枢纽、港深国际航运服务平台以及合作示范区公共物流信息平台、商务交易应用服务平台等项目，促进高端物流业集聚发展。

（二）物流创新工程

加快物流技术与物流模式融合发展和推广应用，实施物流信息平台、产业联动、科技创新、低碳物流等四大创新工程。

1. 信息平台工程。规划建设基于云计算、云服务、物联网技术的道路集装箱运输公共信息平台、海运物流公共应用综合服务系统（海商网）、公共舱单数据服务系统等全市性公共物流信息平台。规划建设基于云计算、云服务、物联网技术的前海湾保税港区物流通关信息系统、深圳机场保税物流中心（B型）通关应用项目、盐田港国际资讯中心项目、深圳市航空物流信息平台、平湖物流园区公共信息服务平台、笋岗物流园区公共信息服务平台等园区或港区信息平台项目。

2. 产业联动工程。规划建设前海物流业与其他服务业产业联动示范区以及宝安、龙岗物流业与制造业联动发展示范区，加强对制造业和服务业物流分离外包引导力度，推广应用规范物流标准体系，完善产业园区、商贸片区和居住社区的物流配套，支持相关企业申报全国制造业和物流业联动发展示范项目。

3. 科技创新工程。依托深圳大学、中科院深圳先进技术研究院等大专院校和科研院所，结合深圳现代物流业发展实际需求，重点开展集装单元、射频识别、货物跟踪定位、智能交通、物流管理软件、移动物流信息服务等关键技术攻关，启动物联网的前瞻性研究和先进物流设备的工作，提高深圳物流技术创新能力。

4. 低碳物流工程。加快建设低碳物流绩效考量指标体系和认证服务体系，鼓励低碳技术在物流领域的应用，提升全市物流发展质量。重点推进盐田港拖车“油改气”项目，液化石油气（LPG）仓储区和液化天然气（LNG）应急储备基地建设。

（三）都市物流工程

结合深圳经济特区一体化建设，以打造全国优秀物流服务都市为目标，规划和实施一批都市物流工程，提高城市物流效率，提高民生物流质量。

1. 都市物流集运工程。依托南方集联国际物流中心、深业物流平湖多式联运中心、深业进智现代物流分拨中心、深圳铁路集装箱中心站等项目建设，构建覆盖全市的物流集运系统，有效提高都市物流集运能力。

2. 都市物流配送工程。依托宝安、龙岗、光明、坪山等物流配送中心和货运场站的规划建设，合理布局全市商业连锁配送网点，加快商业连锁配送、电子商务物流发展，同时探索发展逆向物流。

3. 都市物流信息工程。基于全市公共物流信息平台，引入现代无线通讯技术、卫星导航技术、智能车辆调度指挥技术、物联网和服务互联网技术等，建设都市物流调度指挥中心，优化物流线路，提高物流效率。

4. 城际都市物流工程。抓住厦深铁路、深中大桥、港珠澳大桥等项目建设契机，结合深圳国家经济中心城市建设，以企业为主体、以资本为纽带，重点加强深港、深莞惠以及珠三角其他地区的区域合作，加快布局城际物流配送网点，打破物流业区域束缚。

（四）物流枢纽工程

充分发挥深圳地处太平洋海上交通要道、珠江水系主要出海口区位优势，建设面向全球物流集疏运体系，强化现代物流业国际竞争力，提升对国内外市场辐射广度与深度。

1. 海港物流工程。加快推进盐田港区西作业区集装箱码头工程、盐田东港区陆域形成及地基处理工程、深圳港大铲湾港区二期集装箱码头工程、深圳港蛇口太子湾片区改造工程、深圳港宝安综合港区一期工程、东宝河港区码头（一期）工程、深圳港铜鼓航道二期工程等工程项目，巩固深圳港国际集装箱枢纽港和干线港地位。

2. 空港物流工程。加快推进深圳机场飞行区扩建陆域形成及软基处理工程、深圳机场飞行区扩建工程、深圳机场航站区扩建工程、深圳机场新航站区轨道交通枢纽土建预留工程，强化航空物流本地集散功能、门户枢纽功能和国际中转功能，加快发展临空经济，打造现代航空城。

3. 陆路物流工程。落实"内贸战略"、"珠江战略"，依托盐田港集团、招商局国际等大型港口物流企业，加强深圳与国内城市港航合作，深化"五定班列"① 3

① "五定班列"是指在主要城市、港口、口岸间铁路干线上组织开行的"定点（装车地点）、定线（固定运行线）、定车次、定时（固定到发时间）、定价（运输价格）"的快速货物列车，它包括集装箱"五定"班列和普通货物"五定"班列两种组织形式。

运作机制，强化华南公共驳船快线品牌效应，加快内陆港和无水港建设，合理布局物流战略节点。研究利用城际高速铁路和城市轨道交通开展高端物流业务方案和技术。加快推进深业物流平湖多式联运中心、东方嘉盛华南分拨中心、龙岗公路货运枢纽等项目建设。

（五）物流设施工程

加快完善物流基础设施建设，提升重要物流节点战略支撑功能，为深圳高端物流业发展和全国优秀物流服务都市、全球性物流枢纽城市建设创造良好条件。

1. 物流园区工程。结合城市片区功能优化，加快坪山、光明新区物流园区规划建设，推进固戍配送物流园区、深圳机场物流园区、盐田港普洛斯国际物流园（二期）、西部第三方物流基地、康纳辉仓储物流基地、中油深圳仓储物流配送服务基地、恒路平湖物流基地、粤信尾货物流城、华南国际工业原料城二期、人人乐石岩生鲜物流配送中心改扩建、华南国际物流中心、盐田港现代物流中心、平湖木古货站物流中心、保惠物流出口监管仓等项目建设。

2. 公路通道工程。按照“七横十三纵”① 干线路网格局，加快骨架路网建设，重点推进广深沿江高速公路深圳段、广深沿江高速公路机场连接线、国道205深圳段改建工程、南坪快速路、龙观快速路、盐田港疏港专用道、大铲湾港区疏港专用通道、机荷高速西延段、龙盐快速路等公路通道项目。加快深中大桥规划建设。

3. 铁路通道工程。加强深港铁路有效衔接，促进香港与内地铁路网络的融合。加快厦深铁路西延跨珠江铁路通道、深圳北站交通枢纽工程、深圳东站综合交通枢纽、深圳铁路集装箱中心站建设。依托高速铁路建设，打造深圳至长沙和厦门的3小时铁路交通圈、深圳至武汉和福州的5小时铁路交通圈、深圳至北京和天津的12小时铁路交通圈。

4. 交通枢纽工程。加快推进福田综合交通枢纽、福田口岸综合交通枢纽及配套工程、前海湾综合交通枢纽工程、深圳湾口岸综合交通枢纽及配套工程等项目，强化交通枢纽交通组织和运营协调功能。

5. 港口后方陆域综合服务区工程。加快推进深圳东、西港口后方陆域综合服务区规划和建设，加强港口集装箱集中堆放管理，提供拖车缓冲、检修等服务和火车集结、编组等作业，并拓展单据交换和金融服务等港口物流衍生增值服务。

---

① “七横”：外环高速公路、机荷高速公路－深汕高速公路、南坪快速路、北环快速路、南环快速路、沿一线快速路。“十三纵”：沿江高速公路、海滨大道、南沙快速路、广深高速公路、南光高速公路、福龙路－龙大路、龙观快速路、皇岗路－梅观高速公路、盐排高速公路、清平快速路、丹平快速路、龙盐快速路、深惠高速公路－东部过境高速公路。

（六）应急物流工程

发挥政府主导作用，强化社会广泛参与，加快应急物流系统建设和完善，保障经济和社会发展中由突发性因素所导致的应急物流需求。

1. 应急物流基地工程。依托综合物流园区建设，在全市东、中、西部各规划布局一个应急物流基地，用于储备、调控和集疏应急物资和装备，强化全市应急保障和应急反应能力。

2. 应急物流信息工程。依托全市物流信息平台建设，联结应急生产企业和应急物流企业信息系统，以现代信息技术为支撑手段，加强政府与市场有效应急合作与协调，满足突发事件发生时紧急调用需求。

3. 企业应急物流工程。借鉴全球跨国公司应急物流实践模式，选择和培育一批具有应急能力的物流企业，形成完整的应急物流供应链系统，加强对应急物资的有效管理，最大限度地提升应急物流时效。

（七）物流培育工程

以企业和人才培育为主要抓手，加快提升现代物流业发展质量，为深圳现代物流业高端化、专业化发展提供动力源泉和智力保障。

1. 企业培育工程。按照“做大重点企业，做强高端企业，培育中小企业”要求，实施“梧桐计划”和“榕树计划”，引进一批国内外知名交通物流企业在深圳设立国际总部、地区总部以及面向华南区域的进口商品配送、分拨基地，培育、壮大一批本土综合服务型交通物流企业和高端供应链管理企业。

2. 人才培育工程。落实全市引进海外高层次人才“孔雀计划”和国内人才引进培育扶持计划，全方位引进专业型、技术型、实用型高端物流人才。落实深圳市博士后资助资金管理办法，引导物流企业设立博士后科研流动站或博士后创新实践基地，推动以企业为主导的高层次物流人才队伍建设。建立深圳市十大杰出物流人才评选制度。依托深圳大学、深圳职业技术学院、深圳市物流与供应链协会等大专院校和协会组织，建立物流职业资格认证制度和物流人才认证培训体系，提高从业人员职业能力和素质。

七、政策措施

完善和强化政府服务、高端引导、优势培育、产业联动、行业统计、信息支撑六大政策措施，规范市场发展环境，保障规划任务全面落实，促进发展动力全部释放，顺利实现深圳现代物流业发展宏伟蓝图。

（一）强化政府服务职能

按照建设服务型政府要求，加强政府服务企业能力建设，营造良好的物流业发展政策环境，促进现代物流业快速健康可持续发展。

1. 完善产业政策。实施现代物流业发展“立体新政”，制定“1＋X”新政策文件，加强与国家和广东省物流政策衔接。结合全球经济发展新形势和深圳城市建设新要求，修订2002年由市政府印发的《关于加快发展深圳现代物流业的若干意见》(深府〔2002〕174号)，并研究制定《关于建设物流枢纽城市的实施办法》、《关于促进都市物流发展的实施办法》、《关于促进高端物流发展的实施办法》、《深圳市高端物流企业认定管理暂行办法》、《深圳市应急物流管理暂行办法》等实施办法。

2. 加强行业监管。按照“十百千万”行业管理架构，建立和完善物流企业从业档案，加强企业城信管理，规范物流市场经营秩序，实施“重点保证基础、专项奖励高端”。探索建立项目立项或土地开发前物流（含货运）的交通评估“一票否决制”。完善物流用地项目前期评价机制，并构建后期监控机制。加快物流企业孵化器、行业公共技术平台建设，促进现代物流企业公平竞争和良性发展。完善物流用地审批流程，按照产业业态和技术条件，适度提高物流用地容积率。加强行业协会、物流联盟等行业组织建设，促进物流行业发展的协调自律和自我治理，构建政府与企业联系桥梁和纽带。

3. 强化人才政策。依托深圳市现代物流业发展专项资金，设置深圳市十大杰出物流人才奖、物流师培训考试补助资金，鼓励集聚顶尖现代物流人才，提高行业整体从业人员素质。

（二）引导高端物流发展

按照“技术高端、管理高端、模式创新、体制创新”，引导现代物流业高端化发展，提升深圳现代物流业发展质量。

1. 建立评价体系。按照高端物流“两高两新”的内涵和“三高两低”的特征，设立高端物流企业和项目评价标准，并建立高端物流企业和项目申报和评审程序以及高端物流企业动态考核制度，使高端物流企业成为引领和示范全市物流业创新发展的“风向标”。

2. 支持企业创新。按照国家级高新技术企业要求，支持现代物流企业申报国家级高新技术企业，鼓励现代物流企业提高研发投入比例、加大设备更新改造，开发与应用具有自主知识产权的物流管理技术、应用技术和信息技术，创新物流发展模式，开展供应链贸易、金融、信息等综合服务或专业服务。在现代物流项目认定中增加低碳环保、地均产出指标，并将认定材料与立项材料相衔接。

3. 完善保税政策。借鉴国际自由贸易港成功经验，制定适合前海湾保税港区政策功能实现的配套政策，以绿色通道方式快捷办理行政审批手续，加快相关项目审批手续和配套设施建设。研究将西部港区统一纳入到扩区的前海湾保税港区，在西部港区全面启用统一的关区代码。探索注册在前海湾保税港区和盐田保税物流园区内的航运企业免征营业税优惠政策，争取在保税港区内试点开展境内人民币贷款等业务。建设保税港区与各口岸间的“绿色通道”，实现保税港区与深圳关区各口岸之间的货物直通，提升口岸间流转车辆通关效率。

4. 促进低碳发展。结合深圳国家低碳城市、国家生态城市建设，探索建立低碳物流认证体系，实施碳足迹记录和披露计划。构建深圳碳排放交易体系和碳限制体系，鼓励企业减排计划，落实节能减排责任制，推动绿色供应链构建。综合运用土地政策、税收政策、规费政策、资金政策等政策，出台低碳物流鼓励与扶持法规政策，加强低碳物流的推广与应用，为发展低碳物流创造良好的政策环境。

（三）大力培育优势企业

借助“梧桐计划”和“榕树计划”实施，营造更有利于激发现代物流企业活力的发展环境，加快具备国际竞争力、占据行业制高点的优势企业涌现。

1. 壮大龙头企业。深入实施“梧桐计划”，落实全市总部企业引进计划，引进国际知名物流企业设立中国业务总部、国内大型物流企业设立国际业务总部，培育发展本土大型企业集团总部，鼓励优势企业实施行业并购和重组，重点发展综合性物流、供应链管理、速递配送、仓储分拨、第三方物流、国际货代、信息服务、现代运输型、深圳基地海运和港口投资型等十大类50家大型物流总部企业，打造一批总资产过100亿元的综合型物流总部企业、总资产过50亿元的职能型物流总部企业和总资产过10亿元的成长型物流总部企业。

2. 做强中小企业。深入实施“榕树计划”，促进中小物流企业功能整合和服务延伸，支持参加全市中小企业上市培育计划、融资计划、产业链配套计划、人才与创新支持、市场开拓等专项计划，以及中小企业上市公司和拟上市公司总部基地建设计划，拓宽中小企业的融资渠道，支持提高物流技术水平，全面提升中小物流企业创新发展和快速成长的能力。

3. 鼓励园区开发。结合全市产业升级、旧城改造和新城规划，按照产业发展和城市建设的实际需求，以现代物流园区（中心）开发项目为载体，引入社会资金，创新土地政策，简化审批手续，优化融资环境，促进民营专业物流园区（中心）发展。

4. 促进外贸均衡发展。抓住国家实施扩大内需战略、深港前海现代服务业合作示范区建设的重大机遇，完善海外代理网络和优化服务流程，大力引进国内外知名进口货运代理物流企业，促进进出口物流均衡发展，改变企业开展国际物流业务的外贸环境。

5. 促进区域物流合作。以珠三角地区为核心，以交通衔接重点，探索建立开放、统一、公开、透明的物流市场，依据空间区位特点和资源禀赋特征调整物流产业分布结构，促进现代物流产业集聚及错位发展，协调产业升级与产业转移、产业集中与疏散之间的关系。

（四）加强产业高效联动

把握科技发展和产业融合趋势与规律，加强物流业与制造业、物流业与其他服务业、物流业与民生事业联动发展，促进构建具有国际竞争力的现代产业体系。

1. 研究联动资助政策。研究探索制造、商贸等企业物流资产和业务从主业分离的税收优惠政策，并争取在深圳先行先试。研究制定产业联动发展示范工程和重点项目的专项资助政策。研究和制定产业联动以专项资助、贷款贴息等为主要方式的财政扶持政策。研究制定混合产业用地政策，促进产业空间融合。

2. 规范物流流程标准。规范各类型企业物流运作的流程和标准，提高不同类型企业物流便利对接。规范物流行业发展秩序，完善市场准入制度，引导物流企业强化一体化服务能力，创新物流和供应链运作模式，提高物流服务的能力和水平，为物流社会化重组改造创造良好条件。

3. 强化联动宣传力度。利用深圳市交通主管部门网站等网络平台以及中国（深圳）国际物流与运输博览会等会展平台，加强物流业与制造业、服务业联动研讨、培训和宣传，依托行业协会搭建交流平台，促进制造业、服务业物流业务分离外包。

（五）完善物流统计工作

结合深圳现代物流业发展需要，做好现代物流业发展的统计工作，奠定促进市场理性预期和实施政府行业管理的良好基础。

1. 完善统计制度。完善现代物流业统计调查制度和信息管理制度，建立科学的统计调查方法，贯彻落实社会物流统计核算与统计报表制度，完善物流统计网上系统直报系统。加强市统计部门和物流主管部门对现代物流业统计业务指导，推动全市各区全面开展规范有序的现代物流业统计工作。充分发挥行业组织作用和力量，提高统计数据的准确性和及时性。

2. 健全统计指标。结合深圳高端物流、低碳物流的发展，健全相关统计指标，提高监控与考核可操作性。充实统计调查内容，完善货代、供应链管理、冷链物流、汽车物流、烟草物流等物流环节的统计方法与统计内容。研究物流业对其他行业或领域的贡献，增加现代物流业发展相应社会效益指标。

3. 提升统计服务。加强统计数据分析，编制时局性好、时效性强统计分析和监测报告，为政府决策和行业管理提供更加科学可靠的参考依据。提高物流统计的权威性和公信力，增加物流统计数据公开性和透明度，充分发挥统计资源的社会效益。

（六）促进信息技术应用

强化现代物流业发展信息支撑作用，促进公共信息平台建设和企业信息化步伐，实现信息共享、数据共用和资讯互通，全面提高物流运作效率。

1. 制定信息共享协议。以国家信息化发展战略为指导，根据物流信息系统总体结构分析，研究深圳物流信息系统分类编码标准体系，并根据相关物流信息平台功能，制定物流信息共享协议，确定参与各方对有关物流相关信息的认定、提取、存储、维护、发布和应用等各项责任与权利。

2. 建设公共信息平台。完善海关报关系统、深圳电子口岸等物流信息系统，建立物流税务信息管理与报送系统、工商信息管理与报送系统、行业统计信息管理与报送系统、银行电子汇兑系统、企业信用管理信息系统等共享系统，并探索按照“统一品牌、统一管理、统一标准”原则，整合现有公共信息平台资源，建设基于云服务的功能齐备、信息共享、互联互通的全市物流公共信息平台，促进电子商务、电子认证、信息申报、审批监督及客户服务等功能的相互融合。

3. 促进企业信息化建设。以重点物流企业为突破，建设一批物流企业信息化示范工程，推进行业网络运作与管理模式创新。加强对中小物流企业信息系统外包的扶持力度，提升全行业的信息化水平。加大政府引导力度，推广无线射频识别（RFID）、智能标签、智能化分拣、条码技术等物流新技术的应用。顺应数字化、网络化的监控趋势，推广港口安防技术的应用与创新。

八、实施保障

明确规划实施主体，构建监控评估与反应调整机制，制定规划实施办法，保障深圳现代物流业发展“十二五”规划有效实施。

（一）规划实施机构

规划实施由深圳市交通运输委牵头，市政府相关部门予以配合支持。成立深圳物流产业发展联席会议，建立深圳物流产业发展联席会议议事制度，协调现代物流发展中的重大问题，强化政府综合协调能力。深圳物流产业发展联席会议在市交通运输委物流处设立工作办公室。充分发挥物流产业发展联席会议及其办公室对全市现代物流发展的指导和综合协调作用。

（二）监控评估机制

由深圳市交通运输委按照现代物流业规划任务及项目，编制年度工作计划，明确牵头部门、协助部门以及具体任务或项目内容和时间要求，并动态监控评估规划的执行落实情况。建立规划实施考核与激励机制，对实施部门进行绩效考核和评估。

（三）应变反应机制

根据客观发展环境重大变化，由深圳市交通运输委负责对规划目标及任务做出适当调整，并根据调整情况指导下一年度计划的制订。至2013年针对规划实施三年效果进行系统科学的评估，总结规划实施经验，纠正规划实施偏差，确保规划目标实现。

（四）制定实施办法

为了切实保障规划顺利实施，由深圳市交通运输委研究制定《深圳市现代物流业发展“十二五”规划实施管理办法》，以制度形式确立组织领导、目标落实、跟踪评估、动态调整的机制和政策，保障规划实施的权威性和可操作性。

深圳市交通运输委员会

深圳市发展和改革委员会

二〇一一年十一月

019

郑州市人民政府关于郑州市加快推进国际物流中心建设的意见

郑政〔2011〕45号

各县（市、区）人民政府，市人民政府有关部门，各有关单位：

为全面落实《河南省现代物流业发展规划（2010—2015年）》和《郑州国际物流中心战略规划（2010—2030年）》，加快推进郑州国际物流中心建设，构建与国际接轨的现代物流服务体系，逐步提升郑州在全国物流格局中的枢纽功能和地位，现提出如下意见，请认真贯彻执行。

一、加快郑州国际物流中心建设的重要意义

郑州市交通通讯发达，区位优势突出，加快国际物流中心建设，对于调结构促转型，转变经济发展方式，尽快将郑州的交通区位优势转化为经济优势，提升产业发展业态，推进现代物流业跨越式发展，具有十分重要的意义。

1. 加快建设郑州国际物流中心是在国际后经济危机时期，抢占区域竞争制高点，积极承接产业转移的重要途径。现代区域竞争本质上是区域综合实力的竞争，现代物流业发展水平已经成为衡量一个地区综合竞争力的重要标志。通过加快建设郑州国际物流中心，增强物流配套服务能力，可以有效降低社会物流成本，聚集高端产业，提升本地区制造业层次，从而实现产业、物流和市场联动发展，全面提升区域经济运行效益和核心竞争力。

2. 加快建设郑州国际物流中心是贯彻国家促进中部崛起的迫切需要。随着经济结构的优化调整和区域经济的统筹推进，国际物流中心将随着经济发展格局变化向中西部转移，中部地区将出现新兴的国际性物流中心。郑州作为全国重要的综合交通枢纽，在中部城市中具有很强的竞争力，必须加快建设郑州国际物流中心，占据中部地区物流发展高地。

3. 加快建设郑州国际物流中心是构建我市战略支撑产业的必然选择。物流业是服务业重要产业之一，对于培育新的经济增长点，推动经济结构调高、调优、调轻，提高我市经济运行的质量和效益具有重要意义。郑州的“中”、“通”优势，集中体现在建立大交通、大物流、大产业体系。加快建设郑州国际物流中心，是支撑我市构建现代产业体系的战略选择。

二、指导思想和工作目标

1. 指导思想深入贯彻落实科学发展观，以建设国际物流中心为目标，以《河南省现代物流业发展规划（2010—2015年）》和《郑州国际物流中心战略规划（2010—2030年）》为引导，有序发展国际物流区、航空港物流区、西部物流区、北部物流功能区、南部物流功能区等五大功能园区，着力打造郑州国际物流区和航空港物流区两个核心区，提升国际物流、区域分拨、本地配送三大功能，完善物流设施和网络体系建设，壮大物流市场主体，建立政策扶持体系。把郑州建设成为连接世界、辐射中西部地区的综合型国际物流中心。

2. 工作目标。

（1）近期目标到2015年，郑州市物流业增加值力争达到700亿元，年均增长30%左右，占生产总值9%左右。货运量达到3.5亿吨，集装箱始发量140万标箱，航空货运量30万吨，国际货运量占比50%。初步建成辐射中西部地区的内陆“无水港”、连接中亚和欧洲的“东方陆港”、国际航空货运中心、国内集散分拨中心和区域物流配送中心。

（2）长远目标到2020年，郑州市物流业增加值达到2000亿元，年均增长25%左右，占生产总值的15%左右。货运量约4.5亿吨，集装箱始发量200万标箱，航空货运量50万吨，国际货运量占比50%。把郑州建成中西部领先的综合型内陆港和重要的国际航空货运中心，辐射全国的区域分拨中心，辐射我省及周边部分地区的配送中心。

三、主要工作

1. 加强组织领导充分发挥郑州市推进国际物流中心建设工作领导小组（郑政文〔2010〕297号，以下简称领导小组）职能，加大郑州国际物流中心建设的整体推进工作、各项配套政策研究力度，负责向国家、省政府进行重大问题的汇报请示。领导小组办公室具体承担政策研究制定，各有关规划衔接与实施，重大物流设施项目建设，物流产业项目进园评审、搭建产业平台和信息平台，制定工作推进计划，组织召开联席会议，组织年度考核等。有关部门和单位要在各自职责范围内，共同做好推进郑州国际物流中心建设工作。

2. 加强规划引导加大对《河南省现代物流业发展规划（2010—2015年）》和《郑州国际物流中心战略规划（2010—2030年）》的宣传力度，在各类综合和专项规划编制和工作推进中，严格按照省、市物流规划中郑州国际物流中心布局和建设的有关内容实施，以保持各类规划的有效衔接和统一。确定五个物流功能区的用地范围，抓紧编制控制性详细规划。在布局物流基础设施项目和物流产业项目时，应充分考虑省、市物流为先导、以主导产业为支撑、以发展国际物流为突破、以先进物流业态为关键，来谋划布局物流项目，增强规划的引领导向作用。

3. 加强项目准入管理建立重点物流企业和重点物流项目认定制度，拟入驻物流园区的物流企业和重点项目必须满足以下条件：投资额度。入驻物流园区的重点物流项目，项目投资数额控制在 1 亿元人民币以上。对于具有现代物流理念，所依托的物流技术和管理方式水平达到当前国际先进水平或国内领先水平的第三方物流、第四方物流或物流信息系统投资项目，经领导小组审定后可适当降低投资数额标准。项目业态。对郑州发展区域物流、建设国际物流中心具有一定推进作用的多式联运、仓储分拨、配送中心、快运速递、集装箱运输、综合物流服务、物流信息服务、供应链管理、重点物流基础设施建设等。投资强度。入驻物流园区的物流项目，其投资强度等主要指标严格参照《物流中心分类与基本要求》（GB/T 24358—2009）标准执行。专家评估。申请进入物流园区的项目，须组织物流专家咨询委员会和规划、国土资源、交通、工商等相关职能部门召开专家与部门论证会议，研究决定项目是否准入，并形成会议纪要。禁止事项。严禁在物流项目用地范围内建造成套住宅、专家楼、宾馆、招待所和培训中心等非物流配套设施，物流仓储用地建设的各类房产，不得对外销售。物流项目中配套设施用地面积不得超过总用地面积的 10%。形成准入意见后，发展改革、规划、国土资源、建设、交通、工商、消防、环保等有关部门要根据会议纪要精神，按照相关规定予以备案、审批，并参照省市重点项目管理，开通绿色通道，予以联审联批。

4. 加强物流基础工作建设。

（1）加快建设五大物流功能区基础设施。积极推进铁路集装箱枢纽站、综合物流信息平台、河南保税物流中心、出口加工区、综合保税区、内陆港、干线公路港等物流基础设施建设，使公、铁、航“三港”成为有机联系的整体。继续推进国家干线公路物流港建设，并分别在国际物流区建设河南公路港务局二类口岸。在航空港物流区建设航空公路港，在西部物流区建设公路港。加快第二集装箱中心站（即南四站改扩建工程）和起始于北部物流服务区，连接郑州国际物流园区和空港物流区、到达南部物流区的城市货运铁路环线建设。加快西部物流区大宗商品公铁联运设施建设和南、北部物流服务区日用消费品仓储、配送和流通加工设施建设。

（2）加快建设完善物流通道网络。进一步完善公路网络，加快郑汴物流通道、郑州至民权高速公路、国道 107 线郑州段改建工程建设，使 107 国道成为联系郑州国家干线公路港、铁路集装箱中心站、航空港的重要物流通道。结合园区功能分区和产业布局，统一规划园区道路交通网络，实现区域内各功能分区、物流基础设施及企业之间的快速、高效连接。优先启动郑州国际物流园区由圃田站起始的园区铁路专用线建设，适时启动机场至郑州铁路集装箱中心站的铁路专用线建设。加快郑州国际航空枢纽建设，加强机场设施和空管设施建设，有序推进航线网络建设。

（3）加强与港口城市及周边城市的对接。按照“无缝衔接”理念，加强公铁海航联运，构建外联内通、便捷高效的综合交通体系和多式联运体系。积极加快与天津、青岛、连云港、上海等港口城市的对接，逐步提升郑州物流枢纽地位。加强与武汉、西安、重庆等城市的对接，共同推进物流通道建设。加强与省内及晋东南、冀南、鲁西南、皖西北等物流节点城市的对接，完善城际轨道交通网络和区域快速干线网络，细化分工，错位发展，提高区域物流竞争力。

（4）加快推进物流信息化平台建设。以建设数字郑州为契机，按照“政府引导、企业投资、市场运作”的原则，构建由物流公共管理信息、物流业务信息交换和行业、企业物流信息处理三个层次组成的公共物流信息平台。探索建立以互联网应用为平台，以构建传感网为关键，以健全物流网为基础的物联网产业体系。完善物流公共信息平台、物流园区信息平台、通关信息平台。支持物流企业自主创新，开发应用条码技术、射频技术、地理信息系统、全球卫星定位系统、快速响应系统、电子订货系统及数据仓库技术等。

（5）完善物流统计系统平台。结合郑州实际，建立健全社会物流统计指标体系，加强对物流基础数据的采集整理，开展社会物流企业联网直报工作，扩大社会物流企业统计调查范围。加强物流业运行的监测分析，进一步完善和充实重点监测数据库，完善信息发布体系，形成物流发展情况季度通报机制，每个季度结束后 15 个工作日内公布物流基础数据。建立和完善物流产业预警和产业安全保障机制，完善物流业外资并购安全审查制度。

5. 加强口岸通关建设。

（1）简化审批手续，优化口岸通关流程，实行“一站式”服务，提高通关效率，降低通关成本，吸引中西部地区通过郑州口岸进出口货物，为发展国际物流提供广阔市场。

（2）积极推进电子口岸建设，提高口岸管理的信息化水平。推行物流企业与口岸通关监管部门信息联网，对进出口货物实施“提前报检、提前报关、货到验放”的通关新模式，提高信息化应用和管理水平。

（3）积极构建快速通关机制。根据现有重大物流基础设施现状，科学布局，统筹推进郑州出口加工区扩区建设、河南保税物流中心（b 型）和综合保税区建设，加快郑州航空、铁路一类口岸基本设施配套建设步伐。提高物流、单证流、资金流、信息流运行效率，形成与公铁航三港紧密配合、优势互补、联动发展的格局。

6. 加强物流主体培育。

(1) 培育壮大骨干物流企业。积极推动本市大中型企业的物流资源和业务整合，培育形成一批具有较大规模和先进管理水平的现代物流企业；鼓励骨干物流企业创新完善供应链管理模式；培育一批为先进制造业发展提供专业服务的物流企业，增强重点产业的核心竞争力。鼓励科研机构与物流企业结成战略联盟，共同研究开发运用物联网的相关技术。

(2) 积极引进国内、外知名物流企业。鼓励并积极吸引国际、国内知名物流企业，尤其是第三方物流企业、总部型物流企业、物流采购、配送中心落户郑州。加强物流合作，鼓励我市物流企业与实力雄厚的国内外物流公司合作，实现资金、先进物流技术和管理经验的嫁接。

(3) 鼓励物流企业进行等级认证。根据国家对物流企业资质认证标准，引导物流企业进行资质认证。对获得3A级以上认证的物流企业，一次性予以奖励。

7. 鼓励企业剥离内部非核心物流业务支持企业在改造物流流程基础上进行物流业务分离和外包，促进企业内部物流社会化，打破“大而全、小而全”的陈旧运营模式。对因物流业务剥离导致的企业总体税负增加，从物流发展扶持资金中，对该企业因物流业务剥离经营后新增的地方税收部分予以适当补助。积极与第三方物流企业构筑新型战略联盟关系，向社会释放物流需求，外包企业物流业务，促进工商企业与物流业的融合联动发展。

8. 加强产业物流体系建设强力打造现货交易和期货交易两大中心，培育壮大和积极引进交易机构。支持郑州商品交易所创新交易品种、扩大交易规模。一是打造工业物流体系。发展以专业化为基础的社会化物流体系。重点发展汽车及零部件物流、钢材物流、装备制造业物流、新型建材物流等。二是打造商贸物流体系。鼓励大型零售企业进一步完善物流配送体系，提高连锁经营的网点数量和营销能力。在批发市场密集的地区，重点建设货物集散型物流中心、增加大型批发市场现代物流功能。三是打造涉农物流体系。规划发展粮食现货批发市场、粮食物流中心、粮食中转库和粮食深加工基地为主架构的粮食及粮食制品物流体系。围绕“三农”问题，以农资市场和农村消费网点的规划建设为主，结合“村村通”工程、“万村千乡”工程和“新网”工程，加强涉农通道、物流节点和信息化建设。

9. 建立物流业绩效考核机制在服务业考核体系中，加大物流业工作权重系数，把现代物流业发展作为各县（市、区）及市直部门目标责任制考核和党政领导班子实绩考核的重要内容。对领导小组成员单位的物流业工作绩效进行考核，尤其要加强对重点产业牵头部门的绩效考核，检查年度重点工作完成情况以及各自职责范围内相关工作绩效。对各县（市、区）的物流业工作加强考核，并公布各地物流业发展主要指标。

四、政策保障

1. 提高注册和审批效率。

（1）登记注册。在工商行政登记注册及管理政策方面，放开经营范围，减少名称管理限制，减免相关费用。对企业集团登记注册的，凡母公司为物流企业且注册资本在1000万元以上，拥有3家以上的控股子公司，母子公司注册资本合计在2000万元以上的，可办理集团登记。

（2）连锁经营证照办理。道路运输许可证、快递业务经营许可证均由企业总部统一办理，各分支机构无需单独申报。交通运输、邮政管理部门要在其许可证中列明取得相应许可的各分支机构名称，各分支机构凭该许可证到当地工商行政管理部门登记注册。

（3）审批环节。工商行政管理部门在为物流企业办理注册登记时，除国家法律、行政法规和国务院发布决定外，其他前置性审批事项一律取消。取消经营国内铁路货运代理、联运代理和快递的行政性审批，加强对货运代理经营资质和经营行为的监督检查。取消国际货运代理企业经营资格核准，加强后续监督和管理。除化工物流、危险品仓储以外的物流项目由各县（市、区）环保部门审批。对个人独资、合伙企业要求设立为有限责任公司，生产经营场所不变、经营规模不变的，原环保审批文件继续有效，不需重新办理。

2. 完善土地支持政策。

（1）全市在编制主体功能区规划、土地利用总体规划、市县域城镇体系规划和城市总体规划时，严格按物流业发展规划的要求，明确保障物流业发展用地，严禁擅自改变物流用地用途。各地要根据本地物流业发展需要和发展水平，优先安排物流业重大项目新增建设用地指标。对列入省、市规划建设的重点物流园区的项目，采取“优先供地、快速审批”机制。

（2）物流企业用地价格原则上比照工业用地价格，年度土地利用计划指标的分配适当向现代物流企业倾斜。

（3）鼓励物流企业以自有土地使用权为条件，通过引进资金和设备建设物流配送中心，可将土地使用权作价出资。物流企业以土地、房产抵押融资的，有关部门应加快办理登记手续。

（4）保障物流园区用地需求。物流园区建设应纳入综合交通设施建设规划。对纳入规划的物流园区用地，在依法依规办理农用地转用征收时给予保障。物流企业通过招标、拍卖、挂牌出让方式取得的国有建设用地使用权，其出让年限可在法定最高年限范围内按有关政策和实际情况设定，出让金严格按照土地出让合同执行。允许对物流企业实行国有建设用地使用权年租制，使其通过租赁方式取得国有土地承租权，逐年缴纳租金，以减少企业一次性用地成本投入。

3. 加大税收优惠政策落实力度。

(1) 允许符合条件的物流企业统一缴纳所得税。物流企业在全市范围内设立的不具备法人资格的跨区域营业机构，其企业所得税一律由总部统一汇总纳税，不得重复征收。

(2) 实行新办物流企业税收优惠政策。对新办的以物流软件生产为主营的企业，经认定后，自获利年度起，第一年和第二年免征企业所得税，第三年至第五年减半征收企业所得税。

(3) 对物流企业当年新招用持《就业失业登记证》人员，与其签定一年以上期限劳动合同并依法缴纳社会保险费的，经税务机关批准，按实际招用人数予以定额依次扣减营业税、教育费附加和企业所得税。

(4) 对符合条件的小型微利物流企业，减按 20%的税率征收企业所得税。物流企业并购重组，全额返还并购重组涉及税收的地方分享部分。

(5) 加大对物流创新的税收支持力度。物流企业从事国家重点支持的高新技术领域和当前优先发展的高技术产业化规定项目的研究开发活动发生的费用，未形成无形资产计入当期损益的，在按照规定据实扣除的基础上，按照研究开发费用的 50%加计扣除；形成无形资产的，按照无形资产成本的 150%摊销。对被认定为高新技术企业的，按照有关规定减按 15%的税率征收企业所得税。

(6) 对于符合国家减免税政策的物流企业，需引进国外先进设备的，予以免征进口设备关税。企业计算应缴增值税时，允许抵扣购入进口设备所含的增值税。

(7) 单位和个人从事物流技术转让、技术开发和与之相关的技术咨询、技术服务业务取得的收入，免征营业税、城市维护建设税和教育费附加。对在一个纳税年度内，从事物流业的企业技术转让所得不超过 500 万元的部分，免征企业所得税；超过 500 万元的部分，减半征收企业所得税。

(8) 对物流企业购置并实际使用用于环境保护、节能节水、安全生产等专用设备的投资额，可按设备投资额的 10%从企业当年应纳企业所得税额中抵免；当年不足抵免的，可在以后 5 个纳税年度结转抵免。

(9) 对企业从事国家重点扶持的公共基础设施项目（指国家《公共基础设施项目企业所得税优惠目录》规定的铁路、公路、城市公共交通等项目）的投资经营所得，经税务机关审核批准后，自项目取得第一笔生产经营收入所属纳税年度起，第一年至第三年可免交企业所得税，第四年至第六年减半征收企业所得税。企业承包经营、承包建设和内部自建自用的上述项目，不得享受上述企业所得税优惠。

4. 实行价格规费扶持。

(1) 入驻省、市规划的物流园区的物流企业在用电、用水、用气方面实行与工业同价政策。重点扶持的物流龙头企业、大型城市配送中心以及重点物流企业使用的大型冷藏、冷冻和各类加工设备，列入供电保障范围。

（2）整顿规范收费管理。全面清理向货运车辆收取的行政事业性收费、政府性基金、罚款项目，取消不符合国家规定的各种收费项目。严禁向物流企业乱检查、乱收费、乱摊派、乱罚款、乱评比。对物流企业的行政事业性收费，凡收费标准有上、下限额度规定的，一律按下限额度收取。

（3）对列入郑州市规划建设的重点物流园区项目，减半征收城市基础设施配套费、城市道路占用挖掘费，免收征地管理费。

（4）引进国内外知名物流企业参与重组、兼并、收购原国有仓储运输企业，在组建物流企业过程中发生的资产置换以及土地、房产、车辆过户等各项行政性收费，经市人民政府批准予以减免属于市级收入的收费。

5. 拓宽融资渠道根据项目不同性质，形成针对物流中心建设的专业化投融资体系。通过银行贷款、PPP（政府部门与民营企业合作）BOT（特许权融资）、ABS（资产证券化）等多种方式融资，加快推进重点工程建设，实现市场化运作、多元化融资。鼓励和支持银行业金融机构建立符合物流特点的内外部信用评级体系，创新服务业企业授信经营模式，开展应收账款融资业务，探索仓储设施和运输车辆抵押、仓单质押、存货质押、知识产权质押等多种形式的担保方式，推广联贷联保新模式。支持银行业金融机构探索围绕核心企业、开发上下游企业的全景式供应链融资方式。积极支持符合条件的物流企业通过发行股票、债券等多渠道筹措资金，鼓励产业投资基金、私募股权基金（投资公司）、创业投资机构以及信用担保机构积极面向物流企业开展业务。

6. 构筑物流人才培育平台积极构建人才教育培训体系。支持郑州市及河南省内高等院校、中等职业学校加强与物流业改革发展相适应的学科专业建设，加快培养现代物流紧缺人才；鼓励省内外院校、科研院所与我市有条件的物流企业合作，建立物流业高技能人才实训基地。

7. 优化配送车辆交通管制进一步加强对城市道路的科学管理，根据全市交通状况和物流业发展情况，鼓励第三方物流企业发展城市物流配送业务，制定城市物流配送车辆交通管理办法，引导物流企业使用安全、节能、环保、机动灵活的城市配送车辆。对符合标准的车辆，优先发放通行证、运输证，为配送车辆在市区通行和停靠提供便利。

8. 设立专项扶持引导资金设立市级现代物流业发展专项资金，由市级财政在预算内每年安排2亿元，用于加快郑州国际物流中心建设。研究制定资金使用管理办法，主要用于对物流基础设施项目、物流产业项目，特别是建立多式联运、仓储分拨、配送中心、快运速递、集装箱运输、综合物流服务、物流信息服务、供应链管理等重点项目引导扶持；对全市物流公共信息服务平台项目和物流园区公共物流信息服务平台项目扶持；对重点物流企业利用现代信息技术，实现现代物流和供应链服务管理方式系统化、网络化、商务运营电子化奖励；对第三方、第四方物流企业及示范性工业企业物流剥离外包补助；对促进现代物流业发展所需的专项统计、规划等基础性工作的扶持；对物流人才引进、企业等级认证等方面配套支持和奖励；其他经市政府批准需要支持的促进现代物流产业发展的其他项目及事项。

9. 完善行业标准规范建立和完善物流技术标准化体系。加快制定和推进物流基础设施、技术装备、管理流程、信息网络的技术标准。尽快形成协调统一的现代物流技术标准化体系。物流企业以全面实施标准化来提高管理服务水平和市场竞争力。鼓励有条件的企业先行采用标准化、系列化、规范化的运输、仓储、装卸、包装机具设施和条码、信息交换等技术。对暂不具备制定标准的行业，鼓励和支持行业协会和龙头企业牵头制定协会联盟标准，积极开展服务承诺、服务规范和服务公约等行业自律制度建设。开展标准化示范，对示范企业给予资金支持。

附件：郑州市加快推进郑州国际物流中心建设工作任务分解表（略）

郑州市人民政府

二〇一一年六月十一日

020

武汉市人民政府关于印发武汉市现代物流业发展“十二五”规划的通知

武政〔2012〕47号

各区人民政府，市人民政府各部门：

现将《武汉市现代物流业发展“十二五”规划》印发给你们，请结合实际，认真组织实施。

武汉市人民政府

二〇一二年六月十三日

武汉市现代物流业发展“十二五”规划

武汉市人民政府

2012年6月13日

根据《国务院关于印发物流业调整和振兴规划的通知》（国发〔2009〕8号)、《湖北省现代物流业发展“十二五”规划》（鄂政办发〔2011〕127号)、《武汉市国民经济和社会发展第十二个五年规划纲要》和《市人民政府关于推进现代物流业快速健康发展建设全国重要物流中心的意见》(武政规〔2012〕3号）等文件精神，按照市十二次党代会、十三届人大一次会议作出的“建设全国重要物流中心”的战略部署，为加快我市物流业发展，提高物流业发展的规模、水平与质量，承载国家物流枢纽的物流产业发展功能，特制订本规划。

一、规划背景

（一）发展基础

“十一五”期间，我市物流业总体发展水平与质量不断提高，区域、城市物流资源与服务整合能力进一步增强。2010年，全市社会物流总额达到14861.12亿元，年均增长24%，是2005年的2.29倍；物流业实现增加值562.53亿元，年均增长17.74%，占GDP的10.2%、第三产业增加值的20%。物流业初具规模，为“十二五”期间物流业发展和建设全国重要物流中心奠定了坚实基础。

1. 服务创新加快。随着我市制造业、商贸业的提升发展，区域物流服务功能不断增强，物流企业整体水平不断提高，政策环境不断改善。我市物流业正从提供单一仓储、运输服务向提供综合物流服务转变，服务创新推动新兴产业快速发展。2010年，以武汉肉联食品有限公司为代表的冷链物流服务系统初步形成；电子商务交易额超过4000亿元；医药物流年经营额达到300多亿元，汉阳“中国医药物流港”初具规模，九州通医药集团股份有限公司、国药控股湖北有限公司及华润集团旗下的北京医药股份有限公司成为首批医药物流延伸示范工程。武汉东本储运有限公司、捷富凯鸿泰物流有限公司的汽车物流供应链管理，湖北华融物流股份有限公司集金融、加工、配送、仓储等功能于一体的钢铁物流，中百集团的农产品农超对接与区域配送以及友和道通物流园发展有限公司的全货机营运等，都体现了我市物流服务的创新。这些既提升了我市高端物流服务能力，也增强了我市物流业对周边区域乃至全国的辐射能力。

2. 企业质量提升。经过“十一五”时期在政策上的扶持与推进，以及企业在市场中的竞争发展，我市物流企业的发展质量明显提升。传统运输、仓储企业不断加强功能整合和服务延伸，逐步向现代物流企业转型，服务于制造业和商贸业物流外包的第三方物流企业迅速成长，多种所有制、多种服务模式、多层次的现代物流企业群体正在形成。2010年，全市物流相关企业达到3000多家，是2005年的2倍。以武汉商贸国有控股集团有限公司、九州通医药集团股份有限公司等为代表的物流骨干企业加速成长，服务水平不断提升。全市A级物流企业达到63家（其中，5A级4家、4A级16家），在中西部城市中处于前列。TNT中国区总部、德邦物流华中区总部、国家邮政局华中区域物流集散中心、顺丰快递全国陆运集散中心等一批国际、国内大型物流企业、项目落户武汉，增强了我市物流企业整体实力，为提升我市物流地位与发展能力奠定了基础。

3. 基础支撑增强。“十一五”期间，我市加快推进交通运输基础设施和物流园区建设，以及物流标准化建设步伐，努力引进与培养物流人才，为推动物流业发展提供有力支撑。武汉在全国的重要铁路枢纽地位进一步增强，长江中游航运中心建设加快，公路形成环形放射状网络，武汉天河机场第二航站楼和国际航站楼的建成使用，武汉综合交通运输体系不断完善；重点物流园区投资不断增加，物流服务专业化、自动化水平不断提高，一批专业化区域性物流中心正在形成；一批高等院校相继开设物流专业，企业积极配合国家有关部门推进物流标准等，这些都有力支撑了物流业发展。

4. 发展环境改善。我市积极按照物流业发展要求，不断改善物流业发展环境。成立了现代物流发展工作领导小组，组建了武汉物流协会，形成了政府、行业协会共同推进物流业发展的机制。制发了《武汉市物流业调整和振兴实施方案》及各项促进物流业发展的指导意见，设立了现代物流业发展扶持资金和航空发展引导专项资金，出台了“江海直达”航线补贴政策以及物流用地“绿色通道”、物流车辆道路通行惯例等方面的扶持政策，进一步优化了物流业发展环境。

（二）存在的主要问题

“十一五”期间，我市物流业发展取得了较好成绩，但与发挥武汉物流业发展优势、建设全国重要物流中心的发展要求相比较，仍然存在一些问题，制约了物流业的进一步提升、扩张与辐射发展。主要表现为：企业小、散、弱，总体经营规模和水平不高，缺乏综合性、网络化和辐射力强的领军企业；资源积聚能力弱，物流园区缺乏专业组织与服务特色，经营创新滞后，尚未找到突破发展“瓶颈”的途径；产业组织化程度不高，未形成区域辐射发展格局；运输服务水平低，对物流服务创新、物流区域辐射缺少高效率、低成本支持；物流基础设施投资建设不足，企业引进培育的发展方向不明确，政策支持力度不够。

（三）发展优势

1. 经济发展优势。2010 年，我市地区生产总值突破 5500 亿元，进入全国副省级城市第一方阵，支柱性产业体系也基本形成，汽车、钢铁、装备制造、电子信息四大产业产值均突破千亿元，具备内在的物流需求规模基础，提升物流服务水平、培育规模发展的物流业的空间较大，对物流规模企业具有吸引力。“十二五”时期，我市提出“建设国家中心城市，打造国家创新中心、先进制造业中心、商贸物流中心”的发展目标，经济将实现跨越发展，必定释放出巨大的物流需求，对物流业发展提出了更高的要求。大力改善物流业发展服务环境，将进一步聚集物流企业和服务资源，使我市具有较强的增量物流竞争发展能力。

2. 区位竞争优势。我市地处我国中部地区，在国家实施中部崛起战略中具备成为有引领和带动发展作用的中心城市的区位优势，我市近年来经济发展成就也证明了这种区位竞争优势。我市也是全国重要的综合交通枢纽，在辐射武汉城市圈及周边地区、拓展与沿海发达地区、中西部重点城市、长江中游城市群“中三角”的合作交流中，具有重要的区位交通组织优势。这些决定了我市具备发展以城市为节点依托、以增量为发展目标的辐射型物流业的条件。

3. 服务聚集优势。经济发展和区位竞争优势，使我市形成了物流服务的聚集发展局面。2010 年，全市货运总量达 40287.9 万吨，其中，公路货运量为 21120 万吨、铁路货运量为 10145.6 万吨、水运货运量为 9013 万吨、航空货运量达到 9.3 万吨，占全国及我省总货运量比重分别达到：1.3％和 41.6％。我市在全国 129 个城市的铁路、公路、水运和航空货运指数排名中位列第三，在大宗货物的吞吐能力上具备效率优势和比较竞争优势，形成了大宗货物、快件、工业制成品等的聚集规模，为开展规模化物流服务创造了条件。

4. 运作效率优势。首先我市在区域物流辐射方面，具有效率优势。在发展内需的战略下，依托武汉对周边地区进行生产、销售的物流服务组织，比在沿海地区城市平均节省运输距离约 1000 公里，不仅物流时间大大缩短，而且运输费用也大为降低，加上武汉各种运输方式齐全，降低运输成本和提升运输效率的空间巨大。其次，我市具有物流企业发展成本效率优势。《福布斯》根据城市劳动力成本、税收成本、能源价格、办公用地租金和企业四险负担（养老、医疗、失业、工伤）5个指标最新发布的企业投资经营成本指数，武汉在19个副省级以上城市中排名第五。物流企业在武汉投资和经营的成本较低，具有参与区域竞争发展的优势。

5. 发展水平优势。经过“十一五”时期的快速发展，我市物流业水平得到进一步提升，物流企业的服务创新能力、发展规模和质量，以及城市发展物流业的基础支撑条件和政策环境，均在区域乃至全国中心城市中具有比较优势。同时，我市在国家应急物资储备体系建设中的战略地位日益显现，中央级救灾物资储备库、全国首家物流配送应急保障动员中心、国家级煤炭储备基地、国家粮食交易中心、国家稻米交易中心、国家航空应急投送保障基地、武汉应急装备物资储备库等相继落户我市，使我市在组织系统化、规模化和网络化物流服务方面具有整体水平优势。

（四）面临形势

1. 国际经济形势。国际金融危机对我国经济发展的影响深远，国际需求市场陷入低迷，贸易保护主义倾向日益突出，并将持续相当长的时间。国际市场对我国产品的需求增长减速与我国经济外向度高的矛盾，迫使我国经济结构发生重大调整，我国经济发展将更加依靠内需。扩大内需战略的实施，无疑为经济基础较好、区位优势突出的中部地区中心城市——武汉扮演区域性物流服务组织者角色带来了机遇，也为依托物流服务环境布局发展内需产业创造了良好的条件。

2. 国内经济形势。“十二五”期间，我国城市化建设将加速推进，国家促进区域协调发展等战略的深入实施，在中部地区崛起与沿海三大城市群战略地位相当的城市群和新的国家中心城市，既是城市化发展的必然，也是区域经济提升发展的要求。我市既有的发展基础和区位条件，为建设成为国家中心城市创造了条件和机遇。积极发展现代物流业，有利于我市在加快推进城市化过程中实现产业聚集发展和培育新的经济增长点。

3. 物流发展形势。我国现代物流业仍处于起步发展阶段，物流企业的网络化、规模化尚未完成，以供应链为基础的区域性采购、交易、结算、分拨、配送等物流要素资源的整合与集聚刚露端倪，全国性、区域性物流节点的建设还处于发展的初期。我市在全国区域经济发展中的地位和条件，以及聚集物流资源的优势，理应积极建设国家、区域性物流枢纽城市，成为物流业组织中心。同时，与发达国家相比，我国单位GDP货物运输需求强度大、物流总费用占GDP比例高，提升物流业发展水平与质量的空间较大，在运输组织服务创新、物流园区等设施功能提升，以及电子商务与快递物流、冷链物流、医药物流等方面创新空间很大，也为我市发展物流产业带来机遇。特别是国家重点发展九大物流区域、十大物流通道和一批物流节点城市目标的提出，全国各大城市抢占物流业发展制高点、打造区域物流中心地位的竞争日益激烈，对我市建设国家物流中心提出了挑战。

二、总体思路

（一）指导思想

以科学发展观为指导，紧紧围绕服务国家实施扩大内需、促进中部地区崛起战略和我市建设国家中心城市，以实施"服务倍增"为核心，以健全物流服务体系为主线，以发挥综合交通运输网络功能为基础，以促进物流服务升级与业态创新为突破口，努力探索物流产业集群发展途径，不断扩大优势物流规模、培育新兴物流增量、建设高端物流辐射平台，使物流业成为我市重要支柱产业，进一步提升我市物流服务辐射国内外和周边地区的能力，提高城市生产、生活物流服务效率。

（二）基本原则

坚持立足当前与谋划长远相结合；坚持市场主导与政府引导相结合；坚持扩大规模与提升质量相结合；坚持整合资源与统筹协调相结合；坚持对外辐射与对内服务相结合。

（三）发展方针

1. 高端发展。积极研究和把握国际、国内物流业发展动向，抓住机遇，培育具有供应链聚集价值，集商贸、物流于一体的创新性高端物流业集群，抢占物流业高地。

2. 联动发展。积极按照现代商贸业、先进制造业发展对物流服务的要求，实现重点培育产业与物流业的联动发展，提高产业发展起点和培育区域物流服务需求。

3. 整合发展。积极整合物流园区、物流企业和运输枢纽资源，赋予其新的发展内涵，创新建设、管理、运作模式，为高端发展和联动发展提供支撑。

4. 创新发展。积极鼓励各类物流服务模式、企业发展模式创新，使物流业的创新发展成为带动各个相关领域产业发展的动力。

（四）发展定位

1. 产业定位。把握现代经济发展和产业运作的基本规律，确立物流业在我市建设国家中心城市中的支柱产业地位，支持现代服务业为支撑的经济发展模式创新。

2. 辐射定位。区分国际、国内、区域三个辐射层次，通过物流资源整合、资源聚集和服务系统建设等途径，构建对建设国家中心城市经济发展、产业布局具有带动、支撑作用的现代物流服务系统，提升我市参与各个层次经济竞争的能力。

3. 服务定位。通过创新物流服务业态和提升物流服务能力，使现代物流业服务于产业结构优化升级与发展，服务于区域经济合作与发展，并在服务中实现产业规模扩张，使物流服务能力、质量、效率成为我市建设国家物流枢纽城市的先决条件。

三、发展目标

到2015年末，初步建立物流业与制造业、商贸业联动发展机制，建成一批物流总部基地和功能聚集区，基本形成具有重要支撑作用与带动发展功能的物流产业链和产业集群，基本建成国家物流中心。

物流业增加值达1200亿元，占GDP的比重达12%；社会物流总费用占GDP的比重下降到14%；培育3家收入过百亿元、5家收入过50亿元的物流企业；发展30家3A级及以上物流企业，其中，5A级物流企业2～3家；支持2～3家重点物流企业上市；引进20家左右世界100强、国内50强第三方物流企业在汉建立区域总部、区域分拨中心；基本建成一批大型物流园区，其中，建成1～2个国家级物流示范园区。

四、发展任务

（一）构建物流服务体系

1. 物流中心产业体系。根据国家物流中心的发展要求，以及我市的物流资源优势，通过对国家物流中心的产业发展内容、产业组织模式和产业发展政策环境等的探索和创新，形成特色鲜明、业态多样、组织化程度高、具有持续发展能力的国家物流中心产业发展体系。

2. 商贸物流服务体系。服务城市生产生活商贸业和进出口贸易提升发展，发展区域商贸物流分拨服务，聚集区域、高端商贸物流资源，打造商贸物流融合发展产业链，建设流通领域“大市场、大流通”一体化发展的物流服务体系。

3. 制造物流服务体系。服务先进制造业，区分不同物流需求特点，按照提高制造业物流服务水平的要求，建设具有制造业与物流业联动发展特点的物流服务体系。

（二）建设物流服务设施

1. 对外辐射设施系统。以武汉铁、水、公、空一体化综合交通体系为依托，以适应辐射需要、体现武汉区位优势的重大交通基础设施项目为重点，以物流组织节点设施为支撑，以物流产业组织与服务系统为载体，形成以武汉为区域物流组织中心，1小时辐射省内主要城市、2小时辐射中部省会城市、4小时辐射京沪穗渝等中心城市、12小时辐射区域国际城市、24小时辐射全球城市的设施系统。

2. 对内服务设施系统。以物流园区、物流中心、配送站点为支撑，以共同配送为目标，合理布局、完善对内服务设施系统，形成1小时内实现终端配送服务的设施系统。

（三）发展第三方物流企业

1. 强化企业培育。按照形成若干具有区域辐射力、带动力、控制力、竞争力的物流实体产业和服务系统的需要，有针对性地引进与培育关键性第三方物流企业，并围绕关键性第三方物流企业进行资源配置与系统整合。

2. 创新发展模式。按照创新物流模式、加强企业系统建设的要求，形成以“龙头企业＋衔接配合企业”为支撑的物流产业发展模式，通过制定促进企业发展的配套政策，使企业成为建设国家物流中心的主导力量。

五、重点工程

（一）综合运输服务提升工程

1. 强化枢纽衔接。加快港口、机场、铁路、公路等交通运输方式的货运枢纽设施建设，依托枢纽强化各种运输服务的无缝对接，为支撑武汉物流系统对外辐射、对内服务创造规模化、高效化、具有成本竞争优势的运输组织环境条件。

2. 提升运输能力。重视国际、国内运输服务能力建设，加强重要物流节点设施的集疏运服务体系建设，积极拓展国际直飞客货航线和国内货机航线，增加“江海直达”班轮密度，鼓励开通铁路“五定”班列，支持发展至国内主要城市的公路航班，建成以武汉为中心、辐射“武汉城市圈”、中部地区乃至全国、国际的综合辐射运输网络。

3. 建设联运系统。建设不同形式与运作模式的多式联运服务系统，发挥不同运输方式服务衔接的组合优势，提高对外、对内辐射运输的能力和效率。加强铁港联运、空陆联运服务。调动多方力量，依托运输枢纽、物流园区，加快建设多式联运货物集散中心。

（二）产业联动物流服务工程

1. 推广物流技术。鼓励制造业、商贸业企业物流管理技术应用，有效提升企业的物流管理水平，为培育物流需求和物流辐射服务创造良好环境条件。支持制造业、商贸业与物流业信息共享和标准对接，推广物流设施标准化和通用化，以提高管理技术水平。

2. 鼓励物流外包。通过资源整合、资产剥离、人员分流等政策措施，引导制造业、商贸业企业物流服务外包；鼓励物流企业与制造业、商贸业企业联动发展；培育第四方物流企业，不断提高企业物流外包服务比重。

（三）产业集群发展壮大工程

1. 壮大产业平台。以综合物流园区和专业物流中心为产业集聚平台，充分发挥空港和水运港口在中部地区集散货物的能力，有效利用国家保税物流政策，扩大物流企业在产业平台的聚集规模，形成商贸业、制造业、港口、保税物流产业集群。

2. 打造发展平台。以物流服务创新和新型物流业态培育为切入点，建设具有服务规模扩张价值的物流产业发展平台，形成航空、电子商务、医药和冷链物流产业集群，使之成为代表我市未来物流发展地位和方向的重要品牌，促进物流产业网络化、规模化和集约化发展。

（四）关键企业引进培育工程

1. 区域总部企业。通过制定和落实各项鼓励政策，提高对国内外大型网络化物流整合商、物流地产商、第三方物流企业等的吸引力，引进知名物流企业在汉建立区域性总部，聚集大型企业资源和网络化物流服务规模扩张资源。

2. 区域分拨企业。选择具有区域性辐射优势的商品，引进集交易、储存、区域物流分拨于一体的物流企业，加快物流资源聚集，扩张物流产业规模，提高产业发展水平。

3. 物流金融企业。积极培育和引进具有物流金融服务业务规模基础和扩张能力的企业，提升物流节点设施聚集资源、扩大规模的能力，为国际、国内物流辐射提供资源支撑。

4. 多式联运企业。引进国内外多式联运企业，加快本地企业的培育步伐，形成多式联运企业体系，营造高效率、低成本的运输服务环境。

（五）智慧物流城市建设工程

1. 搭建信息平台。依托物流园区、运输枢纽、物流产业系统，建设具备交易、结算、信息聚集共享等功能的信息平台，提高我市物流整体智慧化水平，营造物流业提升发展环境。运用物联网、云计算、智能交通等前沿信息技术，提高信息平台的技术水平，为中小物流企业提供信息化、智能化的平台支持。加强电子商务、电子政务、通信、金融等信息系统与物流信息平台的衔接，为依托信息平台实现物流服务创新、培育新的物流业态创造条件。

2. 统一信息标准。推进物流信息交换标准、方式标准、架构标准的统一，加快统一运输、仓储、配送、代理等物流服务环节信息系统接口标准，加强物流服务系统、企业之间的信息交流、资源整合和服务衔接，着力培育网络化物流企业。

3. 建设示范项目。充分发挥政府投资的作用，建设对物流业服务系统、资源整合、产业聚集、电子口岸等具有重要带动作用的信息化示范项目，引导物流信息化发展。

（六）高端物流创新发展工程

1. 物流总部聚集区。在商业、社会资源较为丰富的中心城区，依照CBD模式，发挥行业管理资源、金融资源聚集等优势，建设物流企业总部聚集区，通过选商和针对性招商，吸引国际、国内知名物流企业进驻，提升我市物流产业地位和资源聚集能力。

2. 商品市场物流系统。以提升发展商品交易市场为切入点，依托配送、区域分拨物流企业，衔接金融、信息服务企业，打造集商品交易、结算、仓储、区域分拨、配送等于一体的综合性物流服务系统，不断提升商品聚集、辐射能力。

3. 新业态物流系统。以发展具备区域交易、分销优势的产品为突破口，培育物流服务创新业态，重点加快建设商贸物流一体化发展的规模交易专业市场物流服务系统，以及航空、电子商务、医药和冷链物流系统，培育物流服务产业集群。

六、空间布局

（一）布局建设原则

坚持物流业发展方向与城市总体规划相匹配；坚持物流业空间布局与城市空间格局相融合；坚持物流节点选址与“四大工业板块”、“6＋3”新型工业示范园区、九大产业集群和商贸聚集区相配套；坚持物流土地集约利用与可持续发展相同步；坚持物流资源存量整合与增量优化相并行。

（二）总体布局思路

1. 空间布局结构。充分考虑全市产业布局、大型交通基础设施建设，依据我市未来的城市主导发展方向和空间形态，形成围绕“一圈两带”的物流业布局结构。一圈：由四环线与外环线形成的中心城区外围物流业布局；两带：长江水路通道的东西横向物流发展带以及沿107国道、京港澳高速公路通道的南北纵向物流发展带。

2. 空间布局内容。依托经济区、商务区，在中心城区优先发展物流总部基地；依托综合交通枢纽，在主城区外围合理建设6个综合型物流园；依托开发区、产业聚集区及大型专业市场等，在主城区及城市外围配套建设8类专业物流中心；依托商业密集区、重点产业区等，在全市范围内规划建设100个左右物流配送站，形成对外物流辐射和对内高效配送的物流基础设施系统。

（三）设施布局方案

1. 物流总部基地。借助中心城区中央商务圈的人才、资金、信息、技术等优势，依托江岸丹水池地区、江汉中央商务区、硚口古田地区、汉阳王家湾地区、武昌总部经济聚集区、青山工人村工业园、洪山商务总部聚集区等建设物流总部基地，引进国内外物流、货运代理、快递、金融服务等企业设立管理型和运营型总部，形成集办公、采购、物流、结算、电子商务等功能于一体的大型现代化综合性物流总部聚集区。

2. 综合物流园区。

（1）汉口北综合物流园。依托汉口北国际商品交易中心、四季美农贸城、中国家俱CBD、五洲建材城、纵横汽车大世界、中国长江金属交易中心、荣中石化物流基地等专业批发市场，加快建设铁路货运物流园、汉口北高新物流示范园、公路仓储物流园、港口水运物流园等项目，建成我国中部地区规模最大、设施配套最完善的现代商贸综合物流园。重点发展服装、日化用品、农副产品、家居建材、金属材料、汽车及零部件等专业物流，完善运输、仓储、配送、装卸搬运、流通加工、商品交易等功能，建设我市现代商贸物流核心区和全国商贸物流网络枢纽。

（2）空港综合物流园。在武汉天河机场货运区与汉十高速公路之间，远期规划15平方公里（“十二五”期间建设6平方公里），建设集国际货运中心（航空大通关基地）、保税物流园区、现代航空物流园于一体的服务全国、连接国际的空港综合物流园。积极拓展航空应急投送功能，抢先建设高附加值的航空和工程机械备品备件、急救医药和医疗器械、高端电子、电子商务、快件快递等仓储与集散中心，建设国际标准的智能化货运中心和集保税、海关、仓储、物流配送、高端商品展示交易、贸易金融服务于一体的一站式综合物流贸易基地。

（3）阳逻港综合物流园。依托阳逻港，加快建设人和钢材大市场、武汉粮食现代物流园区暨武汉国家稻米交易中心、华融钢铁物流基地、招商局商品分发中心等项目，建设辐射中西部乃至全国、连接国内外主要水运枢纽的大型综合物流园区。重点发展钢材运输、生产资料（煤炭）集散、大宗农产品（粮食等）转运及集装箱多式联运等港口物流，主推转口贸易和国际中转，完善仓储、转运、进出口集装箱装卸、流通加工、区域配送、交易展示、报关报检等功能，建设华中地区集现代航运物流、综合保税服务、先进港口物流设施和经济技术开发于一体的国际型港口综合物流园。

（4）东西湖综合物流园。依托东西湖保税物流中心、铁路集装箱中心站以及107国道、京港澳高速公路之间走马岭区域，规划建设7平方公里的电子商务与快递企业（总部）聚集区，建设服务我市及周边城市、连接国际的东西湖综合物流园。其中，保税物流中心继续开发国际物流功能，重点发展高端消费品、奢侈品与进口食品分装、储配及展示交易等；铁路集装箱中心站突出加强与其他运输方式的匹配衔接，重点发展集货物分拨、运输代理等形式于一体的铁路集装箱物流；电子商务与快递企业（总部）聚集区重点发展支撑电子商务企业的产品分拨、即时装配与加工、维修与售后服务等功能。同时推进园区内商贸物流、医药物流等产业的物流发展。

（5）郑店综合物流园。紧邻武汉东湖新技术开发区，充分发挥郑店区域内京珠、沪蓉、青郑高速公路，107 国道以及京广铁路等纵横交错的独特交通优势，依托郑店、大桥新区、金口港区、江南机场等规划建设服务全市及中部地区、辐射国内外的郑店综合物流园。其中，郑店区域远期规划 7 平方公里（“十二五”期间建设 2 平方公里），重点为汽车及相关零配件、光电子产品、机械装备、高新电器、建材家具等提供物流服务，开展汽车航班运输，打造集专线物流、仓储、货物集散、加工包装、信息处理及商品展示等多功能于一体的综合物流园区；大桥新区重点加快中百集团生鲜物流配送中心、梁子湖水产品加工冷链仓储等物流项目建设；金口港区重点为汽车、汽配等提供物流服务；江南机场远期规划 6 平方公里，作为武汉天河机场空港物流辅助中心，为航空物流发展拓展空间。

（6）花山港综合物流园。依托花山新城的发展，加快推进花山港综合物流园建设，重点为商贸业、航运服务业及以汽车电子、新能源为代表的临港产业提供物流服务，打造集仓储、装卸、分拨周转、集装箱运输等多功能于一体的综合型物流园，重点服务长江中上游地区，形成与东湖国家自主创新示范区重点产业项目联动发展的物流服务格局。

3. 专业物流中心。

（1）医药物流中心。重点依托汉阳医药物流港及光谷生物城医药产业聚集区、东西湖医药物流板块等，建设医药物流中心。借助医药物流产业集聚效应，引进培育大型医药物流企业，支持和鼓励医药流通企业兼并重组，拓展医药物流网络，应用先进物流技术，实现医药物流升级，形成医药物流的标志性品牌，打造集运输、仓储、配送、流通加工、交易、展示、电子商务于一体的现代医药物流中心，建设我国中部地区最大的专业化、规模化、集约化的医药产品集散地。

（2）保税物流中心。重点依托东湖综合保税区、东西湖保税物流中心、武汉经济技术开发区出口加工区，加快申报设立阳逻保税港区，积极申报设立武汉天河机场空港保税物流区，建设保税物流中心。通过健全口岸物流和保税物流服务，为高端消费品、奢侈品、电子信息产品、生物医药产品、制造装备产品、能源环保产品等提供保税加工、装配、仓储、分拨、配送、商品展示、售后维修等服务，建设服务市内大型高新技术企业和科研机构，辐射“武汉城市圈”、湖北省乃至我国中西部地区的保税物流中心。

（3）危化物流中心。重点依托武汉化工新城建设白浒山化工及危险品专业物流中心。发展 80 万吨乙烯及关联产业，形成以塑料、聚酯产品、无机盐类化工产品为主的化工产业和与化工产业配套的物流业集群，主要为化工原料、化工产品的配送、分拨和储运提供安全的物流服务，建设我国中部地区化工产品及危险品物流区域分拨中心。

（4）冷链物流中心。重点依托白沙洲农副产品大市场、汉口北四季美农贸城、肉联万吨冻品大市场、大桥新区、纱帽农产品市场等，建设冷链物流中心。以农副产品及冷冻冷藏食品市场交易为平台，拓展深加工、精加工增值服务，打造全程冷链物流体系，建设具有冷链运输、冷链仓储、冷链加工、冷链配送、市场交易、信息发布、检疫检测、统一支付结算、行业咨询等功能的冷链物流集散地。

（5）汽车物流中心。重点依托龙阳大道汽车物流中心、常福汽车及机电物流中心、大军山南片长江航运集团公司华中汽车物流产业园、金口上海通用汽车公司武汉基地专用物流园、纱帽汽车及机电物流中心等，建设汽车、汽配及机电物流中心。面向武汉经济技术开发区和江夏区金口新城，与通用汽车公司、东风汽车公司、神龙汽车公司等大型汽车制造厂、相关零配件生产企业、机电产品制造企业等联动发展，为汽车整车及其零部件、机电产品、家电产品及其原材料配套件等提供综合性仓储分拨、包装加工、运输、信息处理、配送等物流服务，建设华中地区最大的汽车、汽配及机电物流产业集聚区。

（6）钢铁物流中心。重点依托阳逻钢铁物流基地、青山钢铁国际物流中心等，建设钢铁物流中心。主要为铁矿石、钢制品、钢产品等提供运输、仓储、加工、信息处理等物流服务，建设华中地区最大的以钢铁产品为核心的专业物流中心。

（7）电子商务物流中心。重点依托硚口汉正街都市工业区电子商务示范基地、东西湖电子商务与快递企业聚集区等，建设电子商务物流中心。通过搭建区域性物流信息平台，完善物流信息数据库，拓展物流公共服务平台功能，提升物流业信息化服务水平，提供线上电子商务、线下物流配送服务，建设集信息发布、咨询、网络交易、统一结算等多功能于一体的辐射“武汉城市圈”和我国中部地区的区域性电子商务中心。

（8）生资物流中心。重点依托东西湖家电分拨中心、硚口汉西建材家居大市场、蔡甸星光国际建材物流中心等，建设生活资料物流中心。主要开展家电、建材家居的集散、中转分拨与区域配送，日用消费品的运输、配送、仓储、市场交易、加工包装及物流信息处理等综合物流服务，建设立足武汉、面向周边地区的大型生活资料物流集散地。

4. 物流配送站点。

（1）配送设施。满足城市物流和民生物流配送的需要，依托批发市场、货运站场、重点商贸网点、大型社区等，在全市范围内建设100个左右物流配送站，鼓励物流企业依托城市物流配送站，大力发展同城配送。

（2）配送服务。以物流配送站为据点，规定收发货时间、地点，按照适合市内通行的要求，统一车辆技术标准、外形尺寸，开展适应城市正常生产生活的全天候配送服务作业，通过取消对配送车辆的通行限制或发放通行证的管理模式，将城市日常配送经营活动纳入城市交通的统一通行管理范围，提高配送效率。

七、产业培育

（一）物流产业聚集发展

1. 商贸物流。重点依托汉口北、郑店等综合物流园、专业物流中心，以及解放大道中段、江汉路—六渡桥、汉口沿江商务区、王家湾、钟家村、中南路、鲁巷、徐东、武昌临江商务区、红钢城等十大商圈和吴家山商贸物流园、纱帽综合物流中心、朱家湾商贸物流中心、古龙临港大宗物资交易产业园、竹叶山中环商贸城、华中图书交易中心、湖北出版文化创意物流中心、汉西建材大市场等贸易市场集群，着力推进商贸流通业与物流业的融合发展，引导商贸物流企业采用先进物流模式，大力发展城市配送、集中配送等先进运作方式，实现城市配送、城际配送、农村配送有效衔接，提升我市商贸物流在全国的枢纽优势。

2. 制造业物流。重点依托空港、阳逻港、花山港以及东西湖等综合物流园、专业物流中心，围绕大光谷板块、中国车都、临空经济区、重化工业基地等“四大工业板块”和6个新城区、3个跨三环线中心城区等“6＋3”新型工业示范园区，以及航海武汉蓝海临空产业园、人和钢材大市场、华中汽车产业物流园、欣达汽车物流、普洛斯现代生产型服务产业园、汉口北荣中石化物流基地、武汉国际钢铁物流服务中心、中国平煤神马集团贸易总部等项目，重点推进汽车、装备制造、钢铁、电子信息、石油化工、能源环保、生物医药、家电、食品加工等九大制造产业集群与物流业的联动发展，提高制造业物流外包比例，提升供应链管理水平，拓展辐射全国服务范围，巩固、发展我市制造业物流在全国的优势地位。

3. 港口物流。重点依托阳逻港、花山港等综合物流园、专业物流中心，以及纱帽、军山、金口、白浒山、青山、古龙等港区、长江航运中心大厦、阳逻水铁联运中心、大新华物流、阳逻港保税物流园、林四房物流基地等项目，推动铁水联运，完善港口集疏运体系，大力发展集装箱运输，提高煤炭、化工、矿石、粮食等大宗货物的吞吐量，提高港口物流资源聚集和辐射服务能力，着力推进港口物流发展，提升我市的长江中游航运中心地位。

4. 保税物流。重点依托保税专业物流中心，着力拓展保税物流增值服务，推进各保税区的联动发展，完善相关配套设施，提升口岸服务功能，发展高端消费品、奢侈品保税以及保税加工、供应链管理等业务，为发展区域开放型经济提供高效的国际物流服务。

（二）重点领域创新发展

1. 临空产业物流。重点发展国际、国内航空货运，提升空港仓储、集散、服务功能，抢先发展应急产品、备品备件转运，提供中转物流的分拣调拨、加工包装等高附加值服务。

2. 电子商务物流。重点发展快速、安全、高效的原材料、产品以及社会小件商品快递物流的分拨与仓储配送网络，大力推动电子商务企业与快递企业的联动发展，加快建设电子商务与快递企业区域性总部密集区，完善电子商务与快递物流中心的配套功能。

3. 医药交易物流。重点发展医药集中采购、药店连锁经营、医院药店连锁配送等医药物流，抢先发展潜力巨大的现代化医药电子商务，利用先进的物流技术和信息化管理，建设大型专业化的医药物流作业平台，形成规模化、专业化、信息化、高效化的医药物流产业集群，构筑以骨干企业为主体的医药流通体系。

4. 冷链加工物流。重点建设多温层智能化冷库、冷藏车辆、冷柜等冷链设施，围绕建设高效率的农副产品、水产品、冷冻冷藏食品交易平台，畅通冷链上下游，打造集冷冻加工、冷冻储存、冷藏运输及配送、冷冻销售于一体的全程“无断链”的专业化、规模化冷链物流体系。

八、重大项目

“十二五”时期纳入全市现代物流业发展项目库管理的重点建设项目，分制造业物流、商贸物流、农产品物流、物流基础设施和物流信息化 5 大类，共 173 项，计划投资总额为 1148.92 亿元。

（一）制造业物流类项目

共有 39 项，计划投资额为 320.11 亿元。主要建设服务于制造业重点行业及其主要产品生产，在原材料、零部件、配套件和产成品的供应、集散、加工、分拨和直达配送方面所需的物流节点和设施。如制造业支撑型物流园、物流仓储、加工间及运输设施设备项目等。

（二）商贸物流类项目

共有 64 项，计划投资额为 454.86 亿元。主要建设为大型专业交易市场、大型商贸批发零售企业及连锁超市配套的现代化仓储、配送设施。如商贸物流园区与基地、立体仓储设施及标准化、自动化商品分拣、配送节点和设施等。

（三）农产品物流类项目

共有 17 项，计划投资额为 162.89 亿元。主要建设农产品交易、集散、加工分拣、包装、运输、储存所需的专业化设施及技术，如冷库、农产品交易市场、生鲜农产品中长途快运设施等。

（四）物流基础设施类项目

共有 45 项，计划投资额为 208.17 亿元。主要包括铁路（公路、航空、水运等）线路、物流园区、车站货场、港埠码头、机场、转运中心、货运枢纽及多式联运等项目建设。

（五）物流信息化类项目

共有8项，计划投资额为2.89亿元，主要加快建设城市综合一体化公共物流信息平台和为重点物流企业、物流园区与中心、配送中心及面向全市物流业服务的电子商务平台、供应链平台、商品信息技术平台、甩挂运输控制中心等。

九、行动计划

（一）物流通道畅通行动

1. 公路通道。推进四环线等高速快速路系统建设，加快国家、省级高速路武汉段建设和干线公路升级改造，优化站点布局，完善公路货运主枢纽交通衔接。鼓励物流企业组建以武汉为总部的汽车航班公司，开通武汉至国内30个以上大中型城市的定期汽车航班，形成以武汉为中心的全国性公路物流枢纽航班网络。

2. 铁路通道。完善以滠口、大花岭、舵落口三大货运站为主体的货运场站格局，实现铁路货运集中处理，推进铁路专用线的建设。加强邮政与铁路部门的合作，推进大型行邮专列武汉基地和邮件集散中心、武昌邮政枢纽工程的建设；促进增开武汉至天津、上海、成都、广州等国内主要中心城市和周边城市的铁路货车和集装箱“五定”班列；积极争取铁路部门的支持，连通“渝新欧”大陆桥，打通我国中部地区与欧洲大陆的陆路通道。

3. 水运通道。全面推进武汉新港六港区建设；整治和疏浚长江航道，积极争取长江航道6米水深改造项目立项。深化与重庆、南京、上海等长江沿线内陆港和沿海主要港口的合作，依托“江海直达”航线连通东南亚、东北亚主要港口。支持航运企业提高班轮密度，缩短装卸作业时间。到“十二五”期末，实现港口货物吞吐能力达到2亿吨，集装箱吞吐能力达到260万标箱。

4. 空运通道。推进机场货运区建设，加快实现机场“南客北货”功能分区，健全机场货运体系。强化和拓展覆盖全国、连接世界主要枢纽机场的空中货运网络，积极争取邮政航空全国集散辅助中心、大型航空公司转运基地落地，推进航空公司增开至国内枢纽机场的主干航线和至周边二、三线城市的支线；促进国内外航空公司增开武汉至欧美亚核心中转城市的国际客货运直飞航班，发展东南亚至东北亚、东亚和港澳台至欧美的国际经停航线。

（二）多式联运推进行动

1. 构建多式联运支撑通道。依托阳逻、青山、沌口、金口、纱帽等长江河运港口，京广、京九、合武等铁路动脉，京港澳高速、沪蓉高速、107国道、318国道等公路网，武汉天河国际航空枢纽，加快建设多式联运货物集散中心，建立空港和武汉新港的快速连接通道；积极推进武汉新港江北铁路和金口港双向四车道疏港公路等建设，完善机场、武汉新港、铁路集装箱中心、公路枢纽交通路网的联通与对接；推进“武汉—长江中上游集装箱铁水联运示范项目”的建设，先期启动吴家山港和阳逻港之间“集装箱短驳绿色航运”示范项目，通过集装箱水上短驳实现东西湖铁路集装箱中心站和阳逻港之间的无缝对接；控制货主码头建设，充分发挥专业码头作用，形成水运集聚优势。

2. 制定多式联运发展政策。支持物流企业建设先进、高效的多式联运中转设施与设备，鼓励物流企业投资购买标准集装箱拖车；支持生产企业、商贸企业和物流企业使用集装单元设备，推进物流标准化；减免公路、水运、铁路、航空联通运输、短驳运输的路桥通行费用；鼓励公路、铁路、水运、航空各类货物站场为多式联运车辆通行开辟“绿色通道”。研究制定发展铁路与港口国际联运的扶持政策，充分发挥“江海直达”和“渝新欧”大陆桥的作用，铁路与水运联运集装箱占比达到3%。

3. 构建多式联运信息系统。依托物流信息平台，建设“一票到底”、“无缝连接”多式联运全程信息服务系统，运用物联网及条码、RFID、GPS等先进技术，推进多式联运的可视化和智能化管理，提高物品流动的跟踪定位、过程控制等管理和服务水平。

（三）信息平台建设行动

1. 完善物流信息基础工作。研究制定物流信息系统分类编码标准体系，根据相关物流信息平台功能，签订物流信息共享协议；通过政府推动、市场化运作，完善物流行业信息交换基础网络，促进电子商务、审批监督及客户服务等功能的相互融合；加强信息安全技术创新与应用，确保数据及系统的安全性、稳定性和可靠性。

2. 建设集成公共信息平台。整合现有相关公共信息平台资源，建立基于云服务的联通物流企业、生产企业和商贸企业、口岸联检单位等各方共享的物流公共信息平台。基本实现以交通货运信息、物流供需信息、网上物流在线跟踪、物流政策法规、物流投资项目查询为主要内容的物流公共信息查询功能；初步形成以物流大通关的网上报关、联网核查与监管、电子退税、车辆身份核查、网上年检、网上审批核准等为主要内容的物流电子政务功能；基本建成以网上物流签单、网上订舱与拼箱、网上分拨与配载、网上仓单交易、网上结算等为主的物流电子商务功能。

3. 提高企业物流智能水平。以重点物流企业为突破口，建设一批物流企业信息化示范工程，带动全市物流企业信息化的发展；加强对中小物流企业信息系统外包的扶持力度，鼓励中小企业实施软件即服务（SaaS）、平台即服务（PaaS）；扶持专业化物流信息服务提供商的发展，提升全行业的信息化水平；支持建设生物医药、危险化学品、烟草酒水等具有高附加值且需重点监控行业物联网试点；推广物联网、云计算、无线射频识别（RFID）、智能标签、智能化分拣、条码技术等新技术在物流领域的应用。

（四）核心企业培育行动

1. 加大物流企业引进力度。加大政策扶持力度，积极引进国内外大型航空物流企业、物流整合商、物流地产商、第三方物流企业、快递企业等在汉落地并加大投资力度，引导知名物流企业在汉建立区域性总部。

2. 强化本土物流企业培育。因企制宜，加大“一事一议”等特殊政策的倾斜支持力度，大力培育包括中央、省在汉企业在内的武汉本土的“种子选手”、领军物流企业。抓住铁路部门政企分开改革机遇，争取铁路企业在汉设立区域性公司；鼓励本地物流企业实施兼并重组，整合市场资源，拓展增值服务，满足社会多样化、多层次的物流需求；支持物流企业与其他行业的企业以股权合作方式开展资产重组，促进物流企业的专业化分工及与其他产业的联合发展；加大对重点物流企业投资建设项目的扶持力度，促进物流市场资源要素向重点企业聚集，培育一批大型龙头物流企业；鼓励生产企业和商贸企业剥离物流资产及从业人员，实施物流业务外包。

（五）园区建设提升行动

1. 推进园区基础设施建设。加强物流园区专项规划编制工作，加大对物流园区基础设施的投入，形成完善的基础设施和配套条件，涉足入驻企业对用水、用电、用气等方面的合理需求，增强项目承载能力；对纳入规划的物流园区用地予以重点保障，未经依法批准，不得改变用地性质；新增物流项目尽可能纳入现有园区规划“集中”布局，节约物流用地，积极支持利用园区内已有旧厂房、仓库和存量土地资源，建设现代物流设施；确保建设资金及时到位，以保证入驻园区的物流项目及时开工建设；园区设施按照现代化、高标准的要求建设，以保证物流园区的可持续发展。

2. 完善园区入驻管理机制。研究制定园区招商和准入机制，严格按照规划控制入驻项目的质量和选址，确保规划功能的实现；充分发挥园区布局集中、用地节约、功能集成、经营集约等优势，最大程度地推进园区内物流基础设施、物流信息平台共享共用，严格控制园区内制造企业自营物流用地。

（六）口岸服务提效行动

1. 切实加快口岸设施建设。在东湖综合保税区监管设施基本建成的基础上，引入国内外知名物流企业，开展代保代管、流通加工、分装包装等保税业务；推进阳逻港二期口岸设施建设，加快武汉新港海关建设，将阳逻港打造成为长江中上游集装箱集散中心；推进临空保税监管区、航空“大通关”基地建设；加快东西湖铁路中心站口岸设施建设，规划建设黄陂滠口车站口岸设施，尽快实施整车进出口通关。

2. 积极提升口岸服务功能。加快武汉临空物流园区、三大保税物流中心、阳逻港、东西湖铁路中心站、黄陂滠口车站等口岸联检单位“集中办公、一站式服务”的公共口岸服务中心建设；积极配合湖北省电子口岸建设工程，做好我市电子口岸接入的准备工作；配套建设功能完善、装备先进的监管设施，降低通关成本和等待时间，吸引我国中西部地区通过武汉口岸进出口货物。

（七）仓储配送提速行动

1. 提升仓储设施质量水平。鼓励仓储型物流企业加快对原有仓储设施的更新改造，促进仓库用地的集约化；鼓励企业投资现代化仓储设施建设，提高机械化、自动化作业和智能库存管理水平；引进国际知名物流地产商，建设标准化仓储设施；鼓励企业根据储运货物特点，积极开展立体化自动仓库、标准化通用仓库、多温层冷库等不同种类新型仓库的建设。

2. 提高终端配送服务效率。加快建设城市配送站点，配套建设城市配送管理信息系统和呼叫中心，开展中心城区“最后一公里”集中配送；推进民生物流，大力发展蔬菜直通车、农超对接等物流模式；引导物流企业运用共同配送和公共配送体系，支持邮政物流、快递企业等物流配送企业与网点密集的连锁企业开展业务合作，促进同城配送业务的快速发展；推进新能源配送车辆的应用，积极探索逆向物流运作模式，向低碳城市、绿色物流方向发展；制定城市物流配送车辆通行管理办法，为配送车辆进入市区通行和停靠提供方便。

（八）物流服务创新行动

1. 鼓励创新物流服务模式。鼓励企业运用供应链管理理念、方法和技术，推广应用 VMI、JIT 等先进模式，为客户提供个性化、精细化的供应链物流服务。加快连锁配送企业物流与商流融合发展，推动物流与商流、资金流、信息流的集成化运作。引导物流企业发展集采购、生产、销售和物品回收于一体的多功能、全流程的高端物流业务，提升供应链管理能力。

2. 大力推进企业物流创新。按照国家级高新技术企业标准，支持现代物流企业申报国家级高新技术企业；鼓励现代物流企业提高研发投入比例，积极实行设备更新换代，开发具有自主知识产权的物流管理技术、应用技术和信息技术并加快应用步伐；创新物流发展模式，提供供应链整体物流、金融、信息等综合一体化服务；制定专门政策鼓励企业运用集装单元技术，推进甩挂运输。

3. 继续扩大物流对外开放。积极组织实施物流业“请进来”与“走出去”并举的发展战略，紧紧依托工业和商贸业招商引资和外资企业相对集聚所形成的产业优势、资本优势和资源优势，加强与国际物流服务业的合作与交流。大力引进国内外知名物流企业投资我市物流业，参与我市传统物流企业的重组和改造，提高本地物流业现代化水平。支持和鼓励本地物流企业到国内外设立分公司或办事处，引导物流企业向国际化、网络化方向发展，加快融入国际物流合作体系，增强参与国际物流市场竞争与合作的综合能力。

4. 积极促进绿色物流发展。鼓励和引导物流企业选用节能环保车辆、新能源汽车等节能环保物流设施，引导企业建立逆向物流体系，促进资源的循环利用。出台鼓励与扶持绿色物流发展的政策措施，构建城市碳排放交易体系和碳限制体系，鼓励企业制订减排计划，落实节能减排责任制，推动绿色供应链构建。

（九）企业物流外包行动

1. 引导工商企业服务外包。鼓励制造业企业强化主业发展，剥离物流资产及从业人员，对采购、仓储、包装、流通加工和运输配送等物流业务实行外包，促进企业内部物流社会化；重点支持东风汽车公司、武钢（集团）公司、中国石化武汉分公司、湖北中烟工业公司等企业改造现有业务流程，组建独立运作、独立核算、具有行业特色的第三方物流企业，以企业集团物流业务为依托，面向社会其他同类企业开展物流服务。

2. 提高运作装备技术水平。加强物流设施、机械装备、物流工具标准化的建设与发展，规范各类企业的包装、仓储、装卸、运输等物流作业规程，提高物流活动跨企业的对接程度；推进企业信息化和物流公共信息平台的建设，畅通生产企业、商贸企业与物流企业的物流信息共享与交换。

3. 完善物流外包发展机制。探索建立制造、商贸等企业物流资产和业务从主业分离的发展机制，并争取形成领域标准。推进建设一批企业物流外包示范工程和重点项目，鼓励企业积极申报国家制造业与物流业联动发展示范企业；研究制定鼓励企业物流外包的财政扶持政策。

（十）基础工作规范行动

1. 完善物流产业专项统计。加紧完善物流产业专项统计体系，做好物流产业市场调研和专项统计工作；加强对统计数据的研究分析，及时编制各类统计分析与检测报告，为政府决策和行业管理提供科学可靠的参考依据；定期公布物流资源、物流优势以及发展前景指数，发布年度白皮书，引导企业来汉投资物流项目。

2. 制定和推广物流标准。加大工作力度，推进现行国家、行业及地方有关物流标准的贯彻执行；同时，参考国内外先进物流标准，结合武汉实际，采取“政府主导、重点企业参与、科研机构支持”的方式，制定医药、冷链等行业及城市配送等领域物流技术标准和管理标准。

3. 建立物流发展研究中心。发挥武汉高校物流特色学科和专业人才优势，与华中科技大学、武汉大学、武汉理工大学、华中师范大学、湖北经济学院等高校联合建立物流发展研究中心，设置物流相关专项研究课题，促进物流先进理论和技术的研究及应用，促进武汉物流产业“产、学、研”协同发展。同时，积极组织、参与国内外物流行业的研讨、交流活动，不断提升我市物流业发展水平，扩大影响力。

十、保障措施

（一）提升协调推进能力

充分发挥我市现代物流业发展领导小组的作用，完善物流产业发展中重大事项的及时研究和决策机制，强化统筹协调解决重大问题的能力；完善政府各部门协作制度，加强各部门之间的政策、措施协调，形成合力推进物流业发展的工作机制。

（二）健全规划实施机制

认真落实各区在物流产业发展规划实施中的主体责任，按照规划编制年度工作计划，明确责任项目内容和完成时限，动态监控评估规划的执行落实情况。建立规划实施考核与激励机制，对各区进行绩效考核和评估。根据客观环境的变化，实时对规划目标及任务进行适当调整。以制度形式确立组织领导、目标落实、跟踪评估、动态调整的机制，保障规划实施的权威性与可操作性。

（三）加强政策资金支持

加快制订贯彻落实《国务院办公厅关于促进物流业健康发展政策措施的意见》（国办发〔2011〕38号）的《实施细则》。充分发挥财政资金的引导作用，市级物流业发展专项资金规模在2012年5000万元的基础上逐年增长；积极争取国家、省物流项目扶持政策，多渠道争取扶持资金。建立重大物流招商项目用地优惠和专项工作机制，对进入规划的物流园区（中心）的重大招商引资项目用地可参照工业用地价格进行优惠；对于投资5亿元以上的重点物流项目，参照工业招商项目，采取落地系列手续代办工作机制。推进物流企业营业税差额纳税试点工作，研究制定相关配套措施，对国家发展改革委和国家税务总局联合确认纳入试点名单的物流企业及所属企业，按照国家发展改革委等部门《关于促进我国现代物流业发展的意见的通知》和《国家税务总局关于试点物流企业有关税收政策问题的通知》规定，实施税收政策扶持。完善货运航线的补贴机制，对开通“江海直达”班船的企业和开通国际直飞客货运航线、国内全货机航线的航空公司，根据其航班准点率给予适当补贴；对承揽国际货物并在武汉天河机场和武汉新港进出港的航空及远洋货代企业，按照其完成的国际货物运量给予适当补贴。

（四）培养引进高端人才

鼓励高校加强物流专业学科建设，做好物流职业资格认证工作，将高层次的物流人才教育制度与多元化的物流职业资格认证制度相结合，形成多层次物流人才教育培训体系。支持校企合作，引导高校和科研机构与国内外著名物流企业联合建立物流综合培训和试验基地。鼓励企业、行业组织及民办教育机构参与开展多层次的物流从业人员培训和再教育，安排适当专项培训经费补贴。研究制定人才引进激励政策，引进一批国内外优秀物流人才，逐步提高物流业高端人才入选“黄鹤英才计划”、“3551人才计划”的比例。

（五）加强行业自律工作

发挥行业协会的作用，明确行业协会在推进武汉物流业发展中的地位；提升行业协会的能力，对行业协会的发展提供大力支持；完善行业协会的工作机制，使行业协会成为能够真正代表行业利益、反映企业诉求、提供中介服务、规范企业行为、提供政府决策支持的行业组织；加强行业协会的自律和调解功能，充分发挥其在规范行业行为、协调会员利益、推进物流诚信体系建设等方面的作用。

名词解释

1. 物流（Logistics）。物品从供应地向接收地的实体流动过程。根据实际需要，将运输、储存、装卸、搬运、包装、流通加工、配送、信息处理等基本功能实施有机结合。（我国国家标准《物流术语》中定义）

2. 社会物流的物品总额（Total Value of Social Logistics Goods）。指第一次进入国内需求领域，产生从供应地向接受地实体流动的物品的价值总额，简称社会物流总额。包括六个方面的内容：进入需求领域的农产品物流总额、工业品物流总额、进口货物物流总额、外省市调入物品物流总额、再生资源物流总额、单位与居民物品物流总额。

3. 第三方物流企业（Third－party Logistics Service Provider，3PLs）。指为客户公司提供全部或部分物流服务的外部供应商。3PL供应商提供的物流服务一般包括运输、仓储管理、配送等。在此过程中3PL供应商既非生产方，又非销售方，而是在从生产到销售的整个物流过程中进行服务的第三方，它一般不拥有商品，而只是为客户提供仓储、配送等物流服务。

4. 第四方物流企业（Fourth－party Logistics Service Provider，4PLs）。第四方物流是1998年美国埃森哲咨询公司率先提出的，是专门为第一方、第二方和第三方提供物流规划、咨询、物流信息系统、供应链管理等活动。第四方并不实际承担具体的物流运作活动。

第四方物流企业是一个供应链的集成商，是供需双方及第三方物流的领导力量。它不是物流的利益方，而是通过拥有的信息技术、整合能力以及其他资源提供一套完整的供应链解决方案，以此获取一定的利润。它是帮助企业实现降低成本和有效整合资源，并且依靠优秀的第三方物流供应商、技术供应商、管理咨询以及其他增值服务商，为客户提供独特的和广泛的供应链解决方案。

5. 物流金融（Logistics Finance）。指在面向物流业的运营过程，通过应用和开发各种金融产品，有效地组织和调剂物流领域中货币资金的运动。这些资金运动包括发生在物流过程中的各种存款、贷款、投资、信托、租赁、抵押、贴现、保险、有价证券发行与交易，以及金融机构所办理的各类涉及物流业的中间业务等。

6. 集装箱单元技术。是以集装单元为基础组织物品的装卸、搬运、存储、运输等一系列物流活动中所采用的各种技术的总和。

集装单元化技术的出发点是把杂散货物组合成有一定重量或容积单位的整体，并使货物的外形定型化（一般通过集装箱实现），以实现机械化高效率作业，提高运输器具的装载效率，并带来一系列其他好处。

7. 汽车航班。即卡车航班，目前业内并没有一个统一的概念，只是形成一定的共识：卡车航班是一种公路运输方式，它一般采用性能顶级的货车作为运输工具，依托全国高速公路网络，卡车每天准时准点发车，准点到达。满足客户对于高时效、高安全性、经济实惠的需求。

8. 五定班列。指在主要城市、港口、口岸间铁路干线上组织开行的“定点（装车地点）、定线（固定运行线）、定车次、定时（固定到发时间）、定价（运输价格）”的快速货物列车，它包括集装箱“五定”班列和普通货物“五定”班列两种组织形式。

9. 渝新欧大陆桥。是铁道部、国家海关总署及途经各国加强合作，在原新欧亚大陆桥的基础上开通渝新欧国际铁路联运通道，进一步优化完善的国际物流大通道。运行路径从重庆始发，经达州、安康、西安、兰州、乌鲁木齐，向西过北疆铁路到达我国边境阿拉山口，进入哈萨克斯坦，再转俄罗斯、白俄罗斯、波兰，至德国的杜伊斯堡，全程 11179 公里。

10. 供应链管理（Supply Chain Management，SCM）。是指在满足一定的客户服务水平的条件下，为了使整个供应链系统成本达到最小而把供应商、制造商、仓库、配送中心和渠道商等有效地组织在一起来进行的产品制造、转运、分销及销售的管理方法。供应链管理包括计划、采购、制造、配送、退货五大基本内容。

11. CBD 模式。即中央商务区的发展模式。中央商务区（Central Business District，CBD）指一个国家或大城市里主要商业活动进行的地区。一般而言，CBD 高度集中了城市的经济、科技和文化力量，作为城市的核心，应具备金融、贸易、服务、展览、咨询等多种功能，并配以完善的市政交通与通讯条件。

12. RFID。是射频识别技术的英文（Radio Frequency Identification）的缩写，又称电子标签，射频识别技术是 20 世纪 90 年代开始兴起的一种自动识别技术，射频识别技术是一项利用射频信号通过空间耦合（交变磁场或电磁场）实现无接触信息传递并通过所传递的信息达到识别目的的技术。

13. 软件即服务（SaaS）。SaaS（Software - as - a - service）的意思是软件即服务，SaaS 的中文名称为软营或软件运营，是基于互联网提供软件服务的软件应用模式。

SaaS是一种通过Internet提供软件的模式，用户不用再购买软件，而改用向提供商租用基于Web的软件，来管理企业经营活动，且无须对软件进行维护，服务提供商会全权管理和维护软件，对于许多小型企业来说，SaaS是采用先进技术的最好途径，它消除了企业购买、构建和维护基础设施和应用程序的需要，近年来，SaaS的兴起已经给传统套装软件厂商带来真实的压力。

14. 平台即服务（PaaS）。PaaS是Platform-as-a-Service的缩写，意思是平台即服务，是把服务器平台作为一种服务提供的商业模式。通过网络进行程序提供的服务称之为SaaS（Software as a Service），而云计算时代相应的服务器平台或者开发环境作为服务进行提供就成为了PaaS（Platform as a Service）。

所谓PaaS实际上是指将软件研发的平台作为一种服务，以SaaS的模式提交给用户。因此，PaaS也是SaaS模式的一种应用。PaaS能将现有各种业务能力进行整合，具体可以归类为应用服务器、业务能力接入、业务引擎、业务开放平台，向下根据业务能力需要测算基础服务能力，通过IaaS提供的API调用硬件资源，向上提供业务调度中心服务，实时监控平台的各种资源，并将这些资源通过API开放给SaaS用户。

15. VMI。VMI全称Vendor Managed Inventory，即供应商管理库存。它是一种在供应链环境下的库存运作模式，以用户和供应商双方都获得最低成本为目的，在一个共同的协议下由供应商管理库存，并不断监督协议执行情况和修正协议内容，使库存管理得到持续地改进的合作性策略。

16. JIT。JIT全称Just In Time，即准时生产，又译实时生产系统，简称JIT系统，在1953年由日本丰田公司的副总裁大野耐一提出。JIT实质是保持物质流和信息流在生产中的同步，实现以恰当数量的物料，在恰当的时候进入恰当的地方，生产出恰当质量的产品。其基本思想是“只在需要的时候，按需要的量，生产所需的产品”，也就是追求一种无库存，或库存达到最小的生产系统。

021

重庆市人民政府关于促进物流业健康发展的通知

渝府发〔2012〕112号

各区县（自治县）人民政府，市政府各部门，有关单位：

物流业是国民经济的基础性产业之一，是生产性服务业的主要内容。我市是国家定位的西南物流区域核心城市，高度重视物流业发展，先后出台了《重庆市人民政府关于印发重庆市贯彻国家物流业调整和振兴规划实施意见的通知》（渝府发〔2009〕108号）、《重庆市人民政府关于印发重庆市“十二五”基础设施及物流保障规划的通知》（渝府发〔2011〕67号）、《重庆市人民政府关于加快重庆市农产品冷链物流发展的实施意见》（渝府发〔2011〕95号）等12个文件，树立了供应链物流发展理念，明确了建设中国西部地区国际物流中心的战略目标。物流服务效率明显提升，全社会物流总费用占GDP的比重下降至19%。物流基础设施不断完善，五个级次的物流区域布局体系初步构建，“三基地四港区”国家级物流枢纽平台和市级重点物流园区的物流集聚效应初步显现。国际物流发展环境领先西部，两路寸滩保税港区、西永综合保税区建成投用，“一江两翼”国际物流大通道网络渐趋完善，“渝新欧”国际货运班列成功开行，航空国际物流加快发展。物流服务主体壮大，企业数量快速增长，重点现代物流企业和重点现代物流项目服务能力进一步提升。物流业总体实现跨越发展。

为深入贯彻落实国家有关文件精神和市委、市政府关于促进新型工业化若干意见的要求，着力提升物流业对工业的服务支撑能力，现就促进物流业健康发展有关事宜通知如下：

一、高度重视物流业健康发展

大力发展物流业是市第四次党代会提出的“一统三化两转变”战略的重要内容，是实现新型工业化的重要支撑，是提高工业经济运行质量和效益的重要手段。我市正处于工业化中期，以制造业为主导的产业体系格局不会根本改变。大力发展物流业，加快培育和促进现代化运输、大型集中仓储、物流加工、城市配送、冷链物流、供应链管理、功能型批发和第三方物流等为新型工业化服务的高端业态发展，加强统一规划、指导和调控，避免低水平重复建设，有利于优化新型工业化发展环境，促进制造业集群发展，实现制造业的横向整合、纵向整合和集群整合，有利于制造业资源要素的优化配置、促进制造业加快升级、增强核心竞争力，有利于提高制造业对市场的响应速度和产品供给时效、提升效率。全市上下要充分认识促进物流业健康发展的重要意义，高度重视，采取切实措施，提供政策保障，为物流业健康发展营造宽松环境。

二、加强财金支持

（一）为工业服务的物流项目和市级重点物流园区内的物流项目按照工业项目用地价格标准实行招拍挂有偿使用，参照工业项目收取征地统筹费。

（二）要加强市级重点物流园区规划与城市总体规划和土地利用总体规划的衔接。园区内的基础设施项目和物流项目建设用地优先纳入年度土地供应计划。

（三）在符合规划、不改变土地用途的前提下，对企业利用现有厂房改造建设，增加容积率用于仓储、包装、运输装卸等物流项目的，不再征收土地出让金，并按规定完善相关手续。

（四）统筹中央和地方物流资金用于促进物流业健康发展，专项支持市级重点物流园区、重点物流工程、重点物流企业，提高资金使用效率。

三、减轻税费负担

（一）从事西部地区鼓励类产业的物流企业，可按规定申请享受15%的企业所得税税率。市级重点现代物流项目的纳税人，纳税确有困难的，由纳税人提出申请，经地方税务机关批准后，定期减征或免征房产税。自2012年1月1日至2014年12月31日，物流企业自有的（包括自用和出租）大宗商品仓储设施用地，减按所属土地等级适用税额标准的50%计征城镇土地使用税。推进运输、仓储环节营业税差额纳税，扩大试点范围，提高试点企业覆盖面。

（二）两江新区工业开发区和经市政府认定的工业园区内的物流项目生产性用房（厂房和仓储用房）免征城市建设配套费和人防易地建设费。经市政府认定的工业园区外的市级重点现代物流项目生产性用房（厂房和仓储用房）免征城市建设配套费；确因地质和地形条件限制不能配套建设防空地下室的，生产性用房（厂房和仓储用房）免征人防易地建设费，其余部分全额收取。

（三）符合条件的物流企业新招用持《就业失业登记证》人员，与其签订1年以上期限劳动合同并依法缴纳社会保险费的，在3年内按实际招用人数予以每人每年4800元定额标准依次扣减营业税、城市维护建设税、教育费附加和企业所得税。

本通知由市发展改革委牵头执行。市发展改革委要充分发挥物流行业管理职能，会同市级有关部门按照有关规定共同认定市级重点物流园区、市级重点现代物流项目、工业园区内物流企业、为工业服务的物流项目。财政、规划、国土、税务、城建、人防等市级有关部门要根据职责分工，认真落实有关政策，切实促进物流业健康发展，助推全市新型工业化和经济社会全面发展。

重庆市人民政府

二〇一二年十月十一日

022

重庆市人民政府关于加快建设长江上游地区商贸物流中心的意见

渝府发〔2013〕13号

各区县（自治县）人民政府，市政府各部门，有关单位：

重庆直辖以来，全市商贸业和物流业加快发展，长江上游地区商贸物流中心聚集辐射功能明显增强。社会消费品零售总额、商品销售总额、商业增加值、物流业增加值等主要经济指标翻了一番，大商圈、大市场、大企业在西部地区领先。物流基础设施规划建设加快，国际物流发展环境明显改善，全社会物流总费用占地区生产总值的比重下降至19%。总体上完成了“打基础、建平台、增后劲”的任务，迈出了“求突破、上台阶、大发展”的坚实步伐。但也应清醒地认识到，我市商贸设施和物流设施还不够完善，商贸业和物流业经济规模还不够大，产业集聚能力还不够强，流通现代化水平还不够高，城乡、区域商贸物流发展水平差异大，离建成长江上游地区商贸物流中心还有较大差距。

根据《国务院关于深化流通体制改革加快流通产业发展的意见》（国发〔2012〕39号）和市第四次党代会精神，现就加快建设长江上游地区商贸物流中心提出如下意见。

一、重要意义

长江上游地区商贸物流中心是长江上游地区经济中心的重要组成部分。加快建设万商云集、四通八达的长江上游地区商贸物流中心，对于支撑长江上游地区经济中心建设和我市经济社会持续、快速、健康发展具有十分重要的作用。加快长江上游地区商贸物流中心建设，通过构建大商贸、大物流、大市场、大开放的格局，形成长江上游地区人流、商流、物流、资金流、信息流的聚集辐射中心，有利于推进我市城市化进程，逐步增强重庆作为国家中心城市的区域影响力；有利于强力支撑长江上游地区经济中心建设，进一步增强聚集辐射带动功能；有利于发挥商贸物流基础和先导产业的作用，优化配置社会资源，加快产业结构调整，促进各产业联动发展；有利于扩大内需、促进消费，推动我市经济社会协调发展；有利于服务和改善民生，保障市场供应，促进和扩大就业，带动城乡一体化发展。

二、目标定位

（一）总体思路。以邓小平理论、“三个代表”重要思想和科学发展观为指导，全面贯彻党的十八大精神，认真落实市第四次党代会部署，以“科学发展、富民兴渝”为总任务，以转变商贸物流发展方式为主线，以便民利民为目的，大力实施城乡商贸物流一体化、集群化、专业化和现代化发展战略，着力建设大商圈，培育大市场，发展大物流，搞活大企业，实施全覆盖，努力构建长江上游地区会展之都、购物之都、美食之都和西部国际物流中心。

（二）基本要求。坚持统筹城乡发展，着力推进城乡、区域一体化；坚持增总量与调结构并举，提升服务业质量和效益；坚持民生优先与服务业发展并举，统筹推进大型商贸物流集聚区与城乡便民店建设；坚持传统商贸物流业与专业化、现代化商贸物流业并举，推进信息化与商贸物流业融合发展；坚持商贸物流业与工业化、其他现代服务业并举，相互促进，协同发展。

（三）建设目标。

——实现三个翻番。到2017年，社会消费品零售总额翻一番，达到8000亿元，年均增长15%；商品销售总额翻一番，达到24000亿元，年均增长16%；物流业增加值翻一番，达到1200亿元，年均增长15%。

——建成三大集群。到2017年，建成城市核心商圈集群，全市建成50个城市核心商圈，其中零售额100亿元的大商圈13个、500亿元的3个；建成专业大市场集群，百亿级大市场达到20个以上；建成物流产业集群，形成物流基地（园区）8个。

——促进三个提升。提升商贸物流专业化和现代化水平。到2017年，连锁化率突破40%，全社会物流总费用占地区生产总值的比重降低到17%左右，外来消费占比突破40%；电子商务、商品配送体系发达，城市核心商圈、大型专业市场、物流基地、大中型商贸物流企业信息化装备水平显著提高，商品追溯系统、农产品冷链系统明显改善。提升商贸物流主体的竞争力。到2017年，限额以上商贸流通企业达到11000家，其中百亿级商贸流通大企业12家左右，重庆商社集团力争进入千亿级大企业行列。提升便民商业的普及率。便民便利的社区便民商圈、重点集镇商圈实现全覆盖，村级农家店综合服务功能显著提升，农超对接、农餐对接、农校对接、农企对接高效畅通；商贸服务业从业人员突破400万人，在全市非农行业中继续保持第一位。

通过5年的努力，全面建成万商云集、四通八达的长江上游地区商贸物流中心，实现流通现代化。到2020年，基本建成有影响力的全国重要商贸物流中心。

三、空间布局

顺应新疆—中亚、东盟泛亚铁路网络、亚欧大陆桥、“渝新欧”等国家级对外战略通道规划建设，依托国家内陆口岸城市和两江新区开放平台建设、城镇化加快发展和长江上游综合交通枢纽日趋形成等机遇，加快建设商贸物流设施，完善主城区、区域性中心城市、区县（自治县）、乡镇四个层级商贸设施空间布局，加快建设国家级物流枢纽、市级物流枢纽、地区级物流枢纽、专业物流园区和城市配送中心五大物流空间布局体系，联动四川省建设完善成渝商贸物流功能区，逐步构建起层次分明、特色突出、规模适度、布局合理、结构优化、功能完善的现代商贸物流设施网络。

（一）完善主城区商贸物流布局。结合内环区域旧城改造和大型专业市场搬迁调整，布局发展现代都市商业和现代物流业，提升核心商圈档次，改善消费环境，丰富完善现代商业业态，适应城市消费结构的转型升级。围绕大型聚居区建设，配套布局城市核心商圈、社区便民商圈和特色商业街区。加快“二环物流带”规划建设，重点规划建设主城区国家级物流枢纽，推进建设两路寸滩保税港区、西永综合保税区两大国际物流集聚区。规划建设全国性大型批发市场集群，完善城市物流配送体系，增强国家中心城市集聚辐射能力。

（二）完善区域性中心城市商贸物流布局。结合万州、涪陵等区域性中心城市和“双百”大城市建设，加快布局城市核心商圈、社区便民商圈和特色商业街区。依托区域性交通枢纽和产业优势，加快规划建设万州、涪陵、长寿、江津、永川5个市级物流枢纽和黔江—秀山（酉阳）、合川、南川—綦江、忠县—垫江（石柱）、奉节5个地区级物流枢纽，加快发展农产品冷链物流。依托区域性物流枢纽建设区域性或全国性大型批发市场集群，逐步增强区域性中心城市“齿轮啮合”功能。

（三）完善区县（自治县）商贸物流布局。结合《成渝经济区区域规划》的实施和成渝两大城市群建设，加快布局完善“一圈”范围内的购物、餐饮、住宿、休闲娱乐等商业设施，布局农产品、五金、钢材、建材等全国性、区域性特色农产品、工业品商贸物流市场，联动主城区和区域性中心城市构建大都市圈商贸物流集群。结合三峡后续工作规划和武陵山、大巴山连片扶贫开发政策的实施，推进商农、商旅联动，布局完善“两翼”旅游商业、特色商业，建设完善“两翼”17个区县（自治县）农产品批发市场。打造秀山、荣昌、潼南、巫山、巫溪、城口等一批省际区域性边贸中心。

（四）完善乡镇商贸物流布局。完善乡镇商业设施布局，加快重点集镇商圈建设，配置品牌连锁超市、农贸市场或特色市场、餐饮住宿、星级农家乐等商业设施，提升乡镇商贸发展水平，促进现代化小城镇建设。加快布局重点集镇商品物流配送点，增强农村商品配送能力。

四、主要任务

（一）建设中央商务区。进一步完善中央商务区（CBD）功能布局。建设国内一流的江北嘴—解放碑—弹子石金融核心区，高起点规划，分阶段推进，加快建设高标准的商业楼宇，改善交通、商贸、商务等配套环境。推动朝天门地区建设国际商务花园、国际品牌村，将其建设成为解放碑CBD的拓展区。大力推进中央商务区法律、咨询、广告服务等现代服务业发展。到2017年，基本建成具有影响力的中央商务区。拓展延伸中央商务区功能，规划建设中央活动区（CAZ），打造一批集旅游休闲、购物消费、文化娱乐、体育健身等于一体的大型商旅文活动集聚区。

（二）打造城市核心商圈。坚持“商住分开、人车分流、立体开发、集中打造”理念，大力提升优化观音桥、南坪、三峡广场、杨家坪等成熟商圈，加快续建、新建两路空港、李家沱、九宫庙、缙云、西永、礼嘉、茶园、龙盛、陶家等主城新兴商圈。加快区域性中心城市核心商圈建设，优化提升万州高笋塘、涪陵南门山、黔江老城、永川渝西广场、合川北城、江津遗爱池商圈的业态布局和购物消费环境。加快其他23个区县（自治县）、万盛经开区城市核心商圈规划建设。加快智能商圈建设，提升城市核心商圈信息化水平。到2017年，全市城市核心商圈基本建成，零售总额占全市社会消费品零售总额的比例突破60%。

（三）建设大型批发市场集群。加快内环区域大型批发市场搬迁调整，依托国家级物流枢纽节点，加快建设迎龙朝天门国际商贸城、双福西部农贸城、白市驿粮食及冷链商贸物流园、南彭西部工贸城、果园—团结村进出口商品集散地、迎龙西部药品交易城、西彭—团结村西南生产资料集散地、两江国际汽贸城、白市驿西部汽配机电贸易城、界石西部花木城等一批一级商品批发市场。加快建设区域性中心城市二级批发市场和区县（自治县）三级批发零售市场。加强有形市场与无形市场融合发展，开展拍卖、招标、期货、电子商务、集中委托上市等现代交易方式，提升商品集散、价格形成、信息发布等服务功能，逐步形成全国重要的现代化商品集散中心。

（四）发展会展经济。依托重庆国际博览中心，完善周边地区公共服务配套，培育集会展、展览、物流配送、广告传媒、创意设计、餐饮、娱乐、住宿、购物于一体的会展产业集聚区。大力引进国际级、国家级展会，提升重庆投资贸易洽谈会暨全球采购会、国际服务贸易（重庆）高峰会、中国国际摩托车博览会、重庆高新技术成果交易会、中国重庆国际汽车工业展、中国西部旅交会、中国西部农交会、中国重庆火锅美食文化节、中国重庆四季购物节等展会层次，提高国际化、专业化水平。支持万州、黔江、涪陵、大足、潼南、秀山等区县（自治县）依托优势资源和产业、民族风情，举办具有地方特色的会展活动。到2017年，全市会展业直接收入达到100亿元以上，拉动相关产业增加收入800亿元以上。

（五）发展餐饮住宿业。规划建设美食产业园，积极培育美食街（城），形成美食产业集聚区。支持餐饮企业全面提升经营管理水平，发展直营、加盟、特许等连锁形式，培育一批具有竞争力的大型餐饮住宿企业集团。加快建设一批高星级酒店，发展经济型酒店，创建绿色饭店。鼓励企业争创中国驰名商标、中华老字号、星级酒店、钻级酒家、星级农家乐。建立健全餐饮住宿业服务标准体系和信用体系，完善相关政策措施。制定完善渝菜标准体系，建立餐饮住宿业标准化培训、推广、示范中心。

（六）发展便民商业。优化社区商业结构和布局，完善服务设施和网络，合理规划建设新型社区便民商圈，支持品牌企业以连锁经营的形式配置生鲜超市、标准化菜市场、直销菜店、便民药店等必备型业态。到 2017 年，已建居住区和公租房小区基本实现便民商圈全覆盖。加快优化和完善城市社区物流配送网络，严格商业设施用途管理。大力发展居民服务业，加快建设家政服务体系和社区商业“一网多用”综合服务平台，整合家政服务网络中心与医疗、交通、养老、社区服务等公共服务单位网站以及各种便民服务网络，实现资源共享、互联互通。以市级中心镇和重点示范镇为重点，规划建设 100 个重点集镇商圈，培育一批商贸强镇。提升“万村千乡市场工程”综合服务功能，提高村级农家店商品配送率，实现村级“农商通”信息机全覆盖。

（七）发展现代服务业。积极开展两江新区国家现代服务业综合试点、渝中区国家服务业综合改革试点工作，实施一批重大现代服务业项目建设，打造一批现代物流、电子商务、信息服务、商务服务等现代服务业集聚区。充分发挥两江新区开放平台在长江上游地区商贸物流中心建设中的龙头作用，带动全市现代服务业加快发展。积极推进两路寸滩保税港区和西永综合保税区加工服务贸易转型升级，规划建设进出口商品展示交易中心，促进保税物流、加工贸易、服务贸易、离岸贸易一体化发展，努力建设全球重要的商品集散分拨和贸易结算中心，放大保税区政策效应。大力发展研发设计、科技服务、文化创意、品牌展示，推动服务业与工业、农业的深度融合。

（八）发展电子商务。编制实施全市电子商务应用发展规划，出台鼓励电子商务发展的政策措施，推进国家电子商务示范基地、国家跨境贸易电子商务服务试点城市建设，鼓励有条件的区县（自治县）建设电子商务示范基地、产业园区，打造成为引进优秀电子商务企业、孵化中小网商的平台。加大电子商务市场主体培育力度，开展电子商务示范企业评选，建立完善电子商务示范企业动态管理机制。大力引进国内外电子商务企业入渝设立区域营运中心，发展壮大第三方支付平台。鼓励支持网上创业，推动传统零售业拓展网上销售渠道，促进网络零售加快发展。鼓励电子商务在餐饮、休闲娱乐、城乡社区配送、家政服务等领域的整体应用。到 2017 年，全市电子商务交易额达到 5000 亿元，其中零售额突破 800 亿元。

（九）建立物流通道网络体系。落实国家战略，实施“一江两翼”国际物流大通道战略，加快兰渝铁路建设，提高“渝新欧”国际货运线路综合竞争力，增强铁路物流基地作为通道起点的商贸物流集聚功能，打造对欧贸易平台。抓住东盟泛亚铁路网建设的机遇，积极推动渝昆、渝黔复线铁路建设，完善南向对外公路网络，打通印度洋出海通道，增强公路物流基地作为通道起点的物流开放功能。加快建设航空物流基地，完善国际航空货运基础设施建设和网络体系。加快重庆港区水运设施建设，提高长江水道运输能力。完善周边物流通道网络，增加上海、成都、深圳班列。建设“一小时经济圈”物流环线，完善长江主通道物流配套设施及连接沿江腹地的快速集疏干线，形成“一环一轴多连接”物流集疏体系。

（十）建设多级物流平台。着力打造主城区“航空、铁路、公路三基地，寸滩、果园、东港三港区”国家级物流枢纽，推进“二环物流带”建设。建设以铁路物流基地和航空物流基地为支点的主城北部物流带；以铁路物流基地和西部国际涉农物流加工区为支点的主城西部物流带，加快黄磏港功能调整并联动珞璜和双福，增强铁路物流基地的集货能力和多式联运能力；建设以航空物流基地、果园港区为支点，寸滩港区和洛碛化工物流园为支撑的主城东部物流带；建设以公路物流基地为支点，东港港区和迎龙为支撑的主城南部物流带。推进两路寸滩保税港区和西永综合保税区建设，完善保税物流、保税贸易功能。加快建设五大市级物流枢纽和五大地区级物流枢纽。大力发展电子、化工、汽车、冷链、粮食等专业物流园区。建设城市配送体系，形成以主城区为中心，区域性配送基地、县级配送中心和乡镇配送点为支撑的城乡一体化配送体系。

（十一）促进物流业提档升级。树立全程供应链物流发展理念，推动物流与商流、制造流、资金流、信息流联动发展。支持商贸服务业与物流业联动，大力发展第三方物流，促进 IT、家电、服装、医药、烟草、汽车、钢材、化工、装备、再生资源回收、粮食以及餐饮等专业物流发展。鼓励企业加强物流装备更新和设施改造，加大物联网技术在商贸物流中的推广应用。大力发展甩挂、集装箱等专业运输，提高物流组织化程度。加快建设电子口岸，开展口岸大通关，发展口岸物流和国际物流。

（十二）培育商贸物流主体。深化商贸物流业开放与合作，鼓励和引导优势企业强强联合，积极引进国内外知名商贸物流企业，吸引跨国公司来渝设立地区总部、采购中心、财务管理中心、物流配送中心和销售管理中心。鼓励大型商贸物流企业充分发挥资本运作、资源配置、技术创新和市场拓展等优势，以资产、品牌、管理为纽带，通过参股、控股、兼并、收购等方式，实现跨行业、跨地区、跨所有制经营。推动优势商贸物流企业通过上市、发行债券、股权置换等方式筹措发展资金，推进多元化投资。大力支持民营商贸物流企业发展，引导和鼓励民营资本进入商贸物流领域特别是特种商品和特种行业领域，繁荣、活跃市场。加大对微型商贸物流企业的扶持发展力度。支持大中型商贸物流企业发展电子商务和信息服务，提升经营管理水平，培育企业品牌，增强企业核心竞争力。

五、扶持政策

（一）用好用足西部大开发等政策，贯彻落实《国务院关于推进重庆市统筹城乡改革和发展的若干意见》（国发〔2009〕3号）、《国务院关于深化流通体制改革加快流通产业发展的意见》（国发〔2012〕39号）等文件，积极争取现代服务业发展、内外贸促进、物流业发展、扶贫开发、三峡后续工作规划等中央专项资金更大规模投资我市商贸物流业。

（二）增加市级商业发展专项资金规模，重点用于推进城市核心商圈、大型批发市场等重大项目和重要商业民生工程建设。落实重点物流园区发展专项资金，推动物流业加快发展。各区县（自治县）应相应安排商贸、物流专项资金，提高资金使用效率。

（三）市里按照城市建设配套费的1%提取商业设施建设配套费，主要用于支持城市核心商圈、社区商业基础设施建设。各区县（自治县）人民政府应在城市建设配套费中按照不低于1%的比例安排专项资金支持社区商业发展，区县（自治县）提取用于商业基础设施建设的城市建设配套费的额度由区县（自治县）人民政府确定。

（四）对各类农产品生产、流通企业建设配送中心所购置机械设备及建设信息化系统，按不超过投资额的50%给予财政贴息。

（五）对农民专业合作社、农业生产企业、农产品第三方物流企业建设100吨以上的冷冻冷藏库，每100吨容量补贴10万元；对批发市场、超市新建1000吨以上的冷冻冷藏库，每1000吨容量补贴50万元。补贴资金在促进商贸流通发展有关资金中统筹安排。

（六）对商贸物流企业，符合西部大开发政策条件的，可按15%的税率征收企业所得税。自2013年1月1日至2015年12月31日，对专门经营农产品的农产品批发市场、农贸市场使用的房产、土地，暂免征收房产税和土地使用税；对同时经营其他产品的农产品批发市场、农贸市场使用的房产和土地，按其他产品与农产品交易场地面积的比例确定征免房产税和城镇土地使用税。将免征蔬菜流通环节增值税政策扩大到部分鲜活肉蛋产品。自2012年1月1日至2014年12月31日，对物流企业自有的（包括自用和出租）大宗商品仓储设施用地，减按所属土地等级适用税额标准的50%计征城镇土地使用税。鼓励连锁经营，对跨地区经营的直营连锁企业，凡采取微机联网，实行统一核算、统一采购配送商品、统一管理和经营的，均可按照预征率在跨区县直营连锁店所在地税务机关申报缴纳增值税，年终由总机构按有关规定统一办理结算。

（七）各银行金融机构要创新信贷服务方式，优化信贷管理制度，探索建立统一的适合商贸物流企业特点的信用评级制度，逐步简化贷款手续，提升信贷审批效率，合理确定贷款利率水平，增加信贷规模。完善扶持商贸物流企业发展的财政与金融联动机制，建立商贸物流企业融资的财政扶持政策。利用现有担保公司资源，做大商贸物流企业融资规模。

（八）降低流通环节费用。优化银行卡刷卡费率结构，降低总体费用水平，扩大银行卡使用范围。农产品批发市场、农贸市场的用电、用气与工业同价，用水执行工商业用水价格的较低标准或非居民用水价格，农产品冷链物流的冷库用电与工业同价，尽快实现工商业电费同价。农产品批发市场、农贸市场要开设专门区域，供农户免费进场销售自产鲜活农产品。落实鲜活农产品运输“绿色通道”政策，确保所有整车合法装载运输鲜活农产品的车辆全部免缴车辆通行费，结合实际完善适用品种范围。切实规范农产品市场收费、零售商供应商交易收费等流通领域收费行为。

六、保障措施

（一）加强组织领导。成立由分管副市长任组长的全市商贸中心建设工作领导小组，领导小组办公室设在市商委，负责履行组织推进全市商贸业发展日常工作职能。继续发挥好重庆市现代物流业工作联席会议制度的作用，市发展改革委要履行好联席会议办公室工作职能，切实组织推进全市物流业发展。市政府有关部门要各司其职，各负其责，合力助推长江上游地区商贸物流中心建设。商贸、发展改革部门要紧密配合，制定规划和工作方案，切实抓好各项工作落实。财税、金融、交通、统计、工商、物价等部门要加强协作，从财政扶持、税收征管、融资贷款、项目推动、价费管理、现代流通指标统计等方面予以落实。各区县（自治县）人民政府要高度重视，把商贸物流中心建设纳入重要议事日程。市政府将把商贸物流中心建设工作纳入对各区县（自治县）人民政府和市政府有关部门绩效考核的重要内容，由市政府督查室加强督促检查。

（二）夯实发展基础。强化长江上游地区商贸物流中心建设的规划布局，同步推进大型商圈和便民网点建设，重大商贸物流项目规划建设应征求市级行业主管部门意见，确保商贸物流设施布局科学合理，防止区域间恶性竞争。加强高等院校商贸物流学科建设，发展商贸物流职业教育，逐步形成学历教育、继续教育、职业技能培训等多层次商贸物流人才培养体系。

（三）优化市场环境。坚持市场化原则，鼓励民营经济、外资参与全市商贸物流基础设施建设和运营。加强商贸物流市场监管，建立和完善部门联合执法机制，严厉打击制、贩、售假冒伪劣产品行为，加强单用途商业预付卡管理，规范市场秩序，净化消费环境。发挥商贸物流行业协会职能，完善行业服务标准，强化行业自律作用。倡导诚信经营，建立和健全商贸物流业信用体系，建立诚信、有序、健康、安全的发展环境。

（四）营造宣传氛围。发挥媒体宣传和舆论导向作用，利用报纸、杂志、电视、广播、网络等传播媒体，开辟专版和专栏，及时报道长江上游地区商贸物流中心建设的动态，宣传推介商贸物流业发展成就，扩大舆论宣传影响，营造全市商贸物流业大发展的浓厚氛围。

重庆市人民政府

二〇一三年一月三十一日

023

重庆市人民政府办公厅关于印发重庆市城市共同配送工作方案的通知

渝府办发〔2014〕170号

各区县（自治县）人民政府，市政府有关部门，有关单位：

《重庆市城市共同配送工作方案》已经市政府同意，现印发给你们，请认真贯彻执行。

重庆市人民政府办公厅
二〇一四年十二月二十四日

重庆市城市共同配送工作方案

重庆市人民政府办公厅
2014年12月24日

为加快发展城市共同配送，降低物流成本，缓解交通压力，促进城市配送体系建设，根据《物流业发展中长期规划（2014—2020年）》（国发〔2014〕42号）、《商务部关于推进现代物流技术应用和共同配送工作的指导意见》（商流通发〔2012〕211号）和《重庆市人民政府关于加快完善城市配送体系建设的意见》（渝府发〔2014〕57号）等文件精神，制定本方案。

一、总体要求

（一）总体要求。城市共同配送要围绕城市配送体系建设，坚持市场运作、政府引导，示范带动、梯次推进的原则，以提高配送效率、降低物流成本、缓解城区交通拥堵为目标，以公共配送中心等基础设施为载体，以现代信息和物流技术为支撑，以整合优化物流资源为重点，加强统筹规划、创新配送模式、培育市场主体、完善配送网络、优化通行管控、强化市场监督，推进城市共同配送一体化发展，着力提升城市配送标准化、信息化、智能化、集约化水平，加快构建布局合理、技术先进、便捷高效、绿色环保、安全有序的城市共同配送体系。

（二）建设目标。到2020年，城市共同配送体系基本形成，城市电商物流末端共同配送点基本覆盖，城市共同配送率（含集中配送率和统一配送率，下同）

达到30%，都市功能核心区和都市功能拓展区共同配送网点覆盖率达50%左右、其他区县（自治县）达到40%左右，第三方物流成为城市配送重要力量，物流费用明显降低，服务能力显著增强，基本构建现代城市共同配送体系，为工商企业和城市居民提供高效率、低成本的配送服务。

二、空间布局

加快完善和构建效率高、功能强、周转快的三级配送物流网络体系，促进城市共同配送基础设施资源整合、功能完善、布局合理、网络优化。

（一）一级网络——重点物流园区分拨中心。按照物流交通一体化、城市配送共同化等要求，坚持资源共享、优势互补和差异化发展，在都市功能拓展区的空港、团结村、果园、白市驿、珞璜、南彭、洛碛等货运枢纽区域，合理布局重点物流园区分拨中心，贯通城市交通枢纽和对外交通节点，实现不同运输方式之间的有效衔接，搭建对接国际、承接全国、服务全市、辐射周边的物流平台。到2020年，高标准改造建设一批具有采购集散、公共仓储、加工分拣、全市分拨、区域配送、多式联运、货物中转、信息服务等复合功能的综合型或专业型市级物流分拨中心，引导物流设施和资源集聚集约发展，逐步实现分拨中心自动化管理、一体化配送。

（二）二级网络——公共配送中心。都市功能核心区和都市功能拓展区按照结合二环区域货运枢纽，集聚物流园区，配送半径适度，分片配送、错位发展和以综合型为主、专业型为辅的原则，布局公共配送中心；城市发展新区、渝东北生态涵养发展区和渝东南生态保护发展区按照结合货运枢纽、集聚物流园区、服务辖区等要求，重点布局综合型公共配送中心；形成承上启下、布局合理、高效顺畅的二级配送节点体系，具有公共仓储、加工分拣、区域配送、信息管理等一体化服务功能。按照整合现有设施与新建相结合的原则，到2020年，主城区改造建设一批标准化、现代化的大型公共配送中心，其他区县（自治县）可集中改造建设1个综合型现代化公共配送中心，引导生产商、供应商、零售商、物流服务商等供应链相关企业将货物存储于公共配送中心进行统一配送，促进仓配设施、配送车辆、信息系统、运营管理等合理利用和转型升级。完善干线运输与城市配送的有效衔接。支持标准化改造建设存储、转运、停靠、卸货等保障共同配送的基础设施，完善标志标线。

（三）三级网络——城市末端配送网点。原则上按照服务半径1000米的标准，在社区、学校等合理布局物流快递公共取送点，到2017年主城区建成1000个左右公共取送点，2020年基本实现城市全覆盖。在城市中心商贸区、居住区、工业区、大型公共活动场地等区域规划设置一批公共货物装卸点、集散点和货车停车泊位，完善大型商场、超市等设施配送停车场地的配建标准，充分利用现有商业零售网络增强城市末端配送的装卸、分拣、暂存等服务功能，完善由快速配送通道、主要配送通道、限制性配送通道构成的城市共同配送通道网络，满足商业网点、商务楼宇、企业和社区居民的商品配送需求。

三、工作重点

（一）科学编制规划。结合我市城市空间、产业布局和共同配送发展要求，坚持问题导向，强化顶层设计，构建三级体系，科学编制城市共同配送体系建设规划，促进与城市规划、土地、交通、商业、物流等相关规划紧密衔接。统筹主城区的规划编制。严格落实规划，加强规划实施的监管和评估，及时公布鼓励类、限制类物流建设项目和发展区域，引导物流项目合理布点，防止盲目和重复建设。城市共同配送体系建设规划出台前，引导企业在建、待建仓储物流项目根据未来规划方向，向物流园区集聚、向公共仓储配送中心转向。

（二）推广先进配送模式。通过运力投放、通行许可、资金引导等手段，鼓励商贸、物流等企业转变运营模式，建立共同配送联盟，按照“集中存储、统一库管、按需配送、计划运输”的要求，依托第三方物流企业或供应商为多个商贸企业、社区门店、市场入驻商户等开展共同配送，重点在农产品、日用品、医药以及冷链、电子商务、快递等行业开展分片区域共同配送，实现同业异业共同配送，加快提高城市共同配送率。鼓励物流企业加强与供应链相关企业合作，形成“厂商（基地）—公共配送中心—社区门店”的垂直供应链，促进产配销一体化共同配送。依托物流园区推广货运配送班车，整合入驻物流企业资源，开展干线与支线结合的城区集中配送，促进城区、城际和城乡一体化配送的有效衔接。鼓励大型连锁零售企业通过集中采购提高统一配送率，改变供应商分散配送到门店的模式，利用其物流系统统一配送到企业所属门店和社会企业，向社会提供第三方物流服务。积极发展越库作业、联合运输、集拼运输、带板运输、仓储笼运输、公交化配送、夜间配送等新型物流组织模式。

（三）培育市场主体。重点支持一批实力强、信誉好、品牌优的物流、商贸等企业作为城市共同配送实施主体（以下简称实施主体）。引导有实力的第三方大型物流企业整合小微城市配送企业和个体经营户，鼓励优势第三方物流企业通过兼并重组、参股控股等方式做大做强，切实提高供应链物流管理水平，加快培育10家左右示范带动作用较强的大型配送龙头企业和40家左右配送骨干企业。鼓励商贸企业剥离和外包物流业务，引导实施主体整合相关物流服务商、生产商（农产品基地）、供应商、零售商等企业物流资源，建立互利互惠、长期稳定的共同配送联盟，统一作业标准和流程，促进业务融合，加快形成覆盖广泛的共同配送网络，提高共同配送企业的规模化和协同化水平。完善实施主体配送服务质量考核评估档案，加强配送服务质量动态监管，建立实施主体绩效评估机制，及时公布评估结果，作为政府支持共同配送项目的重要参考依据。

（四）提升物流配送现代化水平。加强物流标准化建设，制定我市仓储物流设施建设、仓储作业、服务规范等共同配送标准，加快推进以托盘标准化为突破口的物流标准化试点，促进相关企业贯彻执行。推行供应商管理库存（VMI）等模式，引导共同配送企业全程标准化管理，推行企业服务标准公开。推广物流现代化装备，促进共同配送企业全面使用射频识别、智能标签、电子订货、数据交换、智能分拣、线路优化、信息定位、可视化、集装单元化等先进技术，逐步实现仓配一体化发展和立体化存储、机械化搬运、信息化管理，提高物流装备现代化水平，推进智能物流发展。加强物流信息化建设，全面提升共同配送企业及相关物流节点的信息化运营水平，加快建设全市城市共同配送公共信息平台，实现物流、商贸、生产等企业和消费者之间的资源共享、数据共用、信息互通，不断搭载各种增值服务和政府公共服务信息，促进货源、车源和物流服务等信息的高效匹配，为各类企业提升组织化和信息化水平、降低车辆空载率和交易成本提供有利条件。

（五）建设电商物流末端共同配送体系。支持电子商务与物流快递协同发展。支持在渝北空港等地建设全市快件分拨中心，鼓励建设服务西部地区的区域性仓储配送中心，加快推进全市电商物流一体化共同配送。支持实施主体建设物流快递公共配送中心，整合现有末端配送网点等资源，到 2020 年主城区实现物流快递区域共同配送覆盖率占 50%左右。街道社区、物业公司等应支持城市末端配送网点建设，鼓励实施主体整合电商企业、各类社区便民店、物业公司、街道社区公共用房、底层闲置居民房等资源，建立共同配送联盟，按照服务半径适度、方便快捷、不重复配置的原则，在有条件的城市社区、学校等改造建设物流快递末端配送网点，推行“网订店取（送）”，鼓励搭载各种便民利民的增值服务，对难以建设末端配送网点的社区可设置公共自助提货柜。

（六）加强城市配送市场监管。将城市共同配送车辆纳入城市共同配送公共信息平台和政府有关部门监管，促进配送车辆规范运行。建立实施主体服务质量信誉考核制度，考核结果与运力投入、退出挂钩，引导企业优质服务、诚信经营、安全运输，促进城市配送规范发展。加强对配送企业的日常监管，全面清理停车设施挪用、占用现象。依法依规查处垄断协议、串通定价、低价抢夺货源、价格欺诈、哄抬价格、收寄违禁品、泄露共同配送联盟商业机密、售卖快递个人信息、客货混载、无证运输、假牌假照、非法改装、乱停乱放、冷链“断链”运输等违法违规和不正当行为，着力规范城市配送市场秩序。

四、保障措施

（一）加强统筹推进。按照市政府统筹、市级部门指导、区县（自治县）人民政府具体负责的要求，建立日常工作推进机制，紧紧围绕城市共同配送开展试点、共谋发展，及时研究解决城市共同配送的重大问题，不断完善政策措施。市商委负责编制全市城市共同配送年度工作计划，各区县（自治县）人民政府和市政府有关部门要根据本方案和职责分工，抓紧研究制定加快推进城市共同配送的具体措施和办法，细化落实年度工作计划，强化目标责任，务求实效。行业协会要发挥桥梁和纽带作用，大力支持和促进城市共同配送。

（二）加大政策扶持。认真贯彻落实国家和全市促进物流业发展的优惠政策。加快研究和落实推进城市共同配送的土地、财税、金融等具体政策措施，积极推动解决城市配送车辆通行难、停靠难、卸货难和罚款多、收费多等问题。积极争取各级相关扶持资金，重点对全市物流分拨中心、公共配送中心、城市末端配送网点、区域性电商仓储配送中心和智能化公共仓储设施建设以及标准化设备推广、先进技术应用、配送模式创新、标准配送车辆购置等方面给予一定资金扶持。

（三）强化服务保障。根据城市道路交通承载能力和城市物流配送要求，研究制定城市共同配送通行政策，优先安排共同配送车辆运行区域、通道和时间，核定共同配送专用配送线路，制定在保障道路交通安全畅通前提下，规范共同配送车辆临时停靠和装卸货物的具体措施，完善城市配送车辆准入和退出机制，积极引导共同配送。统一共同配送车辆技术标准、外观和标识。设计共同配送标识并在共同配送车辆、停车泊位、物流节点使用。以有利于推进城市共同配送为原则，认真开展城市配送示范车队和动态导航技术等试点，引导共同配送企业使用符合标准的配送车型，推进城市绿色货运配送体系建设。

（四）夯实工作基础。按照《城市配送统计指标体系及绩效评估方法》（SB/T 11069 — 2013）等标准和有关规定，建立调查统计制度和监测体系，加强共同配送的统计和监测分析。开展多形式培训工作，培养物流人才，提高物流管理和技术水平。积极做好稳定工作。加大对城市共同配送的宣传力度，引导政府有关部门和生产、商贸、物流等企业树立供应链物流管理和共同配送理念，积极参与和支持建设高效快捷的城市共同配送体系，形成企业参与、社会支持、共推发展的良好氛围。

024

成都市人民政府关于印发成都市现代物流业发展“十二五”规划的通知

成府发〔2013〕8号

各区（市）县政府，市政府各部门，有关单位：

《成都市现代物流业发展“十二五”规划》已经市政府同意，现印发你们，请认真贯彻执行。

成都市人民政府

二〇一三年四月二十八日

成都市现代物流业发展“十二五”规划

成都市人民政府

2013年4月28日

“十二五”时期是我市加快发展现代物流业，全力推进西部区域物流中心建设的重要机遇期。为进一步促进我市现代物流业调整和振兴，全面提升物流业的竞争力和服务水平，充分发挥物流业在我市全面实施“五大兴市战略”、奋力打造西部经济核心增长极，加快建设城乡一体化、全面现代化、充分国际化的世界生态田园城市中的支撑和带动作用，依据《四川省国民经济和社会发展第十二个五年规划纲要》、《成都市国民经济和社会发展第十二个五年规划纲要》、《四川省成都天府新区总体规划》等，编制本规划。规划期2011年至2015年，本规划是指导成都市现代物流业发展的重要依据。

一、“十一五”物流业发展回顾

（一）发展成效。“十一五”期间，我市现代物流业实现了持续快速健康发展，物流产业规模不断扩大，社会物流成本不断降低，物流服务水平不断提高，物流发展环境不断优化，物流业在改善城市投资环境、承接沿海产业转移、提升城市综合竞争力、促进城乡共享城市文明等方面发挥了显著作用，有力推动了城市发展。

表 1　　"十一五"期间物流业增加值

年份	2006	2007	2008	2009	2010
物流业增加值（亿元）	187	239.36	282.8	328.65	403.15
物流业增加值占 GDP 的比重（%）	6.8	7.2	7.25	7.3	7.33

表 2　　"十一五"期间社会物流总费用

年份	2006	2007	2008	2009	2010
社会物流总费用（亿元）	544.6	618.3	702.2	783.45	932.62
社会物流费用占 GDP 的比重（%）	19.8	18.6	17.8	17.4	16.8

表 3　　"十一五"期间运输量

年份	2006	2007	2008	2009	2010	平均增长率（%）
航空货邮吞吐量（万吨）	29.55	32.84	37.42	37.75	43.23	10.1
铁路集装箱运输量（万标箱）	16.4	18.8	20.79	23.53	26.70	13.37
公路货物运输量（万吨）	27383	28495	34825	39002	28679	2.94

"十一五"期间，我市着力加快物流基础设施和物流通道建设。建成投运双流机场第二跑道和空港第二货站，加密成都至国际国内主要城市的航班密度，共开通国际直飞客运航线 13 条、货运航线 6 条。建成投运成都铁路集装箱中心站，开通成都至上海、深圳、广州、天津、连云港等沿海港口城市的 9 条铁路货运班列，积极推进开通"亚欧"铁路货运直达班列。加快新都等公路货运集散中心建设，传化物流基地开通近 200 条城际货运专线。深化完善"一网、二平台、四园区四中心、若干物流服务站"的现代物流业发展框架体系，稳步推进物流集中发展区建设，累计引进投资过亿元物流项目超过 50 个，建成标准化仓库 85 万平方米。加快整合市内分散的口岸服务设施，按"一区两园"模式设立了成都高新综合保税区，基本形成"一区两园三口岸"的口岸服务体系。与 14 个主要沿海沿边口岸城市签订口岸快速通关转关合作协议，推进属地报关、口岸验放通关模式。确立了实施城市集中配送工程的基本模式，启动了城市商业集中配送试点工作。鼓励引导快递企业健康有序发展，出台了保障快递企业快件运输车辆便捷通行的意见。

（二）主要问题。"十一五"时期，成都市现代物流业迅速发展壮大，发展基础进一步夯实，投资环境进一步改善，但物流业发展的水平和质量与区域经济发展的新需求、与国家对物流业发展的新要求、与国际物流发展的新趋势相比，仍存在不足。

1. 物流业服务经济发展的效能有待增强。总体上，成都物流正由传统物流向现代物流、企业物流向社会物流、城市物流向区域物流转型升级，物流业整体仍处于产业链中低端，高端物流匮乏，社会物流成本偏高、物流效率偏低的问题仍然比较突出。受制于内陆区位和实体经济发展，物流的技术装备水平和服务水平有待提高，现代物流业与加工制造和商贸流通等相关产业的关联度和融合度较低，物流业与其他产业的协作联动效应不足，物流业对经济发展的支撑和带动作用有限。

2. 对外物流通道网络体系尚未全面形成。受交通基础设施建设以及市场发展空间的限制，成都的对外物流通道还不完善、网化程度不足、运行效率不高，对外物流网络体系尚未全面形成。出川铁路和高速公路局部瓶颈路段仍未打通，铁路、公路运输效能受到一定限制；受空域管制影响，双流机场第二跑道尚未实现常态化运行；国际直飞航线的网络和密度与枢纽机场的地位相比仍存在一定差距；部分新开通国际直飞客货运航线和铁路“五定班列”受客流和货量不足影响，运行尚不稳定。

3. 物流行业信息化建设水平相对滞后。目前在成都大部分物流企业的业务流程中，普遍存在信息化、自动化程度低的问题，仅不足30%的企业在物流业务运作中使用了信息管理系统，仅少数物流企业在仓储管理、货物配送中使用了计算机网络系统、卫星定位系统等信息技术，条码技术、射频识别技术、地理信息系统等先进物流技术还未在企业中得到广泛运用，不能满足客户的物流服务需求。

4. 本地物流企业市场主体地位有待提升。成都本地物流企业大都由传统的仓储业、运输业、货运代理等转变形成，经营规模普遍偏小，市场竞争力、资金保障力、业务整合力不足；物流服务普遍单一，多数企业的业务还停留在仓储、运输、配送等传统物流环节，对准时制（JIT）配送、“零库存”管理、咨询培训、信息服务等增值服务开发不足，具有完整物流解决方案、库存优化控制和供应链管理能力的本地企业更加稀缺，多数企业市场定位不明确，缺乏专注领域，难以形成核心竞争力。

二、“十二五”时期物流业发展环境

“十二五”时期是我市物流业重要的战略发展期，既面临众多发展机遇，也面临诸多严峻挑战。

（一）发展机遇。

1. 成都逐步融入全球产业分工体系，将在全球供应链体系中占据重要位置。随着新技术革命的突飞猛进，成都充分利用创新资源和后发优势，把握发展高端产业、占领产业高端的契机，在全球产业大转移和经济格局大调整的背景下，正深度参与全球产业竞合，构建国际化、世界级的现代产业体系。日益全球化的生产流通过程要求更高度的协作和更周密的物流服务，现代物流业必将成为全球化经济活动中的重要环节。成都立足连接欧亚的交通区位优势，有条件从不沿江不靠海的内陆城市，演变为南亚、中东、欧洲进出中国的重要门户，跃变为全球生产分工和供应链体系重要节点城市。

2. 随着区域经济快速发展，成都将在区域性物流体系中承担重要功能。随着国家新一轮西部大开发战略的实施、全国统筹城乡综合配套改革试验区建设和泛珠三角、成渝经济区、成都经济区、天府新区等区域规划的深入推进实施以及东部沿海产业转移步伐的加快，以成都为重心的西部地区的经济活动将更趋活跃，社会物流需求将呈持续高速增长态势，成都加快发展物流业和建设西部区域物流中心的时机已成熟，发展空间将向更深更广拓展，成都物流正全面跨入“服务区域、融入全国”的新一轮发展阶段，有望成为继珠三角广州、长三角上海、环渤海北京后的第四个区域性物流枢纽城市。

3. 成都现代产业体系逐步优化升级，物流将为推动产业融合提供重要支撑。随着电子信息、生物医药、航空航天、新材料、新能源等新兴产业的发展，成都现代产业体系不断完善，企业更加重视培育和提升核心竞争力，生产制造和商贸流通企业物流外包趋势日益明显，同时产业边界逐渐模糊，呈现加速融合的态势，带来新的物流需求模式。为应对产业升级和产业融合的发展趋势，物流业将以供应链一体化运作的方式，向原料采购、生产管理、执行分销、分拨配送、逆向回收等环节和领域融合渗透，为降低区域产业集群生产要素及产品流通成本，提升区域产业竞争力提供重要支撑和保障。

4. 成都城乡居民生活水平稳步提升，物流将在民生保障领域发挥重要作用。随着全国统筹城乡综合配套改革试验区建设的深入实施，成都城乡居民生活水平逐步提升，将带来大量的城市配送、冷链物流、医药物流、农产品物流等方面的民生需求。城乡居民共享城市文明的要求和对高品质生活的追求，对大幅提升我市物流业服务水平提出了新需求，将大力推动成都现代物流业发展。

（二）面临挑战。

1. 经济发展方式加快转变。国家提出了加快转变经济发展方式的战略任务，强调促进经济增长要由主要依靠投资、出口拉动向依靠消费、投资、出口协调拉动转变，由主要依靠第二产业带动向依靠第一、第二、第三产业协同带动转变，由主要依靠增加物质资源消耗向主要依靠科技进步、劳动者素质提高、管理创新转变，以上转变将促使依赖高消耗、高排放、低产出、低效益的传统物流向高效、智能、节能、低碳的现代物流转变，同时也对我市物流业的管理体制机制、发展模式等方面提出了新的挑战。

2. 外部宏观环境的影响要求地方政府加大政策支持力度。当前，过路过桥收费、物流企业税收负担、物流管理体制等外部环境仍是制约现代物流业发展的主要障碍，国际油价的波动也带来不确定因素。国内物流企业普遍遇到市场萎缩、业务减少、成本升高、利润下降和资金短缺的问题，国内物流业将进入增长趋缓、结构调整阶段。为化解外部宏观环境带来的不利影响，需要地方政府在规划引导、政策保障、资金扶持等方面给予有力支持，为物流产业的健康快速发展营造良好环境。

3. 产业结构逐步演进对区域物流中心建设提出更高要求。成都正处于重构产业体系的发展阶段，传统产业与新兴产业共存发展，物流需求呈现多样化特征，传统产业多依赖以货物运输为主的单纯物流活动，而电子信息产业和高端制造业则要求提供更加灵活多样的物流组织方式，但成都目前能够提供综合性物流服务和全程物流解决方案的企业不多，产业体系没有形成完整的供应链。

4. 周边城市参与竞争对区域物流中心建设形成极大挑战。虽然现阶段成都在改善物流环境方面做了大量工作，但建设西部区域物流中心的要素尚未完全具备，面临着西部其他中心城市的严峻挑战。近年来，西部主要中心城市都将物流枢纽建设置于优先发展地位，物流枢纽建设迎头赶上，一些领域已超过成都，对我市抢建西部区域物流中心形成了极大挑战。

5. 区域经济合作关系对区域物流中心建设产生重大影响。以成都为核心的多个区域规划正加快实施，成都与区域周边城市的经济合作关系正深入磨合调整，尚未达到区域分工合作、区域要素流动和区域产业转移的理想状态，区域经济一体化水平不高，区域物流体系的协同化不足，生产要素的流向和流量难以在短时间内对成都建设区域物流中心形成有力支撑。

三、指导思想

紧紧抓住西部大开发和全国统筹城乡综合配套改革试验区、成渝经济区、天府新区建设等重大机遇，全面贯彻落实“领先发展、科学发展、又好又快发展”的发展取向，“奋力打造西部经济核心增长极”的发展定位，“双核共兴、三产联动、城乡统筹、圈层融合”的发展思路，“交通先行、产业倍增、立城优城、三圈一体、全域开放”五大兴市战略，按照“政府引导、企业运作”的发展方针，以建立健全物流服务和口岸服务体系为基础，以提高物流资源和要素集聚集约为路径，以物流通道和集中发展区建设为重点，以信息技术和高新技术应用为动力，以改善物流环境和提高物流效率为保障，不断提升物流业的基础性和先导性产业地位，大力改善物流环境，努力把成都建设成为西部区域物流中心，为打造西部经济核心增长极，建设城乡一体化、全面现代化、充分国际化的世界生态田园城市提供坚实的产业支撑。

四、发展定位

（一）建成西部区域物流中心。抓住产业西进的机遇，紧盯周边中心城市的发展，大力改善物流环境，不断扩大聚集效应，抢占枢纽建设先机，努力将成都建成西部地区最重要的区域性物流枢纽城市。

（二）建成面向亚欧的货物转运中心。利用成都处于中欧航路和“亚欧大陆桥”中点的区位优势，加快聚集建设亚欧货物转运中心的要素和条件，努力将成都建成面向欧洲、中亚、东南亚的全球性物流节点城市。

（三）建成全国城市物流示范城市。以建设全国流通领域现代物流示范城市、现代物流技术应用和城市共同配送试点城市为契机，全面构建城乡一体的物流配送网络，大力实施城乡共同配送工程，努力将成都建成城乡共享的全国城市物流示范城市。

五、发展重点

（一）区域物流。依托成都市在西部地区的区位和市场优势，推动区域物流枢纽要素的建设和聚集，引导物流资源跨区域互动和融合，逐步形成区域一体化的物流发展新格局。大力推进西部综合交通枢纽建设、大力发展综合交通运输；继续推进物流集中发展区建设、完善物流节点服务功能；开辟更多对外物流通道，建设区域性多式联运中心；主动吸引国内外知名物流企业落户成都，建设区域性总部基地和企业总部，形成以成都为中心，连接省内主要城市、服务西部、辐射全国、影响全球的区域物流服务体系。

（二）国际物流。依托“一区两园三口岸”的口岸服务体系，全面提升成都物流的国际化水平。加快航空物流园区和双流机场货运设施建设，提高空港对外货运能力；加快与港口城市的通道对接，大力发展国际集装箱运输，形成畅通的国际物流通道；优化航空、铁路、公路等运输集散方式，建设国际多式联运物流基础设施网络，拓展口岸物流服务腹地；完善口岸服务功能，降低口岸物流成本，提高口岸效率和竞争能力，吸引跨国物流企业集聚。

（三）产业物流。依托成都市大力发展的汽车、电子信息、食品、家具、石化和冶金建材等优势产业，发展面向大型产业基地和大型制造业企业的产业基地型物流。合理布局物流节点，完善物流服务功能，发展面向汽车、电子信息等优势产业的制造业物流；发展面向专业市场、大型卖场和连锁门店的商贸物流；发展面向猪肉、粮油、蔬菜、水果、中药材等市场的农产品物流；发展面向汽车博览、糖酒展销等会展经济的会展物流。

（四）城市物流。依托成都市及周边发达的消费品市场，大力发展面向流通企业和消费者的社会化共同配送，形成以成都为中心，覆盖成都都市圈、服务全省的消费品物流配送中心。加快建设面向大型卖场、连锁超市的快速消费品集中配送体系，面向猪肉、蔬菜等生鲜农产品的冷链物流配送体系，面向广大农村地区放心店、农资店等流通节点的城乡物流配送体系。

（五）智慧物流。依托成都市智慧物流公共信息平台，以物联网技术为支撑，以云计算服务为重点，构建智慧物流核心技术体系，全面提升物流效率和服务水平。以软件与信息服务外包产业为重要载体，打造若干智慧物流的服务平台，建设智慧物流示范区。大力推广信息技术在物流企业的应用，促进信息的整合与优化配置。推进智慧物流市场主体建设，培育一批智能化水平高、示范带动作用强的智慧物流示范企业，带动同行业其他企业发展。

（六）绿色物流。依托先进的物流技术和规划，大力推行绿色运输、绿色仓储、绿色包装。试点设立低碳物流园区，建设低碳、绿色、生态的物流节点；大力发展多式联运，鼓励采用铁路等低能耗、低污染的集疏运方式；推进城市集中配送，提高车辆装载率；优化货车车型结构，提高重型化比例；推广绿色包装，降低流通环节污染；引进、吸收和创新低碳技术，建立低碳物流与绿色交通技术体系。

六、发展目标

“十二五”期间，力争实现全市物流业增加值年均增长15%，物流业增加值翻番；到2015年，物流业增加值占GDP比重超过8%，社会物流总费用占GDP比重在2010年的基础上下降2个百分点。具体目标为：

（一）建成国内第四大国际航空客货运枢纽。到2015年，双流国际机场货邮吞吐量超过70万吨，国际货邮量占10%～15%；新开通15条以上国际（地区）直飞航线，总数达30条以上。

（二）建成西部最大的国际铁路物流枢纽。到2015年，铁路集装箱吞吐量达70万标箱以上，其中国际业务量占10%以上，铁路货运班列总数达15条以上。

（三）建成西部功能最完善的公路物流枢纽。到2015年，全面建成新都、龙泉、青白江、新津等4个公路货运集散中心和公路货运班车总站，“十二五”期间每年新增城际公路货运班线15条以上，到2015年，城际公路货运班线总数达300条以上，班线网络覆盖全国各大、中城市。

（四）建成西部物流企业聚集度最高的物流集中发展区。到2015年，规划的“四园区四中心”基本建成，新增物流集中发展区及拓展区启动建设，仓储设施总面积达300万平方米以上，其中冷藏库达50万平方米。到2015年，全市引进国际国内大型知名物流企业超过100家，占西部主要城市总量的50%以上；主营业务收入超过5亿元的物流企业达20家以上，超过10亿元的达10家；引进知名船公司10～20家。培育壮大10家国家4A级物流企业，1～2家国家5A级物流企业。

（五）建成西部服务最优的口岸服务体系。到2015年，全面建成航空、铁路、公路三大口岸，加快建设综合保税区高新园区二期和双流园区，全面形成“一区两园三口岸”的口岸服务体系。航空口岸和成都高新综保区实现24小时通关，实现各口岸单位联网申报和监管核查，全面建成整合各口岸设施的大通关系统。

（六）建成西部领先的城市物流集中配送体系。到2015年，新建不少于100万平方米标准化仓库用于开展城市物流集中配送业务，培育城市物流集中配送企业20家以上，标准化配送车辆5000辆以上，集中配送业务占市场份额70%以上。

七、重点任务

（一）加快综合交通枢纽建设。

1. 加快航空基础设施建设。全力推进双流机场第二跑道及新航站楼建设，“十二五”初期全面建成并投入运营。完善双流国际机场对外集疏运体系，推进与新航站楼配套的成绵乐铁路、地铁车站及环港路等对外道路建设，完善机场客运枢纽、公交场站及停车场等配套设施，构建以双流国际机场为中心的大型综合交通枢纽，保障空港与其他运输方式间衔接顺畅。按省政府部署要求加快推进成都新机场规划建设工作，力争“十二五”期内开工建设。

2. 加快铁路基础设施建设。加快建设“二环十射”铁路网，建成成都至重庆铁路客运专线、成绵乐铁路客运专线，推进成都至兰州铁路、成都至西安铁路等项目规划建设工作，积极开展川藏铁路、成昆铁路扩能改造等项目前期工作，基本形成承接华南华中、连接西南西北、沟通中亚南亚的西部铁路运输枢纽。

3. 加快公路基础设施建设。加快建设“三环十二射”高速公路网，建成第二绕城、成安渝、成自泸、成德南和成德绵等5条高速公路，按规划建成货运大道和大件路外绕线。到“十二五”期末，全市高速公路总里程达到776公里，实现成都至重庆2小时公路交通圈，至周边省会城市昆明、贵阳、西安8小时公路交通圈，至京津冀、珠三角、长三角地区20小时公路交通圈，全面形成辐射全省、畅接西部、通达全国的高速公路网络。

（二）加快物流集中发展区建设。加快推进“四园区四中心”建设，尽快形成物流项目聚集效应，深化完善园区（中心）的管理服务功能，将物流集中发展区建成现代物流业发展的引领区；结合天府新区、成渝经济区和成都经济区等区域规划，依托重大交通基础设施，按照成都新的物流集疏运格局，启动新一轮物流集中发展区规划建设，进一步强化以“四园区四中心，若干服务站”为主要框架的物流集中发展区布局体系。“十二五”期间，重点建设航空物流园区、国际集装箱物流园区两个国际性枢纽型物流园区，加快建设青白江物流园区、新津物流园区两个铁路散货物流园区，加快建设新都、龙泉、双流、保税等四个区域性综合型物流中心，合理发展一批专业性物流配送站。

（表 4 物流集中发展区略）

（三）加快对外物流通道建设。

1. 建设西部共享的“航空港”。针对不同航空市场，采取“保成熟、争重点、促新兴”的策略，巩固东亚、东南亚、南亚等成熟市场，争取北美、北欧、澳洲等重点市场，拓展中东、俄罗斯、巴西等新兴市场；针对不同客货源，采取“客货并重、双轮驱动”的策略，分类解决商务流、旅游流、产业流的空运需求，加快构建成都至国际枢纽机场的客货直飞航线网络，到“十二五”期末，开通国际直飞客货运航线 30 条以上；增加与国内省会城市航班及区域支线，扩大国内航线覆盖面，强化与京津冀、长三角、珠三角三大经济圈的航线配置，建成成都至京、沪、穗密集的空中快线；继续培育国航、东航、川航、成都航空等基地航空公司，不断壮大深航、南航、海航、扬子江货运航空等航空公司的成都运营基地；适度引进商务公务机航空公司及运营基地，满足高端客流需求，填补枢纽机场服务空白；依托综合交通运输体系，大力发展与航班直接接驳的联程公路班线、铁路班列，强化枢纽机场的区域集散功能；依托直飞货运航线资源，大力发展“卡车航班”等多式联运方式，实现航空客流、货流的无缝衔接。

2. 建设西部最大的铁路“无水港”。依托成都铁路集装箱中心站和对外铁路主通道，加密完善“一心三向多通道”的铁路货运班列网络。加密和提速成都至环渤海、长三角、珠三角的海铁联运“五定班列”；开通成都经阿拉山口至欧洲的铁路货运班列；根据市场需求适时开通成都至广西北部湾的海铁联运“五定班列”；做好开通成都经昆明至仰光的海铁联运“五定班列”的前期工作。到“十二五”期末，实现铁路货运班列总数达到 15 条，铁路集装箱吞吐量达 70 万标箱以上；加快国际铁路集装箱物流园区、青白江物流园区和新津物流园区的公铁联运中转平台建设，提升集装箱、堆场及口岸的管理和服务水平。

3. 建设西部功能最优的“公路港”。到 2015 年，全面建成新都、龙泉、青白江、新津等 4 个公路货运集散中心。依托公路货运集散中心，借鉴铁路“五定班列”的模式，整合货运资源，优化运输组织，建设公路货运班车总站，推广开行公路货运班车，建立连接全国主要城市和省内各市州、周边七省区市各大城市的公路货运通道，形成通往全国各大城市的公路货运班车网络，提供同城“半日达”、省内“当日达”、西部主要城市“次日达”、东部沿海城市“隔日达”等高端公路货运产品；加快龙泉物流中心公水联运基地项目建设，加快发展成都—泸州（重庆）—长三角公水联运通道，依托成都公路口岸，建设公水联运大通关基地。

（四）加快中欧货物转运中心建设。充分利用成都地处欧亚国际航路中点的条件和优势，按照服务国际化、世界级产业的定位，依托双流机场空港货站、国际快件中心、空港保税物流中心（B型）、航空口岸设施及作业区和铁路集装箱中心站、铁路保税物流中心（B型）、铁路口岸设施及作业区，积极引进大型航空货运公司、国际铁路货运公司和具有整合能力的战略投资商，建设面向欧洲、中东的航空和铁路货物转运中心。建成公共国际快件中心服务平台和货机停机坪，启动“卡车航班”运行平台建设，延伸航线的陆路运输，实现空陆联程中转模式，鼓励物流企业以成都为枢纽开行“卡车航班”3条以上；到2015年，以UPS、FedEx、DHL为目标，引进一户全球快递巨头在航空物流园区设立亚太区域分拨中心，配套建成专用停机坪、专用货站及物流分拨配送设施。引进盐田港、洋山港、宁波港等5家以上沿海港口办事处和马士基、中远等15家以上国际知名船公司入驻铁路口岸，实现沿海港口功能内移。建设青白江物流拓展区内面向欧洲的铁路货物转运中心，与现有口岸服务、保税物流设施形成功能互补，重点发展国际中转、国际采购、国际分销、商品展示、转口贸易，推动向内陆自由贸易区发展。引进具有全程供应链解决能力的企业5家，满足企业个性化物流需要，带动提升成都物流业发展水平。

（五）加快口岸服务和保税物流体系建设。加快公路口岸建设，到2015年，全面建成航空、铁路、公路三大口岸，加快建设综合保税区高新园区二期和双流园区。深化成都口岸进出口环节的无纸化通关改革，完善“提前报检、提前报关、实货放行”的通关作业模式，推广“属地申报、口岸验放”的区域通关模式，实现三大口岸的对接；探索符合现代物流特点的特殊监管区域管理模式，推动电子口岸物流联动发展；推进成都高新综合保税区开展服务制造业的保税物流业务创新试点，促进加工贸易转型升级；发挥综合保税区的政策优势，依托成都的国际物流平台，建设成都进出口商品展示交易中心，拓展综合保税区贸易服务功能，带动保税仓储物流的发展；加快与国内边贸城市签订转关协议；依托航空、铁路、公路口岸，加快航空、铁路、公路保税物流中心（B型）的申报和建设，实现口岸物流与保税物流协同发展。空港、铁路保税物流中心（B型）全面建成，逐步拓展保税加工、保税维修、进出口贸易和国际中转等业务。同时，积极开展申请设立公路保税物流中心（B型）的前期工作，力争2015年底前建成投用。推动开展保税航油业务，降低国际航线航油成本，吸引更多国际航空公司来蓉开通航线。

（六）加快城市物流配送发展。

1. 大力发展同城配送。设立城市商业物流集中配送示范区，鼓励商业流通企业与城市物流配送公司开展合作，实现大型卖场和连锁超市商品的统一集中配送，大幅提高配送效率，实现同城门店1小时配送服务；建立城市集中配送车辆的统一技术标准，鼓励和培育自有配送车辆50辆以上的城市配送物流企业的发展，实现城市配送车辆标准化、经营规模化、管理公司化；逐步限制非城市集中配送的货运车辆在中心城区的通行，有效缓解中心城区交通压力。

2. 大力发展冷链物流。加快重要农产品产地、市场以及物流集中发展区冷冻冷藏设施建设；大力发展冷冻冷藏运输车辆；加快制定和完善食品安全冷链管理规定、冷链技术标准和产业引导政策，进一步规范冷链物流操作；从市场准入门槛、车辆配备更新、信息化建设等方面加大政策扶持力度，培育一批大型冷链物流企业，实现冷链物流企业的规模化、网络化和品牌化。

3. 大力发展快递物流。依托成都双流国际机场，推进空港航空快件转运中心及配套设施建设，加快实施快递提发货、配舱和快速通关的“绿色通道”工程；鼓励快递企业间在快件运输、分拣场地等方面资源共享、优势互补；鼓励快递企业与电子商务企业合作，鼓励大型电子商务企业与快递企业结成战略联盟；鼓励快递企业与大型快餐连锁业合作，扩大快递服务内容；引导快递企业发展证件代理、商业票据等同城限时快递业务；加快快递企业与商业连锁企业合作，进一步发挥商业连锁企业门店网络优势，扩大快递服务覆盖范围。

4. 大力发展粮食物流。依托青白江大弯和新津普兴铁路货站，以成都现有粮食物流设施为基础，重点建设“一南一北”两个粮食物流服务站，配套建立五大粮食物流保障网络（即散粮无缝连接网络、成品粮配送网络、收购储备网络、应急保障网络、电子交易和公共信息平台网络），逐步形成具备集散、收储、调控、信息等功能，承接“北粮南运”、辐射大西南、沟通大市场的粮食现代物流体系。

5. 大力发展农产品物流。合理布局农产品物流配送中心，鼓励农产品批发交易中心建设标准化生鲜冷藏、冷冻食品配送中心；引进和培育 3～5 家专业从事生鲜冷藏、冷冻食品配送的物流企业，支持购置先进的冷藏、冷冻专用车辆，给予相应扶持政策；引导农贸市场、大型超市、生鲜冷冻食品生产企业在运输环节全部采用冷藏、冷冻车辆配送，提高生鲜食品品质，保障食品安全。

（七）加快智慧物流体系建设。

1. 建设成都智慧物流公共信息平台。按照“政府主导、市场运作”的模式，加快建设成都智慧物流公共信息平台，到“十二五”期末，全面实现公共信息服务、城市配送管理、物流统计直报、物流金融业务、物流软件服务等重要功能板块，建成以云计算、物联网、三网融合等应用技术为基础，以政府、企业、公众为主要服务对象，提供物流行业数据集成、共享及应用的“一站式”信息化服务平台。

2. 加快培育智慧物流技术企业。积极引进和培育一批具备较大规模和较强创新能力的智慧物流信息技术企业，提高智慧物流技术自主创新能力和智慧物流企业孵化能力，加大对射频识别、货物跟踪和快速分拣技术的研发力度，促进移动物流信息服务技术的推广使用；加强物流装备产品的研发应用，推动物流新技术的产业化，到“十二五”期末，培育1～2家技术领先、全国知名的智慧物流信息技术企业。

3. 加快建设智慧物流引领示范区。依托全市规划的物流集中发展区，积极促进智慧物流信息技术在物流集中发展区的应用和推广，推动智慧物流信息技术的产业化、规模化，带动相关产业发展。鼓励和促进物流集中发展区内的物流企业使用智慧物流信息技术优化企业物流管理，提升物流运作效率。

（八）加快物流市场主体培育。以产业西进和区域合作的深入推进为契机，主动吸引国内外知名物流企业落户成都，建设区域性总部基地和企业总部；重点培育一批从事综合性物流、供应链管理、仓储分拨、现代运输、速递物流、第四方物流的大型物流总部企业；支持本土龙头物流企业以兼并联合、股票上市、发行债券等多种融资渠道，尽快壮大规模，形成物流企业集团；鼓励现有运输、仓储、货代、联运、快递企业进行功能整合和服务延伸，加快向现代物流企业转型；完善物流企业信用评价指标体系，建立物流企业诚信监督制度，规范物流市场发展。

（九）加快物流业与其他产业联动发展。加快物流业与汽车制造、电子信息、新材料、新能源等产业的互动发展，鼓励跨行业企业间建立产业联盟，推进产业转型升级，促进产业融合发展，打造分工明晰、能力匹配、资源集约、互惠共赢的供应链体系；推动制造业、商贸业和农业企业整合优化业务流程，分离物流业务，进一步释放物流需求外包的业务范围，进一步提高物流需求外包的功能层次；按照VMI（供应商管理库存）模式，推动建设为加工制造业、商贸流通业配套服务的“中央仓库”，实现供应链集成化和敏捷型管理；根据产业互动发展的需要，调整完善物流集中发展区和综合交通体系规划，形成社会需求与企业需求相结合的物流基础设施体系框架，支撑实施新的产业发展战略。

八、保障措施

（一）完善协调发展体制机制。深化市物流办牵头协调推进全市现代物流业发展的职能，建立健全相关责任监管体系；加强与政府其他职能部门在规划编制、项目审批、政策制定方面的协调互动，加强与中省直口岸单位在改善监管手段、创新监管模式、优化通关环境方面的协作配合；按照政府主导的原则和市场化的方式，优化完善物流集中发展区建设的投融资体制机制，提高政府平台公司的融资能力，探索通过市场化机制引进社会企业，积极拓宽融资渠道，加快配套基础设施和公共平台项目建设。

（二）强化物流产业规划引导。编制完成《成都市物流业发展规划修编（2012—2020）》和《天府新区（成都分区）物流产业发展规划》，完成《成都市物流产业中长期发展战略研究》、《成都市对外物流通道规划研究》、《成都市促进物流业与相关产业互动发展研究》等课题研究，根据成都现代物流业发展态势，适时启动新一轮物流产业规划，引导成都物流业又好又快发展。

（三）加大发展要素保障力度。完善物流项目用地报审机制，依法保障重点物流项目用地，促进物流项目地表、地上、地下空间合理开发利用，集约节约使用土地；按照新的发展战略和发展需求，修订《成都市现代物流业发展专项资金管理办法》，调整完善专项资金的扶持和引导政策；促进银企合作，引导金融机构加大对具有发展前景、信用良好的现代物流企业的信贷支持，推进包括仓单质押、动产抵押等领域的物流金融和融资方式创新。

（四）加强物流项目监管督察。大力实施“招大引强”战略，建立物流项目准入退出的监管机制，实行项目分类、行政分级的联合审查办法，着力引进对物流集中发展区功能提升具有较强带动作用的优质项目；严格执行物流项目规划管理技术标准，保证项目建设质量和水平；严格执行物流项目供地政策，依法查处闲置土地、擅自改变土地用途和无故延长建设周期等违法违规行为；建立物流项目建设督察机制，定期检查走访项目建设和土地供应及利用情况，适时开展项目用地清理工作，及时发现并协调解决项目建设存在的问题。

（五）规范物流市场竞争环境。建立物流企业信用评价体系，定期向社会发布信用情况；制定全市统一的监管办法，确保口岸服务设施、集装箱堆场、园区铁路专用线、快件中心等物流设施的公共平台性质，保障物流企业平等参与市场竞争。

（六）推动物流标准化体系建设。密切关注国际和国内物流发展趋势，加强重大基础标准研究；加快制订、修订物流通用基础类、物流技术类、物流信息类、物流管理类、物流服务类等标准，完善物流标准化体系；大力推进物流标准化，严格按照国家和省定标准实施；加快物流管理、技术和服务标准的推广，鼓励企业采用标准化的物流计量、货物分类、物品标识、装备设施、信息系统和作业流程，提高物流的标准化程度。

（七）加快引进培养物流人才。强化高等院校人才培养作用，培养适应不同岗位需要的物流人才；发挥行业协会和骨干企业作用，加强与国内外培训机构的合作，开展物流人才的继续教育和培训工作；依托有关在蓉院校建设物流实训基地，提高物流人才专业技能；积极引进国内外高层次物流人才。

名词解释

物流业增加值：指物流产业在一定时期内通过物流活动为社会提供的最终成果的货币表现。物流产业增加值等于物流产业的总产值扣除中间投入后的余额，反映了物流产业对国内生产总值的贡献。增加值包括固定资产的折旧、劳动者报酬、生产税净额、营业盈余等。按照物流的功能来看，主要包括交通运输、仓储和邮政业物流增加值，包装流通加工配送物流增加值和批发业物流增加值等。

一网、二平台、四园区、四中心：一网指物流网络；二平台指信息平台、交通运输平台；四园区指国际航空物流园区、国际集装箱物流园区、青白江物流园区、新津物流园区四个物流园区；四中心指新都物流中心、龙泉物流中心、双流物流中心、保税物流中心四个物流中心。

一区两园三口岸：一区指高新综合保税区；两园指综合保税区的高新园区和双流园区；三口岸指航空物流园区的航空口岸、国际集装箱物流园区的铁路口岸、龙泉物流中心的公路口岸。

卡车航班：指航空公司利用卡车等地面运输工具完成航空货物运输，准时准点发送货物。汲取了航班的速度优势与卡车的价格优势，利用公路运输方式延伸空港服务范围，让没有机场或航线的地方可以方便地收发航空进出口货物，满足对时效要求高且价格相对适中的客户。

无水港：指依托信息技术和多式联运支持在内陆地区建立的，具有口岸监管、港口服务（报关、报检、签发提单）等综合服务功能的现代国际物流的通道和平台。

一心三向多通道：一心指成都铁路集装箱中心站；三向指成都铁路物流的东向、西向和南向三个主要方向，东向指成都向东至沿海港口的海铁联运廊道，西向指成都向西北经新疆阿拉山口至欧洲的新“亚欧大陆桥”，南向指成都向南至广西北部湾和经云南至中南半岛的海铁联运廊道；多通道指分别处于三个方向的多条铁路货运班列和集装箱“五定班列”，在现有 9 条铁路货运班列的基础上，根据市场需要适时开通更多对外通道。

公路货运班车总站：公路货运班车是指按照“定时、定点、定线、定价、定车次”的五定服务承诺，实现货物门对门、站对站的公路快运形式。公路货运班车总站是指依托物流集中发展区的公路货运集散中心，集中开行公路货运班车的公共性公路货运平台。公路货运班车总站能够实现快速聚合零散货源、优先配车、优先装车，缩短货运车辆集货时间，有效提升公路货运车辆的运行效率。

共同配送：是在配送中心的统一计划、统一调度下展开的，多个客户联合起来共同由第三方物流服务公司提供配送服务，其本质是通过作业活动的规模化降低作业成本，提高物流资源的利用效率。

025

南宁市人民政府办公厅关于印发南宁市商贸物流发展“十二五”规划的通知

南府办〔2012〕26号

各县、区人民政府，市政府各部门，各管委会，市级各双管单位，市直各事业、企业单位：

《南宁市商贸物流发展“十二五”规划》已经市十三届人民政府第6次常务会议审议通过，现印发给你们，请结合实际，认真组织实施。

南宁市人民政府办公厅
二〇一二年二月十日

南宁市商贸物流发展“十二五”规划

南宁市人民政府办公厅
2012年2月10日

导 言

根据《中共南宁市委员会关于制定国民经济和社会发展第十二个五年规划的建议》和《南宁市人民政府办公厅关于印发南宁市“十二五”规划编制工作方案的通知》（南府办〔2009〕40号）精神，南宁市商务局组织区内研究机构、高校专家及本局有关人员组成规划编制组，在市直相关部门的参与和支持下，编制了《南宁市商贸物流发展“十二五”规划》（以下简称“规划”）。

本规划使用的“商贸物流”概念的内涵，包括了“商贸”和“物流”两个方面，其中“物流”特指商业贸易物流，是在商业贸易过程中产生的物流过程，主要是与批发、零售、住宿、餐饮、居民服务等商贸服务业及进出口贸易相关的物流服务活动。商业贸易物流属产业物流，是商品流通的重要组成部分。

本规划编制的主要依据有：《国务院关于进一步促进广西经济社会发展的若干意见》（国发〔2009〕42号）、国务院《物流业调整和振兴规划》（国发〔2009〕8号）、商务部 国家发展改革委 供销总社《商贸物流发展专项规划》（商商贸发〔2011〕67号）、《商务部关于加快流通领域现代物流发展的指导意见》（商改发〔2008〕53号）、《广西北部湾经济区发展规划》、《广西国民经济和社会发展第十二个五年规划纲要》、《中共广西壮族自治区委员会 广西壮族自治区人民政府关于进一步加快我区服务业发展的决定》（桂发〔2010〕34号）、《广西物流业调整和振兴规划》、《南宁市2008—2020年城市建设总体规划》、《南宁市国民经济和社会发展第十二个五年规划纲要》、《南宁市区域性商贸基地发展规划（2008—2020）》、《南宁市区域性国际物流基地建设规划（2008—2020）》、《中华人民共和国城乡规划法》、其他法律法规及有关技术规定。

本规划共分六大部分，主要内容是在回顾“十一五”时期南宁市商贸业、物流业发展成就和准确分析判断现有发展环境的基础上，科学提出我市“十二五”时期发展商贸业及物流业的总体要求、发展目标和重点任务，最后提出实现目标任务需要采取的有针对性的保障措施。

一、“十一五”南宁市商贸物流发展回顾

（一）主要成就

1. 商贸服务业持续快速发展。

（1）商贸服务业规模快速扩张，消费对全市经济发展的拉动进一步增强。“十一五”期间，我市大力开展“月月美食节”、“月月汽车展”、“家电下乡”、“消费购物节”等促销活动，落实扩大内需、促进消费各项举措，取得明显成效。2006—2009年全市社会消费品零售总额连续突破400亿元、500亿元、600亿元、700亿元，2010年更突破900亿元，达到905.93亿元，比上年增长20%，比2005年增长1.38倍。“十一五”期间全市社会消费品零售总额年均增长18.96%，比规划确定的目标快5.96个百分点，完成“十一五”规划目标任务的129.42%。消费对全市经济发展的拉动作用进一步增强，以商贸服务业为主的第三产业在全市地区生产总值中的比重稳定在50%以上。

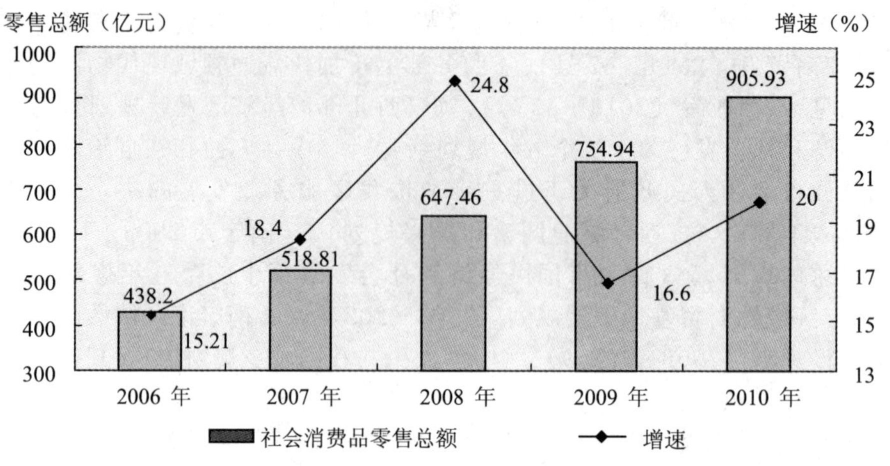

2006—2010 年社会消费品零售总额及增速图

（2）现代商品市场体系初步形成，市场辐射力不断增强。“十一五”期间，我市以开展商贸活市百亿工程、打造区域性商贸物流基地为抓手，加快商贸基础设施建设，商品市场体系不断完善。“十一五”期末全市建成专业市场、农副产品批发市场以及各类农贸市场 650 个，营业总面积达到 480 多万平方米。商圈打造成效显著，朝阳商圈成为广西第一商圈，埌东—凤岭商圈吸引众多高端服务品牌进入，五一商圈提升江南商贸服务层次，五象新区商圈规划建设稳步推进。商贸流通服务聚集区培育初见成效，邕江水系沿岸商贸带、快速环道沿线商贸带、轨道交通商贸带等新的商贸流通服务聚集区初步形成。商贸设施档次提升，地王国际商务中心、航洋国际城、金源 CBD 现代城、万达购物广场等中高端商贸服务设施投入使用。虚拟市场建设进展明显，南宁（中国—东盟）商品交易所、广西食糖中心批发市场等虚拟市场发挥独特作用。农村商贸基础设施建设加速，开展“万村千乡市场工程”和农村商务信息服务体系建设，建成 1291 个农家店、8 个配送中心，城乡一体化的工业品下乡、农产品进城市场网络进一步完善。市场辐射力不断增强，2010 年全市有 3 个市场年成交额超 100 亿元、26 个市场年成交额超亿元，虎丘城北钢材市场等专业市场已成为区域内重要的交易中心，我市区域性消费中心城市地位更加突出。

（3）新型业态快速发展，商贸流通业加速升级。“十一五”期间，全市批发零售业呈现百货零售稳步发展、连锁超市份额扩大、专业商店等新型业态迅猛发展的态势。超市、连锁经营、购物中心、仓储式商场、专卖店、便利店等商贸流通新型业态正逐步取代传统商贸流通模式，为人民群众提供了更加方便、快捷、实惠的购物消费服务。代理、租赁、拍卖、典当等经营方式日益普及，连锁经营、特许经营、物流配送、电子商务等现代流通方式方兴未艾。现代商贸流通新型业态满足了城市居民多样化、多层次的消费需求，极大地推动我市商贸流通业向更高层次和水平发展，销售终端（POS）、管理信息系统（MIS）、条码、冷藏设备等新技术、新设备在大型超市中广泛采用，网络购物成为消费新宠，居民消费结构由生活消费品为主向汽车、住房、餐饮、旅游、文化等大宗消费、休闲消费为主快速转变。

（4）会展经济日趋兴旺，成为拉动消费新动力。受中国—东盟博览会永久落户南宁带动，“十一五”期间我市会展业快速发展，会展经济增加值、展会场次、规模、交易额、会展公司等各项指标都有较大幅度增长。2000 年前我市本地注册的会展公司不到 10 家，到 2010 年，在我市注册的展览公司及其他具有办展资质的机构达 150 多家，从业人员 1000 多人，全市会展场馆建筑总面积达 28.9 万平方米（其中，室内展区面积近 10 万平方米），已形成南宁国际学生用品交易会暨中国·东盟（南宁）国际教育展览会、南宁—东南亚国际旅游美食节、中国—东盟（南宁）国际汽车展览会、中国（南宁）国际时尚博览会、中国国际茉莉花文化节、华南城轻工产品展销会等一批具有一定影响力的会展品牌。会展经济加快发展，拉动我市消费品市场进一步扩大。

（5）对外贸易规模扩大，加工贸易发展迅猛。“十一五”期间，我市对外贸易更加活跃，到 2010 年我市已与世界 170 多个国家和地区建立贸易往来关系。2010 年全市进出口总额 22.13 亿美元，其中出口 15.93 亿美元（含市属企业出口 13.18 亿美元），进口 6.19 亿美元（含市属企业进口 6 亿美元），出口额中亚洲市场占 57.69%、欧美市场占 36.89%。2010 年全市进出口总额比“十五”末增长 207.68%，年均增长 25.20%。“十一五”时期是我市加工贸易发展的历史最好时期，提升了我市对外贸易质量。2007 年国家对加工贸易政策实行东部地区与中西部地区差别对待和 2008 年我市被商务部确定为中西部地区加工贸易梯度转移重点承接地以来，我市加工贸易一年跨越一个台阶，出口由不足 1 亿美元增加到 2010 年的 3.03 亿美元。加工贸易出口商品从低附加值产品向以耳机、CPU 散热器、电感线圈为代表的高附加值产品转变，机电产品成为加工贸易企业出口的主力军，加工贸易方式从以来料加工为主向以进料加工为主转变，深加工结转业务长足发展，加工贸易国内增值率从 2005 年的 143%提高到 2009 年的 218%。

（6）对外经济合作初见成效，区域合作融入步伐加快。“十一五”期间，我市以东盟国家为重点，着重加强与亚洲国家以及政局相对稳定的非洲国家合作。充分利用国家的政策，结合自身比较优势和发展战略，贯彻执行“走出去”战略初见成效。截至 2010 年底，我市已有 50 家外经企业出境和出国投资合作，其中到东盟国家投资的有 27 家，成立办事处 8 家，投资总额 11184.15 万美元，占总投资的 91.43%。境外投资累计带动设备、原材料出口 6765.91 万美元，全市先后派出工程劳务人员 3000 人次。对外经济合作开拓了企业的市场空间，推动我市外向型经济发展，加速我市融入中国—东盟自贸区、泛北部湾经济合作、大湄公河次区域合作、中国南宁—新加坡经济走廊等区域合作的步伐。

2. 现代物流业起步并快速发展。

（1）物流设施加快建设，为现代物流业发展提供有效支撑。经过多年建设，目前南宁市已经初步形成公路、铁路、水运和民用航空共同组成的水陆空立体交通运输网络，综合交通枢纽初步形成，在中国—东盟区域综合交通网络中的地位和作用逐步显现。铁路编组站和铁路货运站、公路货运站、机场、码头等经过改扩建后服务能力明显提高，中国—东盟国际物流基地和江南、安吉、金桥综合物流园区4个现代物流园区初具雏形，华南城等一批重点物流项目加快建设或投入使用，现代物流业发展的硬件框架体系初步建立。

（2）物流总量稳步增长，物流需求趋于多样化。经济发展使社会物流需求不断增加，物流基础设施的不断完善提升了满足社会需求的能力。"十一五"期间，南宁市货运量以年均23%的速度递增，2010年，全市货运总量达到19171.05万吨，比上年增长23.76%。各类运输方式中，铁路货运量590.85万吨，占货运总量的3.08%；公路货运量为16591万吨，占货运总量的86.54%；水运货运量1986.1万吨，占货运总量的5.14%；航空货运量3.1万吨，占货运总量的0.01%（表1）。物流服务需求日趋多样化，商贸物流、生产物流增长迅速，国际物流、口岸物流发展加快，保税物流逐步增加，制糖、石油、水泥、煤炭、化工等行业物流外包比例提高，第三方物流逐步壮大。

"十一五"期间南宁市全社会货运输量表

运输方式	类别	2005年	2010年	增长（%）
货运总量	货运量（万吨）	7236	19171.05	164.94
	货物周转量（万吨公里）	684270	—	—
公路	货运量（万吨）	5728	16591	189.65
	货物周转量（万吨公里）	485700	2453307	405.11
水路	货运量（万吨）	1074	1986.1	84.93
	货物周转量（万吨公里）	198570	538920	171.40
铁路	货运量（万吨）	432.13	590.85	36.73
民航	货运量（万吨）	1.7	3.1	82.35

资料来源：南宁市统计局。

（3）物流企业数量规模增加，服务能力不断提高。"十一五"期间，通过改造传统运输、仓储企业，发展民营物流企业，以及实现生产流通企业物流社会化等途径，专业化物流企业得到发展，目前全市共有160家专业物流企业，涌现出了超大、运德、翁氏八达等几家规模较大的物流企业，初步形成了不同所有制形式、不同经营模式和不同经营规模的专业物流企业共同发展的格局。物流企业服务功能逐步细分，包括综合性物流、口岸直通、国际货代、储运、配送、货运信息服务等，特别是整合利用社会物流资源从事物流经营的第三方物流企业已开始在南宁市现代物流发展进程中发挥积极作用，成为物流市场的生力军。

(4) 南宁“无水港”初步建成，口岸大通关体系不断完善。南宁机场是国家一类口岸，是我国重要的省会干线机场，也是我国面向东盟的国际门户枢纽机场和国际备降机场。2005年以来，南宁空港已陆续开通直达雅加达、金边、新加坡、马尼拉、吉隆坡、胡志明、万象以及中国香港、中国澳门、中国台湾等国际和地区航线，飞机出入境架次和旅客出入境人次快速增长。2010年南宁空港口岸共验放出入境飞机2561架次，比2005年增长107.2%，其中，入境飞机1280架次，出境飞机1281架次；验放出入境旅客211398人次，其中，入境旅客103955人次，出境旅客107443人次。南宁内河水运口岸是国家二类口岸，目前500吨位的船只可直达中国香港、中国澳门进行散货和集装箱运输。2008年国家批准建设南宁保税物流中心，2009年中心封关运行，南宁“无水港”初步建成，使我市具备完善的航空、水路、陆路口岸功能，口岸通关体系更加便捷，为国际物流、保税物流快速发展创造了条件。

(二)“十一五”南宁市商贸物流发展存在的问题

“十一五”期间，我市的商贸服务业虽有了长足发展，但也存在一些问题，主要表现在：商贸物流基础设施相对落后；商贸方面，城市商贸设施不完善，农村市场网点建设相对滞后。物流基础设施方面，大部分还处在起步阶段。商贸物流企业仍相对较小；物流社会化程度不高，真正意义上的第三方物流尚未形成；城乡商贸物流配送体系不健全；商贸物流人才匮乏；外贸规模偏小，“走出去”步伐缓慢。

二、“十二五”南宁市商贸物流发展的有利条件与不利因素

(一)“十二五”南宁市商贸物流发展的有利条件

1. 日趋向好的国际国内经济形势将为商贸物流发展营造良好的宏观环境。从国际来看，目前全球性的金融危机影响正在逐渐减少，新兴经济体复苏强劲，亚洲各国成为全球经济增长亮点，将启动新一轮的经济发展周期。从国内来看，国内经济运行中的积极因素不断增多，经济形势总体回升向好，我国发展仍处于可以大有作为的重要战略机遇期。同时，随着国家实施新一轮西部大开发政策，继续坚持中央财政转移支付、中央投资、重大产业布局等向西部倾斜，西部地区经济将进入新一轮增长期。从广西来看，2010年全区经济总量上了一个新台阶，

可持续发展的基础更加坚实。从我市来看，我市实施建设区域性国际城市和广西“首善之区”发展战略，为商贸流通业发展注入新活力。中国—东盟博览会、商务与投资峰会连续八年在我市成功举办，打响了中国与东盟开放合作的“南宁渠道”品牌，南宁城市国际化进程明显加快，在区域合作中的辐射力和影响力不断提升。

2. 多层次区域合作成为加快商贸物流发展的大好机遇。我市正在加快建设完善的航空、铁路、公路、内河航运的现代化综合交通网络和口岸体系，参与区域合作的能力不断提高。我市抓住机遇加快参与融入大湄公河次区域合作(GMS)、泛北部湾合作、中国南宁—新加坡经济走廊、中越“两廊一圈”、泛珠“9+2”经济区等多层次区域合作，与港澳深化合作，与台湾拓展经贸文化交流合作。尤其是中国—东盟自贸区已如期建成，我国与东盟国家的经贸合作将不断加强，特别是与越南的交通、物流、贸易和旅游往来更加频繁和密切，将改善我市对外经贸合作环境。我市面临更广阔的产品市场，更多元的资源渠道，更宽广的产业合作空间，货物贸易、服务贸易、投资发展更加频繁和紧密，更加有利于资源集聚，有利于加快调整优化经济结构，推进构建现代产业体系，加快产业的国际化进程，增强我市综合经济实力，从而加快发展大商贸物流。

3. 国家战略性政策措施为商贸物流业发展提供良好的政策环境。规划期内，中央把经济结构战略性调整作为加快转变经济发展方式的主攻方向，着力构建扩大内需长效机制，促进经济增长向依靠消费、投资、出口协调拉动转变。《国务院关于进一步促进广西经济社会发展的若干意见》的出台，对西部地区的补偿、补助和支援将进一步加强，在政策、项目、资金等方面给予广西经济发展巨大支持。国务院《物流业调整和振兴规划》将我市定位为21个全国性物流节点城市之一，同时，2010年2月，南宁市被商务部确定为“全国流通领域现代物流示范城市”，明确了我市在全国物流业中的战略性地位。商务部出台的《商贸物流发展专项规划》提出建立一套现代商贸物流服务体系。国家赋予我市构建内陆开放型经济战略高地的定位，有利于我市进一步扩大对外对内开放，促进“三基地三中心”加快建设。这些将为南宁发展大商贸物流提供良好的政策环境。

4. 广西实施新一轮西部大开发为我市商贸物流发展迎来重大机遇。广西将把北部湾经济区开放开发、南宁内陆开放型经济战略高地建设、以西江黄金水道建设带动西江经济带发展、广西资源富集区开发建设作为广西实施新一轮西部大开发的重点和热点。南宁作为北部湾经济区核心城市和西江黄金水道邕江段上的重要城市，北部湾经济区和西江经济带加快发展，将有利于促进南宁与沿海城市的钢铁、石化、能源等重大产业项目的对接，布局与之相对应的产业链延伸加工配套和服务项目，加快推进总部基地建设；有利于南宁市加快建设完善港口码头等水运基础设施和临江物流园区基础设施。自治区出台的《广西物流业调整和振兴规划》，进一步理清了我市物流发展思路、科学规划布局物流园区。自治区出台《关于进一步加快我区服务业发展的决定》及13个配套文件，提出了要重点发展包括商贸流通、物流、会展、服务外包等九大重点领域，进一步明确商贸物流业工作方向和重点。

5. 我市经济平稳快速增长为商贸物流加快发展提供了坚实基础。改革开放以来，特别是“十一五”以来，我市经济保持快速增长，2010年全市人均地区生产总值（GDP）达到25624元，城镇居民人均收入超过18000元，农村居民人均纯收入超过5000元，居民消费能力显著提高。全市医疗、教育、养老等保障制度已经建立，并逐步完善，居民消费意愿进一步释放。商贸流通设施和消费环境不断提升，为满足居民消费需求提供了现实条件。

（二）“十二五”南宁市商贸物流发展的不利因素

1. 国际国内经济形势发展仍然存在不确定性。金融危机导致的经济衰退还在困扰全球，对经济社会的影响依然存在。从国际形势看，危机留下的创伤对全球经济体系带来深远影响，全球经济复苏分化，发达经济体增速放缓，发达国家可能进入低增长、低就业、低通胀、低利率的“四低”状态。世界经济在向好的过程中，依然充满众多不确定性，使当前国际经济形势愈加复杂和严峻，对外贸易增长不稳定。从国内来看，我国经济增长未来将呈现适度减速。随着整体通胀水平上移，人口红利拐点的临近，未来可能出现“内需不足，外需萎缩”，投资和出口的成本将呈上升趋势等问题。这些对南宁市商贸物流业未来的发展可能带来不利影响。

2. 现有产业基础对商贸物流发展的支撑力不足。与全国物流重镇北京、上海、广州、天津、武汉等城市相比，支撑南宁市物流业发展的经济基础薄弱。比较而言，南宁市经济发展水平还比较低，城乡居民收入差距较悬殊，消费水平不高，商贸产业集聚度不够，产业关联度较低，一些正在建设的物流项目面临缺乏产业基础支撑的问题，工业总量偏小，辖区内大型企业较少，很难成为生产中心或销售中心，商贸物流发展缺乏强大的经济基础和产业支撑。

3. 政策因素制约。目前政府在财税、土地、融资等方面政策实施效果受到限制，一定程度上影响了商贸物流业的发展。受财税政策制约，近年来，我市财政对商贸物流业的投入虽有所增长但仍显不足，并且税费优惠力度有限，企业负担较重。受土地政策制约，引进国内外知名的大物流、大市场、大企业进驻邕城时，无法提供足够的连片建设用地，项目难以顺利落地。同时，土地出让金高、收费项目多、征地困难等问题也制约了部分项目的发展。受融资政策制约，信用担保体系不健全，中小企业融资难、授信额度低、信贷项目少等问题仍比较突出。

4. 周边竞争形势加剧。国际方面：随着中国—东盟自由贸易区的如期建成和东盟一体化的发展，这为双方相互开放市场提供了有利条件，对深化两国的经贸合作起到了积极促进作用，但同时也势必存在一定的竞争。国内方面：主要有两类，一类是广西北部湾经济区内城市的竞争；另一类是区外周边类似城市的竞争。尤其区外周边城市如昆明市与我市无论在对东盟开放合作还是在商贸物流发展上竞争都在加剧。

三、“十二五”南宁市商贸物流发展总体要求与发展目标

（一）总体要求

以邓小平理论和“三个代表”重要思想为指导，深入贯彻落实科学发展观，全面贯彻党的十七大、十七届五中全会精神，以建设区域性国际商贸物流基地为目标，以转变经济发展方式为主线，以发展大商贸、搞活大流通、开拓大市场、培育大集团为重点，以深化商贸流通业转型升级、制度创新、扩大开放、技术进步为动力，抓住国家实施新一轮西部大开发和中国—东盟自贸区如期建成等重要战略机遇，着力建设产业门类丰富、结构完整、功能完善、布局合理、具备明显区域和国际性特征的现代商贸物流产业体系，扎实推进商贸流通业全面、协调、快速、可持续发展。

（二）基本原则

1. 提高层次，优化结构。以建设区域性国际商贸基地为目标，大力发展加工贸易、服务贸易、对外贸易，带动我市商贸业结构的调整；以建设国家级物流节点城市和中国—东盟区域国际物流中心为目标，整合社会物流资源，大力发展第三方物流，培育第四方物流，带动物流业结构的调整。

2. 完善功能，适度超前。抓住我国实施新一轮西部大开发战略机遇，把南宁建设成为产业体系完善、结构完整、功能完备、开放型特征鲜明的区域和国际性商贸物流基地。

3. 构建网络，强化辐射。加快建设一批大型专业市场，物流园区、物流中心和配送中心建设，以铁路、航空、水运、公路运输枢纽为核心，构建立足于广西、辐射西南、面向东盟的区域性商贸物流基地。

（三）发展目标

1. 对经济和社会发展的贡献。到2015年，商贸服务业增加值占全市GDP比重20%，从业人数占社会总从业人数30%以上，商贸服务业税收占全市财政的30%；物流业增加值达到280亿元左右；社会物流总成本占GDP的比重下降到18%左右。

2. 社会消费品零售总额。“十二五”期间，全市社会消费品零售总额年均增长15%。到2015年，全市社会消费品零售总额突破1800亿元，达到1820亿元。

3. 外贸进出口规模。“十二五”期间，外贸进出口总额年均增长21%，其

中，出口额年均增长20%。到2015年，外贸进出口额57.40亿美元，其中，外贸出口额39.64亿美元。出口额超1亿美元的企业达到4家，1000万美元以上的20家；机电产品出口比重提高到50%，高新技术产品出口比重提高到10%。

4. 市场体系建设。推动城乡市场一体化建设。规划期内新增大型商场、超市、市场等商业服务设施建筑面积约800万平方米，新培育年交易额超100亿元的市场2家，超50亿元的市场3家，超10亿元的市场5家。深化实施“万村千乡”市场工程，推动连锁店、专业店进乡镇、进农村，促进城市与农村之间商品的双向顺畅流通。

5. 物流体系建设。到2015年，建成5个物流园区、5个县域物流中心以及5个大型仓储物流配送中心。培育和引进5家国家4A级以上物流企业；引进3家以上投资过1亿元的大型第三方物流企业。

四、“十二五”南宁市商贸发展方向和重点

优化商贸业布局，实施《南宁市区域性商贸基地建设规划》，中心城区实行“三圈三带三级”布局①，县域实行两级商业布局。

（一）加强城乡市场体系建设

1. 突出特色打造亮点，加快商贸服务业集聚发展。加快中心城区市场体系建设。重点提升和发展朝阳商圈、埌东—凤岭商圈、相思湖商业区、五象新区商业区、江南五一商圈等商贸服务业集中区，着力打造邕江沿岸、快速环道—环城高速等商贸经济带。重点提升朝阳商圈，加快推进商圈旧城改造，完善购物、餐饮、观光、商务、休闲等综合功能。到2015年，凸显区域性商贸基地核心商圈地位。完善埌东—凤岭商圈，发展中高档商业业态，提升区域影响力和辐射力，打造成为城市综合服务核心区。发展五象新区商圈，规划建设大型购物中心。

加快推进10+1商业大道、南宁·中国—东盟商务区商业街、台湾街、青秀山东南亚美食街区、邕州老街、民歌湖休闲街等一批特色商业街建设。引进国内外大型连锁企业、知名品牌，培育一批具有国际竞争力的企业集团，推进一批大型城市商业设施项目建设。

2. 结合交通物流设施，建设一批大型专业交易市场。优化市场结构，加快改造原有的服装、鞋帽、日常消费用品等小商品市场，结合高速路、快速环道带以及铁路和水运港口等交通设施，建设一批服务广西北部湾经济区、辐射西南、全国乃至东盟国家的区域性大型现代化市场。重点筹划建设一批为生产和消费服

---

① “三圈”即“三层商圈”，内圈以零售、商务、休闲等综合功能为主；中圈一方面围绕居民区布局社区商业设施，另一方面升级改造或新建物流仓储设施、配送中心；外圈以布局大型专业批发市场为主。“三带”即邕江水系“休闲游览带”、快速路及高速路环带、轨道交通商业带。“三级”即指广域型、区域型和社区型三个层级的商业功能区。

务及业态缺失的大型市场，如：工业原料及本地产业特色钢材、林产品、橡胶、铝产品、汽车机电、大型二手车、成套设备、粮油、农产品、花卉、服装鞋帽、小商品、建材装饰等。加快大宗商品交易市场建设，依托现有南宁市大宗商品交易所，建设大宗商品交易平台，提升交易所等级，将商品交易的种类由食糖、钢材等扩展到原油、橡胶、木材、铜矿、铁矿、塑料等。

3. 加强县域市场体系建设，完善城乡市场一体化功能。加快农产品现代流通体系建设，开展农产品现代流通综合试点内容，探索建立适合我市市情的农产品现代流通模式。大力引导城市大型商贸企业、现代物流企业到农村发展，推进农村发展农产品、农业生产资料和消费品连锁经营，建立以集中采购、统一配送为核心的新型营销体系。深化实施“万村千乡”市场工程，完善城乡、城际市场网络，充分发挥供销系统传统优势，提升农村商品流通网络服务水平，引进一批超市、连锁店、专业店进驻农村市场，建设林产品、畜禽、水产、水果、茉莉花、茶叶、服装鞋帽、小商品等一批具有当地产业特色的专业批发市场。广泛开展联合、合作经营，培养新型农村流通组织，积极发展农产品网上交易，引导发展“农超对接”、“农批对接”、“农批批对接”产销模式，为农产品流通和农民生产生活资料供应提供服务。

（二）大力发展电子商务

积极推进电子商务与加工制造、现代物流、产品交易等产业融合，推动电子商务向纵深发展。加快电子商务国际化，重点在物流业推广电子商务运用，综合运用信息技术、仓储技术、物流技术，推广建立电子化国际贸易平台。整合现有信息资源，规划构建物流信息体系。建设以电子商务服务为核心的第四方物流系统，加快建设一批规范化的快递、运输、仓储等符合电子商务要求的快速物流系统。鼓励商贸企业积极建设网上电子商务平台，引导商贸企业和消费者使用银行卡、电子账户、电子钱包等电子支付工具。着力引进国内外知名电子商务服务企业设立运营中心、结算中心、研发中心，建设一批有特色的电子商务体系。重点建设食糖、酒精和淀粉等大宗商品电子交易市场、矿产资源和有色金属电子交易市场。做大做强中国—东盟商品交易所（NCCE），借助其先进的集合竞价交易模式，提升其集散和价格发现功能，形成若干具有权威性的工农业产品“南宁价格”，使之在全国、东盟以及更大范围产生影响力。

（三）扩大内需促进居民消费

一是鼓励新型商贸流通业态和现代流通方式发展。鼓励超市、连锁经营、购物中心、仓储式商场、专卖店、便利店、社区商业等新型商贸业态和连锁经营、特许经营、物流配送、电子商务等现代流通方式的发展。二是培育新的消费热点。加大培育住房、汽车、休闲健身、文化娱乐、旅游、教育、家庭服务等新的消费热点，不断满足居民对高层次消费的需求。三是拓宽消费市场。努力挖掘城市市场的同时，进一步开拓农村市场，把促进农村消费作为扩大内需的重点。四是创新促销手段，提高居民消费积极性。继续办好南宁消费购物节等各种节庆促销活动，深入贯彻实施汽车、家电“以旧换新”优惠政策，借助税收、补贴等政策手段，提高居民消费积极性。五是以新技术、新理念支持和引导新消费。重视智能技术、生物技术、物联网、新能源、低碳等领域的技术进步，创新产品，创新供给，开拓新的消费领域和手段。

（四）实现对外贸易跨越式发展

1. 注重进出口产品结构调整，转变外贸发展方式。优化市场结构，进一步实施市场多元化战略，在稳定传统市场的同时，大力开拓成长性好、潜力大的东盟、非洲等新兴市场。培育壮大优势企业，在充分发挥大企业作用的同时，加大对中小企业扶持力度。优化商品结构，实施以质取胜和科技兴贸战略。支持 IT 等电子产品、铁路机车、船舶、汽车产品、电工器材等传统优势机电产品、计算机与通信技术产品等高新技术产品出口，加大农用机械、机电设备、化工、铝箔及铝型材、罐头食品等自主知识产权、自主品牌产品的出口促进力度，努力造就一批年出口额超 1000 万美元的拳头产品，形成具有竞争力的出口产品体系。

2. 大力发展加工贸易。发挥加工贸易梯度转移重点承接地优势，利用南宁保税物流中心优惠政策，加快发展加工贸易，在保税物流中心附近，建立加工贸易工业园，重点承接东部转移的铝深加工、电子 IT、机械汽配、消费品工业、食品工业、服装和家具“七大产业”。引进国内外特别是大型的外向型企业落户，力争发展一批加工贸易出口额 1000 万美元以上的骨干企业，培育加工贸易出口额 1 亿美元以上的龙头企业。

3. 加快发展我市服务外包产业，打造国家级服务外包基地城市。制定服务外包产业发展相关优惠政策，积极培育服务外包企业，推动服务外包业集群化发展。将承接业务流程外包服务（BPO），特别是物流和采购业务流程外包、客户关系（IT 呼叫中心、客户支持及销售）作为南宁市服务外包发展重点，同时开拓信息技术外包（ITO）和知识流程外包（KPO）市场，着重开拓面向东盟的服务外包业务。近期以境内外包特别是面向北部湾经济区的服务外包为主导，同时开拓近岸与离岸外包市场，远期境内与近岸、离岸外包并重。推进服务外包园区建设，加快集聚一批规模较大、影响和示范带动作用明显的国际服务外包及软件出口龙头企业，规划建设和申报国家级服务外包基地。

4. 鼓励和扶持企业“走出去”。进一步完善对外投资合作服务体系，提高公共服务能力，优化发展环境，强化协调服务。继续培育“走出去”的经营主体，协助企业用足用好各项优惠政策，积极争取政策性金融机构对我市“走出去”企业的信贷、保险支持。加强同市有关部门的协调配合，帮助解决企业在“走出去”过程中遇到的各种问题，共同搭建“走出去”的绿色通道。鼓励企业增强自主创新能力，提高出口产品的科技、质量和品牌附加值；充分利用中国进出口商品交易会、中国—东盟博览会等多种平台，增强市场开拓能力。

5. 完善通关模式，促进外贸发展。鼓励建立集海关监管、商品检疫、地面服务一体化的货物进出境快速处理机制。推行物流企业与口岸通关监管部门信息联网，对出口货物实施“提前报检、提前报关、货到放行”的通关新模式。海关、检验检疫、税务等管理部门要在有效监督的前提下简化作业程序，实现信息共享，提高通关速度，减少非关税壁垒，促进外贸发展。

（五）主动融入多区域合作

目前，在中国—东盟自由贸易区中已经形成了大湄公河次区域合作(GMS)、泛北部湾合作、南宁—新加坡经济走廊、中越“两廊一圈”合作、桂台合作、泛珠“9+2”经济区等次区域合作。我市位于中国与东盟国家合作的次区域范围内，处于这些次区域合作的前沿，把自身发展同区域合作紧密结合起来，积极主动融入多层次区域合作。积极推进南宁—新加坡经济走廊建设，深化南宁—谅山—河内—海防—广宁经济走廊合作，积极参与大湄公河次区域合作(GMS)、泛北部湾经济合作区等次区域合作，继续巩固和扩大港澳市场，积极开拓欧美等新兴市场。充分发挥我市连接西南、华南、中南以及东盟大市场的重要枢纽作用，依托大西南经济区，融入珠三角、长三角经济区，深入推进广西北部湾经济区建设，全面加强以“北钦防”为重点的区内合作。

（六）大力发展会展业

加快制定南宁会展业发展的中长期规划，加强会展业规划布局。加快建设新的会展场馆，整合场馆资源。对现有的南宁国际会展中心、广西展览馆以及体育场馆、专业市场等场馆资源进行整合，统一对外宣传包装，统筹使用，发挥综合效益。加快建设完善能够承办大型国际国内会议的宾馆和酒店设施。做大做强会展企业，培育会展配套服务业。发挥中国—东盟博览会的品牌效应，不断拓展会展市场资源，提高办展的数量、规模与层次，积极办好一系列高水平的大型会议和展览，鼓励企业创新展会运作新模式，提升影响力和带动力。大力扶持、培育一批高水平的会展经营和会展服务企业。鼓励民营资本投资会展业设施建设。引导和鼓励国际会展企业到南宁设立会展机构或企业，单独承办或与本地会展企业联合举办各种高规格的展会。加大本土展会培育扶持力度，将南宁国际学生用品交易会、南宁·东南亚国际旅游美食节等打造成为知名会展品牌。做大做强横县茉莉花节、宾阳炮龙节、武鸣“三月三”歌圩等具有地方特色的节庆活动，形成品牌打包、促销一体、资源共享、互融互通、产业配套的会展品牌运作体系。

（七）进一步加快餐饮业发展

通过政策引导和资金扶持，培育一批特色鲜明并具有较大影响力的本地名店、名厨、名菜及品牌企业，加快发展有南宁特色的餐饮服务业。积极引进国内外管理先进、特色突出、知名度较高的餐饮企业，优化餐饮业结构，提升餐饮业档次和水平。建设完善青秀山东南亚美食街，改造中山路风味小吃街，打造具有少数民族风情、富有东南亚异国情调的特色美食街区。精心策划办好“南宁·东南亚国际旅游美食节”等1～2个主题鲜明的大型美食文化节，提升南宁饮食文化品味，树立“美食天堂”的品牌。结合旅游景区（点）建设，支持鼓励各县区建设一批地方文化特色鲜明、整洁美观的美食文化街（区），以及具有少数民族风情、民俗浓厚、生态环境优美的“农家乐”。

五、“十二五”南宁市物流发展方向和重点

加快实施《南宁市区域性国际物流基地建设规划（2008—2020年）》，规划期内进一步建设完善“五园区”（见附件一表1，略），大力发展“五中心”（见附件一表2，略）以及专业物流中心，逐步建成以重点物流园区为中心，以县域物流中心为支撑，铁路、公路、水运、航空等多种运输方式有效衔接的物流网络。

（一）建设一批物流园区

在物流园区建设方面，中国—东盟国际物流基地着重发展保税物流，开办进出口货物保税仓储、国际物流分拨配送、简单加工和增值服务及其他经海关批准的国际业务；南宁空港物流产业园区着重发展面向东盟和辐射西南的临空国际及区域物流，临空商贸服务如仓储、商务、展会等，重点发展高附加值的电子产品，食品、水产品、鲜花等保鲜要求较高的货品的配送；安吉综合物流园区着重发展以商贸物流为主、工业物流为辅的现代化物流中心，重点发展钢材、建材、五金等产品的物流服务；江南综合物流园区着重发展涉农产业商贸物流服务；金桥综合物流园区着重发展包括仓储、物流加工、分拣、重组、打码、包装、运输、配送等综合物流服务。

在物流中心建设方面，武鸣国际物流中心着重为轻工食品、烟草业提供包括仓储、包装、配送等服务；宾阳黎塘物流中心着重为粮食、食糖、面粉、纸品、水泥、煤炭、木材及制品等大宗物资提供仓储、配送、中转、交割、信息等综合物流服务；横县六景物流中心着重为石化、造纸、制糖及农副产品加工业等提供包括仓储、包装、配送、中转、交易、信息等物流服务；隆安那桐物流中心着重提供公共仓储、流通加工、物资配送、成品配送等物流服务；牛湾多式联运中心着重提供公路长途整车、零担运输、配货等服务，发展大型仓储、中转、配送业务，为大宗货物运输服务。

（二）建设物流公共信息平台

政府引导，企业参与，通过信息技术将与物流活动有关的信息采集，信息传输和信息共享等整合起来，为物流企业和社会提供公共物流信息发布、会员服

务、在线交易、数据交换、智能配送、GPS货物跟踪、物流供应链管理等各项服务，建设高效率的物流公共信息平台。

（三）大力发展国际物流

进一步完善和提升南宁保税物流中心，加快建设南宁“无水港”，积极推进南宁空港物流园区的运作，从而实现水陆空多式联运体系，构筑以该体系为核心的国际物流高速公路。努力建立国际物流信息交易系统，该信息系统包括国际物流商品、余缺商品调剂、加工、仓储、金融、配送、服务反馈等信息。吸引国际物流企业进驻南宁，鼓励发展第三方物流，积极发展第四方物流。

（四）大力发展城市配送

整合城市的物流资源，通过新建配送中心或改建老式仓库等方式改善南宁市配送中心的网点布局，加快建设25个配送中心（见附件一表3，略），形成现代化城市配送网络，完善城市配送中心的功能，开展同城共同配送业务；加大同城配送企业的信息化程度，推进信息技术的应用。

（五）大力发展城乡物流

以物流园区、物流配送中心及专业市场为节点，依托专业物流公司和商贸连锁企业，建立城乡物流网络体系。统一城乡物流发展规划，发挥城市物流对农村物流的辐射和带动作用，培育农村物流有效经营主体，加大对农村物流的财政和金融支持力度，积极探索城乡物流对接新模式，鼓励农村个体企业、民营企业进入城乡物流市场，促进城乡物流之间的合理分工。

（六）建立立体化的开放口岸体系

依托南宁保税物流中心和南宁空港物流产业园区，加快规划建设以空港口岸为主导，内河、铁路、公路口岸相配套的立体化开放口岸体系，加快建设南宁口岸电子信息平台和“无水港”步伐，并加强与广东各口岸、广西北部湾经济区各口岸、广西西江亿吨“黄金水道”各口岸以及东兴、凭祥、龙邦、水口等边境一类口岸的密切配合，实行港区联动，将南宁市建设成为广西与东盟各国以及港澳地区经贸往来的桥梁。完善大通关体制，实现国际物流通关的便利化，对进出口货物实施“提前报检、提前报关、货到验放”的通关新模式。

六、实施南宁市商贸物流发展“十二五”规划的主要措施

（一）加强领导，建立机制，为商贸物流业发展提供有力保障

将商贸物流业发展列入全市的长远发展规划，建立重大商贸物流项目市长联席会议制度。建立规划编制会商制度，避免商贸物流规划与其他相关规划冲突。建立商务主管部门提前介入商贸项目规划评审的工作机制。加大规划的实施力度。以强有力的手段保障规划实施，将规划提出目标任务分解落实，有效实施年度监测、中期评估、终期评估等工作监督。

（二）吸引多方投资，加快商贸物流基础设施建设

采取“政府引导、企业投资、市场运作”的发展模式，积极拓宽资金筹措渠道，优先建设规划确定的重点项目，围绕重点打造区域性商贸基地、物流基地，建设一批特色商业街、专业市场以及商圈、商带。建设、改造一批仓储、分拣、流通加工、配送、信息服务等功能齐备的商贸物流园区，促进现代物流企业向园区集中，促进商贸物流产业适度集聚。适应互联网和物联网发展趋势，大力推进商贸物流公共信息化基础设施建设。

（三）整顿商贸物流市场秩序，营造公平有序的竞争环境

加强对商贸物流领域的立法研究，制定适合商贸物流发展需要的法律法规。尽快与相关部门建立信息共享制度，切实加强市场监管，建立部门间合作机制，加大联合执法力度，积极开展商贸物流市场专项整顿行动。加强对商贸物流产业的宏观调控和运行监测，建立商贸流通市场监测制度。

（四）加大财政支持力度，促进商贸物流大发展

规划期内，坚持借助外力与启动内力相结合，多渠道筹措建设资金，加大投入，促进商贸物流大发展。逐步增加服务业、会展业发展专项扶持资金，设立物流业专项扶持资金。充分发挥财政政策的引导作用，对全市重大商贸物流项目的规划建设、项目招商以及企业的建设发展给予资金支持，带动社会投资，推进商贸物流业快速发展。灵活运用小额信用担保贷款等信贷方式，通过财政扶持手段，对中小商贸物流企业给予融资支持。

（五）用好税收政策，做大做强商贸物流企业

在税收政策方面，将国家针对西部地区、少数民族地区、沿海开放、北部湾开放开发等优惠政策落实到企业。在收费政策方面，采取措施降低商贸物流企业在项目建设、车辆运营、船舶运输等方面的收费，减轻企业负担。

（六）统一规划与管理土地，满足商贸物流项目用地需求

加强对全市大型项目用地的统一规划与管理，对符合南宁市区域性商贸物流基地发展规划的重点商贸物流项目，优先安排土地供应指标。根据实际情况，适时制定和完善符合商贸物流发展要求的土地政策体系。

（七）大力引进和培养商贸物流人才，营造干事创业的良好人才环境

引进一批高水平、高层次的现代商贸物流策划、管理和营销人才；联合我市高职院校，培养一批本土专业型人才；加大对商贸物流优秀人才激励力度，为现代商贸物流中心的构建提供坚实的人才保障。

026

南宁市人民政府关于印发《进一步加快现代物流发展的若干规定》及相关配套措施的通知

南府发〔2012〕104号

各县、区人民政府，市政府各部门，各管委会，市级各双管单位，市直各事业、企业单位：

现将《南宁市人民政府关于进一步加快现代物流发展的若干规定》及《南宁市现代物流业发展专项资金管理暂行办法》、《南宁市航空物流发展专项资金管理暂行办法》、《南宁市重点现代物流企业认定及管理暂行办法》印发给你们，请认真贯彻执行。

南宁市人民政府

二〇一二年十二月十日

南宁市人民政府关于进一步加快现代物流业发展的若干规定

南宁市人民政府

2012年12月10日

为加快我市现代物流业发展，依据《国务院关于印发物流业调整和振兴规划的通知》（国发〔2009〕8号）、《国务院办公厅关于促进物流业健康发展政策措施的意见》（国办发〔2011〕38号）、《广西物流业调整和振兴规划》（桂政发〔2009〕83号）、《广西壮族自治区人民政府关于加快广西物流业发展的实施意见》（桂政发〔2010〕74号）相关文件精神，结合我市实际，制定本规定，自发布之日起施行。

一、加强发展物流业统一组织领导

现代物流是一个新兴的复合性产业，涉及运输、仓储、货代、联运、制造、贸易、信息等行业，关联部门较多。为进一步加强对我市物流业发展的统一领导、统一管理、统一协调，成立南宁市现代物流业发展工作领导小组，组长由市政府分管副市长担任，成员由各相关职能部门分管领导组成。领导小组下设办公室，办公室设在市商务局，负责日常工作，主要是对全市现代物流业的综合协调指导，组织编制我市物流业发展规划并指导实施；拟订我市发展现代物流业的政策、措施、标准并指导实施；指导和推进物流企业兼并重组，指导工商企业与物流企业联动发展；负责现代物流企业、重点物流项目的认定工作；负责对重大物流工程项目推进和监督管理。其他有关部门要根据各自职能各司其责，通力协作，共同推动我市现代物流业发展。

各县（区）、开发区要明确物流业发展领导机构，抓好辖区内物流业发展工作。

二、明确鼓励、扶持的物流业发展重点区域、企业和项目

（一）重点物流集中区

市级规划建设的中国—东盟国际物流基地、南宁空港物流产业园及安吉、江南、金桥综合物流园区，武鸣、宾阳黎塘、横县六景、隆安那桐物流中心及牛湾多式联运中心。

（二）重点物流企业

1. 第三方物流企业；

2. 实施物流剥离的工商企业；

3. 从传统运输、仓储、货代向现代物流转型的企业；

4. 大型连锁经营、冷链、快递等物流企业。

（三）重点物流项目

1. 分拨中心、大型专业配送中心及其他物流运作平台，保税仓库、监管堆场；

2. 物流信息平台建设、物流信息化智能化管理、物流业与制造业联动发展项目、冷链物流项目，以及物联网、电子商务物流等业态创新的物流项目；

3. 物流标准化体系建设、物流业重大发展课题研究；

4. 重点现代物流项目的前期工作；

5. 列入自治区、市层面统筹推进的现代物流项目；

6. 物流人才培训项目。

三、建立重点现代物流企业认定制度

为规范现代物流企业认定与管理，使有限的土地资源和优惠政策发挥最大效用，建立重点现代物流企业认定制度，对我市重点现代物流企业采取实时认定，经认定的重点现代物流企业，在项目用地、贷款贴息、财税补贴、政府奖励等方面给予重点倾斜。

四、优先保障现代物流项目供地

根据我市城镇总体规划和市、各县、乡（镇）土地利用总体规划，统筹考虑物流用地，对规划的物流用地从严管理，不得随意改变物流用地性质和规模。

（一）物流园区、物流基地、物流中心用地

对纳入规划并经审定的物流园区、物流基地、物流中心项目用地给予重点保障；市级物流园区、物流基地、物流中心用地可分期支付地价款，原则上不超过一年。

（二）物流项目用地

对物流项目用地，按综合性质用地供地，并依据项目建设内容和项目投资规模核定项目用地规模和项目各类用地性质比例，采取招标拍卖挂牌方式出让用地。列为自治区、市级重点推进的物流项目可优先安排用地。通过招标拍卖挂牌公开出让方式取得的物流用地原则上不允许改变土地用途，因非企业原因确需调整的，必须依据《中华人民共和国城乡规划法》规定的公开程序进行。由开发建设单位提出申请调整规划建设条件而不按期开工的，必须收回土地使用权，重新按招标拍卖挂牌方式出让土地。

（三）鼓励企业“零增地”技术改造、建设物流项目

1. 对利用原工业企业旧厂房、仓库和存量土地资源用于发展物流业，在符合规划、不改变土地用途的前提下，经征求行业主管部门同意并报经市国土、规划等部门审批同意后，可以原划拨（或出让）土地为条件，引进资金和设备建设物流配送中心，在依法办理经营性用地出让手续，缴纳土地出让金后，可将土地使用权作价出资。

2. 对属企业自行利用现有厂区、厂房改造建设物流配送中心，如土地用途仍属工业、仓储的，经批准，其增加的容积率不再征收土地价款。

3. 对工商企业利用现有库场、铁路专用线等设施改扩建，建立集仓储、配送、集散、分拨、中转等功能的现代物流企业，符合用地规划的优先审批。

4. 对于进入开发区的物流企业，为提高土地使用率而建设的非自用多层标准厂房，可享受工业标准厂房相同的鼓励政策。

（四）实施城市基础设施配套费优惠

1. 新建投资额1亿元以上（不含土地费用，下同），建筑面积15000平方米以上的物流园区、物流基地和物流配送中心建设，以及第三方物流企业技术改造和新增设施项目，城市基础设施配套费按规定减半征收。

2. 属于市政府投资的公用配套设施，免收城建配套费。

3. 进入市级规划的物流园区（基地）内的重点物流项目，其城市建设配套费一次性缴纳确有困难的，在缴足应缴费总额50%的前提下，可享受缓缴的优

惠政策，但缓缴期最长不超过1年半。

4. 鼓励市区内的物流企业到市级规划的物流园区（物流基地）发展，原（自有）驻地可申请纳入政府土地储备，由土地储备机构根据南宁市土地储备管理规定，参照我市工业企业搬迁改造土地收购补偿政策给予补偿，并优先享受重点物流项目扶持政策。市区内的第三方物流企业、仓储企业、货运场站等社会物流资源及生产和生活资料批发市场从市区内退出，进入物流园区整合集聚发展的，其城市建设配套费一次性缴纳确有困难的，在缴足应缴费总额50%的前提下，可享受缓缴的优惠政策，但缓缴期最长不超过1年半。

五、用足用好现有税收优惠政策

（一）用好试点政策

积极推荐重点现代物流企业申报国家发展改革委和国家税务总局联合确认税收试点物流企业，具体办法按《国家税务总局关于试点物流企业有关税收政策问题的通知》（国税发〔2005〕208号）执行。

（二）用好所得税优惠政策

根据《广西壮族自治区人民政府关于建设“无水港”加快发展保税物流体系的意见》（桂政发〔2010〕68号）规定，从2011年起自治区重点物流企业经税务部门审批，5年内免征企业所得税中属于地方分享的部分。支持符合国家产业结构调整指导目录中鼓励类的现代物流企业申报产业政策认定，享受西部大开发税收优惠政策。

（三）用好城镇土地使用税政策

自2012年1月1日起至2014年12月31日止，对物流企业自有（包括自用和出租）大宗商品仓储设施用地，减按所属土地等级适用税额标准的50%计征城镇土地使用税，具体办法按《财政部、国家税务总局关于物流企业大宗商品仓储设施用地城镇土地使用税政策的通知》（财税〔2012〕13号）执行。

六、加大财政支持力度

（一）设立物流业发展专项资金

1. 设立南宁市现代物流业发展专项资金（以下简称“物流专项资金”）。“十二五”期间，市财政预算每年安排2000万元物流专项资金，重点用于支持市级物流园区基础设施建设、物流仓储配送中心建设、重点物流项目建设、物流人才培训、物流标准体系建设、物流企业的信息化改造、服务品牌建设、物流业技术创新与业态创新、物流业重大发展课题研究、编制物流业行业规划与集聚区发展规划、开展物流业重大招商活动等项目建设。

2. 设立南宁市航空物流发展专项资金（以下简称“航空物流专项资金”）。

“十二五”期间在我市本级财政年度预算安排的物流专项资金中划出500万元专门用于培育发展在南宁吴圩国际机场执飞的国内、国际货运航班。

（二）资助方式

1. 物流专项资金资助方式采取以奖代补、贷款贴息、财政补助三种扶持方式。

2. 航空物流专项资金资助方式采取奖励方式。

（三）各县（区）、开发区设立相应的物流发展专项资金，并对市财政扶持的重点物流项目给予配套资金扶持

七、加强金融服务支持

1. 协调金融机构对符合条件的物流企业给予信贷支持，鼓励融资机构对信用等级资质较高的物流企业给予重点支持，推动政策性担保公司为中小物流企业提供短期资金贷款担保，鼓励融资担保机构为物流企业提供信贷担保。

2. 支持符合条件的物流企业进入资本市场融资，通过股票上市、发行企业债券和中期票据等方式筹措资金，并对现代物流企业上市按上市企业培育办法给予补助。

八、改善服务环境

（一）进一步优化物流企业投资环境

1. 规范企业登记注册前置性审批。除法律、行政法规明确规定的条件之外，工商行政管理部门为物流企业办理登记注册不得增设任何前置条件。

2. 对新办物流企业（包括工商企业内部的储运组织实行独立核算，自负盈亏，组建为物流企业）的注册登记，工商行政管理部门视其为新兴产业提供方便，加快办理登记发照。

3. 对重点物流项目，项目所在地有关部门对项目要实行联合审批，提供“一站式服务”，加快项目各项前期工作进度，尽量缩短办理时间。

（二）进一步提高口岸通关服务水平

1. 完善口岸快速通关改革，逐步对符合条件的企业进出口货物实施“预申报、预归类、预审价、选择报关、口岸放行”的便捷通道模式，实行便利通关作业统一化；逐步实现与大通关业务相关的海关、边防、检验检疫、税务、外汇管理等系统及与物流相关的政府部门业务处理信息化。

2. 加快电子口岸建设，对跨境物流通关尽快实施电子报关，并协调跨省区的物流转通关工作，缩短通关时间，降低通关成本，提高通关效率。

3. 鼓励现代物流企业开展国际物流业务，支持发展空港、港口码头仓储和物流服务；鼓励物流企业有效利用保税物流中心平台。

（三）优化市区物流配送车辆的管理

市公安机关交通管理部门加强对道路交通的科学组织，研究制定物流配送车辆在市区通行和停靠的具体措施，对经市交通运输管理部门许可的货物运输企业货运车辆提供通行、停靠便利。

九、其他

（一）鼓励设立物流企业总部

鼓励国内外知名物流企业（世界500强物流企业、国内100强物流企业及国家4A级及以上物流企业）在南宁市设立区域性分拨中心、配送中心、采购中心和企业总部，对经认定符合《南宁市总部企业认定暂行办法》相关条件的，按《南宁市人民政府关于支持和鼓励总部经济发展的暂行规定》（南府发〔2010〕43号）享受相关优惠政策。

（二）鼓励企业建立物流公共信息平台

经认定的重点现代物流企业，对企业自主研发物流信息管理系统、自动分拣系统等先进物流技术和设备并开展应用示范的，符合规定条件，可申请列入政府科技经费和技术改造项目计划，享受有关优惠政策。

（三）鼓励物流专业培训和引进物流高层次人才

1. 依托南宁市内开设有物流专业课程的高校和职业学校，设立物流人才培训基地，培养物流急需人才，大力开展物流从业人员在职培训。

2. 符合《中共南宁市委 南宁市人民政府关于加快吸引和培养高层次创新创业人才的意见》（南发〔2011〕13号）相关条件，经市相关主管部门审核确认，可享受南宁市引进人才政策规定的相关待遇。

附件：

南宁市现代物流业发展专项资金管理暂行办法（略）

南宁市航空物流发展专项资金管理暂行办法（略）

南宁市重点现代物流企业认定及管理暂行办法（略）

027

广西壮族自治区人民政府关于建设"无水港"加快发展保税物流体系的意见

桂政发〔2010〕68号

各市、县人民政府，自治区农垦局，自治区人民政府各组成部门、各直属机构：

为充分抓住中国—东盟自由贸易区建成和新一轮西部大开发实施的良好机遇，进一步发挥北部湾港大物流优势，实现广西作为西南地区最便捷的出海大通道作用，现就建设"无水港"，加快发展保税物流体系提出以下实施意见：

一、重要意义

"无水港"是指在内陆地区建立的具有报关、报验、签发提单等港口服务功能的物流中心。在当前不断强化区域经济合作的背景下，深化以北部湾港为龙头的保税物流体系和无水港建设，有利于港口功能和保税港区特殊政策向腹地有效延伸，增强北部湾港的辐射能力；有利于有效整合物流网络，进一步降低区域物流成本，形成高效快捷的物流支撑体系；有利于进一步加快广西对外开放开发步伐，推动内向型和外向型经济协调发展。加快保税物流体系和无水港建设，对增强广西区域经济辐射力、带动力，尽快形成我国沿海经济发展新一极都具有十分重要的战略意义。

二、指导思想

以科学发展观为统领，充分抓住国家深入实施新一轮西部大开发的重大机遇，围绕建设中国—东盟区域性现代商贸物流基地的目标，进一步解放思想、务实创新，全面提升广西对内对外开放水平，建设开放型经济战略高地，把广西打造成西部大开发的战略高地和重要的国际区域经济合作区，建成具有全国影响力的经济增长极。

三、发展目标

到"十二五"末期，初步形成以南宁为中心，覆盖广西各主要产业城市和西南各重点城市的"无水港"网络；进一步加快现有海关特殊监管区建设，规划布局完善的保税物流体系，建设以保税物流信息平台为核心，覆盖保税物流体系和"无水港"网络体系的大物流信息平台；形成以北部湾港为龙头，以"无水港"

为主要节点，以公铁枢纽、航空港、内河港、边境口岸、产业园区为主要端口，以保税物流业务为特色，以现代化信息平台为主要技术手段的综合物流网络；努力构建广西开放层次最高、政策最优惠、通关最便利、门类最齐全、功能最完善的，引导腹地经济一体化发展，与国际经济接轨的现代化综合物流网络。

四、主要任务

（一）加快“无水港”建设，促进北部湾港跨越式发展，实现3亿吨大港目标

1. 进一步完善南宁国际综合物流园功能。围绕把南宁建设成为区域性物流中心的定位，高起点、高标准建设南宁“无水港”。“十二五”期间，要把南宁国际综合物流园建设成为以多式联运为特色、面向西南地区和东盟国家的核心“无水港”。重点加强南宁国际综合物流园冷链物流项目建设，使南宁成为西南地区面积最大、设施最完备、功能最齐全的冷链物流基地。

2. 规划建设南宁国际机场综合物流园。依托南宁吴圩国际机场，建设以空港物流和陆空联运、海空联运为特色，集口岸通关、出口加工、保税物流、进出口贸易、国际采购分销和配送、国际中转等功能于一体，以保税物流与非保税物流双轮驱动的空港物流园区。

3. 加快广西各主要城市的“无水港”布局，进一步完善区内“无水港”网络。2011年开工建设玉林“无水港”，力争在“十二五”期间完成柳州、桂林、河池、百色、贵港、贺州等“无水港”项目建设，将北部湾港功能延伸到桂北、桂西、桂中和桂东地区。

4. 支持围绕“无水港”建设相关配套设施，鼓励区内企业在区外，特别是西南地区设立“无水港”。各地要支持围绕“无水港”建设一级批发市场，鼓励企业开展物流市场、物流金融等第四方物流增值业务。“十二五”期末，形成以南宁“无水港”为中心，辐射区内各主要产业城市和西南地区及周边省区的“无水港”网络。

5. 鼓励企业依托北部湾港及内陆“无水港”，建设大型矿石、煤炭、钢材、粮食等专业物流基地和物流网络。

（二）加快发展保税物流业，到2015年形成以广西钦州保税港区为龙头的，通关便捷、体系完备、运行高效、特色鲜明的广西保税物流体系

1. 全面建成广西钦州保税港区。继续推进广西钦州保税港区二三期工程及整车进口口岸建设，确保在2012年底前建成并封关运营，使之全面具备港口作业、国际中转、国际配送、国际采购、国际转口贸易、保税加工、保税物流、商品展示等功能。加快培育以石化、汽车、机械、大宗商品为重点的国际物流、配送、分拨、中转和先进加工制造业，探索开展离岸金融、大宗商品交易中心、保

税期货交割等高端业务。

2. 进一步完善南宁保税物流中心功能。继续完善保税物流中心功能建设，叠加国际集装箱中转、仓储、拆拼、加工、金融、展示等多种功能，实现与大连、天津、上海等沿海主要港口和西南、中南、华南等地海关特殊监管区的联动和无缝对接，力争在“十二五”期末转型为综合保税区。

3. 大力推进广西凭祥综合保税区建设。确保综合保税区一期工程在2010年底封关运行，继续推进二三期建设，完善综合保税区陆路边境口岸、国际贸易、保税物流、保税加工、国际配送等功能。充分发挥广西凭祥综合保税区地处南宁—新加坡经济走廊和中越边境的优势，推进中国凭祥—越南同登跨境经济合作区建设，发展机械电气、电子信息、新型节能材料、环保产品以及矿产品加工制造和中转交易等面向东盟的特色产业。

4. 加快北海出口加工区扩区升级步伐。充分发挥北海组团和铁山港组团资源聚集优势，服务铁山港以能源、化工、林浆纸、集装箱制造、港口机械、海洋产业等为主的临港大工业的发展。加快争取国家批准北海出口加工区的扩区计划，力争在“十二五”初期实施新扩区域建设，并通过国家验收和运营，具备出口加工、保税物流、生产性服务及贸易功能；积极推动北海出口加工区向综合保税区或保税港区转型。

5. 进一步完善保税物流体系布局。根据广西加快发展的需要，集中力量推进东兴跨境经济合作区建设；积极推进南宁国际机场综合物流园保税物流中心、防城港保税物流中心、东兴国际物流园保税物流中心和梧州出口加工区的报批和规划建设，进一步加快发展广西保税物流体系，促进广西外向型经济发展。

（三）完善信息平台，提高“无水港”和保税物流信息化水平，构建大物流信息中心

充分发挥物流信息化的重要作用，加快统筹整合物流公共信息平台，统筹公路、水路、铁路、航空、邮政等运输物流服务信息网络，构建海关、科技、商务、税务、交通、银行、工商、质检等部门共享的“大物流信息”平台，提高物流服务公共管理水平。加快推进物流信息标准建设，积极探索物流公共信息平台建设和服务经营模式，鼓励和引导物流企业提高信息技术应用水平，以信息化构建物流服务核心产业竞争力，形成覆盖全区的大物流信息网络。

（四）做好建设“无水港”和加快发展保税物流体系相关规划编制工作

遵循“无水港”和保税物流市场运行规律，结合行业、产业、口岸等方面的特点，制定与产业规划、综合交通规划相衔接的保税物流体系和“无水港”布局规划。依托综合交通枢纽，通过“无水港”建设，将沿海港口和内河主要港口、铁路、公路枢纽、主要航空港、区内外物流节点城市、产业集聚区连接成为一体化物流网络，并使之具备保税物流功能。

五、保障措施

（一）加快运输与通关便利化

1. 以增强科技手段，简化办事流程为核心，优化海关、检验检疫、贸易物流和商务人员通行四个优先领域的政策环境，建立和完善包括口岸、税收、贸易、外汇、金融、投资等方面的体制创新，建设口岸综合物流信息平台，逐步形成畅通高效的保税物流信息网络。重要口岸实施 24 小时联合通关服务。

2. 加强与内地海关之间的合作，改革检验检疫放行制度，在推行属地申报、口岸验放的基础上，扩大海关“区域通关”和检验检疫“直通放行”适用企业范围，按照集中审单、集中查验、集中转检“三集中”模式，对内陆无水港进、出口货物建立并实施直通放行制度，实现“一次申报、一次施检、一证通行”。

3. 推动海关、检验检疫部门指导“无水港”申报和建设出口监管仓库、公共保税仓库，争取出口商品入“无水港”即可实现出口退税和跨检区直通放行。

4. 将重点项目、重点发展企业纳入“海关客户协调员制度”。对有特殊需求的企业及进出口货物实行上门监管、区外监管等便利措施；对AA 类企业实施担保验放和优先办理货物申报、查验、放行等便捷通关措施；对年进口总额 150 万美元以上的诚信管理 A 类企业和分类管理一类企业实施直通放行的便捷检验检疫通关措施。

5. 创新保税物流体系货物流转监管模式，建立广西保税物流监管车队及监管货物运输网络，提高物流效率，降低保税货物物流成本。鼓励在广西钦州保税港区和南宁保税物流中心实施积极、高效的特殊监管政策。

（二）加大税收扶持力度

1. 区内注册的且进驻保税物流体系和“无水港”经营的物流企业，其主营业务符合国家规定的鼓励类产业项目，且主营业务收入占企业总收入 70％以上的，减按 15％的税率征收企业所得税（“无水港”业主和经营单位适用以上税收政策）。

2. 自治区重点物流企业，从 2011 年起，经自治区税务部门审批，5 年内免征企业所得税中属于地方分享的部分。经国家批准的全国物流试点企业，将承揽的运输、仓储业务分包给其他单位并由其统一收取价款的，可按规定享受差额征收营业税政策。

3. 保税物流和“无水港”建设项目涉及填海用地的，依法依规减（免）缴海域使用金，属地方提留部分全额返还；经批准开山、填海整治的土地和改造的废弃土地可优先用于发展物流业，按照有关法律、法规和国家有关规定，从使用月份起免征城镇土地使用税 5 年，第 6 年至第 10 年减半征收。

4. 实施启运港退税政策，鼓励在广西钦州保税港区发展中转业务。

（三）实行土地优惠政策

1. 简化土地利用总体规划修改程序，实施差别化用地政策。进一步完善“无水港”和保税物流体系建设用地审批制度，凡纳入自治区经济社会发展规划、广西北部湾经济区发展规划、广西物流业调整和振兴规划以及自治区统筹推进的“无水港”和保税物流项目，其用地符合法定条件确需修改土地利用总体规划的，依法从简修改。

2. 坚持集约节约原则，保障物流重大项目用地需要。自治区确定的重大“无水港”和保税物流项目建设用地列入工业用地范畴，建设用地按国土资源部颁布的《全国工业用地土地出让最低标准》执行。

3. 统筹建设用地指标，保障“无水港”和保税物流体系项目用地指标需要。凡列入自治区经济社会发展规划和广西物流业调整和振兴规划以及自治区统筹推进的“无水港”和保税物流项目、投资额在5亿元以上、每亩投资强度1000万元以上的“无水港”和保税物流项目用地所需的新增建设用地指标，由自治区统一安排，不占用各市用地指标。

4. 科学合理设定土地出让年限，降低项目用地成本。“无水港”和保税物流项目建设用地出让年限可在法定最高年限范围内按需设定，出让金按设定的出让年限计收。除经营性用地外，其他允许实行通过租赁方式取得国有土地使用权，逐年缴纳租金，减少一次性用地成本投入。对“无水港”和保税物流项目配套建设用地给予一定的优惠。

（四）加大财政支持力度

1. 给予“无水港”建设启动资金补助。自治区财政每年根据“无水港”和保税物流体系建设工作进度情况安排一定的经费，用于“无水港”和保税物流体系建设中发生的组织推动、调研规划、宣传培训等；每个“无水港”开工建设后，自治区财政一次性给予补助100万元的启动补助资金，启动资金全部用于“无水港”基础设施建设。

2. 支持企业拓展腹地“无水港”市场。对企业以北部湾港为依托，到区外新建“无水港”和保税区项目，按项目投资额的20%给予一次性补助，补助金额最高为500万元。

3. 自治区设立专项补助和奖励基金。对凡是通过北部湾港出口的外贸集装箱和内贸冷藏集装箱给予区内高速公路通行费全免的补助；对集装箱货物在“无水港”出口施封或进口拆封的，对国际货代企业和“无水港”经营主体按每个标准集装箱分别给予相应补助；对支持保税物流和“无水港”发展的海关、检验检疫等口岸部门进行奖励。

（五）构建高效的综合交通运输体系

重点加强北部湾港集疏运能力建设，通过新线建设和路网改造，进一步提高港口后方疏解能力。积极协调铁路部门在开行集装箱班列、开展路箱下海业务以及向“无水港”调运集装箱等方面给予大力支持，保障“无水港”货物海铁联运的高效运行。

尽快开展平陆运河前期工作，力争“十二五”期末实现西江黄金水道和北部湾港互联互通，促进江海联运发展。

（六）试行离岸金融政策、提高资本流动性

在广西钦州保税港区内进行金融开放和金融制度创新，不断提高资本自由流动性，实现人民币的跨国贸易结算，把广西钦州保税港区建设成为中国—东盟的离岸金融中心，为保税区域内的投资、贸易、加工制造与其他产业发展提供良好的金融服务。

附件：

1. 建设“无水港”加快发展保税物流体系“十二五”规划项目表（略）

2. 广西保税物流体系和“无水港”规划建设示意图（略）

广西壮族自治区人民政府

二〇一〇年十二月十九日

028

广西壮族自治区人民政府办公厅关于印发建设“无水港”加快发展保税物流体系工作方案的通知

桂政办发〔2011〕26号

各市、县人民政府，自治区农垦局，自治区人民政府各组成部门、各直属机构：

《关于建设“无水港”加快发展保税物流体系工作方案》已经自治区人民政府同意，现印发给你们，请认真组织实施。

广西壮族自治区人民政府办公厅

二〇一一年三月一日

关于建设“无水港”加快发展保税物流体系工作方案（2011年—2015年）

广西壮族自治区人民政府办公厅

2011年3月1日

为贯彻落实《广西壮族自治区人民政府关于建设“无水港”加快发展保税物流体系的意见》（桂政发〔2010〕68号）精神，圆满完成“无水港”和保税物流体系建设任务，特制定本工作方案。

一、指导思想

以党的十七大及十七届三中、四中、五中全会精神为指导，紧紧抓住《国务院关于进一步促进广西经济社会发展的若干意见》（国发〔2009〕42号）和国家进一步实施西部大开发的机遇，坚持立足北部湾，面向东南亚，服务大西南，沟通东中西的原则，全面建成以广西北部湾港为龙头，以南宁为中心，覆盖西南、中南各大产业中心城市和物流中心节点城市的“无水港”和保税物流网络体系；充分发挥西南出海大通道作用，切实把广西沿海、沿边、沿江的区位优势转变为大物流优势，把北部湾经济区建设成为引领西部发展的战略高地和具有全国影响的重要经济增长极。

二、主要任务

（一）建设“无水港”

1. 根据把南宁建设成为区域性现代商贸物流基地的定位，高起点、高标准的把南宁市中国—东盟国际物流基地建设成为面向西南地区和东盟国家的核心“无水港”。

2. 加快广西各主要城市的“无水港”布局，进一步完善区内“无水港”网络。2011 年开工建设玉林、百色、柳州“无水港”项目，力争在“十二五”期间完成桂林、河池、贵港、贺州等“无水港”项目建设。

3. 加快在昆明、贵阳、成都等地建设“无水港”步伐，“十二五”期间力争完成 2～3 个“无水港”建设任务。

4. 围绕“无水港”建设，积极支持相关配套设施建设。鼓励企业依托北部湾港及内陆“无水港”建设大型矿石、煤炭、钢材、粮食、水果、蔗糖等专业物流基地和物流网络。

（二）发展保税物流

1. 全力抓好北部湾经济区保税物流体系建设。继续推进广西钦州保税港区二三期工程及整车进口口岸建设，确保在 2012 年底前建成并封关运营，全面建成广西钦州保税港区。进一步完善广西凭祥综合保税区、南宁保税物流中心建设，继续推进二三期建设，进一步完善保税区边境口岸、国际贸易、保税物流、保税加工、国际配送等功能。

2. 突出抓好中越凭祥—同登跨境经济合作区建设。充分发挥广西凭祥综合保税区功能，把合作区建设成为中国—东盟区域性贸易中心、物流基地、出口加工制造基地和信息交流中心。

3. 加快北海出口加工区扩区步伐。争取尽快获得国家批准北海出口加工区扩区，并在“十二五”初期实施新扩区建设。

4. 规划建设南宁空港物流产业园；推进东兴—芒街跨境经济合作区、东兴国际物流园保税物流中心、防城港保税物流中心建设；积极推动梧州出口加工区的报批和规划建设，力争 2011 年获批开工建设，2012 年底建成投入使用。

（三）建设广西北部湾港物流信息中心

统筹“无水港”和保税物流信息资源，构建集海关、商检等各有关部门共享的北部湾港物流信息平台，进一步提高物流管理服务水平。

三、保障措施

（一）切实加强组织领导

成立以自治区北部湾办牵头的自治区加快“无水港”和保税物流体系建设工

作领导小组，切实推进此项工作，把工作抓紧、抓实、抓好，抓出成效。

（二）加快通关便利化进程

口岸部门要进一步优化流程，提高效率，营造高效、快捷的通关环境，实现通关便利化。

（三）进一步加大土地、财政和税收扶持力度

落实土地优惠政策，加大财政投入，实行积极的税收扶持政策，为“无水港”和保税物流体系建设营造良好的政策环境。

（四）构建高效的综合交通运输体系

重点加强北部湾港集疏运能力建设，通过新线建设和路网改造，进一步提高港口后方疏解能力。积极协调铁路部门在开行集装箱班列、开展路箱下海业务以及向“无水港”调运集装箱等方面给予大力支持，保障“无水港”货物海铁联运的高效运行。

（五）试行离岸金融政策、提高资本流动性

在广西钦州保税港区内进行金融开放和金融制度创新，不断提高资本自由流动性，实现人民币的跨国贸易结算，把广西钦州保税港区建设成为中国—东盟的离岸金融中心，为保税区域内的投资、贸易、加工制造与其他产业发展提供良好的金融服务。

（六）做好相关规划编制工作

遵循“无水港”和保税物流市场运行规律，结合行业、产业、口岸等方面的特点，制定与产业规划、综合交通规划相衔接的“无水港”和保税物流体系发展规划。

附件：

1. 建设“无水港”加快发展保税物流体系任务分解表（略）

2. 建设“无水港”加快发展保税物流体系项目表（略）

029

西安市人民政府关于加快电子商务发展的若干意见

市政发〔2013〕64号

各区、县人民政府，市人民政府各工作部门，各直属机构：

近年来，电子商务在全球范围内正以前所未有的速度迅猛发展，并逐步向研发、生产、流通、消费等实体经济活动渗透，成为引领生产、生活方式变革的重要推动力。为加大对电子商务支持力度，营造良好环境，推进全市电子商务加快发展，结合《西安市人民政府关于进一步加快发展服务业的若干意见》（市政发〔2012〕121号）相关内容，特制订如下政策意见：

一、本意见中所指的电子商务企业是指利用网络能够进行企业的全部贸易活动，在网上将信息流、商流、资金流和部分的物流完整实现的企业以及与电子商务密切相关的配套服务企业，包括电子商务平台企业、电子商务专业服务企业和电子商务应用企业。电子商务企业应是在西安市注册登记的具有独立法人资格的各类所有制企业。

二、鼓励、引进国内外各类企业来我市设立电子商务结算中心，积极支持国内外知名品牌生产企业和大型流通企业以自主品牌为支撑，在我市设立专业电子商务企业，鼓励支持我市各类商品交易市场设立电子商务经营主体。

三、从事网络商品交易和服务的企业，除国家法律法规禁止或需要前置许可的项目外，企业登记机关可依照经营者的申请核定经营范围。

四、对有实际经营场所的电子商务经营者，在符合条件的同一办公场所内允许多家企业注册。对于只在网上从事经营活动的经营者，可在符合相关规定的前提下，将其自有或租用的住宅作为住所（经营场所）进行登记。

五、在不重名且符合名称登记管理相关规定的情况下，允许电子商务经营者使用包括自有网站中文域名在内的个性化词语作为企业名称的字号。

六、探索建立电子商务市场信用体系，推动电子商务信用制度建设进程，推进电子商务信用标准建设，建立电子商务信用信息服务系统。建立信用监督和失信惩戒机制，加强与各行业电子商务平台的信息共享和合作，提高电子商务交易信息的透明度，努力解决交易中的信息不对称问题，营造交易各方依靠信用信息作出交易选择的市场环境。

七、支持电子商务平台企业发展，鼓励我市中小企业在第三方平台开展电子商务应用。对项目投资额超过 500 万元，年网络交易额超过 1000 万元的企业，给予一次性资金扶持 50 万元。对投资额超过 2000 万元，年网络交易额超过 5000 万元的企业，给予一次性资金扶持 100 万元。

八、促进电子商务企业做强做大，支持电子商务物流平台建设、网络建设。对年实缴营业税、增值税、企业所得税超过 100 万元以上的电子商务企业，第一年按其实缴税收市与区县留成部分，第二至五年市与区县留成部分较上年增长部分给予奖励。所需市级奖励资金从市现代服务业发展专项资金支出。五区一港两基地及各区县每年在财政预算中列入专项扶持资金，支持电子商务物流平台建设、网络建设和企业发展。

九、支持电子商务支付服务发展。对取得中国人民银行《支付业务许可证》的第三方支付平台在西安设立全国总部的，给予企业 200 万元一次性奖励。支持资金从市现代服务业发展专项资金支出。

十、电子商务企业在西安市行政区域范围内租赁办公用房的，由注册地区县（开发区）财政按租金的 10%给予补助，最高补助金额不超过 30 万元，补助时间不超过 3 年。

十一、利用市级服务业综合改革试点专项资金，支持电子商务企业在我市规划的物流园区内建设配送中心，对经认定的电子商务企业和我市从事城市、城际配送的第三方物流企业租用仓储设施进行电子商务配送的，按照租用仓储设施租金的 10%给予补助，年最高不超过 30 万元，补助时间不超过 3 年。对电子商务企业开展自主物流配送的车辆，可在车身外部规范设置企业标志，经公安交通管理部门审核可为其办理通行证，按指定路线和时间通行限货区域，在不影响交通安全和畅通的情况下，允许临时停靠。

十二、鼓励各类社会资源以多种方式开展电子商务培训，培养电子商务人才和管理人才，不断提高企业应用电子商务水平；对电子商务企业培养和使用电子商务人才，符合我市相关人才政策的，按照当前已出台政策给予奖励和补助。鼓励、参与商务部组织的跨国跨地区电子商务交流项目培训和研讨，形成良好的电子商务应用、创业氛围。对获得国家、省级财政扶持政策支持的我市电子商务企业，分别按获得国家、省补助额优先给予配套补助，最高补助额不超过 100 万元。

十三、符合西部大开发或高新技术企业政策的电子商务企业和交易结算平台，减按 15%优惠税率征收企业所得税。

十四、协调建立电子商务行业协会，指导开展行业协商、监督和自律，积极有效服务电商企业，促进我市电子商务健康发展。

十五、加快电子商务在公共服务领域的应用示范，积极探索实施西安城市"一卡通"项目，让市民享受便捷的社保、医保等基本公共服务，"医、食、住、行”等日常生活实现“多卡合一、一卡多用”，提升市民生活品质。

本意见自印发之日起实施至 2016 年 12 月 31 日止，以上所有支持政策的具体实施细则由市商务局、市发改委、市财政局等部门另行制定公布。

西安市人民政府

二〇一三年十一月二十二日

030

兰州市人民政府办公厅关于印发兰州市“十二五”物流业发展规划的通知

兰政办发〔2012〕180号

各县、区人民政府，市政府有关部门，各有关单位，兰州新区、高新区、经济区管委会：

《兰州市“十二五”物流业发展规划》已经市政府同意，现印发给你们，请认真抓好贯彻落实。

兰州市人民政府办公厅

二〇一二年六月六日

兰州市“十二五”物流业发展规划

兰州市人民政府办公厅

2012年6月6日

作为经济运行的支撑条件之一，物流业不仅为国民经济的发展提供基础保障，更成为转变经济增长方式的重要基础引擎。随着经济全球化和信息化进程的快速推进，服务于生产、分配、交换和消费诸环节的物流业得到了快速发展，物流技术与管理不断推陈出新，发达国家正面临着一次新的物流革命。因此，加快推进现代物流业的发展，对于降低社会流通成本，转变经济增长方式，提高国民经济运行质量、效率和效益，增强城市综合服务功能，具有十分重要的意义。“十二五”是兰州经济社会发展的重要战略机遇期，是物流发展的关键时期。根据国家振兴物流业发展的政策措施和市委、市政府“十二五”规划编制工作的总体部署，特制定《兰州市“十二五”物流业发展规划》，本规划期限为2011年至2015年，展望到2020年。

一、发展基础

（一）发展回顾“十一五”时期，我市物流业在市委、市政府的领导下，围绕物流基础设施建设、物流企业规范等重点工作，在物流园区建设、产业结构优化升级等方面取得了重大进展。

1. 物流园区建设进展顺利。东部生活资料物流园区、西部生产资料物流园区、兰州青藏物流园区、医药物流园区、粮油物流园区、再生资源物流园区等八大物流园区建设进展顺利；甘肃空港国际物流中心以及酒钢宏顺钢材物流配送中心已初具规模，集办公、培训、会展、文化、运输、服务为一体的国际物流新城项目加快实施。

2. 物流企业得到较大发展。全市现有物流企业382家，其中规模以上物流企业13家，超过5000万元的有4家，涉及铁路、公路、航空和海运等领域。培育了甘肃西部物流有限责任公司、中国石油西北销售公司、甘肃储备物资管理局五三四处、甘肃兰海物流股份有限公司、兰州货运集散中心、甘肃天奇物流有限公司等具有一定规模和品牌知名度的骨干企业10家，已形成具有较强核心竞争力的物流企业群体。加快引进国内外先进物流企业的步伐。依托兰州的区位、交通和信息的综合优势，鼓励国内外大型物流企业在兰设立分公司、区域分拨中心、配送中心，积极引进国内外知名的第三方物流企业，鼓励和支持第三方物流企业与生产、流通企业开展联合协作，形成适应现代物流业发展要求的第三方物流网络，提升带动我市传统物流企业向现代物流企业转变。引进了上海佳吉快运、九州通医药物流、闽兴建材物流等3家知名物流企业。全市现有各类总部企业18家，直营连锁店374个，加盟连锁店584个，专业电子商务公司22家。

3. 物流业全面发展。市域物流全面发展，物流业增加值达到70亿元，占GDP的比重达到7%，物流成本由2000年的20%下降到目前的19%。物流业社会化和专业化水平不断提高，第三方物流在物流业务中的比重达到20%。全市物流业水平已经得到大大提升，基本形成物流园区——物流配送中心——物流中转枢纽的物流业发展格局。物流业务已覆盖全国34个省、市，大部分物流业务以青海、宁夏、新疆和本省各地、州、县为主。各类物流企业营业额达到1100亿元，经营面积约50万平方米，从业人员约10.9万人。

4. 成功申报为全国流通领域现代物流示范城市。2010年兰州成为全国流通领域物流示范城市，为我市打造“五大物流通道”，加快物流园区和物流中心建设，建设区域性物流中心城市工作奠定坚实基础，也为争取国家政策支持，大力构建现代流通体系，促进流通领域物流快速、协调发展起到积极推动作用，逐步形成“结构合理、设施配套、技术先进、运转高效”的现代物流体系，把兰州建设成为全国性的物流中心城市。

（二）发展环境

1. 从国家政策环境看，兰州物流业面临新的发展机遇。2009年国务院颁布了《物流业调整和振兴规划》，兰州被列为全国9大物流区域、10大物流通道和21个全国性物流节点城市之一，为兰州建设辐射西北、通达全国、面向中亚地区的区域性现代物流中心提供了新的机遇。2010年初，商务部将兰州列为全国

46个物流示范城市，确定了兰州物流的重点发展目标：城市统一配送、农村商贸物流、农产品冷链物流、医药物流。2010年5月，《国务院办公厅关于进一步支持甘肃经济社会发展的若干意见》明确提出建设兰州商贸物流中心。物流业作为十大振兴产业之一，国家已经推出的多项利好政策。全国经济发展方式的转变，国内产业转移，区域经济的协调发展，地区间产业分工协作，城镇化进程的加速，这些都对兰州物流服务水平提出了更多更高的市场需求，必将推动兰州物流业的繁荣发展。全市物流业在转变经济增长方式中的基础作用将进一步加强，必将迎来新一轮增长。

2. 从省市发展战略看，兰州物流业面临新的发展机遇。省委、省政府提出了"中心带动、两翼齐飞、组团发展、整体推进"的区域发展战略和"五个大幅度提升"的奋斗目标。实行综合配套改革，借鉴其他经济区的政策，在基础设施建设、土地开发、项目、税收等方面给予支持和优惠，进一步做大做强石化、有色冶金、装备制造、高新技术等产业，加快现代服务业的发展，要把兰州建设成西北区域性商贸物流中心和我国西部重要的区域经济增长极。"兰白都市经济圈"和再造兰州区域规划的编制和实施，将有力推动区域发展格局的战略调整，大市场、大流通进程的加快，不但有助于区域经济合作向更深层次、更广范围发展，而且还有助于发挥兰州中心城市的比较优势，将兰州建成带动全省、服务西北、辐射全国的全国性物流节点城市和区域物流中心，以及面向中亚、欧洲的国际物流基地。

3. 从产业发展趋势看，兰州物流业面临新的发展机遇。物流外包趋势加快，有利于提升物流业社会化、专业化水平。"十二五"时期，我市各类工商企业将物流业务委托给专业物流公司的步伐日益加快，物流外包市场不断培育和发展，自有物流的比例进一步降低，为我市加快培育第三方、第四方物流企业的发展，提高物流业的社会化、专业化水平，创造难得的机遇。

4. 从全市经济发展趋势看，兰州物流业面临新的发展机遇。按照现代服务业发展的要求，大力发展仓储业、配送业及打造综合主体交通动输和物流信息平台建设，加快建设现代物流产业园区，将是我市物流服务业发展的重点。伴随区域性中心批发市场辐射带动功能的日益增强，兰州铁路集装箱中心站、公路集装箱节点站和兰州铁路西货场快迁建等重大项目的建成，我市物流优势将得到进一步强化，物流业在全市经济发展中的作用将更加突出。

（三）存在的主要问题

1. 物流资源相对分散，物流成本较高。各类物流资源处于分散和低效运行状态，缺乏有效整合，一些应从企业内部剥离出来交给第三方企业经营的物流服务依然滞留在企业内部，影响整个物流市场的需求，导致物流产业难以形成经济规模和效率优势，规模化程度不高，造成运输和仓储成本较高。

2. 物流企业规模较小，服务水平有待提高。与国内其他重要节点城市相比，我市物流企业存在规模较小、实力较弱的问题，主要表现在运输组织多、小、散、弱，工商企业供应链管理没有实现一体化。一部分企业只能简单地提供运输和仓储服务，而在流通加工、信息服务、库存管理、物流成本控制等物流增值服务方面，还没有有效展开。物流运营总体水平不高，管理思想和信息化管理手段较为落后。

3. 物流教育滞后，物流人才短缺。我市物流从业人员虽已具规模，但大多数是从交通运输专业、管理专业、工程专业等转行过来，真正懂得物流科学的高层次管理人才存在较大缺口，物流企业经理、物流策划人员和物流信息系统开发人员严重缺乏，在一定程度上制约了兰州市现代物流业持续快速发展。

4. 物流发展环境有待改善。现代物流需要的行业市场准入、行业规范、融资制度、人才使用制度、社会保障制度、经营秩序等管理调控措施尚不配套；支撑现代物流业发展的兼容性基础设施、信息网络和政策环境平台需要进一步建设和完善；为适应第三方物流业的发展，需要出台相应的产业政策加以引导。

二、指导思想、基本原则和发展目标

（一）指导思想

以科学发展观为指导，按照国家《物流业调整和振兴规划》的部署和省委“中心带动”区域发展战略，全面实施市委“1355”的总体发展思路和“再造兰州”战略要求，依托兰州市的地域和交通优势，以建设兰州全国性物流中心城市为目标，加快物流网络体系建设，培育物流市场和物流主体，强化主要商品物流建设，推进兰州物流中心建设，转变物流发展方式，提高物流服务质量和效率，推动产业结构优化升级，增强兰州市的综合竞争力，为兰州市和周边地区经济社会的可持续发展提供良好的物流服务。

（二）基本原则

1. 统筹规划、协调发展原则。按照全市经济社会发展的总体战略目标和兰白经济一体化的区域发展战略，统筹规划物流基础设施布局，制止盲目建设和低水平重复建设，加强规划的引导作用，做好县区之间、部门之间物流基础设施建设与发展的协调和衔接，合理布局物流园区和物流配送中心。坚持与其他产业协调发展的原则，做好物流基础设施与其他基础设施建设的协调发展。

2. 政府引导、市场运作原则。充分发挥市场的主导作用，促进生产要素的自由流动和合理配置，强调企业的市场主体地位，充分调动企业发展物流的积极性；充分发挥政府的政策引导作用，为企业发展营造良好外部环境，制定好、实施好促进物流业发展的各项政策，推动现代物流业快速发展。加强组织协调工作，制定规范性文件，全力搞好物流基础设施的选址、建设规模、设施配置、技术要求等，在投资、税收、行业准入、市场准入、行业标准、公平竞争等方面制定可行的政策，为兰州市物流业发展营造良好环境。

3. 突出重点、分步实施原则。优先建设关系市域经济发展的重要物流基础设施和与产业结构调整相适应的重要商品物流设施，建设物流信息平台和交通运输平台。物流园区和物流中心的建设应坚持量力而行，分步实施的原则，从经济发展的需要出发，正确引导现代物流业发展，防止盲目投资和重复建设。

4. 系统整合、优化配置原则。按照市场经济规律和现代企业制度，打破行政隶属和所有制的束缚，突出系统整合理念，促进不同隶属、不同所有制物流资源的有效整合；充分利用物流存量资源，通过改造、提升，完善物流服务功能，提高物流运作效率。优化增量资源方面，要坚持统筹规划，引导社会资本向规划区域集中，坚持节约用地、节约用能、节约用水的原则，走集约式、内涵式的发展道路，增强物流业的可持续发展能力。

5. 培育需求、服务社会原则。加快培育市场主体，鼓励物流企业的兼并、重组，引导资金、管理、人才等要素向有规模、有效益、有档次的大型物流企业集中，重点培育一批核心竞争力强的龙头物流企业；信贷政策、用工制度、发展环境方面，积极扶持中小企业发展，增强中小企业的活力，形成结构合理、竞争有序的市场格局。引导工业和流通企业，分离物流业务，交由专业化的第三方物流企业提供物流服务，促进物流需求快速增长，推进物流企业快速成长。通过第三方物流企业提供的专业化、社会化、规模化的物流服务，推动物流服务的现代化和合理化，节约能源、保护环境、实现经济和社会的协调发展。

6. 积极引进、创新合作原则。利用中央在兰科研院所及高等学校的创新资源，推进物流技术创新和管理创新，增强自主创新能力作为物流业发展的中心环节；紧跟世界物流业发展的潮流，积极引进和吸收先进的物流技术和管理经验，提升兰州市物流企业核心竞争力。发展兰州市城市物流，放到兰白都市经济圈甚至更大的范围内统筹，加强与周边地区的往来与合作，畅通城际间物流通道，促进区域物流和城市物流协调发展。

（三）发展目标

1. 总体目标。以现代物流产业园区建设为核心，以培育龙头企业、提升信息化水平为支撑，以构建东部生活资料集散基地、西部生产资料流转基地、北部仓储物流、现代物流大通道和全国物流节点城市为目标，以陇海、兰新、兰青、青藏、成渝等主干铁路和西兰乌、兰西拉等国家光缆主干线等完善的交通通信系统为载体，依托综合交通网络建设和城市空间拓展，特别是“三区”（兰州新区、高新区、经济区）开发，加快老城区大宗商品交易市场出城入园，老城、新区互动发展，重点建设以和平为中心，西起东岗，东至定远，以兰州农副产品物流中心、兰州粮油物流中心等项目为支撑，依托现有生活资料批发市场，打造东部生活资料物流片区；以七里河、安宁、西固三区为重点，以兰州国际物流产业园、青藏物流园区、甘肃新华图书物流园、九州通医药物流中心、兰海钢材物流等项目为支撑，打造西部生产资料物流片区；以兰州新区为中心，以甘肃省商贸物流示范园、空港国际物流中心、现代汽车物流产业园等项目为支撑，打造直接服务现代工业的北部仓储物流片区。逐步形成以航空、高速公路网、铁路网和城市轨道交通为骨架的立体大物流体系，把兰州建成现代化、综合型、多功能的辐射西北、通达全国、面向中亚地区的区域性现代物流中心和全国性物流节点城市。

2. 具体目标。到“十二五”末，形成快捷、高效、布局合理的综合交通运输网络和资源共享、开放安全的物流信息平台，建设六个大型的综合性物流园区和五个专业化的物流中心，物流及第三方物流带动企业达到20家，引进国际或省外知名物流企业5家，物流成本降至15%左右，物流业增加值达到130亿元，占第三产业的比重上升为30%，物流产业产值从占GDP的7%提高到15%，物流业对国民经济的基础作用进一步增强。

（1）建成通达全国、面向中亚的区域性物流中心。依托甘肃省资源条件和我市区位交通优势，借助西北地区交通枢纽城市的有利条件，把我市建成现代化、综合型、多功能的辐射西北、通达全国、面向中亚地区的区域性现代物流中心。

（2）建成辐射全省、面向西北的商业批发配送中心。建设兰州现代物流中心城市，重点建设和完善生活资料、生产资料、农产品批发交易市场和配送中心，使我市成为面辐射全省、面向西北的商业批发配送中心。

（3）建成兰州都市经济圈的物流核心城市。根据全省发展规划，兰州都市经济圈将按“一心两圈五带”的雏形模式发展，我市作为经济圈的核心城市，物流中心地位明显，物资的采购、供应、配送、运输、储存等环节均形成以核心城市为中心的物流网络体系。通过综合运输网络和物流园区、物流配送中心的建设，使我市成为辐射周边地区的物流核心城市。

三、发展战略

“十二五”期间，全市物流空间布局结构是：构建一个物流网络系统，打造六大物流通道，建设六大物流园区，形成五大物流中心，即“1665”布局。

（一）构建一个物流网络系统构建以兰州为中心，以物流园区、物流配送中心和服务区域内大中城市为节点，以交通运输平台和物流信息平台为基础的、服务全省、辐射周边地域的现代物流网络体系

（二）打造六大物流通道

——东通道。以陇海铁路和柳沟河——巉口高速公路为主通道，配合正在建设的天定高速公路，形成与省内东部地区和我国东部联系的东通道。

——南通道。以兰渝铁路建设为重点，配合兰临高速公路，形成连接陇南，

与我国西南地区联系的南部通道。

——西通道。以兰青铁路和西出口高速公路为通道，形成连接永登、红古，与青海、西藏和新疆相联系、直通中亚的西通道。

——西北通道。以兰新二线建设为重点、配合兰新线，包括规划建设的兰乌铁路二线、兰州至张掖高铁专线，形成连接我国西北地域的西北通道。

——东北通道。以兰白高速公路和兰包铁路为重点，配合城乡公路的建设，形成连接兰白都市经济圈，通达宁夏和内蒙古，通向我国华北和东北地区的北通道。

——兰州全域快速通道。以兰州交通枢纽和800公里农村公路建设为重点，筹划建设兰州外环高速公路和城市轻轨，配合市域道路的改建，推进区域交通一体化，形成快速、通畅的市内物流配送通道。

（三）建设六大物流园区根据交通条件、地理位置、物流聚集辐射程度以及物流发展布局，建成生活资料物流园区、生产资料物流园区、仓储物流园区、邮政物流园区、汽车物流园区和农资物流园区等六大物流园区

1. 生活资料物流园区。充分整合现有物流资源，利用地处兰州东出口的区位优势和现有的公路和铁路网，重点建设以和平为中心，西起东岗、东至定远，以兰州农副产品物流中心、兰州粮油物流中心等为支撑，依托现有生活资料批发市场和物流企业，打造东部生活资料物流园区。功能定位为兰州及周边地区的生活资料货物集散中转、仓储配送、货运代理、空运快递代理、物流信息管理及服务等领域的区域性生活资料流转基地。

2. 生产资料物流园区。市区西部有比较畅通的铁路和公路网，可直通南滨河快速路，生产资料市场密集，分布有众多的物流企业，积极依托生产资料交易市场和物流企业，重点建设以七里河、安宁、西固三区为重点，以兰州国际物流产业园、青藏物流园区、甘肃新华图书物流园、九州通医药物流中心、兰海钢材物流等项目为支撑，打造西部生产资料物流园区。功能定位为生产资料的集散地、中转地、交易、仓储配送、流通加工、货运代理、物流信息管理及服务，形成连接生产资料生产企业、服务兰州、辐射周边的生产资料流转基地。

3. 仓储物流园区。结合新城区规划和生产生活需要，围绕产业发展，加快发展现代物流业，重点建设以兰州新区为中心，以甘肃省商贸物流示范园、空港国际物流中心、现代汽车物流产业园等项目为支撑，打造直接服务现代工业的北部仓储物流园区，使其成为现代化、综合型、多功能的区域性仓储物流基地。

4. 邮政物流园区。依托市内邮政网点资源丰富，网络健全的优势和现有的邮政仓储配送系统，支持和鼓励邮政企业作为高新区彭家坪园区主要物流服务企业，建成邮政物流园区。功能定位为仓储、运输、配送和代收货款等速递物流服务。邮政企业依托自身优势，利用商函、名址信息、运输配送网络、金融等资

源，为全市和周边地区的企业提供数据库商函、物流配送、对公业务、金融、农资配送等服务。

5. 汽车物流园区。在兰州高新技术产业开发区建设汽车物流园区，依托北滨河路快速物流通道和铁路货运枢纽，建设能够容纳40家品牌汽车4S店，集大型汽车综合展示馆和多功能服务、二手车交易、汽车配件批发交易、汽车专用检测为一体的汽车物流园区。园区具有汽车及配件的储存、交易、配送、检测、维修等经常业务，还具有西北地区汽车产业风向标和汽车生活新乐园的重要功能。

6. 农资物流园区。依托甘肃省供销农资公司和市内其他农资分销企业，通过资源整合，利用兰州东岗供销物流中心的铁路专用线优势，规划在东岗建设农资物流园区，形成全市农资配送网络体系，成为全市乃至全省范围内农资集货、运输、储存、分拣、配货、包装等物流服务一体化的重要节点。

（四）形成五大物流配送中心按照专业化、规模化服务思路，遵照整合与新建并举原则，规划建设五个专业化物流中心

1. 农副产品物流中心。依托中国兰州粮油市场、西部粮油市场、张苏滩蔬菜瓜果批发市和粮油市场，重新整合市场资源，按照“整合、搬迁、改造、提升城区蔬菜、瓜果、水产、粮油、副食品等农副产品批发市场”的思路，充分利用城区之间的距离和公路、铁路等方面运输的便利条件，在大青山建设兰州农副产品物流中心。建成以经营蔬菜、瓜果、肉类、水产品和副食品等农副产品为主，业务涵盖兰州及周边地区的集交易展示、仓储加工、物流配送、检疫检验、信息服务为一体的兰州最大、西北一流、全国知名的大型农副产品交易配送物流中心。以兰州市焦家湾粮库为基础，实施资产重组，通过引进战略投资者、市场融资等方式，建成全省最大、年粮食吞吐量15亿斤、交易额25亿元的现代化粮油物流中心。

2. 钢材物流中心。依托酒钢榆中基地和酒钢宏顺钢材物流中心，通过整合现有资源，充分利用铁路和公路运输的便利条件，建设钢材物流中心。功能定位为钢材的批发、交易、储存、中转、集运、配送、加工和钢材物流信息服务，建成立足甘肃，服务西北的，具有电子商务交易功能的专业型钢材物流基地。

3. 空港国际物流中心。依托兰州空港产业园区建设和通达中川机场的高速公路网络，以兰州空港国际物流中心为主体，形成空港国际物流中心。中心集航空货物中转，国际货物监管与运输，国内货物配送为一体，并配备最先进的GPS系统全方位跟踪货物，实现货物24小时配送。中心将建设成为全甘肃省贵重物品空转空、空对地航空快递为主的货物快速流转重要物流基地。

4. 兰州集装箱物流中心。兰州铁路中心在西固区规划建设西北最大的集装箱中心站，兰州集装箱物流中心依托兰州铁路集装箱中心站，建设集装箱运输的集货、中转、配送、转运中心。积极发展多式联运业务，发展货运代理业务，构

建集装箱多式联运信息平台，以实现物流运输的标准化、快速化，提升物流服务水平。

5. 石化物流中心。依托西固石化工业基地和“十一五”规划的兰州石化物流中心项目，充分利用兰州市的资源、区位和交通优势，整合现有资源，建成以石化产品交易、配送和信息服务为主要功能的专业性物流中心。

（五）构建新区物流发展体系

1. 加快发展保税物流体系建设。重点实施空港物流产业园、新城区汽车物流产业园规划建设，率先推进新城区现代物流业发展。重点建设新区国际物流中心和保税物流港区。建设成为西北地区空港物流中心的核心经济功能区；加工贸易梯度转移重点承接地区；国际保税物流运营、加工、转口区。通过新区保税港区一系列政策优惠、制度创新，吸引国际大型航运物流运营商、加工制造企业、商贸流通企业，落实国家对兰州保税港区国际中转、配送、采购、转口贸易和出口加工的功能定位，提升兰州在全国航运中心国际竞争力。

2. 依托“空港”战略资源，推进物流集聚带建设。针对“空港物流园区”定位，新区应依托空港资源，推动物流中心、空港物流园区、空港加工区物流园区等具有国际物流服务功能的园区建设。建设汽车物流园、钢材物流园、建材物流园、图书物流园、医药物流园、五金机电物流园、货运仓储物流园、工资产品物流园等“八大园区”，打造我国西北内陆地区对外开放的门户、西部地区国际经济交流的平台、新的增长极和助推器。

3. 促进区域性物流园区的建设，提升新区辐射能力。兰州新区作为沟通全省和西北地区物流中心，建设为西北地区经济发展服务，辐射整个区域的空港物流中心园区体系，加强与西部省市的合作，用3～5年的时间，逐步建成与西北地区各经济中心城市联系紧密的物流体系。与制造业联动发展，建设专业性物流园区。依托新区产业集群的发展，建设一批为产业集群服务的物流园区，重点建设化工物流园区为石油化工区的重化工业提供仓储配送、集散中转、生产配送、流通加工、展示交易等物流服务；建设为企业服务的以大企业为龙头，以高校及科研机构为支撑，开展区域物流创新的工业性试验大型物流园区；建设服务于行业或企业物流技术集成和产业化的，具有试点、推广和示范作用的物流技术集成园区。

4. 进一步完善新区物流业的布局。依托我市比较优势和后发优势，以区域省际物流作为发展定位，以区域国际物流作为发展目标，以配送物流作为支撑平台，坚持现代仓储、配送加工、多式联运、商品批发展示和信息服务“五位一体”的，集货站、货场、仓储、转运站等设施于一体的仓储中心、采购中心、配送中心和信息网络服务中心“四大类”物流中心区。“十二五”期间把新区建设成为现代化、综合型、多功能的集人流、物流、商流、资金流、信息流于一体的，以服装服饰、高原夏菜、医药食品、家具家电等生活资料消费品，以及冶金、建材、石化机械、汽车等生产资料为主，服务于省际区域、西北区域，辐射全国的物流中心。

四、发展重点

（一）物流基础设施建设

物流设施是城市经济发展的重要基础性设施，是兰州物流业发展的重要保障。发挥政府发挥主导功能，对交通运输、物流园区等重大的物流基础设施项目进行统一规划，避免重复建设，避免资源浪费。物流基础设施的建设需要政府、社会、企业三方共同实施。在道路、通信等公用基础设施建设的基础上，鼓励国内外投资者参与物流基础设施的建设，除政府直接投资外，还可采用多种融资方式进行建设。着力突出物流通道网络建设、交通物流枢纽建设和物流信息平台建设。

1. 物流通道网络建设。兰州是西北陆地交通的主要枢纽，物流基础设施的建设注重铁路、公路的有效衔接，注重铁路、公路一体化。物流通道网络建设应整合现有物流通道资源，结合交通规划，积极规划新的物流通道。

——入海通道。入海通道是连结国际物流的重要组成部分，国际贸易物资的运输需要强有力的入海通道的支持。我市处于西部内陆地区，入海通道主要利用目前现有的铁路和公路以及航空运输能力，构筑畅通的“铁路—海运”和“公路—海运”模式。陇海铁路是较为理想的入海通道。依托兰州北编组站的建设，构成公路—铁路—海上的陆港物流通道。重点发展国际综合货运代理，包括报关、承运等综合性的业务代理，以保证入海通道畅通。

——内陆通道。内陆通道主要利用现有的兰新、兰青铁路直达域外，新建的兰渝铁路将是物资进出我国西南地区、连接东南亚的物流通道。公路经过兰州的109、212、213、309、312、316、025、045国道，运营里程达2.5万公里，对拓展兰州运输网规模、畅通内外物流通道、提高货物运输能力，适应西部大开发的战略具有十分重要意义，“十二五”积极筹划向北直达蒙古的通道建设。

——兰白都市经济圈通道。统筹兰白都市经济圈基础设施一体化建设、特色产业一体化发展、园区建设一体化推进，需要快速物流通道，规划建设兰州至白银城际间快速通道，形成连接两市的快捷交通通道，构筑外联内接的综合交通体系，实现区域内交通互连互通，为区域经济一体化发展奠定良好的交通基础条件。尽快完成连接两市的兰州—白银、兰州—中川快速公路通道和兰州—中川高速铁路、兰州—白银客运专线前期工作。改扩建连接产业集聚区、高新技术开发区和兰州新区的道路，以缩短物流的空间距离。实施农村公路的建设，完成市政府确定的800公里建设任务和全市所有行政村和60%自然村通柏油路或水泥路的目标，为农副产品和农资及生活资料物流的集散、配送打好基础。

——城区配送通道。城区配送主要指市域内的城关区、七里河区、安宁区和西固区的物流配送。我市主要有三条横贯东西的大通道，其中以南、北滨河路为两条主要的物流通道。市内城区配送通道网络布局应在现有道路的基础上，加大道路改造的力度，形成“五纵两中轴”的路网格局。五纵，即北山快速路、北滨河快速路、南滨河路、西固路—西津路—东岗路和南山快速路；两中轴，即城关区以皋兰路为中轴的对称路网和规划新城中以世纪大桥所在道路为中轴的东西对称路网。城区物流通道网络建设，筹划建设城市轻轨和水上通道，在分散客流的同时，增加物资运输能力。

2. 物流交通枢纽建设。

（1）公路物流枢纽。一是搞好干线公路网建设，提高全市物流业区域配送能力，降低运输成本；二是搞好公路主枢纽站场建设，改造提升老汽车站功能，使其成为全省一流的大型客运中转站，重点建设物流园区和物流中心的货运场站；三是加快完善物流园区交通设施，重点抓好物流园区主干道建设，使物流园区集疏运通道与交通网络有效衔接；四是加快农村公路网建设，在全市实施农村路网改造工程，完善农业物流配送的交通网络平台；五是搞好城市快速运输网络建设，提高城市物流配送效率，形成由兰州向外呈放射状、东西横贯、南北纵跨的公路快速运输大通道。

（2）铁路物流枢纽。加强地方与铁路部门间的协调，结合物流园区的布局，合理规划调整铁路货运场站布局，特别是新高速铁路车站的布局配合铁路部门建设好沙井驿铁路编组站，形成“南客北货”的格局，加快建立公铁快捷货运网络体系，重点建设公铁联运集装箱场站和大宗生产资料货运场站。

（3）航空物流枢纽。航空运输网络以中川机场为主，形成干、支线机场相结合的空港体系，同时考虑引进国内外大型物流快运公司的需要，开通国际货运业务，开辟货运航线，增加货运航班。

3. 物流信息平台建设。物流信息网络系统在物流活动中具有主导性作用，加快物流信息化建设是发展现代物流的本质要求。

（1）物流公共信息平台建设。加快建设全市物流公共信息平台。通过公开招标方式选择物流公共信息平台建设和运营单位，并给予必要的资金和政策扶持。信息平台功能包括公共物流信息发布、会员服务、在线交易、数据交换、智能配送、GPS货物跟踪、物流供应链管理等，为物流企业和社会提供各项服务。按照总体规划、分步开发、逐步完善的要求，由政府分步骤、分层次、分部门组织实施。按照“谁经营谁投资、谁使用谁交费”的原则，由社会各方共同出资建设。公共物流信息平台信息中心、电子商务平台数据处理中心以及CA认证中心等物流网络信息平台的关键基础设施，由政府投资建设；宽带网络系统与EDI通讯平台等公共基础性网络设施建设，按照市场化要求，由网络运营商投资建设与经营；物流园区内的二级物流信息中心和电子商务中心由物流园区开发商投资建设；支撑物流公共信息正常运转的行业物流信息和基础数据分别由经贸、交通、贸易、公安、工商、银行、保险、海关、税务、商检、规划、土地资源等政府相关部门提供。

——行业物流信息系统建设。完善的行业物流信息系统和基础数据，是支持物流公共信息系统正常运转的重要环节。重点建设和完善全市智能交通管理系统中的区域物流管理服务系统、公路货运综合信息系统、铁路货运综合管理信息系统、航空货运综合信息系统和商贸流通综合信息系统，在此基础上，加快整合信息网络资源，集中银行、保险、税务、工商、海关等信息系统，加快建设物流公共信息平台和电子商务平台两大系统。

——物流企业信息系统建设。加快物流信息技术的推广应用，重点引导和培育几家成长性强、带动力强的骨干物流企业，建设好内部信息系统，积极应用条码、电子数据交换、全球卫星定位系统、地理信息系统、无线射频技术、客户关系管理、客户服务中心等先进适用的信息技术，带动全市物流企业信息化水平迅速提高。同时要引导工商企业积极引入现代物流理念和操作系统，加快开发应用企业资源管理系统、电子商务订货和销售时点信息系统，更好地为生产和销售服务。

(2) 流通网络平台建设。构建流通网络平台的基本思路打造“区域性服务业中心城”为目标，依托现有商贸流通资源优势，按照在规范中发展、在发展中提高的思路，有规划、有重点、分步骤地整合改造现有商贸资源，积极推进电子商务、物流配送、连锁经营、分销代理等现代流通方式的运用，打造现代物流发展的流通网络平台，大力提升交易手段，使兰州市尽快成为区域性的商品采购交易中心，带动全市现代物流业快速发展。

——改造提升批发交易市场。依托物流园区建设，对我市批发市场进行合理调整布局，引导交易方式由现货交易向“展示交易、物流配送”方向转变。鼓励引导批发市场的经营者利用自身资金和信息资源等优势，投资相关加工业，实现由单纯流通经营向生产流通配套经营模式的转变。通过大力发展现代商贸、金融、信息咨询、国际商务等高层次服务业，形成特色鲜明、布局合理、交易方式先进、功能配套、管理规范、秩序优良、环境优美、效益良好的专业采购交易中心群体，为企业展示和交易商品提供舞台。通过整合业户的营销网络，构筑起辐射全国的流通网络平台，增强市场的集聚扩散能力。

——加快发展现代经营业态。推进流通现代化建设，学习借鉴发达国家商业国际化、现代化经营方式，借助电子信息技术和先进管理经验，对传统零售业进行改造、创新和发展。引进国内外大型商业集团来兰州兴办大型超市、连锁商业和集购物、娱乐、饮食、休闲等于一体的大型购物中心；推进和完善直销、代理、售后服务等现代流通方式和经营方式，培育从事分销业态的企业联盟；跟踪国际商业发展新趋势和新特点，发展新的商业经营业态，进一步巩固区域现代服务业中心城市地位。

——建立和完善农村服务网络体系。在推进城乡经济一体化，充分发挥城市经济的辐射作用，在全市全面实施专业批发交易市场工程，培育和发展一批为农村服务的专业化商贸物流企业，逐步建立和完善全市农村商贸流通网络和服务体系。

（二）培育物流市场和物流

1. 培育物流需求，规范物流市场。发展物流关键在于物流需求的开发。从我市的全社会货运量及货物周转量、社会消费品零售总额、限额以上连锁零售企业基本情况三个方面与全国同类城市对比分析看出，我市的物流需求总量较小，规模较小。培育物流需求，一是保持国民经济稳步增长，以发挥国民经济的拉动作用；二是加快商贸市场的发展，扩大消费需求量；三是引导工商企业分离物流业务；四是使第三方物流企业尽快形成规模，以低成本提供专业化的服务。到2015年，实现物流需求规模达到12384万吨。制定物流行业准入、行业运营、服务规范等相关政策，打破物流市场地方保护和行政垄断，保证物流过程顺畅。加大物流市场执法力度，严厉打击各种不正当竞争和欺诈行为，维护物流市场秩序。

2. 培养现代物流企业。放宽市场准入，取消对物流企业经营范围的限制，鼓励有条件的企业进入物流领域。促进现有运输、仓储、货代、外贸、批发、零售企业的功能整合和服务延伸，加快传统物流企业向现代物流企业转变。鼓励民营资本进入物流业，发展第三方物流企业。鼓励运输、仓储、配送、货运代理、多式联运等企业通过参股、兼并、联合、合资、合作等多种形式进行资产重组，扩大经营规模，努力培育一批现代物流龙头企业和骨干企业。按照一体化、信息化、标准化要求，帮助物流企业提高信息化和技术装备水平，增强服务功能。支持主营业务突出，核心竞争力强的现代物流企业做大做强，一方面积极引进国内外知名的物流企业进入兰州，通过多形式、多层次的合作，建立优势互补、合作共进的物流服务体系；另一方面大力扶持管理基础好、规模实力强的物流企业，在人才、资金、税收等方面给予必要支持。开展重点物流企业的评选和培育。凡在我市注册经营、依法纳税的物流企业，不分所有制和隶属关系，均可申报我市重点物流企业。重点物流企业按照“企业申报、专家评估、政府决策”的方式确定，具体认定工作由市发展改革委会同市商务局等有关部门进行。对入选的重点物流企业给予支持，力争到“十二五”期末，培养出10家左右技术先进、竞争力强的大型骨干物流企业。

3. 引进知名物流企业，扩大物流领域对外开放。加强各物流区域、各物流园区、各物流中心的相互协作，实现物流设施、信息资源共享，以提高物流的速度和效益。争取更多的境外物流企业在兰州设立分支机构，建立中外合资、外商独资物流企业、采购中心，吸引外资投向兰州市的物流领域。鼓励有条件的省内物流企业“走出去”，实施全球化发展战略。引进一批国内外知名物流企业。通过物流园区和物流中心的规划建设，营造良好的物流发展环境，引进一批国内外先进物流企业和先进的物流运行系统，带动兰州市现代物流业的快速发展。

（三）主要商品的物流建设

1. 生产资料物流建设——钢铁物流。按照第三方物流运作要求，发展一体化服务，鼓励钢铁冶炼的加工企业从原料到产品物流相关业务剥离，建立具有交易功能、仓储运转、加工配送、信息分析处理、融资、对外贸易和综合服务功能的钢铁物流基地。集中抓好钢铁物流中心的建设，重点实施酒钢物流和兰海物流的改扩建。

——矿产资源物流。提高煤炭、冶炼等矿产资源的传送、装卸自动化水平，改善堆场条件，提高货站装卸能力。大力发展煤、矿资源物流服务体系。鼓励大型企业组建专门的物流管理部门，整合资源，与第三方物流企业进行合作，建立健全矿产资源的物流信息系统。

——建材物流。以专业性较强的大型物流企业为支撑，推进建材物流企业与大型仓储式建材超市的联合，带动建材零售市场规模的快速增长。

2. 生活资料物流建设生活资料物流主要建设和培育商贸业物流，鼓励商贸物流企业配送中心建设，发展连锁超市、便民店、专营店、专卖店等多种商业形态，积极引导商贸企业采用共同配送的模式，采用先进的信息技术和装备，逐步构建安全、快捷的现代商贸物流体系。应抓好东部生活资料物流园区的改建工作，形成新的物流能力。以大型贸易市场为载体，促进家具、鞋业、纸业、装饰、食品等大宗商品物流的发展。

3. 农产品物流建设农副产品物流中心的建设作为重点。鲜活农产品物流，重点建设和完善鲜活农产品储藏、保鲜等冷链物流设施，解决鲜活农产品损失严重、附加值低问题。坚持完善鲜活农产品“绿色通道”，兰州高原夏菜在经营环境、技术方面都颇具优势，实施蔬菜保鲜库、恒温库的建设和整合，提高货物吞吐量，形成冷链物流网络，保证冷藏的需求。土特产和粮油物流体系网络应在现有的基础上进一步完善，还应加大农产品批发市场建设，促进农产品市场建设管理标准化、入市农产品质量等级化、包装规格化。逐步解决农产品批发市场交易环境差、交易设施简陋、交易手段落后、农产品污染严重、农产品流通中质量得不到保障等问题，推进农产品批发市场的全面升级。加强对农产品质量安全、市场准入制度的约束，实现农产品从田间到市场到餐桌的安全对接。形成以农产品品储藏、加工、交易、运输、配送等功能为主的物流服务体系。

4. 特殊资料物流建设。

——集装箱物流。建设集装箱物流中心，强化集装箱运输节点，推进集装箱标准化，形成各种运输方式的衔接配合。

——大件物流。以市场为基础，培育大件物流市场主体，突破制约兰州重装产业快速发展的物流瓶颈。完善兰州交通运输条件，在公路、桥梁、河道等交通基础设施建设方面充分考虑大件运输的需要，根据大件货物的特殊要求选择并建设完善最佳运输路线。

（四）兰州物流中心建设

1. 物流园区建设。主要对六大物流园区和五大物流中心改建或新建。一是重点规划实施兰州国际物流产业园的规划和建设，二是整合现有资源，建设东部生活资料物流园区和西部生产资料物流园区，将东部生活资料物流园区列为“双百市场”项目，在土地审批、专项资金投入等方面给予重点扶持。三是物流中心建设以农副产品物流中心和集装箱物流中心为重点，按照规划部署，2012 年交付运营。

2. 物流通道建设。重点规划和建设兰州集装箱节点站、兰州货运编组站、兰州公路物流中心、兰州公路运输集装箱中转站等交通设施项目。

3. 物流信息化建设。在现有的公共信息平台的基础上，重点将兰州物流公共信息查询系统、物流电子政务信息系统、物流电子商务信息系统和物流信息公用平台建设等作为提升物流现代水平的项目，争取纳入国家物流公共信息平台工程。

（五）转变物流增长方式

1. 以培育大型企业为重点，提高物流企业竞争力。促进现有运输、仓储、货代等行业进行服务延伸和功能整合，加快传统物流企业向现代物流企业的转变；鼓励工商企业与物流企业整合供应链，加快物流业社会化和专业化进程；吸引大型外资跨国物流、货代企业进驻我市，建立地区总部和采购中心；鼓励传统物流企业通过参股、兼并、联合、合资、合作等多种形式进行资产重组，培育一批服务水平高、国际竞争力强的跨国、跨所有制的大型专业物流企业；鼓励民营资本进入物流领域，增强行业活力；规范物流市场经营秩序，鼓励公平竞争，打击和遏制恶性竞争。

2. 提高行业自主创新能力，推广先进物流技术应用。充分利用科技和人才优势，切实提高物流业自主创新能力，推广应用先进、适用的现代物流技术和装备，推进机械化、自动化和信息化进程，提高物流企业整体运作和管理水平，满足多层次服务需求。引导企业推广应用机械化、自动化的装卸、搬运、传送、分拣设备以及自动分拣系统（ASS）、计算机控制系统、电子识别系统（EPC）、无线射频技术（RFID）、电子订货系统（EOS）、全球定位系统（GPS）等先进物流技术；鼓励运输服务方式创新，加快综合运输体系建设；引导企业建立物流信息系统，支持建立全市公共物流信息平台；大力推进管理创新。

3. 发展绿色物流和循环经济，有效提高资源利用。坚持节约用地、用能、用水原则，通过科技手段和管理创新，走集约式、内涵式发展道路。按照无污染、低能耗、更安全的要求，进一步规范物流作业流程、提高物流效率。制定物流环保标准，鼓励企业实施绿色运输管理、绿色包装管理、绿色流通加工，大力发展绿色物流。推动资源节约、资源综合利用，加快发展废弃物回收的逆向物流，为加快建设资源节约型、环境友好型社会提供支撑。

4. 发展新型运输服务方式。鼓励创新运输服务方式，解决由于运输方式落后和各种运输方式衔接不畅带来的多次搬倒、多次拆装等问题。加快综合运输体系建设，大力发展多式联运、集装箱运输、散货运输、航空快递运输。推广应用厢式货车、集装箱车辆，开发使用专用车辆。优化交通组织，提高运输速度和效率，降低成本和减少浪费。鼓励物流企业采用仓储运输、装卸搬运、分拣包装、条码印刷等专用物流技术装备，提升物流装备技术水平。

五、保障措施

1. 加强组织领导物流体系的构建是一项跨行业、跨部门、跨地区的系统工程，要充分发挥政府物流业主管部门的作用，加强部门之间、地方与中央之间、市与区县之间的协调配合，通过制度创新，加强对现代物流业的统筹管理。充分发挥统一领导、全面规划、综合协调、督促检查的职能作用，做好兰州物流中心及园区建设、重大物流招商引资项目的组织实施工作，并在政策、资金、土地等方面给予重点支持。

2. 加大对现代物流业发展投入建立以金融机构、企业和民间资本为主体、政府扶持为辅助、市场化运作、多渠道投入的现代物流业发展投资体制。充分发挥银行投资主渠道作用，加强银企沟通与合作，引导和促进金融机构创新服务方式，加大对现代物流业发展的信贷支持力度。运用政府扶持、财政贴息等政策措施，引导国际资本和各类民间资本向现代服务业发展领域聚集。每年从财政预算中安排5000万元专项资金，主要用于扶持现代物流业发展的优势产业、新兴领域和薄弱环节，以发挥“四两拨千斤”的作用。对已设立的现代物流业各行业的财政扶持资金，应由分散变为集中，实行通盘考虑、统筹使用。对纳入规划的物流基地、物流中心的基础设施建设，给予重点资金支持；对具有示范效应、核心竞争力强的物流企业，在其信息化提升、新技术应用等方面予以适当支持。

3. 加快行业协会等社会组织建设积极发挥社会组织的作用，推进行业协会组织按市场化原则组建的步伐，加快协会的职能转换进程。进一步发挥其在企业与政府间的桥梁纽带作用，增强其行业服务、行业自律以及维护行业合法权益的职能。通过推广物流行业标准、教育培训、从业人员资格认证等工作，为政府管理、企业运作和行业发展提供服务。整顿和规范物流市场秩序，促进行业自律，优化物流业发展环境。

4. 鼓励支持物流研究与人才培养鼓励物流企业、科研院所加强对物流基础理论研究。推动企业、行业协会和科研院所开展多种形式的协作，加大人才培养和培训的力度，加快培养物流服务方案设计、物流管理、客户管理、信息系统开发与维护人才。制订人才激励政策，引进国内外优秀物流专业人才，尤其是物流管理和物流工程技术方面的复合型人才和熟悉国际物流业务运作的高级人才，为物流业的快速发展提供智力保障。

5. 制定完善配套政策围绕兰州现代物流业发展导向，制定《加快兰州现代物流业发展的若干政策》和《兰州现代物流业管理办法》，进一步完善扶持配套政策，在土地、资金、税收、财政转移支付、水电气使用和人才引进等诸多方面给与扶持配套政策，使现代物流业企业享受先进制造业企业同等政策待遇，创造更为宽松的环境，全面扶持兰州现代物流业的发展。对符合全市现代物流发展规划、主要提供公共服务、具有公益性质的物流基地、物流中心、货运枢纽场站等重要的物流设施项目，及利用旧仓库、旧厂房改造为物流项目的，主辅分离改制的物流企业使用原主体企业的行政划拨土地，优先安排土地供应指标。对涉及现代物流业发展项目的立项登记备案、规划、土地审批、工商登记等，进一步完善“一站式”服务，实行政务公开、网上审批，对重大项目优先进入“绿色通道”，简化手续，缩短流程。建立评价通报制度，完善县区年度现代物流业结构体系、发展速度、发展水平的评价通报制度，把全面普查与经常性的专题调查结合起来，深入剖析不同时期现代物流业质量、效益的提高程度，促进现代物流业向纵深推进，还要根据兰州实际和现代物流发展需要，适时制定和完善符合物流发展要求的政策体系。

031

兰州市“十二五”现代工业物流发展规划

2012 年 1 月 5 日

为加快我市产业结构调整，促进发展方式转变，做大做强现代工业物流产业，特制定本发展规划。

一、产业发展基础和条件

（一）区位条件优越

兰州北连银川、呼和浩特，东接宝鸡、西安，南临成都、重庆，是进入新疆、青海的咽喉要道，是连接欧亚大陆桥的战略通道和沟通西南、西北的交通枢纽。基本形成了以铁路为骨干、公路为基础、民航和黄河水运综合发展的对外交通体系。其中铁路方面有陇海、兰新、兰青、包兰等多条铁路穿城而过；公路方面有六条国道，六条省道，九条高速和高等级公路建成投入运营，形成四通八达、方便快捷的交通路网；兰州中川的二级民用机场是我国西北重要的航空港之一，是西北地区第二航空运输枢纽；兰州市黄河航运初具雏形，其航道和基础配套设施正在逐步完善。兰州的通信水平居全国先进行列，西兰乌、京呼银兰等四条数字光缆主干线均以兰州为主节点，光缆、微波、卫星等通讯网络畅通，电信宽带网覆盖全境。

（二）工业体系齐全

兰州是我国重要的工业中心城市之一，是西部重要的能源原材料工业基地，已形成了以石油化工、装备制造、有色冶金、能源电力、生物医药、农副产品加工为主体的门类比较齐全的工业体系。“十一五”时期，工业发展速度明显加快，经济总量和实力明显增强强。2006—2010 年，工业增加值始终保持两位数以上的增长（详见图 1，略），年均增速达到 13.59％，比“十五”时期高出 2 个百分点，成为改革开放以来兰州市工业发展最快的时期。

（三）交通基础设施逐步完善

截至目前，全市已建成各类公路货运站及物流园区 34 个，其中一级站 14 个、二级站 14 个、三级站 2 个、四级站 4 个。兰州西货站是我国特大编组站之一，为西北地区规模最大、技术最先进的货运站和新亚欧大陆桥上重要的集装箱转运中心。经济的快速发展和运输能力的增强，带动货运总量不断提高。2006 年货运总量为 6263.85 万吨，同比增长 4.88％；2007 年货运总量为 6839.45 万吨，同比增长 9.19％；2008 年货运总量为 7206.66 万吨，同比增长 5.37％；2009 年货运总量为 7358.27 万吨，同比增长 2.10％。“十一五”期间兰州市各种运输方式货运量如表1所示。2009年分货类运输量如图2（略）所示。

表1　“十一五”期间兰州市各种运输方式货运量　单位：万吨

年份＼货运量	铁路	公路	航空	货运总量
2006	903.1	5360	0.75	6263.85
2007	1237.25	5601.28	0.92	6839.45
2008	1318.65	5887	1.01	7206.66
2009	1202.23	6155.00	1.04	7358.27

资料来源：兰州市统计年鉴2006—2009年。

（四）物流发展环境改善

各级政府及有关部门高度重视物流工作，启动推进物流公共信息平台建设、物流统计和标准化、人才培养、技术创新等基础性工作，行业竞争能力得到有效提升，一些综合实力较强的物流企业和物流基地开始出现，物流辐射范围得到不断扩大，形成了以兰州货运集散中心、东岗物流、建东市场、新东部市场、新派克仓储等为重点的城东物流周区及以欣星、天奇等为重点的物流园区。目前全市物流企业达到1000多家，道路货运、运输服务、货运站场、交通物流从业人员近65000人，涉及铁路、公路、航空等领域，主要以运输、仓储、代理、托运、信息、租赁等服务方式为主，初步形成了具有一定层次分工和功能配套的基础设施系统以及物流服务企业群体，物流品牌企业群体日益壮大。其中注册资金超过千万元的物流企业有兰州运输集团有限责任公司、甘肃西部物流有限公司、甘肃空港国际物流中心和甘肃西部欣星物流有限公司等多家企业。甘肃西部物流有限责任公司、甘肃省木材总公司（西北物资市场）等8家企业被认定为国家A级物流企业。

（五）现代工业物流发展加快

为降低物流成本，改变营销模式，一部分大型企业开始实行物流服务转移和外包。据调查，2010年我市企业物流业务自营比例约为86%，外包比例约为14%，与前几年相比已有很大提高。同时，企业对工业物流服务的数量和质量要求越来越高，除了运输、仓储等基础服务以外，还要求加工、配送、集拼、联运、货代、代收货款等，一体化的物流需求快速增长。企业需求的推动促进了工业物流市场的形成和发展。我市工业物流市场从无到有，从单一的运输仓储功能逐步按照行业、地域和产品不断细分，已经初步形成了金属物流、化工物流、装备制造物流、医药物流、烟草物流等专业工业物流。

二、产业发展存在的主要问题

虽然我市物流业有了一定的发展，但总体来看，产业发展水平还不高，现代工业物流发展滞后。

一是产业布局分散，物流资源缺乏有效整合。兰州主城区位于河谷川盆地，由于受两山夹一河地形地貌的制约，老城区产业布局分散，新城区和新的工业园区企业布局分散。物流资源缺乏有效地整合，配套发展能力不强，尚未实现组织化、一体化运作，物流体系和物流园区的规划建设。兰州市城关区主要物流企业分布如图 3（略）所示，兰州市七里河区、安宁区、西固区主要物流企业分布如图 4（略）所示。

二是传统物流企业规模偏小，服务水平不高。现代工业物流企业发展滞后，市场占有率低，局限在供应链的一小部分，难以满足客户一体化物流服务需求。绝大多数物流企业规模较小、设备简陋、技术落后、服务功能单一、高度分散，主要提供运输、仓储、装卸、搬运等基本的服务，在流通加工、信息应用、库存管理、成本控制、共同配送等增值服务方面，尤其在物流方案设计和全程物流服务等方面难以提供良好服务。

三是工业企业观念落后，工业物流市场发展缓慢。大部分工业企业对发展现代工业物流重要性的还缺乏认识，固守传统的思维定式，追求“大而全、小而全”的发展方式，普遍存在重生产、轻物流，重自给、轻外协，企业货物储存周期长，占销售总额的比重高。工业物流市场发展慢，制约了工业的结构升级和效益提升。

四是缺少信息平台支持，专业人才缺乏。多数物流企业仍采用传统运作方式，内部物流信息管理和技术手段落后，缺乏必要的公共物流信息服务平台，难以做到数据共用、信息互通、资源共享，极大地影响了企业运作效率和行业整体竞争力的提高。物流专业人才缺乏，从业人员素质不高，培养和引进工作滞后，能够适应现代化、专业化、精细化物流服务要求的管理人员不足，严重制约其产业升级及整体发展。

三、产业发展面临的机遇和挑战

（一）机遇和优势

1. 地区经济合作日趋紧密。经济全球化在曲折中继续发展，全球采购、全球生产和全球销售的发展模式创造了巨大的物流需求。中国经济对世界经济的影响力逐渐上升，参与国际经济合作竞争回旋余地增大，有利于利用国际市场规模扩大和稳定出口，引进技术设备人才和管理经验，有利于走出去开展国际能源资源合作开发。东部发达地区产业结构优化升级，加工业向西部转移趋势日异明显，地区经济合作日趋紧密，区域经济协作不断加强。物联网、电子商务等科技进步将进一步推动现代工业物流加快发展。

2. 国家政策对区域经济的推动。国务院办公厅印发《关于进一步支持甘肃经济社会发展的若干意见》，意见明确提出充分发挥兰州等中心城市辐射带动作用，在全省乃至西北地区发挥“率先、带动、辐射、示范”的中心作用。国家深入实施西部大开发战略，把西部建成国家重要的能源基地、资源深加工基地、装备制造业基地和战略性新兴产业基地。特别强调以重要经济区为发展引擎，支持兰州等经济区发展，形成对周边地区具有辐射和带动作用的战略新高地。

3. 兰州物流枢纽地位的确定。国家《物流业调整和振兴规划》（以下简称《规划》）明确划分了国家九大物流区域，兰州与西安、乌鲁木齐同时跻身为西北物流区的中心。《规划》还确定北京、兰州等21个城市为全国性物流节点城市。为加快我国流通领域现代工业物流业发展，更好地发挥现代流通业在“保增长、保民生、保稳定”的先导性作用。商务部2010年2月公布了全国首批流通领域“现代工业物流示范城市”名单，兰州与北京、上海等46个城市一同上榜。十大物流通道中，东部沿海与西北地区物流通道、西北与西南地区物流通道以兰州为交汇点，将有助于兰州市全力推动工业物流快速发展。

4.“再造兰州”战略的实施。兰州新区空间开阔、地势平坦，交通便捷，既有航空机场，也有多条公路交通干线和高速公路与之相连，交通、通讯等基础设施条件较好，非常适宜发展大型工业和建设工业物流园。“再造兰州”战略中强调指出重点发展现代工业物流业、新兴工业产业、高新技术产业等产业，为加快兰州市工业物流发展提供了前所未有的机遇和发展空间。

5. 重大项目的实施。“十一五”时期，全市集中实施重点建设项目360余项，投资总额达到800亿元，兰州石化大乙烯生产装置，吉利轿车一期、兰州铝业26万吨电解铝、金川工业科技园二期、兰州石化11.5万吨丙烯酸、兰州石化10万吨丁苯装置、蓝星公司20万吨甲醇、兰铝自备电厂、长城制造研发生产基地等重大项目逐步建成投产。这些重大项目的实施推动了工业原材料、产成品的内外流动，扩大了现代工业物流的需求规模。

6. 区位优势进一步凸显。随着国家新一轮建设的启动，未来将有包兰复线、兰渝铁路、兰新第二双线、宝兰客运专线等十个方向的铁路在兰州交汇，兰州经中川机场、武威、金昌至张掖增建三四线，兰州空港和铁路大动脉连通。以兰州为中心向外呈放射状，由8条放射线组成的高速公路运输大通道已逐步形成，南绕城高速公路、西固至永靖高速公路、省道301线海石湾至岗子沟段、国道309线金崖至定远段、国道109线水阜至北龙口段等一批重点项目正规划建设。加之兰州集装箱节点站、兰州货运编组站、兰州无水港、兰州公路物流中心、兰州公路运输集装箱中转站等交通设施项目的筹备实施，将会大大提高兰州货运能力，增加兰州物流吞吐量，为发展现代工业物流提供便利条件。

7. 周边省市的发展带动。“十二五”期间，国家进一步加大对青海、西藏、宁夏、新疆周边省市的扶持力度，进行基础设施和现代工业体系建设，带动工业经济快速发展。随着新疆、青海、西藏煤炭、石油、天然气、新能源及各种金属矿产资源陆续开发，数量巨大的资源和产品都需通过兰州高效快速的汇集转运，兰州现代工业物流的发展带来前所未有的机遇。“十二五”末西北各省生产总值和运输总量预测详见表 2。

表 2　　“十二五”末西北各省生产总值和运输总量预测

项 目	“十二五”末生产总值（亿元）	“十二五”末货运量（万吨）	“十二五”末铁路运量（万吨）	“十二五”末公路运量（万吨）
西 藏	515	1435	161	1219
陕 西	14348	123076	29759	90689
甘 肃	6189	34996	7253	27187
青 海	1874	13436	3040	10165
宁 夏	2254	38565	5790	32507
新 疆	8107	67937	7959	59807

资料来源：甘肃省“十二五”工业物流发展规划。

（二）挑战和困难

1. 区域竞争日趋激烈。随着我国区域经济快速发展，各省市加大对现代工业物流发展支持力度，抢占现代工业物流发展的制高点。兰州市在基础设施、企业规模、政策环境等方面，与沿海发达地区甚至部分周边城市都有一定差距。随着西安、西宁、银川等周边城市物流园区的规划和基础设施建设，交通体系的逐步完善，加之关中经济圈的快速形成，给兰州市现代工业物流发展带来了前所未有的竞争压力。

2. 节能减排刚性约束。现代工业物流活动中运输、仓储、装卸搬运、流通加工、配送、包装等诸多环节在不同程度上对生态环境造成污染。现代工业物流业的竞争，不再局限于传统的成本、服务、质量，环保措施必将成为客户选择物流服务商的重要考核标准之一。如何实现绿色物流、环保物流，最大程度地减少供应链环节对环境的污染是亟须考虑的问题。

3. 物流成本上涨因素。能源和原材料涨价、劳动力成本提高、出口退税率下降、人民币升值以及新劳动法的实施等，使得物流企业运营所需的各种要素价格呈上升趋势，经营成本大幅增长，特别是人力资源成本、燃油成本及物流用地成本居高不下，现代工业物流发展受到制约。

四、产业发展指导思想、基本原则和目标

（一）指导思想

坚持科学发展观，以兰州工业市场需求为导向，以现代电子信息技术为支撑，以优质服务为宗旨，以政策法规为保障，着力改造提升传统工业物流产业，着力发展工业物流信息公共服务平台，积极引进先进现代工业物流管理经验、技术和企业，严控工业企业物流无序扩张，整合地区物流资源，发展多式联运、降低物流成本，提高物流服务质量和效率，打造现代工业物流体系，实现现代工业物流的跨越式发展，为全省区域经济发展提供强劲动力。到2015年，将兰州市初步建设成立足西部区域、服务全国、辐射欧亚大陆桥沿线城市的国际型现代工业物流中心。

（二）基本原则

1. 坚持政府引导，企业主体原则。政府制定政策、维护秩序、协调管理，按照市场规律积极引导各类物流企业自主参与，投资扶持重要的物流基础设施项目，支持现代工业物流的发展。

2. 坚持统筹规划，协调发展。加强规划引导，做好兰州与周边地区之间，各部门之间物流基础设施建设与发展的协调和衔接，合理布局重大项目。坚持物流企业发展、工业企业发展和城市空间发展协同考虑。

3. 坚持突出重点，分步实施原则。利用现有基础设施，适应未来经济发展的趋势，优先发展重点物流设施，分步实施，量力而行。

4. 坚持统一标准，规范市场原则。打破部门和地区分割，促进现代工业物流服务的标准化、规范化、市场化和社会化，支持鼓励专业化物流公司快速发展，整合现有社会物流资源，提高物流设施利用效率和物流效率，节能降耗。

5. 技术支撑，服务创新。以现代信息技术支撑物流企业业务流程。大力发展电子商务，建立物流信息服务平台，实现企业经营网络化。坚持可持续发展，创新物流服务方式，提升服务水平。

（三）发展目标

1. 工业物流经济总量大幅提升。兰州市工业物流持续快速发展，物流经济总量持续上升，物流增加值年均增长达15%。

2. 工业物流运行效率大幅提升。科技创新促进工业物流成本占GDP比重逐年下降。到2015年，工业物流成本略高于全国平均水平。

3. 工业物流集中度大幅提升。到2015年，我市工业物流社会化率达到45%以上，形成工业物流园聚集区，工业物流园产业增加值占全市工业物流增加值的比重达到70%以上。培育4A级现代工业物流企业8家以上，5A级企业3～5

家，引进国际领先的现代工业物流企业 3～5 家。

4. 现代工业物流体系逐渐成形。现代工业物流标准与规范引导物流市场，电子信息技术在物流过程中普遍应用，企业信息系统管理工业物流业务流程，“空铁公”多式联运蓬勃发展。

到 2015 年，公共信息服务平台支撑物流业务协同，实现“给车找货，给货找车”，建立现代工业物流公共信息服务平台 1～2 个，建立“空铁公”多式联运公共服务平台 1～2 个，建立兰州市行业信息公共服务平台 1～2 个，形成工业物流企业门户网站系统 30～60 家。

五、工业物流空间布局

（一）布局目标

围绕把兰州市建设成为辐射欧亚大陆桥沿线城市的国际型工业物流中心的目标，在整合物流资源的基础上，逐步实现物流资源由分散向相对集中、由城市中心向外围的调整，推动工业物流出城入园，最终形成区域分工合理、产业集聚、重点突出的现代工业物流服务网络和产业体系，促成现代工业物流业与支柱产业和区域经济联动发展的新格局。

（二）布局原则

按照“布局集中、用地节约、产业集聚、功能集成、经营集约”原则，有利于发挥区位、交通、产业和资源优势，最大限度地将比较优势转化为现代工业物流业发展的竞争优势；有利于集聚发展，遵循物流要素向中心城市和大企业逐步集中的规律，在规划布局上充分考虑强化物流资源整合、引导企业集聚发展的需要；有利于防止同构竞争，在一定辐射半径内的不同城市，注意避免物流功能和重点物流行业布局上同构，以防止资源浪费和同构竞争；有利于优化城市功能和便捷配送，布局要在考虑城市发展总体规划和城市交通、配送效率等因素的基础上科学合理安排。

（三）布局思路

根据上述原则，兰州市现代工业物流业发展实行三级布局，即“工业物流区域－工业物流园区－工业物流中心”布局。

依托“再造兰州”战略和“三足鼎立”新格局布局工业物流区域。在兰州新区、兰州高新区和经济区增容扩区，形成以兰州新区为龙头、高新区和经济区为支撑的三足鼎立发展新格局的思路下，结合三区各自交通条件、地理区位、辐射程度和产业特色，形成协调发展、各有侧重的三大工业物流区域。

依托机场、铁路中心站和现有物流园布局工业物流园区。一是依托兰州机场、兰州集装箱节点站、兰州货运编组站、兰州公路物流中心、兰州公路运输集装箱中转站等主要交通枢纽，在最具交通优势的城郊，规划布局适度规模的工业物流园区。二是依托现有物流园区的基础设施和物流通道，在此基础上布局发展工业物流园区。

依托主要产业聚集区和产业链布局工业物流中心。围绕兰州市主要产业聚集区和十大产业链，根据行业特点、产业基础、集聚功能和合理辐射半径等因素，遵循布局集中、服务联动、集聚发展的原则布局工业物流中心，为相关产业发展提供强力支撑。

根据上述布局原则和布局思路，“十二五”期间兰州市现代工业物流空间布局结构是：发展三大现代工业物流区域，建设 五大现代工业物流园区，形成八大现代工业物流中心。

（四）现代工业物流区域

以兰州新区、兰州国家高新技术产业开发区和兰州国家级经济技术开发区为核心，发展三大现代工业物流区域：兰州新区工业物流区域、兰州西部工业物流区域、兰州东部工业物流区域。

1. 兰州新区工业物流区域。兰州新区工业物流区域以兰州新区为中心，依托兰白经济圈，覆盖永登、皋兰、白银等县市，带动远处辐射联系宁夏、新疆及中亚地区，发展成为公、铁、空等多种运输方式有效衔接，工业物流园区和物流中心布局合理，服务本地、辐射周边的工业物流区域。

土地资源充裕。根据兰州新区规划，兰州新区基本范围东边由皋兰县西岔川东缘向北延伸至永登县秦川镇；西边由尹中高速公路向北沿秦王川盆地西边缘延伸至引大东二干渠；南边到树屏镇尹家庄至皋兰县水阜乡涝池公路北缘；北边则是引大东二干渠一线。控制范围 806 平方公里，核心区 460 平方公里。充裕的土地资源为形成产业聚集区、延伸产业链提供了空间，增加了工业物流需求，有利于促进物流资源的整合配套、合理布局工业物流园区和物流中心、引进国内外先进现代工业物流企业。

物流通道网络逐步完善。兰州第四版总体规划（2010—2020）将兰州新区定位为沟通全省和西部地区的重要交通枢纽和物流中心，交通基础设施建设将快速发展。公路方面主要有连接兰州新区和老城区的北秦路和安秦路两条快速通道，中川—白银高速公路，兰州—中川机场高速公路。铁路方面主要有兰州至中川机场铁路，白银—兰州中川新区—兰州铁路间的铁路联络线，兰州中川新区的中川铁路货运枢纽，并且为兰州中川新区预留网性编组站用地。空运方面将加快兰州中川机场航空枢纽建设，将中川机场发展成为西北区域性门户枢纽机场。上述物流通道的建设增强兰州新区的核心辐射功能以至不断扩大。

工业物流市场潜力巨大。兰州新区发展重点为建设高度聚集的产业发展区，着眼于集聚集约集群发展，依托现有产业基础，重点发展石油化工、装备制造、新能源新材料、生物医药、现代农业和特色农产品生产加工、现代服务业等主导产业。随着新区的逐步建设，原料、零部件、产品等工业要素流动量将会迅速增加，工业物流需求潜力巨大。另外，白银、永登、皋兰等县市建材、化工、有色金属、装备及设备制造、农产品深加工主导产业的迅速发展，也促进了工业物流需求的增加。

——工业物流园区布局

中川空港工业物流园，依托中川机场扩建工程，大力发展兰州空港物流，形成现代化、立体化的交通物流网络。中川空港工业物流园区位于中川机场东侧，区内按功能布局，相应规划建设与铁路集装箱中心站连接的铁路专用线和园区道路网络，在关键物流设施和产业集聚区之间，建设专用的货物捷运系统。

中川空港工业物流园应以仓储为基础，具备物流配送、简单加工和增值服务、深加工结转、进出口及转口贸易、国际采购等功能，配备设施先进的通用标准仓库，适合开展区域配送、市域配送等服务，能满足第三方物流、普通仓储等物流项目的入驻运营。依托信息技术与现代工业物流技术，发展集货代、货运、仓储、分拨、配送等服务为一体的现代化、开放型、高标准的综合物流服务基地。建设空港货运村、空港保税物流中心、3PL货运仓储区、多式联运区和综合配套区等项目，按照“无缝衔接”理念，加强公铁空联运基础设施之间的衔接和配套。

皋兰三川口工业物流园，位于皋兰县城北部，毗邻白兰高速公路、109国道及包兰铁路，依托三川口工业园区现有产业基础和发展布局，围绕橡塑制品、冶金冶炼、化工建材、生物医药、饲料加工等特色优势产业，打造城市农产品深加工配送基地和构建兰州、白银城市经济圈区域工业物流服务中心。着重要以现代物流理念和技术改造提升现存传统物流，优化企业自营物流系统，创新第三方物流服务方式，鼓励企业物流业务外包；积极发展橡塑制品、冶金冶炼、化工建材、生物医药、饲料加工等行业物流，形成物流业与优势产业联动发展格局；结合园区功能分区和产业布局，统一规划园区道路交通网络，实现区域内各功能分区、物流基础设施及企业之间的快速、高效连接。

——工业物流中心布局

中川装备制造工业物流中心。位于兰州中川新区，依托重大工业项目，如：吉利兰州汽车生产基地建设、三一重工兰州混凝土搅拌站设备项目、甘肃三一机械有限公司项目，围绕装备制造循环经济产业链，配套发展中川装备制造工业物流中心。中心主要侧重应用先进信息技术，建设电子商务信息平台，发挥要素集聚、资源共享、业务协同的优势。通过信息平台建设，提供网上全程监控、业务查询等物流增值服务，提供长期的重装备零部件进厂和整机出厂物流服务，采用供应商管理库存（VMI）物流模式，提供精益模式的零部件配送，实现装备制造业供应链采购、运输、仓储、代理、配送各环节无缝连接，促进制造业能级提升和产业结构优化，降低企业库存水平，减少备货提前期，降低制造企业物流成本。

中川石化工业物流中心。位于兰州中川新区，依托兰州中川新区作为西固重化工业搬迁的承载地，300 万立方米“兰州国家石油储备基地”、100 万立方米“兰州生产运行原油储备库”和 120 万吨/年乙烯裂解及合成材料等项目的投产建设，化工一精细化工一化工新材料产业链将逐步形成，配套发展中川石化工业物流中心。中心具备原油、成品油、液体化工品等石化产品的仓储、装卸、中转运输功能，形成主要以石油、化工产品为主导资源，服务范围辐射至全国的综合物流服务网络系统，利用自身的信息优势和管理优势，创立物流联盟信息平台，提供化工储运企业资质认定、储运信息发布、产品信息追踪、交易结算、报关通关等附加服务。

永登建材工业物流中心。位于永登县中堡镇东北侧，毗邻连霍高速、312 国道、兰新铁路。永登县石灰石、石英石、石膏的储量分别为 2.9 亿吨、3.1 亿吨、1674 万吨，在此基础上形成以水泥生产为主的建材行业，规模逐步壮大，其中包括西北地区最大的水泥生产基地永登祁连山水泥有限公司，年产高标号水泥 280 万吨，年销售收入 6 亿元以上，2010 年预计完成运输量 20.4 万吨，预计 2011 年运输量 40.25 万吨。在此附近配套以仓储、运输、配送为主要功能的建材工业物流中心。

2. 兰州西部工业物流区域。以兰州经济技术开发区为核心，依托沙井驿编组站、兰州铁路集装箱中心站、京藏高速、兰青铁路、兰新第二双线等重要交通基础设施，近处覆盖安宁、西固、红古、七里河、临夏等区县，远处辐射联系青海、西藏，围绕特色农产品加工、仪器仪表、数控机床、金属冶炼等制造业，利用兰州经济技术产业开发区的政策优势，结合集装箱中心站建设，规划建设仓储物流、出口加工、保税区等项目，发展定位为连通西北西南、面向青藏的工业物流区域。

区位优势突出。兰州经济技术开发区距西北最大集装箱中转站兰州货运站仅 8 公里，距西北铁路货运枢纽兰州西站 4 公里。区内将建成西北最大的铁路枢纽编组站，青藏铁路和规划建设的兰渝铁路将构建西北和西南新通道。兰州经济技术开发区土地资源丰富，开发区工业发展用地达 13 平方公里。

工业基础较强。兰州经济技术开发区有长风科技股份公司等大中型企业 30 余家，其他各类企业 1735 家，已形成以航天器材、电子仪表和信息产品为主，建材、食品、机械和医药工业共同发展，具有一定规模和相当基础的工业体系，现代仓储、物流业发展迅速。

投资政策优惠。兰州经济技术开发区鼓励共同投资建设各类园区、出口加工基地、保税区。对各项投资都已制订了明确的土地征用、税收减免返还方面的优惠政策，形成了完备的扶持服务机制。

——工业物流园区布局

河口南工业物流园。位于兰州市西固区新城镇，毗邻兰州市新增工业用地—河口南工业园区，用地规模约为2.4平方公里。依托109国道和312国道、兰海高速、兰青、兰新二线和兰州铁路集装箱中心站，进入青海、西藏大量物资在此汇集中转，青海和西藏的油气资源、非金属矿产资源、金属矿资源和特色农产品也需通过此处加工转运，工业物流流通需求量巨大。主要发展集装箱运输、仓储、配送、转运中心及配套服务等业务，形成兰州市承东启西，辐射青海、西藏的重要工业物流枢纽。

沙九工业物流园。位于兰州市安宁区西端沙井驿乡，用地面积约为1.9平方公里。该工业物流园处在兰海高速公路、312国道以及北滨河路西沿段至中川机场交汇点，加之沙井驿北编组站是兰渝铁路的重要组成部分，也是“南客北货的”体系的先行站点，建成后将成为兰州铁路货运的枢纽站点。凤凰山钢材物流园、兰州新纪元汽车城及兰州国际建材家居博览城三个项目的实施建设也为发展沙九工业物流园奠定了良好的基础。加之西固现有大中型企业329家，其中规模以上工业企业108家，仅2009年需流通的气、柴、煤等油品产量达781万吨，各类化工产品达287万吨，工业物流需求巨大。依托良好的交通条件、物流基础设施及已经形成的物流市场，建设集交易、运输、仓储、功能于一体，形成辐射省内其他地域、连接周边省区的现代化工业物流基地。

——工业物流中心布局

水车湾工业物流中心。位于兰州市红古区水车湾站附近，依托连海经济开发区红古循环经济工业园。区位优势独特，交通便利，是内地通往青海、西藏的咽喉要道和连接欧亚大陆桥的战略通道。工业产业特色鲜明、基础较好，工业产业形成了以600万吨煤炭、43万吨电解铝（另据测算，未来几年，兰铝及周边100公里范围内连铝、甘铝和民和县在建的电解铝厂，年产电解铝可达160万吨）、6万吨碳素制品、5万吨硅铁合金、120万吨水泥和100多万千瓦发电量，煤、电、铝、碳素为主导的产业集群，现代工业物流发展潜力巨大。应围绕支柱产业及相关产业链，建成集加工、仓储、信息、交易、价格、服务功能于一体的专业型性的现代工业物流中心。

彭家坪装备制造工业物流中心。位于兰州市七里河区彭家坪，依托彭家坪装备制造产业园，围绕兰石集团、兰电电机有限责任公司、通用机器厂、真空设备公司等企业，建立面向大型石化机械、通用机械设备制造、电工电器等产品的工业物流中心，积极推动制造业产业结构升级和创造核心竞争优势。装备制造业工业物流中心与装备制造产业园融合发展、联动发展、同步发展，实现制造业的采购、运输、仓储、代理、配送等环节的充分整合，不仅向制造业生产加工活动提供原材料、零部件采购、仓储和产成品配送销售延伸，而且向生产加工活动内部拓展，有力地促进制造业能级提升和产业结构优化。

3. 兰州东部工业物流区域。根据兰州国家高新技术产业开发区增容扩区、东进榆中发展战略，兰州东部工业物流区域以榆中为核心，带动临洮、定西，辐射“关天经济圈”，联系中国东部与西南地区。“十二五”期间应重点推进核心功能区建设、基础设施建设和公共服务网络建设，增强对资源要素的吸纳能力，围绕有色金属新材料、新能源与节能环保、生物工程及新医药、特色农业加工等产业，实现仓储、运输、物流信息服务、物流咨询与培训、商品展示交易、电子商务等功能。

土地资源丰富，交通便利。榆中盆地的可建设用地面积157.4平方公里，用地充裕；和定城市Ⅰ级主干道已全面完工，定榆城市Ⅰ级主干道正筹备实施，将有效拉近与兰州市区的距离，促进东城区与中心城区的对接融合；陇海铁路、巉柳高速和312国道以及规划陇海客运专线、兰渝铁路（在榆中设站）穿越榆中盆地，具有面向关中—天水地区和成渝地区以及东部地区的区位交通条件。

工业门类完善，产业聚集初步形成。榆中工业门类已较为完善，有工业企业322家，其中规模以上30家，基本形成了以贵金属研发、冶炼、药材生产、建材、塑编、化工等为主的工业体系。农业形成高原夏菜、农产品加工储运等优势产业，是全国无公害蔬菜生产示范基地和全省冷凉型蔬菜出口创汇基地，也是西北最大的蔬菜交易集散中心和兰州设施农业生产县。全县初步形成了以县城为中心，和平、定远、金崖、青城等建制镇为重点和“钢铁化工、高新技术、生物医药、加工仓储物流、文化人居旅游、新材料研发”六大产业园区为新的经济增长点的“一城九（乡）镇六园”的崭新发展格局。

——工业物流园区布局

和平工业物流园。位于兰州市榆中县和平镇，依托和平工业园，毗邻国道312线、309线和巉柳高速公路，距兰州铁路东站10公里，占地面积约为1.3平方公里。和平工业园主要依托金川公司，形成国家重贵金属新材料生产和研发基地，具有2000吨氧化亚镍、300吨超细钴粉、2000吨四氧化三钴、100吨高纯铜、2吨高纯镍、2吨高纯钴的生产能力。另有兰州长信电力设备、兰州腾龙电信器材、宏达铝型材、同健生物等工业企业67家，形成了有色金属新材料、化工、医药、通信器材、塑料制品、锻造等产业。随着兰州工业企业出城入园的推进，和平工业园作为承载地，工业物流量将进一步剧增。为此和平工业物流园区应基于园区周边产业布局条件，为周边产业提供产业发展的物流服务集成功能，通过对企业物流资源的整合和物流系统运行环境的改善，形成联动的发展格局，促进各产业的加速聚集和发展。同时兼顾服务“高原夏菜”、百合、药材、花卉等特色农业存储、加工等物流的需求。

——工业物流中心布局

定远工业物流中心。位于兰州市榆中县定远镇，毗邻312国道、南山快速路、定榆公路、宝兰客运专线、巉柳高速公路，交通便捷，土地资源丰富，具备物资集散、运输、交易和中转的重要条件。该物流中心依托已形成的加工仓储物流产业区，围绕兰州联合重工有限公司出城入园，甘肃省新华书店投资建设西北地区最大的图书物流中心，福建客商投资建设西北地区最大石材集散中心，青岛双星集团建设物流中心等项目，发展建材、家具制造、服装加工、蔬菜加工等产业物流，提供集包装、贮藏、运输于一体物流配套服务。

宛川工业物流中心。位于榆中县金崖镇，毗邻陇海铁路，依托宛川工业城。宛川工业城以榆钢为龙头，重点发展其相关产业，建成以钢铁业为主的集化工、新能源、新建材等多业并举的大型工业园区。“十一五”期间，榆中钢厂建成180万吨H钢、90万吨铁、60万吨型材、15万吨电焊条等生产线；鸿煜公司新建年产1000吨塑料软包装生产线。金崖镇已成为全国最大的塑料薄膜制造生产基地。宛川工业物流中心围绕钢铁、塑编、造纸等主要产业，提供产业发展的物流服务集成功能。

北龙口工业物流中心。位于皋兰县忠和镇，白兰、柳忠高速公路交汇处，进入兰州市区的北大门和对外交通的枢纽地带。围绕北龙口商贸物流产业发展仓储业、加工业，为商贸物流产业提供相关配套服务的同时，提供仓储加工服务，培植特色产业，形成运输业、仓储业、货代业和信息业等复合型工业物流中心。

六、主要任务

（一）加强现代工业物流基础设施建设

1. 加快物流园区、中心周边基础设施建设。尽管物流园区、物流中心大多分布在城市外围，铁路和高速公路的交界处附近，但由于物流园区和物流中心与交通主干线之间的道路联络线还很不完善，供水、污水、通讯、供电等管线还没有到位，基础设施服务功能比较薄弱。在现有基础上，要进一步搞好通往物流园区、物流中心的公路建设，加强与火车站、机场的衔接，完善大件公路运输体系，满足重大装备运输需要。加强与铁路部门间的协调，充分发挥现有铁路的作用，结合物流园区的布局，合理规划调整铁路货运场站布局，加快建立铁路快捷货运网络体系，提高物流园区、物流中心的公铁联运能力。

2. 加快物流园区、物流中心内部道路、管线等市政设施、口岸功能配套设施、公共服务设施基础设施建设。推广运用标准化、系列化厢式货车、大型拖车及集装箱、散粮车辆，开发使用专用车辆、城市配送车辆。通过推进物流运输服务方式的转变，解决由于运输方式落后和各种运输方式衔接不畅带来的货物在运输过程中的多次搬倒、拆装等问题，提高运输效率。采用标准化、系统化、规范化的运输、仓储、装卸、搬运、包装机具设施及条形码等技术，降低流通成本。

（二）培育现代工业物流市场和企业

1. 通过政策引导规范工业物流秩序，加大物流市场执法力度，严厉打击各种不正当竞争和欺诈行为，破除工业物流市场的地方保护和企业、行政垄断，保证物流过程的顺畅。

2. 采取外引内联、优势互补、存量盘活、资产重组等做法，对传统运输和仓储企业进行改造，鼓励现有运输、仓储、货代、联运、快递企业的功能整合和服务延伸，加快向现代工业物流企业转型。

3. 以服务水平高、竞争力强、经营规模大、发展前景好的物流企业为龙头，加大对物流企业兼并重组的政策支持力度，鼓励物流企业通过参股、控股、兼并、联合、合资、合作等多种形式进行资产重组，促其尽快做大做强，培育一批服务水平较高、竞争力较强的服务于工业企业的大型现代工业物流企业。

4. 尽快建立物流统计制度，并依据 GB/T19680《物流企业分类与评估指标》等标准建立相应的物流评价指标体系，形成制度化，加强对企业的信息引导和服务。鼓励企业按照有关国家标准开展物流企业等级评估，促进行业整体提升。

5. 推进物流管理及技术地方性标准、法规的制定与实施，开展物流标准术语、计量与设施技术标准、数据传输标准、物流运作模式与管理标准的普及工作。

（三）现代工业物流与相关产业联动发展

1. 加强对工业企业物流分离外包的指导和促进，严控工业企业物流能力无序扩张，支持工业企业改造现有业务流程，促进物流业务分离外包，提高核心竞争力。

2. 通过推动物流企业与支柱产业互动发展，进一步整合社会物流资源，促进企业内部物流的社会化。

——装备制造业物流。兰州市主要制造业（汽车、石化机械、机械、电机）企业要积极发展零配件的集中采购与生产配送、厂区物流管理和产品的销售配送一体化物流管理方式等方式。

——冶金产业物流。鼓励企业通过与流通领域物流系统的结合，充分利用社会资源解决产品销售、库存、配送等物流资源需求；对物流组织进行规划设计，提高物流效率和降低物流成本。

——高新技术产业物流。高新技术（电子信息、通信、生物制药）产业根据其原材料来源与产品销售特点，选择高质量的物流服务运行商，利用其成熟的物流组织和管理系统，与供应商、销售商和客户群体形成稳定的业务网络体系。

——石化产业物流。根据石化产品物流的特殊性，建立针对特种物资较为封闭的物流组织与服务系统，以提高物流管理与运作的专业化水平，确保安全性；

对于作为生活消费品的化工产品，鼓励与流通领域的物流组织与管理系统接轨，利用社会化、规模化和高效化的商贸流通物流系统。

——轻工产业物流。建筑原材料与产品生产企业，采用集中储存、进行简单加工和按照需求进行配送的方式进行物流管理与运作，节约企业的资金占用和仓储费用等。

——矿产资源物流。提高煤炭等矿产资源的传送、装卸自动化水平，改善堆场条件，提高港口、货站的装卸能力。鼓励相关大型企业组建专门的物流管理部门，整合资源，与第三方物流企业进行合作。

3. 大力发展第三方工业物流，促进供应链各环节有机结合，提升物流业为工业服务的能力和水平，促进现代工业与物流业有机融合、联动发展。

（四）工业物流信息化及信息平台建设

1. 以企业需求为导向，鼓励企业技术进步，推动现代信息技术在仓储、配载、物流过程中的应用；建立现代工业物流企业信息支撑体系，对内实现精益管理，对外实现物流协同，实现信息流、商流、资金流、物流的信息化融合。

2. 做好前期研究，认真分析来自于全社会各个方面的物流信息需求，对于需求种类、需求强度、需求规模、需求分布以及满足形式进行全面深入的专项研究，确定工业物流公共信息平台的建设规模。

3. 加快制定工业物流信息共享与数据交换的规范与标准，与电子口岸、电子政务的建设相互支持，建设规范、统一的工业物流公共信息平台，服务于企业、政府和行业，保证货盘、物流、资源市场信息的标准化、及时性和真实有效性，实现资源的优化配置与调度。

4. 采用企业投资、政府参与的方式建设我市工业物流公共服务平台，积极推动政府相关部门、中介机构、物流企业和物流园区之间与公共服务平台的有效连接，实现同其他城市工业物流平台的信息交互共享。

（五）物流人才引进与培养

1. 将物流学科建设作为兰州市高校建设的重要任务，根据各类高校的实际条件与学科设置，进行有针对性的集中建设；鼓励高等院校、物流企业、物流研究机构成立产学研合作发展，互相设立培训基地和实习基地，促进培养的人才符合企业需要，保证企业招收到合适人才。

2. 由兰州市相关物流协会在征集物流相关企业与部门意见的基础上，对于物流人才的认定标准、优惠政策、引进渠道以及相关协调等方面工作做出明确的制度性规定。并对未来 3～5 年全市物流人才的需求结构、需求规模和职业特点进行深入研究，提出全市物流人才引进的具体计划并逐步落实。

3. 充分发挥兰州市物流行业协会的作用和功能，与兰州市具有较高资质的培训机构合作，共同建设兰州市物流行业的人才培训体系，建立兰州市物流培训基地。各物流及相关企业也应根据自身条件和需要，在不同操作层面以各种形式开展现有职工的相关培训，有针对性地解决本企业面临的人才问题。

七、保障措施

（一）体制机制

1. 协调联动机制。一是由兰州市工信委、发改委、商务局、规划、土地、税务、建设、交通、口岸、金融、海关、检验检疫等部门领导组成现代工业物流业发展领导小组，明确部门分工，为全市工业物流发展提供组织保障。领导小组下设工业物流发展协调办公室，研究解决工业物流发展中的重大问题，提出相应的工业物流发展对策。统一协调制定符合实际的各种工业物流标准、规章、制度，加强工业物流统计核算工作，建立和完善工业物流统计指标体系，统筹推进现代工业物流标准化、信息化等基础工作。二是建立健全非政府间的横向协调机制，规范区域性行业协会和企业联合会，推进区域内工业物流基础设施的集约利用和生产要素自由流动，促进区域大交通体系、统一市场体系和公共服务体系建设，实现资源共享。三是对现有物流协会和组织进行整合，进一步集中资源，加强管理，使之成为在政府指导下制定和推广工业物流行业标准、推广先进工业物流技术和管理经验、开展工业物流信息统计、推进工业物流业发展、组织工业物流企业和从业人员资格认证和提供工业物流咨询服务的组织者和推进者。

2. 管理机制。一是加强地方法制法规建设，废除各类不符合国家法律、法规的部门或地方规定，破除地区封锁、行业垄断和市场分割，压缩、规范审批权限，为现代工业物流企业的经营和发展创造宽松的外部环境。加强收费管理，全面清理向工业物流收取的各类不当收费项目。二是调整、完善审批政策，规范企业登记注册前置性审批，在为工业物流企业办理登记注册时，除国家法律、行政法规和国务院发布的决定、规定外，取消其他前置性审批事项。改革货运代理行政性管理，取消经营国内铁路货运代理、水路货运代理和联运代理的行政性审批，加强对货运代理经营资质和经营行为的监督检查。三是加快引入竞争机制，建立统一开放、公平竞争、规范有序的现代工业物流市场体系，开放运输和物流市场，降低进入门槛，通过强化市场竞争解决运输和物流成本高、效率低的问题。根据国家和省的物流企业资质认证标准，对现代工业物流企业进行资质认证。四是建立现代工业物流企业的信用评价机构，完善信用担保机构，形成健全有效的物流企业信用担保体系。加快工业物流企业信用体系建设，建立和完善有关物流企业信用方面的法规。逐步建立企业行为档案，通过建立记录体系、公布“黑名单”等方式，加大惩罚力度，维护企业合法权益，促进企业公平竞争，诚信经营。

（二）政策措施

1. 土地政策。一是对符合相关规划的重点工业物流项目用地予以重点保障，优先予以计划安排，并享受工业园区用地相关优惠政策，耕地开垦费和征地管理费按规定标准下限收取；仓储用地（不包括配套的商业、旅游、住房等经营性用地）按工业用地和工业出让最低标准实行招拍挂。二是对重点工业物流企业以原划拨土地改建物流项目，在办理土地出让手续时给予优惠；重点工业物流企业易地搬迁，原土地拍卖所得出让金可相当部分返还用于补偿搬迁安置。三是对符合相关规划的重点工业物流项目在土地征用过程中，政府收取的土地出让金、土地增值收益全部用于基础设施建设。按发展规划要求建设的仓储设施，其报建费按规定减半收取。

2. 税收政策。一是现代工业物流企业可使用《全国联运行业货运统一发票》，其开具的发票，符合税收政策的，可计算抵扣增值税进项税额。二是对跨地区经营的直营连锁工业物流企业，符合国家政策规定的，经税务、财政部门批准，可实行由总部向其所在地主管税机关统一申报缴纳增值税、所得税。三是符合国家鼓励类产业目录的工业物流技术改造项目，购置国产设备，可按价值的40％抵扣新增所得税，进口物流设备可按国家有关规定享受免征关税、进口环节增值税。四是参与重组、兼并、收购各类传统物流企业，在组建新工业物流企业过程中发生的资产置换以及土地、房产、车辆过户等各项行政性收费，经市有关部门批准予以免交，并依照有关税收政策减征或免征契税。五是全市大中型工业企业物流业务剥离经营后新增的地方税收，由同级财政主管部门从中提取30％用于补助该企业。上述企业因物流业务剥离经营后导致企业总体税负增加，且给予30％补助后仍不能弥补部分，由同级财政主管部门从该企业因物流业务剥离经营后新增的地方税收部分予以补助。

3. 融资政策。一是在市财政专项资金中每年安排一定资金支持现代工业物流业的发展，重点扶持我市重点工业物流基础设施项目建设和重点工业物流企业发展。市有关部门管理的货运基金、技术创新资金、科技开发资金、信息化改造传统产业资金等，应积极支持工业物流企业的货运站场建设、工业物流企业信息化改造项目。二是引入市场竞争机制，拓宽融资渠道，通过政策引导，外引内联，鼓励不同所有制投资者，尤其是外资企业和民营企业参与工业物流设施项目的建设和发展工业物流企业。三是坚持高起点、高标准运作，采取积极运用财政贴息，引导信贷资金，鼓励融资担保，支持工业物流企业股票上市融资，或到境外资本市场直接融资等手段。四是对有发展前途的工业物流服务企业，金融部门要积极提供信贷资金支持，在落实抵押担保的前提下，适当放大贷款的比重，对工业物流服务的龙头企业，要提供全方位金融服务。

032

关于印发新疆电子商务“十二五”发展规划的通知

新商发〔2013〕121号

各有关单位，伊犁州商务局，各地、州、市商务局：

经自治区人民政府批复，现将《新疆电子商务“十二五”发展规划》（新商〔2013〕94号）印发你们，请结合实际认真贯彻执行。

新疆商务厅

二〇一三年六月十八日

新疆电子商务“十二五”发展规划

新疆商务厅

2013年6月18日

电子商务，是商务活动的信息化，是新经济的典型代表，是企业降低成本、提高效率、拓展市场和创新经营模式的有效手段。在优化产业结构、转变经济发展方式和保持经济创新活力方面的作用不可替代，在扩大消费、改善民生和带动就业方面具有重要意义。

新疆具备发展电子商务的独特区位和资源禀赋优势，及早重视和发展电子商务有利于实施创新驱动，有利于打造中国西部区域经济增长极和向西开放桥头堡，有利于做大做强特色优势产业。电子商务是推进新疆后发赶超、跨越式发展的一个强大助推器。

本规划是落实国家《服务业发展“十二五”规划》、《电子商务“十二五”发展规划》和《商务部关于“十二五”电子商务发展的指导意见》，《新疆维吾尔自治区国民经济和社会发展第十二个五年规划纲要》和《新疆维吾尔自治区第十二个五年商务发展规划》的重要举措，是“十二五”时期进一步推动新疆电子商务发展的指导性文件。

一、区内外电子商务发展现状

（一）国内电子商务发展现状

电子商务在我国工业、农业、商贸流通、交通运输、金融、旅游和城乡消费等各个领域的应用不断得到拓展，应用水平不断提高，正在形成与实体经济深入融合的发展态势。2011 年，国内电子商务交易额 5.88 万亿元，同比增长 29.2%，相当于当年国内生产总值的 12.5%；面向直接消费者的网络零售增速更快，“十一五”期间年均增速达 100.8%，成为拉动需求、优化消费结构的重要途径；网络零售用户规模达 1.94 亿，交易额超过 7500 亿元，占社会消费品零售总额的比重突破 4%。

以平台服务、信用服务、电子支付、现代物流和电子认证等为代表的电子商务服务企业发展很快。截至 2011 年底，国内电子商务服务企业数量超过 15 万家，支撑超过 3 万亿交易规模，电子商务服务业收入超过 1200 亿。国内网络基础设施不断改善，用户规模快速增长。截至 2012 年 6 月底，网民数量达到 5.38 亿，互联网普及率为 39.9%，网上银行和网上支付用户规模 1.91 亿和 1.87 亿，手机网民数量达到 3.88 亿，已经成为国内网民的第一上网终端。相关部门协同推进电子商务发展的工作机制初步建立，设立电子商务发展专项资金，围绕促进发展、电子认证、网络购物、网上交易和支付服务等主题，出台了一系列政策、规章和标准规范，为构建适合国情和发展规律的电子商务制度环境进行了积极探索。

在电子商务快速发展的同时仍然存在着一些比较突出的问题。一是电子商务对促进传统生产经营模式创新发展的作用尚未充分发挥，对经济转型和价值创造的贡献潜力尚未充分显现。二是电子商务应用在地区、城乡和企业间发展还不平衡，农村、中小企业和传统流通企业电子商务应用亟待扶持引导。三是电子商务的商业模式尚不成熟，服务能力尚待增强，服务水平尚待提高，服务范围尚待拓展。四是电子商务发展的制度环境还不完善，相关法律法规建设滞后，公共服务和市场监管有待增强，信用体系发展亟待加强。五是推进电子商务发展的体制机制有待健全，投融资环境有待改善，统计与监测评价工作亟待加强，全社会对电子商务的认识有待进一步提高，对网络空间的经济活动规律有待进一步探索。

（二）我区电子商务发展现状

1. 电子商务发展的基础条件较好。2011 年底，我区互联网宽带用户达到 208.78 万户，网民 883 万，普及率 40.3%，排在全国 31 个省区的第 9 位；移动互联网用户达到 901.7 万户，同比增长 34.24%，高于全国手机网民 17.5%的增速，在移动用户中的渗透率达到 53.96%，高于全国 36.5%的平均水平。2012 年 5 月，继北京、上海、广州之后，乌鲁木齐成为第四个国际通信业务出入口局，为我区跨境电子商务发展提供了良好的网络基础设施。

2. 企业电子商务应用普及程度低，行业间发展不均衡。截至 2012 年 6 月，我区工业、建筑、批零、住宿和餐饮行业中有 33. 6%的企业开展电子商务应用，低于 2010 年底全国 42.1%的平均水平。从行业看，37.8%的住宿餐饮企业开展电子商务应用，普及程度最高；27.1%的建筑企业开展电子商务应用，普及程度最低。从规模看，56.8%的大中企业开展电子商务应用，远高于小微企业30.2%的电子商务普及率。

3. 电子商务发展模式缺乏特色，没有充分发挥资源和区位优势，运营水平较低。2011年，我区电子商务交易额175亿，占同期GDP的2.7%，低于全国12.5%平均水平。其中，应用电子商务完成进出口贸易额7300万美元，占当年进出口贸易总额的0.3%；网络零售交易额37亿元，占同期社会消费品零售总额2.4%，低于同期全国4.2%的平均水平。

4. 电子商务服务企业近来发展较快，对我区企业电子商务应用的推进作用逐渐显现，但总体数量少、规模小，缺少龙头企业，没有国内外知名电子商务服务企业入驻，创新、服务和支撑能力亟待提高。面向中亚、俄罗斯市场的跨境电子商务平台和依托新疆特色优势资源的垂直型电子商务平台发展较快；快递企业发展迅速跟进，2011年全区快递企业达292家；新疆数字认证中心作为国家首批获得《电子认证服务许可证》的第三方电子认证服务机构，发放数字证书超过10万张，已在工商、税务等行业的网上业务系统中得到较好应用；新疆润物网络有限公司成为西北五省第一家获取第三方支付牌照的非金融机构。

5. 各级政府推进电子商务发展工作有所起步，但力度和措施有限。区商务厅等政府部门正在研究和制定推进我区电子商务规范发展的一系列措施办法，新疆电子商务协会已获批成立；乌鲁木齐市高新区和伊犁州奎屯市获批为国家电子商务示范基地；内外贸公共服务平台、电子口岸、企业基础信息平台、交通物流信息平台、产品检测信息发布平台、电子商务监管系统等一批支撑电子商务发展的重要系统正在建设或运行；发改委、经信委、商务厅、科技厅开始对区内部分企业电子商务项目提供小规模资金扶持。

6. 我区电子商务发展存在一些急需突破的问题。一是企业电子商务应用的动力和压力不足。企业是电子商务应用的主体，但63.5%以上企业认为自己不需要、不适合电子商务，66%以上的企业不打算开展电子商务应用。二是我区缺少发展电子商务切实有效的促进措施。电子商务发展需要良好的发展环境和强大的支撑体系，我区电子商务发展环境和支撑体系落后于电子商务发达省区，需要各级政府在电子商务顶层设计、公共服务平台、仓储物流体系、标准规范、信用体系、统计监测体系、投融资机制、协同推进机制等方面做更多的有针对性的具体工作。三是电子商务各类专业人才不足。专业人才中的规划、运营等高端人才尤其匮乏，人才不足在电子商务服务企业和以电子商务为主要商务活动方式的企业尤为突出，已成为制约其发展的主要因素。

二、指导思想、基本原则与发展目标

（一）指导思想

以邓小平理论和“三个代表”重要思想为指导，深入贯彻落实科学发展观，以促进新疆“三化”进程、打造中国西部区域经济增长极和向西开放桥头堡为战略目标，以加强人才培养、技术引进和普及深化电子商务应用为重点，以做大做强特色优势产业和对外贸易为突破口，以健全制度体系和营造良好发展环境为保障，调动社会各方面的积极性，通过创新驱动，充分发挥电子商务在新疆跨越式发展中的战略性作用。

（二）基本原则

1. 企业主体，政府推动。发挥企业在电子商务发展中的主体作用，坚持市场化运作，按市场规律推进企业电子商务普及和深化应用。处理好政府与市场的关系，创建有利于电子商务发展的环境和支撑体系，运用政策、培训、资金、示范、宣传等多种手段推进电子商务发展。

2. 重点突破，示范带动。坚持重点突破与全面发展相结合，依托我区特色资源和区位优势，选择和支持一批重点工程快速突破。在深入推进国家电子商务示范基地的基础上，创建一批区级电子商务示范城市、示范基地和示范企业，通过示范、辐射、带动，全面提升我区电子商务发展水平。

3. 高点创新，后发赶超。广泛、深入学习国内电子商务应用先进地区在政策、模式等方面的成熟经验，在电子商务发展环境、支撑体系、人才培养、电子政务与电子商务融合发展、云计算应用、移动电子商务、电子口岸等现阶段电子商务发展制高点进行创新和实践，充分利用比较优势和后发优势实现我区电子商务跨越式发展。

4. 规范发展，保障安全。正确处理电子商务发展与规范的关系，在发展中求规范，以规范促发展。依据国家相关制度建立完善符合我区区情的电子商务法规、标准、监管和统计监测体系，通过规范手段促进我区电子商务可持续发展。

（三）发展目标

到2015年，电子商务进一步普及深化，对我区经济和社会发展的贡献显著提高。平台、支付、物流、安全、认证、培训等电子商务服务企业的数量、规模和能力均有较大程度的提高，电子商务服务产业初步形成，并在现代服务业中的比重明显上升。电子商务制度体系基本健全，初步形成安全可信、规范有序的电子商务发展环境。

——电子商务交易总额突破1000亿元。其中，企业间电子商务交易规模超过800亿元，网络零售交易规模超过200亿元，网络零售额占我区社会消费品零售总额的比例超过7%，应用电子商务完成进出口贸易额占我区进出口贸易总额的3%以上。

——大型企业应用电子商务比率达到80%以上，经常性应用电子商务的中小微企业比率达到50%以上，其中的60%深入到网络采购、网上销售的较高阶段。

——依托特色资源和区位优势，培育15个国内有影响力的垂直型（包括单品）电子商务平台、跨境电子商务平台和大宗商品网上交易平台。引进3家国内外知名企业在我区设立电子商务区域总部或功能总部。

三、主要任务

（一）推动电子商务应用普及和深化

进一步提高企业信息化水平，夯实企业电子商务应用基础。推进大型企业深化电子商务应用，支持企业间业务流程和信息系统的互联互通，实现基于电子商务的供应链协作，增强供应商、企业和客户在线和实时协作的能力，发展电子采购和电子分销。支持大型企业自建电子商务平台或电子商务服务外包，推动平台与企业内部管理系统的对接和集成。鼓励中小企业运用第三方电子商务服务平台，开展在线采购、销售、结算等电子商务应用。鼓励大中型零售企业创新发展网络零售，建设线上线下一体化、实体与虚拟相互融合的电子商务零售平台。积极推进电子商务与亚欧博览会的紧密结合，逐步打造独具特色的网上24小时不间断展示和进行实时交易撮合的永不落幕的网上亚欧博览会。鼓励发展网络零售平台和社区电子商务。大力发展电子客票、电子货单。支持和规范团购电子商务发展。鼓励大型快递企业依托物流配送网络发展面向消费者的电子商务。有序发展C2C和O2O电子商务。

（二）完善电子商务支撑服务体系

1. 加快电子商务服务企业发展。依托新疆特色资源和区位优势，借助国内外成功经验，建设一批有影响力的垂直型电子商务平台、大宗商品网上交易平台和跨境电子商务平台。依靠中央对口援疆机制，积极引进若干国内具有影响力的电子商务服务企业落户新疆或设立新疆分支机构。完善电子认证体系，为社会提供可靠的电子认证服务，大力推动数字证书、电子印章、电子签名在电子商务领域的应用。鼓励金融机构建设在线支付平台，提供基于互联网、手机电话、自助终端等设施进行支付的各种电子支付服务；支持非金融机构电子支付企业积极开拓网上支付业务，推动形成多元化的电子支付体系，促进电子支付良性竞争。支持建设一批符合电子商务发展需要的物流配送中心，增强对电子商务发展的支撑能力；支持电子商务企业与物流企业数据库对接，提高快递、零担、城市配送企业的电子商务物流服务协同力。

2. 建设一批支撑电子商务发展的公共服务平台。加快电子政务发展，推动电子政务与电子商务融合发展，以政府主导、市场运营方式高起点建设一批支撑我区电子商务后发赶超的公共服务平台。初期重点建设的公共服务平台包括：企业信用公共服务平台、内外贸公共服务平台、物流公共服务平台、特色农产品公共服务平台、旅游公共服务平台。

3. 强化电子商务投融资服务。支持设立电子商务投融资机构，进一步拓宽电子商务投融资渠道，加强对电子商务技术创新和模式创新的资金支持。鼓励金融机构加强对电子商务企业的信贷支持，扩大电子商务企业贷款抵质押品范围。建立和加强政府财政资金对发展电子商务的引导和支持作用，形成政府引导性投入与社会资本投入互补的投融资机制。

（三）优化电子商务发展环境

1. 建设电子商务集聚区。依托乌鲁木齐市高新区、伊犁州奎屯市两个国家示范基地和拟建自治区级示范城市、示范基地，建设一批电子商务集聚区。加强电子商务集聚区建设规划，制定配套优惠政策措施，完善综合服务体系，发挥电子商务集聚区的集聚、示范和辐射作用。

2. 健全电子商务标准体系。在国家电子商务发展政策法规、标准体系的基础上，围绕电子商务信息发布、网上交易、电子支付、物流配送、售后服务、纠纷处理等各环节制定一批规范和标准，加大推广、监督和认证力度，为电子商务高效率运行提供良好环境和氛围。

3. 支持和鼓励电子商务技术和模式创新。利用新一代移动通信、物联网、云计算、三网融合、下一代互联网等新型信息技术，推动电子商务技术创新。支持和鼓励企业通过电子商务云开展电子商务应用，积极探索电子商务应用模式创新。推进电子政务制度化建设，提高政府采购电子商务水平，以电子政务促进电子商务发展，通过电子政务与电子商务融合发展，抢占电子商务发展制高点。

4. 加强电子商务产学研合作和高端专业人才引进。鼓励高等院校、科研院所积极开展电子商务理论与应用基础研究。鼓励政府、高校、职业院校、企业及研究机构联合培训电子商务技术、营运和服务人才，鼓励通过校、企、研多方合作创立电子商务创业基地。积极利用自治区现有高级人才引进政策、对口援疆人才支持及国内知名电子商务企业设立分支机构等多种方式引进高端电子商务人才到我区发展。

5. 多渠道、多形式开展电子商务宣传和培训工作。加大对电子商务发展基本知识、成功案例、示范企业的宣传力度，提高全民认知水平；依托相关政府和行业组织，积极开展电子商务专业知识培训，推动更多企业开展电子商务应用；积极举办电子商务发展相关论坛、电子商务行业博览会及国内外电子商务交流等活动。

（四）提高对外贸易电子商务应用水平

加强电子商务在国际贸易和对外经济合作中的应用，加大投入加快我区外贸公共服务平台和电子口岸建设，实现对外贸易相关部门系统互联互通和信息共享，建立有效的国际化电子商务运营模式，提高跨境电子商务公共服务水平。引导、支持对外贸易重点企业和出口加工基地积极运用电子商务开拓国际市场，鼓励企业通过电子商务完善进出口代理业务，提高贸易便利化水平。大力发展对外贸易撮合、认证征信、人民币跨境结算等电子商务增值服务，重点支持一批有竞争力的第三方跨境电子商务平台建设，培育一批集报关、退税、国际物流、海外仓储、汇兑服务于一体的跨境电子商务服务企业，为中小企业开展国际电子商务提供支撑。

四、重点工程

（一）电子商务应用培训工程

与电子商务应用紧密相关的政府部门深入了解本行业电子商务应用特点及行业内企业对电子商务培训的需求，编制年度培训计划，安排配套资金，从科研院所、电子商务服务企业和示范企业选择专业的电子商务人员组成培训师资团队，对企业进行有针对性和注重实效的培训，快速提高我区企业电子商务普及程度和应用水平。

（二）电子商务示范工程

在区内选择一批地方党委政府高度重视、领导意愿强烈、信息化和电子商务应用水平基础条件较好的地州市、县区和企业开展国家和自治区电子商务示范城市、示范基地和示范企业的创建工作试点，给予一定的政策倾斜和引导性资金支持。在乌鲁木齐市高新区、伊犁州奎屯市两个国家电子商务示范基地开展电子商务园区或专业楼宇建设试点工作，以电子商务园区或专业楼宇为载体，研究制定优惠政策，利用援疆机制和其他方式积极引进国内知名电子商务服务企业，重视培育和扶持本地电子商务服务企业，加快电子商务产业集聚、集成发展，推进企业电子商务深入应用，发挥辐射带动作用。

（三）电子商务平台建设工程

1. 电子商务公共服务平台建设。在我区已有和在建的内外贸公共服务平台、电子口岸、企业基础信息共享平台、交通物流信息平台、产品检测信息发布平台、电子商务监管系统的基础上基于云计算模式实现互联互通和信息共享，建设和运行我区统一的电子商务公共服务平台。利用对口援疆和亚欧博览会机制，促进形成电子商务公共服务平台面向国内外市场延伸的官方沟通机制。电子商务公共服务平台由政府主建并提供部分运营资金支持，运营和维护采用市场化方式，降低我区企业利用电子商务开拓国内外市场的成本和风险。

2. 电子商务交易平台建设。支持龙头企业和电子商务服务企业依托我区特色资源和区位优势建设一批垂直型（包括单品）电子商务交易平台、大宗商品网上交易平台和跨境电子商务交易平台。如以干果为代表的特色林果电子商务交易平台，以新疆优势特色资源为代表的大宗商品网上交易平台，以出口加工基地为依托的机电、高新技术产品和特色地产品为代表的跨境电子商务交易平台等。同时，充分利用对口援疆和亚欧博览会提升我区电子商务交易平台在国内外市场的影响力。

（四）重点行业推进工程

1. 旅游业电子商务应用。继续加大对由旅游局、景区、旅行社、酒店、餐饮企业和电子商务服务企业共同参与的旅游业电子商务公共服务平台建设，通过旅游公共服务平台为游客提供吃、住、行、娱一体的旅游体验，进一步促进我区旅游业的可持续发展。

2. 农村电子商务应用。加大针对农牧民群体的电子商务知识、网络营销推广技术的培训力度；支持农民依托商务部与中组部建设的“新农村商网”或其他第三方电子商务平台直接开展农产品网上销售；支持农业大户和农村经济合作组织积极通过自营、委托或合作等多种方式开展电子商务应用示范。在“万村千乡市场工程”、“农超对接”、“西果东送”、“三农信息服务平台”现有运行体系内拓展电子商务应用，在农牧民和市场间增加一个更为便捷的直接通道。

（五）企业普及应用工程

1. 生产性龙头企业的电子商务应用。在各行业中选取 2～3 家积极性较高、信息化水平较高的生产性龙头企业以供应链信息化为基础，以协调上下游实体购销渠道拓展网络购销为抓手，推进产业链整体电子商务应用水平提升和快速发展。

2. 大中型传统市场的电子商务应用。每地州支持 1～2 家在本地有影响力的传统市场通过自建、代运营、合资等多种方式开展电子商务应用，通过线下市场和网上市场的融合发展，推动线下市场升级改造，提升管理、服务和信息化水平，提高信息传播、用户覆盖、开拓创新等多方面能力。

3. 中小微企业的电子商务普及应用。通过宣传、培训等多种手段全面推进中小微企业开展电子商务应用；鼓励小微企业通过区内外知名第三方电子商务平台开展电子商务应用；对在电子商务应用上取得成效的中小微企业提供一定的资金补贴，在普及性应用的基础上引导部分中小微企业开展深入应用。

（六）社区电子商务推进工程

依托于社区的办公场所、网络和服务系统，建立社区服务网站，为社区居民提供公用事业收费、行政事业收费、电子机票、火车票、汽车票、保险费、景点门票、非处方药品、图书、社区服务信息、彩票、菜篮子、房产信息等各类信息化服务；鼓励社区便民直销点、社区内外的生产、销售和服务企业通过社区服务网站为社区居民提供丰富、质优、价廉、便捷的产品和服务；鼓励和支持区内有影响力的零售企业在社区设立营销网点，利用社区服务网站进行线上网店和线下实体店融合（O2O）模式的实践，为社区居民提供安全、品质和人性化的消费选择。

（七）移动电子商务应用推进工程

移动电子商务是电子商务的发展趋势和制高点，十分适合新疆地广人稀的地域特点，是我区电子商务发展的重点方向。鼓励移动运营商、企业和电子商务服务企业积极开展移动电子商务规划、布局和应用。支持自治区有条件城市积极开展智慧城市和无线城市建设。在公共服务、支付、餐饮、交通、旅游等应用前景较好的领域积极开展移动电子商务应用，以取得重点突破和较显著的效果。落实金融移动支付系列行业标准，充分利用金融 IC 卡安全、便捷优势及我区金融机构在金融 IC 卡发行和应用方面所做的大量工作，推进我区移动电子商务快速发展。

五、保障措施

（一）加强组织保障

一是建立以自治区政府主导、电子商务发展相关部门参与的联席会议制度，通过联席会议制度，加强相关部门在电子商务专项规划编制、政策制定、重大项目审理、标准规范制定等方面的协调配合，形成管理和服务合力。二是在乌鲁木齐市高新区、伊犁州奎屯市两个国家电子商务示范基地及拟建的自治区电子商务示范城市、示范基地设立主要领导牵头的电子商务协调推进机构，在区域整体规划的基础上制定电子商务发展规划，做好电子商务发展顶层设计，制定本级政府年度电子商务工作重点、目标和考核办法，并纳入到本级政府年度目标考核体系。三是发挥自治区电子商务协会的作用，通过协会加强政府、龙头企业、电子商务企业、高等院校和专家队伍在协同推进电子商务发展中的积极作用。

（二）加强电子商务发展环境建设

一是由商务厅牵头，统计局配合建立自治区电子商务统计监测体系，为推进自治区电子商务发展提供决策依据。二是加快自治区企业基础信息共享平台建设，并向企业信用公共服务延伸，为我区电子商务应用提供良好的信用环境。三是由自治区质量技术监督局牵头，逐步建立支撑我区电子商务持续发展的服务规范、技术标准和特色产品地区标准，加快产品质量、计量检定、特种设备检验等检验检测公共服务平台建设，打击电子商务领域制售假冒违法行为。四是由自治区工商局牵头加大电子商务应用中的违禁品销售、商业欺诈、以次充好等违法交易的打击力度；推进“12315”等相关消费维权体系向电子商务领域延伸，积极研究和探索网络环境下有效维护消费者权益的制度和措施；通过电子商务监管系统增强电子商务网站的真实可信度，发现电子商务交易中存在的问题；协同相关部门、协会探索建立电子商务发展的长效治理机制。五是加快由自治区经信委牵头“天山云”的建设和应用，在“天山云”中设立支撑新疆电子商务发展的电子商务云，通过电子商务云应用提高电子商务运营效率、降低电子商务应用成本；六是发挥网络运营商作用，加快网络基础设施建设和“三网融合”，为电子商务发展创造更加有利的基础环境。

（三）设立电子商务发展专项资金

电子商务发展专项资金支持的主要方向包括：自治区电子商务发展规划所列七个重点工程的资金支持；电子商务服务企业技术研发、业务开拓创新等方面的资金支持；电子商务宣传推广、专业人才培育、引进电子商务人才等方面的资金支持。此外，在现有各类项目支持下安排一定比例用于支持我区电子商务发展，作为自治区电子商务发展专项资金的补充。如在中小企业发展、技术改造、促进信息化等专项资金中安排一部分资金用于支持企业的电子商务应用；自治区科技计划加大对电子商务相关平台、支付、物流、安全、认证等关键技术研发项目的支持。

（四）加强宣传教育和人才培育

通过传统和网络媒体多渠道加大电子商务应用宣传力度，在自治区范围内形成关注和积极开展电子商务应用的良好氛围。在各级党校、行政学院和国家公职人员继续教育中就不同层级安排有针对性的电子商务培训，提高政府公务人员对电子商务重要性的认识；各级政府相关部门制定本行业企业电子商务应用培训方案，安排人员和配套资金落实本行业企业的电子商务应用培训，鼓励和支持社会资源开办电子商务专业人才培训和中介机构，为企业提供各层面尤其高端电子商务专业人才；推动自治区高校和职业技术学校加大电子商务专业招生和在实际运营经验方面的培养力度，引导电子商务专业学生向重点产业、重点工程和开展电子商务应用的企业集聚；支持企业与高校、专业培训机构联合开展电子商务人才与研究基地建设。

附件：名词解释（略）

二 区域性物流节点城市

033

区域性物流节点城市

区域性物流节点城市包括：

哈尔滨、长春、包头、呼和浩特、石家庄、唐山、太原、合肥、福州、南昌、长沙、昆明、贵阳、海口、西宁、银川、拉萨共17个城市。

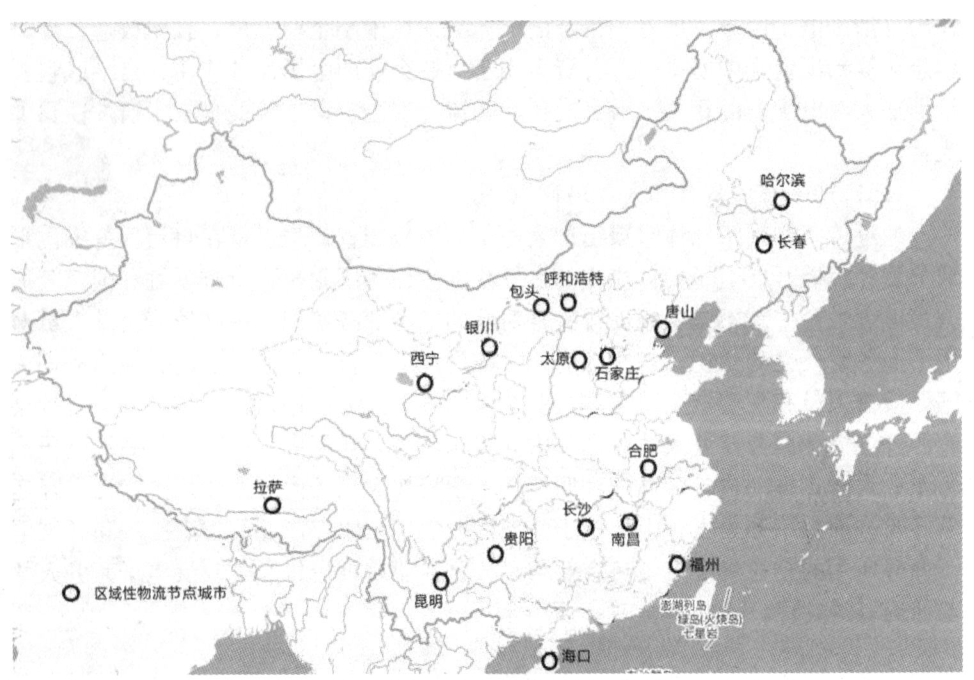

区域性物流节点城市分布示意图

——《国务院关于印发物流业调整和振兴规划的通知》

国发〔2009〕8号

二〇〇九年三月十日

034

哈尔滨市现代服务业发展“十二五”规划

哈尔滨市发展和改革委员会

为进一步调整产业结构，加快转变经济增长方式，全力推动我市金融、旅游、现代物流、文化、房地产、信息服务等产业发展，根据《国务院关于加快发展服务业的若干意见》（国发〔2007〕7号）、《国务院办公厅关于加快发展服务业若干政策措施的实施意见》（国办发〔2008〕11号）、《黑龙江省人民政府印发关于促进服务业加快发展意见和若干政策的通知》（黑政发〔2010〕74号）和《哈尔滨市人民政府关于加快发展服务业的实施意见》（哈政发〔2009〕11号）精神，结合我市实际，制定本规划。

一、发展基础与环境

（一）发展基础

“十五”以来，我市在振兴东北等老工业基地战略推动下，服务业发展体制、政策环境发生深刻变化，市场化程度显著提高，现代服务业发展进入加速期，产业内部结构进一步优化。

规模持续扩大。服务业增加值从2005年的884.5亿元增加到2009年的1614亿元，年均增长14.2%，对GDP增长的贡献率为54%；服务业固定资产投资从2005年的479.5亿元增加到2009年的1254亿元，占全市固定资产投资的66.3%。服务业已成为拉动我市经济增长的主要力量。

结构不断优化。现代服务业发展速度呈逐步加快趋势，占服务业比重逐年提高。其中，金融、物流、文化、房地产、信息业增加值从2005年的323亿元增加到2009年的534.8亿元，年均增长13.4%，占服务业比重的33.1%；旅游业总收入从2005年的122.6亿元增加到2009年的310.2亿元，年均增长26.1%。

创新步伐加快。技术改造进一步升级，信息技术、网络技术以及在此基础上形成的服务业信息化平台得到越来越广泛应用；商贸、金融、物流等呈现集群化发展态势；外资、民资进入服务业领域规模不断扩大；信息服务业、科技咨询、动漫、服务外包、社区服务等新兴业态成为服务业发展的新亮点。

吸纳就业能力增强。全市服务业从业人员从2005年的172.6万人增加到2009年的207.9万人，占全市从业人数比例由2005年的37.8%增加到2009年的42.9%，服务业就业规模进一步扩大。

我市服务业发展虽然有了质的飞跃，对拉动经济增长、提升城市载体功能和促进就业的贡献不断增强，对全省辐射和带动作用不断提升，但与其他副省级城市相比，还存在较大差距。主要表现在：总量规模相对落后，2009年，我市服务业增加值在15个副省级城市中排在第12位；现代服务业在服务业中比重偏低，高端服务业发育不足，其中，金融业7.4%、房地产业5.8%、文化产业7.47%、物流业11.5%；市场化、产业化、社会化程度不高，部分领域仍有较严格的市场准入限制，大中型企业中仍保留着许多非核心业务，大量服务需求内置；服务业与其他产业关联度、融合度不高，第一、第二产业对第三产业拉动不足，第三产业对第一、第二产业没有形成有力支撑。

（二）发展环境

"十二五"时期，我市发展现代服务业处于极为有利的环境。世界经济正在发生深刻变化，服务业呈现规模不断扩大、带动效应不断增强、国际转移明显加速的发展态势。目前，我国已进入工业化中后期发展阶段，服务经济进入迅速扩张期，国家为加快发展服务业，相继出台了《关于加快发展服务业的若干意见》等一系列政策，服务业发展获得政策支持。今年，我市确定了建设北国水城、工业大城、科技新城、文化名城、商贸都城的战略任务，进一步扩展我市现代服务业的发展空间。随着我市城市化、工业化、一体化的快速发展，传统服务业的规模扩张和改造升级将进一步加速，金融、旅游、物流、文化、房地产、信息等现代服务业将为服务业增长注入新的强劲动力，第一、第二、第三产业的融合度将大幅度提升。

二、指导思想和目标

（一）指导思想

以科学发展观为统领，按照"北跃、南拓、中兴、强县"发展战略和建设现代大都市的要求，抓住新一轮国际服务产业转移和国内服务业大发展的重大历史机遇，以改善民生为根本，以结构升级和经济发展方式转变为主线，以体制创新和扩大开放为动力，改造提升传统服务业，大力发展现代服务业，提高产业融合度，优化空间布局，全面提升服务业发展水平，构建立足黑龙江、服务东北北部、辐射东北亚的综合性现代服务业中心城市。

（二）发展目标

"十二五"时期，服务业年均增长速度达到13%，金融、旅游、文化、信息等现代服务业增速高于服务业平均增速5个百分点以上。规划建设重点项目150个，计划总投资3800亿元。到2012年，服务业增加值达到2480亿元，对经济增长的贡献率达到54%；到2015年，服务业增加值达到3800亿元，贡献率达到55%以上，占GDP达到52%以上。初步建成东北亚区域重要的金融中心、商贸中心、旅游中心、物流中心、科技研发中心和信息中心。

三、发展重点

（一）大力发展金融业，建设东北亚区域重要金融中心

进一步加快金融业对外开放，深化地方金融机构改革，加快金融工具创新，强化金融要素支撑，完善金融市场体系，建设东北亚区域重要的金融中心。规划建设松北金融中心、哈南中央商务区等重点项目，计划投资 180 亿元。到 2012 年，实现金融业增加值 260 亿元；到 2015 年，实现金融业增加值 570 亿元，占 GDP 的比重达到 8%以上，年均增长 30%以上。

深入推进地方金融机构改革。支持哈尔滨银行拓展经营规模和推进业务创新，进一步增加省内外分支机构的数量和规模，加快推动股票上市发行工作。壮大江海证券公司投资银行和期货业务。进一步强化中融国际信托投资公司支持本地经济发展的作用。组建地方性法人保险机构。以重庆模式推动市属国有资本重组，构建 5～8 个百亿元以上资产政府投融资平台。充分利用市属国有上市公司资源，发挥其资本整合作用。

加大金融创新力度。加快发展创业投资，进一步扩大创投引导基金规模，推动创投基金集群化发展。做大政府担保基金规模，引导其向母基金方向发展。积极争取设立产业投资基金。支持有条件的金融机构设立金融租赁公司，拓宽地铁、公交、供热等公益事业的筹融资渠道。推动银行、证券、保险、信托业务的相互融合。争取各级保险资金介入全市基础设施等关键领域。充分利用民间资金，积极发展小额贷款公司。

加快金融业对外开放。服务国家“两种资源、两个市场”的国际化战略，打造全国性对俄投融资平台。推动国际结算，吸引更多的贸易企业以哈尔滨为基地开展结算业务。发展金融服务外包业务。积极推动优质资产境内外上市。推动跨境贸易人民币结算试点申请工作。推动金融市场开放，积极引进国内外金融机构，鼓励地方金融机构到海参崴、哈巴等地开设分支机构。

加快完善金融市场体系。全力打造松北金融中心。以非上市公司股权转让市场为突破口，启动多层次资本市场构建工作。在松北区辟建哈尔滨农村要素资源交易中心，夯实城乡统筹发展的市场基础。扶持发展村镇银行等农村金融机构，优化县域经济发展的金融支撑环境。

（二）做大旅游业，打造东北亚重要的旅游中心

按照建设“北国风光特色旅游区”的战略构想，充分利用冰雪风光、避暑消夏、自然风景、历史文化等资源优势，将我市打造为冰雪国际旅游名城、全国避暑度假胜地、时尚休闲之都，使旅游业发展成为我市重要的支柱产业。规划建设欢乐太阳岛等重点项目 20 个，计划投资 180 亿元。到 2012 年，实现旅游总收入超过 600 亿元，年均增长 23%，占全市 GDP 的比重达到 10%以上，实现 3 年翻

一番；到2015年，旅游总收入力争突破900亿元。

弘扬冰雪文化，构筑冰雪国际旅游名城。进一步提升“中国・哈尔滨国际冰雪节”、“中国・黑龙江国际滑雪节”品牌知名度，以大太阳岛和亚布力为核心区域，做大做强冰雪大世界和太阳岛雪博会，辟建冰雪迪士尼乐园及冰雪文化旅游常态性演出剧场等新型冰雪旅游项目，将亚布力滑雪场创建成国家级滑雪旅游度假胜地。

推进松花江旅游景观带建设，进一步打造太阳岛国际品牌。开发建设沿江生态景观大道、苟岛、太阳岛世博园、松江百里湿地公园，建设“二纵、四横、十八湖”松北水网。发展森林旅游，提档升级横头山等国家级森林公园，将凤凰山打造成国家级风景名胜区。

传承欧陆文化，发展休闲旅游。深入挖掘历史文化，加强对文化名胜资源的保护和开发，建设欧陆文化名城。将中央大街、果戈里大街、中华巴洛克等特色街区打造成时尚休闲核心集聚区。打造江北科技新城、哈南工业新城、群力新区等新的时尚休闲区域。扩大哈尔滨啤酒节、哈夏音乐会、国际动漫周等品牌的影响。发展博物馆游、教堂游、领事馆游、工业游、休闲农业等特色休闲旅游。

（三）加快发展物流业，构建东北亚区域重要物流中心

依托国家和省的大通道建设，重点完善基础设施和市场建设，发展大物流、大平台、大服务，构建东北亚区域重要的物流中心。规划建设龙运物流园、哈南新城综合物流园等重点项目18个，计划投资190亿元。到2012年，全市实现物流业增加值290亿元，2015年实现物流业增加值450亿元，年均增长16%以上，占全市GDP比重的6%以上。

打造“六园多节点、一核多放射”的物流产业发展空间布局。重点建设哈尔滨龙运物流园区、哈尔滨新香坊物流园区、空港物流园区、哈东物流园区、松北物流园区和哈南新城综合物流园区。规划建设哈尔滨重型装备及机电产品物流中心、润恒农副产品物流中心、哈药集团物流配送中心和哈尔滨化工物流配送中心等一批专业物流和配送中心。打通哈满、哈牡绥、哈大、哈黑、哈同、航空及城乡物流通道，促进产业集聚，努力提高物流服务水平，带动周边区域物流业的发展。

推动重点产业与物流业联动发展，培育发展重点领域物流龙头企业，加强粮食、食品、医药、化工、装备制造产品及相关产品物流设施和配送体系建设。大力发展第三方物流，鼓励和支持国际知名物流企业来哈投资创业。加快推进物流信息化建设，建设物流公共信息服务平台。

（四）积极发展文化产业，建设国际文化名城

依托冰雪风光、音乐名城、金源文化等资源优势和产业基础，建设松北、群力、哈南等文化产业集聚区，重点突破数字新媒体、文化创意和动漫等新兴文化

产业，创建地域特色文化品牌，培育壮大龙头企业，将文化产业培育成我市战略性优势产业，建设国际文化名城。规划建设重点项目 16 个，计划投资 127 亿元。到 2012 年，实现文化产业增加值 260 亿元。到 2015 年，实现文化产业增加值 580 亿元，占全市 GDP 比重的 7%以上，年均增长 30%以上。

建设文化产业集聚区。通过扩大平房动漫产业集群规模，推进平房区新媒体国家产业基地和动漫基地建设；深度开发 731 遗址，推进申遗工作；辟建哈南工业遗迹博物馆，打造哈南工业新城文化集聚区。依托工艺美术品创作生产基地、松花江历史展馆、哈尔滨音乐厅等文化产业项目，将群力新区打造成全省文化产业示范区，形成西部文化产业集聚区。建设哈尔滨大剧院、博物馆、美术馆、规划展览馆等哈尔滨文化中心项目，构建松北文化产业集聚区。

创建地域特色文化品牌。把哈尔滨之夏音乐会由国家级品牌打造成国际品牌；建设世界冰雪迪士尼、欢乐太阳岛，提升哈尔滨国际冰雪节知名度；将“cool 哈尔滨”冰上演出打造为城市品牌演艺项目。

培育壮大龙头企业。出台《哈尔滨文化产业扶持政策》，扩大政府文化产业引导基金，加大金融扶持力度，完善相关财税扶持政策，培育龙头企业。组建哈尔滨出版集团、文化投融资集团等大型文化企业，壮大报业集团。

（五）引导房地产业健康发展，打造北国生态宜居城市

优化房地产结构，着力保障和改善民生，推动“居者有其屋行动计划”。壮大房地产市场，规范和整顿房地产市场秩序，将房地产业培育成优势产业，打造北国生态宜居城市。规划建设群力、松北、哈南等房地产重点项目集聚区，计划投资 1300 亿元。到 2012 年，实现房地产业增加值 180 亿元；到 2015 年实现房地产业增加值 370 亿元，占 GDP 的比重达到 5%以上，年均增长 27%。

优化房地产供给结构。提高保障性住房和小户型商品房占市场总份额、以及保障性住房土地供应占房地产市场土地供应的比重。加大政府对租赁型住房的投入力度，加大棚户区和旧城拆迁改造力度。推进中华巴洛克二期工程、三马地区综合改造工程、城建重点项目关联棚户区改造工程、棚改项目回迁工程和保障性住房建设工程建设。积极扩大商品房建设规模，支持居民自住性消费。

拓展城市居住空间，疏解老城区人口密度，承载更多城市化人口。沿地铁等快速交通干线节点，布局大盘房地产项目，加大群力新区、哈西地区等新区房地产开发力度，启动松北科技新城、哈南工业新城等商业地产项目。

促进房地产市场健康发展。加大政府土地收储和整理力度，把握供地节奏，规范市场秩序，引导住房消费，抑制投机购房，稳定房地产价格。扩大房地产市场开放度，积极引进国内房地产 30 强企业，促进房地产建设提档升级。进一步放宽外地人购房落户条件。

（六）巩固提升商贸服务业，建设东北亚区域商贸都城

以深度参与东北亚区域合作为主线，创建中俄合作示范城市，建成全国对俄经贸合作枢纽站。发挥交通区位优越、商贸基础雄厚、商服网点众多等有利条件，拓展城市商圈，促进多样化商业业态发展，进一步增强区域商贸辐射功能，做大做强商贸流通业。规划建设道里、南岗等商圈重点项目28个，计划投资300亿元。到2012年，实现批发零售业增加值690亿元，进出口总额56亿美元；到2015年，实现批发零售业增加值1105亿元，进出口总额85亿美元，年均分别增长17%和15%。

争创哈尔滨中俄合作示范城市。加快建设对俄及东北亚国家经贸合作大通道、对俄资讯平台、对俄投融资平台、贸易结算中心、科技合作平台和人才培训基地，全面服务于国家对俄合作战略升级。建立口岸电子信息平台，提高通关效率。积极争取对俄跨境贸易人民币结算试点城市。

优化城市商圈布局。推进南岗、道里、道外、香坊等市级商圈提档升级，辟建松北、哈南、群力等新商圈；调整优化商业网点布局，整合优化专业批发市场，增强商业集中度和辐射力。吸引国内外一流的商贸服务企业和有影响的总经销、总代理商落户我市。培育年销售额超过百亿的商贸流通企业集团，形成一批龙头企业。

建设内外贸联通的市场体系。着重发展口岸货物集散中心、大宗商品交易中心、商贸营运与控制中心、区域性批发市场和农村商业网点。全面形成内外贸相融合，货物贸易、服务贸易同步发展的总体格局。基本建立市场开放度与商贸便利化程度高、商贸要素流动顺畅的运行机制。

（七）壮大软件和信息服务业，建设东北亚区域重要信息中心

以城市信息化、软件产业和动漫产业为重点，推进互联网增值业务服务、电子商务平台、"三网融合"工程和服务外包示范城市建设。积极参与物联网和云计算产业化进程，大力发展面向产业和消费的信息服务业。规划建设哈尔滨物联网基础平台和云计算中心等重点项目10个，预计投资30亿元。到2012年，信息传输、计算机服务及软件业增加值达到147亿元；到2015年，信息传输、计算机服务及软件业增加值达到250亿元，实现年均增长20%以上。

加大城市信息化建设力度。重点推进3G产品服务和"三网融合"建设，构建区域信息高速公路。整合公共信息资源，建设一批跨部门、跨行业的综合性信息应用系统。建立公共信息平台、电子认证体系和金融支付网络，启动水、电、气、公交、社保等多卡合一的"金卡"工程，全面加快"数字哈尔滨"建设。

扶持软件和服务外包业发展。发挥我市在装备制造业、医药、食品和高新技术等产业上的优势，重点扶持企业管理软件、产品设计软件、系统应用软件和嵌入式软件发展。抓住国家扶持服务外包示范城市发展的机遇，推动产业集聚，调

整产业布局。重点推进经开区服务外包产业园区、省地理信息产业园、黑龙江（平房）动漫产业园和联通呼叫园等产业集聚区建设，在松北科技新城中重点发展软件研发和高端服务，在哈南工业新城中重点发展服务外包。

积极发展物联网，启动“智慧城市”建设。把握物联网发展处于大规模产业化初期的历史机遇，出台哈尔滨物联网发展扶持政策。发挥我市传感器物联网产业基础良好和科研技术密集优势，在高新技术开发区辟建物联网创新示范园，催生一批物联网企业，推动技术创新集群与企业集群在我市实现融合。选择在城管、交通、电力、商贸等领域，率先建设智能物联网。

积极参与云计算产业化进程。跟踪我国城市云计算应用趋势，深入研究可行性，谋划建设哈尔滨云计算中心。

（八）做强科技服务业，推进科技创新型城市建设

以打造松北科技新城为重点，加快科技体制创新，提升科技核心服务能力，完善科技服务平台，将科技优势转化为产业优势，做大做强科技服务业，加快推进科技创新型城市建设。规划建设松北科技新城等重点项目 16 个，预计投资 100 亿元。到 2012 年，经费支出占生产总值比重（R&D）达到 1.4%；到 2015 年力争达到 2%以上。

加快松北科技新城建设。形成科技资源富集、科技创新成果众多、产业转化能力强大的技术创新中心和高新技术产业化示范基地。建设技术研发、科技资源信息共享、科技企业孵化、技术交易和科技投融资 5 大平台，强化创新载体和服务功能。推进技术创新中心和高新技术产业化示范基地、装备制造研发中心中试基地、科技大厦、哈高新区软件园、哈工大高新技术研发中心等项目建设。

加强科技创新体系建设。发挥大学、大所、大厂的科研优势，建立以企业为主体、以市场为导向、产学研相结合的区域技术创新体系，重点支持光机电一体化、能源装备、电子信息、生物医药、新材料和食品安全 6 大高新技术产业技术联盟，做实做强产业技术联合体，促进企业、高校、科研机构优势互补和利益共享。加大对自主创新的投入，支持战略高技术研究、社会公益性技术研究。支持南岗知识创新区和哈南工业新城打造科技服务集聚区。

加快科技创新人才高地建设。加强高层次创新人才培养和使用，研究制定引进国内外高层次人才政策。

（九）推动社区服务业大发展，建设和谐社区

坚持以人为本，以服务居民为宗旨，以人民满意为标准，不断丰富社区建设内容，发展社区卫生，繁荣社区文化，美化社区环境，加强社区治安，完善社区功能，建成管理有序、服务完善、环境优美、治安良好、生活便利、人际关系和谐的现代社区。力争 3 年内，使全市 90%以上的社区拥有文化体育活动场所，95%以上的社区用房达到 300 平方米，100%的社区完成卫生服务中心（站）建

设。到2015年，建成与现代大都市居住生活相适应的社区服务网络体系。

加强社会福利和救助工作。开展面向老年人、残疾人、少年儿童、优抚对象和低保对象的慈善互助机构和社会福利服务，面向下岗失业人员再就业和社会保障服务，加强对未成年人社会教育服务，做好特困群众的救助服务。

繁荣社区文化。加快社区文化、体育等设施建设，组织丰富多彩、健康有益的群众性文体娱乐活动，开展多形式、多渠道的培训和教育活动。

发展社区卫生。加快社区卫生服务体系和基础设施建设，为居民提供预防、保健、基本医疗、康复、健康教育和计划生育技术指导等综合性医疗卫生保健服务。逐步构建社区居民医疗服务体系。

推进社区信息化。充分整合、利用现有网络和信息资源，逐步形成市、区县（市）、街道和社区信息化网络体系。利用政务呼叫中心和社区服务综合信息平台，广泛开展面向社区居民的公共服务项目，为社区居民提供高效的社区信息服务。

四、保障措施

（一）深化服务业体制改革

放宽市场准入条件，打破行业垄断。鼓励引导社会资本进入电信、邮政、铁路、民航、供水、供电、供气、供热、公共交通、污水垃圾处理等领域，积极参与银行、证券、保险等金融机构的改组改制，大力发展金融中介服务机构。支持、引导和规范非公有资本投资教育、科研、卫生、文化、体育等领域。探索通过政府采购、社会招标及委托代理等方式，将研究咨询、业务培训、招商活动、公务接待、会议服务、公务交通、物业管理、环卫保洁等实行社会化服务。

加强对物流、会展、金融、中介、法律咨询等产业的组织协调，建立统一的政策标准。简化审批程序，建立网上申办、联审等制度，增强透明度和公开性。

引导企业采用现代经营方式，加快服务业对外扩张。鼓励技术创新，加快推广高新技术在服务业领域中的应用。实施名牌服务战略，制定和实施对名牌服务产品、著名商标和驰名商标企业的鼓励政策。加快新兴服务业标准的制定和修订工作，推进服务业标准化和规范化。

（二）完善服务业发展政策体系

发挥服务业引导资金的导向作用，逐年增加市级服务业引导资金额度。各区、县（市）也要尽快设立服务业发展资金，与市级服务业引导资金配套使用。建立和完善中小企业贷款担保体系，鼓励发展企业互助担保和商业担保业务为服务业融资提供支持，积极引导信贷资金和社会资本投入服务业。对下岗职工、城镇登记失业人员从事服务业的给予小额担保贷款扶持。优化城市用地结构，合理确定服务业用地比例，对利用存量土地建设的服务业项目，在供地安排上给予倾斜。

（三）完善工作推进机制

完善服务业审批机制。简化审批环节，降低市场准入门槛，鼓励和支持各类资本进入法律、法规和规章未禁入的现代服务行业和领域。建立运行监测机制。逐步建立政府、部门和行业统计互为补充的服务业统计调查体系，整合各类服务业发展信息资源，建立服务业公共信息平台，及时、准确掌握服务业发展动态，为政府决策和引导市场提供依据。建立工作考核机制。将全市服务业增加值目标分解到区、县（市），纳入政府目标考核。

（四）加大招商引资力度

全面开展招商引资工作。创新招商模式，改善投资环境，加强法制建设，培育良好的市场经济秩序，降低商务成本，提高办事效率。围绕服务业发展重点，进一步加强金融、物流、房地产、旅游、文化、信息等现代服务业的招商力度，实行点对点、产业链、集群化招商。国内招商重点区域设定为上海、北京、广州等一线城市，国际招商要充分发挥香港的窗口作用。吸引国内知名企业集团总部、跨国公司与地区总部、行业协会、国际顶级专业服务机构、中介机构落户哈尔滨。

（五）加强服务业人才队伍建设

引进现代服务业发展急需人才。吸引金融、现代物流、房地产、文化、信息服务等国内外服务业高素质人才，引进具有较强业务拓展能力和综合协调能力的高层次综合管理人才、高素质专业技术人才和复合型人才。利用我市的教育资源，建立现代服务业重点领域人才培训基地。优化人才发展环境，建立适应服务业特点的人才使用、评价和激励机制，提供就医、住房、子女就学等良好的生活环境。

（六）积极申报国家服务业综合改革试点城市

建立组织保障、体制机制保障、资金保障、政策环境保障、项目保障和人才保障 6 大保障机制。围绕确定的生产服务业集聚发展示范区、金融服务体系、物流体系、科技服务体系、信息服务体系、节能环保服务体系等 12 方面 63 项重点任务，落实目标和责任。以建设松北科技新城、哈南工业新城和农业示范园区为重点，积极推进科技新城软件园、工业物流园区、省绿色食品博览中心等项目建设，构建先进制造业和现代农业综合服务体系，加快服务业发展速度，提升服务业发展水平。

035

长春市人民政府关于支持物流业发展的意见

长府发〔2011〕3号

各县（市）、区人民政府，市政府各委办局、各直属机构：

物流业是服务业的重要组成部分，加快发展物流业对提高服务业总体规模和水平，调整优化产业结构，转变经济发展方式具有重要意义。为促进生产、拉动消费、引导和推进我市物流产业健康发展，现提出以下意见。

一、本意见所称物流企业是指具备必要的运输和仓储设施，至少从事运输和仓储两种以上经营范围，能够提供运输、代理、装卸、加工、整理、配送等一体化服务，经工商部门登记注册，实现独立核算、自负盈亏、独立承担民事责任的经济组织。

二、放宽物流企业自开发票业务准入条件。标准由注册资金100万以上降低到50万元以上（含50万元，下同），年营业额由100万以上降低到50万元以上，自有运输车总吨位100吨以上降低到总吨位50吨以上，经市政府认定的“诚信物流企业”，可向地方税务局申请为自开发票纳税人。

三、物流企业将承揽的运输、仓储业务外包给其他单位交由其统一收取价款的，以其全部收入减去分包给其他企业支出后的余额，作为营业税计税基数，避免企业重复缴税。

四、新开业的物流企业自开业年度起，企业缴纳的营业税地方留成部分前两年全额、后三年减半由同级财政部门返还企业。对于企业纳税确有困难的，可按税收管理权限定期减免房产税、城镇土地使用税。

五、鼓励和支持大中型物流企业开展信誉评级。对被评为国家3A级以上的物流企业给予10万～30万元奖励，其中：评为3A级企业奖励10万元，评为4A级企业奖励20万元，评为5A级企业奖励30万元。奖励资金从市服务业发展专项资金中列支。

六、支持物流园区建设。物流园区建设用地，70%可用作仓储设施建设，30%可用作综合配套设施建设，综合配套项目用地价格，享受仓储用地价格。经批准新建的物流园区项目，建设期内缴纳的城镇土地使用税，实行先征后返，由同级财政部门返还企业。

七、支持物流仓储配送中心建设，物流企业将原划拨土地改建为物流配送中心的，只要不涉及产权变更、转让，土地出让金地方收益部分由同级财政返还企业。

八、优先保障为一汽集团各主机厂提供配套服务的物流企业用地，现有汽车物流企业按全市汽车物流产业发展空间布局调整规划进行异地（市域内）搬迁新建的，物流企业原有土地出让收益地方留成部分，由同级财政全额返还给企业用于新建物流项目建设。

九、企业物流实行制造与物流业主辅分离、整合、重组成立的物流企业，凡企业内部重组涉及企业资产、股权变动的，免收信息咨询费，减半征收产权转让交割服务费。

十、引导和鼓励金融机构对物流企业给予信贷支持，鼓励有条件的物流企业上市融资，被评为国家“4A”级以上物流企业优先纳入全市上市企业培育计划，加强指导，跟踪服务。

十一、市县各级公路运输、公安交警管理机构对汽车整车运输车辆、农副产品运输车辆、国际集装箱运输车辆及持有省、市公路管理机构核发的超限运输通行证的运输车辆，在市域内行驶一般不得进行运输中的检查、罚款、扣留。

十二、自2011年起，市政府设立的服务业发展专项资金，按一定比例以贷款贴息的形式用于支持物流园区、配送中心、重点物流企业和公共物流信息平台建设。

十三、本意见自下发之日起实施，有效期至2015年12月31日止。

长春市人民政府

二〇一一年一月十一日

036

包头市物流产业“十二五”发展规划

前　言

2010年是我国“十一五”的收官之年，2011年是“十二五”的开端之年。在这个关键的时间节点上，需要解决的是如何在持续发展的同时，还要转变经济发展方式，提高发展质量。

在国家商务部、自治区商务厅的大力支持下，包头市委、市政府高度重视发展现代物流业。伴随着经济和各类产业的迅速扩大，包头市作为中西部地区特别是“呼包银”、“呼包鄂”区域经济的产业集聚中心和交通物流中心，工业化步伐加速，国民经济总量、社会总消费水平、社会物流总需求不断增长。物流业具有了强大的市场需求，并呈现了强劲的发展势头，物流业正成为拉动现代服务业发展的重要力量，为推动包头市经济社会又好又快发展发挥了积极作用。

但是，由于长期以来，分散经营，缺乏资金投入和相关政策支持以及相应的职能监管手段，包头市的物流业与国内先进城市相比，仍有一些距离，成为制约包头市经济发展的瓶颈。为提高物流效率，降低物流成本，促进包头市流通领域现代物流业科学发展，在即将进入新一个发展五年之际，包头市组织了本次“十二五”物流产业发展规划，力图为包头市未来五年的物流发展指明方向。

一、发展基础及发展形势

（一）包头市物流业发展情况

1. 包头市物流业概况。“十一五”期间，包头市全市货运总量大幅增长，货物周转量年增长速度不断提高。2010年包头市共完成货运总量5.1亿吨，比去年同期增长25.3%。货运周转量623亿吨公里，比去年同期增长27.2%，其中公路货运周转量达到453.56亿吨公里。

“十一五”期间，包头市全市物流业增加值实现较快增长。截至2010年末，全市物流业实现增加值约370亿元，较上年增长18%以上，占全市第三产业增加值约34.8%，占全市GDP的15%。

社会物流成本逐年下降。2005年包头市社会物流成本占GDP的比重约为18.3%。而到2010年，包头市的社会物流成本占GDP的比重下降至16.0%，较上年度16.2%降低0.2个百分点，低于同期全国18.0%的平均水平。但值得注意的是：该比例的下降很大程度上归功于近年来资源性原材料价格的不断上涨。

新的物流企业不断涌现，全市物流企业的经营规模和业绩不断拓展和提升。2010年底，包头市从事物流业的注册单位达到602家，相比2005年增长了332家，年均增长幅度达到23%。其中，具有经营规模的物流企业达到300家，年营业额在5000万元以上的物流企业达到80家。2010年，包头市物流企业总营业额达到1014亿元，相比2005年增长了147.4%。物流企业迅速成长，物流规模进一步扩大，对全市整体经济发展产生积极推动作用。

包头市物流效率得到较大改善。2005年，包头市物流业增加值为156亿元，物流从业人员数量达到10.56万人，物流业从业人员人均创造增加值为14.8万元/人。而到2010年，包头市的物流业增加值增长至370亿元，物流从业人员数量增加至13.93万人，物流业从业人员人均创造增加值提升至26.6万元/人，相比2005年增长了80.1%。

表1　　2005—2010年包头市物流业从业人员数量及人均创造增加值

	单位	2005年	2006年	2007年	2008年	2009年	2010年
物流从业人数	万人	10.56	11.02	11.68	12.38	13.14	13.93
物流业增加值	亿元	156	210	252	280	310	370
人均创造增加值	万元/人	14.8	19.1	21.6	22.6	23.6	26.6

另外，“十一五”期间包头市物流师数量出现较快增长，在一定程度上反映了包头市物流从业人员素质的提高和物流专业操作效率的提升。

物流运送货物构成较为稳定。包头市物流运送的货品主要分为原材料、农副产品及家电百货三大类，以“6∶2∶2”占比分布。其中，煤炭、钢铁、矿石和稀土占到60%；粮食蔬菜等农副产品占到20%；家电轻纺百货占到20%。在2010年，包头市公路运输货运量（营业性）为1.58亿吨，其中很大一部分是达茂的铁矿石和鄂尔多斯的煤炭。

2. 物流业发展现状及特色。包头市已经形成一批规模大、水平高、人力资源较为丰富的物流企业，物流市场的布局日趋合理，集约化、规模化和专业化步伐不断加快。

一是生产性物流市场快速发展。如一批大型钢材物流市场、煤炭市场、新型化工物流企业发展迅猛，运行良好。生产资料物流市场与城市功能分区布局科学协调发展，生产资料物流布局依托于大型生产企业以及周边基础实施，减少了城市交通压力。另一方面，生产资料物流企业，尤其是煤炭企业，通过清理整顿，基础设施建设，实现了向环保型物流企业发展，减少了对环境的污染。如古城湾战略装车基地，是集机械、电气、液压、自控，集卸、储、装、运于一体，具有

“生态环保型、运输高效型、技术创新型、资源节约型、优势互补型”特点的现代化、全封闭、环保型万吨煤炭装车基地，对推动包头市煤炭仓储业向科技含量高、经济效益好、环境友好型和资源节约型方向迅速发展，必将产生积极而深远的示范效用。

二是以友谊、远大蔬菜批发市场、佳世隆农贸批发市场、甲尔坝粮食批发市场为代表的农副产品生活性物流市场稳步发展，包头国际集装箱中转站、友谊农副产品交易市场等辐射全国的大型物流基地运行良好。

三是小肥羊、小尾羊、乡土居、草原牧歌、永盛成、好又多超市、惠龙等一批本土商贸流通龙头企业的物流配送自成一体，正在做大做强。包百、王府井、神华亿百、金荣建材、维多利等百货建材企业销量增大，内部配送自成体系，发展迅速。

四是一批第三方物流公司已发展成型。如内蒙古五星物流公司，对所有车辆实行网络化监控管理，对7.5吨以上营运车辆安装了GPS，现已成为内蒙古西部地区的骨干物流企业。

3. 物流基础设施建设发展现状。包头是中国北部公路、铁路、航空网络的重要节点。目前，全市公路通车里程将达6739公里，其中等级公路达5387公里，比2005年增长800公里，占公路总里程的82.9%。高速公路总里程为139公里。

截至2010年底，包头市载货汽车拥有量40740辆，总吨位267522吨，拥有各类物流仓储设施超过100万平方米。铁路包头站是西北地区货物运输最大的编组站，有包括包白线在内的20余个客货运铁路站。包头市航空运输由三年前的3条航线增加为16条。随着公路、铁路和航空枢纽站场等一批交通物流通道的相继建成，包头市的综合物流能力及基础条件明显增强和提升。

4. 物流信息系统的发展现状。随着包头通讯实现移动、联通、网通、铁通等多网络全覆盖格局的形成，以及国家金融、工商、税务、海关、商检等信息系统的加快建设，包头交通运输信息化、网络化、智能化建设正在稳步推进中，各类物流企业建立了不同特色的物流信息系统。GPS全球定位系统、EDI电子数据交换技术、EOS电子订货系统、BC条码技术以及ASS自动分拣系统在一些大型企业不同程度的开始使用。如五星物流、北方物流园区等在建设现代物流信息平台方面也做了不少有益的探索。

5. 物流业发展具有的强大市场需求。2010年，包头市地区生产总值实际完成2460.8亿元，同比增长16%；服务业增加值实际完成1062.9亿元，同比增长12.6%；社会消费品零售总额实际完成720.7亿元，同比增长18.7%；服务业固定资产投资实际完成838.8亿元，同比增长22.1%。按照《包头市国民经济和社会发展“十二五”规划》预期：到“十二五”末，全市地区生产总值将突破

5000 亿元，各项经济指标将继续保持快速增长。

物流业伴随着社会经济和各类产业的迅速扩大，具有了强大的市场需求，正成为拉动全市经济和社会发展的重要力量。预计到 2015 年，全市公路、铁路及航空货运总量将突破 10 亿吨，在 2010 年基础上再翻一番。物流业必将对全市经济和社会发展起到重要的促进作用，极大地促进国民经济跨越式发展。

（二）包头市物流业发展存在的问题

虽然包头市现代物流业有了一定的发展，但是，由于外部环境及内在管理水平等因素发展的不均衡，成为下一步制约包头市社会经济发展的瓶颈，突出表现为：

1. 发展环境的问题。

（1）物流业市场环境尚待规范。包头市物流市场环境不尽理想。中小物流企业数量众多，大多从事低端服务，服务差异化程度弱，利润水平低，竞争力较弱，货主企业出于压缩成本的考虑，盲目压价，总体呈现为“小、散、乱、低”。企业竞争手段不规范，物流市场的运行秩序与整体形象受到一定的损害。

（2）扶持政策需要进一步完善。包头市《关于加快包头市现代物流业发展的意见》等相关政策，但与浙江、江苏、广东等物流业发展较快的城市相比，扶持政策面窄、力度不大，仍需进行深入和完善。

2. 产业联动和公共设施的问题。

（1）相关产业与物流业的联动发展亟待推进。生产企业、商贸服务与物流企业，专业化服务能力与专业化服务需求均处于相对初期的阶段，企业发展对于物流的支持要求有待发掘，物流业与工商业的联动发展亟待推进。生产企业、商贸服务与物流企业的信息脱节，使流通成本高、效率低、综合服务水平不高，社会资源浪费等问题得不到根本解决。

（2）物流基础设施建设缺乏统一规划。目前，包头市物流园区和货运场站总体布局较为分散，市场定位与功能划分不够明确，缺乏统一规划；且各物流园区相互之间也缺乏协调与战略合作，造成资源浪费和市场无序竞争。此外，包头市现有物流设施陈旧、规模小、标准化程度低，配套性、兼容性差的问题较为突出，造成了物流服务专业化水平较低，物流运作与服务环节衔接不畅，一定程度上影响了包头市各类产品的外销外运，制约了包头市经济的发展。

（3）物流信息化、标准化建设滞后。包头市物流业各相关环节信息资源仍未充分整合，功能比较单一，一些重要部门如集装箱中转站、机场等独立运营的信息系统尚未实现真正联网，已建立的信息系统缺乏有效沟通与共享。物流行业标准化建设滞后，造成人力、时间、空间等资源的浪费，影响了物流业的协调发展和高效运作。

3. 行业管理分散和组织无序的问题。

(1) 行业管理部门缺乏监管手段和相关管理办法，无法提升市场规范化管理。物流市场的进入与退出、竞争规则基本上无统一法律法规可循，对社会性的物流服务缺乏有效的外部约束，致使不正当竞争难以避免。

(2) 在物流运输上，因为“小、散、乱、低”的原因，交通组织无序情况较为严重。包头对于车辆的运营有一定的限制，如主城区对于运行车辆吨位的限制，而昆区的白货物流基地多位于繁华地带，于是就增加了运输成本，同时也存在安全、管理方面的问题。

4. 企业发展水平的问题。尽管包头市物流业近几年有了较快发展，但与发达地区相比，物流企业数量少、规模小、服务意识和服务质量也不尽如人意。专业化物流服务的方式有限，物流经营管理水平有待提高。

(1) 物流企业组织规模较小，服务方式和手段比较原始和单一。在生产性物流方面，大多数物流企业技术装备和管理手段仍比较落后，服务网络和信息系统不健全，大大影响了物流服务的准确性与及时性。在城市生活物流方面，缺乏大型的具有公共设施性质的农贸市场。另外，目前多数从事物流服务的企业只能简单地提供运输（送货）和仓储服务，而在流通加工、物流信息服务、库存管理、物流成本控制等物流增值服务方面，尤其在物流方案设计以及全程物流服务等更高层次的物流服务方面还没有全面展开。

(2) 物流企业经营管理水平较低，物流服务质量有待进一步提高。多数从事物流服务的企业缺乏必要的服务规范和内部管理规程，经营管理粗放，很难提供规范化的物流服务，服务质量较低。

(3) 3A级以上物流企业较少，物流企业成长与物流量增长不协调。包头市现有的3A级以上物流企业仅有4家，分别为包钢集团鹿畅达物流有限责任公司、内蒙古五星物流有限公司、呼铁伊东储运股份有限公司以及北方重工储运分公司。其中，包钢集团鹿畅达物流有限责任公司于2008年4月成为4A级物流企业；内蒙古五星物流有限公司于2007年12月成为3A级物流企业；呼铁伊东储运股份有限公司于2010年12月成为3A级物流企业；北方重工储运分公司于2010年7月成为4A级物流企业。而在2005年至2010年期间，包头市年铁路货运量从5374万吨增长至10984万吨，增长幅度达到104.4%；公路货运量从15118万吨增长值47058万吨，增长幅度达到211.3%。货运量的增长速度未引发3A级以上物流企业数量的大幅增长。

(4) 物流从业人员整体素质较差，专业物流人才比例较小。在“十一五”期间，虽然包头市物流师数量出现较快增长幅度，但是由于增长基数小，物流师占物流从业人员比例仍然偏低。2010年，物流从业人员中物流师的比例仅为1.94%。

二、指导思想与基本原则

（一）指导思想

包头市应抓住新一轮西部大开发及呼包鄂经济一体化和沿黄经济带建设的发展机遇，充分利用包头市独特的区位、交通、产业等优势，实现与装备制造、钢铁、有色等优势特色产业和战略性新兴产业的联动发展；以创新供应链管理模式和加强物流技术和信息化技术的融合为支撑，合理整合各类物流服务企业资源；坚持统筹规划、错位发展，大力推进物流基础设施建设，完善物流综合服务体系，优化物流发展环境；坚持以市场为导向、企业为主体，以信息技术为手段，运用供应链管理思想积极改造、提升传统物流业；依托科技创新，实现可持续发展，全面提升包头市物流产业在国内外的地位，加快推进包头市物流产业高端化发展；鼓励开展物流关键技术的研发，促进物流技术创新、管理创新、制度创新，推广应用绿色物流技术，促进节能减排，提升物流业整体效率，提高物流业的档次和水平，使物流业发展成为我市的主导产业之一。

（二）基本原则

1. 科学发展、重点突破原则。发展现代物流业是增强城市集聚辐射功能，促进产业升级的重要途径。物流发展要与国民经济和社会发展规划相一致，与城市总体规划的功能、布局相协调，科学发展。在国家物流业调整和振兴规划的宏观指导下，按照包头市物流业发展方向与模式要求，对全市物流基础设施、物流发展环境、物流运行技术和物流服务质量等现代物流发展的各个方面进行系统性规划和建设，实现制造业产业升级和物流业服务能力的提升。

优先考虑对包头市物流环境改善具有重要作用和意义的物流基础设施系统的建设发展，在完善物流基础设施系统上取得突破，加快构建包头市现代物流基础设施系统的主体框架，为包头市现代物流系统的高效运行和现代物流服务系统的发展准备基础设施支持条件。

2. 供需并举、整合重组原则。在推进包头市物流服务系统建设的同时，通过政府推动和企业发展两个层面的努力，扶持和引导包头市工业生产、商贸流通等产业企业的物流服务外包的应用和发展，提升和改善物流企业的服务能力和效率，从物流供给与需求两个方向上推动现代物流业的发展。

根据国家、自治区物流发展规划安排和包头市的具体情况，分时段、分步骤发展包头市现代物流业，对现有的物流业资源及企业进行整合重组，使之与国家和自治区经济发展水平相适应，为包头市现代物流健康、快速发展创造良好的发展环境。

3. 持续发展、引领低碳原则。作为国家流通领域现代物流示范城市，以及内蒙古区域物流中心和全国性物流节点城市，包头市物流资源的配置既要考虑当前及今后一段时期的发展需要，又要考虑到包头市物流的示范作用，必须适度超前规划配置现代化物流资源，为城市及区域经济的发展提供有效保障。

依托低碳物流和绿色物流技术发展理念，优化物流产业结构，提高物流企业参与全球性竞争水平，实现节能减排和经济的可持续发展。

4. 信息支撑、标准管理原则。现代物流的设备、技术、管理标准化、规范化、网络化是发展现代物流业的基础，借助于商品代码、数据库的建立和现代信息技术的应用，强化电子商务平台建设，优化整合和利用国内外物流资源，创新物流服务方式、提升物流发展水平，在运输网络全球化和销售网络系统化的基础上，实现整个物流系统的管理电子化、运作信息化。

（三）规划目标

结合包头市物流发展的主要趋势，着重分析物流业结构调整和产业升级的路径、对策、影响和作用，采用定性与定量相结合的评估方法，对包头市物流发展战略进行分析和总结，为包头市物流业改善、发展和提升提供科学、严谨、合理的理论依据。

（四）编制依据

《国务院物流业调整和振兴规划》（国发〔2009〕8 号）；

《国务院关于进一步促进内蒙古经济社会又好又快发展的若干意见》（国发〔2011〕21 号）

《商务部关于加快我国流通领域现代物流发展的指导意见》（商改发〔2008〕53 号）；

国家发展和改革委员会等九部委《关于促进我国现代物流业发展的意见》（发改运行〔2004〕1617 号）；

关于印发《包头市加快现代物流业发展实施意见》的通知（包府办发〔2009〕105 号）；

《包头市“十二五”国民经济和社会发展规划建议》；

《包头市城市总体规划（2008—2020）》；

《包头市土地利用总体规划（2006—2020 年）》

《包头市“十二五”工业发展总体规划思路》；

《包头市环境保护“十二五”规划》。

（五）规划范围与期限

规划范围为包头市，包括昆区、青山区、九原区、东河区、高新区、石拐区、土右旗、固阳县、白云区、达茂旗。

规划期限为 2011—2015 年。

三、战略定位和发展目标

（一）包头市物流产业战略定位

围绕建设区域性物流节点城市的总体目标，凭借“呼包鄂经济圈中心城市”优势，依托钢铁、铝业、装备制造、电力、稀土、煤化工六大优势特色产业，配合包头市产业转型，依照“高起点、高层次”的发展原则，突出特色、联动发展，把包头市建成立足西部、联通中部、辐射全国、面向国际的区域性物流节点城市和现代物流示范城市，最终发展成为全国性物流枢纽城市。

（二）包头市物流产业发展目标

贯彻落实《关于包头市加快物流业发展实施意见》，有效整合各类物流资源，推动包头市物流业进一步发展。具体发展目标：

在物流市场环境方面：物流业发展环境需要进一步优化，活跃物流市场，使物流服务范围进一步拓展，确立并巩固包头市区域物流节点城市地位。

在物流规模发展方面：实现物流的社会化、专业化水平明显提高，第三方物流的比重有所增加，物流业规模进一步扩大，年均递增速度保持在20%以上，力争到2015年，物流业增加值突破1000亿元。

在物流业效率方面：争取物流整体运行效率显著提高，全社会物流总费用占GDP的比重有所下降，保持低于全国平均水平约两个百分点，物流业的社会化、专业化和标准化水平明显提高。

在物流网络体系方面：到2015年，初步建立起经济合理、安全高效、覆盖城乡、衔接良好、协调配套、绿色环保的物流设施体系和互联互通的信息网络体系。围绕重大交通枢纽、商品集散地和重要生产基地，整合现有物流基础设施。通过淘汰落后、布局不合理物流设施，整改及新建现代化、高效率、布局合理的物流设施和物流园区，促进产业集聚。现代物流业对经济增长的推动作用进一步增强，专业化、社会化、国际化水平大幅提高。

在物流品牌方面：到2015年，至少培育5个具有竞争力的大型综合物流企业集团，形成5个以上具有较高知名度的物流品牌，打造10个3A级以上物流企业。初步建立起布局合理、技术先进、节能环保、便捷高效、安全有序并具有一定区域竞争力的现代物流服务体系，物流服务能力进一步增强。

四、主要任务

根据包头市物流业发展现状，规范物流市场，改变物流信息化、标准化建设滞后现状，建立物流公共信息平台；推动相关产业与物流业的联动发展，避免重复建设，形成高效率、广覆盖的物流网络；提升物流市场规范化管理水平，从品牌建设、管理能力、服务质量各方面培育物流企业，提高包头市物流企业整体竞争力，促进物流业持续健康发展。

（一）以工业园区为骨架，全面培育生产服务型物流园区

1. 搞好物流业重点项目建设。充分发挥包头市在区域经济中连接、辐射周边的区位优势，发展生产服务型、产业基地型、专业市场型、枢纽转运型物流。

2. 加大物流园区政策推进力度。按照制造加工生产企业向工业园区和经济开发区集中、集聚、集合的城市规划要求，从提高运营效率和降低物流成本的要求出发，营造推进物流园区政策环境，鼓励物流企业向工业园区、经济开发区、出口加工区集聚，引导物流企业“退城进园、同步跟进、就近服务”，引导企业加快主辅分离的步伐，避免重复建设和各自为政，支持和培育物流园区健康发展。

3. 加大物流园区建设发展力度。按“政府推动、市场导向、企业化运作”的模式，建设集存储、转关、加式、配送、商贸、海关保税直通和信息服务等多种功能为一体的综合型物流园区。大力发展适应钢铁、冶金、装备制造等支柱产业需求的专业物流，有序发展煤炭物流市场，扩大生产性物流覆盖面，提高周边市场占有率，建成中西部典型的重要的现代物流基地。

4. 加大物流园区服务引导力度。以设立和提供共性化与个性化、差异化相结合的综合性物流解决方案作为园区物流服务发展方向，突出重点、兼顾全面，对各物流园区的相关基础设施进行有序和分步滚动式建设。以园区影响范围内不同物流需求为服务目标，构建全方位、多元化的物流园区物流组织管理与服务运作系统。以园区运作管理为核心，发挥园区内各类企业间沟通桥梁和联系纽带作用，推广运用各类先进的物流运作与管理技术，提升物流运作能力。

（二）以专业市场为载体，积极构建专业化综合物流基地

1. 发展生产服务型物流中心。广泛开展原材料精细加工、半成品组装和产成品包装、分装等流通加工服务，不断扩大流通加工规模，增强生产性物流服务功能，拉长产业链条，提高综合效益。培育一批大型生产服务物流骨干企业。

2. 完善城市配送网络。调整优化城市物流配送设施布局，完善市内一级市场向二级市场的物流配送网络建设。支持发展专业化物流，加快建立食品、药品、农产品、冷链等物流配送体系。到 2015 年，基本建成比较完备的城市专业化物流网络，进一步提高品牌企业的服务能力和水平，增强城市运行服务保障能力。

3. 整合市场配套物流体系。加快大型专业批发市场建设，提升市场档次，形成以全国性批发市场为龙头、地方性批发市场为基础的批发市场体系。重点支持超亿元交易规模的生产资料、金属、机电、汽车、建材、装潢、家居、纺织、电器等市场建设，促使由实物交易型市场向综合信息、加工、配送多功能型市场的转型升级发展，扩大交易规模，增强辐射能力。

4. 建设城市应急物流体系。制定应急物流预案，建立和完善覆盖全市的应急物流保障系统，选择和培育一批具有应急能力的物流企业，提高危机状态下的快速反应能力。

（三）以增加产业融合度为目标，大力发展第三方物流

把培育发展第三方物流企业作为下一步工作重点，建立重点物流企业发展机制，使其尽快做大做强。积极推进交通运输、仓储配送、货运代理、邮政和联运企业加快向现代物流业转型。积极引进知名物流企业参与包头市物流资源的整合。工业物流以优化物流管理流程和分离外包物流系统为重点，引导重点制造业企业的自营物流向专业化物流转型；服务业物流以加快大型商贸企业配送中心为重点，支持和促进重点商贸物流的快速发展。

（四）以公共服务为导向，推进物流信息平台的建设

1. 推进公共物流信息平台建设。进一步完善包头公共物流信息平台建设，建立健全物流信息交换标准体系和电子商务安全认证体系，整合各系统的物流信息资源，构建起具有物流状态查询、物流过程跟踪、物流要素信息记录与分析、物流客户关系管理及公共信息服务于一体的物流信息综合服务支撑体系，实现资源共享、数据共用，使公共物流信息平台成为包头市现代物流中心的神经中枢。

2. 完善并推广物流信息技术。加强物流信息系统安全体系研究。加强物流技术装备的研发与生产，推广物流信息采集和跟踪技术、信息传输交换技术、信息处理技术，鼓励企业采用仓储运输、装卸搬运、分拣包装、条码印刷等专用物流技术装备。建立以信息采集、处理、存储、传输和交换为主要内容的物流管理信息系统，实现订单处理一体化、仓库管理智能化、货物跟踪全程化、客户查询自动化、资金结算电子化，全面提高企业的物流管理水平。

3. 推进包头物流信息一体化进程。增强市域物流信息资源供给量和服务功能，实施物流信息无障碍对接，实行信息共享、资源共用、市场共拓，分工协作，形成合力，物流的有效衔接和协调发展。高水平建设跨地区信息网络，扩大物流服务的辐射半径。

（五）依托科技创新，促进快递业和电子商务发展

1. 加快促进快递业发展。积极引进国际、国内著名的快递企业在包头建立快件作业中心，着力解决快递企业快件车辆进城难、通行难、停靠难等问题，促进快递企业发展。

2. 加强与国内外成规模的、富有生命力的电子商务企业的紧密合作。鼓励大型电子商务交易企业在包头市物流园区（中心）设立西部电子物流配送中心，鼓励快递企业与电子商务交易企业结成战略联盟，成为电子商务交易企业的物流配送承运商。

3. 大力发展同城配送。鼓励邮政物流、快递企业开展市内政府、企业、个

人之间的同城配送业务；引导物流企业发展证照代理、商业票据、礼物货品等新兴同城配送业务；支持物流配送企业与网点密集的连锁企业开展业务合作，促进同城配送业务的快速发展。

（六）发挥行业协会作用，建设低碳物流体系

1. 出台低碳物流鼓励和扶持政策。出台鼓励、扶持低碳物流发展的产业政策，制定包头市支持低碳物流发展的相关法律法规，完善政府对低碳物流产业发展的政策指引体系。

2. 推动低碳物流技术的应用。鼓励物流企业和生产企业通过技术改造和模式创新，在供应链的各个环节实现低碳化，如低碳运输、低碳仓储以及低碳流通加工。

3. 发挥行业协会作用，加强行业联盟协作。发挥行业协会的作用，通过行业协会之间的协作，强化物流行业与制造业、电子商务、信息、科技等行业在低碳物流方面的合作，加强行业联盟协作，通过产业联动，发展包头低碳物流。

（七）推进企业联动发展，提升物流发展的社会化程度

引导工商企业外包物流业务，扩大社会物流需求。开展制造业和物流业联动试点工程，通过政策引导和资金支持，促成制造企业与物流企业结成供应链合作伙伴，形成联动发展试点组合。适应电子商务和连锁经营发展的需要，实施共同配送工程，发展面向商业流通企业和消费者的社会化共同配送。

（八）以第三方物流为主，培育物流龙头企业

1. 鼓励大型制造企业和生产企业集中力量发展核心业务，将自办的物流业务推向社会，实现企业物流向专业化物流企业转变。

2. 发挥政府主导作用，将经营场地相对集中、经营规模较小的一些货代和仓储企业，采取以资产为纽带的形式，进行资源的有效整合，组建股份制企业集团，实现规模化集约经营。

3. 选择一批龙头企业，进行重点引导、支持和培育，形成具有自主品牌的专业物流"航空母舰"。

4. 培育和扶持3～5家在自治区内具有行业示范效应的现代物流龙头企业，培育5～10家市级现代物流龙头企业，形成服务全国物流、区域物流和配送物流的龙头企业体系。鼓励龙头企业通过上市、联合、重组、兼并和科级创新，实现内外向性扩张，推动企业的集约化经营和规模化发展。

五、物流产业规划布局

（一）物流设施布局体系

根据包头市的物流需求分析及发展现状，规划建设"物流中心—物流园区—物流基地"。

物流中心是指处于枢纽或重要地位、具有较完善的物流环节，并能实现物流集散和控制一体化运作的物流据点。

物流园区是指在物流作业集中地区，在几种运输方式衔接，将多种物流设施和不同类型的物流企业在空间上集中布局的场所，是一个有一定规模的和多种服务功能的物流企业的集结点。

物流基地是指集约了多种物流设施、起到综合功能和指挥、基础作用的特大型物流节点，是集约化、大规模的物流设施集中地和多种物流线路的交汇地。物流基地是由若干物流节点集约而成，这些物流节点包括：专业运输中心、专业仓储中心、配送中心、信息中心、综合型转运节点和流通中心（物流中心）、物流园区等，其中必不可少的是综合型转运节点和流通中心（物流中心）。

（二）“三基地、六园区、九中心”的总体布局

围绕正在推进的钢铁、铝业、装备制造、电力、稀土、煤化工“六大产业基地”和钢铁生态园区、特钢产业园区、装备制造业产业园区、铝业产业园区、九原工业园区、土右旗新型工业园区、石拐工业园区和达茂旗巴润工业园区“八大工业园区”以及满都拉口岸建设，通过建设园区整合110国道及210国道周边物流企业，着力构建规模化、集约化、广覆盖的“物流基地、物流园区、物流中心”三级网络体系，使得物流基础设施之间相互连接、互为补充、相互作用，形成“三基地、六园区、九中心”的物流规划总体布局，打造公路及铁路两个物流产业带。

到2015年包头市各物流基地和园区分别形成至少一家3A级物流企业为龙头的物流格局，物流基地规模要突破200亿元，园区规模要突破80亿元，交易中心要突破10亿元，总体规模要占到全市物流增加值的80%以上。

（三）三大物流基地

1. 包头钢铁石化物流基地。位于京藏高速及110国道之间、哈业脑包村以北，占地面积5000亩左右。依托包钢及特钢园区，以内蒙古华蒙、新奥蒙华和中铁物流为主体，重点发展钢铁产品仓储、流通加工、运输为一体的钢铁物流和成品油及甲醇、液体化工等石化工业危险品物流，建成以钢铁及石化物流为主体，以大宗钢铁工业产品及甲醇、液体化工等石化产品铁路运输为特色，覆盖全区，辐射国内外的西北地区最大的钢铁石化物流基地。

2. 包头装备机电物流基地。位于110国道以北，往北纵伸辐射至青大线，占地面积约为8000亩。利用110国道、京藏高速公路和环城铁路的便利运输通道，以装备制造园区和包头汽车城为发展基础，以北重、一机、力德集团为主体，建设集装备机电销售、二手车交易、零部件市场、仓储配送为一体的内蒙古最大的装备机电物流基地。

3. 包头煤炭物流基地。以将军尧、公积板、古城湾等为中心，占地约20000

亩。充分发挥周边煤炭资源与我市区位优势，结合京津唐地区、环渤海地区的煤炭实际需要，依托皖能、华电、呼铁伊东、鑫辰煤业等企业，整合土右旗、东河区现有的煤炭市场、煤炭物流中心及战略装车点相关资源，建设以煤炭物流为产业主体，以数字化、绿色化储配煤为特色，集煤炭洗选、仓储、铁路装配载、运输为一体，打造内蒙古西部最大的环保型煤炭物流基地。

（四）六大物流园区

1. 包头稀土产品物流园区。位于稀土高新区，占地约 3000 亩。发挥我市稀土资源优势及品牌影响，依托稀土应用产业园及稀土储备中心和稀土交易中心，建设以稀土物流为产业特色，集稀土产品生产、仓储、销售、运输为一体，覆盖华北乃至全国的国内最大稀土物流园区。同时以万水泉为中心，以北方工业原料城等项目为依托，形成公铁联运的大型综合物流中转枢纽，为万水泉工业组团内的各类工业及制造业企业提供基本物流服务和物流增值服务；为包头南部过境的大宗物资及车辆提供存储、换装、停车、组货等物流服务。

2. 包头铝业综合物流园区。位于东河区，占地 5500 亩，借助包头铝业和华资实业在铝合金产品和糖制品在国内市场及出口市场的影响力，建设以铝产品及糖制品物流为产业主体，集铝等有色金属产品和糖制品的研发、生产、仓储、销售及运输为一体，以生态铝业和糖产业为特色，覆盖西北地区的内蒙古最大的铝业综合物流园区。

3. 包头原材料物流园区。位于石拐新区，占地 4000 亩，以平达、荣帮、兴石达等企业为主体，以石拐工业园区、塑料园区、电力园区为依托，以镁工业、塑料工业、电力产业及煤炭工业为特点，形成特色鲜明的镁产业、塑料产业、煤炭产业和电力产业的原材料及产成品生产、仓储、销售、货物配送及货运信息中心为一体，覆盖包头周边城市的重要工业原材料物流园区。

4. 包头农副产品物流园区。地处九原区，位于京藏高速南侧、110 国道以北、世纪路以东区域，占地约 3000 亩。依托驼龙实业公司、哈业胡同和哈林格尔蔬菜交易市场，建设以农副产品物流为主体，集农副产品冷链、同城配送、集中仓储服务等综合功能，覆盖全市的包头最大的农副产品物流园区。

5. 包头国际临港物流园区。位于东河区西北部、110 国道南侧，占地约 2000 亩。园区将最终打造“两港一园区”的国际临港物流园区，一方面依托包头市国际集装箱运输有限责任公司，增强与沿海港口的合作，建设集装箱无水港；另一方面依托包头机场，在该区域建设国际航空港，发展航空物流和国际快递等服务。园区以国际集装箱物流及空运物流为产业主体，集代理报关报检、代理租船订舱、海关监管货物仓储堆存、国际集装箱拆装、空运货物打板拼分与中转为一体。积极创造条件恢复法兰克福运输线，打通欧亚大通道，参与国际大循环。建设覆盖西北区域、辐射北方沿海城市群的西北最重要的国际临港物流园区。

6. 包头满都拉口岸国际物流园区。位于达茂旗的满都拉口岸区域，规划建设11平方公里。园区抓住满都拉口岸发展机遇，借助满都拉区位优势，建设以蒙古矿石、煤炭等原材料进口贸易为主体，集进出口报关报检、储存、配送、转运、深加工为一体，覆盖内蒙中部地区的重要口岸物流园区。

（五）九大物流（交易）中心

1. 包头电子物流交易中心。发挥高新区优势，通过加强与国内大中型电子商务企业合作，借助内蒙古软件园在内蒙古软件业的优势，大力发展建设基于云计算的包头市智能物流信息平台，建立物流信息技术标准体系和管理规范体系，营造易于接入、共享和应用的公共信息平台环境，使得物流信息通过物流信息一体化公共服务平台实现供应链上（相关的企业、物流公司、政府部门及客户或代理公司）的快速准确传递。以该平台建设为契机，建立和完善企业和行业物流业务信息管理系统，形成具备信息化、网络化、自动化、智能化及柔性化特点的新一代电子商务物流信息系统。建设以电子商务物流为产业主体，覆盖西北区域的电子商务物流配送企业区域分拨中心聚集地，最终建成高技术含量、高发展层次的包头电子物流交易中心。

2. 包头货运服务中心。针对包头物流运输业“小、散、乱、弱”的现状，依托内蒙古五星物流公司和红岩公司等，进一步整合包头汽车运输资源，提升管理水平，提供更全面便捷的货运服务平台，做大货运物流业，形成覆盖中西部及全国主要城市的货运服务中心。

3. 包头冷链产品物流交易中心。以润恒集团为主体，建设集肉类、水产品、食品展示中心、智能化冷藏中心、配送中心、检测检疫和结算中心、精品展示区以及相关的商业配套设施等五大功能区为一体的全市最大的冷链产品物流交易中心。

4. 包头建材交易中心。以金荣建材城、红星美凯龙、居然之家、三森建材城为依托，建成具有建材产业聚集效应的交易中心，打造具有建材销售和配送功能为一体的周边地区最大的包头市建材交易中心。

5. 包头家用电器物流配送中心。以国美、苏宁、同利企业为依托，以家用电器商品为特点，发展物流配送现代流通方式，推动流通现代化，建设西部地区最大的包头市家用电器物流配送中心。

6. 包头粮油交易中心。以呱呱叫集团、裕丰粮油、甲尔坝市场为主体，以周边地区粮食生产区为依托，扩大经营范围，充分利用现有专用运输线的有利条件，完善服务功能，形成内蒙中部粮油批发的重要集散地—包头市粮油交易中心。

7. 包头肉羊交易中心。以达茂、固阳畜产品为依托，发挥小肥羊、小尾羊等品牌优势，延伸养殖—屠宰—分割—精细加工—交易—仓储—配送产业链，打造中西部最大的活羊、白条羊、各类分割羊肉及相关副产品交易市场—包头市肉羊交易中心。

8. 包头蔬菜水果交易中心。依托友谊、远大等蔬菜批发市场和佳世隆水果交易市场，建立与山东寿光、北京新发地蔬菜批发市场和水果主产地的长期合作，实施“引进来、走出去”战略，建设具备蔬菜储存、加工、配送功能为一体的，以蔬菜水果批发中转为特色的，覆盖内蒙古中西部地区的包头蔬菜水果交易中心。

9. 包头马铃薯交易中心。借助于固阳县、达茂旗的马铃薯产业优势，建设以马铃薯仓储、加工及运输为主的农产品特色交易中心，从而成为周边旗县区的马铃薯集散地—包头市马铃薯交易中心。

十字公路物流产业带：依托钢铁石化物流基地、装备机电物流基地、临港物流园区及农副产品物流园区的建设，形成的包头市横向公路物流产业带；依托稀土产品物流园区、国际临港物流园区、农副产品物流园区及原材料物流园区的建设，形成的包头市纵向公路物流产业带。

铁路物流产业带：依托满都拉口岸国际物流园区、钢铁石化物流基地、稀土产品物流园区和包头煤炭物流基地的建设，形成包头市铁路物流产业带。

六、物流信息平台建设

（一）平台定位

1. 指导思想。以创新供应链管理模式、加强物流技术和信息化技术的融合为支撑，建立统一的信息系统标准，整合现有的物流信息系统。以现有的信息平台为基础，借助物流行业协会使政府成为主要推动力量，建成高效便捷与国内国际接轨的现代物流公共信息平台，提供广泛、准确、及时、功能完善的国内外物流信息及相关增值业务服务。

营造与国内电子商务网无缝连接的大物流产业发展环境。整合政府对物流业的政务管理与服务资源，提高政府对物流业管理和监管力度、提高物流政务管理的效率，推动物流经济的增长。

物流公共信息平台要实现以下几点创新：

管理创新——在建设、运营和管理上，创新观念、以物流信息管理为核心，整合供应链及社会资源；

技术创新——积极应用云计算、云服务、物联网、XML 交换技术等先进技术，打造“物流云信息服务系统”，构建全新的“物流信息链”服务体系，形成“智能物流”；

服务创新——从大物流的角度出发，实现物流信息平台对供应链各节点的全覆盖，信息的全面集成，实现物流业与制造业的“两业联动”。

2. 平台定位。以“大物流、大平台”为目标，以获取包头市物流业规模化、效率化为目的，以区域物流节点城市建设为契机，以先进的信息技术为支撑，以基于云计算的信息共享为手段，以物联网技术应用为特色，以智能物流为发展理念，力争构建起层次分明、功能互补、运行高效的包头市物流公共信息平台。通过整合企业物流信息资源，优化行业物流运作，真正实现信息共享、数据共用和信息互通，提高包头物流信息化水平，从而实现社会物流系统整体效益的最大化，将包头市物流公共信息平台发展成为区域物流节点城市信息化建设的重要组成部分。

（二）建设目标

1. 总体目标。搭建基于云计算的智能物流信息一体化公共服务平台。满足政府、工商企业、物流企业等对物流信息的要求，围绕从生产要素到消费者之间时间和空间上的需求，处理从制造、运输、装卸、包装、仓储、加工、拆并、配送等各个环节中产生的各种信息，使信息能够通过物流信息一体化公共服务平台快速准确传递到现代物流供应链上所有相关的企业、物流公司、政府部门及客户或代理公司。具体包括：建设电子商务、电子口岸等面向区域的公共信息平台；建设面向行业的综合物流信息平台；建设面向物流节点的专门化信息平台；建设面向中小企业的社会化物流管理和信息服务平台。

2. 阶段目标。近期建设目标：消除物流信息系统的瓶颈，建设物流信息系统的基础设施；建立物流公共信息的认定、提取、安全管理、应用等管理体系；建立物流信息标准化、规范化体系；建设和完善部分物流业影响巨大、业务急需的行业管理信息系统，综合集成物流枢纽网络信息系统，建设好示范工程。

中期建设目标：进一步完善或建设行业管理信息系统，逐步完善各系统功能，初步建立起包头物流公共信息平台，形成物流信息环境，形成物流信息网络，实现总体战略目标要求。构建物流公共信息平台与物联网、电子商务的有效整合和协同工作，完成供应链一体化信息系统的建设，形成一批高技术、高效益的现代物流企业供应链。

远期建设目标：采用云计算、云服务、物联网和电子商务等技术，构建基于云计算的智能物流信息一体化公共服务平台，全面实现包头物流行业的信息化、社会化、智能化，力争成为内蒙古乃至西北地区物流信息化的引领者。

3. 主要任务。主要包括五个方面：一是营造易于接入、共享和应用的公共信息平台环境；二是建立和完善企业和行业物流业务信息管理系统，以及服务于物流产业的企业和行业信息管理系统；三是建设与物流公共信息平台配套的数据库；四是建立物流信息安全保障与服务体系；五是建立物流信息技术标准体系和管理规范体系。

（三）实施步骤

依照分步实施，以点带面，突出重点的规划建设原则，根据各阶段建设目标，把包头物流公共信息平台建设分为短期、中期和远期三个实施阶段。具体实施进度为：

1. 近期实施计划（2011—2012 年）。建立包头市物流信息系统技术标准，实现物流信息系统的基本功能，建设物流信息系统的基础设施和部分物流业急需的行业管理信息系统，建设或改造航空、公路、铁路等物流枢纽网络信息系统，全面启动包头物流信息化建设。

（1）物流信息系统技术标准及信息共享协议编制工程；

（2）物流行业信息系统建设；

（3）电子政务信息系统建设；

（4）扶持企业信息化建设，推动物流企业信息化改造升级。

2. 中期实施计划（2013—2014 年）。建设或完善其他行业管理系统，初步建设包头物流公共信息平台，实现现有物流相关系统的初步整合和信息共享，建立信息平台应用示范工程，消除物流信息系统瓶颈。初步完成供应链一体化智能信息系统的建设。主要建设任务有：

（1）基本建成包头物流公共信息平台，实现主要物流行业信息系统和社会共享信息系统与平台的无缝对接和信息交换；

（2）建设物流公共信息平台应用示范工程，加快物流信息化进程。

3. 远期实施计划（2015—2020 年）。在前、中期信息系统建设的基础上，建设或完善其他行业管理系统，完成供应链一体化智能信息系统的建设。主要建设任务有：

（1）包头物流公共信息平台功能扩展；

（2）行业信息系统的完善功能；

（3）供应链集成服务模块建设；

（4）实现物联网技术与物流公共信息平台的整合。

七、重点工程规划

（一）物流重点项目

包头市“十二五”期间物流重点项目包括：国际物流工程（满都拉口岸物流项目）、内陆物流工程（土右旗货运物流服务中心、北方工业原料城项目）、城市物流工程（现代新型交通运输服务基地和农副产品集散中心）、高端物流工程（包头润恒现代农副产品物流园）、园区优化工程（内蒙古皖能煤炭物流项目、鑫辰煤业陶准铁路及煤炭物流基地、内蒙古西部煤炭交易中心）、道路通道工程（盛华铁路专用线）、特色物流工程（包头国际集装箱中转站、新奥蒙华清洁能源物流项目、包头草原糖业综合物流园区）。

（二）城市示范工程

按照国家商务部、自治区商务厅关于在全国流通领域开展现代物流示范工作的要求，积极争取、协调落实示范扶持政策，组织实施物流示范企业、示范项目，基于包头市综合物流园区和专业物流中心，依托商业连锁配送网点，建立城市物流配送示范工程，发展商业连锁配送物流、电子商务物流，带动包头市物流业发展实现新的突破。

根据包头市物流业发展实际，包头市选择了物流示范优先主题是：生产资料物流（包括钢铁、煤炭、化工等）、城市统一配送、农村商贸物流及电子商务物流。

（三）物流人才工程

加大物流人才的培养力度，通过政策引导，促进行业与高等院校携手，共同承担物流信息相关人才的培训教育工作，推动物流人才队伍的充实壮大。同时，加强本土自主培养工作，形成一批在专业技术技能方面崭露头角和有发展潜力的人才储备，打造结构合理、活力充沛、持续创新的物流专业人才梯队。建立高端物流人才认证培训体系，提高从业人员职业能力和素质，从而保障物流业的振兴和健康发展。

（四）物流信息化工程

支持企业开发建设专业物流信息系统，鼓励企业开展信息发布和信息系统外包等服务业务，加快物流信息技术创新应用工程建设。完善电子口岸、道路运输监管平台和智能城市信息平台等公共信息平台服务功能，提高政府部门的物流服务和监管能力。推动电子商务等面向全国的区域性物流信息服务平台建设。推动公路、铁路、航运、仓储等行业性物流信息平台以及跨行业综合物流信息平台建设。推动面向中小企业的社会化物流管理和信息服务平台建设，搭建基于云计算的全市物流信息一体化公共服务平台。

（五）科技攻关工程

以先进技术为支撑，以物流信息化为主线，提高物流产业科技含量，通过科技发展拓展物流发展空间，提升物流效率，从而满足更新更快的物流需求。加强物流新技术的研发力量，重点支持集装单元、射频识别、货物跟踪定位、智能交通、物流管理软件、移动物流信息服务等关键技术攻关，提高物流技术的自主创新能力。适应物流业与互联网融合发展的趋势，启动物联网的前瞻性研究工作。加快先进物流设备的研制，提高物流装备的现代化水平。

八、包头市物流业发展的政策措施

根据包头市产业现状和物流产业发展需求，针对性地制定促进物流产业发展的政策与措施，建立产业发展政策平台，支持产业快速发展。

（一）推动公共设施建设的政策措施

1. 设立物流建设资金。从 2011 年起，每年由包头市各级政府安排专项资金，作为扶持物流项目建设的配套资金，支持重点物流项目建设。通过建立扶持现代物流业发展专项资金，制定专项资金管理办法，重点对经市物流主管部门认定具有示范带动作用的物流重点建设项目、物流信息化和标准化建设、物流骨干企业等予以资金补助、贷款贴息或奖励。物流业集聚区所在地政府也要建立扶持现代物流业发展专项资金，支持物流业发展。

2. 扶持现代物流项目。经市物流主管部门认定具有示范带动作用的物流重点建设项目、物流园区公共信息平台建设和规划编制、物流品牌企业奖励、工商企业物流业务剥离外包试点等，从全市服务业发展引导资金中给予补助或贷款贴息。

对专项资金扶持的物流重点项目或进入市规划物流园区、中心的建设项目，必须经市物流主管部门组织专家委员会认定，报市现代物流业发展工作领导小组审定，对已认定的物流项目，纳入享受市政府确定的对现代物流项目的资金扶持和优惠政策范围。

3. 推动物流业信息化。改变物流信息化、标准化建设滞后现状，加大政府对于物流信息化、标准化的投入，完成包头市境内物流园区物流信息系统标准化工作。以政府为主导，对公共配套设施项目予以重点支持，推动物流公共信息平台的建立。

（二）优化发展环境的政策措施

1. 严格落实出台政策。认真贯彻落实包头市已出台的支持物流业发展的各项政策，简化办事程序、提高办事效率和服务质量，优先审批物流业项目，为现代物流业发展营造良好的外部环境。

2. 给予物流税收优惠。出台物流企业的认定标准，给予重点物流企业在企业营业税、企业所得税及土地使用税方面给予一定的税收优惠。各土地出让金、城市配套费及各项费用应按物流项目的投资规模进行减免。水、电、气等公用事业收费标准按工业企业标准执行。对重点新建的物流企业在运营初期（三年内）实行税费减免。

3. 加强监管规范秩序。一是遵循物流一体化运作的规律，打破地区、部门和行业分割，建立统一开放、公平竞争、规范有序的物流市场体系；二是修订或废除过时政策法规，建立透明公开的物流准入制度，制定全市统一的物流行业管理条例和运输、仓储管理办法；三是加大物流市场整治和监管，避免无序竞争；四是规范针对物流企业的各种收费，整顿道路运输收费站点，对物流服务价格实行宏观指导；五是加快企业物流运作制度改革，扩大社会物流需求。

成立物流行业协会，由政府牵头建立物流业投诉受理制度，发挥市有关职能部门作用，严厉打击欺行霸市等各种扰乱市场秩序的行为。充分发挥行业协会的作用，依法制定行业规范，加强行业自律。加快社会信用体系建设，开展物流企业和从业人员信用等级评定。按照国家《物流企业分类与评估指标》标准，对全市物流企业进行综合等级评估，加强政府对企业的规范管理，为物流企业的经营和发展创造良好的外部环境。

（三）解决行业管理分散和组织无序问题的政策措施

1. 完善物流管理体制。加强对物流业发展的组织和领导，充分发挥市现代物流业发展工作领导小组的作用，研究协调现代物流业发展的有关重大问题和政策。有关旗县区政府要建立相应的协调机制，加强对地区现代物流业发展有关问题的研究和协调，在物流园区、中心设立管理委员会，负责土地征用、规划建设、招商引资、物业管理等工作。

2. 严格执行规划布局。严格依据规划进行物流基础设施布局，对物流基础设施建设实行谨慎推进策略，严格控制物流基地、物流园区的名称审批，对全市物流基础设施进行统一规划，建设重复建设率低、高效率、广覆盖、分布合理的物流网络，从根本上解决组织无序问题。

3. 完善物流统计体系。制订能够衡量各种运输工具、包装容器、集装箱、仓储等物流设施和装备的技术标准。统一在包装、运输、装卸、储存等作业环节的行业标准，规范物流业的发展，提高流通效率。进一步完善物流业统计调查制度和信息管理制度，建立科学的物流业统计调查方法和指标体系，提高统计数据的准确性和及时性。市统计局会同市物流协会建立全市物流统计指标体系，明确物流产业统计口径，制订物流业统计信息收集、研究、分析、监测和评估制度，为政府科学决策提供依据。

（四）提高企业发展水平的政策措施

1. 鼓励物流品牌建设。对物流企业创建的自治区级以上服务名牌和著名商标，按照市委市政府《关于加快发展服务业的意见》一次性奖励物流企业一定金额奖金。在品牌建设中对第三方物流予以重点扶持。

2. 引导发展现代物流。促进企业从经营理念、服务质量、信息技术等方面上等级、上水平，不断提升企业综合竞争力。积极采用国际标准和国外先进物流标准，建立健全物流标准体系，积极开展物流服务标准化试点示范工作。引导企业使用统一的标准，推进产品的包装、标识的标准化，提高物流标准化水平，提升物流服务质量。

对包头市首次通过国家 2A、3A、4A、5A 级评估的物流企业，从市服务业引导资金分别给予奖励。

3. 加快引进优秀人才。加大物流人才的培养力度，通过政策引导，促进行业与高等院校携手，共同承担物流信息相关人才的培训教育工作，从而推动物流人才队伍的充实壮大。

加强本土自主培养工作，形成一批在专业技术技能方面崭露头角和有发展潜力的人才储备，打造结构合理、活力充沛、持续创新的物流专业人才梯队。建立高端物流人才认证培训体系，提高从业人员职业能力和素质，从而保障物流业的振兴和健康发展。

采取有力措施，为国内外人才落户包头市提供便利。加强与深圳、北京、上海等地区物流培训交流，为现代物流业发展提供有力的人才支撑。

4. 改善和优化服务水平。物流企业应积极寻求业务模式的转型，寻求新的业务增长点。一方面，企业要在服务上做细做深，通过提供更专业化、更精细的服务，赢取目标客户，另一方面，企业要通过业务整合提自身高综合竞争力，在服务能力上，物流企业要真正具备进行产业链整合、向供应链管理升级的能力。

5. 积极引导低碳物流。建立低碳物流绩效考量指标体系和认证服务体系。基于公路、铁路、航空、多式联运等运输方式，建立碳足迹记录和批露计划。按照低碳物流绩效考虑指标，建立低碳物流认证体系，同时建立第三方专业服务能力，对企业建立碳绩效考量体系进行辅导并测量，建立节能减排的评级。

建立碳排放交易体系和碳限制体系。将碳绩效纳入碳排放交易和碳限制体系。将碳视为商品，减排的碳量能够形成现金，将极大鼓励企业实施减排计划。

加强对低碳物流和绿色供应链的企业的宣传，鼓励扶持低碳物流管理和技术的推广应用，鼓励企业提升环保水平，为有能力的企业提供整合行业平台。

6. 鼓励行业对外交流。促进包头市物流行业协会与外部行业协会交流，建立与国内沿海城市的物流交流机制，通过多重手段在全市物流企业范围推广交流学习成果，培育物流人才，使得物流企业的管理者的管理能力得到提高，进而提高物流企业服务能力及竞争能力，最终通过市场竞争推动物流企业间的兼并、收购、整合。

7. 建立区域性企业联盟。物流联盟就是以自身为核心，联合其他企业以及第三物流机构，将众多的中小企业以契约方式形成相互信任、共担风险、共享收益的集约化物流伙伴关系。这些中小企业同处商业行业，水平一体化物流管理可使同一行业中多个中小企业在物流方面合作，使分散物流获得规模经济和物流效率。从企业经济效益上看，由于通过物流战略联盟使众多中小企业的集约化运作，降低了企业物流成本。从社会效益来看，由于采用第三方物流机构作为同盟，统筹规划、统一实施，减少了社会物流过程的重复劳动。当然，不同商品的物流过程不仅在空间上是矛盾的，可能在时间上也是有差异的。企业可以通过第三方物流机构的集约化处理，来解决这些矛盾和差异。而且，联盟成员共担风险，降低了风险与不确定性；还可以从第三方物流机构得到过剩的物流能力与较强的物流管理能力。

在培育大型现代物流龙头企业的同时，要创造条件鼓励物流企业之间加强联合，支持工商企业与物流企业、物流企业与运输、仓储、货代、联运、集装箱运输等企业结成物流联盟。企业联盟是一种协作性的竞争组织，可以减少搜寻交易对象信息费用，抑制交易双方机会主义行为，降低资产专用性风险，从而有效提高物流企业的经济效益。

九、实施保障

（一）成立专门物流领导小组

建立健全政府综合协调机构，明确部门分工职责，规划协调现代物流发展中的重大问题。成立包头市现代物流业工作领导小组，下设工作办公室（设在物流处），充分发挥领导小组及其办公室对全市现代物流发展的指导和综合协调作用，认真实施包头市现代物流“十二五”发展规划。

（二）组建现代物流行业协会

由物流企业和涉及物流的部门联合组成包头市现代物流行业协会，并支持物流行业协会开展工作。充分发挥其在物流规划、政策建议、行业自律、统计与信息、技术合作、人才培训、咨询服务和对外交流合作等方面的作用，为物流企业提供指导和服务，组织协调行业内部关系，维护企业利益，加强行业自律，促进公平竞争。

（三）建立分级负责协调机制

加强对现代物流业发展的宏观调控和科学管理，将规划权、审核权、监督权“三权合一”，既体现改革创新、适度超前，又坚持因地制宜、分类指导，坚持布局合理和与城市发展规划相协调，防止乱圈乱占耕地、盲目投资和低水平重复建设，引导现代物流业协调健康发展。各市（县）、区和市有关部门要结合本地、本单位实际，根据本规划研究制定促进现代物流业发展的具体实施方案，在市物流领导小组的统一指导下，引导区域性现代物流业的协调健康发展。

（四）建立动态监控评估机制

相关职能部门按照本规划主要任务及重大项目，编制年度工作计划，明确牵头部门、协助部门以及具体任务或项目的内容和时间要求，并动态监控评估规划的执行落实情况。建立规划实施考核与激励机制，对实施部门进行绩效考核和评估，反映出年度经营结果与规划目标的差距。

（五）建立行业投诉受理机制

基于解决行业竞争不规范的目的，建立行业投诉受理机制。由物流行业协会组织协会成员编制投诉受理办法，并由物流行业协会负责行业投诉的受理、协调及通报。

（六）建立灵活应变反应机制

在对规划实施进行科学评估的基础上，当客观环境出现重大变化时，或当实际结果与规划目标产生重大差异时，领导小组及其下属办公室需要对规划的目标及其指标做出及时调整，并根据调整的内容，指导制订下一年度的计划。

在 2013 年末，经过三年时间的规划实施，对规划实施效果进行科学的评估，并根据实际结果和当时的形势，对规划后期的经营策略和经营指标做出适当的调整，适当调整规划目标。

037

太原市人民政府关于印发太原市“十二五”服务业发展规划的通知

并政发〔2012〕28号

各县（市、区）人民政府，各有关单位：

现将《太原市“十二五”服务业发展规划》印发给你们，请按照执行。

太原市人民政府

二〇一二年七月二十三日

太原市“十二五”服务业发展

太原市人民政府

2012年7月23日

为进一步促进我市服务业发展，根据《太原市国民经济和社会发展第十二个五年规划纲要》编制本规划，规划期为2011年至2015年。

一、指导思想

以科学发展为主题、转变经济增长方式为主线、率先转型跨越发展为主旋律、“四大中心”建设为重点，大力发展生产生活性服务业，改造提升传统服务业，培育新兴服务业，优化内部结构，提升产业层次，引导服务业向规模化、专业化、品牌化、高端化发展，构建与经济社会相适应的现代服务业体系。

二、基本原则

政府引导，市场运作。加强政府规划指导和政策引导，为服务业营造良好发展环境；大力培育服务业市场主体，健全市场机制，充分发挥市场优化配置资源的基础性作用，调动企业积极性。

立足当前，着眼长远。从生产力层面加快服务业发展，保增长、提比重；从生产关系层面破解制约服务业发展的体制障碍，促进服务业全面协调可持续发展。

产业互动，融合发展。发挥工业新型化、农业现代化、市域城镇化、城乡生态化对服务业发展的带动作用，强化服务业对“四化”建设的支撑作用，促进服务业与其他产业良性互动、融合发展。

突出重点，全面推进。重点发展现代服务业和高端服务业，培育新的经济增长点和支柱产业，促进产业转型；引进先进技术和理念，全面改造传统服务业，促进产业提档升级，增强服务业整体竞争力。

三、总体目标

服务业增长速度与地区生产总值保持同步，预期年均增长13%，到2015年服务业增加值达到1980亿元，实现翻番，占地区生产总值的比重达到55%以上；服务业投资预期年均增长30%，到2015年达到2100亿元；服务业从业人数占全社会从业人数的比重达到58%。

到2015年，文化产业占地区生产总值的比重达到6%以上，高技术服务业营业收入年均增长18%以上，现代服务业和新兴服务业占全部服务业的比重明显提升，转型跨越发展支撑能力明显增强，初步建立起高增值、多层次、广就业、强带动的具有省城特色的现代服务业体系。

“四大中心”基本建成，现代市场体系基本形成，服务业发展水平和对外开放程度显著提高，区域性现代服务业中心城市地位基本确立，在中部地区乃至全国的地位显著提高。

四、主要任务

（一）大力发展现代服务业

以建设“四大中心”为重点，培育壮大现代服务业，增强现代都市型服务功能，建立起与新型工业化融合互动、与现代城市生活紧密配套的现代服务经济体系。

1. 以建设“环渤海和黄河中游地区现代物流中心”为载体，壮大现代物流业。建设快捷便利的综合物流枢纽。抓住太中银铁路成为欧亚大陆桥东端第二通道的战略机遇，积极争取国家支持太原陆路口岸建设。加快建设大西高铁太原段、太原西南环城铁路和出口高速公路。实施武宿机场迁建工程等交通基础设施建设，促进各种运输方式衔接配套。加快公共物流信息平台建设，依托罗克佳华等物联网龙头企业，大力推进物联网技术在物流业中的应用。

优化大型现代物流园区建设布局。合理规划建设一批布局集中、各具特色的大型物流园区，努力形成以武宿综合保税区为核心，以北部不锈钢及制品物流、西部建材和铁路装备物流、东部日用品物流、西南部农产品加工配送物流四个中心为节点，以信息为纽带的物流网络。充分发挥中国（太原）煤炭交易中心作用，打造国家级煤炭物流平台。突出抓好太原武宿综合保税区、太原货运（物流）中心、东太物流园区、清徐江苏雨润集团农副产品全球采购中心、山西中鲁现代物流城、山西长沟现代物流园区、鸿升国际汽车物流配送中心等项目建设，形成专业化、规模化、集约化现代物流格局。建设物流公共信息平台和大型标准化物流设施，推进物流信息化、标准化、国际化，打造以信息为纽带的区域性物流枢纽城市。

推进物流专业化发展，支持制造业企业物流分离外包，加快发展第三方物流。大力发展煤、焦、不锈钢、机械装备等专业物流，建设专业化物流市场，打造在全省、全国范围内具有一定知名度的自主物流服务品牌。

2. 以建设“华夏文明看山西旅游中心”为载体，提升文化旅游业。搞好对标和策划，加强区域旅游资源整合和重点景区景点建设，开发体现三晋文化符号和元素的一流旅游线路、景区景点，引进培育一批龙头企业，打造“唐风晋韵锦绣龙城”品牌形象，构建“一心”（唐风晋韵龙脉观光中心）“两带”（汾河都市休闲带、都市游憩综合带）“四区”（近郊山水人文休闲区、远郊山水休闲区、远郊黄土风情休闲区、远郊田园休闲区）旅游空间发展格局，尽快把旅游业发展成为支柱产业。大力发展入境旅游，加大旅游基础设施建设，重点建设山西旅游数字平台、太原旅游集散中心，构建旅游服务体系，提升太原旅游中心城市和集散地功能。到2015年，全市A级旅游景区和工农业旅游点分别达到13个和28个，旅游总收入达到600亿元，比2010年翻1.5番，年均增长20%。

着眼于提高文化产业整体实力和核心竞争力，积极发展地域特色鲜明、主导产业突出、布局结构合理、创新能力较强、精品不断涌现、市场繁荣有序的文化产业，引领、辐射和带动全省文化产业快速发展。把园区建设作为文化产业增量发展的重要载体，以园区建设带动招商引资和产业聚集。精心打造太原晋商文化产业园区，加快建设晋阳湖滨水创意产业园、山西（徐沟）文化创意示范园等重点项目。推进文化和科技融合，大力实施文化数字化建设工程，重点打造以太原高新区为中心、辐射全省的文化创意产业集聚区和数字出版基地。大力发展各类文化产品和要素市场，建设文化产业博览交易展示平台。推进长风文化会展、演出、展览、科技、旅游一体化建设，建成中西部文化高地。深入推进文化产业发展“一策一业一品一节一剧”五个一工程，实现区域内文化产业均衡发展。

3. 以建设“国际性专业会展中心”为载体，培育现代会展业。加快建设湖滨广场国际会议会展中心、世博会山西馆、西山国际会议中心等会展场馆，抓好长风商务区太原博物馆、太原美术馆、山西科技馆等场馆配套工程，促进会展设施配套结构优化，具备举办各类国际、国内展会的条件。引进和培育一批具有先进经营理念、管理技术和展览艺术的展览企业，鼓励会展企业走国际化标准、专业化组织、市场化运作之路。

依托太原产业优势，强化太原会展业区域特色，大力培育和支持专业会展。

制定太原市“十二五”会展业发展规划和年度计划，举办以煤焦、不锈钢及制品、重型机器设备、镁合金制品、重型汽车和煤炭机械成套设备等全国性专业展会及山西面食、晋阳风味土特产品展。继续办好中国（太原）能源博览会、中国（太原）装备制造业博览会、中国（太原）特色农产品博览会、新晋商大会形象展示与产业博览会、汽车博览会、啤酒美食节，打造富有太原特色、知名度高和影响力大的会展品牌。

4. 以建设“区域性金融中心”为载体，做强现代金融业。把金融业作为推进我市经济发展的强大动力，营造良好的金融生态环境，吸引全国性和区域性金融机构在太原都市圈设立包括支付、清算、结算、资金运营、市场营销、产品设计、金融信息等在内的各类功能性业务区域总部，促进太原都市圈金融核心功能建设；支持地方发展股份制银行，支持具备条件的农村信用联社改组为农村合作银行；建设太原金融场外交易市场和保险改革试验区，创新融资方式和金融服务，增强区域融资功能，加大对重点工程、资源型产业升级改造、新兴接续产业、民生等领域的信贷支持。规划建设集金融、总部办公、星级酒店、商业及配套公寓等功能为一体的汾河金融商务中心，推动金融产业优势资源集聚，提升金融产业综合竞争力。

加快资本市场建设，培育和推动各板块资本市场均衡发展。培育壮大风险投资市场，设立投资风险保险基金，发挥投资风险基金创业融资功能。积极推动企业多渠道上市融资。支持企业通过并购重组直接进入资本市场，推动已上市公司进行资本市场再融资。鼓励符合条件的企业以多种方式发行企业债券、中期票据、企业集合债券等。完善太原市产权交易市场建设，开展非上市公司股权登记托管和交易业务，搭建区域性中小企业直接投融资平台。大力发展专业保险经纪公司、代理公司和社会保险业务，开拓新型险种，完善保险中介市场体系，扩大各类保险覆盖面，提高保险业发展水平。

5. 以“南部区域”建设为契机，打造现代服务业集聚区。为推进城市扩容提质，构筑现代服务业布局框架，统筹规划，优化布局，高起点规划建设 276 平方公里南部区域。“十二五”期间，重点开发 100 平方公里，实施晋阳湖区、汾东商务区、南站片区三个功能区建设，同步推进武宿综合保税区建设，完善长风商务区建设。

晋阳湖区。规划面积 45 平方公里，在实施“一湖三河四道路”和城郊森林公园等基础设施工程的同时，同步推进企业总部、五星级酒店、文化旅游等十大服务业引领项目。形成中国北方地区现代服务业与山水特色融为一体的城市景观。

汾东商务区。一期规划面积 25 平方公里，以“产城一体化”和生态宜居理念建设城南 CBD，在实施市民文化广场、中央公园、城中村改造、道路桥梁等基础设施配套工程的同时，规划建设太钢、焦煤、联盛等大型企业集团总部基地，形成集总部经济、研发基地、现代商务等为一体的现代服务业综合体。

南站片区。规划面积 27 平方公里，建成设计年发送旅客量达 4000 万人次的铁路客运南站，重点实施南站东西广场、石太高铁 C 段、路网建设等工程，构建辐射全省的综合交通枢纽、华北地区重要人流、物流集散中心。

以“三轴为脉”，构筑现代服务业空间布局。在太榆中部，联动南客站、晋中站、新机场三大门户，构建区域生产服务轴，重点发展金融、商贸、咨询、会展等现代服务业，建设面向全省的生产性服务业中心；利用汾河景观资源，构建汾河都市生活服务轴，建设长风文化商务中心和汾河金融商务中心；延承晋阳古城轴线，构建行政公共服务轴，建设市级政务服务中心和行政决策中心。

（二）加快发展高技术服务业

重点发展高技术延伸服务和相关联的技术支撑服务，努力在六个领域取得突破。

1. 研发设计服务。加强科研资源整合，支持高校和科研院所面向市场提高研发服务能力，壮大专业研发设计服务企业，创建特色服务平台。到 2015 年，新建国家级重点实验室 10 个、镁产业工程技术研究中心等国家级技术中心 5 个、省级企业技术中心 30 个，充分发挥国家、省、市级工程技术研究中心和企业技术中心作用，建立支撑产业结构调整的研发设计服务体系，大幅提高装备制造、新材料、新一代信息技术、新能源、节能环保与静脉产业、生物制药等领域自主创新能力。

2. 知识产权服务。扩大知识产权基础信息资源共享范围，创新知识产权服务模式，发展咨询、检索、分析、数据加工等基础服务，培育评估、交易、转化、托管、投融资等增值服务。培育知识产权服务市场，构建服务主体多元化知识产权服务体系。到 2015 年，全市规模以上工业企业拥有自主知识产权比例达到 60％。

3. 检验检测服务。充分利用现有资源，加强测试方法、测试技术等基础能力建设，发展面向设计开发、生产制造、售后服务全过程的分析、测试、检验、计量等服务，加强战略性新兴产业等重点行业产品质量检验检测体系建设。

4. 科技成果转化服务。完善科技中介体系和技术交易市场，鼓励建立具备技术咨询评估、成果推介、融资担保、创业投资、创业辅导、市场开拓等多种功能的技术转移服务机构，构建覆盖全市主要行业的科技成果转化信息服务体系，建设国家技术转换创新驿站太原中心。到 2015 年，全市科技成果转化率达到 60％以上。完善国家级大学生创新创业基地建设，提升科技企业孵化器、生产力促进中心和大学科技园等机构服务能力，推动市场化运营。

5. 信息技术服务。依托光纤宽带、新一代移动通信网、下一代互联网、数字电视网等信息基础设施建设，大力发展网络信息服务和三网融合业务，着力推进网络技术和业务创新。依托北京蓝汛、联通山西分公司、问天科技、罗克佳华等企业，培育基于移动互联网、云计算、物联网等新技术、新模式、新业态的信息服务，重点推进问天绿云——云计算中心、山西省物联网产业园建设。加强信息数据库和网络应用系统平台建设，加快发展各类网络基础、现代交易、信息咨询等增值服务。抓好城市综合信息化建设，构建省城公共服务信息平台。建设用信息技术改造生产企业、社区综合信息化、信息产品制造等项目，完善信息服务体系，走产业化道路，形成区域性技术服务和集散中心。

6. 数字内容服务。加强数字文化教育产品开发和公共信息资源深化利用，构建便捷、安全、低成本的数字内容服务体系，依托舶奥、问天科技等企业，拓展数字影音、数字动漫、健康游戏、网络文学等数字学习服务，促进数字内容和信息网络技术融合创新。

（三）改造提升传统服务业

1. 商贸流通业。按照建立统一开放竞争有序的现代市场体系要求，完善重要商业街区及网点布局规划，加快推进钟楼商业步行街、并州饮食文化广场等建设项目实施，努力打造一批在全国有知名度的商业品牌，成为太原城市建设和商贸发展标志性亮点；继续引进国内外大型知名商贸流通企业，积极发展连锁经营、特许经营、电子商务等新型流通方式，推动商务流通业规模扩张和上档升级；加快建设蔬菜、服装、小商品等专业市场建设，逐步形成布局合理、结构优化、功能齐备的商贸流通格局；完善“万村千乡”市场工程，加快城乡一体化进程，构建新型农村网络，形成城乡商业相互贯通统筹发展的流通体系。

2. 住宿餐饮业。积极培育龙头和品牌餐饮企业，推进餐饮街区规划建设。大力发展送餐外卖、团体供餐、社区餐饮、特色风味等大众餐饮业务，不断提高大众化餐饮规模、质量和服务水平，继续扩大“放心早餐”工程网点覆盖范围，不断创新经营方式。挖掘“双合成”、“六味斋”、“清和元”等老字号知名品牌历史内涵，鼓励支持企业扩大品牌知名度，实现企业规模化、集团化发展。规划建设阳光国际大酒店、西山国际会议中心、太原万达酒店等一批高档星级酒店，增强一流省会城市高端服务能力。

3. 家庭服务业。重点发展家政服务、养老服务、社区照料服务、家教服务和病患陪护等服务，支持工会、共青团、妇联、残联等组织利用自身优势发展多形式的家庭服务机构。鼓励各种资本投资创办家庭服务企业，培育壮大家庭服务市场。实施家庭服务业公益性信息服务平台建设工程，建立家庭服务电话呼叫系统。加大品牌培育工作，打造一批在全国具有较高知名度的家庭服务企业。实施社区服务体系建设工程，引导大型商业企业、家庭服务机构到社区设立各类便民站点。支持为社区家庭提供购物、餐饮、家政、维修、送货、护理等便利服务，探索引入连锁运营等新型服务，利用现代信息技术提供养老服务。鼓励家庭服务机构与社区管理机构合作，扶持社区家庭服务场所建设。加快社区综合信息服务平台建设，完善社区服务功能。加大家庭服务业扶持力度，将家庭服务业纳入中央和地方民生工程资金扶持范围，对符合条件的家庭服务企业实行税收优惠。大力培养家庭服务人才，把家庭服务从业人员作为职业技能培训重点，落实培训计划和培训补贴政策，并逐步推进职业技能鉴定。加强市场监管，完善行业自律机制，规范家庭服务业市场秩序。

4. 房地产业。适度控制房地产开发规模，合理确定土地供应规模与结构，切实稳定住房价格。调整住房供应结构，增加住房有效供应，适当开发高档商品房，着重加大中低价位、小户型普通商品房开发规模。加快廉租房、经济适用房、公共租赁房、棚户区改造和旧城改造等保障性安居工程建设，“十二五”期间基本完成全市城中村和棚户区改造任务。加大保障性住房供地、资金和配套设施建设支持力度，优先安排保障性住房建设用地，保障性住房、棚户区改造住房和中小套型普通商品住房用地不低于住房建设用地供应总量的70%，建立健全房地产信息和预警预报系统，加快房地产二、三级市场培育，形成规范的开发、管理、流通、服务体系，促进住宅与房地产业健康有序发展。

（四）培育发展新兴服务业

1. 服务外包。整合服务外包资源，积极承接软件开发、数据共享、呼叫中心、财会核算、金融服务、供应链管理、研发设计、动漫游戏等国际服务外包业务。重点发展以信息技术外包、业务流程外包和知识流程外包为重点的离岸外包业务。推进国内服务业与国际规则接轨，完善人才培养和引进机制，鼓励服务外包企业取得国际认证。支持服务外包企业开拓国内外市场，培育一批具有自主知识产权、自主品牌、高增值服务能力的服务外包骨干企业。加快建设具有差异化的服务外包产业园区，着力建设先进技术开发平台、服务外包信息和交流合作平台、公共资源库、高速宽带通信基础设施，构建良好的服务配套体系。加强知识产权和信息安全保护。大力推进高新区和经济区服务外包示范基地建设，促进省城服务外包产业发展，使其成为我省服务外包经济发展新的增长点。

2. 创意服务。大力发展研发设计、工业设计、建筑设计、咨询策划、时尚消费等生产性服务创意产业，积极培育动漫游戏、手机内容、网络出版等数字化生活性创意产业。研究制定促进创意产业关键领域发展的指导意见，制定创意产业中长期发展规划。探索建立有利于创意产业发展的管理体制，建立技术进步对创意产业影响的政府响应机制。加大金融对创意产业关键领域的支持力度，开展创意产业与制造业融合发展试点。规划建设一批创意产业集聚区，完善创意公共服务平台，打造创意产业特色和品牌。鼓励本土创意企业充分利用国际国内两种资源，努力开拓两个市场。大力引进和培育创意机构、创意人才，构建开放式人才培养体系。加快津通太原智慧谷、高新区动漫产业基地等创意服务项目建设，建成一批特色鲜明的创意园区，培育一批具有核心竞争力和较高知名度的创意龙头企业，基本形成功能齐全、支撑力强的创意服务体系。

3. 节能环保服务。加强节能环保宣传教育，将节能环保作为经济结构调整与产业升级的主要推动力量。培育节能环保市场，营造市场环境，提高节能环保产业市场化程度。积极推行合同能源管理，培育和发展节能服务机构。大力发展生态效率评价、清洁生产审核、环境影响评价、环境监测、环境投资及风险评估、环境保险理赔等环境咨询服务。探索实行跨行业协调管理，研究制定导向性强的产业扶持政策。打造公益性节能环保服务平台，鼓励和引导多元社会资本进入节能环保产业，形成多元化的节能环保产业投融资机制，使综合服务能力适应节能环保产业发展需要。

4. 健康服务。顺应健康需求新趋势，关注老龄健康，积极支持健康检查、健康咨询、疾病预防、营养保健、运动健身、心理治疗、身体养护、健康文化与教育等健康服务业发展。大力发展体育休闲娱乐业，促进体育休闲娱乐与健康服务有机结合。大力推进中医药健康产业发展，支持企业开发生产中医药保健产品，鼓励发展药浴、药膳、药茶、保健按摩等传统养生保健服务。加大健康宣传教育力度，增强消费健康服务意识，培育健康服务业市场基础。研究制定健康服务业行业标准，促进健康服务业市场规范运行。推广健康服务业连锁加盟等经营模式，鼓励国内外资本进入我市健康服务业，吸引国内外著名健康机构在我市设立分支机构。引进国外先进健康管理经验，提高我市健康管理服务水平。鼓励和引导社会资本举办医疗机构，依法规范非公立医疗机构执业行为。引进一批重大项目，打造一批规模化、国际化、专业化绿色生态医疗健康和老年养护基地，初步建立与小康社会相适应的健康服务体系。

五、保障措施

（一）加强组织领导

成立太原市服务业发展领导组，组长由市长担任，副组长由分管副市长担任，发改、商务、交通、财政等相关部门负责人为成员。领导组办公室设在市发改委。领导组对全市服务业发展进行决策部署和协调指导。建立全市服务业部门联席会议制度，定期召开工作例会，研究解决服务业行业发展、项目推进中遇到的困难和问题。

（二）完善服务业发展规划

编制市、县（市、区）、开发区和行业服务业发展规划。搞好服务业规划与土地规划、城市规划、交通规划衔接，提升规划的指导性和重大项目执行力。重点做好物流业、旅游产业、文化产业、融资体系、保障性住房建设、高技术服务业、信息化、市政设施建设、综合交通运输体系、公交都市等综合规划和专项规划。根据国家和省产业政策，研究制定太原市服务业鼓励类产业指导目录。

（三）加大财政金融支持力度

市财政每年拿出3亿元作为“促进服务业发展专项资金”，并根据资金状况和服务业发展需求逐年增加。同时，提高市级煤炭可持续发展基金接续替代产业部分中用于服务业投资比例，采取贷款贴息、补助或以奖代补等方式，重点支持现代物流、商务、会展、文化旅游、高技术服务业等新兴服务业。各县（市、区）也要设立促进服务业发展引导资金，吸引社会民间资本向服务领域投入。引导鼓励金融机构扩大对服务业的信贷支持，建立完善贷款担保体系，培育企业融资担保公司，建立中小企业融资担保基金，促进中小型服务业企业发展。鼓励美特好、金虎便利等有条件的服务企业通过股票上市、企业债券、股权置换、资产证券化等方式筹措资金。根据国家产业投资指导目录中鼓励类服务业重点支持政策，积极筛选重大服务业项目争取国家和省资金扶持。按照政府引导、社会投入、市场化运作思路，多渠道筹集服务业建设资金，形成多元化投资格局。

（四）保障土地供应

加强和改进土地利用计划调控，凡符合土地利用总体规划、城镇建设规划、国家产业政策和供地政策的服务业项目，优先安排土地利用年度计划，优先办理农用地转（征）用报批手续。对重点大型现代服务业项目土地使用权以公开交易方式取得的，经市政府批准，可采取“统一规划、分期供地”方式供地。鼓励服务业企业盘活存量土地，集约高效利用土地资源。对存量建设用地服务业项目，优先办理用地手续。市区中心地带要逐步关闭或迁出污染大、占地多、附加值低、不适应城市功能定位的工业企业。在符合城市总体规划和土地利用总体规划的前提下，退出土地优先发展服务业。

（五）完善价格收费政策

进一步推进服务业价格体制改革，逐步实行商业用电与一般工业用电价格并轨，列入国家鼓励类服务业的用水、用气价格与工业用水、用气价格同价。引导服务业实行差别化收费，体现优质优价。继续清理涉及服务业的行政事业性收费，加强收费监管，规范收费行为。对持合法证照的出租车、公交车等服务业从业车辆，按相关优惠政策减免各类费用。

（六）提高招商引资引智质量

加强服务业招商引资工作，创新机制和手段，扩大服务业利用外资规模，提高利用外资水平。积极引导承接国际服务业转移，吸引跨国采购中心、国际会展公司、市场中介机构等来我市设立分支机构。引进国际服务业先进理念、先进技术和管理经验，提升我市服务业结构层次。建立公开、平等、竞争的育人、选人、用人机制，大力引进现代物流、商务会展、教育培训、商贸流通、文化传媒等领域急需的高层次策划、管理、经纪人才。培育壮大现代服务业企业家队伍，发挥领军人才作用。依托高等院校和职业学校，加快培养服务业紧缺专业人才和实用人才。

（七）健全考核考评机制

建立健全服务业"年初有目标、年中有检查、年末有考核"的考核考评机制。重点考核：给各县（市、区）、开发区分解下达服务业增加值、增长率指标；分解下达服务业投资增长率指标和占固定资产投资比重指标；给商务、交通、文化、旅游等部门下达的有关指标。

（八）建立统计调查机制

成立市县两级服务业统计调查中心，建立完善服务业发展统计调查制度、信息发布制度和目标责任考核制度；研究制定我市服务业调查方案，组织实施各项服务业统计调查，搜集、审核、整理服务业统计指标，对全市服务业发展进行统计监督、预测、预警、分析，为政府提供决策参考依据。

038

合肥市人民政府关于印发《合肥市现代物流业发展“十二五”规划》的通知

合政〔2012〕172号

各县（市）、区人民政府，市政府各部门、各直属机构：

《合肥市现代物流业发展“十二五”规划》已经市政府同意，现印发给你们，请认真组织实施。

合肥市人民政府

二〇一二年九月七日

合肥市现代物流业发展“十二五”规划

合肥市人民政府

2012年9月7日

现代物流业是运用信息技术和供应链管理方法，将运输、仓储、装卸、加工、整理、配送、信息等基本功能进行系统整合和一体化运作的复合型产业。为进一步加快“十二五”期间我市现代物流业发展和产业转型升级，培育新的经济增长点，促进现代化新兴中心城市和区域性特大城市建设，根据国家和省相关文件精神，结合本市实际，制定本规划。

一、发展条件

（一）发展基础

1. 综合实力显著增强。“十一五”以来，我市经济保持快速发展，地区生产总值年均增长17%以上，在全国省会城市中位次由第18位跃升至第15位。经济发展对现代物流业的依存度不断提升，并为现代物流业发展奠定了坚实基础。

2. 区位优势愈加凸显。我市承东启西、连南接北，是沿海的腹地、内地的前沿，以合肥为圆心、500公里为半径，是我国最具活力的区域之一，具有发展现代物流业得天独厚的优势。

3. 物流设施不断完善。我市是全国重要的综合交通枢纽。现有6条铁路、7条高速公路在肥交汇，为华东地区与西部地区公路、铁路货运主要联系通道。水路运输是长江水系高等级航道布局方案“一横一网十线”和安徽省“两干三支”航道骨架体系的组成部分，1500 吨级货轮可经巢湖通江达海，合肥港国际集装箱码头首年吞吐量即突破 5 万标箱。合肥骆岗机场是全国重要的国际备降机场，已开通 30 余条航线，合肥 4E 级新桥国际机场即将投入运营。合肥还是交通运输部和安徽省政府联合批准的七个重点建设货运站场之一，拥有上海铁路局最大货场。

4. 物流产业初具规模。2011 年，全市共有运输、仓储及综合物流企业 600 多家，从业人员 20 万人，实现营业收入 217 亿元，完成增加值约 100 亿元，占地区生产总值近 3%，占服务业 7%。

（二）制约因素

1. 专业化程度较低。多数物流企业仍习惯于“大而全”、“小而全”的生产经营模式，物流活动主要依靠企业内部组织的自我服务来完成，服务能力较弱，企业规模普遍较小，缺乏主导市场发展的大型运输企业和核心竞争力强、带动作用明显、现代化程度高的第三方物流企业。

2. 信息化水平不高。不少物流企业信息化程度偏低、功能单一、管理水平和技术装备水平不高，在利用信息技术追踪货物、库存管理电子化、供应链全过程的信息技术支撑等方面相对落后。

3. 物流人才缺乏。专业人才紧缺，特别是既懂信息技术又懂现代物流管理的复合型人才稀缺，成为制约物流业上规模、上水平的关键因素。

4. 市场竞争不规范。物流发展缺乏统一协调的产业政策体系支持，进入物流行业的门槛过低，中小物流企业资质水平参差不齐，存在无序竞争现象，影响了物流资源的有效整合和一体化运作。

（三）发展机遇

1. 国家实施物流业调整和振兴规划。随着《物流业调整和振兴规划》的公布和实施，物流业作为“第三利润源”，呈现加快发展态势。2011 年，全国社会物流总额 158.4 万亿元、同比增长 12.3%，增加值 3.2 万亿元、同比增长 13.9%。制造业与物流业加速融合，形成相互渗透、联动发展的格局。2011 年，工业品物流总额 143.6 万亿元，同比增长 18.5%，占社会物流总额 90.2%。长三角、珠三角、环渤海及中西部地区物流合作不断紧密。全国物流业发展呈现的新态势为合肥物流业发展提供了巨大空间。

2. 安徽出台现代物流业发展规划。提出打造合肥物流圈和建设合肥物流枢纽，明确合肥物流圈主要依托和服务于合肥经济圈，建立跨区域的全国性物流集散和分拨、配送中心，形成公路、铁路、航空联运一体化的物流体系；强调依托合肥交通区位、技术优势和现有的经济基础，以公铁联运和航空运输为重点，规划建设合肥综合保税区、合肥空港物流园等综合性物流园区，加强与武汉、郑州物流中心的联动发展，共建中部物流城市群，将合肥建成重要的全国性物流枢纽。省规划对合肥的新定位，为合肥物流业发展提供了强大动力。

3. 国内外产业梯度转移态势。我市充分发挥中部地区崛起战略中重要的省会城市、全国科技创新型试点市、综合交通枢纽城市、皖江城市带承接产业转移示范区核心城市等政策叠加优势，大力承接国内外汽车、装备制造、电子信息、化工、家电、农产品加工等产业，建设全国重要的先进制造业基地、高新技术产业基地和现代服务业基地。随着合肥承接国内外产业转移规模的扩大和质量的提升，为合肥物流业发展提供了广阔市场。

二、指导思想、基本原则与发展目标

（一）指导思想

坚持以科学发展观为指导，围绕建设现代化新兴中心城市和区域性特大城市的总体目标，按照“创新驱动、转型发展”的要求，把现代物流业作为发展服务经济的重要内容，以降低物流成本和提高物流效率为核心，以培育有竞争力的物流主体为重点，以物流园区建设为载体，以供应链管理和信息技术为支撑，以物流体制机制创新为动力，进一步延伸产业链条、拓宽发展空间、优化发展环境，努力建设与我市经济社会发展和广大居民消费需求相适应的现代物流体系，到2015年，把合肥初步建设成为东中部地区物流中心城市及国家级物流枢纽城市。

（二）基本原则

——坚持市场主导与政府引导相结合。强化企业的市场主体地位，发挥市场配置资源的基础性作用，加强政府统筹规划和产业政策的宏观指导，着力为现代物流业营造良好的发展环境。

——坚持产业互动与融合发展相结合。加强现代物流业与先进制造业的互动，大力发展专业化、社会化的第三方物流，把握面向消费需求的生产转型趋势，促进二、三产业深度融合，切实降低全社会物流成本。

——坚持整体推进和重点突破相结合。以大型物流基础设施建设和大型物流企业培育为重点，在重要领域、重点区域和重大项目带动上率先突破，推动现代物流业整体协调发展。

——坚持高端带动与创新发展相结合。充分发挥我市的要素集聚和综合服务优势，大力发展技术、知识、资金密集型的高端物流服务，进一步强化信息化的基础作用和人力资本的关键作用，加快推动物流服务模式创新，带动我市物流业发展能级和服务水平的整体提升。

（三）发展目标

——全市物流业增加值年均增长速度高于 GDP 的年均增长速度。物流成本与 GDP 的比值下降 2 个百分点，物流效率居全国前列。

——重点培育和吸引一批服务水平高、市场竞争力强的物流企业，培育 3～5 家业务辐射全国、收入过 10 亿元的大型第三方物流企业；引进 5～10 家国内外一流的第三方物流企业；加快形成各种所有制物流企业有序竞争、优势互补的市场格局。

——建设以公共物流信息平台为基础的物流信息网络；企业应用现代物流信息技术的比重达 90%以上。

三、发展重点

（一）工业物流

以工业转型升级需求为导向，以降低工业物流成本、提高供应链运行效率为目标，培育工业物流产业，构建一体化运作的供应链管理服务体系，促进工业和物流业融合发展，适应我市制造业高端化发展趋势，加快新型工业化进程，进一步提升工业的国际竞争力，提供强有力的物流服务保障。

积极推进工业物流服务外包，引导企业逐步将运输、仓储、配送等物流业务从主业中分离，不断降低企业经营成本；鼓励推动制造业企业与物流企业开展资产重组，提高第三方物流企业在各制造业领域专业化服务的能力；鼓励企业以物流资源的整合优化为起点，开展流程再造和技术升级，提升全市供应链管理的设备技术水平；优化生产布局，构建差异化的物流服务模式，不断增强制造业物流服务我市产业结构升级、布局调整优化的功能。

（二）商贸物流

围绕建设合肥"全国流通领域现代物流示范城市"，着力推进现代商贸配送物流体系建设，进一步优化由综合物流园区、大型配送中心、社区配送节点组成的城市配送网络，构建广泛覆盖城乡居民的城市配送物流体系。

培育一批具有区域性物流配送能力的商贸连锁集团企业，力争使流通领域现代物流成为合肥市商贸经济的核心竞争力；加大重点商贸物流园区和重点批发市场的建设改造，推进专业市场物流配送中心建设；积极推动电子商务与全社会物流资源紧密结合，不断增强电子商务物流服务智慧城市运行的功能；推进"绿色物流"体系建设，进一步提高物流运行安全和节能减排能力；加快物流服务模式和业务流程创新，积极推进商贸物流管理的信息化，建设完善的商贸流通物流服务网络体系。

（三）涉农物流

积极推进农产品物流体系建设，着力减少农产品流通环节和降低中间费用；

强化农产品市场、农机市场、农资市场和农村消费网点的规划和建设，加快实施“村村通”、“万村千乡”和“新网工程”；加强涉农物流通道、物流节点和信息化建设，鼓励企业建设物流配送中心，为社会客户提供专业化的物流配送服务。

以各类粮食批发和交易市场为平台，不断扩大粮食购销的规模，促进粮食物流发展。完善以巢湖粮食物流园和合肥现代粮食物流园为主体的全市粮食物流中心配套功能，加快各县（市）超10万吨仓容的粮食物流园区建设，构造粮食物流绿色通道，采用先进的粮食运输工具，打通江海联运粮食物流通道。

四、空间布局

“十二五”时期，围绕城市功能建设和产业结构调整，根据现代物流业发展目标和发展重点，在合肥市域范围内形成“4＋10＋4”的物流节点空间结构，构筑四大物流园区，建设四个农产品物流园，打造十大物流中心，形成科学合理的物流业发展格局。

（一）构筑四大物流园区

1. 东城物流园区。位于肥东县撮镇境内，大众路以西，裕溪路附近。主要依托安徽合肥商贸物流开发区的政策吸引和集聚效应，利用裕溪路与合宁高速公路出入口、撮镇货运站、店埠河码头的有利条件，为全市及周边地区商贸企业提供物流配送服务，远期实现公水铁联运。

2. 新港物流园区。位于合肥经济技术开发区南部，方兴大道以南，邻近派河码头。主要依托千吨级货运码头、未来江淮运河黄金水道通江达海和内河航运物流成本较低的有利条件，为全市及周边地区先进制造企业提供物流服务，承担内河与公路、铁路转运功能；同时积极放大合肥出口加工区效应，推动保税物流中心建设，远期可引入铁路专用线，实现公水铁联运。

3. 空港物流园区。位于肥西县高刘镇境内，合淮阜高速公路以西、合六叶高速公路以北、新桥机场以东，邻近机场货运区。主要依托新桥国际机场的航空货运能力、机场周边高速公路高效的货物转运能力和合肥良好的区位条件，建设辐射全国及东亚地区的空港物流园区，打造东亚地区的航空转运中心，形成安徽省进出口货物集散的物流平台。主要发展快递服务、货物代理、包装加工等业务，争取建设空港保税物流园区。远期可引入铁路专用线，实现公铁空联运。

4. 北站物流园区。位于长丰县双凤经济开发区南部，邻近北货站。主要依托北货站扩建工程，为全市及周边地区先进制造企业提供物流服务，承担铁路与公路转运功能。同时考虑铁路物流的特点，建设集装箱货物、成件包装货物、散堆装货物及长大笨重货物作业区。

（二）建设四个农产品物流园

1. 合肥农产品国际物流园。位于合肥市东部，瑶海区大兴镇境内，裕溪路以北，二十埠河以西。主要依托裕溪路高架桥及邻近高速公路出入口的便捷交通条件，形成服务于安徽省乃至华东地区的区域性农产品物流中心。

2. 北城农产品物流园。位于合肥市北部，长丰县双凤经济开发区南部。主要依托阜阳路高架桥的便捷交通条件，形成服务于合肥市北部乃至皖北部分地区的农产品物流中心。

3. 肥西上派农产品物流园。位于合肥市西南深圳路附近，肥西县城南部。主要依托深圳路、合安路的便捷交通条件，形成服务于合肥市西南片区乃至六安舒城等县（市）的农产品物流园区。

4. 庐江同大农产品物流园。位于合肥市南部，庐江县同大镇境内，周边有国家级庐江现代农业示范区暨庐江台湾农民创业园。主要依托合铜公路便捷的对外交通条件，形成服务于合肥市南部乃至安庆、芜湖部分地区的农产品物流园区。

（三）打造十大物流中心

1. 店埠物流中心。位于合肥市长江东路与合宁高速公路交口东南，肥东县城东部。主要依托肥东县客货运铁路综合站及合宁高速公路出入口，形成服务于合肥承接产业转移示范园区的综合物流中心。

2. 长安物流中心。位于合肥高新技术产业开发区南部，方兴大道以东，铭传路附近。主要依托长安集铁路货运站，形成服务于合肥高新技术产业开发区的综合物流中心。

3. 南岗物流中心。位于合肥高新技术产业开发区南岗科技园，方兴大道以西，响洪甸路附近。主要依托新桥国际机场的辐射带动、长江西路的便捷交通条件及合肥高新技术产业开发区的产业优势，形成服务于合肥市西部片区的综合物流中心。

4. 桃花工业园物流中心。位于肥西县，创新大道以西，派河大道以南。主要依托深圳华南城项目，为纺织服装、皮革皮具、电子、五金化工塑料、印刷纸品包装等工业原材料交易中心提供仓储、配送、货运等物流服务，形成服务于华南城商贸企业的综合物流中心。

5. 三十头物流中心。位于合肥新站综合开发试验区三十头镇境内，新蚌埠路与合六叶高速公路交口东南。主要依托新蚌埠路与合六叶高速公路出入口，形成服务于合肥新站综合开发试验区平板显示基地的综合物流中心。

6. 下塘物流中心。位于长丰县下塘镇境内，淮南铁路以西。主要依托淮南铁路货运功能，形成服务于下塘新型重工业基地的综合物流中心。

7. 万山物流中心。位于庐江县万山镇境内，合安高速公路与军二公路交口附近。主要依托合安高速公路、合铜黄高速公路、军二公路、合九铁路便捷的对外交通条件，形成服务于庐江县的综合物流中心。

8. 庐南物流中心。位于庐江县龙桥镇东北部。主要依托西河码头及预留铁路专用线，形成服务于庐南循环经济产业基地的综合物流中心。

9. 裕溪河物流中心。位于巢湖市中心城区南部，港口大道与亚父路交口东南。主要依托裕溪河巢湖港码头，形成服务于巢湖市的综合物流中心。

10. 巢湖经开区物流中心。位于合肥巢湖经济开发区东部，合巢芜高速公路以东，兴业大道以南。主要依托105省道和合巢芜高速公路出入口，形成服务于合肥巢湖经济开发区的综合物流中心。

五、主要任务

（一）完善物流基础设施建设

加快以合肥为中心的铁路客运专线建设，实现客货分线运输，提高货运能力。加强铁路、公路场站建设，提高货物运输和配载效率。

完善陆路交通建设。加快高速公路网络和智能管理系统建设，改造提升干线公路和农村公路，加强中转站的建设，完善交通运输网络。

加强水运交通建设。加快建设合肥港综合码头和裕溪、巢湖复线船闸，提升合裕线航道通航等级，打造江淮流域的内河航运中心；推进“引江济淮”工程。

积极开辟国际、国内航线，加快合肥新桥国际机场全国重要的区域性航空货运枢纽建设。

（二）推动制造业与物流业联动发展

制定鼓励制造业与物流业联动发展的相关政策，组织实施一批制造业与物流业联动发展的示范工程和重点项目，选择一批不同行业、不同区域的企业，通过政策扶持，有重点、高标准地开展联动发展试点。

采取有效措施，引导物流企业功能整合和业务延伸，提升一体化服务水平；培育适应现代生产要求、具备一体化物流服务能力的物流企业。

（三）提升城市物流服务功能

完善城市商品市场体系。规范发展一批具有现代零售商业特征的大型连锁超市、仓储式商场等销售终端市场，形成功能完善的城市零售商业网点体系。规划建设一批集购物、餐饮、休闲、娱乐、物流于一体的大型购物中心。加快改造专业批发市场，提升市场档次，形成以区域性批发市场为龙头、地方性批发市场为基础的批发市场体系。

优化城市配送网络体系。以发展连锁经营、物流配送、电子商务为重点，积极推进流通方式变革。支持大型连锁企业通过资本运作、特许经营等方式，向规范化和集约化方向发展。推动大型连锁企业优化物流业务流程，积极发展统一配送，加快技术和设施设备改造升级，逐步实现仓储立体化、搬运机械化、分拣自动化、配送网络化，提高物流配送的社会化、专业化、集约化程度。

（四）培育现代物流企业

在现有物流企业中，以发展基础较好、具有一定规模和先进管理理念的物流企业为培育对象，进一步完善功能、提升服务、整合资源、扩大规模。培育一批具有核心竞争力、在国内外有较大影响力的现代第三方物流企业。引进一批具有现代物流理念与运作能力的国外大型物流企业、国内著名物流企业来肥，设立地区总部。

积极发展绿色物流。倡导企业在生产和流通环节采用符合环保要求、可反复梯级利用的包装，逐步实现包装的模数化、集装化和多功能化。鼓励企业使用低公害车辆，建立高效的回收物流系统，综合利用再生资源，缓解资源约束，减轻环境污染，实现物流业的可持续发展。

（五）创新物流业发展的体制机制

推进物流管理体制、企业组织、企业经营机制创新，变传统物流为现代物流，变物流自理为物流代理，变企业物流为物流企业。加大对物流企业兼并重组的政策支持力度，鼓励中小物流企业加强信息沟通，创新物流服务模式，加强资源整合，满足多样性的物流需要。进一步推广现代物流管理，运用供应链管理与现代物流理念、技术与方法，实施采购、生产、销售和物品回收物流的一体化运作。

六、重点工程

（一）立体联动物流体系工程

利用信息化技术或多维网络手段，打造虚拟立体物流联运中心，最大程度地提高物流运转的效率。以合肥机场、铁路和码头为基础，以城市干道和内外环路为通道，以高速公路枢纽为依托，建立航空网、铁路网、高速公路网和水运航道网立体联动的实体物流网络，形成立体联运中心。一是水铁联运中心，在派河港码头与铁路货运站建立货运专属铁路，确保铁运和水运的链接通畅，建设铁路专用线通向派河物流园区。二是公铁联运中心，在北站物流园区构建适应公铁联运的铁路集装箱运输网络，优化铁路运输网络站点，适应铁路集装箱运价体制新模式，满足不同集装箱多式联运客户需要。三是公水铁联运中心，在东城物流园区内建设铁路专用线，并建设园区通往店埠河码头的公路通道，保证铁路、公路、水运的连接畅通。

（二）农产品批发市场与冷链物流工程

在瑶海大兴、长丰双凤、庐江同大、肥西上派建设 4 家大型农产品批发交易综合市场，形成与区域性特大城市相匹配的农产品批发市场体系。加强大型连锁企业与农业生产基地的对接，打造生产和市场主体稳定的产销关系，互通农产品市场信息，建立解决“买难”、“卖难”问题的协调机制。加强农产品流通标准化建设和品牌建设，完善蔬菜瓜果质量追溯体系，维护农产品市场平稳有序运行。

进一步加强冷链物流建设工程。重点支持冷库建设工程、低温配送处理中心建设工程、冷链运输车辆及制冷设备工程以及冷链物流企业培育工程。到2015年，全市将初步建成农产品冷链物流网络服务体系，果蔬、肉类、水产品冷链流通率将分别达到20％、30％、36％以上，流通环节产品腐损率分别降至15％、8％、10％。

（三）国际航空中转中心工程

全面提升合肥新桥国际机场在国际航空物流市场的整体地位。完善机场货运基础设施建设，增设机场收发货物集散点，建设空港物流园区东亚转运中心，实现快速集中便捷的货运地面延伸服务，提高机场转运能力；拓展国际货运航线网络，开通与东盟和日韩的货运航线，加强欧洲、北美、澳洲国际干线航班密度，提高国际干线的运力能力；优化空港货运发展政策，实施市场准入，降低机场收费，加强与国内发达地区机场合作，特别是和杭州、上海、南京等地机场互做备降机场；允许在空港物流园区内设立国际货运代理、航空代理企业，允许外资和民营资本参与空港物流园基础设施建设，吸引更多投资和货运企业落户空港物流园；实施高效便捷的通关政策，合理简化通关流程，延长服务时间，加快货物通关速度，创造便利的通关环境。

（四）中西部城市重要的虚拟海港工程

建设虚拟海港，探索建立将一线港口的服务功能延伸至陆路口岸的管理模式。一是加快“电子口岸”建设，推进大通关信息资源整合，通过电子商务、电子物流与电子政务的协同管理，优化口岸通关作业流程，实行申办手续电子化和“一站式”服务，提高通关效率，为“虚拟海港”的建设提供网络信息平台。二是设立综合保税区和保税物流园区，与沿海沿江港口实施区港联动，充分发挥保税区的政策优势和海港港口的区位优势，将海港港口的功能延伸到综合保税区，使港口与保税区之间相关手续简便，实行“无缝对接”，多种运输方式有效组合，货物快速流入流出，使合肥及其周边企业享受港口码头、船舶公司、货代公司提供的服务，减少物流时间、降低综合物流成本。

（五）物流信息化建设工程

建立全市统一的物流公共信息平台。整合全市各级、各部门、各系统物流信息资源，逐步构建由物流公共管理信息、物流业务信息交换和物流企业信息处理三级组成的物流公共信息平台；建立健全物流信息交换标准体系和电子商务安全认证体系；推进公共物流信息平台与电子政务系统、行业和企业信息系统及其他区域物流信息平台间的互联互通，实现资源共享、数据共用。

（六）物流标准和技术推广工程

积极参与相关物流国家标准的研究制定和宣传推广，争取先试先行。实施物流标准化服务示范工程，选择大型物流企业、物流园区开展物流标准化试点工作并逐步推广。加快对现有仓储、转运设施和运输工具的标准化改造，鼓励企业采用标准化的物流设施和设备，实现物流设施、设备的标准化。鼓励物流企业采用集装单元、射频识别、货物跟踪、自动分拣、立体仓库、配送中心信息系统、冷链等物流新技术，提高物流运营管理水平。

七、保障措施

（一）加强组织领导

成立合肥市促进现代物流业发展工作领导机构，负责全市现代物流业发展规划的实施，研究和制定全市现代物流业发展政策，协调解决全市物流业发展的重大问题等。市发改委作为物流业发展的主管部门，负责领导机构日常工作。

（二）强化政策支持

将现代物流业作为服务业重点领域予以扶持，进一步完善支持政策。落实国家和省出台的支持政策，研究制定合肥市促进现代物流产业发展的政策。加大金融支持力度，鼓励担保机构为物流企业提供信贷担保。积极引进外资、民间资本投资物流产业。

（三）加快人才培养

构建物流专业人才引进、培养和使用的激励机制，吸引海内外高层次物流人才。加快搭建高校和企业互动对接平台，支持在肥高校扩大物流专业招生规模，鼓励有条件的高校开设物流专业。大力推进产学研合作，支持建立多层次的物流综合培训体系、实验基地和人才孵化基地，积极把合肥打造成为区域性物流人才教育培训基地。

（四）完善物流统计

按照国家有关要求，建立完善全市物流业统计指标体系，研究科学统计方法，明确规范统计口径。加强物流统计基础工作，探索建立物流业统计调查与核算制度，及时监测分析现代物流业发展状况，定期发布全市现代物流业运行情况，全面掌握我市现代物流业的规模、结构和发展水平，为各级政府和部门制定现代物流业发展政策和规划提供依据。

（五）支持企业创新

积极支持企业创新业务流程和商业模式，推动大中型企业的物流资源和业务整合，加大对小微企业的扶持力度，加强对现代物流业务流程和商业模式创新的知识产权认定和保护。支持企业设立研发中心，加强对物流关键技术和设备的研制。完善物流企业申请高新技术企业、技术先进型服务企业认定标准，制定和推广物流基础设施、技术装备等方面的基础性、通用性标准，安全卫生和环境保护方面的强制性标准，各种物流作业和服务方面的专业标准，实现与国际物流标准接轨。

（六）发挥行业社团作用

积极培育和发展物流行业中介组织，充分发挥连接政府与企业的桥梁和纽带作用，加强在调查研究、政策咨询、服务企业、规范市场、合作交流、人才培训等方面的中介服务。建立合肥地区物流行业诚信建设协调机制，支持物流企业参加诚信守法及等级评估，促进物流行业规范自律，推动物流市场有序健康发展。

八、规划实施

市相关部门要按照本规划要求，制定完善实施办法和配套政策，加强指导服务和监督。各县（市）、区政府要按照本规划确定的目标任务，制定具体实施方案。

附件：合肥市物流节点规划布局（略）

039

福州市人民政府关于印发福州市“十二五”现代物流业发展规划的通知

榕政综〔2011〕185号

各县（市）、区人民政府，市直各委、办、局（公司）

《福州市“十二五”现代物流业发展规划》已经市人民政府同意，现印发给你们，请认真组织实施。

福州市人民政府

二〇一一年十二月四日

福州市“十二五”现代物流业发展规划

福州市人民政府

2011年12月4日

一、发展现状

“十一五”期间，福州物流业在国民经济持续增长的影响下，物流总体规模不断增大，物流企业不断发展壮大，物流基础设施建设取得新突破，社会物流总费用与GDP的比例下降，物流效益不断提升，现代物流业作为生产性服务业在国民经济发展中发挥越来越重要的作用。

（一）物流总量和效益不断提升

随着国民经济快速发展，全社会对物流的需求量持续增大，物流总量和效益不断提升。2010年，我市铁路货物发送量336.5万吨，公路货物发送量8394.19万吨，水路货物发送量6171.99万吨，民航货邮吞吐量7.94万吨；沿海港口货物吞吐量7124.8万吨，其中，外贸货物吞吐量2719.8万吨，集装箱吞吐量147.05万标箱。社会物流总额为8341.61亿元，物流需求系数（物流总额与GDP总量相比）为2.67，凸显物流对国民经济的支持作用；物流业增加值为202.11亿元，占GDP比重和服务业增加值比重分别6.50%和为14.05%；物流费用成本呈下降趋势，促进了经济运行质量的提高。

（二）物流运输基础设施不断完善

我市基本形成了以高速铁路、高速公路、港口为重点的对外连接通道。港口：福州港涵盖福州行政区域的福州港和宁德行政区域的宁德港，其中福州行政区域的福州港是国家沿海 25 个主要港口之一，拥有江阴、松下、闽江口和罗源港区，2010 年共有生产性泊位 122 个，其中，万吨级以上深水泊位 40 个，最大靠泊能力达 15 万吨级，货物吞吐能力达 8349 万吨，年集装箱吞吐能力达 242 万标箱，已开辟直达欧洲等国家与地区的国际班轮航线 34 条。铁路：拥有温福铁路、福厦铁路、峰福铁路（南平至福州）、福马支线（福州至马尾）及部分企业专用铁路，向莆铁路、合福铁路、江阴港、可门港、罗源湾北岸铁路支线正在加快建设。公路：市域公路网依托沈海（沈阳至海口）、福银（福州至银川）、渔平（渔溪至平潭）高速公路等高速公路主干线和 G104（北京至福州）、G316（福州至兰州）、G324（福州至昆明）等国道形成“T”型主骨架，承担我市对外公路交通联系；S201、S202、S203、S305 等省级道路及 53 条县道作为补充，承担中心城区与各县市及县市之间的公路交通联系。2010 年公路总里程 10237.2 公里，其中高速公路 399.8 公里。航空：福州长乐国际机场是我国 20 大空港之一，2010 年拥有国内航线（含港澳）62 条、国际航线 5 条，航班通达新加坡、吉隆坡、东京、大阪、中国香港和中国台湾等国内外 47 个重要城市，每天进出港航班总数 180 个左右。

（三）物流运作基础设施建设不断跨越

物流园区、分拨中心和物流配送中心等物流运作基础设施项目建设扎实推进，江阴港区物流园区、罗源湾港区物流园区、松下港区物流园区、长乐空港物流园区、马尾物流园区等物流园区已经完成编制或正在编制控制性详细规划；医药、烟草、图书等一批专业化物流中心、配送中心已经建成投入使用。保税物流设施建设取得新突破，经国务院批准设立的海关特殊监管区有福州保税区（福州马尾）、福州保税港区（福清江阴）和福州出口加工区（马尾亭江）。其中，2010 年 5 月 18 日国务院正式批准设立的福州保税港区是国内开放层次最高、优惠政策最多、运行规则基本与国际接轨的一种新的自由贸易港区模式。货运场站发展较快，拥有福建盛辉、福建盛丰、福建八方物流企业等 28 个公路货运场站，福州东站、魁岐站、杜坞站、马尾站等铁路货运场站，台江作业区、马尾作业区、青州作业区、筹东作业区、松下作业区、江阴作业区、碧里作业区、牛坑湾作业区等港口货运场站。

（四）物流信息化水平不断提高

2010 年，福州程控交换机总容量 349 万门，固定电话用户 201.9 万户，移动电话用户 746.7 万户，互联网用户 105.0 万户，宽带网用户 86.6 万户，物流信息基础设施日趋完善。福州海关数据分中心投资开发建设的中国电子口岸数据中心福州分中心门户网站（http：//www.fzeport.gov.cn）在2010年5月正式投入运行，有效支持企业和政府有关部门之间的电子信息交换，提供报关单状态查询、电子口岸入网企业制卡状态查询、电子口岸业务指南、政策法规查询等多项网上服务。海峡西岸港航物流公共信息服务平台已通过验收，福建交通集团物流综合信息服务平台已完成整体规划，目前正按规划逐步推进物流信息平台各项功能的开发建设和应用；福建盛辉、福建盛丰、福建宏捷等一批物流企业建设了物流信息系统，运用GPS等物流信息技术，企业物流信息化水平不断提升。

（五）物流企业不断发展

2010年，我市在省、市工商行政管理局注册的各种类型物流企业1500多家，其中冠以物流名称的物流企业486家，运输企业458家，仓储企业73家，货代企业175家，船代企业174家，码头/港口企业30家，集装箱运输企业96家。从注册资金来看，我市物流企业注册资金大于5亿元的物流企业有4家，注册资本在1亿～5亿元的有23家，注册资本在1000万～1亿元的有195家；2010年，全省获评全国先进物流企业27家中我市占12家，列入国家物流税收试点企业23家中我市占10家，瑨头海运已发展成为国内最大的民营航运公司。目前，美国总统轮船、丹麦马士基、日本邮船等跨国公司和中海、中外运、中远、中邮等全国性物流企业纷纷入榕，福建盛辉物流、福建盛丰物流、福建宏捷物流等一批福州本土民营物流企业快速成长，并向第三方物流企业发展，形成了多种所有制、多种服务模式、多层次发展的物流企业群体。制造业与物流业联动发展扎实推进，进一步推进了制造企业将企业采购、仓储和配送职能统一整合，实行一体化供应链管理，把物流业务从核心业务中分离出来，实行业务外包或与物流企业建立长期合作伙伴关系。推进了物流业与第一、第二产业对接，以物流业发展来推动其他产业的发展，以高水准物流服务来促进其他产业的跨越发展，建设了冠捷电子与福建中邮物流、东南汽车与八方迅通、大榕树物流与中华映管等一批制造业与物流业联动发展工程。

（六）榕台物流合作交流不断拓展

榕台物流交流合作进一步深化，实现福州至台湾本岛空中海上双向直航常态化。福州港作为首批两岸海上直航口岸与台湾高雄、基隆、台中、台北、花莲等港口开通了多条集装箱和散杂货航线，福州长乐国际机场与台湾台北、台中、高雄、花莲等机场开通了多条航线，已形成榕台多点多线、客货并进、海空并举的格局。2010年，榕台空中双向直航有6条航线、每月129个航班，开通了福州—台北货运航班；对台直航集装箱吞吐量达31.5万标箱。福州保税港区与基隆自由贸易港区签订了合作协议，扎实推进榕台港口合作交流平台对接。福州马尾中国邮政对台水陆路监管中心是我国唯一对台水陆路监管中心，福州被列为国家对台邮航起降点，随着2010年12月21日福州—台北自主邮货运输航线正式开通，标志着福州成为大陆第一个与台湾通邮的航点，将发展成为集散广东、江西等地的邮件快递直飞台北的中转站。福州市物流协会与台湾全球运筹发展协会签订了合作交流协议，榕台协会、企业合作交流不断拓展深化。在榕高校与台湾高校开展“校校企”联合培养物流人才项目，榕台人才培养培训合作交流取得新进展。

（七）物流发展环境不断优化

福州市政府编制了《福州市现代物流发展规划》，出台了《关于加快福州市现代物流发展的若干意见（试行）》等文件，建立了现代物流业发展的相关协调机制，福清、长乐、马尾、闽侯等县（市）区也相继制定了商贸物流业发展专项规划，并出台了一系列扶持商贸物流发展的政策措施，为物流业发展营造了良好的政策环境，提供了有力的组织保障。物流行业基础性工作扎实推进，组织实施了社会物流统计核算与报表制度，物流行业协会积极发挥着中介组织的作用，物流标准推广工作、物流业标准化建设扎实推进。物流人才培养力度不断加大，构建了多层次物流人才培养培训体系，福州大学已经拥有物流管理博士点，在榕高校每年计划招收本科以上物流专业学生 700 多名、专科学生 2000 多名。“十一五”期间完成了福州地区物流管理知识在职集中培训，实施了赴港台物流培训考察，邀请了中国物流与采购联合会、中国交通运输协会、中国物流学会以及日本高校等国内外知名物流专家学者来榕作专题报告，取得了良好的社会效果。

二、发展机遇与挑战

“十二五”期间，福州作为海峡西岸经济区的省会中心城市，现代物流业既有难得的发展条件、发展机遇，同时也面临着巨大的挑战。

（一）面临的机遇

从全球看，国际现代服务业转移步伐加快，许多国际化物流公司正在全球重新布局，有利于我市引进现代物流企业和现代管理技术、管理模式，加快物流业转型升级。从全国看，我国把物流业列为十大重点振兴产业之一，出台了《物流业调整和振兴规划》，必将促进科技、人才、智力、信息、资金等生产要素向物流业集中，加速现代物流业的发展和提升。同时，工商企业物流外包趋势加快，有利于提升物流业社会化、专业化水平。从海西看，《建设海峡西岸经济区纲要》把区域物流中心布局福州，海西交通规划提出把福州建设成为全国性综合交通枢纽，我市对内对外联接通道进一步完善，福州港将进一步向内陆地区辐射，物流枢纽地位将更加突出。从福州看，《福州市国民经济和社会发展第十二个五年规划纲要》提出“十二五”期间建设海峡西岸现代服务业中心，打造东南沿海先进物流中心城市。

《福建省国民经济和社会发展第十二个五年规划纲要》提出：“把旅游业和现代物流业培育成为带动国民经济发展新的主导产业。”并要求：“力争物流业增加值占地区生产总值的比重达到8%左右，占服务业比重达到20%以上。”《福州市国民经济和社会发展第十二个五年规划纲要》指出，到2015年，全市地区生产总值超过5400亿元，三次产业比例调整为5：45：50；福州港吞吐能力迈入亿吨港行列。

根据我国1个单位的GDP需要3个单位的物流量来支撑，服务业增加1个百分点需要增加物流业6个百分点的经济与物流发展关系，“十二五”期间，随着我省、我市国民经济的跨越发展，特别是随着各类产业园区、产业集群和重化工业的建设，将进一步拉动工业品物流需求，物流量呈现大进大出格局，物流业对国民经济发展的支撑作用将进一步增强。总的来说，“十二五”期间，我市物流业与国民经济发展联系更加密切，具备蓄势待发的巨大前景。

（二）面临的挑战

从区域竞争态势看，随着海峡西岸经济区建设的推进，区域竞争格局调整加快，特别是厦门港腹地不断拓展，物流辐射范围不断扩大，我市的物流枢纽地位受到巨大挑战。从自身发展水平看，与东部沿海地区先进城市比较，我市物流业发展存在一定差距：物流业增加值占第三产业增加值比重低于全省平均水平3个百分点，物流业在国民经济发展中的地位有待进一步提高；社会物流总费用与GDP的比率高于全省平均水平0.2个百分点，社会物流成本有待进一步降低，物流业运行质量有待进一步提升；截至2011年4月，全省通过国家5A级物流企业综合评估的物流企业5家中我市仅占2家，企业规模有待进一步扩大，服务功能和水平有待进一步提升，物流业整体竞争力有待进一步增强；港口作为运输枢纽、物流节点的大规模集散作用有待进一步充分发挥，各种运输方式的快速、无缝衔接有待进一步完善；物流公共信息平台尚未建立，物流信息化水平有待进一步提高。

总的来说，福州物流业发展基础扎实，机遇大于挑战。站在新的历史起点，迎来新机遇面对新挑战，我市物流业必须抢抓发展机遇，进一步创新思维，科学谋划，加快转变发展方式，切实解决发展中的突出矛盾和问题，开创“十二五”福州市物流业科学发展、跨越发展新局面。

三、规划依据、期限与范围

（一）规划依据

（1）国务院《物流业调整和振兴规划》；

（2）国务院《关于支持福建省加快建设海峡西岸经济区的若干意见》；

（3）国家发改委、商务部等九个部门《关于促进我国现代物流业发展的意见》；

（4）国家发改委《海峡西岸经济区发展规划》；

（5）福建省人民代表大会常务委员会《福建省促进现代物流业发展条例》；

（6）福建省人民政府《福建省物流业调整和振兴实施方案》；

（7）福建省人民政府《关于加快现代物流业发展的意见》；

（8）福州市人民政府《福州市国民经济与社会发展第十二个五年规划纲要》；

（9）中共福州市委、福州市人民政府《关于加快服务业发展的若干意见》；

（10）福州市人民政府《福州市城市总体规划（2010—2020）》；

（11）福州市人民政府《福州市土地利用总体规划（2006—2020）》；

（12）《福州市综合交通规划》；

（13）《福州市港口总体规划》；

（14）《福州市"十二五"服务业发展专项规划》；

（15）福州市人民政府《关于加快福州市现代物流业发展的若干意见（试行）》；

（16）其他相关法律、法规、文件。

（二）规划期限

2011—2015年。

（三）规划范围

本规划范围为福州市所辖鼓楼、台江、仓山、晋安、马尾5个区，福清、长乐2个县级市，闽侯、闽清、连江、罗源、永泰5个县。

四、指导思想、基本原则与发展目标

（一）指导思想

贯彻落实科学发展观，按照国家关于转变经济发展方式的总体要求，以满足不断增长的社会物流需求为出发点，以降低社会物流成本、优化产业结构和提高国民经济运行质量为中心，以信息技术和信息化为支撑，以综合交通枢纽和重要港区为依托，以培育和规范现代物流市场为目标，营造优化物流业发展的政策和制度环境，构筑两岸物流合作交流前沿平台和先行区，加强服务中西部地区发展的重要物流通道建设，不断推进区域物流合作，推动物流企业转型升级，着力改变物流业散、小、差的状况，建立现代物流服务体系，服务和促进其他产业发展，为福州建设成为海峡西岸经济区国际化、现代化省会中心城市提供坚实的物流保障体系，进一步提升现代物流业对国民经济发展的支撑作用。

（二）基本原则

1. 坚持发挥区域优势与先行先试相结合。充分发挥福州作为省会中心城市的区域优势，努力构筑对台交往、两岸物流合作的前沿平台和先行先试区域；积极推动跨区域物流合作，形成服务中西部地区发展新的重要物流通道。

2. 坚持培育扩大需求与加快转变发展方式相结合。既要把扩大物流需求作为加快福州物流业发展的新动力，进一步提升物流需求对物流业发展的拉动作用；又要着眼产业的长远发展，加快转变物流业发展方式，走物流集约化发展的道路，实现物流业发展与环境保护相协调，促进物流产业的结构调整和优化升级，提高产业竞争力。

3. 坚持物流资源整合与服务能力提升相结合。加大物流资源整合力度，大力发展第三方物流，全面提升福州物流企业发展实力，提供专业化、社会化现代物流服务，提升服务其他产业的能力。加快推进与工业、农业、商业等产业的对接，加速产业联动发展。

4. 坚持重点突破和全面提升相结合。以重点工程及其配套项目的建设为突破点，加快物流基础设施建设，完善物流节点空间布局，夯实物流业发展基础，发展壮大物流企业，全面提升福州物流业发展实力。

5. 坚持政府引导与市场运作相结合。充分发挥市场配置资源的基础性作用和企业的主体作用，加强政策引导和组织协调，完善市场运作规则，着力解决制约福州物流业发展的体制、政策和设施瓶颈，营造诚信经营、公平竞争的发展环境。

（三）发展目标

到2015年，福州建设成为全国性物流节点城市，福州港建设成为集装箱和大宗散杂货运输相协调的国际航运枢纽港，现代物流业成为我市主导产业，现代物流业发展总体水平位列省内设区市前列。物流业增加值年均增长率为20%以上，占GDP和服务业增加值的比重分别提升到10%、20%以上；社会物流总费用占GDP的比重降低至16%左右；引进壮大一批外商投资和央属大型物流企业，整合做强一批本地物流企业，力争获评国家5A级物流企业3家，中国物流3A级信用企业5家，培育一批具有品牌优势和核心竞争力的大型现代物流企业。三大物流基础网络（物流运输设施网络、物流运作设施网络、物流信息网络）建设进展显著，形成“物流园区—物流分拨中心—专业物流配送中心”三级物流运作网络，完善城市物流配送网络；加快推进制造业与物流业联动发展，推动重点工业企业、重点工业集中区企业物流业务整体外包；构建高层次物流创新创业人才、高技能人才培养培训平台，提升物流标准化和技术研发能力；榕港澳台物流交流合作实现新突破，形成服务中西部地区发展的综合物流通道。现代物流管理水平明显提高，现代物流服务方式普遍应用，物流企业竞争力显著提升，现代物流运作机制与国际接轨。

五、主要任务

（一）建设综合交通运输体系

建设以高速铁路、高速公路、海空港为主骨架主枢纽的综合交通运输体系，形成支撑和引导城市发展的现代化复合交通走廊。具体任务：

1. 港口：大力实施“以港兴市”战略，根据“南集北散”的发展定位，充分发挥福州保税港区政策优势，加快江阴港区集装箱码头、罗源湾港区大型散货泊位建设和航线开拓，促进松下港区粮食集散中心建设；贯彻落实《福州港发展集装箱补贴和揽货组船工作奖励实施办法》（榕港港管〔2011〕4号），充分发挥我市沿海港口优势，大力发展港口物流，加强集装箱运输发展的统筹协调，提升通关便利化水平，进一步扩大集装箱货物进出口。加快闽江口内港区的挖潜改造，加强内河航道建设和维护。2015年，福州港吞吐能力迈入亿吨港行列，发展成为集装箱和大宗散杂货运输相协调的国际航运枢纽港。江阴港区建设成为集装箱干线港、具有港口功能和保税功能的港口物流枢纽，松下港区建设成为以粮食运输为主的综合港口，闽江口内港区建设成为以内贸为主、为城市物流配送提供港口物流服务的港口，罗源湾港区建设成为煤炭、矿石、建材等大宗散杂货中转港。

主要港口建设项目有：福州港江阴港区西部作业区8#～9#泊位工程、罗源湾港区可门作业区10#、11#泊位扩能工程，建设可门作业区1#～9#、19#泊位及西1#、2#泊位、罗源湾港区将军帽作业区散货码头、罗源湾港区碧里作业区6#、7#泊位、松下港区牛头湾作业区0#、3#泊位、松下港区13#、14#、18#、19#泊位。

2. 铁路：建设贯穿沿海、连接内陆、串联各港区、衔接中心城区和外围组团的铁路支线，成为区域性铁路枢纽。推进向莆铁路、合福铁路和福州港江阴港区、松下港区和罗源湾港区三条铁路疏港支线建设，形成服务江西、湖南等中西部地区发展的铁海多式联运通道。利用沿海高速铁路和合福高速铁路，形成温州—宁德—福州—厦门—深圳东部城市铁路交通运输走廊和福州—武夷山—黄山中部城市铁路交通运输走廊。

主要铁路建设项目有：合福铁路福州段、向莆铁路福州段、江阴港区铁路支线、罗源湾港区可门铁路支线、罗源湾北岸铁路支线、福州至平潭铁路、松下港区铁路支线。

3. 公路：以福银高速、沈海高速为主骨架，建设京（福）台、沈海复线、绕城、疏港高速及连接线等高速公路，开展福州西北部外环高速公路预可行性研究论证等前期工作，形成“无缝对接”的现代化高速公路网络。规划布局一批货运场站，新建和完善城南及城北等综合运输枢纽场站，加快城市物流配送网络建设。加快建设由高速公路、公路和疏港公路组成的福州对外骨干公路网；加快沈海高速公路通道扩容和江阴港区、罗源湾港区疏港高速公路建设，形成服务江西、湖南等中西部地区发展的公海多式联运系统。

主要公路建设项目有：国道主干线福州绕城公路西北段、东南段工程、福泉高速公路扩建（福州段）一期、福银高速公路福州南连接线、海西高速公路网福州至永泰高速公路、京台线建瓯至闽侯高速公路福州境内段、沈海复线宁德漳湾至连江浦口高速公路福州境内段、201省道琅岐闽江大桥、长乐古槐至平潭高速公路、渔平高速公路延伸线（平潭大桥扩建工程）、莆田兴化湾至三明尤溪高速福州段、福银高速国宾馆互通、罗源湾北岸疏港支线、201省道罗源碧里至宁德城澳公路、牛头尾疏港高速公路。

4. 空港：扩建长乐国际机场，开辟国内外新航线。2015年，国内航线覆盖我国全部省会城市和主要旅游城市，国际及地区航线（包括货运航线）取得新突破，建成空港物流园区，争取更多的航空公司来榕设立基地或分公司，旅客吞吐量达到1260万人次，货邮吞吐量达到16.6万吨，把长乐国际机场建设成为具有区域影响力的海峡西岸重要干线机场及对台航空枢纽。

主要空港建设项目有：货机坪扩建项目、航空配套项目和空港物流园区建设项目。

5. 进一步发挥多式联运综合性的一体化货物运输功能。依托福州主要港口、机场、铁路和公路货站等交通运输节点和线路，建设一批连接两种以上运输方式的多式联运、转运设施，推进港口与铁路、铁路与公路、民用航空与地面交通的衔接，提高海铁联运、公铁联运、水水联运等多式联运的运作效率，促进物流基础设施协调配套运行，实现多种运输方式的无缝衔接。

（二）建设三级物流运作设施网络

物流运作基础设施主要表现为物流园区、物流分拨中心、物流中心和配送中心。充分发挥福州港作为国家主要港口和国际航运枢纽港的作用，建设服务闽浙赣、联结两岸、辐射国内外的我国东南物流枢纽。根据福州“东扩南进、沿江面海”的发展战略、产业集聚区、交通枢纽和港口资源的总体布局，以及各县（市）区的区位优势、产业特点、发展水平、基础设施状况、市场需求，整合社会物流资源，有针对性地规划建设各类物流园区、物流分拨中心和专业物流配送中心，形成“物流园区—物流分拨中心—专业物流配送中心”三级物流运作设施网络，优化物流业空间布局。具体任务：

1. 进一步发挥物流园区规模效应和综合服务功能，有针对性地规划建设货运服务型、生产服务型、商业服务型、国际贸易服务型和综合服务型的物流园区。

2. 进一步发挥物流分拨中心“化整为零”和“化零为整”的货物中转物流功能，有针对性地在环城高速公路东西南北部规划建设物流分拨中心，城外运向市区内的货物集中在物流分拨中心，“化整为零”进入城区，统一配送；城内运向城外的货物也集中在区物流配送枢纽中心，“集散为整”流向城外，统一运输。

3. 进一步发挥专业物流配送中心面向全社会提供综合性、专业化物流服务的功能，围绕我市沿海产业带、沿江产业带和山区生态产业带，有针对性地在各县（市）区、产业集聚区规划建设为产业集群服务、为新农村服务和为城市消费服务的专业物流配送中心，构建城乡“双向物流”，形成城乡联动、协调发展的良好局面。

（三）建设城市物流配送体系

适应城市产业布局的调整、现代消费方式的不断升级、电子商务技术的广泛应用，以及城市工商业发展模式的日趋多元，大力开展小批量、多频次、时效性强的直接配送、住宅配送以及“门到门”配送活动，建设服务于城区以及市郊的城市物流配送体系，提供在经济合理区域内，根据客户的要求对物品进行加工、包装、分割、组配等作业，并按时送达指定地点的物流服务。具体任务：

1. 鼓励专业运输企业开展城市配送，提高城市配送的专业化水平。鼓励物流企业应用现代物流管理技术，适应电子商务和连锁经营发展的需要，在城镇发展面向流通企业和消费者的社会化共同配送，促进流通的现代化，扩大居民消费。鼓励商贸、物流配送企业应用供应链管理，合理化组织城市配送活动，提高产品服务与配送时间效率；建设信息管理系统、仓储系统、个人终端系统等电子系统，采用先进的配送车辆，保障配送的及时性、安全性与准确性，提高配送服务的品质。

2. 加快建设城市物流配送项目，完善城市物流配送网络。根据土地利用情况，规划设置不同的物流配送通道区域，合理配置物流配送站点与通行通道。规划建设机械化和信息化的城市物流配送设施，大力发展公用型城市物流配送设施，提升城市物流配送资源利用效率。强化城市物流配送协调管理，解决城市快递、配送车辆进城通行、停靠和装卸作业问题，实现城市物流配送企业发展与交通环境相协调。

3. 大力发展商贸物流。合理布局城乡商业设施，完善流通网络，积极发展连锁经营、物流配送和电子商务等现代流通方式。整合社会资源，培育壮大一批社会化、专业化的商贸物流配送企业，建设一批以服务城市民生工程为主的社区配送中心，推行“共同配送”、“自营配送”、“外包配送”、“综合配送”等城市物流配送模式。加快大中型商贸企业特别是连锁企业内部物流配送中心建设和改造提升，扩大经营范围，延伸服务领域，形成提供社会化服务的专业配送中心，提高统一配送比例。

（四）壮大物流企业

提升交通运输、邮政、仓储业水平，加快物流主体培育，引导传统运输、仓储企业向第三方物流企业转型，推动第四方物流发展，建设集运输、仓储、配送、信息等多功能为一体的具有较高知名度的综合物流企业群。具体任务：

1. 进一步提升物流企业集聚效应。改造提升我市东区物流集聚带，建设福新投资区物流总部经济中心，集聚盛辉、盛丰、宏捷、万集等一批物流企业总部，提升物流总部经济效应。以公共化、信息化、智能化为主要手段，构建第三方、第四方物流平台，建设原材料供应商、制造商、物流企业办公、交易和信息交流中心，推进物流行业资源整合，打造产业核心力量。积极构建优质的物流信息服务平台，加强供应链管理，有效实现商流、物流、资金流、信息流“四流合一”。

2. 进一步鼓励物流企业做强做大。加大对物流企业兼并重组的政策支持力度，鼓励拥有品牌、人才、技术、市场和管理优势的物流企业以资源优化配置为原则，兼并、重组、控股省内同行业中的弱小企业，壮大企业组织规模和经营规模。大力推进传统的运输、仓储、货代企业实行功能整合和服务延伸，加快向现代物流企业转型。着力培育一批主营业务大、服务水平高、竞争力强的大型物流企业，提高物流市场集中度。鼓励物流企业实施品牌战略，提升物流企业的运作能力和管理水平。

3. 进一步鼓励物流企业做专做精。支持物流企业向专业领域渗透，以集成整合、快捷高效、增值创新为目标，根据自身的资源和管理优势，围绕市场需求，实施业务流程再造，创新服务模式，推进应用技术的集成创新和物流设施设备的机械化、自动化、标准化，延伸物流服务领域和功能，提升为工商企业提供一体化解决方案的服务能力，把握制造业等产业结构调整和升级的契机，在承接工商企业物流外包中不断发展壮大。

4. 进一步鼓励物流企业拓展发展空间。拓展国际物流渠道，进一步挖掘大客户物流需求，开拓以服务跨国公司为主的高端物流业务，积极参与跨国公司在华的物流业务，与国内外领先的制造、商贸企业建立稳定的合作关系。提供物流技术、信息化、管理咨询、保险团购等增值服务，开发仓单质押、在途货物抵押等物流金融业务。鼓励物流企业在产业集聚地区开设集工业品展示、零售、批发、配送、维修、信息交流、售后服务等于一体的工业品超市，为工业企业提供原辅材料集中采购、统一配送等物流服务，构筑为产业集群服务的综合性物流服务平台。

5. 进一步鼓励物流企业发展多种形式的合作联盟。鼓励物流企业在为区域经济和产业集聚服务中发展壮大。支持跨地区、跨省区产业整合，进一步促进物流企业与内陆地区的物流企业分工协作，做到优势互补、协调发展。鼓励物流企业“走出去”购并省外的物流企业，或与之建立战略联盟，迅速扩张物流组织网络。

6. 进一步推动制造业与物流业联动发展。围绕福州支柱产业、优势产业、新兴战略产业和重点产业集群，制定引导物流业积极服务制造业和产业集群的相关政策，促进制造业与物流业有机融合、联动发展，不断提高主导产业和优势产业的竞争力，促进产业加速发展。鼓励制造企业按照分工协作的原则，专注核心业务，改造物流流程，整合物流资源，剥离或外包物流功能，促进企业内部物流社会化，提高对市场的响应速度，降低库存，加速周转，促进供应链各环节的有机结合。

7. 积极发展农村物流配送。积极引导和推进农业生产资料流通方式创新，在农村广泛应用现代物流管理技术，建立农业生产资料物流配送服务网络，推广统一配送模式。积极发展生鲜农产品物流和冷链物流，推广农产品从产地到销地的直销与配送和农村日用消费品的统一配送。拓展以连接城乡、服务农村市场为主的“万村千乡工程”中相关的分销配送业务，构建城乡“双向物流”。着力打造农村邮政物流服务平台，建设农村邮政物流网络体系，推动农村邮政物流发展。

（五）发展保税物流

加大福州保税港区等海关特殊监管区建设力度，积极推进海关特殊监管区域整合发展和保税监管场所建设，构建多层次保税物流体系和新型保税物流监管体系，大力发展保税仓储、流通性加工和转口贸易业务。具体任务：

1. 进一步做大做强保税物流载体，营造“绿色通关”环境，大力发展国际中转、国际采购、国际配送、国际分拨以及国际转口贸易，逐步建立与国际市场接轨的国际物流网络体系。积极引进国际知名航空公司、船运公司、跨国采购中心、第三方物流企业来榕建立区域总部和采购中心，集聚一批拥有全球经营网络和供应链管理理念的物流服务提供商。进一步推动福州物流企业与境外物流企业合资合作，努力培育拥有全球经营网络的大型物流企业；鼓励物流企业进入跨国公司的协作体系，参与国际高端物流业分工，重点发展航空快递运输、集装箱运输、多式联运、物流咨询和国际货代等高端物流，不断提高物流业的附加值。

2. 加快福州保税港区建设与运营，提升国际中转、国际配送、国际采购、国际转口贸易四大功能。制定出台优惠政策措施，吸引更多的跨国采购中心、国际航运集团以及第三方物流企业入港。促进以港口为依托，以临港工业和物流园区为核心的现代化物流综合服务体系的形成，打造具有国际竞争力的规模化、专业化、信息化的福州保税港。

3. 加快保税港区电子信息平台建设。积极支持保税港区口岸通关改革，以全省电子口岸信息平台整合建设为契机，结合保税港区功能政策以及对台经贸等综合优势，高起点、高标准建设保税港区电子信息平台，达到有效监管，信息共享。海关、国检等口岸部门要积极采取有效措施大力推动保税港区主体业务发展，充分利用政策与功能优势，大胆探索、先行先试，积极创新。推动国际中转、国际采购、出口集拼、集中申报等业务的开展，切实减少通关环节，降低通关成本，提高通关效率。支持福州保税港区率先与台湾基隆港自由贸易区实现“两区对接信息化平台”，并争取成为闽台两地口岸全面电子化对接的试点工程。

4. 建设海西物流绿色走廊，构建铁路、海运和公路、空运等便捷的多式联运物流大体系，连接长三角与珠三角两大经济圈及拓展中部经济腹地，以海运优势和保税港政策功能优势，使福州港成为内陆地区货物进出港口；根据我省龙岩、南平、三明、沙县和武夷山以及江西南昌、赣州等周边城市都在推进陆地港建设的新形势，充分发挥保税港区的政策功能优势，通过“功能对接、政策延伸和投资建设”等方式，积极扩大保税港区政策功能辐射力度，对接陆地港，以海铁、海陆转运优势，吸引江西、湖南、安徽等内陆各省份及闽东地区的货源，把福州保税港区打造成海峡西岸经济区货物大进大出的绿色通道。

（六）推进物流信息化、标准化和技术研发

积极推进企业物流管理信息化，促进信息技术的广泛应用，加快物流公共信息平台建设，推动区域性物流公共信息平台建设。推广物流标准，引导物流企业使用先进的物流技术和设施设备，采用现代物流管理方式。具体任务：

1. 进一步加强物流信息化基础建设，扶持发展物流信息服务企业，加快信息业与物流业的融合。大力推进企业物流管理信息化，推动物流企业建立信息系统，促进信息技术的广泛应用，并与公共物流信息平台以及其他应用信息平台对接。开发符合物流企业需求的软硬件产品，为物流企业信息化建设创造条件。推动建立物流信息采集、处理和服务的交换共享机制和物流信息数据中心，鼓励区域间物流平台的信息共享。加快构建商务、金融、税务、海关、邮政、检验检疫、交通运输和工商管理等政府部门的物流管理与公共服务信息平台。

2. 加快电子口岸建设。加快福州电子口岸二期应用项目建设，争取与周边省市地方电子口岸合作，推进电子口岸与中西部地区电子口岸对接、与中国电子口岸的联网运行和数据交换，为口岸通关协作提供技术支持。推进以“属地申报、口岸验放”为主要内容的区域通关模式改革，实现口岸通关便利化。以口岸服务项目为重点，以福建电子口岸为“门户”，统一标准、统一认证、统一品牌，加快建成融通关、物流、商务、监管等功能于一体的大通关信息平台，实现一个“门户”入网、一次认证登录、“一卡通”缴费和“一站式”服务；加快特殊监管区信息化建设。

3. 进一步开展物流标准的推广、应用工作，鼓励物流企业参与国家、省、行业和地方物流标准的制定与实施工作，积极开展现代物流业标准化试点，建设一批国家级、省级物流业标准化试点项目，推动物流企业在物流技术、装备、信息、管理、服务和安全等关键环节实行标准化管理和运作。

4. 进一步支持物流企业和教学科研机构开展先进的物流技术、物流设施设备、物流管理的科学研究和技术开发，促进物流科研成果的产业化。积极推进物流技术与管理创新，淘汰落后技术、装备和设施，引导物流企业使用先进的物流技术和设施设备，加快机械化、自动化进程。大力推广应用先进、适用的现代物流技术和装备，积极引导企业采用机械化、自动化装卸、搬运、传送、分拣设备以及信息化管理系统，提升物流装备技术水平。

5. 进一步利用物联网提升供应链各环节操作功能，大力推广基于 RFID 技术的物联网在生产物流环节、仓储环节、运输环节和配送分销环节的应用，创造物流服务新模式，推动物流业走向高端服务产业。

6. 贯彻落实《福建省促进甩挂运输发展实施意见（试行）》（闽交运〔2011〕17 号）等精神，进一步创新运输服务方式，加强综合运输体系和物流标准化建设，大力发展多式联运、集装箱运输、散货运输，推广应用厢式货车、集装箱车辆、专用车辆和甩挂运输方式，推行以托盘化为核心的单元装载方式，优化交通组织，提高物流速度和效率。

7. 进一步发展绿色物流，按照环保、低耗、安全的要求，制定物流环保标准，进一步规范物流作业流程，加快发展废弃物回收的逆向物流；鼓励物流企业实施绿色运输管理、绿色包装管理、绿色流通加工，走集约式发展道路。

（七）拓展深化榕台物流交流合作

努力构筑两岸物流合作交流前沿平台，推进榕台海关特殊监管区交流合作，加强榕台物流业的全面对接，推动榕台物流合作向更广范围、更大规模、更高层次迈进。具体任务：

1. 鼓励和推动台湾企业来榕投资建设、经营物流基础设施，设立地区总部、配套基地、采购中心、物流中心、营运中心和研发中心。同时鼓励和支持本市物流企业赴台湾设立办事机构及营业性机构。进一步推动我市物流行业协会与台湾物流行业协会沟通交流，建立合作联系机制，共同研究推进合作的重要措施，协商解决合作中的重大问题，强化信息传递及沟通工作，推动两岸物流信息网络相互衔接。加强两岸物流人才培训合作，采取多种形式在两地开展在职培训计划。

2. 推进榕台海关特殊监管区交流合作。落实福州保税港区与台湾基隆自由贸易港区签订的《两区对接协议》，两区率先开展涉及两岸现代物流各个领域的广泛合作，力争开两岸自由贸易港区对接先河。利用保税港区与台湾自由贸易港区地域相近、性质相同、功能相似的优势，先行先试，加快与台湾自由贸易区业务对接步伐。允许来自台湾的货物或台资企业经营的其他货物经保税港区运往大陆其他地区时，实行“分批出货、定期集中报关”；对台湾地区与保税港区之间往来货物，进入保税港区后，实施“一次申报、一次查验、一次放行”的通关模式。实现台湾货物和大陆货物通过福州保税港区与台湾基隆自由贸易港区之间的绿色通道分别进入台湾和大陆市场，推进两区政策功能互享、优势互补、企业互动、资源互用，共同打造面向东南亚的区域航运物流中心。

3. 构建两岸综合物流枢纽。加强两岸直接往来的综合枢纽建设，建设一批连接海峡两岸的物流基础设施。依托福州台商投资区、海峡两岸（福建）农业合作试验区、福州青口汽车城与台湾汽车产业对接、福清台湾机电园与台湾机电产业对接，重点建设冶金、建材、电子、机械、汽车产品和水产品等榕台物流枢纽。拓展两岸集装箱班轮航线、散杂货不定期航线、客运航线，加快发展对台客货运滚装业务，开通福州港与台湾主要港口间的双向航线。推进福州长乐国际机场对台直航航点增加定期航班配额，增强福州马尾中国邮政对台水陆路监管中心作用，强化国家对台邮航起降点功能，加快对台邮件总包交换中心建设，开辟陆海空相连、多点多线两岸邮路，打造两岸重要邮件交换中心。

4. 建设农副产品物流合作平台。利用全面建设“海峡两岸（福建）农业合作试验区”的契机，充分发挥福州台湾农产品集散分拨中心的作用，引进台湾农产品物流企业，加强与台南果蔬协会等农业协会合作，把台湾一些高优特农产品输送到福州，扩大台湾农副产品在福州及省内其他地区的销售和分销份额。鼓励台商在福州设立农产品物流配送中心，吸引台资农产品物流配送企业来福州设点，帮助台湾水果经营者开拓大陆市场，扩大福州市的辐射力。完善市场、仓储、物流等配套设施，简化农产品通关手续，建设农产品信息中心、检测检疫中心，为台湾农产品流通提供快捷服务，对从台湾入境的食品农产品实行注册管理、到岸后抽查放行的检验检疫监管措施，支持扩大两岸农业合作，使福州成为台湾农产品进入大陆的储运及中转中心。

（八）加快区域物流一体化进程

充分发挥福州“承南启北”、“东出西进”的区位功能，持续推进福州与闽浙赣皖15地市、闽东北五市、长江三角洲、泛珠江三角洲省会城市、东盟贸易区等区域物流合作交流，推动区域物流合作规范化、制度化、常态化，形成区域一体化的物流服务格局，促进优势互补、良性互动、协调发展，逐步形成区域一体化的物流服务格局。具体任务：

1. 进一步加快建设海峡西岸区域物流合作平台，加大港口、物流对接力度，建立健全区域物流分工协作体制机制，更加紧密地形成直接腹地的福州市域、南平、莆田、宁德和三明地区之间物流圈，加快建设间接腹地的福州与江西、湖南等中西部地区和浙江之间物流圈，逐步扩大两岸过境物流需求圈。推进跨省铁路、交通、港口、海关、口岸等部门的合作，实施“属地申报、口岸验放”区域通关模式，实现口岸通关便利化，为海西内陆地区和中西部地区扩大对外开放尤其与台湾地区对接提供便捷通道。

2. 进一步发挥福州港口资源优势和对台通道作用，推进福州物流企业到海西内陆地区和中西部地区建设陆地港，推进中西部地区物流企业来福州建设飞地港，大力发展海铁联运、公铁联运、空陆联运等多式联运方式，构建以集装箱多式联运系统为核心的海峡西岸多式联运网络，形成服务中西部发展的重要的综合物流通道，为中西部扩大对外开放提供出海通道，提升港口为中西部地区提供新出海口的服务能力。

3. 加快构建沿海港口大宗散货运输系统，建设福州港罗源湾可门作业区和将军帽作业区铁矿石接卸转运系统、福州港松下港区粮食接卸转运系统。积极拓展港口的大宗散货物流功能，通过海铁联运等方式，着力打造大宗散货物流产业链，吸引侨资在江阴港区建设能源、大宗货物中转储备基地，积极争取国家物资储备局、国家石油储备中心在罗源湾等布局建设战略储备基地。努力培育一批大型港口物流企业集团，吸引大型央企在罗源湾布局建设矿石、煤炭等中转储备基地，在松下港区布局建设粮食储备库；促进火力发电、石油化工等企业加大原材料等物资储备力度，保障生产正常运行。依托罗源湾大宗散货接卸转运中心等物流平台，拓展物流环节中的采购、加工和配送功能，积极开展筛煤、配煤等增值业务，为我市和周边省份的电厂、钢厂等工业企业提供配煤服务，促进港口物流业发展。

4. 进一步推进榕港澳物流合作平台建设，联系组织港澳物流企业来榕考察商洽投资项目，支持港澳物流企业在榕设立总部和建立物流中心，引入港澳资金、先进技术和管理经验，推进物流企业采取相互参股等方式强化企业间的联合，发展跨境物流网络。加强榕港、榕澳科教合作和物流行业协会的沟通交流，建立广泛的合作联系机制，做好赴港澳物流推介与对接工作，积极组织赴香港物流管理培训工作。

六、空间布局

物流业空间布局主要体现为物流运作基础设施（物流园区、物流分拨中心、物流中心和配送中心）的空间布局。“十二五”期间，福州物流运作基础设施网络规划布局采用“综合物流园区——物流分拨中心——专业物流配送中心”三层物流节点模式，重点建设六大物流园区、若干个物流分拨中心、三大专业物流配送中心群，把福州物流运作基础设施建设成为对外开放的重要节点，对外经贸交流、特别是榕台港澳两岸三地生产要素的聚集平台，福州建设成为海峡西岸经济区物流枢纽中心和我国物流网络系统的重要组成部分。

（一）六大综合物流园区

1. 江阴港区物流园区。江阴港区物流园区位于江阴港区，规划用地约 10000 亩，划分为铁路货场与集装箱卸场、保税物流区、企业基地区和预留发展区等 4 个片区。铁路货场与集装箱卸场片区：铁路货场主要功能是大宗物资物流配送，从事货物承运、交付、装卸、搬运、储存、配送和信息等活动；集装箱卸场主要提供集装箱货物的集散、储存、分拨、配送等物流服务。保税物流片区：一期进一步完善口岸功能和保税功能，承担保税仓储、国际物流、流通加工、进出口贸易和转口贸易、信息等活动；二期建设公共保税仓库、堆场等物流设施，主要承担国际物流活动。企业基地片区：主要由公共服务区和物流企业集聚区组成，其中公共服务区拥有海关、检验检疫、工商、税务、金融保险、船舶检修和机械设备维修等设施，提供公共服务；物流企业集聚区汇聚一批专业化物流企业，并配置酒店、加油站、停车场等公共配套设施。预留发展片区：是为适应未来港口、物流业发展需求的预留空间。江阴港区物流园区立足江阴港区发展成为以集装箱、综合内外贸及对台运输为主，以散货、油品和液体化工产品运输为辅的多功能综合性深水港区，依托港口工业、保税港区和完善的港口交通集疏运网络，大力发展远洋集装箱运输、保税物流和大宗货物物流，建设成为连接两岸，辐射国内外，具有国际竞争力的规模化、专业化、信息化综合物流园区。

2. 松下港区物流园区。松下港区物流园区位于松下港区，规划用地约为4500亩，划分为松下片区和元洪片区。松下片区：依托松下临港工业区，建设成为以铁矿石、粮食等大宗散货和外贸中转为主，集仓储保管、运输配送、流通加工、信息化为一体的综合性港口物流中心。元洪片区：建设成为以粮食物流、粮食商流和内外贸集装箱运输为主，集粮食仓储保管、运输配送、流通加工、现代包装、信息和期货交割（仓）为一体的国际性临港粮食物流中心。松下港区物流园区立足松下港区发展成为我国东南沿海地区粮食中转、加工、储运为主的综合性物流园区，依托松下港区粮油加工企业群和大型粮食储运、加工、贸易集散地，形成国际性粮食物流枢纽，承担“北粮南运”和东南沿海粮食进口的水路入闽重要任务，发展成为福建省粮食物流体系的龙头、全国粮食现代化物流体系中的重要节点。

3. 马尾物流园区。马尾物流园区“一区多园”，涵盖马尾青州作业区、长安作业区和琅岐岛西北部，规划用地约为4200亩。青州片区：充分利用青州集装箱码头和福州保税区政策，建设成为保税仓储、出口加工、城市商贸配送和水产冷链物流四大功能为主的物流园。长安片区：建设成为以集装箱、散货物流为主，以海陆联运为特点的物流园。琅岐片区：发挥对台海运优势，强化对台农业合作，建设成为海峡两岸农产品物流集散中心。马尾物流园区立足闽江口内港区发展成为主要承担能源物资、原材料、沿海及近洋集装箱运输、城市配送的综合性物流园区，辐射范围为福州市域、南平、莆田、宁德和三明等地区，以及江西、湖南、浙江、台湾等地区。

4. 罗源湾港区物流园区。罗源湾港区物流园区位于罗源湾港区，规划用地约为11000亩，划分为罗源湾南岸片区和北岸片区。南岸片区：即可门港经济区物流区，建设成为以铁矿石、煤炭、石化产品及钢铁原材料等工业物流运输和仓储功能为主，集散货物流、仓储加工为一体的区域性、铁路运输型的综合物流中心。北岸片区：建设成为服务于钢铁冶金、建筑材料、电力能源、船舶修造为主导的临港产业集群物流中心。罗源湾港区物流园区立足罗源湾港区发展成为福州港深水外港、福建省重点发展的“两集两散”港区、海峡西岸经济区主枢纽港之一，依托临港产业集群和完善的港口交通集疏运网络，建设成为以铁矿石、煤炭、钢铁原材料物流运输为主的综合性运输型物流园区。

5. 空港物流园区。空港物流园区位于福州长乐国际空港北部货运站区域和空港工业集中区物流配送中心，规划用地约为1500亩，建成集货机坪、货运站、快件监管中心、邮政转运站、海关监管仓库、综合业务楼和空港工业集中区物流仓储设施为一体的综合性航空物流园区。空港物流园区充分发挥航空运输的快捷便利优势，依托长乐国际空港和空港工业集中区，以国际物流为主，主要承担高附加值产品、高科技产品、保鲜货物和邮政快递的国际快运业务并逐步发展空港保税业务，建设成为我国东南地区对台航空货运枢纽、航空物流的重要节点。

6. 杜坞物流园区。杜坞物流园区位于福州主要铁路货运站杜坞站，规划用地约为1500亩。杜坞物流园区充分发挥杜坞站是我市峰福铁路、向莆铁路、合福铁路线汇集点的铁路货运枢纽优势，设有铁路作业区、集装箱堆场、物流功能区和综合商务服务区，具有铁路运输作业功能和配送、仓储、分拣、商品展示、信息管理等物流功能，为铁路整车、零担货物提供公铁联运、中转仓储、分拨配送等物流服务，建设成为集信息化、公铁联运、城市配送等物流服务功能为一体的物流园区，满足我市生产资料运输需求和城市配送业务需求。

（二）若干个物流分拨中心

规划选址在福州三环高速公路的东、西、南、北部，建设福州区东部物流分拨中心、西部物流分拨中心、南部物流分拨中心和北部物流分拨中心，主要功能是城外运向福州市区内的货物集中在物流分拨中心，“化整为零”进入城区，统一配送；城内运向城外的货物也集中在区物流配送枢纽中心，“集散为整”流向城外，统一运输。我市通过规划建设四大物流分拨中心，保障福州市区货畅其流与交通安全，实现物流配送与交通环境的可持续发展。

1. 东部物流分拨中心。位于连江江南，规划用地约为1800亩，建设钢材、金属货运枢纽站、展示中心、电子商务中心、交易批发中心、流通加工中心、包装中心、物流配送中心和信息处理中心等综合分拨中心，实现商流物流集约化、规范化、电子化。

2. 西部物流分拨中心。位于闽侯荆溪镇，规划用地约为1000亩，包含苏宁电器物流配送中心等家电连锁商店物流配送中心群，建设家电等产品货运枢纽站、物流配送中心、售后管理中心、客服管理中心、信息数据中心及配套设施，建立提供采购、仓储、配送、售后一系列服务的供应链模式。

3. 南部物流分拨中心。位于闽侯县南通镇，规划用地约为2000亩，建设货运枢纽、展示中心、电子商务中心、交易批发中心、流通加工中心、包装中心、物流配送中心和信息处理中心等综合分拨中心，提供城市配送和农副产品物流、建材、冷链物流和汽车及配件用品物流服务。

4. 北部物流分拨中心。位于晋安区益凤、汤斜、园中及周边，规划用地约为1000亩，建设烟草等货运枢纽站、电子商务中心、流通加工中心、包装中心、物流配送中心和信息处理中心等综合分拨中心，满足城市配送和铁岭、杜坞和软件园等园区的物流配套服务。

（三）三大专业物流配送中心群

专业物流中心、配送中心的建设是为产业集群、新农村建设和城市消费提供专业化、社会化物流服务。

1. 为产业集群服务的专业物流中心、配送中心的建设：在产业集群型物流、配送中心的布局上，考虑到工业园区的布局和产业集群的特点，在工业园区内与产业集群集散地附近，选择交通便利之处建设中心。同时以物流、配送中心作为中心枢纽，在客户集中地和工厂附近设置送货节点。

2. 为新农村服务的专业物流中心、配送中心的建设：在新农村物流、配送中心的布局上，响应商务部的“万村千乡”市场工程，考虑农业生产生活需要和已有农资农产品批发市场布局特点，在农业生产带与农产品集散地附近，选择交通便利之处建设配送中心。根据布局方案，提出在福州仓山、晋安、马尾、闽侯、连江、福清、长乐、罗源、闽清、永泰设置农村生产生活资料配送中心，实现福州市社区之间、农村乡镇之间1小时物流配送经济圈。

3. 为城市消费服务的专业物流中心、配送中心的建设：在城市消费型物流、配送中心的布局上，考虑到城市居民生活需要和商业网点布局特点，在物流园区内与商品集散地附近，选择交通便利之处建设配送中心。同时以配送中心作为中心枢纽，在客户集中地和居民生活区附近设置送货节点。

七、政策措施

贯彻落实《福建省促进现代物流业发展条例》、《福建省人民政府关于加快发展服务业的实施意见》和《福州市加快现代物流业发展的若干意见（试行）》等促进物流业发展的法律法规和政策措施，遵循政府引导与市场运作相结合的原则，充分发挥市场机制配置资源的基础性作用和企业的主体作用，加强政策引导和组织协调，着力解决制约物流业发展的体制、政策和设施瓶颈。各级人民政府、各部门要进一步提高对打造全国性物流节点城市的认识，加大宣传力度，努力营造全社会关心、支持、参与物流业发展的良好氛围。

（一）加强对重点项目及重点企业的扶持

列为扶持的重点物流项目：市级规划的物流园区；分拨中心、大型专业配送中心、批发市场及其他物流运作平台；保税仓库、监管堆场；物流公共信息平台、榕台物流合作项目、物流业与制造业联动发展项目、冷链物流项目，以及物联网、电子商务物流等业态创新的物流项目。

列为扶持的重点物流企业：第三方物流企业；实施物流剥离的工商企业；从传统运输、仓储、货代向现代物流转型的企业；大型连锁经营、快递等物流企业。

建立重点物流项目和重点物流企业的认定制度，根据全市产业布局调整的需要，由福州市现代物流业发展促进协调小组办公室每年组织认定重点物流项目和重点物流企业。

（二）加强用地扶持保障

1. 各级政府在城乡规划中应当体现物流业用地布局。实行优惠的物流用地政策，对纳入物流业发展规划的物流园区、物流配送中心中的物流企业物流项目用地、为生产配套的仓储物流项目用地，享受工业用地政策。物流业发展规划中确定的重点物流建设项目新增建设用地，在本地区土地储备或土地利用年度计划指标内安排。

2. 经批准开山、填海的土地和改造的废弃土地可优先用于发展物流业，并按照有关法律、法规和国家有关规定，从使用月份起减免土地使用税10年。

3. 物流建设项目用地出让年限可在法定最高年限范围内按需设定，出让金按设定的出让年限计收。可采取出让、租赁、作价出资或入股的方式提供使用权。推行土地年租制，通过租赁方式取得国有土地使用权，逐年缴纳租金，减少一次性用地成本投入。物流企业利用原有行政划拨或出让（自用）土地设立物流项目，符合规划且未涉及产权变更、转让的，用地可保留行政划拨或出让（自用）性质不变。

4. 鼓励企业“零增地”技术改造，在符合规划的前提下，对企业提高土地利用率和增加容积率利用现有厂区、厂房改造建设的物流项目，不再征收土地出让金，城镇基础设施建设配套费的地方留成部分实行先征后返，通过财政预算支出全额返还企业。收取的物流园区建设项目的土地费用，扣除土地管理业务费等税费后，可由同级财政部门按不低于50%返还物流园区管理机构，专项用于物流园区的开发及基础设施配套建设。

（三）提供便利的通行环境

便利通行。公安交通管理部门应当为城市物流配送车辆在市区通行、停靠提供便利。公安交通管理部门根据物流配送业务发展的需要，适当放宽区域内配送车辆的许可管理。对为城区提供配送服务的物流车辆，由市商贸服务业局（市物流办）核定后，公安交管部门颁发通行证，提供城区通行和停靠的便利。

口岸通关便利。海关、检验检疫等口岸部门应当建立便捷的通关方式，为物流企业通关提供优质服务。对榕台直航货物通关，可以根据口岸实际，设立专用通道、专用窗口和专用查验区。

（四）落实税收优惠

1. 继续推动我市更多的物流企业列入国家税收试点物流企业名单，享受相应的税收优惠政策。纳入国家物流税收试点企业名单中的企业集团、总公司，其所属企业享受同等的税收优惠政策。

2. 在物流企业之间的兼并活动中，对被兼并企业将房地产转让到兼并企业的，暂免征收土地增值税。企业土地、房屋权属不发生转移的，不征收契税。

3. 对制造企业利用动产或不动产投资入股成立物流公司，参与物流企业利润分配，共同承担投资风险的行为，不征收营业税。

4. 对物流企业租赁制造企业的仓储等闲置物流设施，其租赁支出按税法规定予以税前扣除。放宽物流企业自开票纳税人资格认定。

5. 放宽自开票纳税人认定中自备运输工具的限制，对自备运输工具不足，但具有一定规模的现代物流企业，容许作为自开票纳税人开具“货物运输发票”，鼓励整合利用社会资源。

6. 福州物流企业的土地使用税按工业企业土地使用税征收及补贴办法实施。

（五）加大财政扶持力度

建立福州市现代物流发展专项资金。专项资金可通过贴息、补助、奖励等多种形式，主要用于重点物流项目建设、物流产业规划、园区建设、物流人才培训、标准制度制定、产业发展研究、国际合作、企业奖励等，物流发展专项资金列入年度财政预算。

1. 支持物流企业的品牌建设，鼓励参与创建国家级等级企业，被评为国家3A、4A、5A级的物流企业，可给予10万元、30万元、50万元奖励。

2. 鼓励企业做强做大，对在福州注册具独立法人资格的物流企业，年纳税在100万元以上的，按照营业税和企业所得税当年增量的地方留成部分，三年内由同级财政给予50%奖励；第四年、第五年，给予30%奖励。

3. 鼓励设立物流企业总部。鼓励国内外知名公司到福州设立物流企业，对全球企业500强和国家5A级大型物流企业到福州设立分拨、配送中心，从事面向全国和区域的总部营运、分拨配送、集中采购、物流方案设计等经营活动的，按其在榕缴纳企业所得税的地方留成部分，自设立起三年内，由同级财政给予20%奖励；第四年、第五年，按照企业所得税当年增量的地方留成部分，由同级财政给予30%奖励。

4. 鼓励第三方物流企业发展，对在榕注册具有独立法人资格提供专业化、社会化和综合化物流服务，经营年限在5年以上（含5年）、年营业收入在1亿元以上（含1亿元），年纳税总额超过500万元（含500万元）的第三方物流企业，按其在榕缴纳企业所得税的地方留成部分，自认定之年度起三年内，由同级财政给予20%奖励；第四年、第五年，按企业所得税当年增量的地方留成部分，由同级财政给予30%奖励。

5. 支持物流企业的标准化信息化建设。物流企业投入100万元以上用于企业标准化和信息化建设的，按项目投资额的20%给予一次性补助，最高不超过30万元；对以企业为主投资建设的物流公共信息平台，按项目投资额的20%给予一次性补助，最高不超过50万元。财政扶持按照就高原则，不重复享受。

（六）加快人才培养和引进

加大物流专业人才的培训力度，多层次培育福州物流人才。依托院校及相关培训中介机构或行业协会对现有工商企业、物流企业的在职人员及政府有关部门管理人员进行培训；市人力资源和社会保障局、公务员局、教育局要将物流专业人才（如物流师）和物流专业技能培训纳入全市培训计划。积极引进优秀物流人才。将高级物流专业人才列入福州市紧缺急需人才引进目录，对引进的高级物流专业人才，享受福州市引进人才政策规定的相关待遇。

（七）发挥协会作用

进一步发挥物流协会的作用，物流行业协会应当在物流规划制定、政策建议、行业自律、统计与信息、技术合作、人才培训、咨询服务等方面发挥中介作用；推进物流企业信用制度建设，建立和完善信用信息征集、评价、公众查询体系以及失信惩戒制度。赋予推广物流行业标准、组织物流人才教育和培训、交流物流技术和物流从业人员资格认证、物流信息咨询服务等职能，充分发挥其行业自律、行业管理、行业服务作用。大力发展物流中介服务机构，提高物流服务的专业化、社会化水平。

八、组织实施

按照《国务院关于加强国民经济和社会发展规划编制工作的若干意见》，建立健全本规划的组织实施和评估检查长效工作机制，组织动员全社会力量推进经济社会发展。通过分解落实本规划确定的目标任务，建立本规划实施督促检查机制，完善本规划评估修订机制，确保本规划的顺利实施。

（一）加强组织协调引导

县级以上地方人民政府应当加强对物流业促进工作的领导，将物流业发展纳入本地区国民经济和社会发展规划及年度计划，建立健全相关协调机制。

福州市人民政府成立福州市现代物流业发展促进协调小组，统筹规划福州市现代物流业发展工作。协调小组下设办公室，依托市商贸服务业局，负责协调小组的日常工作，负责受理符合扶持范围和条件的企业的申请和审核。各县（市）区应设立或指定专门的协调工作机构，负责本地区物流业发展相关工作的具体落实。加快形成市、县（区）联动促进物流业发展的工作机制，明确分工和责任，齐抓共管，共同促进物流业发展。

（二）制定落实物流专项规划

1. 各县（市）区人民政府应当将现代物流业发展作为经济社会发展的重要目标，纳入本地区国民经济和社会发展规划及年度计划。根据本规划，组织制定本地区现代物流业发展规划；提出贯彻和实施本规划的意见措施。

2. 有关部门组织制定物流园区、港口物流、商贸物流、机电、钢材、化工、建材、粮食、烟草、邮政等专项规划、详细规划，建立应急物流体系，提高应急反应和保障能力。

3. 各县（市）区人民政府根据区位优势、产业结构和经济社会发展水平等实际情况合理进行专业物流中心、配送中心和现代化仓储设施等物流作业场所的规划布局。

4. 坚持统一规划、统一布局、分步实施、可持续发展、稳步推进现代物流业的发展，坚持高起点、高标准规划建设，同时鼓励利用现有基础设施进行有效整合和重新配置，避免重复建设。

（三）分解落实规划确定的目标任务

分解落实本规划确定的目标任务，做好与总体规划相衔接，以规划作为政府审批核准重大项目、安排政府投资和财政支出预算、制定特定领域相关政策的依据；搞好年度计划，把规划提出的目标任务落实到各年度具体发展政策措施和发展建设项目上。相关县（市）区人民政府要按照本规划确定的工作重点和政策措施，结合本地实际制定具体落实方案，确保取得实效。

（四）建立规划实施督促检查机制

建立健全本规划组织实施督促检查机制，成立由市人大财经委员会、市政府相关部门组成的工作小组，分年度和中期检查规划实施情况，确保物流专项规划的顺利实施。市直有关单位要按照本规划的任务，尽快制定完善各项配套政策措施和工作方案，加强指导和监督检查。

（五）建立完善规划评估修订机制

建立规范化的本规划中期评估机制，根据形势变化和规划实施进度，针对经济运行中出现的难点、热点，进行本规划相关内容的滚动修订。市直有关单位要按照本规划的任务，建立总结和评估制度，适时对本规划的执行进展情况及其成效总结评估，并对本规划建设项目实行滚动管理，及时充实调整相关建设项目。各县（市）区人民政府要将本规划实施过程中出现的新情况、新问题及时报送市物流办（市商贸服务业局），及时研究解决。

附件1：福州市“十二五”物流重点项目表（略）

附件2：福州市“十二五”物流业空间布局图（略）

040

南昌市物流业发展规划（2007年—2020年）

南昌市商业贸易委员会
2008年4月28日

南昌市是江西省省会，位于江西省北部，长江中下游和赣江、抚河的下游，鄱阳湖西南岸。由南向东与我国经济发展最快的珠江三角洲、长江三角洲相毗邻，是承接我国东部和东南部沿海产业向中西部梯度转移必经的中间地带。2006年，南昌市拥有常住人口455万多人，是全国35个特大城市之一，GDP达到1184.57亿元，是江西省最大的工业城市，从区位和城市规模来看，南昌市具有发展大物流的有利地位。

为了进一步落实南昌市委、市政府关于“把南昌建设成为区域性的现代物流中心城市”的总体目标，使现代物流真正成为促进南昌市经济发展、提高南昌市综合竞争力的重要手段，对南昌市现代物流业的快速发展起指导、促进和规范作用，特制定《南昌市物流业发展规划（2007年—2020年）》。

第一章　南昌市物流现状

为了科学地编制南昌市现代物流业发展规划，需要评估南昌市物流现状，本规划主要从南昌市物流市场供给和需求两方面进行评估。

一、南昌市物流供给现状

南昌市物流供给是指为南昌市提供物流服务的资源及利用这些资源提供服务的主体的总和。南昌市物流服务资源主要包括南昌市的交通运输、仓储和邮电通讯资源，在南昌市从事物流服务的主体较多，但主要可分为专业物流企业、工商企业内部的物流部门，以下分别进行分析。

（一）南昌市交通运输现状

南昌市铁路、水路、公路和航空运输较发达，多种运输方式的联合运输具有较好基础，支撑南昌市物流业加快发展的铁、水、公、空立体交通运输网络基本形成。

1. 铁路运输

南昌市是京九线上唯一的省会城市，京九铁路贯穿南昌市南北，浙赣铁路贯穿东西，与皖赣、向乐铁路线形成铁路交通网络；市郊向塘有98股道的全国第二大货运编组站，是我国铁路交通的一个重要枢纽；与厦门、深圳等沿海发达海运城市合作的海铁联运发展较快，初步实现了外贸货物直通运输和快捷通关，2007 年 4 月火车第六次提速后，南昌市与国内其他城市的铁路运输更加快捷，这为降低南昌制造企业的物流及运营成本创造了更好的条件。

2. 公路运输

市区内以昌东大道、生米大桥、城市高速外环、昌湾大道等为重点的城市快速交通网初步形成；市辖区域内的公路也全部成网，与市辖中心城镇的交通耗时约半小时。105（京珠）、316（福兰）、320（上昆）三条国道和赣粤、昌九、梨温、昌樟、温厚等高速公路交汇，以南昌为中心，省内通达九江、鹰潭等城市耗时约 2 小时，省外通达上海、浙江、广东、福建、安徽、湖北、湖南等周边省会城市耗时约 6 小时。南昌市的公路运输网络四通八达，道路设施档次高，是南昌市现代物流发展的主要基础设施。

3. 水路运输

南昌市通江达海，拥有三河两湖，南昌港是赣江最大的港口，是水运中转和水陆联运的重要枢纽；水路运输最大内河装载能力为 1000 吨，远洋装载能力 5000 吨，可通达赣江、抚河、锦江和鄱阳湖沿岸城镇及长江各口岸，可由九江沿长江水域经上海港出东海，直达世界各地，从而为开展“长大笨重”产品的物流提供了低廉的基础设施。

4. 航空运输

南昌市昌北国际机场距市中心仅 20 分钟车程。2004 年被批准为 4D 级国际机场，开辟了直达北京、上海、广州、深圳、福州、厦门、西安、昆明、珠海、海口等国内 30 多个主要城市及中国香港、中国台湾地区和新加坡、吉隆坡、汉城、洛杉矶、温哥华、巴黎、法兰克福等城市的 40 多条国内、国际航线。快捷的航空运输服务为南昌企业开拓国内、国际市场提供了极大的便利，也把南昌市的物流网络延伸到全球。

（二）南昌市仓储业现状

南昌市的仓储业发展具有一定的基础，具体表现在仓储设施总量较为充足、布局形式多样等。

从总体上讲南昌市的仓储设施总量能够满足南昌市经济发展现状需要，仓储设施利用率还有较大潜力可挖。

现有的仓储设施采取集中与分散两种方式布局，传统的交通、运输、仓储等企业拥有大量集中、成片布局的公共仓库，为社会提供第三方服务，但多数仓储设施分布在大型制造商、商贸企业的工厂、商场、市场附近，呈分散布局，不少仓储设施位于城市中心区，随着城市的发展，产业外迁、新区开发、交通限行、城市规划调整等对现有仓储用地布局提出了新的要求，需要进行调整。

但是，南昌市的仓储设施还存在可以改善的空间。南昌市的不少仓储设施老化、适储条件较差、布局较分散、效率较低，适应现代物流发展的高档次仓储设施严重不足，不能适应城市发展及现代制造与流通对仓储设施的要求。因此，南昌市的仓储业需要进行资源整合和功能提升，以适应当前和未来物流业发展的需要。

（三）南昌市邮电通信业发展现状

邮电通信业的发展是现代物流业发展的重要条件，南昌市已经拥有较强的邮电通讯能力，为南昌市物流信息化建设奠定了良好的基础。2006年南昌市共完成邮电业务总量36.83亿元，其中发送特快专递197.39万件，包裹60.7万件；城乡固定电话用户达169.4万户，无线市话（小灵通）用户43.02万户，移动电话用户239.45万户，互联网接入用户45.46万户。电话交换机总容量217万门，其中长途自动交换机17.6万门，移动通信交换机374.48万门。

（四）南昌市物流市场主体发展现状

随着南昌市经济社会的发展，物流需求迅速增长，拉动了物流企业的生成和发展，也促进了工商企业内部物流组织的专业化。

由传统的储运业转型发展起来的专业物流企业、依托于货运站场等交通运输枢纽发展起来的货运市场或货运配载中心、以对外贸易服务为主营业务的专业物流企业、新成立的主要为工业园区、大型企业配套服务的第三方物流企业、铁路及邮政等行业利用本行业资源优势发展形成的物流企业使南昌市专业物流公司发展的基础，同中部省会城市相比，南昌市的物流企业在数量和质量上都处于中等水平。

与此同时，不少领先的大型工商企业通过内部物流资源整合、物流业务外包等方式发展企业物流，对南昌市物流市场发育和完善、物流资源整合起到了重要作用。

总体来看，南昌市的物流企业及企业物流发展还存在一些问题，如物流企业或企业物流部门规模偏小、企业物流资源社会化程度不高、专业化程度较低、从业人员素质参差不齐、物流企业扩大再生产能力不强等，这需要通过加大物流资源整合、扩大物流设施设备改造、发展第三方物流等方式来解决。

二、南昌市物流需求现状

物流需求主要源于两个方面：一是城市经济及相关产业发展对物流服务的需求；二是社会和谐和城市居民日常生活对物流服务的需求。物流业发展的动力也是源于这两个方面的不断提高和完善，具体包括以下4个方面：

（一）南昌市制造业发展对物流的需求

目前，南昌市正在努力建设现代制造业基地，已发展形成了汽车、飞机、香烟、饮料、医药、光电子、输液器、视听产品等8个全国性产品生产基地，构建了以飞机制造、汽车制造、冶金、机电、纺织、化工、医药等为主体的现代制造业体系；积极发展全国重要的制冷设备生产基地；电子信息、生物工程、新材料等为代表的新兴高新技术产业也具有一定的水平。从2000年到2005年，三次产业中工业增加值的比重由33%提升为37%，在全国100家国家级农业产业化龙头企业中，南昌占6席。

2006年全市生产总值达1184.57亿元，人均GDP突破2万元，达26145元。“十五”期间累计完成地区生产总值3460亿元。根据有关规划，“十一五”期间，南昌市经济总量将达2000亿元，人均生产总值也将达到3000～5000美元，到2020年，人均生产总值将达到10000美元以上。2006年，全市实现工业增加值445.64亿元，规模以上工业企业完成增加值304.65亿元。在社会物流总量中，工业品物流的比重超过80%。

南昌市制造业的快速发展及建设现代制造业基地战略的实施需要相应配套的、专业化的供应链管理，必须有发达的现代物流体系作支撑。

（二）南昌市商贸流通业发展对物流的需求

“十一五”期间，南昌市要围绕建设“在全国和国际上拥有重要地位的商品集散地、出口商品基地、商品交易中心”的商贸发展目标，进一步完善城市商贸功能。2006年末，南昌市最大的“八大商场和六大超市”共实现零售额46.95亿元，全市有各类商品交易市场近300个，全年成交总额在亿元以上的商品交易市场超过30个，成交总额308亿元，其中有全国九大日用品中心批发市场之一，年交易额达130多亿元。南昌市的许多商品批发市场内的商品来自于全国20多个省（区、市），商品销往全省各地、市、县和周边外省市。这些商贸企业的经营和发展，需要有具备较强集散功能的物流系统和快速辐射功能的市内配送系统的支持。

（三）南昌市居民生活水平提高对物流的需求

改革开放以来，南昌市居民生活水平不断提高。到2006年，南昌市社会消费品零售总额达到358.4亿元，其中城区287.15亿元，批发零售贸易行业325.61亿元。“十五”期间城镇居民人均可支配收入年均增长11.1%，居民购买力快速增加，居民消费需求水平不断提高，为了满足居民生活需要，需要建立低能耗、无污染、高效率的城市配送体系，以提高配送服务水平和效率、减少交通流量、降低配送成本。

同时，南昌市必须建设应对突发事件的城市应急物流系统，以利于在应急状况发生时，保障城市居民正常生活和城市经济正常运行。

（四）南昌市城乡协调发展对物流的需求

南昌市通过发展与市辖中心城镇的“半小时经济圈”、环鄱阳湖经济圈和省内主要城市的“2 小时经济圈”，对省内资源的集聚作用不断增强。“九五”期间，用于城市基础设施建设投入累计达到 200 多亿元，进行了大规模的城乡路网改造和对外交通建设。实现了到周边省会城市 6～8 小时通达，构成“6 小时经济圈”，对周边地区的辐射能力明显增强。随着社会主义新农村建设的深入推进，市域及环鄱阳湖周边的农村经济建设和农产品物流量的增长，需要强有力的物流服务支持，农产品物流系统将成为南昌市物流体系的一个重要组成部分。

三、总体评价

综上所述，南昌市具有一定的物流服务基础，物流需求也在不断提升，物流业发展迅速。但是，南昌市的物流总体上仍处于发展阶段，还不能满足南昌市经济与社会快速发展需要，需要加快发展。

第二章　南昌市物流功能定位、发展原则与目标

一、功能定位

南昌市的物流功能定位为：立足省会城市、“环鄱阳湖城市群”核心城市和我国中部地区中心城市，构建为现代制造业、商贸流通业、会展旅游业、现代农业发展和城市生活消费服务的物流网络，形成辐射全省及周边经济区域，承接东西、贯通南北的开放型现代物流体系。

二、发展原则

南昌市的物流发展应坚持如下原则：

（一）资源整合

一是存量物流资源整合。运用市场机制，加强对现有物流资源的改造、改组，提高存量物流资源使用效率；

二是城区物流资源外移。适应城市发展规划，将分散于城市中心区域的仓储等物流设施，逐步转移到城市外围交通便利、土地资源充沛的公共物流区，实现物流设施的相对集中。

（二）产业跟进

南昌市的物流设施布局，应跟随制造业由中心向外围迁移，重点着眼于为昌九工业走廊建设和江铃汽车等支柱产业的发展服务、为产业发展向周边城市和毗邻省份辐射服务；各组团（区）的物流设施布局，应着眼于为本区域相关产业的重点企业发展服务；位于城市入口和出口的物流设施，应加强其口岸功能的优化和完善，服务于进出口加工、贸易。

（三）层级合理

根据南昌市的区位特点和城市规模，在现代物流体系建设中，应合理配置不同层级的物流设施，形成物流基地—物流中心—配送中心三级体系，充分体现专业性与功能性的有机结合，实现物流节点在规模上的合理布局。

（四）适度超前

南昌市作为中部地区中心城市和物流枢纽，其物流资源的配置，既要考虑城市自身当前及今后一段时期的发展需要，又要考虑到中部崛起战略实施后中部地区发展对物流枢纽功能的需求，必须适度超前规划配置科技含量高、具有功能性特点的现代化物流基础设施，从而为建设产业发达和宜居城市提供有效保障。

（五）持续发展

发展物流产业时要提高土地资源的使用效率，减少和杜绝不合理占用土地；要将发展现代物流与发展交通、合理利用能源和保护环境统筹考虑，避免物流设施建设和物流作业对交通资源及能源的不合理使用、对环境的破坏和对居民工作、生活的干扰。

三、发展目标

（一）发展总目标

根据南昌市的物流功能定位，确定南昌市物流业发展的总目标是：立足城市区位和产业布局，构建以赣江和公路外环线为主干，以南北双向出入和沟通“一城双核”为重点，物流网络各节点布局合理、功能完善的现代物流体系，建成环鄱阳湖及我国中部地区的区域性现代物流中心城市，到 2020 年，全市综合物流能力基本达到国内同类城市先进水平。

（二）具体发展指标

到 2020 年，有关指标应实现：

（1）物流产业增加值在现代服务业中的比重达到 17%，物流产业对 GDP 的贡献率达到 3%；

（2）物流费用与 GDP 比例由目前 20%左右降至 10%以下；

（3）公共物流区集中处理物流量达到社会物流处理总量的 50%左右；

（4）基本建成覆盖全市大型物流企业和主要客户的物流信息平台，运用现代信息技术和网络手段处理物流信息的物流企业及其客户达到 60%左右，采用计算机处理企业内部物流信息的物流企业和主要客户达到 70%以上。

第三章　南昌市现代物流体系规划

到规划期末，南昌市的现代城市物流体系由硬件与软件组成。在硬件方面，由赣江和公路外环线共同构成主骨架，以昌北双向主出入口，昌南次出入口和

“一城双核”交汇的生米大桥周边辅助设施为基地，辅之以规模适度、布局均衡、功能配套的物流中心和配送中心；在软件方面，主要培育和发展一批具有一定规模的社会化、专业化的物流市场主体，增加物流科技含量，全面提升物流宏观和微观管理水平。

为此，需要统筹协调经济和社会各个方面的资源，进行合理规划布局，其中物流网点（物流节点和交通运输网络）的规划布局规划的重点，下面对此进行规划。

一、物流节点的布局规划

为了将南昌市建成区域性物流中心，需要规划建设具有一定规模、集散能力强、功能齐全的物流节点，即公共物流区。

（一）公共物流区的概念

公共物流区是由若干从事物流业务的企业入驻，相对集中建设与发展的城市物流功能区；是依托相关物流服务设施，开展专业性物流活动及与物流相关的增值服务的经济功能区。

按照建设规模、辐射范围、功能定位等不同，公共物流区分为三个层次，包括：物流基地、物流中心和配送中心。

（二）公共物流区选址应遵循的原则

（1）位于城市中心区边缘、城市内外交通枢纽地带，以城市道路外环线为依托；

（2）有两种或两种以上的运输方式连接；

（3）建设用地充足，土地开发利用成本较低，可拓展性强；

（4）货物集散量较大，市场需求充裕；

（5）与其他经济活动及居民生活应合理分离，在实现对物流配送服务质量的保障的前提下，实现客货分流、货走外环的货运格局，确保大型物流作业不进城、小型配送业务不扰民。

（三）公共物流区规划

综合考虑南昌市城市布局、物流量分布和城市总体规划等因素，到2020年，南昌市规划建设3个物流基地、9个物流中心、13个配送中心。公共物流区的层次和布局（图3－1略）。

3个物流基地：为南昌市大型物流基础设施，是南昌市物流企业或企业物流设施集中配置的区域，也是南昌市的主要物流集散区域，承担南昌市与全国其他城市之间大进大出的物流业务。物流基地内进驻有若干个从事物流业务的企业，有大量配套的物流及相关服务设施。

9个物流中心：为南昌市集中配置物流设施的区域，以区域综合物流服务为主，同时承担着向周边城镇辐射的功能。

13个配送中心：为城市物流末端节点，重点为大型企业、专业市场和社区生活服务，兼顾特色产业。

1. 物流基地规划

考虑到南昌市物流出入口南、北分布，城市两个核心城区跨江分布的大格局，在昌北的乐化组团和昌南的银三角周边、昌西南的生米大桥周边3处各规划建设一个大型的物流基地（图3-2略）。这样，既使南北纵向出入物流格局不变，又可以通过城市主干道、生米大桥、赣江大桥、洪都大桥和城东出口达外环的横向分流，缓解南昌大桥、市区干道等城市交通主枢纽的货运压力。

（1）昌北物流基地。

① 类型。

航空—铁路—公路—水运—口岸国内、国际货运枢纽型物流基地。

主要依托昌九工业走廊和昌北国际机场、铁路货运北站、拟建的铁路专用线、南昌国际集装箱码头、320国道、昌九高速及城市外环路，可建设成以航空、水路运输口岸通道为主，努力扩大铁路运输口岸通道，辅以公路运输功能，形成铁、水、公、空为一体的口岸物流综合物流体系，并综合利用港口、机场优势，发展铁水、陆空、公铁、公水等多种联运方式，形成物畅其流的各种运输方式互补的超大型综合物流基地。既可为全省进出口贸易、转口贸易及整个南昌市的制造业产品外销和城市消费提供物流服务；又可直接为昌北经济技术开发区、英雄经济开发区蛟桥片区和乐化组团内的制造企业和商贸流通企业提供物流服务。

② 规模。

总用地2平方公里，依据现有昌北机场、国际集装箱运输港口等物流设施呈分散布局方式。短期重点建设陆、空、水出入口和铁路货运枢纽；中远期进行核心设施建设。

③ 功能。

内陆口岸功能。可设置海关、卫检、动植物检疫检验机构，为以南昌市为生产、加工基地或者最终销售市场的制造商、分销商提供储存、保管、运输、加工、货运代理等服务。配合国际机场和拟建的昌北物流口岸（包括江西国际集装箱码头和拟建的南昌保税物流中心）发展保税物流，进行货运整合。加强与“长珠闽”海关的对接，进一步完善“大通关”机制，建设服务于重点项目、重点企业和高科技产品等的进出口“绿色通道”，使南昌市的企业可就近完成通关手续。配合市域经济发展，可在其他的公共物流区逐步开展并完善口岸服务功能，实现多点报送，提高通关效率。

货物集散功能。接收通过各种运输方式到达的货物，并进行分拣、储存；将本市发出的货物进行集并，通过直接换装方式向外发运。

商品保管与养护功能。对接收和集并的货物进行核验，对需要短期存储的货物进行适宜的保管和养护。

流通加工功能。包括商品的包装整理、加固、换装、改装、条码印制等。

配送功能。通过物流基地内的物流中心、配送中心实施对客户的商品配送服务。

物流信息服务功能。物流状态查询、物流过程跟踪、物流要素信息记录与分析、物流客户关系管理、物流决策支持、物流公共信息平台等。

④ 设施。

依托昌九工业走廊建设，以现有物流企业设施为基础，适当配套建设相关设施。

规划和建设完善的内部配套基础设施，道路交通与高速公路、城市快速路、铁路站场及专用线、港口、航空港等有方便的接口，并与城市铁路、城市环线、交通货运枢纽结合。

核心设施：以建设用地规模较小的立体仓库为主，逐步使用自动化的装卸、搬运、传送和分拣设备；建设完善的生活、办公、商品展示等辅助及配套设施；建立先进的指挥调度与监控系统和公共物流信息网络平台。

(2) 昌南物流基地。

① 类型。

铁路—公路国内、国际货运枢纽型物流基地。

主要依托青云谱铁路货运站和铁道部拟建设的南昌枢纽江西向塘铁路物流基地、浙赣铁路、105 国道和南高一级公路，向南承接南昌市“南大门”—向塘，是南昌市货运周转和城市物流服务的重要基地。同时，可直接为江铃汽车、洪都、江联、南钢等大中型企业和小蓝工业园及周边园区、市场提供物流支持，有铁路专用线相通。

② 规模。

总用地 2 平方公里，依据现有物流设施呈分散布局方式，中远期核心设施建设集中在青云谱铁路货运站周边或邻近向塘铁路编组站。

③ 功能。

货物集散、商品保管与养护、流通加工、配送和物流信息服务功能。重点为城市南部的铁路、公路货物集散提供配套设施和服务。

④ 设施。

规划和建设完善的内部配套基础设施，道路交通与高速公路、城市快速路、铁路站场及专用线、机场等有方便的接口，并与城市铁路、城市环线、交通货运枢纽结合。

核心设施：以建设用地规模较小的立体仓库为主，逐步使用自动化的装卸、搬运、传送和分拣设备；建设完善的生活、办公、商品展示等辅助及配套设施；建立先进的指挥调度与监控系统和公共物流信息网络平台。

（3）昌西南物流基地。

① 类型。

铁路—公路—水路货运枢纽型物流基地。

主要依托赣江、拟建的铁路新西货场和城市外环路。是承接城市双核的重要物流基地，既可为洪城大市场流通加工基地发展、整个南昌市的制造业产品外销和城市消费提供物流服务，又可承担通过型物流基地功能。

② 规模。

占地约1平方公里，由政府集中规划安排，统一控制使用。

③ 功能。

货物集散、商品保管与养护、流通加工、配送和物流信息服务功能。重点为昌北物流主基地和昌南物流辅基地的对接服务，同时为城市“两核”提供较大规模的物流综合服务。

④ 设施。

可由政府集中控制用地规模，引导相关企业投资建设相应功能的物流设施。

规划和建设完善的内部配套基础设施，道路交通与高速公路、城市快速路、铁路站场及专用线、港口等有方便的接口，并与城市铁路、城市环线、交通货运枢纽结合。

核心设施：以建设用地规模较小的立体仓库为主，逐步使用自动化的装卸、搬运、传送和分拣设备；建设完善的生活、办公、商品展示等辅助及配套设施；建立先进的指挥调度与监控系统和公共物流信息网络平台。

2. 物流中心规划

针对南昌市城市规划布局的特点，兼顾各区域经济发展、社会生活的需要和大型生产企业、商贸流通企业及专业市场发展对物流服务的需求，规划建设9个物流中心，为所处区域适当范围内进出货物的集散和制造商、分销商在区域外采购和分销提供物流服务平台，物流中心分布（图3－3略）。

（1）昌东物流中心。

位于昌东大道附近，依托城东地区的新型产业，形成以高科技产品为主导的公路枢纽型、高科技信息服务型物流基地，主要为南昌高新技术开发区、京东开发区、民营科技园内企业经营和昌东组团发展提供服务，同时为艾溪湖环湖旅游业开发提供物流服务扶持。占地0.5～0.8平方公里，由政府统一规划、集中控制，引导相关企业自主建设相关物流设施。主要提供货物集散和物流基地之间的短驳运输、仓储、配送、流通加工、商品检验及物流信息服务。

（2）蛟桥物流中心。

位于昌北物流基地范围内的南昌经济技术开发区庐山南大道北段，紧临昌九高速、105国道和京九铁路南昌北站、南昌港昌北码头，便于公铁水联运，可依托蛟桥货运站、江西国际集装箱码头和拟建的南昌保税物流中心等设施，发展为具备外贸货运代理、保税仓储、简单加工和增值服务、集装箱业务、口岸和退税、物流信息处理，以及为新城区工业、文化、生活物资配送和仓储的物流中心。占地0.3～0.5平方公里，由政府统一规划、集中控制，引导相关企业自主建设相关物流设施。主要提供货物集散和物流基地内部的短驳运输、仓储、配送、流通加工、商品检验及物流信息服务。

（3）朝阳物流中心。

位于南昌市桃花路南端与南隔堤交叉地，生米大桥东端，主要依托320国道、昌九高速、城市外环路、赣江以及规划中的铁路支线，可建设成以公路运输、水路为主，辅以铁路运输功能，形成公、水、铁为一体的综合物流体系，构建南昌市货运周转和城市物流服务的重要物流中心，同时可为洪城大市场和周边13个专业批发市场以及整个南昌市的制造业产品外销和城市消费提供物流服务，又可承担通过型物流中心功能。占地0.5平方公里，由政府统一规划、集中控制，引导相关企业自主建设相关物流设施。主要提供货物集散和物流基地之间的短驳运输、仓储、配送、流通加工、商品检验及物流信息服务。

（4）望城物流中心。

位于红谷滩新建城区西南，往望城方向。依托公路外环线、320国道和拟建的铁路支线，发展成为红谷滩新城、望城组团和湾里组团货物进出，以及为拟建的城西工业园区提供工业品及其原材料物流服务的物流中心。占地0.3平方公里以内，由政府统一规划、集中使用土地，引导相关企业自主建设相关物流设施。

（5）小蓝物流中心。

位于小蓝工业园，主要依托江铃生产厂和周边物流企业，建设成为周边专业批发市场和居民消费提供综合配送服务的物流中心。占地0.3平方公里以内，以现有物流企业的设施为主体，由政府相对集中使用可用土地，引导相关企业自主建设相关物流设施。

（6）青云谱物流中心。

位于青云谱区昌南工业园区及前万片区，主要依托青云谱铁路货运及集装箱货运场站、南昌市公路外环线和周边的专业批发市场及相关物流企业，发展成为青云谱昌南工业园区货物进出和为周边专业批发市场、企业和居民消费提供综合配送服务的物流中心。占地0.5平方公里以内，以现有的物流企业设施为主体，由政府相对集中使用土地，引导相关企业自主建设相关物流设施。

（7）昌北邮政物流中心。

位于南昌经济技术开发区，利用遍及全省的邮政网络以及信息技术优势，开展同城配送、一体化物流、货运代理、分销等精益物流业务，以电子、医药、出版、烟草、化妆品、汽车零配件等行业产品为主。占地 0.5 平方公里以内，以现有的物流企业设施为主体，由政府相对集中使用土地，由邮政部门相关企业自主建设相关物流设施。

（8）昌北航空物流中心。

位于南昌市新建县乐化镇南昌昌北国际机场内，利用遍及国内外的航空货运网络以及信息技术优势，开展货运代理、一体化物流、同城配送、分销等精益物流业务。占地 0.5 平方公里以内，以现有的物流企业设施为主体，由政府相对集中使用土地，由航空部门相关企业自主建设相关物流设施。

（9）昌南粮食物流中心。

位于南昌市南昌县墨山附近，利用铁路、公路、航空等主要粮食物流通道以及粮食产区的区域优势，开展粮食一体化物流、散粮接收和发放、中转、分销等粮食物流业务。占地 0.6 平方公里，以现有的粮食转运站、铁路专用线等物流设施为主体，由政府相对集中使用土地，由粮食部门自主建设相关物流设施。

3. 配送中心规划

（1）定位。

城市基础设施，为工业生产、专业市场发展和满足城市居民生活消费提供专业化物流配送服务的平台。

（2）选址。

在高新区、经开区、青山湖区、青云谱区、南昌县小蓝工业园、进贤县、安义县等 13 处各规划建设一个专业配送中心（图 3－4 略）。

专业性配送中心，着重考虑服务对象、处理货物和运营手段的特殊性，而在选址均衡性方面仅予兼顾。

（3）类型。

①为制造业服务的配送中心（3 个）：

青云谱汽车配送中心：位于南昌市迎宾北大道，为江铃汽车集团提供原材料、零配件配送和整车向物流园区集并服务。同时，为洪都航空工业集团等企业提供专业配送服务，鼓励江铃汽车优化厂内物流系统。

高新区药品配送中心：位于高新区，为周边的医药制造企业提供仓储、配送服务，目标是形成集散功能医药港。

青云谱医药配送中心：位于青云谱区，占地 57 亩。

②为专业市场和专门行业服务的配送中心（4 个）：

李家庄配送中心：位于南昌市青山北路与洪都大道交叉地，利用周边现有的仓库为周边大中型企业提供仓储、配送服务。

高新区百货零售配送中心：位于高新区火炬大道中段，主要开展百货零售业的同城配送、产品代理、分销业务等为主。

青云谱铁路货运配送中心：位于井冈山大道南端，铁路青云谱货站内，占地约80亩，由南昌铁路局投资兴建，主要是利用其铁路网络及信息技术优势，开展铁路配送、货运代理、一体化物流、货物仓储等物流业务。

昌北铁路物流配送中心：铁路部门重点定位在南昌南站发展公铁联运；在南昌经济技术开发区临近白水湖集装箱码头建设一条连接周边制造企业的铁路专用线，发展铁海联运，服务南昌经济技术开发区及周边企业。

③以冷链物流为主要功能的配送中心（2个）：

青云谱冷藏配送中心和昌南冷藏配送中心：主要配合周边冷链企业拓展肉类、水产、果品冷链物流功能。

④提供物流信息服务的配送中心（1个）：

小蓝工业园配送中心：主要相关企业现有的物流信息平台，为南昌市的第三方物流企业提供信息平台服务。

⑤区域特色产品配送中心（1个）：

民和配送中心：位于进贤县，主要为区域内市场占有份额较大、竞争力较强、地方特色鲜明的医疗器械、文化用品、烟花、酒类等提供商品配送服务。

⑥化工危险品配送中心（2个）：

万埠配送中心和南化配送中心：分别位于安义县万埠镇和南昌市南莲路，主要承担南昌市主城区内现有的危险品仓库在规划期内逐步迁出市区后的配送服务。

（4）规模。

每个专业配送中心占地规模以现有用地和可开发利用的用地为基准，远期根据配送中心自身功能的完善程度和周边用地性质的调整，适当增减占地面积。中远期发展，市区内配送中心将通过自身提高土地利用率和企业撤并等方式，逐步释放土地。

（5）功能。

针对居民生活需要和专业市场、企业的特定货物的集散、储存、配送、流通加工、商品检验、物流信息及其他专业功能的服务。

二、城市交通运输网络建设

在交通运输网络建设方面主要遵从各部门发展规划，兼顾与规划建设中的公共物流区的有效衔接，以形成完整的城市物流网络体系。

（一）构建发达的交通运输体系

着眼于长江流域带、京九线和浙赣线三大经济发展战略重点，主动接纳长三角、珠三角、闽东南沿海城市密集区辐射，完善铁、公、水、空运输网络，构建以南昌市为基点构建辐射周边省市的交通运输体系，将南昌发展成为江西对外交通和东、西部地区产品周转的中心和枢纽，为全省的社会发展和经济繁荣提供足够的交通运输能力，创造快捷、优质、舒适的交通环境。

（二）加大交通运输基础设施规划建设力度

（1）铁路运输基础设施建设。加快对外铁路交通基础设施建设，重点建设快速铁路客运线；加速建设京九、浙赣铁路的配套工程；推动城际铁路及站场建设，适度集并铁路货运站场；规划建设铁路物流中心。

（2）公路运输基础设施建设。加快城市环路、快速路和主干路体系建设，完善城乡道路系统，提高城市道路网的整体通行能力；有效分离过境交通与城市交通，加强主城区与各组团及周边城镇的交通联系；完善支路网建设，改善城乡交通微循环；力争在开发区、工业集中区、交通便利的城郊结合部，规划建设适度规模的公共物流区。

（3）水路运输基础设施建设。加强赣江航道整治，增强航运通行能力，逐步形成以八一大桥下游三级航道、上游四级航道为主干线，以长江、鄱阳湖水系为依托，以南昌港（客运港）为中心的江、河、湖、海相联通的水运体系；加快建设通达九江、南京、上海的内河航运设施；建设百万吨级以上的集装箱码头等专用水运码头及其配套设施。

（4）航空运输基础设施建设。要进一步完善昌北国际机场的导航、通讯维修、保养空港客货运设施等设施，开辟新的国内、国际航线。到2010年，建成北京、上海、广州等枢纽机场的主要辅助机场，实现旅客吞吐量超400万人次；到2020年，建成满足年旅客吞吐量850万人次、高峰小时4000人负荷的跑道，飞行区等级指标达到4E；规划建设第二条跑道。配套建设辅助设施。

（三）大力发展多式联运

充分发挥公路、铁路、水路和航空运输的各自优势，配套建设公铁联运（昌南货运站）、水铁联运（经济技术开发区白水湖集装箱码头附近）、公铁水联运（昌北物流枢纽内）等多式联运设施，形成各种运输方式互补的立体运输网络。

第四章　南昌市公共物流信息平台规划

公共物流信息平台是以获取物流业规模化、效率化为目的，以先进的信息技术作为支撑，以信息共享为手段而建立的通用信息网络，是南昌物流系统中各个层次、各个方面联系的纽带。公共物流信息平台规划是否完善将直接影响南昌市物流业的健康发展。

一、公共物流信息平台建设的目标与原则

（一）公共物流信息平台的战略目标

公共物流信息平台发展战略目标是物流信息平台规划的纲领性指导思想。公共物流信息平台发展的战略目标在于合理地构筑南昌市的物流信息平台，支撑南昌市现代物流业对信息的综合需求。具体表现为：

（1）构建城市物流信息平台，为企业提供信息支撑，为相关行业部门进行物流管理与市场规范化管理提供必要的信息支撑条件；

（2）整合全社会微观物流资源，提供不同内容的信息服务，使物流信息成为物流体系的桥梁纽带；

（3）通过建立城市物流信息平台使市内相关行业管理部门与企业群体能进行有效沟通，实现快捷、便利、实时的物流信息交流；

（4）为物流业的行业管理、发展与规划提供信息化的决策支持手段。

（二）公共物流信息平台的建设原则与策略

1. 建设原则

（1）开放性。由于公用物流信息平台必须与数量众多、性质不同的各类用户连接，因此必须保证用户可以方便地连接到公用物流信息平台。

（2）安全性。公用物流信息平台作为各个企业在网上进行交易的平台，安全性不仅仅是平台本身的需要，也是服务电子商务的必要要求。

（3）可靠性。公共物流信息平台作为一个复杂系统，难免出现各类异常。平台需要具备较强的可靠性，有效地减少故障发生，或者当出现异常时，系统可以自动进行及时处理，降低系统故障造成的损失。

（4）易操作性。公共物流信息平台应该能让各类用户方便地使用查询、交易等功能，同时还可以提高工作效率，减少出错的可能性。

（5）经济性。公共物流信息平台的设计必须自始至终贯穿经济性的理念，这既是信息平台运行的目标，也是信息平台自身建设过程中应遵循的原则。

（6）前瞻性。公共物流信息平台规模大，建设、使用周期长，因此信息平台的设计应具有一定的前瞻性，从而保证系统具有较强的扩展能力，以适应信息技术的快速发展。

2. 实施策略

为了确保多个参与者的递进开发策略的顺利地实施，实施“政企协同，提高认识，总体规划，分步实施，龙头优先，风险共担”策略。

按照该策略，政府提供政策支持、企业以需求为导向出资共同建设南昌市公

共物流信息平台。由于当前大部分企业对现代物流，尤其是物流信息化的认识不够深入，这将制约南昌市物流业的进一步发展，因此政府和各企业应采用培训、讲座、座谈等多种方式提高各级人员在此方面的认识，并在此基础上从总体上对公共物流信息平台统筹规划，分阶段进行建设和完善。在建设初期，优先扶持龙头示范企业，采用定量可信的数据说明公共物流信息平台对增进企业效益、降低企业成本的作用，实现示范企业带动其他企业，龙头企业带动供应链中的上下游企业，带动一批企业的信息化并加入到公共物流信息平台中来，达到以点带面，逐步构筑和完善南昌市公共物流信息平台。此外还应该进行物流信息共享协议的编制工作，并且通过技术认证体系，在降低建设风险的同时，加速公共物流信息平台发展的进程。

二、公共物流信息平台的基本功能与结构

（一）公共物流信息平台基本功能

南昌市公共物流信息平台面向各类终端用户，不同参与者对共用信息具有不同需求，公共物流信息平台应具备多种功能，提供综合性的物流信息服务（基本信息服务表 4－1 略）。通过公共物流信息平台支撑政府部门间公用信息需求、满足具有核心业务能力的物流企业的信息需求，以及满足公众对物流信息的各类需求。同时，公共物流信息平台的功能大小可以逐层递进，根据功能的强弱可以分为基本功能与增强功能。基本功能，主要是实现共享信息的组织与发布，增强功能则可以实现企业物流核心业务，如提供网上虚拟运输市场交易功能，决策分析功能等。

其基本功能有：政府部门间共享信息传递功能；企业与政府间共享信息传递；运输计划制定支持功能；货物跟踪支持功能；车辆运行管理支持功能；物流服务需求信息发布；行业规范管理功能；政府市场管理功能；财务管理功能；系统管理功能；客户查询功能等。

其增强功能有：交易信用认证功能；货运交易管理支持功能；物流业务合作交易功能；物流业发展宏观规划与决策分析功能。南昌市公共物流信息平台的建立不仅可以为社会提供物流综合信息服务平台，还可以政府管理部门提供决策支持信息处理平台，同时也可以为行业管理者提供信息接入平台。在促进南昌市的物流业发展的同时，也可以带动其他行业的发展，从而达到辐射整个南昌市、江西省乃至中部地区经济发展的目的。

（二）公共物流信息平台体系结构

南昌市公共物流信息平台可划分为四层体系结构（图 4－1 略），自下而上可分为基础设施层、数据交换层、应用支持层和应用服务层四个层次，此外信息安全体系涵盖各层次。

基础设施层：基础设施层是整个公共物流信息平台的物流基础，包括各种网络基础设施、通信设施和计算机软硬件设备。其中信息网络以南昌市公共信息网络基础设施为基础，计算机软硬件设备由各企业投资构建。

数据交换层：南昌市公共物流信息平台将汇集相关行业、物流企业和政府相关部门等各类信息系统的信息。由于不同组织的物流信息和业务组织不尽相同，公共物流信息平台必须解决异构系统和异构信息之间的数据交换和信息共享问题。因此数据交换层应提供不同用户之间信息交换的数据规范化、格式转换等功能，实现物流信息的无障碍交换和传输。

需要由政府和企业共同构建物流领域的本体系统，并利用 XML 技术实现异构数据的交换。基于 XML 技术的数据交换层并不强迫物流系统中的所有企业和相关部门使用统一的数据处理标准，而是通过客户化的接口来实现不同系统数据格式之间的统一，从而实现不同组织间的信息互动和无缝对接。

应用支持层：该层提供呼叫中心、CA 认证中心、GPS、GIS 等功能，为其上的应用层提供必要的支持。

应用服务层：包含电子商务、电子政务、电子金融以及各类物流信息的发布等功能。利用该层的功能可实现在线物流交易、在线支付、安全认证、订单管理和追踪、物流过程在线监管、税务、通关等业务。从而完成整合各个子系统，通过提取各个系统的信息为不同的物流实体提供相应的本地物流、区域物流乃至国际物流服务的支持，直接面向用户提供各种物流服务。

信息安全体系：由于物流系统涉及的组织和部门众多，面向互联网的公共信息平台易受攻击和破坏，安全体系是平台顺利运行的保证。公共物流信息平台中采用的安全技术包括 SSL 协议、网络防火墙、安全数据库登录、用户跟踪记录、传输数据加密等。

该体系结构可以在保障信息安全的基础上实现与物流企业、政府部门、相关部门以及其他地区的物流信息平台的无缝衔接（图 4－2 略）。

第五章 南昌市物流资源整合规划

南昌市现代物流体系必须依靠现代物流的组织方式和管理技术，完成社会物流资源的横向一体化和供应链纵向一体化，实现物流、商流、信息流的统一运作，提高系统的反应速度，降低社会物流成本，提高全市乃至全省的物流流通效率。

一、横向整合

（一）理顺政府部门之间关系

目前南昌市社会物流资源较为分散，物流企业规模小，进入门槛低，管理体制落后，市场不规范，部分企业存在违规操作行为，鉴于此，南昌市应理顺各行业主管部门的关系，转变职能，强化服务意识，统筹规划、增加投入，在大力建设物流基础设施的同时避免低水平重复建设和资源浪费。制定和完善的政策，规范物流市场，努力创造有利于现代物流业发展的宏观环境。

（二）壮大物流企业规模

鼓励南昌市现有的交通运输、仓储配送、货运代理、多式联运等企业从实际出发，进行业务流程再造，根据自身比较优势，按照现代物流发展的要求，紧紧围绕用户的需求，调整组织结构、人力资源配置结构，积极通过兼并、联盟等手段，整合物流资源，壮大经营实力，提供优质高效的一体化物流服务。

（三）发挥物流行业协会职能

物流企业之间缺乏合作，难以形成跨区域的规模经济，因此需要明确一个牵头部门，对南昌市的第三方物流进行总体规划和指导。江西省南昌物流行业协会（以下简称物流行业协会）是物流企业与主管部门、政府之间的桥梁和纽带。物流行业协会可以负责关于物流标准制定和推广、促进不同物流企业间合作等需要统筹规划的工作，还可以在维护物流行业利益，促进物流行业发展，避免行业内部无序竞争，促进行业的自我协调、自我约束和自我管理中发挥重要作用。

（四）建设公共物流信息平台

利用公共物流信息平台整合物流资源信息，为各类企业提供运力资源、仓储能力、以及涵盖海关、税务、工商、保险、土地、交管、消防、公安等部门的最新物流综合信息，依靠信息手段避免市内物流资源闲置于重复建设以及资源配置不合理现象。企业依托平台与海关、商检、税务等政府部门的业务系统进行互联互通和数据交换的信息整合，实现一站式行政监管服务。通过对进出货物的状况分析捕捉商机，提高企业的市场反应和决策能力，实现商流和物流的信息互动，促进南昌市物流的合理流动。

二、纵向整合

（一）鼓励企业物流外包

企业物流是物流需求的主要来源，但是当前南昌市相当一部分工商企业仍奉行“肥水不流外人田”，物流管理依然是“大而全”、“小而全”，造成了社会物流资源的闲置。企业应该转变传统观念，树立现代物流意识，充分认识优化供应链物流管理是降低生产总成本、提高产品附加值、增强企业竞争力、获取新的利润源的重要手段。并且从战略的高度审视和发展企业内部物流，把物流纳入企业的总体发展战略。

工商企业应该积极创造条件，逐步将原材料采购、运输、仓储和产成品加工、整理、配送等物流服务业务有效分离出来，按照现代物流管理模式进行调整和重组，根据自身实际情况，选择将物流业务全部外包给第三方物流企业，实现企业物流的社会化，或者将物流业务部分外包，形成内外结合的物流体系。

（二）培养现代物流企业

在加快南昌市现有物流企业的整合的同时，重点引进长三角和珠三角地区在区域物流以及城市配送方面比较成熟的知名物流企业，积极引进港台和国外先进的第三方物流企业，提高本地物流企业的竞争意识，通过竞争促进南昌市物流业的发展。并且按照规范的第三方物流企业标准，鼓励新建物流企业。新建物流企业要高起点，争取做到一步实现制度创新、技术创新和管理创新。在引进和新建物流企业的初期，应采取可行措施降低赋税，以利发展。

在培养物流企业，促进企业物流外包的同时，还要鼓励发展和引进物流中介服务企业、物流咨询企业、物流基地开发建设企业、物流设备生产和技术开发企业等相关配套企业，为南昌市物流体系提供智力、技术支持。

（三）促进物流信息共享

信息共享是工商企业与物流企业协同合作，共同完成物流业务的基础。各企业应大力推进企业信息化建设，并在此基础上完善南昌市公共物流信息平台，实现企业之间信息系统的信息交换和信息共享，并使企业之间的生产加工制造、库存控制、运输管理、仓储管理、供应管理、客户资源管理信息互动，使各行业供应链上下游企业间的运输、储存、包装、搬运、加工、配送等环节形成有机的物流系统，解决运输规模与库存城之间的矛盾．配送成本与客户服务水平之间的矛盾、中转运输与装卸搬运之间的矛盾，提高企业的市场反应能力，缩小供应与需求之间的时间与数量偏差，用信息手段降低社会物流总成本。

第六章　南昌市物流规划实施方案

一、实施思路

（一）实施原则

（1）全面推进。南昌市现代物流体系的发展需要第三方物流企业专业化、工商企业物流技术应用和物流基础设施建设作为共同的支撑。

（2）循序渐进。现代物流的发展与经济发展水平紧密相关，因此，南昌市现代物流体系的建设必须按照不同时期的工作重点循序渐进，分为近期、中期和远期进行逐步实施。

（3）整合资源。现代物流的发展要求对各类资源进行合理利用，因此南昌市在建设现代物流体系的过程中，必须遵循整合现有及未来开发利用的各类资源，提高资源的利用率。

（二）实施手段

（1）以产业领域的试点企业推进物流管理技术的应用。选择部分具有代表性的工商企业作为现代物流技术应用的试点企业，制定试点企业的物流技术应用方案，帮助其在物流管理方式、业务流程等方面进行系统改造。

（2）以服务领域的试点企业推进物流服务与经营的专业化。合理选择部分传统运输、仓储企业，作为培育现代物流服务的转型试点企业，帮助制定相关物流服务组织与经营业务流程方案，提升企业服务能力与实现业务的转型。

（3）以示范性物流基础设施建设支持物流基础环境建设。按照南昌市产业布局与发展要求，选择若干物流基础设施项目作为建设重点，为南昌市推进现代物流发展提供基础设施支持。

二、实施步骤

（一）第一阶段（2007—2010年）：扶植培育阶段

立足南昌，辐射江西，构建能满足南昌市产业经济发展和城乡居民生活消费需要的物流体系，初步形成现代物流网络体系框架。主要应做好以下工作：

（1）广泛进行物流教育，培养物流人才；积极引进物流人才，在尽可能短的时间内优化南昌市物流人才结构。

（2）南昌市现代物流业发展领导小组和物流行业协会组织力量对南昌市当前制约物流业发展的因素进行深入调研，并在此基础上由相关部门共同协商制定有利于物流发展的优惠政策，整顿和规范当前南昌市物流市场。

（3）由南昌市现代物流业发展领导小组组织专家队伍，按照国内外先进水平和现代化物流区的标准，对南昌市公共物流区进行总体规划，并制定建设审核标准；进行招商引资工作，重点引进几家专业化物流企业进驻物流基地并开始运营。

（4）根据总体规划，分阶段、有步骤地建设公共物流区：

①兴建南昌国际集装箱码头，配合拟建的铁路专用线及320国道、昌九高速和城市东外环线，完善铁路、公路运输，并配合昌北航空物流中心的建设，发展铁、水、公、空等多式联运，重点建设昌北物流基地（主物流基地），建成现代化的内陆口岸；依托铁路货运站及105国道、南高一级公路，初步实现昌南物流基地（次物流基地）的基本框架；依托城市西外环公路、昌樟高速公路、温厚高速公路，开始昌西南物流基地（辅助物流基地）的建设。

②重点建设3～4个物流中心。伴随高新技术开发区、京东开发区、民营科技园的发展建成昌东物流中心；配合洪城大市场的发展规划建成朝阳物流中心；

利用江西邮政网络的优势建成昌北邮政物流中心；着手建设青云谱物流中心、昌南粮食物流中心，做好其他物流中心的规划及前期准备。

③重点建设8～10个配送中心。重点建设前期已审批项目，如京山区域配送中心、江西九州通现代医药配送中心等，并对已有项目进行功能调整和存量物流资源的整合。对尚未立项项目，由拟承建物流企业撰写项目可行性方案，南昌市现代物流业发展领导小组对可行性方案进行评审，确定配送中心的承建单位，并实施建设。

④在南昌市现代物流业发展领导小组的领导下，由物流行业协会组织专家、国内外知名物流企业家对南昌市物流企业及工商企业物流部门进行培训，提高各企业现代物流意识。

⑤按照政府引导、企业投资、市场运作的模式，重点扶持、发展一批第三方物流企业。积极引导现有的生产制造企业、批发企业和零售企业将其自营的仓储、物流配送中心等迁入物流基地。

⑥物流行业协会组织制定各项现代物流技术标准、物流业务规范、信息通信技术标准和协议；在建设的各个物流区中设立一批物流企业信息系统的示范工程，并加强示范工程的宣传工作；第三方物流企业加大内部管理信息系统建设的力度；建立南昌市物流门户网站，实现各类公共信息的发布和查询功能，完成公共物流信息平台的雏形。

⑦组织有实力的制造企业作为试点单位，利用公共物流区和物流信息系统与物流企业组建战略联盟，通过对制造企业的原材料与零配件物流、生产物流、产成品物流进行科学、合理、高效的组织，提高企业的整体经营管理与运作效率。

⑧从南昌市的实际出发，选择具有南昌特色的产品（如医药、农畜产品）的物流运作进行试点，在相关政府部门的组织下，建设2～4个示范性项目，加速南昌市商品流通的现代化进程。

⑨建立并加强与南昌市外物流系统的合作关系。

（二）第二阶段（2011—2015年）：发展壮大阶段

完成规划所确定的全部公共物流区的建设并投入使用，建成南昌市公共物流信息平台，进一步完善区内物流体系，同时增强物流辐射能力，加大与其他物流体系的合作力度，追求整个江西省内经济地共同繁荣。主要进行以下工作：

（1）完成规划所确定的区市全部公共物流区（包括物流基地、物流中心和配送中心）的工程建设并投入使用，进一步完善市内物流体系，建成现代化综合物流体系，为市内的一产、二产和三产企业提供全方位、高质量、收费合理的物流服务，推动南昌市经济迈上新的台阶。

(2) 在公共物流区的建设过程中，南昌市现代物流业发展领导小组定期对建设进行审核，以避免出现将物流用地挪为它用的情况。在项目建设完成后的运营期，应对物流区的运作进行考察，并联合物流行业协会对出现的问题予以解决。

(3) 加强并完善对物流基地、物流中心和配送中心内企业的管理工作；引导并扶持各物流区内企业的业务，延伸物流服务，充分发挥其增值功能，提高产品的附加值。

(4) 总结前一阶段南昌市物流业发展情况，根据本阶段的实际对已有政策、措施进行修正和调整，确保南昌市物流业的高速发展。

(5) 大力推广物流行业协会制定的各项物流标准，加强制造企业和第三方物流企业之间的协作，在南昌市范围内构建若干个较大型的企业战略联盟，初步建立南昌市现代供应链物流体系。

(6) 全面推进商贸企业的统一采购、集中仓储和网络化配送。对商业连锁配送、企业的物流组织管理进行改进以及物流流程再造。

(7) 完善公共物流区、第三方物流企业的管理信息系统和门户网站，加强与工商企业的信息共享，逐步实现与政府部门、金融企业的互联互通，基本实现网上通关、网上纳税、网上交易等功能，基本完成南昌市公共物流平台，并在促进南昌市物流资源整合中发挥重要作用。

(8) 发挥南昌市作为江西省发展带上的重要节点的区域辐射功能，与周边县、市的经济发展目标、物流规划及产业规划相协调，在江西省的大物流中发挥重要作用。进一步加大与中部地区周边省市物流合作力度，使南昌市的工农业产品融入到中部地区乃至国内外的大市场中。

(三) 第三阶段（2016—2020年）：成熟阶段

积极引导、重点扶持物流基地、物流中心和配送中心企业，大力采用先进科学的管理技术与运营方式，不断完善公共物流信息平台的建设，在满足需求的前提下，逐步实现城市内配送中心（南化、冷藏等配送中心）的外移，实现以信息集成为基础，物流系统规模更小，效率更高，功能更强，总成本更低；在前面阶段性成果的基础上，形成集中与分散相结合、先进适用、布局合理、结构优化、高效低耗、立足南昌、辐射江西省的城乡终端物流体系以及衔接长江三角洲、珠江三角洲和闽东南经济区，辐射中部地区的区域性现代物流体系，总体上达到国内同类地区一流水平。

南昌市现代物流业发展三个阶段的主要工作如表6-1所示。

表 6－1　　南昌市现代物流业发展三个阶段的主要工作任务

实施阶段	主要工作
第一阶段（2007—2010）	完成任务 1. 公共物流区的总体规划、内部市政基础设施的规划与建设、铁路专用线及专用货场的规划与建设等，并投入使用。 2. 重点建设主物流基地，3～4 个物流中心，8～10 个配送中心，对现有的专业物流区进行功能调整和存量物流资源的整合。 3. 构建并初步形成公共物流区内的公共物流信息网络平台。 4. 初步建立起公共物流区内生活、办公、商品展示等辅助及配套设施。 5. 进行招商引资工作，重点引进几家专业化物流企业进驻物流基地并开始运营。 6. 按照政府引导、企业投资、市场运作的模式，重点扶持、发展一批第三方物流企业。 7. 选择重点工商、物流企业进行现代物流发展的试点。 8. 南昌市现代物流业发展领导小组组织力量对当前南昌市物流存在的问题进行调研，各部门共同协商制定促进现代物流业发展的优惠政策和措施。 9. 建立并加强与区外物流系统的合作关系。 重点建设项目 1. 朝阳物流中心相关项目。 2. 青云谱物流中心相关项目。 3. 昌北航空物流中心相关项目。 4. 小蓝物流中心汽车物流和物流信息化项目。 启动项目 1. 积极引导现有的生产制造企业、批发企业和零售企业将其自营的仓储、物流配送中心等迁入公共物流区。 2. 昌南物流基地规划建设
第二阶段（2011—2015）	完成项目 1. 完成规划所确定的市内全部公共物流区（包括物流基地、物流中心和配送中心）的工程建设并投入使用，进一步完善市内物流体系，建成现代化综合物流体系。 2. 进一步完善公共物流区内的生活、办公、商品展示等辅助及配套设施。 3. 进一步完善公共物流区内的公共物流信息网络平台；推动物流企业的信息化、现代化水平。 4. 加强并完善对物流基地、物流中心和配送中心内企业的管理工作；引导并扶持公共物流区内企业的业务，延伸物流服务，充分发挥其增值功能，提高产品的附加值。 5. 进一步加大市外物流合作力度，使南昌市的工农业产品融入到国内外的大市场中，凸显南昌市物流体系在中部物流中的重要作用

续 表

实施阶段	主要工作
第三阶段（2016—2020）	完成项目 1. 积极引导、重点扶持公共物流区内物流企业，大力采用先进科学的管理技术与运营方式，大幅度降低总体物流成本。 2. 加强公共物流信息平台的应用，逐步实现市域公共物流区的外移，在提高效率，强化功能的同时，缩小公共物流区规模。 3. 形成服务于南昌市、江西省，辐射中部地区的城乡终端物流体系以及与周边物流系统相协调的区域性现代物流体系，使南昌市的综合物流能力达到国内同类地区的一流水平

第七章　南昌市物流发展政策措施

一、建立和完善现代物流管理体系

（一）明确现代物流管理机构

现代物流涉及生产、流通、运输、仓储、信息等诸多领域，而当前南昌市物流及相关行业管理部门分散，缺乏必要的协调机制，在此情况下为了加快南昌市现代物流的发展，已经组建由主管副市长牵头、由市商贸委、发改委、经贸委、交通局、规划局、行政执法局、国土局、工商局、公安局、铁路局、机场集团公司等多个物流相关管理部门共同参与组成的“南昌市现代物流业发展领导小组”，统一规划、协调和指挥南昌市现代物流体系的建设与运行。

该领导小组主要负责制定发展规划和相关政策法规，决定和协调解决全市物流发展中的重大问题，按照《规划》的要求制定实施方案，切实推进现代物流的快速发展。

（二）发挥物流行业协会的作用

南昌市要通过物流行业协会加强物流行业的管理和服务。物流行业协会要牢固树立为政府、行业和企业服务观念，加强经济调控、市场监管、社会管理和公共服务职能，规范市场准入条件，增加管理透明度，整顿和规范市场秩序，制止不正当竞争、限制竞争和其他违法行为，建立物流业宏观监测、预警和信息发布制度，建立健全物流业统计制度和方法。在推广物流行业标准、物流人才教育和培训、物流技术交流、物流从业人员资格认证和物流咨询服务等方面发挥积极作用。

二、建立健全现代物流扶植政策体系

（一）完善现代物流的发展政策与税收体系

由南昌市现代物流业发展领导小组组织制定《推进南昌市现代物流业发展的若干规定》，以尽快填补发展缺乏规范的空白，使管理部门在管理和推进现代物流发展中有法可依，满足新形势下全市现代物流业发展的需要。

由市税务部门在国家及省税务管理部门的统一部署与协调安排下，针对现代物流出现的新的服务业态和经营类别，从扶持现代物流的发展出发，建立新的税收体系，参照社会平均利润水平，适当降低物流行业的营业税及附加和所得税税率。

（二）合理制定物流用地及公共物流区政策

对符合现代物流发展规划要求的重点项目建设，其用于立体仓库、恒温仓库、自动化仓库和流通加工业应建设多层标准厂房，其用地可使用建设用地置换指标，在农用地转用指标的分配上给予支持，供地方式按工业项目以协议方式出让。对企业利用原使用的划拨土地建设符合市现代物流业发展规划要求的项目，经依法批准，可按协议出让方式办理用地手续；对涉及划拨土地使用权转让的，按土地管理法律、法规有关规定执行。

与土地使用规划布局相协调，合理布置物流基地、物流中心和配送中心等各类公共物流区用地。规划确定的公共物流区用地，实行一定时期的预留制度。考虑到物流产业特殊情况，统一按工业用地计价，预留地保持启动期的优惠价格。

将公共物流区明确为公共性物流基础设施，参照科技园区与经济开发区的政策建设物流区，将其列为城市经济高效率运行的重点设施，同时要报请国家批准明确口岸地位，加强并完善口岸功能；设置保税物流区和政策试验区。参照发达国家以及国内其他地市的一些做法，对进入公共物流区的企业实行税费扶持政策，以此来吸收国际国内知名的物流企业、流通企业入园。

（三）加大物流基础设施建设投资力度

物流基地、综合性和专业性物流区作为城市功能性基础设施，具有一定公益性，而且物流基础设施一般投入大、见效慢，仅靠企业投入显然是不够的，因此需要政府从资金上给予支持。市政府应根据物流发展需要和财力可能，设立南昌市现代物流业发展专项资金，每年安排若干财政预算资金作为引导资金，采取财政贴息或补助方式，主要用于支持重点物流工程建设、培育大型物流企业、引导物流资源整合和传统物流改造提升、扶持重点物流发展企业和重要物流信息服务系统建设。

通过财政贴息等方式，引导商业银行积极为物流基础设施建设和物流企业发展提供贷款支持。鼓励担保机构为物流企业提供信贷担保。支持有条件的物流企业通过发行股票、企业债券和项目融资、资产重组、股权置换等方式多渠道筹集发展资金。鼓励和引导外资、民间资本以独资、合作、联营、参股等方式投资物流领域，实现投资主体多元化。

（四）促进物流服务市场体系建设

在南昌市现代物流业发展领导小组组织下，加强对工商企业进行引导，促进其转变观念，改进经营组织与管理，鼓励工商企业积极发展集中采购、共同配送和连锁经营的模式，广泛利用专业物流服务，将物流组织与管理活动从企业核心经营活动中分离。

从财政上对处于南昌市物流网络发展关键节点上的物流企业、物流基础设施经营企业，给予发展所需的资金支持。支持物流企业用原有划拨土地置换处于发展规划区域的土地，对置换土地的全额返还企业。对于承担市物流基础设施建设项目的执行企业在项目贷款上给予贴息资金支持。

扶持高效率物流企业的发展，鼓励物流企业之间加强联合，支持工商企业与物流企业结成合作联盟，以促进全市物流体系的建设。

（五）促进物流可持续发展

物流企业作为配送中心的利益主体，在争取最大利润的同时，必须顾及对周围环境的影响。为此，政府应该采取各种措施加强对物流设施建设的环境控制。在环境法中，提高对包装材料等废品的回收率要求；对不同类型仓库设计提出不同的要求，尽量减轻对周围景观的影响；吸引配送中心在市区边缘或城郊边缘带专辟公共物流区聚集，降低对市区的噪声干扰、集中处理废弃物、减轻市区内的用地和交通压力。

三、加快人才引进与培养

（一）优化南昌市物流人才结构

重点是引进企业高级经营管理人才、政府宏观管理人才、物流技术人才、物流经纪人和经理人等高层次人才。为了加快物流人才的引进，应对特殊的人才参照高科技人才优惠政策，制定引进物流人才的具体措施。建立物流人才库，形成完整的物流人才储备机制，为物流人才的引进创造良好的空间。

（二）广泛开展岗位培训

在第三方物流企业和有物流需求企业中搞好在职培训，选择那些岗位接近和知识结构接近的职工进行在岗培训，通过办短期学习班、进修、业余学习等形式，尽快培养出一批企业的急用物流人才。

（三）抓好物流人才的基础教育

鼓励企业与物流咨询机构、科研院校等进行多种形式的资本与技术融合，充分发挥各种资源优势，实现物流系统的产学研联动发展。进一步规范物流认证工作，在政府部门的指导下，调动社会各方面力量，组织高水平的资质证书教育，重点培养南昌市急需的物流应用人才、操作人才。

四、创造良好的现代物流发展环境

（一）建立与物流发展相适应的监管体系

在省市政府的基本政策框架下，逐步建立南昌市在加强物流及相关行业综合管理、完善物流市场机制、传统物流企业转型、工商企业物流技术应用、物流服务市场培育和物流基础设施等领域的相关政策，规范和整顿物流市场秩序，支持大型、现代、规范的物流企业发展，取消无证经营、假冒伪劣物流企业，建立市场准入机制，调整取消不必要的行业审批项目，努力营造良好的市场经济环境，创造良好的市场氛围，努力打破行业和地区的分割和垄断，为各类企业参与市场公平竞争创造良好的外部条件。

（二）制定物流现代化推进技术标准

参照国际、国内先进标准，制定并推广物流网络系统内标准化、信息化、智能化方面的技术标准，通过托盘化率、条码、EDI、GPS、GIS 等先进手段应用阶段目标的制定和推行，促进无缝化连接，有效整合物流网络节点，提高物流网络体系的运行效率。

（三）建立健全信用机制和诚信体系

现代物流活动必须有信用制度作保障。要加强个人信用体系、企业信用体系及政府信用体系建设，建立和完善信用评定中介组织。

（四）加大现代物流宣传力度

加强对物流从业人员，特别是政府部门和企业物流管理者的物流基础理论和实际管理能力的培养；广泛宣传物流企业的先进典型，介绍国内外物流企业的典型案例，加强对物流发展的跟踪研究，及时总结和推广物流发展的先进经验，引导物流企业健康发展。

041

长沙市人民政府办公厅关于印发《长沙市现代物流业发展规划（2011—2020）》的通知

长政办函〔2013〕228号

各区县（市）人民政府，市直机关有关单位：

《长沙市现代物流业发展规划（2011—2020）》已经市人民政府同意，现印发给你们，请认真组织实施。

长沙市人民政府办公厅

二〇一三年十一月二十二日

长沙市现代物流业发展规划（2011—2020）

长沙市人民政府办公厅

2013年11月22日

现代物流业是运用信息技术和供应链管理方法，对分散的运输、储存、装卸、搬运、包装、流通加工、配送、信息处理等基本功能进行系统整合和一体化运作的复合型产业，是现代服务业的重要组成部分。加快发展现代物流业，既是转变经济发展方式的客观要求，又是推进“两型社会”建设的重要途径，更是提升城市综合竞争力和可持续发展能力的有效手段。根据《国务院办公厅关于促进物流业健康发展政策措施的意见》（国办发〔2011〕38号）、《国务院关于印发物流业调整和振兴规划的通知》（国发〔2009〕8号）、《湖南省“十二五”物流业发展规划》（湘政办发〔2011〕70号）等相关文件精神，结合当前长沙市现代物流业发展实际情况，特制定本规划。

一、指导思想

以邓小平理论和“三个代表”重要思想为指导，深入贯彻落实科学发展观，以国家发展和振兴物流产业为契机，以先进技术为支撑，以物流一体化、标准化和信息化为主线，大力整合物流资源，改造提升传统物流，培育重点物流企业，形成资源整合、产业融合、空间集聚、服务集成、结构优化、技术先进的发展新模式，全面推进物流技术现代化、物流服务网络化、物流产业规模化、物流配送共同化，将我市打造成为服务能力强、辐射范围广、功能齐全、设施先进的商贸物流中心城市和中部物流强市。

二、基本原则

1. 坚持物流供给与市场需求相结合。在改造提升传统物流，着力培育第三方物流，逐步实现传统物流向现代物流转型的同时，引导工商业企业释放物流需求，扩大物流服务外包，推动全社会物流服务向社会化、专业化方向发展，构建现代物流供给与市场需求有效衔接的发展格局。

2. 坚持设施建设与环境营造相结合。在加快综合交通设施、物流园区、专业物流中心等物流基础设施建设，构建多式联运物流运输网络的同时，通过推广先进物流管理理念、加强物流信息化建设、建立健全物流政策法规、引进和培育专业物流管理人才和物流技术人才等软环境的建设，实现完备硬件设施与良好发展环境的有机结合。

3. 坚持本土培育和重点引进相结合。大力扶持本土企业做大做强，鼓励强强联合；加大招商力度，引进国内外知名的物流集团企业来长投资兴业，提升我市现代物流业发展。

4. 坚持政府引导与市场主导相结合。强化企业的市场主体地位，发挥市场配置资源的基础性作用，加强政府统筹规划和产业政策指导，加快基础设施建设步伐，为物流业营造良好的发展环境。

三、发展目标

全市现代物流业发展的总体目标是：到 2015 年，全市社会物流总额突破 3 万亿元，物流业增加值年均增速保持在 10%以上，社会物流总费用与 GDP 的比值下降到 16%。到 2020 年，力争将现代物流产业培育为我市千亿级产业，全市社会物流总额突破 5 万亿元，社会物流成本进一步降低。

具体目标是：

1. 进一步加强物流基础设施建设。充分发挥现有交通区位优势，加快建设主要交通运输通道，逐步形成多式联运有效衔接和物流功能充分发挥的物流集疏运网络。

2. 进一步强化物流技术支撑。积极推进物流公共信息平台建设和物流新装备、新技术的应用，逐步形成物流信息技术和物流新装备、新技术的研发应用高地。

3. 进一步加大物流主体的培育。重点培育和引进一批服务水平高、响应速度快、竞争能力强的国际知名企业，逐步形成物流企业有序竞争、相互促进的物流市场格局。

4. 进一步优化物流发展环境。不断完善物流市场监管体系，抓紧出台有利于促进物流业健康、有序发展的政策，强化物流诚信体系建设，加快形成统一开放、规范高效、区域协调的现代物流业发展环境。

四、空间布局

全市物流节点规划布局的总体思路和目标是：服务于城市经济和社会发展，大力提升对支柱产业的服务能力，加快推进中心城区商贸市场外迁和品质提升，加强各种运输方式的相互衔接，着力构建“综合物流园区—专业物流中心—企业配送中心”的三级物流网络系统。

全市规划建设东、南、西、北及空港五大物流园区和农贸物流中心、安沙物流中心、烟草物流中心、西物流中心、南物流中心、特种物流中心、含浦物流中心、钢铁物流中心、宁乡物流中心、浏阳物流中心十大物流中心。五大物流园区和十大物流中心（除浏阳物流中心和宁乡物流中心外）总计规划用地1998公顷，其中物流园区规划用地1308公顷，专业物流中心规划用地690公顷。物流节点功能体系涵盖货运服务、商贸服务、生产服务、综合服务及专业物流中心等领域。

（一）五大物流园区的选址、规模及功能定位

1. 东物流园。

选址及规模：东物流园选址于长沙县黄兴干杉片区，长株高速与南三环交汇处附近，规划面积228公顷。

功能定位：商贸服务型物流园区，主要服务于城市商贸区以及商贸流通业的商品集散。

主要功能：东物流园是多家第三方专业物流企业和物流密集型工商企业在空间上的集中布局园区。主要为各类商贸市场提供商品的集散、运输、配送、仓储、信息处理、流通加工等物流服务。

2. 南物流园。

选址及规模：南物流园选址于长沙县跳马乡，京港澳高速以东，南横线以北，规划面积200公顷。

功能定位：综合服务型物流园区，主要作为长沙南部及辐射长株潭地区的综合物流集散地。

主要功能：主要依托长株潭城市一体化后的融城核心位置，凭借京港澳高速、南横线等交通优势作为长沙承接湘潭、株洲地区以及长沙辐射南部省市的主要物流集散地，并作为南物流中心的后部支撑基地，主要为商贸、高端产业提供仓储、运输、加工、城市配送、信息等物流服务。

3. 西物流园。

选址及规模：西物流园选址于望城经济开发区，北横线与北三环间，规划面积210公顷。

功能定位：综合服务型物流园区，主要服务于大河西先进生产制造业和商贸流通业。

主要功能：西物流园依托石长铁路一级货运站、京港澳高速西线、潇湘大道及雷锋大道，为长沙西北方向物资集散转运提供有力的支撑功能，为湖南西部地区的货物集散、河西生产资料物流服务、商贸服务、城市配送、信息服务等提供物流支撑。

4. 北物流园。

选址及规模：北物流园选址于金霞开发区，规划面积470公顷。

功能定位：货运服务型物流园区，主要依托其优越的交通区位条件发展多式联运，承担中南地区长途货物运输、区域物流集散、生产服务和城市配送。

主要功能：①与霞凝港、黄花国际机场协调配合，优势互补，以国际多式联运为依托，以国际进出口货物和专业产品仓储、运输、加工等为主，同时还包括一定的与之配套的海关、检验检疫、信息、咨询、综合服务等功能，形成国际物流集散中转中心；②依托铁路干线运输优势，为长运距和货物价值相对不高，运输数量较大，其他运输方式成本太高的钢材及其他城市生活必需品的到达、发送、仓储、分拣、包装和长沙北部配送提供服务；③与安沙物流中心联动，依托铁路、公路、水路，形成辐射湖南省及中部经济区，集各种物流功能为一体的区域物流集散中心。

5. 空港物流园。

选址及规模：空港物流园区选址于长沙黄花国际机场的西北侧，规划面积200公顷（含临空产业园100公顷用地）。

功能定位：生产服务型物流园区，主要为临空产业带和高附加值产品提供航空运输、保税物流等专业物流服务。

主要功能：依托黄花国际机场建立长沙临空综合保税区，着力将空港物流园打造成为我市连接国内国际的主要枢纽和发展开放型经济的主要口岸，主要为电子产业、软件产业和汽车工业等高新技术产业产品和珠宝首饰、时装及海鲜、水果等高附加值商品提供保税物流、航空运输、流通加工、仓储配送、中转分拨、货运代理、保税监管、展示交易等增值服务。

（二）十大物流中心的选址、规模及功能定位

1. 西物流中心。选址于高新区，长常高速与西三环及京港澳高速西线交汇处，规划面积85公顷。依托良好的公路运输体系，构筑服务大河西先进制造业和商业的物流系统，形成集公路货运、集货配载、流通加工、仓储管理于一体的

公路物流集散中心。

2. 安沙物流中心。选址于长沙县安沙镇，北三环与京港澳高速交汇处附近，规划面积 200 公顷。与北物流园互动，重点发展零担货运，建设成为集配送、集货、加工、仓储等物流功能为一体的城市配送物流中心，提供公路专线货运配载、运输与仓储功能，同时为长沙高科技产业提供物流服务。

3. 含浦物流中心。选址于岳麓区含浦镇，南三环西延线与长潭西线交汇处，规划面积 56 公顷。为长株潭地区的物流集散、河西城市生活用品配送等提供专业的物流服务。

4. 南物流中心。选址于雨花区黎托南片区，京港澳高速与南三环交汇处，规划面积 100 公顷。作为第三方物流专业基地，主要承担城区各大市场剥离的物流功能，同时承接长沙南物流园的下一级配送，作为长沙南部的主要配送中心和物资集散地。

5. 烟草物流中心。选址于长沙县暮云镇，规划面积 80 公顷。现有长株潭烟草物流中心正在建设，主要作为专业化的烟草物流中心规划建设。

6. 农贸物流中心。选址于长沙县黄兴镇，长株高速与南三环交汇处，规划面积 67 公顷。为长沙市农副产品市场及长沙市域范围城镇居民提供农产品运输、储存、加工等服务，支撑农副产品市场的发展。同时，也是湖南省农产品物流中心，为全国农产品进入长沙和其他各地市场提供物流服务。

7. 钢铁物流中心。选址于天心区大托铺，即现有的一力钢铁物流产业集群，近中期规划面积保持现有的 52 公顷。作为专业的钢铁物流中心，依托铁路专用线及良好的公路交通条件提供专业的钢铁物流服务，包括储存、加工、运输、配送等功能。远期来看，本地区作为长株潭城市群发展的核心区域，随着大托机场的搬迁，钢铁物流中心将进行提质改造或外迁。

8. 特种物流中心。选址于望城区铜官镇，铜官循环经济工业基地附近，规划面积 50 公顷。主要为城市危险品、化工产品等提供运输、配送和储存等物流服务。

9. 浏阳物流中心。选址于浏阳永安，具体规模视浏阳市产业发展具体情况而定。主要为浏阳市的生物医药产业、食品产业、制造业、烟花爆竹业等提供有力的物流保障。

10. 宁乡物流中心。选址于宁乡经济开发区，具体规模视该区域具体需求而定。主要为宁乡县域经济社会发展、居民日常生活提供有力的物流保障。

五、重点领域

1. 发展城市配送物流。适应城市发展和消费升级的需求，积极发展以电子商务为导向的城市配送物流体系，完善城市配送体系建设，提高城市配送效率。

适应城市道路交通状况，以信息化、专业化、标准化促进快速、便捷的城市配送网络建设；选择在城市公交枢纽、对外交通节点建立公共配送中心，在社区服务中心等处建立配送网点，并优化中心城区物流的交通组织与管理，逐步形成健全高效的城市公共配送网络。

2. 发展农产品冷链物流。保证食品质量，减少食品损耗，积极发展农产品冷链物流体系。抓好冷库建设工程、低温配送处理中心建设工程、冷链运输车辆及制冷设备工程、肉类和水产品冷链物流工程及果蔬冷链物流工程等工程建设，逐步建立健全农产品冷链物流体系。

3. 发展产业物流。满足全市产业发展的需求，为全市经济社会发展提供物流保障，大力发展为我市经济支柱产业服务的产业物流体系。强化为大型产业基地和大型制造业企业配套的物流服务功能，重点发展以第三方物流为标志的制造业物流、烟草物流、医药物流、汽车零配件物流等。以社会化的物流服务来降低支柱产业的经营成本，以专业化的物流服务来提升支柱产业的有效能级，以高效率的物流服务来促进支柱产业的发展，逐步形成布局合理、形式多样、功能俱全的产业物流服务体系。

4. 发展保税物流。依托功能性、枢纽型、网络化的交通基础设施，大力发展保税物流。从提高长沙在全球物流网络中的地位和提升长沙现代物流业国际竞争力角度出发，加快推进金霞保税物流中心和临空综合保税区建设，大力发展以保税物流为特征的口岸物流。以完善保税物流功能为突破口，降低口岸物流成本，提高口岸效率和竞争能力；以优化航空、航运、铁路、公路等运输集散方式为抓手，形成多式联运物流基础设施网络，拓展口岸物流服务腹地；以提升口岸物流服务能级为重点，吸引跨国物流企业地区总部集聚，扩大口岸贸易规模，逐步形成包括国际中转、国际采购、国际配送、国际转口贸易在内的口岸物流框架体系。

5. 发展应急物流。加强应对突发性自然灾害情况下的物流供给配送能力建设，制定我市应急物流方案，加强应急物流设施设备建设，选择和培育一批专业化物流企业，提高应急物流保障水平和应急能力。

六、主要任务

1. 加快物流基础设施建设。全力构建以霞凝港、黄花国际机场为依托，公路、铁路和内河航运为主体，高效、便捷的多式联运物流网络。突出抓好实泰家电物流中心、普洛斯仓储物流中心、雨花电子商务物流中心、金桥国际商贸物流城、高星物流园、恩瑞国际物流中心、金霞粮食物流中心、恒广国际物流园、马王堆农产品物流中心、长株潭烟草物流园、鸿胜危险品物流中心、源山冷链物流园等一批重点物流项目建设。

2. 加快重点物流园区和物流中心建设。加快全市物流园区和物流中心的开发建设，积极做好开发建设的组织协调工作，按照“政府引导、统一规划、分步实施”的要求，高起点规划、高标准建设物流园区和物流中心，采取财税、信贷、土地等多方面优惠政策引导物流企业和项目向规划节点聚集。

3. 培育物流市场主体。进一步推动物流企业运用现代物流理念，整合运输、仓储、配送、货代、批发、零售以及信息服务等领域的资源，促进相关行业物流功能整合和服务延伸，加快传统物流企业向现代物流企业的转变。一是抓住经济社会发展中不断增长的物流需求，积极吸引国内外物流企业，特别是总部型物流企业落户长沙。二是支持物流企业开展业务流程、服务模式、应用技术集成创新，进一步扩大物流市场规模、提升物流服务水平。三是有重点、有针对性地鼓励扶持一批重点龙头骨干型物流企业做大做强，着力培育一批服务水平高、国际竞争力强的本土物流企业。

4. 提高物流信息技术水平。加强信息技术在物流领域的基础应用，推进各类物流信息资源的整合和利用。一是不断提高企业物流管理信息化水平，促进先进物流信息系统和装备设施的广泛应用，鼓励企业运用仓储管理系统（WMS）、运输管理系统（TMS）、电子订货系统（EOS）等信息管理系统，以及自动立体化仓库（ASW）、自动导向车（AGV）、射频识别技术（RFID）等装备技术，进一步提高物流的速度和效率，降低企业物流成本。二是积极发展物联网技术，推进物联网技术在物流中的应用。三是积极鼓励相关科研机构、高校、企业、中介组织进行产学研合作，参与物流前沿技术研制和开发，使长沙成为物流信息技术的研发高地。四是积极推动长沙市现代物流公共信息平台开发建设，提升全行业的物流信息化水平，促进物流信息资源的共享。

5. 加大物流标准化工作力度。以物流信息标准、服务标准和管理标准为切入点，逐步提升长沙市现代物流业的标准化程度。一是重点推动口岸物流、产业物流、城市配送物流标准化示范工程建设，不断提高长沙物流的标准化水平。二是继续鼓励更多的物流企业参与国家标准化评估，实现我市物流企业与国际标准的有效对接。

6. 完善保税物流体系建设。加快金霞保税物流中心项目建设和临空综合保税区项目建设工作，完善保税物流监管体系，加强区域物流联动，优化口岸通关作业流程，积极推进大通关信息资源整合，提高通关效率。加强金霞保税物流区的功能配备和推广宣传，积极开展金霞出口加工区的保税物流功能，促进加工贸易转型升级，从最终产品组装向上游设计研发和下游销售配送等服务领域延伸产业链；加快推进临空综合保税区项目的建设，积极发展国际中转、国际采购、国际配送、国际转口贸易等物流功能，完善保税物流框架体系，促进开放型经济发展，加快我市国际型城市建设，带动城市竞争力的整体提升。

7. 营造物流发展环境。进一步完善相关法规、制度，落实相关政策措施，努力营造促进全市现代物流业发展的良好环境。一是制定并实施城市道路货运运营管理和仓储设施管理等规范，促进物流配送和仓储管理的有序发展。二是积极协调出台支持物流业发展的相关优惠政策，切实为我市现代物流业的发展营造良好的政策氛围。三是建立全社会物流统计核算制度，强化人才培养、诚信建设、法律咨询等社会服务配套，加强物流行业信息交流，搭建政府与企业沟通的桥梁。

七、保障措施

1. 建立健全市场保障体系。积极搭建合作平台，推动物流业与制造业联动发展，推动物流企业强强联合。积极引导工商企业剥离自有物流业务、降低物流运营成本，扩大第三方物流发展空间。引导企业创新经营模式，助推物流企业升级改造，开拓新的业务增长点。推广供应链管理模式，加快其向装备制造、汽车产业、医药、农产品等行业的深度延伸。

2. 建立健全政策保障体系。研究出台现代物流产业调控引导政策、产业发展扶持政策、投融资优惠政策、土地优惠政策等，加大对现代物流产业发展的扶持力度，积极鼓励扶持企业做大做强，切实抓好物流市场主体的培育工作。

3. 建立健全技术保障体系。支持企业引进以运输技术、配送技术、装卸搬运技术、自动化仓储技术、库存控制技术、包装技术等专业技术为支撑的现代化物流装备技术，大力推广物流信息应用，着力推进物流新技术的应用与研发。

4. 建立健全人才保障体系。加强政府对物流产业教育的引导与规范，鼓励各大专院校按照市场需求开办和设置现代物流专业课程，积极引导物流企业与高等院校的交流与合作，切实做好人才引进工作，完善人才激励制度。

5. 建立健全交通保障体系。推进物流主通道建设，进一步完善城区物流配送网络和对外交通的衔接，加快完善各物流园区和物流中心周边路网建设，加强各交通运输方式之间的有效衔接，积极发展多式联运。

042

昆明市人民政府关于印发加快现代物流业发展若干措施的通知

昆政发〔2013〕61号

各县（市）、区人民政府，市政府各委办局，各国家级、省级开发（度假）园区，各直属机构：

《关于加快现代物流业发展的若干措施》已经市人民政府研究同意，现印发给你们，请认真遵照执行。

昆明市人民政府

二〇一三年九月二十二日

关于加快现代物流业发展的若干措施

昆明市人民政府

2013年9月22日

为认真贯彻落实《国务院办公厅关于促进物流业健康发展政策措施的意见》（国办发〔2011〕38号）、《国务院办公厅关于印发贯彻落实促进物流业健康发展政策措施意见部门分工方案的通知》（国办函〔2011〕162号）、《国务院办公厅关于印发降低流通费用提高流通效率综合工作方案的通知》（国办发〔2013〕5号），以及省委、省政府推进滇中物流同城一体化决策部署和市委、市政府关于“8185”产业培育提升计划的有关要求，促进现代物流业发展，推动传统物流业转型，加快建立社会化、专业化的现代物流服务体系，着力把昆明建设成为全国性物流节点城市和区域性国际物流中心，现就加快发展现代物流业制定如下措施。

一、充分认识加快发展现代物流业的重要性和紧迫性

物流是物品从供应地向接收地的实体流动过程。物流业是融合运输业、仓储业、货代业和信息业等的复合型服务产业。现代物流业是以现代运输业为重点，以信息技术为支撑，以现代制造业和商业为基础，集系统化、信息化、仓储现代化为一体的综合性产业。随着区域经济一体化的加速发展，现代物流业已成为引

导生产、促进消费的基础性行业，日益成为地区经济发展的驱动力量和投资发展环境的重要标志。

近年来，特别是国务院颁布物流业调整和振兴规划纲要、制定出台促进物流业健康发展政策措施以来，现代物流业发展受到前所未有的关注，国家重点发展长三角、珠三角、华北、西南等九大物流区域，建设十大物流通道和一批物流节点城市。各地用现代物流理念发展物流产业，促进物流从单一的“运输、仓储服务”向“综合型物流”服务转型。

随着中国—东盟自由贸易区的建成，云南和昆明成了自贸区内商品流通重要节点和枢纽，“桥头堡”的地位和作用日益凸显。今年，将执行东盟服务业框架协议，各国对成员国物流业投资者的持股比例限制将由 2010 年的 51％放宽至 70％，按计划 2015 年前建成东盟经济共同体，这将是推动我市现代物流业发展的重要机遇。昆明如何把握时机，充分发挥地缘和区位优势，加快发展现代物流业，对降低物流成本，提高流通效率，改善投资环境，推动经济社会发展和滇中同城物流一体化具有十分重要的意义。各级、各部门要从全局的高度，充分认识加快发展现代物流业的重要性和紧迫性，切实按照产业强市战略的部署要求，统一思想、创新推动，集中力量、攻坚克难，创造性地破解制约我市现代物流业发展的关键问题，推动现代物流业加快发展。

二、充分认识我市物流业发展的现状和制约因素

近年来，市委、市政府高度重视现代物流业的发展。早在 2005 年 2 月出台的加快呈贡新城开发建设的决定中，就明确要求依托王家营铁路集装箱中心站，大力发展现代物流业，构建服务全省、全国和面向东南亚、南亚的区域性国际物流中心。2011 年国务院正式明确昆明“全国性物流节点城市和区域性国际物流中心”的定位后，我市集中力量，加快建设，现代物流业发展取得了一定成效。主要表现在：交通运输环境得到改善，物流园区建设逐步展开，商贸物流企业逐步集聚发展，“万村千乡”市场体系建设工程取得实效，企业配送、行业（专业）配送得到发展，城市速递业务逐年增加，一批国有、民营和外来投资的物流龙头企业崭露头角。据市统计局、市发改委统计和测算，2011 年全市交通运输、仓储及邮政业产值为 160 亿元，其中交通运输业产值 135 亿元，仓储业产值近 19 亿元，邮政业产值近 6 亿元。

但是，也要看到，尽管昆明物流业有了一定发展，但与昆明乃至全省经济社会发展对现代物流业的要求还有差距，主要表现在：物流企业普遍规模偏小，龙头企业发展不足，据不完全统计，昆明现有物流企业集团 7 家，物流公司 12000 多家，个体经营户 8000 多家，小、散、弱较为突出，专业化程度低、信息化水平落后，过度集中在主城区，增加城市交通压力；公共物流基础设施建设滞后，

一些物流园区（中心）低水平重复建设，货物集散、货物中转、城市配送、流通加工、保税仓储、物流信息服务、国际商贸服务功能不配套，工业园区生产性物流服务还需强化和完善；物流专业人才缺乏，行业协会组织能力需要提升等。

深入分析制约我市物流业发展的因素，主要是产业规划统筹引领作用不强势、法规规章和标准管理体系不健全、政策资金支持力度不够大、统计考核评价体系不完善、管理体制机制没理顺等五个方面。在物流产业规划方面，市发改委牵头编制的我市现代物流业发展规划，对我市物流基地、物流园区、物流中心作了规划，但由于规划执行不严，个别物流园区土地被占用，一些物流园区无法落实具体选址，导致规划难以实施。在物流法规规章和标准管理方面，国家及其他省市近年来相继出台了一些物流业标准，而我市缺失这方面的法规、规章、标准和规范，还没有建立物流市场准入退出机制。在政策资金支持方面，虽然国家出台了一些鼓励支持物流业发展的宏观政策，但由于我市没有结合实际出台具体可操作的支持政策，支持和支撑物流业发展力度不够。在统计考核评价体系方面，缺乏对物流业发展的统计考核评价指标体系，这与“8185”产业培育提升工作要求不相适应。在物流管理体制机制方面，物流业作为复合型服务产业，涉及的行业、部门和单位较多，存在多头管理、统筹协调难的情况，不利于物流业健康有序发展。对这些制约因素，各级、各有关部门要高度重视，正视问题，用创新的思路和办法加以解决。

三、加快现代物流业发展的工作措施

各级、各有关部门要紧紧围绕把昆明建设成为全国性物流节点城市和区域性国际物流中心的总体目标，集中力量破解制约因素，突出抓好以下10项措施的落实：

（一）抓紧修编产业发展规划，落实产业发展布局

在深入评估《昆明市“十二五”现代物流业发展规划》执行情况的基础上，聘请知名物流专家、知名企业代表参与，以重要交通基础设施和工业园区为依托，以规划建设物流园区（中心）、城市配送中心和整合物流资源为主线，高水平修编昆明市现代物流业发展规划（2013—2017），并与城乡规划、土地利用规划、交通运输规划、林地利用规划、工业园区发展规划、商业发展规划、滇中同城物流规划等有机衔接，落实产业发展布局。

牵头责任单位：市发改委、市商务局、市交运局

责任单位：各县（市）区政府、开发（度假）园区管委会、市工信委、市规划局、市国土局、市住建局、市林业局、市农业局、市财政局、市粮食局、市供销社、市工商局、市国税局、市地税局，市邮政管理局、市产投公司、市交投公司、市空投公司

完成时限：2013 年 11 月 30 日

（二）探索制定物流法规规章，逐步建立标准管理体系

积极学习借鉴外地城市经验，就我市制定物流法规规章和标准管理体系，规范备案登记管理，完善市场准入退出机制等问题进行研究，提出可行性报告报市政府研究。

牵头责任单位：市物流办、市物流行业协会

责任单位：市发改委、市工信委、市农业局、市交运局、市邮政管理局、市工商局、市质监局、市国税局、市地税局、市法制办

完成时限：2013 年 11 月 30 日

（三）强化政策支持，制定出台促进产业发展政策措施

根据国发〔2012〕39 号、国办发〔2011〕38 号、国办函〔2011〕162 号、国办发〔2013〕5 号、交运发〔2013〕138 号等国家和省有关促进现代物流业发展的政策要求，积极借鉴发达地区和周边城市的经验，解放思想，创新思路，市级各行业主管部门分别对口研究提出我市促进政策措施报送市物流办汇总。

牵头责任单位：市物流办

责任单位：市工信委、市财政局、市规划局、市国土局、市住建局、市科技局、市工商局、市国税局、市地税局、市土储中心、市交运局、市邮政管理局、市农业局、市商务局、市供销社、市公安局（交警支队）、昆明供电局、市自来水公司、市煤气公司

完成时限：2013 年 11 月 30 日

（四）突出重点企业和项目，加快培育物流龙头企业

在组织开展物流企业调查、完善物流统计评价指标体系的基础上，按照外引内培并重的原则，结合主城区货运物流场站和商品交易市场外迁，完善市级重点扶持培育物流龙头企业的标准和政策扶持措施，建立重点企业项目库，鼓励物流龙头企业按照规划进入物流基地（园区）发展，支持龙头企业整合分散的物流设施资源。

牵头责任单位：市物流办

责任单位：各有关县（市）区政府、开发（度假）园区管委会、市发改委、市工信委、市商务局、市农业局、市统计局、市粮食局

完成时限：2013 年 12 月 30 日

（五）加快推进泛亚商贸物流中心建设，整治搬迁主城区商品交易市场

结合主城区城市片区改造，按照“先建后搬、有序搬迁”和“一个市场一个工作方案”的原则，一方面加快推进泛亚商贸中心建设，另一方面抓紧实施主城区商品交易市场整治搬迁和转型升级工作。

牵头责任单位：市商务局

责任单位：各有关县（市）区政府、开发（度假）园区管委会，市规划局、市国土局、市住建局、市城管局、市工商局

完成时限：2014 年 12 月 30 日

（六）抓紧实施大型货运车辆限行措施，整治搬迁货运物流场站

抓紧研究制定大型货运车辆限行方案和货运物流场站搬迁方案，有效解决大型货车集中进城的问题。开展货代企业清理登记工作，完善审批备案登记制度。在昆武、昆安、昆石、昆玉、昆曲高速与绕城线交通节点区域，开展五大货运物流枢纽选址建设工作，按照交通运输部等 7 部门联合印发的《关于加强和改进城市配送管理工作的意见》（交运发〔2013〕138 号），抓紧完善城市货运配送保障体系，打造集货运、仓储、加工、包装、配送、信息等功能为一体的货运物流枢纽。

牵头责任单位：市交运局、市公安局、市规划局

责任单位：有关县（市）区政府、开发（度假）园区管委会，市商务局、市国土局

完成时限：2015 年 12 月 30 日

（七）加强制造业与物流业联动，积极引导工业企业加快发展第三方物流

按照全市现代物流业发展规划，统筹布局和发展工业园区、经济开发区、高新技术产业园区等制造业集聚区的物流服务体系，支持物流企业加强与制造企业合作，全面参与制造企业的供应链管理，或与制造企业共同组建第三方物流企业。制造企业剥离物流资产和业务，可根据《财政部国家税务总局关于企业重组业务企业所得税处理若干问题的通知》（财税〔2009〕59 号）、《财政部国家税务总局关于企业改制重组若干契税政策的通知》（财税〔2008〕175 号）和《财政部关于企业重组有关职工安置费用财务管理问题的通知》（财企〔2009〕117 号）等文件规定，享受税收、资产处置、人员安置等相关扶持政策。积极引导区内企业将物流业务外包，扩大物流需求，推动区域内物流基础设施和信息平台等共享共用。

牵头责任单位：市工信委

责任单位：各县（市）区政府、开发（度假）园区管委会、市科技局

完成时限：2013 年 12 月 30 日

（八）瞄准国内外物流龙头企业，加大物流业招商力度

在现代物流产业发展规划和产业政策明晰的基础上，建立完善我市现代物流产业招商项目库，充分利用坐地招商、网络招商、上门招商等多种形式，争取引进一批国内外物流龙头企业来昆明发展。

牵头责任单位：市投资促进局

责任单位：有关县（市）区政府、开发（度假）园区管委会，市发改委、市

工信委、市农业局、市商务局

（九）组织开展物流企业调查，完善物流统计评价指标体系

参考国家标准委和有关部门颁发的物流统计评价指标体系，初步建立我市的统计评价指标体系和统计调查制度，为市委、市政府决策和考评提供依据。

牵头责任单位：市商务局、市交运局、市邮政管理局、市统计局

责任单位：市发改委、市工信委、市农业局、市工商局、市国税局、市地税局、市物流行业协会

完成时限：2013 年 12 月 30 日

（十）建立完善物流公共信息平台，加快推进物流产业信息化进程

加快建立全市统一的物流公共信息平台，通过信息平台建设，推动物流信息化建设。2013 年重点是在充分调研的基础上，提出我市物流公共信息平台建设的相关方案，力争 2014 年启动建设工作。

牵头责任单位：市物流办

责任单位：市工信委

完成时限：2014 年 12 月 30 日

四、加强对现代物流业发展工作的组织领导和统筹协调

（一）市政府成立昆明市现代物流业发展委员会

由市长担任主任，相关副市长担任副主任，昆明铁路局、昆明海关、云南机场集团分管领导，市发改委、市工信委、市农业局、市商务局、市交运局、市规划局、市国土局、市公安局（交警支队）、市科技局、市统计局、市财政局、市质监局、市工商局、市林业局、市供销社、市金融办、市国税局、市地税局、市邮政管理局、昆明市物流协会主要负责人为成员。市现代物流业发展委员会主要负责统筹、协调、推进我市现代物流业发展，对全市现代物流业发展中的重大事项进行决策。

昆明市现代物流业发展委员会下设办公室，办公室主任由市政府相关副秘书长担任，委员会办公室人员从有关单位选调。委员会办公室主要职责是：督促协调有关部门贯彻执行国家和省、市关于物流业发展的法律法规、方针政策和技术标准；督促协调有关部门编制（修编）全市物流发展规划、年度计划和现代物流业发展政策；组织全市物流产业、重点项目的调研、论证，协调推进重大物流项目和重点物流基础设施建设；负责协调推进物流行业技术进步和标准化、信息化推广，规范物流行业发展，指导和推动物流行业加快转型升级；完成市现代物流业发展委员会交办的其他工作任务。委员会办公室要建立委员会成员单位定期联席会议制度，及时研究、督促和协调现代物流业发展中的问题，定期或不定期

提请委员会研究决策我市现代物流业发展的重大事项。

（二）强化督查督办

对上述工作措施和工作任务，由各牵头责任单位会同各责任单位共同抓好落实。工作落实情况由市现代物流业发展委员会办公室、市政府目督办联合督查督办，确保各项任务措施落到实处。

043

昆明市人民政府办公厅关于建立完善商贸物流和现代服务业重大项目审批绿色通道制度的通知

昆政办〔2012〕113号

各县（市）、区人民政府，市政府各委办局，各国家级、省级开发（度假）园区，各直属机构：

为深入贯彻落实全市园区、县域、民营经济“三大战役”工作会议和《昆明市人民政府关于建立重大产业项目审批绿色通道的通知》（昆政发〔2012〕74号）精神，切实提高我市商贸物流和现代服务业重大项目审批的质量和效率，促进商贸物流和现代服务业重大项目顺利推进，经市人民政府研究，决定建立完善商贸物流和现代服务业重大项目综合审批协调服务绿色通道制度。现将有关事项通知如下：

一、高度重视，加强领导

建立完善商贸物流和现代服务业重大项目综合审批协调服绿色通道务制度，加快推进商贸物流和现代服务业重大项目建设工作，是贯彻落实全市园区、县域、民营经济“三大战役”工作会议精神的重要措施，是稳增长、促跨越的重要举措，对加快现代新昆明建设具有重要意义。各级各部门要高度重视，从抓好经济工作的高度来认识开展此项工作的重要性和必要性，以“破难题、攻难关、提进度、抓落实”为重点，以“加快审批、畅通审批、减少环节、快速建设”为目的，统一思想，振奋精神，集中时间，集中力量，着力解决阻碍商贸物流和现代服务业重大项目推进的重点、难点问题，全力加快推进商贸物流和现代服务业重大项目立项、落地和建设等各项工作。

市政府成立商贸物流和现代服务业重大项目综合审批协调服务组，定期或不定期组织召开会议，确定全市商贸物流和现代服务业重大项目，研究拟定相关政策规定，协调解决重大项目建设发展中的困难和问题。

组成人员名单如下：（略）

综合审批协调组下设办公室，办公室设在市商务局，办公室主任由市政府副秘书长陈树发兼任，副主任由市商务局局长洪莺、市金融办主任左晖兼任，办公室工作人员从市商务局、市金融办抽调。各县（市）区人民政府，各国家级、省级开发（度假）园区管委会要高度重视商贸物流和现代服务业，统筹协调，合力推进商贸物流及现代服务业重大项目审批协调服务工作。

二、明确任务，落实责任

1. 市商务局。负责制定商贸物流及现代服务业重大项目的行业规划、扶持政策，积极争取国家、省商贸物流及现代服务业重大项目政策及经费支持，协调推进商贸物流及现代服务业重大项目建设。

2. 市金融办。负责制定金融行业规划、扶持政策工作，积极争取国家、省金融重大项目政策及经费支持，协调推进金融重大项目建设。

3. 市发改委。负责全市商贸物流及现代服务业重大项目的立项报批工作，指导和协助争取重大商贸物流及现代服务业项目在国家、省立项。

4. 市工信委。负责指导和协助全市商贸物流及现代服务业重大项目企业享受相关扶持政策。

5. 市规划局。负责指导和协助各县（市）区根据城市总体规划提出商贸物流及现代服务业重大项目的选址，依据片区控制性详细规划对商贸物流及现代服务业重大项目提出规划条件，待土地成交后及时办理有关手续。

6. 市环保局。负责指导各县（市）区人民政府，各国家级、省级开发（度假）园区管委会做好新建商贸物流及现代服务业重大项目的环境影响评价工作，及时审批上报项目环境影响评价文件。

7. 市国土局。负责指导和协助全市商贸物流及现代服务业重大项目及时办理相关土地手续。

8. 市住建局。负责指导办理商贸物流及现代服务业重大项目建设许可等手续，及时报批。

9. 市林业局。负责指导办理商贸物流及现代服务业重大项目林业手续，及时报批。

10. 市滇管局。负责指导办理商贸物流及现代服务业重大项目进行排水许可手续，及时报批。

11. 市交运局。负责指导和帮助全市商贸物流及现代服务业重大项目的交通道路修建，有条件开通公交线路的商贸物流及现代服务业重大项目要适时开通。

12. 市土地矿产储备中心。负责对全市商贸物流及现代服务业重大项目需要市级土地储备项目的土地收储，指导各县（市）区级土地收储。

13. 市消防支队。负责指导办理商贸物流及现代服务业重大项目消防手续，及时报批。

14. 市政府目督办、市监察局。负责督促检查商贸物流及现代服务业重大项目建设工作。

三、完善机制，严格要求

1. 统一思想，提高认识。各级各部门要高度重视，统一思想，提高认识，把建立完善商贸物流和现代服务业重大项目审批协调服务绿色通道制度列入重要议事日程，精心组织，周密部署，认真落实商贸物流和现代服务业重大项目审批协调服务绿色通道制度，全力推进商贸物流和现代服务业重大项目建设。

2. 完善机制，高效办理。综合审批协调组办公室对相关单位上报的商贸物流和现代服务业项目进行研究，提出纳入商贸物流和现代服务业重大项目审批协调服务项目名录，经综合审批协调组组长同意后，以书面通知告知市级相关审批部门和项目单位。综合审批协调组办公室全程跟踪推进项目，及时梳理更新全市符合商贸物流和现代服务业重大项目审批协调服务申报范围的项目，在征求相关审批部门意见基础上，向综合审批协调组申报。申报材料须含项目基本情况、推进情况、存在问题、需要解决的事项、涉及审批部门、处理意见等基本要素，综合审批协调组定期或不定期组织召开会议会办。

3. 加强会办，及时推进。各责任单位要严格按照工作责任，抓好落实，对纳入商贸物流和现代服务业重大项目审批协调服务项目名录的项目，发改、规划、国土、环保、林业等审批部门同时进入办理程序。满足条件的，立即进行限时办结，办结时限在规定时限的基础上再压缩；条件暂不具备的，应主动联系项目单位，指导其开展工作。凡是纳入商贸物流和现代服务业重大项目审批协调服务的项目，符合城市土地利用总体规划、城市建设总体规划、林地利用总体规划和产业政策的，在前置条件不完全具备的情况下，可以由综合审批协调组办公室发函征求其他审批部门意见，按照各审批部门报送情况和项目业主反馈情况，针对存在的困难和问题，提请综合审批协调组组长召开会办会。

4. 严格督查，实施奖惩。市政府目督办将会议决定事项纳入市政府重点督查范围进行督查，综合审批协调组对推进商贸物流和现代服务业重大项目审批协调服务绿色通道制度工作中成绩显著、贡献突出的市级相关部门和个人，给予通报奖励；对因责任不落实、措施不得力、监管不到位而延误商贸物流和现代服务业重大项目建设工作的相关责任人，依照有关规定进行问责。

昆明市人民政府办公厅

二〇一二年十一月十三日

044

贵阳市人民政府关于印发《贵阳市现代物流业发展规划（2008—2020年）》的通知

筑府发〔2008〕35号

各区、市、县人民政府，市政府各工作部门：

《贵阳市现代物流业发展规划（2008—2020年）》已经市委、市政府同意，现印发你们，请结合实际认真贯彻落实。

附件：《贵阳市现代物流业发展规划（2008—2020年）》

贵阳市人民政府办公厅
二〇〇八年二月十八日

附件：

贵阳市现代物流业发展规划（2008—2020年）

贵阳市人民政府办公厅
2008年2月18日

1 贵阳现代物流业发展现状

1.1 发展背景

在经济全球化和区域经济一体化两大世界潮流推动和国家“非均衡协调发展战略”思想指导下，我国各地区域之间的经济要素流动和转移的速度正日益加快、领域不断拓宽、规模逐步扩大、层次逐渐提高，区域经济合作发展已成为当前地方政府的主攻策略。

贵州地处大西南内陆腹地，是我国重要的资源大省，参与周边地区经济合作的后发优势明显。然而，地理区位优势的缺失，特别是交通瓶颈的制约，使得贵州目前仍是一个经济欠发达、资源欠开发的落后地区。同时，自国家继续推进西部大开发以来，随着西部地区交通体系的建设和完善，贵州西南陆路交通枢纽的地位不断被弱化，正面临着被边缘化的危机。

贵州要实现跨越式发展，就必须首先改善交通条件，与经济发达地区建立快速通道，从时空上改变相对区位，借助外力扭转地理区位的劣势，坚持交通引领经济发展，实施开放带动战略和大中城市带动战略。为此，“十一五”期间除了完成黔桂铁路的扩能改造工程以及川黔铁路的复线建设工程外，贵州省委、省政府还特别提出建设贵阳至广州的快速铁路和厦蓉高速公路贵州段（以下简称贵广高速公路），以期加强贵州与珠三角的紧密联系。目前这两条快速通道已经纳入国家有关部委的“十一五”规划，于2007年开工建设，2010年建成通车。

贵阳作为贵州省会，是全省实施开放带动战略和大中城市带动战略的核心和排头兵。随着贵广新通道、贵阳环城高速公路、贵阳铁路枢纽和贵阳龙洞堡国际机场等一批重大交通项目工程的建设，贵阳的交通环境将明显改善，贵阳和泛珠三角核心区广州的时空距离将大大缩小，贵阳作为西南陆路交通枢纽和西南出海大通道区域中心城市的重要地位将进一步凸显。未来贵阳将在更大范围参与泛珠三角、南贵昆、成渝经济圈等区域合作以及中国—东盟自由贸易区等国际合作。可以预见，随着经济的发展，届时贵阳的物流吸引力将大大提升，物流需求量将急剧增加。

在最近召开的市委八届四次会议上，贵阳市委作出建设“生态文明城市”的决定，做大做强八大生态产业，现代物流业要取得突破性发展。这就对贵阳物流业的发展提出了更高更新的要求。原先由贵阳市商务局立项，由招商迪辰管理咨询（深圳）有限公司联合编制完成的《贵阳市现代物流业发展规划（2006—2015年）》已不能很好地反映新形势。为使物流规划能尽快有效实施并发挥作用，对原规划进行修编就成为贵阳市社会经济发展中的一项迫切任务。修编的目的在于明确新形势下贵阳物流业新的发展方向和重点内容，重新整合优化贵阳现有物流资源，进一步推进贵阳现代物流业的快速发展，为贵阳及贵州通道经济的发展提供有力支撑和保障。

1.2　基本条件

独特的地理区位和交通枢纽地位为贵阳现代物流业的发展创造了条件。

贵阳市是西部大开发的重点城市，中国—东盟自由贸易区的建立，使贵阳进一步成为泛珠三角经济圈与大东盟经济圈的汇合部。贵阳独特的区位优势，使其肩负着既为我国内陆地区提供便捷的出海通道，又为东南亚邻国提供深入我国内陆腹地的快速通道，促进双方经济大流通的历史重任。

贵阳市“十一五”综合交通规划的实施将给全市物流基础设施的建设提供新的机会。紧跟现代化的铁路、公路、航空综合运输网络建设，贵阳市将形成新的物流通道体系。届时，贵州及贵阳不仅是成都、重庆等周边城市地区南下广东最经济便捷的必经要道，而且是我国整个西部通往华南地区（粤港澳）、“三亚”地区（东亚、南亚、东南亚）的出海出境重要通道和陆路交通枢纽，是中国—东盟自由贸易区的交通咽喉；从世界范围看，未来还将成为沟通印度洋和太平洋最便捷的新亚洲大陆桥的重要节点。因此，贵阳作为全国特别是西南地区重要交通枢纽的战略地位将显著提升，贵阳物流的服务范围将不仅是贵阳市及贵州省，还要辐射西南地区及东南亚地区，从而实现货物快速、及时、安全的流通。

贵阳市经济总量的持续增长为现代物流业的发展提供了巨大的需求市场。

贵阳拥有较为丰富的自然资源，目前已初步形成了以铝、特钢为主的冶金工业，以磷、橡胶为主的化学工业，以绿色食品、卷烟为主的食品工业等支柱产业。近年来，随着产业结构的战略性调整步伐加快，以生物制药、电子信息产品制造、新材料、光机电一体化、环保等为代表的高新技术产业迅速发展，产业结构日趋完善。2006 年重工业实现增加值 140.63 亿元，轻工业实现增加值 86.75 亿元，高技术工业实现增加值 37.26 亿元，分别比上年增长 17.5%、11.5% 和 11.9%。

从发展趋势看，未来随着新通道体系的建成，贵阳经济实力和对外辐射带动能力将逐渐增强，表 1-1 是贵阳市“十一五”期间工业和第三产业将重点发展的内容。

表 1-1　　贵阳市“十一五”重点发展的产业

行业	工业	服务业
重点发展内容	电子信息产业 新材料等高技术产业 磷及磷化工产业 铝及铝加工产业 煤及煤化工产业 烟草加工制造业 中药产业 特色食品加工业 装备制造及汽车零部件等先进制造业	旅游业 现代物流业 商贸流通业 金融、保险、信息、中介等现代服务业 房地产、社区服务等新兴服务业

“十一五”期间贵阳将依托自身资源优势，壮大特色产业，发展循环经济，走新型工业化道路，努力打造成大西南的新型能源工业中心，全国以资源加工转换制造为基础的特色工业城市。届时，贵阳的物资集散需求量将快速递增，这无疑给贵阳物流业特别是行业物流的发展提供了丰富的需求源，为促进贵阳成为西部地区的资源集散中心提供了良好的机遇。

丰富的自然资源及其特色产业体系的发展为贵阳现代物流业发展提供了广阔的发展空间。

首先，在能源和矿产资源开发领域。贵阳的能源与矿产资源组合良好，铝及铝工业、磷及磷化工已初具规模，煤及煤化工发展前景广阔，可为珠三角地区和其他周边发达地区的发展提供能源、铝工业、磷化工、煤化工等资源性产品。

其次，在高新技术产业领域。贵阳将加强与周边区域特别是珠三角经济区的合作与配套，加强科技资源共享，促进科研项目协作，共同提升技术研发水平，推动高新技术产业加快发展。重点推进贵阳的汽车零部件、橡胶制品、装备制造、新型电子元器件和新材料等特色优势产业与相关地区企业的联合、合作或配套，力争开拓省外、海外市场。

第三，在旅游资源开发领域，贵阳市可充分发挥得天独厚的气候资源，发挥作为全省旅游服务中心和全国重要旅游目的地的优势，大力开拓大珠三角、东南亚等客源市场，加强区域性国际旅游领域的合作，共同打造无障碍旅游区和精品旅游线路，把贵阳市打造成为西南、华南地区特别是珠三角地区乃至全国和全世界的“中国避暑之都”“温泉之城”，促进全市旅游业加快发展。

第四，在民族药业和特色食品发展领域，积极推动制药企业整合，重点培育一批竞争力强的现代制药企业集团。大力发展卷烟工业，支持以“老干妈”为代表的特色食品企业发展。

第五，在现代生态农业领域，贵阳可针对广州及珠江三角、港澳地区的绿色农产品消费市场，重点发展贵阳具有优势的无公害绿色有机蔬菜、瓜果、花卉以及肉制品等，带动现代农业及农业产业化发展。

较丰富的物流运营资源为贵阳市物流业的发展提供了雄厚的物质基础。

贵阳市拥有众多的物流硬件设施和丰富的物流运营资源，这为发展物流业提供了雄厚的物质基础。20 世纪 50 年代国家在贵阳市修建了大量的仓库和铁路专用线，各系统仓库面积有资料统计数据就达 70 万平方米，堆场面积 100 多万平方米。拥有西南地区最大的货运编组站——贵阳南站，设计能力达 10000 辆/日，并且贵阳市内设有多个铁路装卸点和多条铁路专用线。除南站以外，拥有两个大型铁路公用货场：贵阳东站和贵阳西站，还有一些小型货场。传统储运企业形成了一定的产业规模，新兴现代物流企业也不断涌现，为推进整个贵阳市物流业的发展奠定了良好的基础。

具有现代物流经营理念的第三方物流企业发展迅速。

目前，贵阳市传统物流企业相继改造，现代物流企业不断涌现，虽然规模有限，但是发展迅速。主要存在以下几种模式：

一是以运输为主功能的物流企业：这类企业侧重于为社会提供运输及大范围区域配送物流服务，主要有三类：①干线运输或多式联运型物流企业，主要依托贵阳铁路枢纽的优势，开展联运、长途干线运输等服务；②专线运输型物流企业，一般依托大型专业市场，为市场内企业进行专线直达运输或配送服务；③运输配载型物流企业，一般依托大型货运站和停车场，用高效的信息平台为车主、货主提供供需信息，从事配载服务。

二是以仓储为主功能的物流企业：这类企业侧重于为社会提供仓储及相关服务，主要为大型交易市场服务的仓储企业，以仓储功能为主，并提供一些配套服务。

三是以货代为主功能的物流企业：这类企业拥有丰富的客户资源，依托贵州省唯一的货运口岸优势，结合现代信息技术，从事国际货运代理业务。

工商企业现代物流意识逐步增强，第三方物流市场正逐步形成。

从总体上看，贵阳市工业企业的物流运作方式基本还停留在自营物流的模式，而以物流公司为服务主体的比重较小。在外包的服务功能中干线运输是企业外包最多的功能，一体化外包的情况很少。企业中设立单独的物流管理部门比重不大，而这些物流管理部门的业务范围主要负责销售物流，而负责一体化物流管理的比重很小。

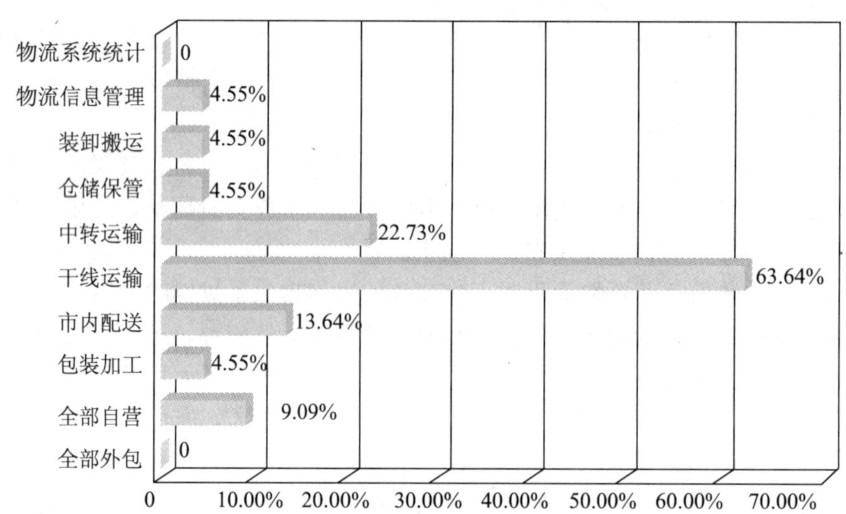

图 1-1　工业企业物流外包比例图

从商业企业的物流来看，大多数商业企业都有自己的仓库和运输车辆，企业自备的物流资源不能及时、有效地为社会所分享，使资源的利用率降低。企业物流业务的外包比重较小，其中运输（干线运输和市内配送）是商业企业外包率最高的物流功能，而信息处理和流通加工则是外包率最低的功能。大多数商贸企业表示外包配送业务是连锁企业的最佳选择，只是贵阳市目前缺少专业化的第三方配送物流企业。

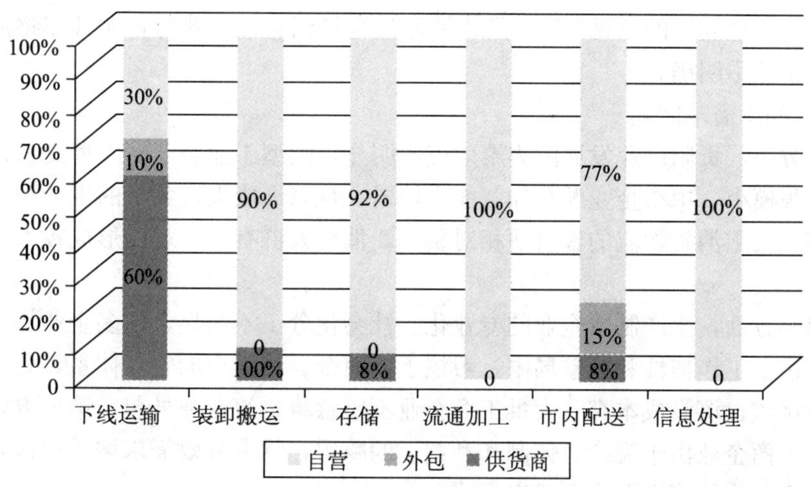

图 1－2　商业企业物流外包比例图

目前贵阳市工商企业对第三方物流服务的数量和质量要求越来越高，除了运输、仓储等基础服务以外，加工、配送、集拼、联运、货代、代收货款等一体化的物流需求快速增长。企业物流需求的增长促进了贵阳市第三方物流市场的形成。目前已逐步按照行业、地域和产品不断细分，矿产加工物流、医药物流、特色食品物流、高附加值产品物流等特色行业物流形成潜力巨大。

1.3　存在问题

1.3.1　观念问题

一是部分地区政府对现代物流业的重要性认识不足，相应的政策扶持不到位，对物流发展的推动作用没有充分发挥，一定程度上造成了现代物流业滞后于省内先进制造业及其他产业的发展的局面。

二是部分企业的现代物流理念淡薄，大型制造企业对物流是“开拓第三利润源”这个问题缺少应有的认识，企业运作模式受传统观念的束缚，内部物流难以完全剥离，物流社会化程度较低，影响了整个物流市场的需求；新兴的专业物流企业在建设和投资方向上，对基础设施的投入与改造十分重视，而对物流信息系统等“软件”的关注程度比较低。

1.3.2　体制政策问题

一是体制方面的障碍：目前贵阳政府部门对物流的管理体制还未完全理顺，条块分割、多头管理的情况仍存在，统一有效的协调沟通机制尚未完全建立，导致现代物流产业的发展缺乏系统性，直接影响了全市物流工作的深入开展。

二是政策法规方面的影响：目前贵阳市发展现代物流业政策的保障力度不够，执行力度不强，宣传力度不广。2004 年，九部委正式下发的《关于促进我国现代物流业发展的意见》相关具体措施没有得到有效的执行，尤其在物流用地性质上仍然不明确。

1.3.3 物流需求问题

一方面，贵阳产业发展的集聚效应不明显，大型工业企业、大型交易市场数量少、规模小，中小企业配套加工能力较弱，难以形成大进大出的生产物流和销售物流。贵阳消费物流的辐射面相对狭小，消费人群有限，难以形成较大的商业物流。

另一方面，生产制造企业的专业化、社会化分工不明显，许多企业特别是国有企业由于工作惯性和利益局限，习惯于大而全、小而全的管理体系，企业的物流资产沉重，沉没成本高，大批工商企业不愿意将物流业务外包，第三方物流企业进入工商企业由于观念、体制和利益上的障碍，物流有效需求增长缓慢，第三方的大型龙头物流专业企业难以形成。

1.3.4 物流载体问题

一是规模：物流设施规模过于分散，集中度低，物流资源没有得到合理优化，缺少有影响力的大型现代化综合型物流基地。物流服务企业虽然数量众多，但分布较广，规模普遍偏小，整体实力不足，大多物流服务企业属于个体经营户，辐射能力有限，服务范围较窄。

二是功能：物流企业的物流管理技术能力、网络能力以及客户整合能力还比较弱，传统物流企业的比重非常大，功能单一，难以提供专业化和一体化的物流服务，管理思想和信息化管理手段落后，还不能有效地运用网络信息和电子技术进行现代企业管理。现有仓库设施陈旧，设备老化，仓库以平面库居多，占地面积大，但储存效率低，能适应机械化操作的立体化仓库设施极少。

1.3.5 物流人才问题

物流管理人才和物流经营人才严重缺乏，难以保证现代化物流业高起点和高水平发展。由于生产和流通企业中的相当企业领导层对现代物流业的作用认识不到位，物流知识的学习和培训工作相对滞后，造成物流业专业人才匮乏。

1.4 发展机遇

1.4.1 新通道体系的变化

贵州省委、省政府提出加快建设贵阳至广州的高速公路和快速铁路（简称快速通道），国家有关部委已确定把这两条快速通道纳入“十一五”规划，将于2007年开工建设，2010年建成通车。同时，贵阳与周边地区的交通运输网络也在不断完善中，目前正在抓紧黔桂铁路、川黔铁路的扩能改造，下一步即将规划修建贵阳到重庆的高速铁路（渝黔新线）。今后还将进一步完善贵州铁路网，包括规划长沙—贵阳和贵阳—昆明高速铁路（沪昆高速铁路的贵州段）；修建贵阳—思南—黔江—武汉或郑州的高速铁路、贵阳—凯里—靖州—永州—

赣州—福州和厦门高速铁路、贵阳—遵义以及毕节—成都高速铁路。这些快速通道将大大缩小贵阳与泛珠三角核心区广州以及周边经济区域的时空距离，促进贵州更深度地融入区域经济合作中去，对加快实现全省经济社会发展的历史性跨越具有重要而深远的意义，对整个西南地区和珠三角的发展也将起到极大的促进作用，也给贵阳市的物流发展带来巨大的机遇，使贵阳市具备打造西南物流中心的坚实条件。

1.4.2　经济全球化背景下国际产业的大举转移

进入21世纪以来，在全球经济一体化的推动下，国际资本和产业格局发生了剧烈变化，世界经济结构加速调整，世界经济重心继续向亚太地区转移，以制造业为主的国际产业加快向中国及其周边国家转移，中国已成为世界经济发展中新的增长极。贵阳应抓住东南沿海产业转移、西部资源东输的有利时机，凭借贵阳新的交通优势，主动承接“泛珠三角”、“长三角”经济区产业转移，逐步成为国际产业链中的一个重要环节，成为这一轮国际产业转移的最大受益地区之一。从外资投向上看，贵阳工业拥有巨大的本土市场、丰富的劳动力资源和自然资源等比较优势，与周边地区特别是广东在物流、信息流、资金流和场站资源方面具有互补性，借助泛珠三角这个物流区域一体化平台，将极大地提高贵阳物流业的整体竞争力，实现贵阳全市现代物流业的跨越式发展。

1.4.3　后WTO时代的来临

随着后WTO时代的到来，我国入世时在分销和贸易权上的承诺将逐一履行，外资物流企业在华开展业务的限制不断放宽，面对着中国巨大的物流市场和发展潜力，更多的外资物流企业将直接进入国内运输、批发和零售等领域，开展各类物流业务，拉开全面进攻的架势，以实现全球战略目标。对贵阳而言，这一方面可以推动本土物流企业吸收国外企业先进的物流管理经验和技术，接轨国际，提高本土企业的整体素质和竞争能力，也将使物流行业市场化、法制化的进程加快。另一方面，贵阳市现代物流业刚刚起步阶段，除少数知名度高、实力较强的大型物流企业和新兴的专业化物流企业之外，多数物流企业处于规模小、服务质量低、竞争力弱的状态。国际大型跨国物流企业的进入，必将使省内原本低效率、缺乏竞争力的物流体系受到冲击，整个物流业的格局将会因此发生重大变革，传统物流企业将受到前所未有的挑战，面临着巨大的生存危机。

在这种形势下，贵阳物流业必须尽快引入供应链管理思想并将其作为企业市场竞争的重要战略，通过供应链管理获取竞争优势。面对后WTO时代的机遇和挑战，贵阳只能正视挑战，抓住机遇，任何退缩或犹豫都会丧失发展先机，使自己处于不利位置。

1.4.4 国家“十一五”规划的制定

2006年3月全国十届人大四次会议通过《国民经济和社会发展第十一个五年规划纲要》，在第四篇“加快发展服务业”中单列一节重点提出“大力发展现代物流业”。这在全国国民经济和社会发展规划的历史上是第一次，标志着现代物流的产业地位在国家规划层面得以确立。随后在全国“两会”上，温家宝总理在政府工作报告中再次提出要加快发展包括信息、金融、物流在内的服务业，为现代物流业的发展指明了方向。随着国家对物流业重要性的认识不断加深，可以预见，“十一五”期间国内物流业将会迎来一个高速发展期。因此，在新的发展阶段，贵阳要集中精力发展现代物流业，以适应社会经济发展对物流服务在“质”和“量”上日益更新的高要求。

1.4.5 西部大开发战略的推进

南贵昆经济区是西部开发的三个重点区域之一，作为西南地区运输大通道重要节点城市和交通枢纽城市，西部大开发给贵阳市的进一步发展提供了良好的机遇，同时也为贵阳市物流业的发展提供了市场基础。贵阳铁路枢纽改造扩建，黔桂铁路改造扩能，贵阳至重庆高等级公路贯通，贵广快速通道的打通等交通建设项目的推进也增强了贵阳市物流业发展的运能基础。

1.4.6 区域经济一体化的推进

区域经济一体化意味着淡化行政疆域，重视区域内资源和能力的优化整合和配置，实现商流、物流、资金流、人流和技术流的有机统一。在世界经济走向区域化和一体化的过程中，在经济全球化和区域一体化发展趋势日益加强的大环境下，扩大区域经济合作首先要解决好物流的区域化和一体化问题。在物流走向区域一体化的过程中，中国—东盟自由贸易区、泛珠三角经济区、贵阳城市经济圈的构建将使区域内物流具有率先实现一体化的客观必要性和可能性，为贵阳市发展外向型经济，建设区域性物流中心提供了前所未有的机遇。

1.4.7 贵阳经济的新一轮快速增长

“十一五”期间，贵阳市将优化结构、提高效益和降低消耗，规划2010年全市生产总值突破1000亿元，人均生产总值突破3000美元；资源利用和生态环境得到明显改善；形成具有较强竞争力的优势产业、特色经济体系；市场化水平显著提高，开放型经济达到新水平；建立起较为发达的交通运输体系。贵阳经济的新一轮快速增长将推动现代物流业的跨越式发展。

1.5 面临挑战

1.5.1 西南三市的挑战

重庆是中国西部地区最大的内陆水运中心，三峡工程使这条黄金水道更发挥了空前的作用。重庆现代物流中心成为西南地区、长江上游、长江流域区域型的物流中心。依托长江经济带，公、铁、水、航空、管道运输并举，规划建设以五个物流基地为核心的完善的物流布局和层次丰富的物流网络体系。

成都由于其特殊的地理位置，宝成、成昆、达成、成渝 4 条铁路干线交汇于此，是西南最大的铁路客货枢纽；公路、航空发达，是西南重要的航空枢纽和客货集散地，具有了发展现代物流业完备的硬件设施。规划建设集铁路、公路、航空于一体的综合现代化物流体系。

云南依据构建面向东南亚现代物流中心的大战略，规划在未来 15 年建设三大通往东盟的铁路线，完成出省、出境主通道高等级公路的全部改造。形成以昆明为中心基地，面向世界，连通全国各省的干线航空网，连通省内各州市及周边地区机场的支线航空网。同时建设昆明、曲靖、玉溪、楚雄、大理、红河、景洪这七大云南物流基地。

重庆、成都、昆明三市的现代物流发展，对贵阳市国际化物流和区域物流发展是严重的挑战，三市物流发展基本处于起步和发展阶段，重庆和成都具有一定的先发优势，也是贵阳市物流发展的主要竞争对象。

1.5.2　贵州四市的挑战

六盘水、遵义、都匀、毕节成为新增的四个国家公路运输枢纽城市，在交通方面具有一定的优势，必然分担贵阳市物流量，随着六盘水、遵义、都匀、毕节四市现代物流的崛起和发展，也将弱化贵阳市在贵州省的物流枢纽地位，对贵阳物流业发展是一个潜在的挑战。

2　贵阳现代物流业发展总纲

2.1　指导思想

以科学发展观为指导，以市场为导向，以信息技术为支撑，以资源整合为手段，以降低物流成本和提高物流效率为目标，努力营造现代物流发展的政策环境和基础设施环境，加速全市现代物流业向社会化、专业化、现代化、信息化和国际化的方向发展，为全市的经济发展提供有力支撑，使贵阳逐步成为现代物流业中心城市。

“突出通道”：抓住新通道体系的建设给贵阳物流带来的重大机遇和战略影响，突出通道改变后贵阳在区位交通、产业、资源等方面产生的新优势，因地制宜地明确其物流发展战略定位与发展目标、空间布局、运作管理等关键内容，走一条创造性的发展之路，实现贵阳及贵州省的腾飞。

“整合聚优”：体现贵阳现代物流业通过现代化、专业化的物流基础设施条件和科学的管理体制，实现资源的有效整合和运作一体化，强调公路、铁路、航空等多种运输方式的一体化，各种物流功能和物流服务系统的一体化，发挥物流资源的积聚效应和规模经济效应，以“大物流”促进贵阳的“大发展”。

“区域协同”：突出贵阳物流发展中的区域关联性，在其贵阳物流系统的规划建设过程中，注重与周边区域物流体系以及经济合作的协同发展，同时注重一二三产业之间的协同发展，注重不同物流模式和运作方式的协同发展。

“生态和谐”：强调协调发展的思想，体现城市物流的规划建设与产业、经济、社会、环境、生态与区域等各个方面之间的协调，着重体现物流与环境系统的有机融合，在贵阳现代物流体系的规划建设中注重生态系统的保护和完善，传播和体现“绿色”物流的理念，以支撑贵阳建设“生态文明城市”的战略定位。

2.2 战略定位

立足贵阳和贵州发展、服务大西南及华南沿海、辐射东南亚，连接国内和国际两个市场，将贵阳建设成为：

——辐射西南地区的物流分拨中心；

——联结长江上游经济带与泛珠三角经济圈的陆路物流枢纽；

——面向东南亚的国际物流节点。

2.3 框架体系

为实现以上定位目标，贵阳需要重点“打造3大基础平台，建设9个物流节点，培育一批现代物流企业，形成三大现代物流服务体系”。

三大基础平台

——以现代综合交通体系为主的物流运输平台；

——以信息网络技术为主的物流信息平台；

——以引导、协调、规范、扶持为主的物流政策平台。

九大物流节点

——国际型物流节点：二戈寨物流园区；

——区域型物流节点：金阳物流园区、扎佐物流园区、三桥物流中心、竹林物流中心、清镇物流中心；

——市域型物流节点：白云物流中心、开阳物流中心、息烽物流中心。

一批现代物流企业

——改造提升一批传统物流企业；

——扶持一批核心竞争力强、规模较大的现代物流企业；

——引进一批国内外知名物流企业。

三大物流服务体系

—— 一个与澳港粤接轨的国际物流体系；

——一个高时效性的区域运输服务体系；

——一个提供快速、准时、多样化服务的市域配送服务体系。

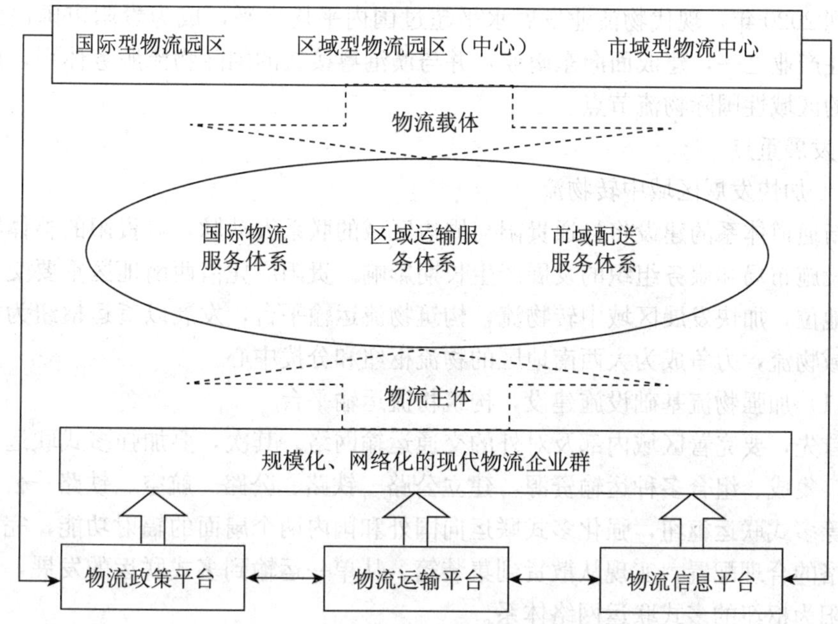

图 2-1　贵阳市现代物流发展框架体系

2.4　总体目标

抓住大通道建设的重要机遇，加快构建以公路和铁路为核心的综合交通运输体系，有效整合现有各类物流资源，大力推进现代物流园区和物流中心建设，搭建物流公共信息平台并完善面向社会的服务功能，改善政策体制环境，尽快打造支持物流体系发展的各类基础设施平台。扶持一批重点物流项目，加快发展第三方物流，改制提升传统物流企业，培育具有服务品牌的现代物流企业与引进国内外知名物流企业；在建设中国—东盟自由贸易区、泛珠三角经济区和南贵昆经济区、贵阳城市经济圈的大背景下，以贵州省区域物流为立足点，加强与区域内城市的分工与协作，形成一个快捷、高效、通畅、安全并与国际接轨的区域性物流协作服务体系，将贵阳发展成为西南地区重要的物流中心。

到 2010 年，物流业贡献率达 8%左右；工商企业物流费用平均降低 10%左右；工商企业物流业务外包比例达到 10%左右。现代物流业逐步成为全市新的经济增长点，形成辐射全省的物资集散分拨中心，初步建成大西南陆路物流枢纽框架。

到 2015 年，物流业贡献率达 10%左右；工商企业物流费用平均降低 15%左右；工商企业物流业务外包比例达到 15%左右。现代物流业发展水平达到国内平均水平，区域物流的营运和服务能力大大提高，确立西南地区陆路物流枢纽城市的地位，初步构建国际物流服务体系。

到2020年，现代物流业发展水平超过国内平均水平，成为贵阳市国民经济的支柱产业之一，建成面向东南亚，并与澳港粤接轨的国际物流服务体系，成为重要的区域性国际物流节点。

2.5 发展重点

2.5.1 加快发展区域中转物流

新通道体系的建设将打通贵阳与周边区域的联系大动脉，对贵阳的整体物流基础设施布局和服务组织的发展产生长期影响。贵阳应凭借西南地区重要交通枢纽的地位，加快发展区域中转物流，构筑物流运输平台，发展以货运枢纽为核心的区域物流，力争成为大西南地区的物流枢纽和分拨中心。

（1）加强物流基础设施建设，构筑物流运输平台

首先，要完善区域内部及对外的交通运输网络。其次，要加强多式联运网络建设，集成、组合多种运输资源，建立公路—铁路、公路—航空、铁路—公路—航空等多式联运枢纽，强化多式联运向国外和国内两个扇面的辐射功能，完善交通网络的合理配置，实现从散货到集装箱、从单一运输到多式联运的发展，形成以贵阳为枢纽的多式联运网络体系。

（2）形成区域一体化的物流服务格局

贵阳在发展区域物流时，要全面加强与其他区域（包括国际物流）的交流与合作，形成区域一体化的物流服务格局，实现资源共享，促进共同发展。首先，要推进全省区域物流协调发展；其次，要加强省际间物流业务合作；最后，要积极发展国际物流。

2.5.2 着重发展特色行业物流

贵阳地处贵州腹地，旅游、生物、矿产、能源等资源都比较丰富，开发潜力很大。目前贵阳正大力发展循环经济，走新型工业化道路，特色行业和大宗产品物流在贵阳现代物流业发展中具有重要地位，应重点发展矿产加工、医药、食品、高附加值产品4类特色行业物流。

（1）矿产加工物流

引导中国铝业股份有限公司，开阳磷矿等重点矿产加工生产企业不断优化物流流程，更新包装运输方式，提高流通效率。鼓励矿产原材料生产、流通企业延伸产业链，以资本为纽带，整合相关物流资源，培育大型矿产物流企业，进一步增强贵阳对铝、磷等原材料和产成品的集聚、辐射能力，扩大流通加工规模，为都市圈以及全省矿产加工生产企业提供全面、高效的物流服务。

（2）医药物流

贵州药用植物种类十分丰富，是全国四大中药产区之一，以苗药、中药为代表的民族医药产业已被列为贵阳城市经济圈的特色优势产业，市场空间广阔。贵阳发展医药物流，一方面要优先发展药材基地，另一方面要积极推动制药企业整

合，重点培育大型现代制药企业集团，鼓励大型医药工业企业与上下游企业合作，将有关服务环节特别是物流环节外包，积极构筑一体化供应链；同时鼓励药品连锁企业跨区域发展，推进药品连锁经营，引导有实力、有意愿的医药企业，依托其现有的配送机构，联合建设区域性物流中心和配送中心，发展和培育专业的第三方医药物流企业，开展药品第三方物流配送试点。

（3）特色食品物流

烟酒和绿色食品工业是贵阳国民经济的支柱产业。围绕扩大特色食品工业的辐射范围，增强优势产业的竞争力，重点发展茅台等酒业物流，贵阳卷烟、老干妈、刺梨汁、精炼菜油等食品物流。扩大特色产品的辐射范围，增强企业实力，并引导企业逐步剥离物流业务，通过市场机制整合物流资源，培育大型食品物流集团，巩固贵阳及贵州省食品加工业的优势地位。

（4）高附加值产品物流

电子信息、生物技术、新材料等高新技术产业是贵阳市“十一五”期间产业发展重点。鼓励第三方物流企业紧紧依托国家级、省级开发区，积极采用信息化技术、自动化技术、智能化技术，引进先进管理技术，围绕开发区企业在物流、供应链服务方面的不断创新，大力发展多层次、高效率、全方位的个性化物流服务体系，促进依托高新技术产品等知识密集型产业为主的国际物流的发展。

2.5.3 优先发展城市配送物流

贵阳城市经济圈是贵州省重要的产业基地，都市人口有密集化趋势，进出口规模和销售规模日益扩大，迫切需要一个畅通的城市物流渠道。新通道体系的规划与建设，带动了贵阳市及贵阳城市群交通运输系统建设，对城市物流配送系统向高效率方向发展创造了条件。贵阳建设现代化的城市配送物流体系，重点要做好以下几方面工作：

（1）完善城市商品市场体系

规范发展一批具有现代零售商业特征的大型连锁超市、仓储式商场等销售终端市场，形成功能完善的城市零售商业网点体系。加快大型专业批发市场尤其是特色产品如旅游商品市场的建设，提升市场档次。在地方性批发市场的基础上鼓励发展一批集中贵州乃至西南具有资源优势的矿产品、农产品、原材料，向西南地区辐射的大型区域性专业市场，以增强贵阳市场体系的辐射能力。引导大型商贸企业转变经营理念和经营方式，积极拓展物流业务，推进商流与物流的有机结合。

（2）发展新型流通方式

以发展连锁经营、统一配送、电子商务为重点，积极推进流通方式的变革。支持大型连锁企业，通过资本运作、特许经营等方式，向规范化和集约化方向发展。推动大型连锁企业优化物流业务流程，积极发展共同配送，加快技术和设施设备改造升级，逐步实现仓储立体化、搬运机械化、分拣自动化、配送网络化。

(3) 优化城市配送网络体系

根据物流节点布局和商品运输特性，完善与城市物流配送相适应的城市综合道路网络，提升城市交通管理水平，实现市区货物1小时内快速送达。结合城市工商业和物流节点布局，重点构建由商贸批发、连锁零售两个层次和生产资料、日用生活品、农产品三类产品组成的物流配送体系，积极发展都市圈共同配送，逐步增加大型物流企业配送量占全社会物流配送量的比重和连锁企业销售总额占全社会消费品零售总额的比重，提高物流配送的社会化、专业化、集约化程度。

3 贵阳物流量预测

现代物流活动中运输贯穿于物流全过程，是物流的核心部分，因此利用社会货运量指标来衡量物流需求规模有一定的科学性。考虑到通道建设对货运量的影响，也对货运诱增量进行预测。

为保证预测的科学性和合理性，在定量分析的基础上，结合贵阳市和贵州省的相关规划进行了定性分析，综合确定预测数值，预测结果如表3-1所示。

表3-1　　预测结果汇总表

特征年	2010	2015	2020
自然增长GDP（亿元）	980	1700	2700
考虑通道影响的GDP（亿元）	980	2242	4709
趋势货运量（万吨）	8000	10000	13000
诱增货运量（万吨）	/	2000	5000
货运总量（万吨）	8000	12000	18000
进入园区第三方物流作业量（万吨）	960	2000	4000

4　贵阳物流业发展的空间布局

4.1　“一环、三带、九节点”物流空间布局结构

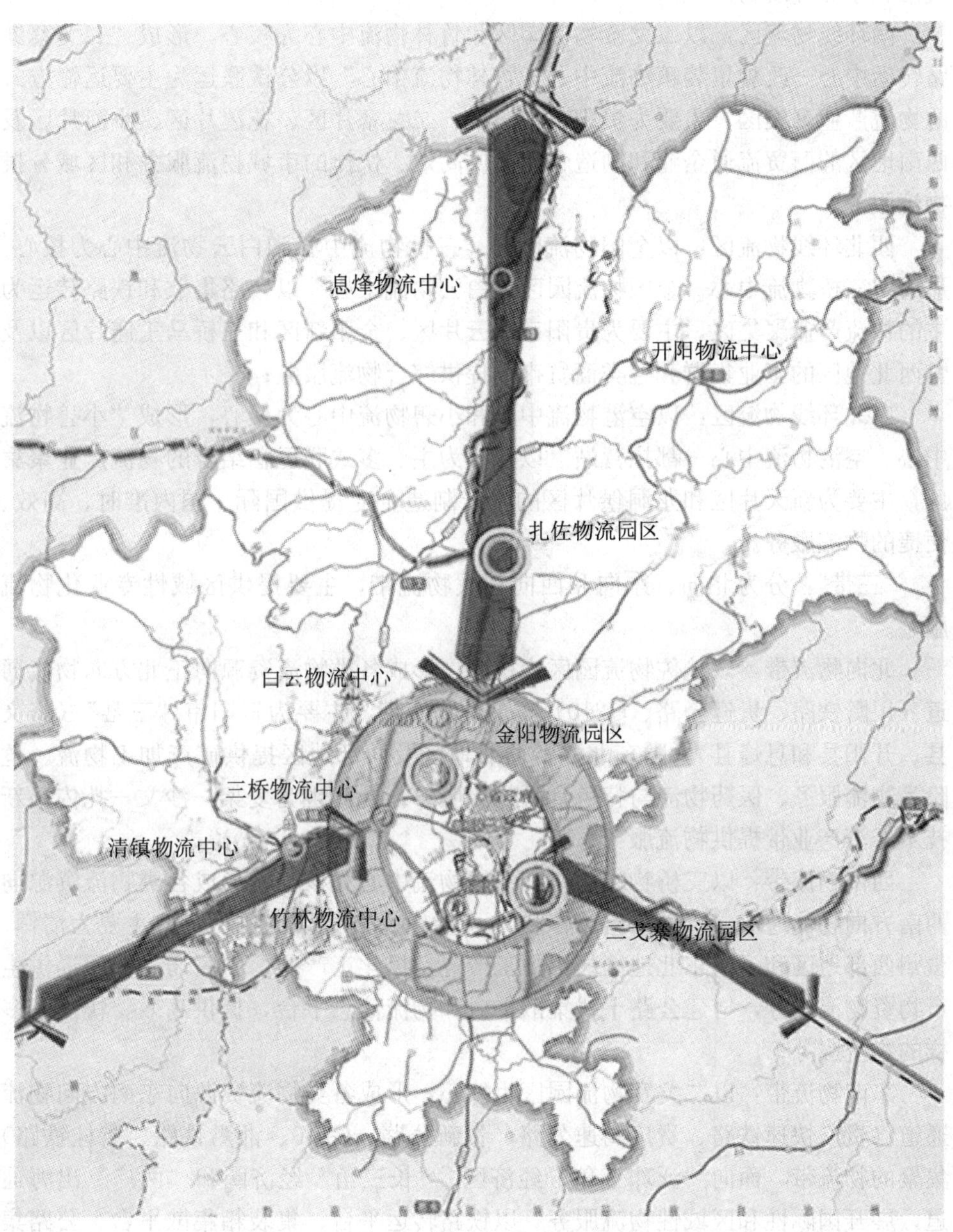

图 4-1　“一环、三带、九节点”空间布局示意图

“一环”：以环城高速为环，主要在环城高速周边布置物流节点，为三大国家级、省级开发区内部的生产制造企业和贵阳城区的商贸流通企业提供生活物资配送和生产企业供应链物流服务。分为三个物流区：南环线物流区、西北环线物流区和东北环线物流区。

南环线物流区：以二戈寨物流园区和竹林物流中心为核心，形成“二戈寨铁路转运中心—改貌集装箱物流中心—竹林物流中心”以公铁联运为主要运输方式的物流产业聚集区，主要为贵阳市中心区、二戈寨片区、花溪片区、小河片区及西南地区的商贸流通企业和制造企业提供高效、快捷的市域物流服务和区域分拨物流服务；

西北环线物流区：以金阳物流园区、三桥物流中心和白云物流中心为核心，形成“三桥物流中心—金阳物流园区—白云物流中心”以公路集散和铁路转运为主的物流产业聚集区，主要为贵阳市白云片区、金阳新区和三桥马王庙片区以及黔西北地区的工业集群和各类商贸市场提供综合物流服务；

东北环线物流区：以空港物流中心和小碧物流中心为核心，形成“小碧物流中心—空港物流中心—都拉营站”以航空为主、多式联运相结合的物流产业聚集区，主要为新天片区和龙洞堡片区的生产制造企业提供国际、国内准时、高效、便捷的物流服务。

“三带”：分为北向、东向和西向三大物流带，主要提供区域性专业化物流服务。

北向物流带：以扎佐物流园区为核心，形成各类物流资源向正北方向物流通道（川黔铁路、贵遵公路、G210）集聚的物流带，主要为贵阳市“三县”（修文县、开阳县和息烽县）、黔东北、黔西北地区及西部地区提供矿产加工物流、危险品物流服务、医药物流与特色食品物流服务；同时也为麦架—沙文—扎佐高新技术经济产业带提供物流服务；

西南物流带：以三桥物流中心和清镇物流中心为核心，形成各类物流资源向西南方向物流通道（贵黄公路、G320、贵昆铁路）集聚的物流带，主要为清镇、贵州西部地区和云南东北地区的铝加工产业、煤化工产业、中医药产业等提供生产物资物流服务，搭建公路干线集散平台和物流信息平台，提供高效、快捷、多样的物流服务；

东南物流带：以二戈寨物流园区为核心，形成各类物流资源向东南方向物流通道（贵广快速铁路、贵广高速公路、贵新公路、G210、湘黔铁路、黔桂铁路）集聚的物流带，面向“泛珠三角”经济区、“长三角”经济圈和“两广”出海通道，展开国际性和区域性物流服务。以铁路转运平台、集装箱集散平台、公路集散平台和空港集散平台等四大公共作业平台为依托，为贵阳、广州等城市群提供国际化物流服务。

“九节点”：规划建设成集市域、区域和国际物流于一体，具有多式联运、集装箱中转、货运代理、保税仓储、分拨配送、流通加工、商品展示、信息服务等功能的综合物流体系。详见表4-1，图4-2。

表4-1　　贵阳市物流节点规划布局结构

名称	类型	主要服务范围	规模（公顷）
二戈寨物流园区	国际综合型	贵阳城区、贵州东南部地区、“泛珠三角”经济圈和“长三角”经济圈、东亚地区	305
金阳物流园区	区域综合型	贵阳北部、“珠三角”经济圈	100
扎佐物流园区	区域专业型	贵阳北部和西部地区、贵州北部地区、我国西北部地区	150
三桥物流中心	区域专业型	贵阳三桥片区、清镇市、黔西南地区、云南东北部地区	55
竹林物流中心	区域综合型	贵阳、贵州省、西南地区以及华东、华南地区	25
清镇物流中心	区域综合型	清镇市、贵阳西部及黔西地区	70
开阳物流中心	市域专业型	开阳县及其周边地区	70
息烽物流中心	市域专业型	息烽县及其周边地区	40
白云物流中心	市域专业型	白云片区和金阳新区及其周边地区	40

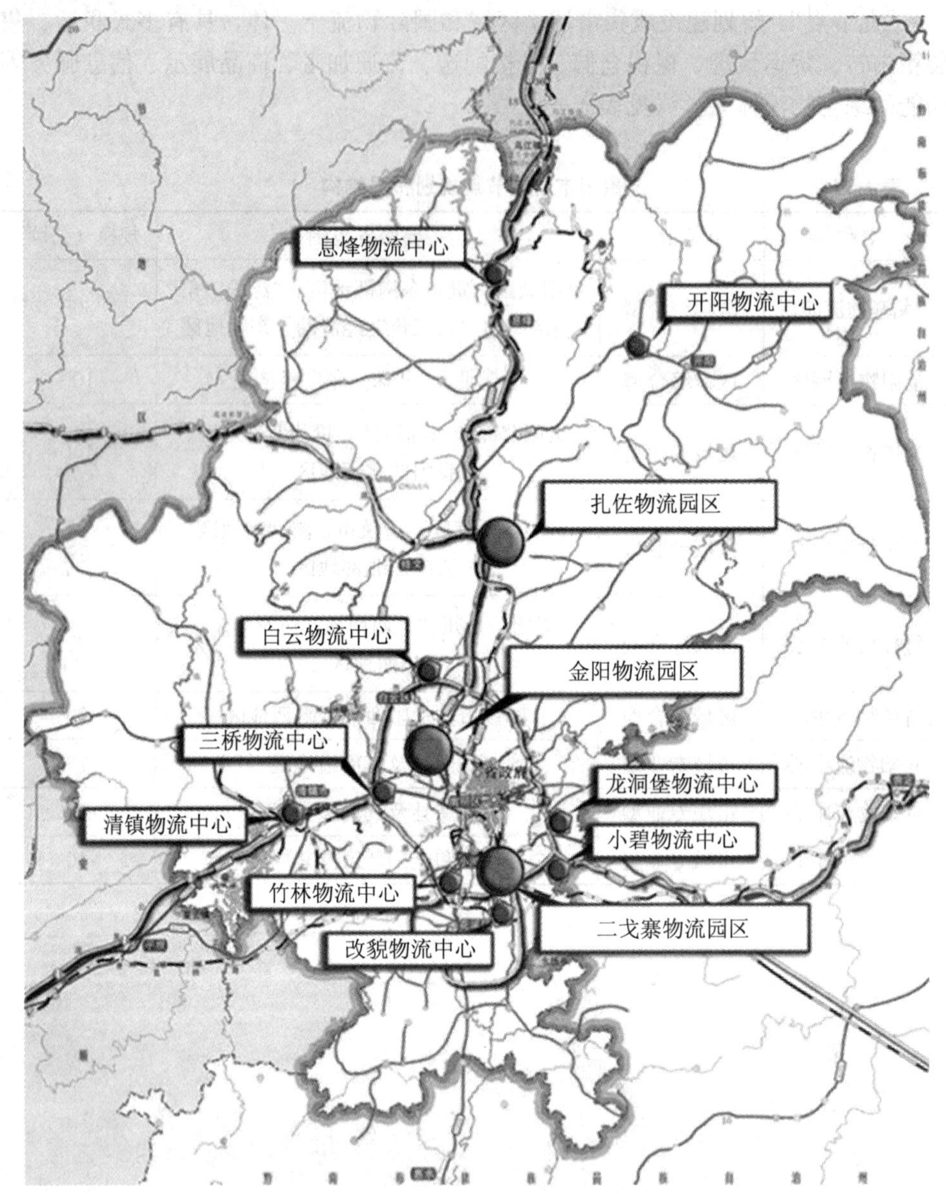

图 4-2 贵阳市物流空间节点分布图

4.2 物流节点建设规划

4.2.1 物流节点功能定位

重点抓好“九节点”的建设，根据各个物流节点的功能定位（如表 4-2 所示），开展各具特色的物流节点建设。

表 4－2　　贵阳市物流节点功能定位

物流节点	功能定位
★二戈寨物流园区	国际综合型物流节点 集公路、铁路、航空运输于一体的综合性物流园区。 二戈寨物流园区采用“一园四心”型发展模式，包括二戈寨铁路转运中心、改貌集装箱物流中心、小碧物流中心和空港物流中心
二戈寨铁路转运中心	打造面向全球、贵州全省的综合展示交易平台和国际化采购平台，提供高效、便捷、现代化的电子商务服务和区域物流服务； 为贵阳城区的大型专业市场、商贸流通企业和小河片区、花溪区以及乌当片区的制造企业提供以铁路转运为主的物流服务； 为贵阳城区的大型专业市场、商贸流通企业和社区商业提供现代仓储、展示交易、电子商务、集中采购、商品配送等物流服务
改貌集装箱物流中心	提供服务贵州全省的铁路集装箱公共装卸平台； 为贵阳市乃至贵州省地区提供铁路集装箱运输和集装箱场站作业，并为进出口集装箱货物提供一关三检、保税、监管、国际货代等服务； 主要为国家级经济技术开发区、“小河—孟关”产业聚集区和花溪片区的生产制造企业和商贸流通企业提供以仓储管理为主的物流服务
小碧物流中心	建设面向“珠三角”地区和贵州全省的公路干线物流集散平台，主要提供区域公路运输服务和综合物流服务，同时作为二戈寨铁路转运中心、改貌集装箱物流中心、空港物流中心的公路集散平台； 作为逐步弱化二戈寨铁路转运中心的仓储功能，将小碧物流中心作为二戈寨铁路转运中心的仓储中心，减少二戈寨地区的交通压力； 整合二戈寨片区的公路运输资源，并与三桥物流中心实现货运信息对接，建立货运交易中心，为龙洞堡片区、新天片区和花溪片区的生产制造企业和商贸流通企业提供第三方物流服务
空港物流中心	提供主要辐射东南亚地区、“泛珠三角”经济圈和西南地区的空港物流平台； 针对国际货运业务航班少的现状，发展保税＋JIT 配送的物流服务，以弥补国际航班的不足，同时又能吸引国外供货商和国内采购商； 作为贵州全省的航空枢纽，吸引周边地区包括邻近省份的航空货源，为其提供国内、国际航空货运物流服务； 为贵州全省提供以旅游商品和高新技术产品为主的展示、交易、电子商务等物流服务； 为新天科技工业园、贵阳国家经济技术开发区和特色农业产业基地的高附加值、时效性产品提供航空快递物流服务； 以拓展国内货运为基础，重点建设航空货运中心，形成航空物流载体平台、信息平台及服务平台，以信息平台为手段，综合开展航空、铁路、公路多式联运的供应链服务

续 表

物流节点	功能定位
★金阳物流园区	区域综合型物流节点 依托贵广快速铁路新客站，建设面向“珠三角”地区、连接西南地区的重要区域综合性物流节点，为贵阳周边城市和贵州省提供区域分拨物流服务，部分转移中心区承担的区域分拨物流功能，以减轻贵阳市中心区物流作业和交通压力； 为金阳新区、白云片区、三桥马王庙片区和中心区的大型批发市场、商贸企业和大型社区提供现代仓储、电子商务、共同配送等市域物流服务； 建设具有保税、监管、一关三检等功能的海关直通点，为金阳科技产业园提供原材料、产成品的进出口物流服务，同时提供保税、监管、国际采购、国际配送等物流增值服务
★扎佐物流园区	区域生产资料集散物流节点 为黔北、黔西北、黔东北地区的企业提供生产资料供应链物流服务； 重点为麦架—沙文—扎佐高新技术经济产业带的制造企业提供高附加值产品物流服务，同时为修文县、开阳县、息烽县和贵阳市区提供生产资料物流服务，开展矿产加工物流、医药物流、特色食品物流等特色行业物流服务，分担贵阳市城市物流功能和压力； 为毕节、铜仁等扎佐周边地区资源外运提供物流服务
★三桥物流中心	区域公路集散物流节点 为黔西地区及云南东北部地区提供公路干线运输和区域快速物流服务，打造区域公路集散中心，为贵阳三桥地区及周边地区生产制造企业、大型交易市场提供公路干线运输、仓储、城市配送等物流服务； 可作为金阳物流园区和竹林物流中心公路分拨辅助物流节点，分担两物流中心部分公路干线运输的职能，并以货运信息交易为核心功能，整合三桥马王庙片区的货运配载户，提供现代化货运物流服务
★竹林物流中心	区域物流分拨节点 整合铁路西站货运资源，开展行包专列为特色的公铁联运物流平台，为西南地区提供区域性分拨物流服务和面向华南、华东地区的高附加值产品物流服务； 为小河片区、花溪片区乃至贵阳市提供生产制造企业供应链物流服务和商业物流服务； 建立贵州省电子商务交易平台，开展以电器、食品、日化用品等生活资料为主的物流服务，提供高效的自动化仓储、分拣和全省范围内的“门到门”式配送服务

续　表

物流节点	功能定位
★清镇物流中心	区域综合型物流节点 依托清镇火车站，为清镇、贵阳市西部地区以及黔西地区提供铁路转运物流服务，并且提供化工、冶金、机械制造等特色行业供应链物流服务； 为清镇市及贵阳市西部地区的大型专业市场和商贸企业提供区域物流服务
★开阳物流中心	市域专业型物流节点 主要服务于开阳磷化工业产业带，以磷化工业企业的生产资料和工业产品配送服务为主，可作为扎佐物流园区在开阳的生产资料的次级物流节点，在相关物流运作上实现对接； 依托双流镇火车站危险品货场，为开阳县的磷煤复合化工产业提供原材料和化工产品的物流服务，并且依托开阳港，开展集“公铁水”多式联运于一体的危险品物流服务； 依托双流镇火车站，为开阳农产品、农用物资等大宗货物提供铁路转运和本地区物流配送
★息烽物流中心	市域专业型物流节点 主要服务于息烽磷化工业产业带，以磷化工业企业的生产资料和工业产品配送服务为主，可作为扎佐物流园区在息烽的生产资料的次级物流节点，在相关物流运作上可实现对接； 依托小寨坝火车站，为息烽县磷化工产品、煤化工产品、农产品、农用物资等大宗物资提供铁路转运和本地区物流配送
★白云物流中心	市域专业型物流节点 可作为扎佐物流园区在白云区的生产资料的次级物流节点，也可作为都拉营火车站的公路集散平台，在相关物流运作上可实现对接； 主要为金阳新区、白云片区和“白云—扎佐”工业集聚区的生产制造企业提供大宗物资的铁路中转物流服务，并为铝加工产业、新材料产业、高新技术等特色产业提供矿产加工物流、高附加值产品物流的特色行业物流服务

4.2.2　物流节点发展策略

（1）二戈寨物流园区发展策略

二戈寨物流园区的建设可以由市国资委对市属企业的资产进行有效整合，贵阳市相关政府部门成立二戈寨物流园区管委会，负责统筹整个物流园区的规划、建设、招商事项，争取各项优惠政策，实现政府对物流园区的领导。园区内各个物流中心之间进行信息共享和一体化管理，实现物流功能上的“无缝”衔接。

①二戈寨铁路转运中心发展策略

鉴于二戈寨地区的交通现状，在贵广高速公路建成前，可整合现有的货运交易市场，将依托铁路运输的物流企业和市域配送企业整合到二戈寨铁路转运中心，为本地区提供公路集疏运服务和铁路转运服务，但在贵广高速公路建成后，可逐步减少本地区的仓储功能，剥离公路集散功能，建设商贸展示交易集聚区以及电子商务交易平台，开展集中采购、商品配送的物流服务，而将仓储、公路集散功能迁移至小碧物流中心。

吸引国内大型制造企业和跨国制造企业的分销商入驻，同时为国际国内知名的生产制造企业设立驻点销售处，提供全方位的金融服务、物流服务和信息服务并辅以餐饮、住宿、娱乐等辅助服务。

依托贵阳南站东货场已有铁路装卸优势，整合已有铁路专用线，搭建现代化铁路作业平台，设置全天候铁路装卸区、冷冻冷藏仓储区，为怕湿货物和保鲜货物提供专业化物流服务，可考虑由贵州商储公司进行起步运作，采用以贵州商储公司为主、多家经营的运作模式。

加强与小碧物流中心和改貌集装箱物流中心的合作，功能错位发展，将公路干线运输和集装箱物流两项物流功能剥离出二戈寨铁路转运中心，但是节点之间的衔接业务要保留和提升，可作为小碧物流中心公铁联运的转运点和改貌集装箱物流中心的集散点。

②改貌集装箱物流中心发展策略

力争将改貌集装箱物流中心打造为集装箱跨省出海的陆路码头，重点发展集装箱（含国际集装箱）货物的集运、中转、堆存、集装箱拆拼加工、集装箱公铁联运等集装箱物流服务和相关配套物流服务，可考虑对贵州省物资储运总公司的现有基础设施进行改造，利用贵州商储公司已有的成熟经验，两家共同进行相关业务的起步运作。

充分利用改貌集装箱物流中心的有限空间打造集装箱作业平台，拆装箱过程中的货物集散所涉及的市域配送和区域公路干线运输可交由二戈寨铁路转运中心和小碧物流中心完成，铁路转运中心和小碧物流中心可作为改貌集装箱物流中心集装箱货物的集散点。

分离火车南站东货场的集装箱业务，把东货场的集装箱作业全部调整到改貌集装箱物流中心，解决原有东货场集装箱作业受局限的问题，并为二戈寨铁路转运中心提供铁路转运平台发展空间。

营造良好的集装箱发展软环境，贵州省政府和贵阳市政府应提出适应集装箱物流发展的优惠政策，同时改貌集装箱物流中心在发展初期也采用减免装卸费、租用费、停车费等营销措施，吸引集装箱货源，占领贵州全省集装箱市场，进而扩展到西南地区乃至西部地区的集装箱市场。

③小碧物流中心发展策略

加强与三桥物流中心的合作，成为贵阳市货运“双心”，实现三桥物流中心与小碧物流中心的信息对接，在货运信息、货运跟踪、身份验证、货运电子交易等方面进行协作，共同建设贵阳市货运信息平台，实现部分信息技术共享。

由地区政府进行引导，整合二戈寨地区的大中小物流企业、运输公司、运输个体户和货运信息站，小碧物流中心也相应地提供优惠条件，吸引有实力的物流企业入驻物流中心，可考虑由贵州商储进行小碧物流中心的起步运作，以市场运作的方式对原有物流企业进行整合。

重点建设货运交易中心，实现物流中心车辆的优化调度和高效率的空车配货，降低货运车辆的空驶率，提高二戈寨物流园区在贵阳市及贵州省货运市场上的占有率，进而增强面向西南地区乃至全国货运市场的辐射覆盖能力。

④空港物流中心发展策略

与二戈寨铁路转运中心、改貌集装箱物流中心和小碧物流中心实行物流信息共享，一体化管理，从而构成一个“无缝隙”的公路、铁路和航空的多式联运系统。

紧密依托高附加值产业，为旅游商品、农副产品加工和临空加工产业群提供配套物流服务。

通过空港物流基础设施与物流信息系统的建设，为航空公司、货运代理人、物流企业以及航空物流客户打造一个集各项物流服务功能于一体的现代化空港物流中心，将贵阳机场建设成为西南地区重要的航空货运枢纽之一。

积极寻求与各大航空公司及航空快递业巨头全方位合作的新途径，大力拓展航空货运市场，开辟新航线，使空港物流中心成为全球供应链中重要的物流节点之一。

(2) 金阳物流园区发展策略

加强金阳物流园区与白云物流中心、三桥物流中心的合作。金阳物流园区主要承担区域性的商品分拨物流服务以及金阳新区和白云片区的商业物流服务，白云物流中心可部分承担金阳新区生产制造企业的供应链物流服务，而三桥物流中心则承担区域公路干线物流服务。

将金阳物流园区打造成面向“珠三角”地区连接西南地区的重要区域综合物流枢纽，充分利用贵广快速铁路新客站的枢纽优势，加强与铁路部门的合作，重点发展公铁联运，提供工业产品和生活性商品的区域分拨服务。

为金阳新区和中心区提供市域物流服务，满足商贸流通企业和大型社区的物流需求，开展商品展示、交易、电子商务等物流增值服务。

(3) 扎佐物流园区发展策略

园区建设初期主要为生产资料提供大批量物流服务，服务范围主要包括：毕节、铜仁、开阳、修文、息烽、白云片区等地区，随着新川黔铁路的开通和久长—铜仁公路修建，北向物流通道和横向物流通道货运能力将大幅度提升，扎佐物流园区的服务范围将辐射到黔北、黔西北、黔东北地区。

加强扎佐物流园区与麦架—沙文—扎佐高新技术经济产业带之间的联动式发展，物流园区可针对高新技术经济产业带的相关产品开展高附加值产品物流服务，主要建设以电子信息、新材料、环保产品为重点的物流服务平台，为相关生产制造企业提供个性化物流服务。

扎佐物流园区作为首期建设节点，要承担周边三个物流节点（息烽物流中心、开阳物流中心和白云物流中心）的部分职能，为该地区的一二产业提供行业供应链物流服务。周边三个物流节点建成后，扎佐物流园区主要提供生产物资的区域分拨物流服务和集中物流服务，息烽物流中心、开阳物流中心和白云物流中心将承担本地区生产企业的部分物流服务。

充分利用原有交通基础设施和铁路作业设备，进行铁路作业平台和公路集散平台的建设，要考虑矿产品、煤炭、烤烟、农产品、粮食、农资、化肥，建设用材料等不同货物的不同仓储要求，设立不同类型的货场和仓库设施，防止散杂货物之间的相互污染和混合。

对矿产品、煤炭、化肥、建设用材料等生产物资进行集中式物流服务，在物流加工和运输的过程中，避免货物的遗漏和渗透，减少对贵阳市乃至贵州省生态环境的损害，尤其要注意避免对旅游区附近环境资源产生污染。

(4) 三桥物流中心发展策略

可作为金阳物流园区、竹林物流中心公路分拨辅助物流节点，与金阳物流园区和竹林物流中心协调发展，进行信息共享，实现物流功能上的“无缝”衔接。

与小碧物流中心联合发展，成为贵阳市货运“双心”，实现三桥物流中心与小碧物流中心的信息对接，在货运信息、货运跟踪、身份验证、货运电子交易等方面进行协作，共同建设信息设施，实现部分信息技术共享。

由政府进行引导，整合三桥片区的货运市场，将贵阳三桥驾驶员城和华顺达货运场站的货运资源集聚到三桥物流中心，形成一个统一的货运交易中心，同时也解决了贵阳三桥驾驶员城由于用地性质改变而面临搬迁的问题和华顺达货运场站发展用地受到限制的问题。

重点建设货运交易中心，提供多样化、多层次、全方面的货运配套服务，提高西向、西南向和西北向货运市场的占有率，进而增强面向西南地区、西北地区货运市场的辐射覆盖能力。

(5) 竹林物流中心发展策略

重点整合火车西站现有资源，以建设行包专列为特色的公铁物流分拨平台，为西南地区提供区域性分拨物流服务，同时为小河区和花溪区的生产制造企业提供高层次的供应链物流服务。

联合三桥物流中心协同完成公路干线物流服务，竹林物流中心主要经营大批量货物的公路专线运输。

建立电子商务交易平台和物流信息平台，强化物流中心与市场的互动效应，以物流中心带动周边商贸市场的建设和发展，以市场促进物流中心的功能建设和业务拓展。

围绕物流中心发展木材、家具、食品等大型的专业化批发市场，将物流中心和专业市场结合起来，充分发挥商业物流的能效。

竹林物流中心设置在贵阳市环城高速以内，主要考虑了该节点现有的建设条件，根据贵阳城市总体规划，贵阳主城区规模将进一步扩大，从城市与物流协调发展的角度考虑，该节点建设规模不宜再扩大，应在规划范围内重点开展商贸配送、电子商务、展示交易等物流服务。

(6) 清镇物流中心发展策略

加强与二戈寨物流园区和扎佐物流园区的合作，为两物流园区的集货和分拨提供中转服务，同时为清镇市和贵阳西南地区提供生活资料、生产资料的市域配送。

围绕清镇市的经济发展，重点发展以能源、煤及煤化工、铝及铝加工、镁及镁加工、钢铁及铁合金、建材、现代制药、绿色食品加工等产业为主的矿产加工物流、医药物流、特色食品物流等行业物流服务。

依托清镇火车站，开展以公铁联运为主的物流服务，加强与三桥物流中心及其他的物流节点的协同合作，承担清镇及周边的物流服务，缓解贵阳城区的物流压力。

(7) 开阳物流中心发展策略

加强与扎佐物流园区的合作，利用扎佐物流园区大宗生产物资的作业能力进行开阳生产原料的供给，同时为扎佐物流园区的集运提供开阳县和黔东北地区生产资料及产成品的中转。

与息烽物流中心相互协作，形成贵州省危险品物流“双心”，完成危险品从加工到销售整个过程的供应链物流服务，并提供集水路、公路和铁路于一体的危险品多式联运物流服务。

紧密围绕磷煤化工、氯碱化工、建材、能源、矿产加工等主导产业链开展针对不同产业的专项物流服务，着重打造服务于贵阳市开阳磷煤化工（国家）生态工业示范基地的开阳危险品多式联运。

开阳县政府要加快建设双流站危险品货运站场，完善现有路网与北向、横向物流通道快速连通，加快开阳县地方铁路支线建设，推动开阳港建设，打通开阳货物陆路和水运通道。

优化资源合理配置，实现贵阳市开阳磷煤化工（国家）生态工业示范基地与开阳物流中心合理对接，在产业与物流中心的布局、作业、物流运作等方面进行合作，降低物流成本。

(8) 息烽物流中心发展策略

加强与扎佐物流园区的合作，利用扎佐物流园区大宗生产物资的作业能力完成息烽生产原料的供给，同时为扎佐物流园区的集运提供息烽县和黔北地区生产资料及产成品的中转。

与开阳物流中心相互协作，形成贵州省危险品物流“双心”，为息烽县的磷煤化工产业提供从加工到销售整个过程的危险品供应链物流服务；

强化危险品物流服务水平，避免危险品货物周转过程中对城区和贵州省自然景观带来污染和破坏。

(9) 白云物流中心发展策略

加强与扎佐物流园区的合作，利用扎佐物流园区大宗生产物资的作业能力进行白云区辅助原料的供给，同时为扎佐物流园区提供贵阳城区北部地区生产资料及产成品的中转。

为白云区新材料加工基地和金阳科技产业园提供现代仓储、配送等物流服务，避免大宗货物周转对金阳新区和白云带来污染和交通压力。

与金阳物流园区相互协作，错位发展，着力打造大宗生产资料公路集散平台，为白云片区和金阳新区的生产制造企业提供物流服务，重点发展以工业为主的特色行业供应链物流服务，以铝加工产业为切入点，展开铝加工行业供应链物流服务。

加强白云物流中心与铝加工基地和新材料基地的合理对接，优化资源配置，在基地建设与物流中心的布局、运作、管理等方面进行合作，提高物流中心运作效率，降低产业物流成本。

4.3 贵阳市物流节点建设时序

4.3.1 近期

近期（2008—2010年），贵阳将初步建立物流综合服务体系，物流节点主要服务范围为贵州全省，及我国西部、华东、华南部分地区。节点的具体建设内容包括：3个区域物流节点（扎佐物流园区、竹林物流中心和二戈寨物流园区的二戈寨铁路转运中心）。

三个区域物流节点分别位于贵阳市区的北向、东南向和西南向三大主要货流方向上，物流节点建设后，所开展的业务内容涵盖了矿产加工物流、医药物流、特色食品物流、高附加值产品物流等四类特色行业物流，基本能够满足近期贵阳城市建设与社会经济发展对物流的需求。近期建设的物流节点依托贵阳主要的交通设施，尤其是铁路货场，辅以各个物流节点规划的物流通道，初步构建起物流分拨与配送平台，形成快捷、高效的物流服务网络框架体系。

4.3.2　中远期

中远期（2011—2020年），贵阳将进一步完善已有物流节点的服务功能和水平，通过增设新型物流节点，主要服务范围将扩展到“泛珠三角”经济区、“长三角”经济区和东亚地区。具体建设4个区域物流节点（金阳物流园区、清镇物流中心、三桥物流中心和二戈寨物流园区的改貌集装箱物流中心、小碧物流中心和空港物流中心）和3个市域物流节点（白云物流中心、开阳物流中心和息烽物流中心）。

表4-3　　　　贵阳市物流节点建设时序表

建设时序（年）	2008	2009	2010	2011	2012	2013	2014	2015	2016	2017	2018	2019	2020
★ 二戈寨物流园区	●	●	●	●	●	●	●	●	●	●	●	●	●
二戈寨铁路转运中心	●	●	●	●	●								
改貌集装箱物流中心			●	●	●	●	●	●					
小碧物流中心				●	●	●	●	●					
空港物流中心				●	●	●	●	●	●	●	●	●	●
★ 金阳物流园区				●	●	●	●	●					
★ 扎佐物流园区	●	●	●	●	●								
★ 三桥物流中心				●	●	●	●	●					
★ 竹林物流中心	●	●	●	●	●								
★ 清镇物流中心				●	●	●	●	●					
★ 开阳物流中心				●	●	●	●	●					
★ 息烽物流中心				●	●	●	●	●					
★ 白云物流中心				●	●	●	●	●					

5　贵阳市区物流运作主体物流发展战略

5.1　生产制造企业的物流再造战略

鼓励生产制造企业与第三方物流紧密合作，实现物流业务的一体化外包；

抓住不同工业部门的物流服务重点，提升专业化物流服务水平；

结合物流节点布局，增加生产制造企业和物流节点之间的联动；

以企业信息系统为媒介，加强生产制造企业和物流合作伙伴的对接；

完善制造企业绿色物流，保护城市生态环境。

5.2 商贸流通企业的物流再造战略

改进原有配送体系，增强批发业物流服务能力；

发展电子商务，改造传统市场商业模式；

开展共同配送，提高批发业物流资源的利用率；

发挥物流节点的配送功能，提升零售业配送效率。

5.3 物流服务企业的物流再造战略

5.3.1 传统物流服务企业物流再造战略

（1）传统运输企业

结合当地工商企业对大笨重货物和危险品的运输需求，增加大型车和专用车辆等的比例，改善全市物流服务业的车型结构；

抓住贵广快速铁路和贵广高速公路规划建设的机遇，针对贵阳市工业产品的输出和广州生活消费品的输入产生的大量物流需求，加快发展专线运输业务；

加强与工商企业的合作，承接其物流业务的外包；依托各类商品交易、批发市场，提供系统化、网络化的高效配送服务。

（2）货代企业

技术水平升级：学习珠三角等地区货代企业的成功经验，向综合化、网络化和信息化的方向发展；

合作拓展业务：寻找东盟、俄罗斯等地区合适的国外物流公司作为合作伙伴，组建合资企业；

网络化发展：在泛珠三角地区的其他城市设立分支机构，通过完善货代网络获得更丰富的业务资源。

（3）传统储运企业

传统储运企业应对原有的低标准仓库必须进行标准化建设和仓储立体化改造，提高仓储管理水平，转变原来以仓储为主的单一经营思路，通过拓展企业的物流服务功能，逐渐转型为配送中心。为了适应城市发展对用地规划的需要，对于处于城市边缘占据大量城市用地的仓储，如二戈寨地区，可通过土地置换改造为具有商贸功能的城市消费品物流基地，并通过信息化建设发展电子商务，加强物流节点间的信息联系，转移集散功能至小碧等物流中心。

5.3.2 现代物流服务企业发展战略

（1）构建具有区域性、国际性物流网络的第三方物流企业

鼓励第三方物流企业以兼并、合作的方式整合泛珠三角区域内的多个中小型物流企业，从加强与东盟、俄罗斯等贸易地区的物流业务入手，构建区域性、国际性的物流网络，发挥规模效应。

（2）培育适应贵阳市产业发展特色的专业物流服务企业

贵阳市应针对本市产业布局和特色生产制造部门，有重点地培育几类专业物流服务企业：

依托服务于磷化工、煤化工产业集群的开阳物流中心和息烽物流中心，加强对各类危险品专业物流企业的培育。加强危险品运输的资格审核和标准化建设，淘汰不符合标准的物流设施设备，规划建设专门的危险品运输通道，实现危险品物流的安全高效运作。

作为珠三角的经济腹地，加强农副产品的物流服务企业建设，鼓励物流企业引进先进设备，并以税收抵免的方式支持该类企业的技术改造，加快生鲜绿色通道建设，发展一批具有专业冷链物流服务水准的物流企业。

（3）建设社会化配送中心，促进连锁经营业发展

适应贵阳市日益壮大的连锁经营业的迫切需要，改造和新建一批社会化配送中心，更有效地满足市域内连锁经营业的配送需求。鼓励传统储运企业向配送中心的改造转型，鼓励大规模商贸流通企业物流资源的社会化运作，并有效引导服务于生活消费品配送的社会配送中心布局到所规划的物流园区（中心）内部。在运作中应特别注意配送中心的现代化、信息化建设，提高供应链管理水平。

6 贵阳市现代物流业发展的政策保障

6.1 完善贵阳市物流业发展的协调机制

（1）企业层面的协调——贵阳市物流行业协会

由商务局牵头组织成立物流行业协会，以物流行业的龙头企业如商储、穗黔物流等为主要成员，聘请从事物流行业研究的专家、学者为顾问，邀请发改委、工商局、经贸委等相关政府部门的工作人员为协会监督员，广泛吸收物流及相关行业从业人员入会及参与议事，并设立常驻办事机构，处理政策推广、技术宣传、行业情况收集等日常事务。

（2）政府层面的协调——贵阳市现代物流工作联席会议

为加强贵阳市现代物流业发展的组织领导和统筹协调，可建立现代物流工作联席会议制度，由市政府的主管领导召集相关部门参加，研究全市现代物流业发展重大事项，协调解决本市现代物流业发展中的重大问题，设置贵阳市现代物流业发展领导办公室作为常设机构，负责现代物流业发展的统筹协调工作。

6.2 加快贵阳市物流信息平台建设

在全面提升城市信息基础设施建设水平的基础上，贵阳市应加快物流信息分类编码和信息技术标准化建设。鼓励和扶持企业信息系统建设，广泛采用信息网络技术和物流信息技术，建设物流公共信息平台，整合电子商务、电子物流与电子政务资源，提供“一站式”物流信息化服务。

6.3　扶持重点物流企业和重点物流项目

贵阳市应参考高新技术项目的认证模式和国内其他省市的重点物流项目认证制度，制订详尽的认定办法，并邀请来自专业研究机构、物流园区、政府相关职能部门的专家和学者组建专业咨询委员会，对重点物流项目和重点物流企业进行认定，并对获认定的重点物流项目实施年度考核制。

6.4　制定实施贵阳市物流业优惠政策

贵阳市政府应根据九部委正式下发的《关于促进我国现代物流业发展的意见》，并借鉴全国各省市促进物流业发展的政策和措施，确定全市物流服务业发展的优惠政策框架，在土地、审批、税收、水电、车辆管理、投融资等方面出台优惠政策。

（1）土地政策

对物流项目用地采用工业用地标准；

实施物流项目用地的优先审批；

土地出让金额较大的，企业可申请分期缴纳；

企业申请上述用地政策支持的，必须提交省政府或省有关主管部门的相关文件，属于物流配送中心或物流企业的，必须提交省有关部门的确认文件；

加强物流项目用地监管，对于违规改变用地性质的企业收回用地，并处以罚款。

（2）审批政策

工商行政管理部门在为物流企业办理登记注册时，除国家法律、行政法规和国务院公布决定规定的物流企业工商登记前置审批事项外，其他前置性审批事项一律取消。

对物流园区和物流中心内项目参照特色工业园区的审批方法，项目单位向市现代物流联席会议办公室提出书面申请，由市现代物流联席会议办公室组织有关成员单位进行会审。对重点物流企业和项目实施重点联系制度，及时跟踪、分类指导，协调解决经营和建设中的实际困难。

（3）税收政策

贵阳市政府应运用税收手段对物流企业的发展、技术改造和信息系统建设提供支持和鼓励，充分发挥国家支援西部地区发展的政策优势，制定详尽的财税优惠政策。

（4）水电政策

为了更好地保障物流服务业的正常运作，建议贵阳市政府在水电的使用上给予物流企业一定的优先地位，并结合重点物流企业和物流项目的认证工作，给予享受普通工业用电和工业用水价格的待遇，帮助物流企业进一步降低营运成本。

（5）车辆管理政策

贵阳市政府交通管理部门可在保障城市正常交通的前提下，以颁发统一标识的方式，在城区的部分行驶线路、停放地点等向物流企业的配送车辆实施绿色通道待遇，过路、过桥费用减免等优惠。特别要抓紧规划专门的危险品运输通道和生鲜绿色通道，提高专业运输运作效率，减少对城市环境的影响。

（6）投融资政策

物流园区、物流中心、配送中心等物流建设项目具有建设规模大、涉及经营范围广、占用土地多、资金投入大等特点，因此贵阳市各级政府部门应该给予必要的投融资支持，主要包括：

建立扶持现代物流业发展的专项资金，在财力允许的范围内加大对物流中心的投资力度；

协调各级银行为物流中心提供贷款，协调支持金融机构与物流中心开展金融质押等服务；

积极吸引社会资本和外资，对于参与物流设施建设的项目，给予长期低息贷款；

对参股参与项目建设的企业给予税收优惠，吸引社会资金向物流服务业的投入。

6.5　营造贵阳市物流业区域化发展环境

（1）加快区域内物流通道、节点的协调建设

贵阳市应抓住泛珠三角区域规划共同编制的契机，明确自身功能定位，并在中央部门的领导和协调下，进一步对区域内的物流基础设施建设进行统一规划和协调。

（2）建设一体化的现代物流信息网络

贵阳市政府要在构建和完善市域内的电子政务和公共物流信息平台过程中，积极联合区域内其他城市，加快实现区域内各省市政务系统、物流公共信息平台等的对接。

（3）完善政府间物流行业协作机制

贵阳市应制定和完善相关的协作机制，落实区域一体化的政策支持，并在《泛珠三角区域合作框架协议》的大框架下，积极筹措召开区域内各省市物流主管部门的联席会议，尽快确立区域物流联动发展的协作机制和政策框架。

（4）建立统一的税费标准和管理体系

贵阳市根据现代物流业的分类体系，倡导建立泛珠三角区域统一的物流业税费标准体系，形成区域无障碍物流链；积极推进区域公路运输一体化，加强区域联网收费、公路一体化管理、超限运输管理等方面的研究和实施。

6.6 推动贵阳市物流发展的国际化

6.6.1 运作载体的国际化

（1）建立货物进出口快速处理机制，深化口岸通关改革

贵阳市应加快电子口岸建设，优化口岸通关作业流程，推行物流企业与口岸通关监管部门信息联网；海关、检验检疫、税务、外汇管理等部门要在有效监管的前提下简化作业程序，实现信息共享；鼓励建立集海关监管、商品检疫、地面服务一体化的货物进出境快速处理机制。

（2）充分发掘保税物流的发展潜力，提高监管水平

贵阳市的保税物流要采用灵活、高效的监管方式，在充分发挥现有经营保税物流的企业的运作积极性的基础上，新建一批具有保税物流功能的物流中心和物流园区；不断推进保税物流监管制度的改革，优化保税物流监管流程；逐步建立和完善保税物流企业申报制度、保税物流税收担保机制和企业分类管理机制。

（3）抓紧建设空港物流中心，发展空港物流

发展空港物流要结合空港物流中心的建设和运作，不断完善机场的物流设施，进一步拓展物流功能。有效协调海关、“三检”各部门的工作，实现“一站式”服务，加快货物通关的速度，提高国际空运货物的处理能力。

6.6.2 运作主体的国际化

贵阳市现代物流行业运作主体的国际化发展，从以下三个方面进行：积极创造良好的物流发展环境，吸引更多的跨国物流公司和国内大型物流企业来贵阳投资经营；充分利用本土物流企业在国内网络和本地业务上的优势，鼓励国内外物流企业之间的合作；培育有竞争力的物流企业向国际发展。